国家哲学社会科学成果文库

NATIONAL ACHIEVEMENTS LIBRARY
OF PHILOSOPHY AND SOCIAL SCIENCES

秦汉土地制度研究

以简牍材料为中心

晋文 著

社会科学文献出版社

SOCIAL SCIENCES ACADEMIC PRESS (CHINA)

作者简介

晋文 本名张进，1958 年 5 月生，江苏徐州市人，汉族。1983 年 6 月毕业于徐州师范学院历史系，获历史学学士学位。先后师从安作璋先生、魏良弢先生攻读中国古代史专业研究生，获山东大学历史学硕士学位、南京大学历史学博士学位。现任南京师范大学历史系教授、博士生导师，国家哲学社会科学基金重大招标项目"秦汉三国简牍经济史料汇编与研究"首席专家，兼任中国农民战争史研究会副会长、中国秦汉史研究会常务理事、中国魏晋南北朝史学会理事等。2019 年教师节获南京师范大学奕熙精英教师奖。主要从事秦汉史研究，兼及战国史研究、魏晋史研究、简牍研究和经学史研究。著有《桑弘羊评传》《以经治国与汉代社会》等，主编《中国帝王图志》《泰州通史》等，在《光明日报》《历史研究》《中国史研究》《中国经济史研究》等报刊发表论文 150 余篇。专著《秦汉土地制度研究——以简牍材料为中心》入选 2019 年度国家哲学社会科学成果文库。

《国家哲学社会科学成果文库》
出版说明

为充分发挥哲学社会科学研究优秀成果和优秀人才的示范带动作用，促进我国哲学社会科学繁荣发展，全国哲学社会科学工作领导小组决定自2010年始，设立《国家哲学社会科学成果文库》，每年评审一次。入选成果经过了同行专家严格评审，代表当前相关领域学术研究的前沿水平，体现我国哲学社会科学界的学术创造力，按照"统一标识、统一封面、统一版式、统一标准"的总体要求组织出版。

全国哲学社会科学工作办公室

2021 年 3 月

目　　录

Contents

前　言

　　土地制度是战国秦汉史研究中的一个重大课题。从 1949 年至 1976 年，关于战国秦汉的土地制度主要形成了三种观点：一是土地国有论，以侯外庐、贺昌群先生为代表；二是土地私有论，以胡如雷先生为代表；三是土地国有、私有多种所有制并存论，以李埏先生为代表。在一些具体问题上，如"制辕田"、商鞅的"名田宅"、秦始皇的"使黔首自实田"、秦汉时期的土地兼并等，更存在较大分歧。究其原因，这固然是研究者对马克思主义理论的理解不同，但更重要的，还在于相关史料的匮乏。

　　20 世纪 70 年代以后，凤凰山汉墓简牍、银雀山汉简、睡虎地秦简、青川秦牍、张家山汉简、龙岗秦简、悬泉汉简、里耶秦简等等的出土，有力推动了战国秦汉土地制度的研究。尽管相关问题仍存在很大争议，但利用鲜活的简牍材料，对战国秦汉时期的土地制度进行比较全面的总体性研究，已经基本具备条件。本书的研究和撰写就是这样一项工作。

　　需要说明的是，作为一部学术专著，对相关研究的学术史脉络理应在前言中评述。但考虑到 70 年来的研究论著非常之多，全面回顾这些研究将占用前言很多篇幅，同时在分章论述时还将重复提及，因而本书便将其内容散入各章的讨论之中。

　　还要说明的是，本书名为《秦汉土地制度研究——以简牍材料为中心》，却并非对战国秦汉土地制度面面俱到的研究，而是结合传世文献，讨论简牍材料中的土地制度，尤其学界存在争议或尚未解决的疑难问题。即使是材料较多的简牍和新出简牍，如果在内容上学界已有定论，或基本没有争议，本书亦不涉及，或一带而过。比如对居延汉简和悬泉汉简中的屯田问题，刘光华先生著有《汉代西北屯田研究》（兰州大学出版社，1988 年版），张德芳、李炳泉、刘国防、贾丛江、杨芳、李楠等先生亦先后撰有《从悬泉汉简看两汉西域屯田及其意义》（《敦煌研究》2001 年第 3 期）、《西汉西域渠犁屯田考论》（《西域研究》2002 年第 1 期）、《西汉比胥鞬屯田与戊己校尉的设置》（《西域研究》2006 年第 4 期）、《西汉伊循职官考疑》（《西域研究》2008 年第 4 期）、《汉简所见河西边塞军屯人口来源考》（《中国边疆史地研究》2009 年第 1 期）、《两汉西域屯田组织管理体系》（《农业考古》2017 年第 1 期）等，有些内容虽存在不同看法，但总体来说已少有剩义，本书便基本置而不论。再如秦汉公田制度，马大英、山田胜芳、裘锡圭、张金光和李根蟠先生分别著有《汉代财政史》（中国财政经济出版社，1983 年版）、《秦汉财政收入研究》（东京：汲古书院，1993 年版）、《从出土文字资料看秦和西汉时代官有农田的经营》（《裘锡圭学术文集》第 5 卷，复旦大学出版社，2012 年版）、《秦制研究》（上海古籍出版社，2004 年版）、《官田民田并立 公权私权叠压——简论秦汉以后封建土地制度的形成及特点》（《中国经济史研究》2014 年第 2 期）等，本书亦基本置而不论，仅就其中"假田""田官"等问题辨析。

尽管如此，本书的研究和撰写仍具有值得一提的意义。它不仅可以更为细致地研究战国秦汉的土地制度，进一步拓展历史研究的深度和广度，而且可以探寻历史规律，努力揭示土地制度与中国古代社会的内在联系，并总结历史经验教训，为当今的社会发展提供一些借鉴。在研究方法上，本书坚持以马克思主义唯物史观为指导，在充分占有史料的基础上，运用二重证据法，借鉴经济学、法学、社会学、数学等相关理论和方法，从宏观、中观和微观三个方面，对战国秦汉土地制度的相关问题进行全方位的探讨。

具体来说，本书除前言、后记和参考文献外，共分八章，另有一篇余论（代结语）及附录等。以下即概述其主要内容。

第一章，"睡虎地秦简与授田制研究"。本章主要讨论睡虎地秦简中的授田制问题，并就诸多争议提出了新的解读。据文献记载，中国古代有"受田"即"授田"制度。但一般认为，这种授田制度是与春秋以前的井田制联系在一起的。随着社会生产力的发展、生产关系的变化（如铁器和牛耕的使用），以耕织相结合的个体小农的出现，到春秋时期井田制已开始瓦解。因此，自睡虎地秦简发现有"受田"的记载后，授田制研究便成为改写中国古代史的重大课题之一。许多学者据此认为，授田制的性质是土地国有，也有学者仍主张是土地私有，但都存在证据不足的问题。总体而言，授田制应是土地国有制向私有制转化的一种形式。睡虎地秦简和相关秦简无可争辩地证明，授田制是战国、秦代的一种基本土地制度。它的原则和若干细节也已经被清晰展现，主要有以下六点。一是按户授田，为此建立了严密的户籍和田籍制度，包括各类户口和垦田的登记、改籍、注销与田租等。大体来说，在强制分户的情况下，秦的小农多为一对夫妻和未成年子女组成的核心家庭，也有不少和一个成年儿女生活的直系家庭。二是每户通常授田百亩，但超过百亩者也不乏其人。由于养老和人口较多，每户直系家庭均可以一名"余夫"的形式增加一些授田。这意味着"顷入刍三石、稾二石"的规定的确"是刍稿税征收的一个测算标准"，而并非每户都必须交刍三石、稾二石。三是秦的田租有禾稼、刍稾和经济作物三种形态。秦及汉初的田租征收实际有两个同时参照的租（税）率：一个是税田占舆田的比例，即税田的亩数（面积）租率，这个租率是固定不变的，如十二税一、什一之税；另一个是按农作物不同产量征收的级差租率，即产量租率，这个租率是变化的，如三步一斗、八步一斗、廿步一斗等。四是"爰自在其田"或"自爰其处"，农民在自家的授田里轮流休耕。这表明农民的实际耕种面积要远远低于百亩，也说明每户的耕种面积不同。所以基层官吏每年都必须"程田"和"程禾"，即通过核查实际耕种面积、庄稼长势和最终收成来确定亩数租率和产量租率，许多犯罪现象也由此而产生。五是土地买卖和兼并还相当少见，特别是在地多人少的宽乡。"盗徙封，侵食冢庙"，就算是一个比较突出的事例了。主要原因则是地广人稀，农业生产力较低，农民的授田数量足以保证休耕，没有必要去占有更多土地。而"盗徙封""虚租希（稀）程"或"匿租""匿田"等等现象的产生，则表明"禾稼"等农产品已成为财产的重要组成部分和犯罪人的侵占对象，也间接证明了存在着变相土地买卖。六是授田为终身占有，并允许部分继承，在家庭内部也可以部分流转。除了《识劫𡟰案》，最重要的证据，就是"余夫"授田的存在。以往对"入顷刍稾""盗徙封，赎耐""部佐匿诸民田""封守""百姓不当老，至老时不用请"等律文的解释，也大多存在误读。"盗徙封"的犯罪人主要是军功地主，他们的犯罪行为实际是偷税漏税即经济犯罪问题。"顷畔"应是每年核定其实有垦种面积后竖立的临时界标，而并非每顷土地之间的田界。"部佐匿诸民田"的行为，也是"盗徙封"的一种表现。这种"匿田"或者是部佐单独作案，或者是与民户相互勾结，目的都是贪污或逃避一部分税收。而"百姓不当老，至老时不用请"，则是一种互为关联的团伙犯罪，也就是集体作弊，伪造年龄。"封守"没有查封土地，是因为没有必要，"唯独没有土地一项"也并非事实。这些律文中的犯罪行为基本上都与土地所有权无关。越来越多的研究已趋向于质疑或修正土地国有制论。本章最重要的创新和发现，是复原了秦及汉初的田租征收方式。

第二章，"新出秦简中的授田与赐田"。在第一章的基础上，本章主要讨论新出秦简中的授田制和赐田制问题。就授田制而言，新出秦简揭示了更多授田制的未知细节。从申报来看，"谒垦"的记录便清晰显示出迁陵县的授田程序。主要有自报、审定和复查三个环节，其重要发现是，在迁陵乃至洞庭和更多地区授田是按小块土地分批授予的，秦代小农的耕种亩数不多，一对夫妇每年仅耕种舆田 35 亩左右，以及管理授田的机构都按乡设有"左田"或"右田"等。在耕作方式上，迁陵地区的垦田均大量休耕，被人们称为槎田或篝田。它的特点并不在于造田的方式，而在于"岁更"的耕作方式。由此可以推算，迁陵民田每户平均当有耕地 70 亩左右。至于田租，新出秦简则完全证实刍稾是按授田数征收的，并间接披露了土地兼并的存在。在赐田制方面，新出秦简则证实了赐田为土地私有。在睡虎地秦简公布后，学界对赐田的性质问题曾产生一些争议。根据《法律答问》等三条律文，即《军爵律》："从军当以劳论及赐，未拜而死，有罪法耐迁（迁）其后；及法耐迁（迁）者，皆不得受其爵及赐。"《秦律杂抄》："战死事不出，论其后。有（又）后察不死，夺后爵，除伍人。"《法律答问》："可（何）谓'后子'？官其男为爵后，及臣邦君长所置为后大（太）子，皆为'后子'。"人们大多不赞成赐田为土地国有的看法，而主张赐田为土地私有。随着更多秦简的发现和公布，赐田的私有性质被完全证实。就赐田能否继承来说，从睡虎地秦简到里耶秦简等，从"后子"到"小爵"和"爵寡"，从男性继承人到女性继承人，已构成了一条严密完整的证据链。爵位的降等继承也并不等于赐田要降等继承。而岳麓秦简则直接提供了赐田的主人有权任意分割赐田的案例，并间接提供了赐田可以继承和转让的证据。从这个方面来说，无论是对韩非所谓"身死田夺"，还是对董仲舒所谓"民得卖买"，我们都需要重新认识。岳麓秦简《尉卒律》也证明，到秦始皇统一全国前后，秦的赐爵及赐田制度已经严重蜕变。随着秦的赐爵越来越多，许多人没有军功也可以通过继承、转让和国家在某些地区的政策性普遍赐爵来获得。这不仅导致赐爵制度部分失却了初衷，而且更使赐田制与授田制逐渐趋同。众多秦简的发现和公布，也带来了一些研究的新问题，如槎田究竟休耕几年，一些外乡人为何要跨乡受田，小爵继承的赐田是否被部分收回，怎样看待赐田的流转、作用和意义，户赋的征收究竟应如何计户，对五大夫以下的赐田是否减免田税，一些有爵者为何舍弃赐田而甘愿逃亡等。其中有的问题还无法作出判断，而只能有待于新材料的发现。本章的主要创新是，迁陵乃至洞庭等地区的授田是按小块土地分批授予的，跨乡受田人应是兼并土地的地主或富农，赐田均为土地私有，爵位的降等继承也并非等同田宅的降等继承。

　　第三章，"秦简中的公田制研究"。本章主要讨论龙岗秦简中的"行田""假田"和里耶秦简中的"官田"问题。对龙岗秦简中的"吏行田"记录，以往多认为"行田"就是"授田"。但从禁苑的限定条件来看，"行田"并非授田，而应与简中多次出现的"假田"相关。"假田"是一种把禁苑的土地短期租给民户耕种、不改变所有权的租赁行为。它的性质属于国有的公田或官田，是一种特殊的国有土地。"假田"的承租人皆为自由民，他们有权决定"假田"的耕作方式。西汉董仲舒云："或耕豪民之田，见税什五。"（《汉书·食货志上》）以往皆据此认为，在战国中期便已出现对半分成的民间租佃关系。但随着睡虎地秦简的发现，在授田制被视为基本土地制度的情况下，学界又大多认为董仲舒是以汉况秦。而龙岗秦简的大量"假田"记录，以及岳麓秦简的"假田"算题，则证明中国最早的租佃制度确实在商鞅变法后出现。民间的租佃关系亦当如此。"假田"的田租既不是定额租制，也不是分成租制，而应是一年一定的约定租制。"假田"的田租率较高，结合新出秦简，并参证居延汉简，推算"假田"的真实租率当在20%到30%之间，这为禁苑官吏的寻租提供了机会。他们通过转租"假田"，非法占有一部分田租，亦即"分田劫假"。在"程田"的两个主要环节上，

"假田"的租赁还出现了众多"盗田"与"匿田"的犯罪行为。"盗田"是"假田"的实际耕种面积多于租赁文书的约定,却故意按原先约定的面积申报;而"匿田"则是在约定的面积内少报实际耕种的面积,并故意降低其产量租率。无论是"盗田",还是"匿田",除了少数"假田"的承租人外,实际上都是要"分田劫假",以获取一部分田租差额。这些内容都更加拓展了秦与战国时期的土地制度研究。而里耶秦简则记录了"左公田"和"田官"两个官署。从种种迹象来看,"田官"并不属于都官系统,"田官"和"公田"实际都属于管理公田的县级官署。战国至于秦代,"公"的含义逐渐由公家变为官府。秦始皇"书同文字"后,"县官"取代"公室"成为官府的代称,"田官"取代公田成为县级公田的管理机构,县级公田很可能改称"官田"。"田官"作徒由司空刑徒、仓隶臣妾和戍卒组成。根据已刊布的里耶秦简,田官考课的内容包括垦田、徒隶的日常管理、取薪等项目。本章的主要创新是,龙岗秦简中的"行田"并非授田,而应与短期租赁的"假田"相关。

第四章,"张家山汉简中的田制等问题"。张家山汉简公布后,学界即热烈讨论,取得了许多可喜成果。特别是《二年律令》中的田制问题,更受到高度重视与关注,形成了一些共识,但仍然存在不少争议和疏漏。根据律令分析和文献记载,并参证《算数书》的成书年代,可推断《二年律令》的最早颁行时间应在刘邦汉王二年(前205年)。汉初继承秦代,推行240平方步的大亩,目的是鼓励垦荒,扩大耕地,保证有足够的土地休耕。秦汉亩制有两种计算亩制。一种是毛算即粗略计算的亩制,主要计算"不可垦田"和"可垦不垦田"的面积;另一种则是实际核算亩制,主要计算耕地和"垦田"(舆田)的面积。名田宅制或授田制是汉初大力推行的土地制度,并不能说成具文或一简空文。汉初的土地资源非常丰富,根本不存在人地矛盾问题。之所以认为名田宅制没有实施的基础,是因为论者混淆了土地的毛算亩数和实际耕地与种植亩数。宅基地属于"群不可垦田",不算草田和耕地,但对于无爵者的授田户来说,却有着男耕女织、弥补粮食生产不足的作用。宅基地的授予主要是指建造房屋的土地面积,并不是一座或一大片建有不同套型房屋的住宅。这意味着大多数房屋都应当由人们自费建造。汉初名田的面积固然很大,但多数属于可垦不垦田的范畴,在名田或授田前都不能算作耕地；在名田或授田后，也必须按实际开垦和耕种的面积来计算耕地或垦田。秦汉大多数小农每年都需要休耕，一对夫妇只能耕种垦田35亩左右，最新公布的《堂邑元寿二年要具簿》更证明了这一点。秦汉文献有高产记载，也有低产记载，但均不能作为高产论和低产论的依据。秦汉时期的平均亩产当在每亩两石左右。目前已知最高的平均亩产，是青岛土山屯简牍对西汉末年堂邑县（今南京六合）平均亩产2.5石的记录。名田宅的爵位降等继承不等于田宅降等继承，名田宅的面积更不等于耕地和实有房屋的面积。汉初所规定的名田数量，实际是一种能占有多少国家土地资源的配额，亦即按身份等级所享受的不同待遇，而不是土地限额。无论是有爵者，还是无爵者，究竟能占有多少耕地，取决于多种因素。几乎所有的田宅继承、买卖和赠送，也都与现有的耕地和房屋有关。之所以能够继承和买卖，这既有许多耕地和房屋原为私有财产的缘故，又有鼓励更多人垦荒，把名田配额更多地变成耕地，让他们都拥有耕地所有权的考虑，还有经济凋敝和当初战争形势的压力。汉初的土地制度实际是一种虚实结合的土地制度。它把赐田和授田合为一体，在整合原有耕地的基础上鼓励社会各界垦荒，制定了从彻侯到平民阶层所占有国家土地资源的配额，并承认和保护其开垦草田所得到耕地的所有权，允许继承、转让、买卖和赠送。汉初的土地制度应是土地私有，而不是土地国有。本章最重要的结论，是名田宅的爵位降等继承不等于实有田宅的降等继承，汉初民田是土地私有制。

第五章，"走马楼汉简中的田制等问题"。长沙走马楼汉简《都乡七年垦田租簿》是2003年考古发现的一件珍贵文献，对研究秦汉土地制度和赋税等制度有重要的史料价值。关于此简的年代，根据其他走马楼汉简纪年关系，一般认为这个"七年"就是长沙王刘庸七年，亦即武帝元狩元年（前122年）。但无论是从所记录的平均产量，还是从历朔推算，抑或简牍的相互叠压看，此简年代都不像是西汉中期，而可能是西汉前期的文帝元年（前179年）。从簿中记录可以看出，当时的田制还是名田或授田制，但也处于逐渐瓦解或终结时期。而原因则在于，惠帝、吕后时土地兼并发展，文帝又废止了商贾不得名田的规定，并完全允许田宅买卖。与秦代授田相比，简文的主要变化是"舆田"和"税田"的消失，在征收田租时仅记录"垦田"。秦及汉初的授田有草田、垦田、舆田和税田之分。"草田"是未开垦的荒田，即"可垦不垦田"。草田在开垦后即被称为"垦田"，在垦田里确定实际耕种并缴纳田租的垦田即称为"舆田"，在舆田里最终按比例和税率测算的纳税舆田则称为"税田"。"舆田"和"税田"的消失，即意味着"舆田"和"垦田"已合而为一，并透露出授田制已逐渐瓦解的信息。簿中对"提封"的记载——"提封四万一千九百七十六顷【一】十亩百七十二步"，也为厘清"提封"的概念及其内容提供了弥足珍贵的史料。结合最新公布的《堂邑元寿二年要具簿》，便可以完全确定："提封"的语义就是"通共""总共"或"总数"，"提封田"的面积也的确是"群不可垦田""可垦不垦田"和"垦田"的面积总和。簿中还有对临湘"蛮夷归义民"和"乐人婴"免征田租的规定——"出田十三顷四十五亩半，租百八十四石七斗，临湘蛮夷归义民田不出租。""出田二顷六十一亩半，租卅三石八斗六升，乐人婴给事柱下以命令田不出租。"前者凸显了秦汉王朝的"汉化"政策，后者更可谓秦汉以后"职田"的滥觞。本章的主要创新和发现，是提出《都乡七年垦田租簿》和走马楼汉简的断代问题，以及名田或授田制的瓦解和原因分析。

第六章，"凤凰山十号汉墓简牍中的田制等问题"。凤凰山十号汉墓简牍是研究西汉前期赋税徭役制度和土地制度的珍贵史料。根据《郑里廪簿》，文景时期的家庭结构在有些地区已开始发生变化。汉初核心家庭居多的现象逐渐被直系家庭和联合家庭所取代，说明汉初仍然实行的《分异令》事实上已被废除。另一方面，在所有25户家庭中，男性劳动力的作用都显得更为重要。这充分说明：在工具基本相同的古代社会里，男性农业劳动力的效率要远远高于女性农业劳动力。之所以男耕女织、男主外女主内，原因正在于此。郑里新垦的耕地数量不多，仅有区区617亩，是因为这些耕地均为"新开垦的土地"，并没有包括其原有耕地。而《算簿》则展现了汉代基层政府对各种费用的征收方式。文景时期对各种费用的征收是先按纳税人的总数定出算数，再按相关费用的总数确定每算收钱多少，然后向纳税人收钱。有的是一次性征收，如市阳和郑里二月算收的"口钱"；有的是分批征收，如市阳三月、四月和五月连续四次算收的"九钱"。而纳税人则根据被规定的具体算数交钱，大多数人都是一算，有的则可能二算或三算、四算、五算，还有人无算。这充分说明：汉代各种费用的征收都是因人定算，而不是因事定算。《算簿》中的算钱也包含了口钱和算赋。在凤凰山简牍中便有着"口钱"实乃口赋的证据，这个证据就是《郑里廩簿》对郑里二月口赋征收人数的验证。据此可知，郑里二月 36 人缴纳的"口钱"，市阳里二月 56 人缴纳的"口钱"，都是史书记载的口赋。同时也证实了口赋源自汉初，是从满三岁而不是满七岁起征。"口钱"不是杂税，而是口赋，这意味着市阳里每算累积 227 钱的算法是错误的，也意味着所谓因事定算已失去根基。汉代算赋和口赋的"算"有两种含义：一种是国家制度的定算含义。无论口赋，还是算赋，所谓"一算"都有着固定数额，前者为 20 钱（武帝时期增为 23 钱），后者为 120 钱。另一种是基层政府如何收取算赋和口赋的定算含义。所谓"一算"，往往是把国家制度的"一算"拆分后的一算。这种做法是为了方便全里统一征税和管理，更是考虑到民户一次能够缴纳的承受能力。一次收赋不得超过 40 钱，应是文帝"民赋四十"的另一种含义。《算簿》中的算钱也当然包括算赋。这更加表明市阳里每算累积 227 钱的算法是错误的，并意味着因事定算之说被完全颠覆。《算簿》所记录的口钱、算赋数额实际是囊括全年的，也并非仅仅征收了半年。至于田租、刍稾的征收记录，则更加体现了文景时期的轻徭薄赋。本章最重要的结论是，《算簿》中含有口钱和算赋，以及地方基层政府有虚、实两个账本。

第七章，"从户籍制度看秦汉土地制度"。鉴于学界已有研究成果很多，本章仅就争议较大的几个问题——里耶秦简中的"积户"与"见户"、张家山汉简中的立户分户与户籍而展开论述。里耶秦简有一些迁陵县的"积户""见户"记录，学界已讨论较多，但看法却并不完全一致。关键是算法的不同。积户数就是户数和日数的积数，用日数或户数作为除数通常是不会出现余数的。积户实际是县、乡对全年户籍核查和登记的累积户次。从积户与实际户数的关系推算，秦始皇三十五年（前 212 年）迁陵县的户籍在 2000 户左右，人口估计有 10000 人以上。根据"启陵廿七户已有一典"，并参证岳麓秦简《尉卒律》，亦可推算秦始皇三十二年迁陵县启陵乡的户数在 300 ~ 400 户。见户是每年经过"核验、钩校"后新增交纳租赋的民户，主要和垦田（即"舆田"）有关。截至秦始皇三十五年，迁陵县共有 356 户交纳租赋，总计舆田 12337 亩、田租 1587 石、蚕茧 133.5 斤、户刍钱 5696 钱、田刍和田稾约折合 14952 钱。最新公布的里耶秦简，也无可争辩地证明：顷刍稾是按"谒垦"的草田亩数征收的，"顷入刍三石、稾二石"也的确是一个征收刍稾的测算标准，而不是每户都要按百亩征收。无论是积户的核查和登记，还是见户的审定和统计，抑或其他方面，秦代基层官吏的量化考核都始终在管理过程中起着保障、推进和奖惩的杠杆作用。张家山汉简《二年律令》有种种立户、分户的规定，其中《田命籍》《田租籍》和"诸不为户，有田宅附令人名"的内涵问题，在学界有很大或较大争议。根据《都乡七年垦田租簿》，《户律》中的《田命籍》或许应是《田命令籍》。之所以被称为《田命籍》，是因为《户律》的抄本可能漏抄了一个"令"字。《田命籍》或《田命令籍》是登记对某些特殊人群蠲免田租的籍簿。综合文献记载，汉初被免征田租的，有卿以上高爵、中高级官吏、"乐人"、"邮人"和优秀工匠等。它的制度设计充分体现了汉初统治集团对自身特权和经济利益的维护，也表现出对行业或专业分工的重视和保护。其中对中高级官吏和"乐人"的免租，更可谓秦汉以后"职田"的滥觞。《田租籍》的主要功能，是记录秦及汉初纳税民户耕种了多少舆田（垦田）和必须按舆田（垦田）缴纳多少田租，也具有分户统计耕种田亩总数和缴纳田租总数的作用。它的券书格式，就是北大秦简《算书》记载的舆田亩数、税田亩数、产量租率和应交多少田租的文书格式。之所以会出现误券和更改券书的现象，是因为算术知识的普遍缺失和县、乡有简、详两个券书版本。按制度规定，县级券书不得轻易更改，而乡级券书则易于更改。从渊源来看，《田租籍》应完全继承秦制。对《户律》"诸不为户，有田宅附令人名，及为人名田宅者，皆令以卒戍边二岁，没入田宅县官"（323－324）的规定，学界存在三种不同看法。但细读律文并综合考辨，此律却应当仅仅是规范那些"不为户"者"名田宅"的行为。所打击对象则为"不为户，有田宅附令人名"和"为人名田宅者"两类，而最终目的就是要迫使"不为户"者立户，也暗含对商贾买卖田宅的制止。同时，汉初亦沿袭了秦的"分异令"，分户具有强制性质。本章的主要创新是，对秦代迁陵县户口的推算、"积户"和"见户"的阐释、"积"的考核方式、汉初《田命籍》和《田租籍》的考证。

　　第八章，"从赋税制度看秦汉土地制度"。一般来说，剖析秦汉赋税制度的形成、内容、变化及其征收和缴纳情况，既可以明确谁在土地所有制中占有支配地位，又可以为具体问题如田亩规划提供新的研究视角，还可以反映战国秦汉土地制度的演变。本章由三个相互关联并聚讼纷纭的问题组成，即秦汉田租的征收方式、秦汉户赋和算赋征收的演变。从田租征收方式来看，商鞅变法后，秦对田租征收方式曾有过多次改革。根据《史记·商君列传》，可能在商鞅第二次变法，秦国便采用了新的田租征收方式。从新出秦简来看，岳麓秦简《数》记录了秦代禾田租按"税田"十分之一征收，枲田租按十五税一征收，北大秦简《算书》则记录"税田"按十二税一征收，并得到里耶秦简的证实，这为全面认识秦的田租制度提供了极其珍贵的第一手资料。秦的田租率和征收方式问题曾长期困扰学界，通过这些鲜活的材料，可以比较详细地知道：秦代田租的确定既有地区差异，如洞庭等所谓"新地"和其他地区，又有农作物区别，如禾、枲、桑等；既按土地面积征收，如十分之一、十二分之一、十五分之一，也按农作物产量和质量征收，如"三步一斗""廿步一斗""大枲也，五之，中枲也，六之，细枲也，七之"。根据张家山汉简《算数书》，这些材料还证明了秦及汉初的田租征收形式是分成租，而实质却是高低不等的定额租；在田租的征收方式上，则同时参照两种租率，一种是"税田"的亩数租率，一种是"舆田"的产量租率。从实际租率来看，由于每户的产量不同，所征收禾田租的数量差异很大，每户的租率也的确高低不等。有的低于总产量的10%，有的高于10%，甚至高达20%，但最高都明显低于"见税什五"，遑论"泰半之赋"了。可以毫不夸张地说，这是秦汉赋税制度研究的一个重大突破，已解决了秦及汉初的田租率和田租征收方式问题。景帝即位后，实行三十税一的田租政策，又使西汉前期的田租征收方式出现了重大变化。按照以往的征收方式，在确定舆田后还必须按面积租率计算税田的步数。但随着税田的数量越来越少，在产量基本相同的情况下，每亩的平均产量或征收多少田租，已能够大体判断出来。无论是高产，还是中产，抑或低产，实际都可以采用高、中、低的平均田租额即定额来征收。这样一来，一种新的更为简单便捷的田租征收方式——定额租便应运而生了。之所以在景帝以后，"舆田"和"税田"都完全从人们的视野中消失，原因正在于此。以往大量出现的"误券""误租券"销声匿迹，原因也正在于此。再就户赋而言，秦的所有赋税都可以统称为户赋，同时又可以单独称为田租、顷刍槀、户刍、户刍钱、户赋、口赋和算赋等。根据新出秦简，秦代户刍钱（户刍）、户赋钱（布帛）、口赋都可以称为户赋，算赋和田租、顷刍稾也应该被列入户赋，就是一个新的例证。从《二年律令》来看，随着减轻赋税，汉初仅就按户征收的男耕女织的税钱与秦代实行了对接，包括原本征收布帛的户赋钱和征收刍稾的户刍钱。户赋钱在文景时期可能已完全废止，而户刍钱则可能延续到武帝时期，后来又与田刍合并为一个税目。秦代算赋原本属于军赋，仅向妇女征收。汉初减轻赋税，实行新的算赋、口赋制度，算赋成为十五岁以上成年人的人口税，而口钱则成为满三岁以上未成年人的人口税。这标志着中国古代人口税的完全形成。以后虽有所变化，但直到东汉末年，算赋、口钱的基本制度都始终未变。关键在于，对凤凰山《算簿》和纪庄《算簿》应正确解读。最新公布的《堂邑元寿二年要具簿》也完全证实，汉代"事"的广义均包括算赋、口钱和徭役。而走马楼吴简中的结计简或尾简，则当为"口"指全户人口，前一个"事"指赋税徭役（按该户承担口数总计），"算"指算赋（按该户缴纳口数分计），后一个"事"乃单指徭役（按该户服役口数分计）。本章的主要创新是，秦的所有赋税都可以统称为户赋，秦代确有仅向妇女征收的算赋，两汉时期也是按其制度征收算赋和口钱的。

余论，"秦汉魏晋南北朝土地制度的嬗变"。本篇具有结语性质，主要是从宏观上研究和总结战国至隋唐时期土地制度的嬗变，包括相关规律、特点、作用和经验教训等。总的来说，在民田占有制度上，秦汉魏晋南北朝时期是沿着土地国有变成土地私有为主，再从土地私有又变成土地国有为主的轨迹运行的。无论是战国、秦代的授田制和赐田制，还是汉初的名田（授田）制，抑或魏晋南北朝时期的屯田制、占田制和均田制，均具有鲜明的时代特点，是顺应历史和社会发展的产物。秦汉土地私有制的发展曾极大调动了地主和农民的积极性，但由此产生的土地兼并也是最终导致其土地制度被完全破坏的主因。魏晋南北朝土地国有制的发展也最终要让位于效率更高的土地私有制，这是历史和社会发展的大趋势。秦汉魏晋南北朝土地制度的嬗变，给后世更留下许多宝贵的经验和教训。

本书还附录了三篇论文。一是《秦亩产新考——兼析传世文献中的相关亩产记载》，发表于《中国经济史研究》2013年第4期。本文虽然存在对秦汉平均亩产推算过高的问题，但关于秦汉亩产的讨论涉及田租征收方式和土地制度，对全面认识秦汉时期的农业生产力和民田占有制度不无裨益。二是《秦代确有算赋辨——与臧知非先生商榷》，发表于《中国农史》2018年第5期。本文论述与秦代（国）土地制度研究有一定关联，涉及男耕女织的生产方式和秦汉人头税的源流问题，并对如何严格遵守学术规范，怎样在"和而不同"的原则下进行学术争鸣，提出了笔者的看法。三是《西汉"武功爵"新探》，发表于《历史研究》2016年第2期。本文对西汉"武功爵"的缘起、特点、作用和终止等作了新的探讨，在关于爵位轻滥等问题上可以同秦汉二十等军功爵的内容相互印证与对比。因本书注释格式的统一，这三篇论文的注释都作了一些修改。

本书的研究思路和学术价值则体现在四个方面：一是更多关注和考察了土地的实际占有和使用权问题；二是将目光投向中国古代社会的历史长河，从较长的时间段研究了秦汉时期的土地制度；三是将研究置于战国秦汉魏晋史的大背景下，强调土地制度与政治制度、经济制度、法律制度和社会关系的相互联系与制约；四是尽可能厘清了战国秦汉土地制度中的一些争论和疑难问题。

最后要说明的是，本书所有章节都有和学界同行商榷的内容。这绝不是笔者的刻意所为，更不是违背研究规律的标新立异，而是由秦汉土地制度的研究课题决定的。一方面，土地制度是传统课题，学界对战国秦汉土地制度的原有成果很多，要想在新的研究中完全予以回避，既不可能，又违反了学术规范；另一方面，本书作为国家社科基金重点项目的结项成果，必须尽最大可能在原有研究的基础上有所推进和提高，没有符合学术规范的相关对话或争鸣，任何创新也都将无从谈起。本书的写作在很大程度上就是围绕一系列问题的商榷而展开的。因此，重视学术史的回顾，重视学术对话与争鸣，这不仅可以看作本书写作的一个突出特点，而且更应当视为本书对学术原创的引用和尊重。"君子和而不同，小人同而不和。"（《论语·子路》）笔者的批评和商榷既然秉承求真、对话的原则，那么乐于接受批评和商榷便成为本书的天然义务。学术薪火是代代传承的。我们今天之所以能做出一些成绩，是因为简牍材料的不断发现和计算机技术的发展，也是因为能站在前人的肩膀之上，少走了许多弯路。相信随着更多新材料的发现，我们的许多认识也必将被后人所更新。马克思曾精辟指出："人们自己创造自己的历史，但是他们并不是随心所欲地创造，并不是在他们自己选定的条件下创造，而是在直接碰到的、既定的、从过去承继下来的条件下创造。"（《马克思恩格斯选集》第 1 卷，人民出版社 2012 年版，第 669 页）当今的学术批评也应当作如是观。可以毫不夸张说，我们的所有成就都首先要感谢这个新的时代，也要感谢薪火相传的学界前辈、同辈和晚辈。至于本书究竟在"既定"条件下做得如何，那就要看读者和后世的评判了。

第 一 章

睡虎地秦简与授田制研究

据文献记载，中国古代有"受田"即"授田"制度。

《汉书·食货志上》称："六尺为步，步百为亩，亩百为夫，夫三为屋，屋三为井，井方一里，是为九夫。八家共之，各受私田百亩，公田十亩，是为八百八十亩，余二十亩以为庐舍。"并依据土地的肥沃和贫瘠而实行"自爰其处"的休耕制度——"民受田，上田夫百亩，中田夫二百亩，下田夫三百亩。岁耕种者为不易上田；休一岁者为一易中田；休二岁者为再易下田，三岁更耕之，自爰其处。农民户人己受田，其家众男为余夫，亦以口受田如比。士工商家受田，五口乃当农夫一人。此谓平土可以为法者也。"①但一般认为，这种"公田"与"私田"相结合的授田制度是与春秋以前的井田制联系在一起的。随着社会生产力的发展，生产关系的变化，如铁器和牛耕的使用，以耕织相结合的个体小农的出现，到春秋时期井田制已开始瓦解。故根据西汉董仲舒的描述——"至秦则不然，用商鞅之法，改帝王之制，除井田，民得卖买，富者田连仟伯，贫者亡立锥之地。"② 许多学者即主张，最晚到商鞅变法，秦和列国都实行了土地私有制度，③ 并一度成为学界的主流看法。

当然，由于中国古代并不存在绝对的私有制度，也有一些学者对土地私

---

① 《汉书》卷24上《食货志上》，中华书局1962年版，第1119—1120页。按：为了便于查找，本书对每章第一次出现的引文都详细注明出处。以下不再说明。

② 《汉书》卷24上《食货志上》，第1137页。

③ 如马克思主义史学家范文澜先生认为："战国时期无疑是一个农业跃进的时期，基本原因在于战国时土地私人所有制已经确立。"（范文澜：《中国通史简编》修订本第1编，人民出版社1964年第4版，第243页）

有制的看法提出质疑，认为中国古代实际主要是土地国有制。最早发起讨论的是马克思主义史学家侯外庐先生。他依据亚细亚生产方式理论，对中国封建社会国家或皇帝（君主）为主要土地所有者的主张作了比较全面的论述，并把这种"亚洲式的土地所有权形式"命名为"皇族垄断的土地所有制形式"。① 侯先生的观点引起了学界震动，但对此进行完善并最早提出土地国有制的，却是稍后的经济史学家李埏先生。他对侯外庐先生的皇族土地所有制提出修正，认为中国专制帝王具有国有和私有的两重性，应该把中国封建社会的土地所有制称为"土地国有制"，从而系统论证了土地国有制的主张。② 但总体来说，在 20 世纪 80 年代以前，土地国有制的主张都不被大多数学者认同。

意想不到的是，关于这一问题的讨论却由于一次重大的考古发现而改变。这就是 1975 年湖北云梦睡虎地秦简的出土。在这批主要记录战国后期秦国法律文书的竹简中，明确记载了秦有"授田"制度。如《田律》规定："入顷刍稾，以其受田之数，无垦（垦）不垦（垦），顷入刍三石、稾二石。……入刍稾，相输度，可殹（也）。"③ 这种授田制度的发现使得战国主要是土地私有制的主张遭受到严峻和强烈挑战，而土地国有制的主张则越来越得到认同。因为既然农民的土地皆由国家授予，那么土地的所有权就应该归于国家，也就属于土地国有制的范畴。加之更多秦汉简牍的发现，授田制的形式、内容和范围也越来越显得清晰。所以从 20 世纪 80 年代开始，到 21 世纪初，战国土地国有制的主张逐渐成为学界的主流看法，尽管土地私有制的主张也仍然存在。④

然而，秦或战国授田制究竟包括哪些具体内容？它的性质是否就是土地国有制且一成不变？在授田制下，到底是土地所有权重要还是土地使用权重

---

① 侯外庐：《中国封建社会土地所有制形式的问题——中国封建社会发展规律商兑之一》，《历史研究》1954 年第 1 期。

② 李埏：《论我国的"封建的土地国有制"》，《历史研究》1956 年第 8 期。

③ 睡虎地秦墓竹简整理小组编《睡虎地秦墓竹简·秦律十八种·田律》，文物出版社 1978 年版，第 27—28 页。

④ 如张传玺、林剑鸣先生都主张秦自商鞅变法后主要实行土地私有制，并回避了授田制问题。详请参看张传玺《论中国古代土地私有制形成的三个阶段》，《北京大学学报》（哲学社会科学版）1978 年第 2 期；林剑鸣《秦史稿》，上海人民出版社 1981 年版，第 207—211 页。

要？对这些问题，目前仍存在较多争议。本章即试图作些总结，并就其相关争议而略抒己见。

第一节　授田制的内容与性质

本节主要是对授田制已有研究的评述。

一　土地国有制论

自睡虎地秦简公布后，授田制便受到了关注。从现有文献看，刘泽华先生以敏锐的眼光最早开始了对授田制的研究。他的《论战国时期"授田"制下的"公民"》比较全面地探讨了授田制问题，主要观点可以归纳为五个方面：一是根据睡虎地秦简"无可争辩地证明了在战国时期，秦实行过'授田'制"；二是授田制表明秦国国君拥有大量的土地，这种授田制"可称之封建国有制"；三是战国时期各国都实行了授田制，史书记载的"行田""分地""均地""辕田"等都可以称为"授田"制；四是授田制通常授田百亩，其不同地区、不同亩制的实施会"五花八门"；五是受田的农民被称为"公民"，也是封建国家赋税徭役的主要承担者，但没有土地所有权，对授田不能继承、转送或买卖。[1] 他的论述标志着土地国有制的主张又开始异军突起。

此后，在土地国有制的框架下，许多学者都对授田制作了进一步的论述和补充。其中比较具有代表性的是张金光、袁林和李瑞兰先生。张金光先生的重要补充在于，秦的授田制是"按户计口"的"辕田制"，且"租税合一"，又依据青川秦牍《为田律》论述了"阡陌封疆"的道路和田界问题，认为"秦土地制度具有普遍国有制形态与实际上的私人占有的二重性特点"。[2] 袁林先生也强调授田制是"计户授田"，故设立了严密的户籍制度；商鞅"为田开阡陌封疆"，是建立了严密的田界系统；国家还"直接干预生产过程的某些环节"。[3] 李瑞兰先生则断言"国家授田制是战国时代最基本

---

[1]　刘泽华：《论战国时期"授田"制下的"公民"》，《南开学报》（哲学社会科学版）1978 年第 2 期。

[2]　张金光：《试论秦自商鞅变法后的土地制度》，《中国史研究》1983 年第 2 期。

[3]　袁林：《战国授田制试论》，《甘肃社会科学》1983 年第 6 期。

的土地制度",认为"爰土易居"的份地轮换分配法进一步遭到否定,而代之以份地的长期或终身占有制;授田制虽然延缓了土地私有化的进程,但其必然归宿也仍旧是土地私有制。① 此外,杨善群、杜绍顺、罗镇岳、郭豫才、乌廷玉、徐鸿修、余敏声、严宾、葛金芳、晁福林、郝建平等先生也都主张战国授田制是土地国有制。②

面对众多土地国有制的论述,有些主张战国土地私有制的学者也对自己的观点作了修正。鉴于授田已经是秦简记录的确凿事实,他们大多主张在授田制外仍存在着土地私有制,而且到战国后期土地私有制已成为土地所有制的主要形式。就笔者目力所及,最早对此作出论述的是高度关注秦简发现的高敏先生。他在《从云梦秦简看秦的土地制度》中便明确提出:"商鞅'废井田'后的土地制度是封建土地国有制与地主土地私有制的并存。"③ 从此文的发表时间看,高敏先生的看法或许受到刘泽华先生的影响,但也可能是直接研究秦简的结果。特别是"赐田"与"授田"不同、属于地主土地私有制的看法,④ 更是独树一帜地承袭传统观点,直接影响了不少坚持战国土

---

① 李瑞兰:《战国时代国家授田制的由来、特征及作用》,《天津师大学报》1985 年第 3 期。

② 杨善群:《商鞅"允许土地买卖"说质疑》,《陕西师大学报》(哲学社会科学版) 1983 年第 1 期;杜绍顺:《关于秦代土地所有制的几个问题》,《华南师范大学学报》(社会科学版) 1984 年第 3 期;罗镇岳:《秦国授田制的几点辨析》,《求索》1985 年第 1 期;郭豫才:《论战国时期的封建土地国有制——再论我国封建制生产关系的形成过程》,《史学月刊》1987 年第 1 期;乌廷玉:《中国历代土地制度史纲》(上卷),吉林大学出版社 1987 年版,第 51—56 页;徐鸿修:《从禄赏制的演变看周代的土地制度——兼评"军功地主"论》,《文史哲》1987 年第 2 期;余敏声:《春秋战国时期土地制度的演变》,《社会科学战线》1987 年第 2 期;吴荣曾:《战国授田制研究》,《思想战线》1989 年第 3 期;尹协理:《秦汉的名田、假田与土地所有制》,《历史教学》1989 年第 10 期;张玉勤:《论战国时期的国家授田制》,《山西师大学报》(社会科学版) 1989 年第 4 期;张润泽:《论战国时期国家授田制》,《邯郸师专学报》(社会科学版) 1991 年创刊号;严宾:《商鞅授田制研究》,《复旦学报》(社会科学版) 1991 年第 5 期;李雪山:《〈周礼〉中的农民土地分配问题》,《殷都学刊》1994 年第 1 期;葛金芳:《土地赋役志》,上海人民出版社 1998 年版,第 56—61 页;晁福林:《战国授田制简论》,《中国历史博物馆馆刊》1999 年第 1 期;郝建平:《战国授田制研究综述》,《阴山学刊》2003 年第 2 期。

③ 高敏:《从云梦秦简看秦的土地制度》,载氏著《云梦秦简初探》(增订本),河南人民出版社 1981 年第 2 版,第 133—154 页。按:《云梦秦简初探》第 1 版在 1979 年 1 月。

④ 关于赐田,本章只是讨论战国、秦的土地究竟是国有还是私有时附带说明。对赐田即"名田宅"制度能否也称为授田,或者授田制能否称为名田宅制,学界有不同看法。主张赐田、授田都属于名田宅制的理由是,张家山汉简《二年律令》把赐田和授田合在一起记载,因汉初去秦不远,且汉承秦制,故赐田也应该算是授田。而主张赐田非为授田的看法,则认为二者的性质不同,从商鞅变法到汉初有一个很长的发展变化阶段,即使授田制可以称为名田宅制,也并不意味赐田就是授田。笔者赞同后者,详见本书第二章,此不赘述。

地私有制的学者。如齐振翚先生提出："各国封建政权常以土地赏赐军功，……培植了军功地主和官僚地主，产生了地主土地所有制，使封建国有制土地不断地转为地主的私有土地。"① 还有杨宽、黄今言、施伟青、杨生民、邵鸿等先生也都执这种看法。②

二　土地私有制论

值得注意的是，自从睡虎地秦简被公布后，有些坚持战国土地私有制的学者便始终认为，授田制并不能被说成普遍实施的土地国有制形态，实际却应当被看作土地私有制形态。主要论证有三个方面。

一是釜底抽薪，坚称授田制乃确立了土地私有制。这方面的论述可以唐赞功先生为代表。他的《云梦秦简所涉及土地所有制形式问题初探》提出，商鞅的"制辕田，开阡陌"，"就是废除旧的授田制，实行新的田制，并承认土地的私有。一句话就是确立封建土地私有制"。因为《田律》提到的授田反映的是商鞅变法后的情况，"所以《田律》中的'授田'，已经不是什么国有土地，而是私有土地了。这种土地的所有者，不是什么国家佃农，而是地主或自耕农"。③

二是迂回论证，强调农民对授田的长期占有和使用。考虑到把授田制说成私有制还明显缺乏证据，因而其论证即主要围绕土地的长期占有权和授田

① 齐振翚：《试论战国封建土地所有制的主要形式》，《辽宁大学学报》（哲学社会科学版）1982年第4期。

② 杨宽：《战国史》，上海人民出版社1980年第2版，第152—161页；黄今言：《秦代租赋徭役制度初探》，载中国秦汉史研究会编《秦汉史论丛》第1辑，陕西人民出版社1981年版，第61—82页；施伟青：《也论秦自商鞅变法后的土地制度——与张金光同志商榷》，《中国社会经济史研究》1986年第4期；杨生民：《春秋战国个体农民广泛出现与战国的社会性质》，《北京师范学院学报》（社会科学版）1991年第6期；邵鸿：《略论战国时期的土地私有制》，《江西师范大学学报》（哲学社会科学版）1992年第2期。

③ 唐赞功：《云梦秦简所涉及土地所有制形式问题初探》，载中华书局编辑部编《云梦秦简研究》，中华书局1981年版，第53—66页。按：高尚志先生也同样认为，秦的"受田"与古代不同，它"适应了土地私有化的趋势，起了促进的作用。历史实际也证明'受田'同土地买卖，是相互并兴、交错在一起的"。（高尚志：《秦简律文中的"受田"》，载中国秦汉史研究会编《秦汉史论丛》第3辑，陕西人民出版社1986年版，第21—34页）杨作龙先生则主张："秦自商鞅变法后即废除原有的井田制度，并在此基础上开阡陌、止还田，为奖励耕战而实行了允许农民土地私有的任耕制。"（杨作龙：《秦商鞅变法后田制问题商榷》，《中国史研究》1989年第1期）

的来源等展开。如熊铁基、王瑞明先生说："政府授给土地之后，不再进行分配，各家已有的土地，即为私人所长期占有。名义上虽然还是'受田'，实质上土地已为私人所有。"① 朱绍侯先生指出：

> 名田制和辕田制（受田制），从严格意义上讲，都不算土地私有制。因为辕田制是国家向农民授田，名田制是国家向立有军功者的赐田。但是，不论辕田或名田，都是有授无还或有赐无还，国家把土地长期交给农民和立有军功者占有。土地制度的发展，有个不依人们的意志为转移的规律，即土地一经长期占有，必然导致土地私有和土地兼并。②

刘家贵先生也说：

> 份地的长期私人占有和使用最终将导致份地的私有，这是经济发展的必然逻辑。有关战国国家授田制的资料只有授田的记载，而无还田的证据，不是偶然的。当时很可能是一次性授田，父老子继，个别情况下作些局部的调整，并不象春秋以前那样实行严格的还受制度，由农村公社定期重分。③

林甘泉等先生则重在论证授田的来源、继承和受田农民的性质，认为"国家分配给农民的土地，基本上是未垦的可耕地"；受田之后，"可以把所受之田作为世业传之子孙后代"；授田农民虽然"带有国家佃农的性质，但是他们所受封建国家赋税徭役的剥削，与一般自耕农并没有多大差别"。战国时代的授田制"是封建土地国有制向私有制转化的一种形式"④。

三是以破为立，力图推翻战国土地国有制的论据。李恒全先生为主要代

---

① 熊铁基、王瑞明：《秦代的封建土地所有制》，载中华书局编辑部编《云梦秦简研究》，第67—78页。

② 朱绍侯：《秦汉土地制度与阶级关系》，中州古籍出版社1985年版，第25页。

③ 刘家贵：《战国时期土地国有制的瓦解与土地私有制的发展》，《中国经济史研究》1988年第4期。

④ 林甘泉主编《中国封建土地制度史》第1卷，中国社会科学出版社1990年版，第91—92页。

表。他的《论战国土地私有制——对 20 世纪 80 年代以来战国授田制观点的质疑》即声称:"战国授田制论在史料的解释和论证上存在诸多问题,如在授田的来源与性质的关系问题上,对关于战国土地买卖文献材料的一概否定,对于事实存在的土地兼并现象的忽略,对于赐田可以由子孙继承的否定,以及对于所谓归田的说法,都是难以令人信服的。""战国土地可以继承、转让和买卖的事实说明,战国土地所有制的基本形式是土地私有制,而不是土地国有制。"①

三　成就、突破与局限

纵观 40 年来对授田制的讨论,可以清楚看出:从发现睡虎地秦简有授田制记录,学界热烈争鸣,提出授田制是战国时期的基本土地制度,便逐渐改写了战国、秦的土地制度史。在这个过程中,以刘泽华、张金光先生为代表的土地国有制论功不可没,对推进战国土地制度的研究做出了很大贡献。但同时他们也确实对相关资料作了于己有利的解释,在一定程度上夸大了土地国有制的范围和内容。比如赐田问题,他们曾断然否定赐田不能继承和买卖,而事实却并非如此。且不说被误解的传世文献,就是从睡虎地秦简来看,其中也有着"后子"的明确记载——"·可(何)为'后子'?·官其男为爵后,及臣邦君长所置为后大(太)子,皆为'后子'。"② 可见秦的爵位是可以继承的,与爵位相关联的赐田也显然可以继承。尤其近年公布的里耶秦简,有许多"小爵"的记载,如"南里小上造□□"(8-1182),"小上造三户。小公士一户"(8-19)③ 等,就更是证明了赐田可以继承,尽管赐田能否被完全继承仍值得探讨。诚如杨振红先生所说,名田宅制"以爵位划分占有田宅的标准,以户为单位名有田宅,田宅可以有条件地继承、转让和买卖"。④ 当然,用彼时看不到的资料来批评他们的误读,多少还有些不公,但由此亦能看出,战国土地国有制论确曾存在对某些资料的误

---

① 李恒全:《论战国土地私有制——对 20 世纪 80 年代以来战国授田制观点的质疑》,《社会科学》2014 年第 3 期。

② 睡虎地秦墓竹简整理小组编《睡虎地秦墓竹简·法律答问》,第 182 页。

③ 陈伟主编《里耶秦简牍校释》第 1 卷,武汉大学出版社 2012 年版,第 288、32 页。

④ 杨振红:《秦汉"名田宅制"说——从张家山汉简看战国秦汉的土地制度》,《中国史研究》2003 年第 3 期。

读与忽略。再如对授田能否继承、转让和买卖问题，论者也以农民没有土地的所有权一概予以否定。而经验告诉我们，所有权固然重要，是授田能否继承、转让和买卖的一个很关键性的因素，但占有权和使用权有时也非常重要。就算是法律不允许买卖，实际也都很难避免民间的各种变相转让和买卖。

不过，李恒全等先生的反驳也有着矫枉过正的问题。即使其土地国有制的论据都存在误读，实际也推翻不了"国家授田制是战国时代最基本的土地制度"的结论，更不能由此证明"战国土地所有制的基本形式是土地私有制"。因为授田制毕竟是战国到西汉前期都实施的土地制度，国家在名义上拥有这些授田的所有权，而且土地的转让和买卖的相关记录多为战国晚期，并主要集中在人多地少的狭乡，所以把授田制直接视为土地私有制也同样不能令人信服。里耶秦简即间接证明授田是不能异地传承的，但其授田上的"禾稼"却完全是私有的。例如《都乡守沈爰书》：

> 卅五年七月戊子朔己酉，都乡守沈爰书：高里士五（伍）广自言：谒以大奴良、完，小奴畴、饶，大婢阑、愿、多、□，禾稼、衣器、钱六万，尽以予子大女子阳里胡，凡十一物，同券齿。典弘占。（8－1554）[1]

更重要的是，张金光等许多学者也都主张授田制"具有普遍国有制形态与实际上的私人占有的二重性特点"，并认为农民对授田可以长期或终身占有，这与主张土地私有制的学者实际在很大程度上是不谋而合的，无非前者都否认授田可以继承、转让和买卖而已。仅就这一点来讲，恐怕也不宜把战国土地国有制论完全否定。

从现有资料看，战国、秦的授田制既不能完全称为土地国有制，也不能完全称为土地私有制，而应如林甘泉先生所说，是"土地国有制向私有制转化的一种形式"。张传玺先生曾分析战国秦汉三国时期的国有土地来源说：

> 这些来源和封建国家土地所有权没有关系，而是凭借行政权或司法

① 陈伟主编《里耶秦简牍校释》第1卷，第356—357页。

权而获得这些土地。①

根据对物权完全占有和不完全占有的法学界定，杨振红先生也明确提出：

> 战国秦汉时期是一个法律尚未健全的社会，其物权法远未成形，因此当时的法律根本不可能明示"名田宅制"的所有权性质。以爵位名田宅制度下的田宅可以继承、转让和买卖，说明名有者具有控制和处分它们的权利，但并不能证明他们一定具有所有权，何况这种制度下的继承、转让和买卖还是有条件的。田宅由国家授予或者在国家允许的范围内占有，国家在田宅的继承、转让和买卖环节上实施一定的限制和监控，确实表明国家对全国范围的田宅拥有相当的权利。但是在以此证明其所有权属于国家时，还应该注意把国家主权者的权利和它的所有权区别开来，因为国家职能本身赋予了它许多权利。②

这或许可以作为其"土地国有制向私有制转化"状态的一个参照。

至于相关问题的争议，我们将在下节中讨论。

第二节　对授田制相关问题的辨析

对睡虎地秦简相关授田制的史料解读，目前争议主要集中在以下几个问题。

一　"入顷刍稾"

此条律文虽然证明了授田制的实施，但秦的刍稾税及田租究竟怎么征收，由此所反映出的授田细节，学界仍众说纷纭。不少学者认为，根据"入顷刍稾"，以及"无垦（垦）不垦（垦），顷入刍三石、稾二石"，秦的

---

① 张传玺：《战国秦汉三国时期的国有土地问题》，载氏著《秦汉问题研究》（增订本），北京大学出版社 1995 年版，第 77—100 页。

② 杨振红：《秦汉"名田宅制"说——从张家山汉简看战国秦汉的土地制度》，《中国史研究》2003 年第 3 期。

授田标准应该是每户授田百亩，无论垦种与否，都必须向官府交纳刍税三石、稾税二石。例如：

> 所谓"舍地而税人"，……是"地数未盈，其税必备"。那（哪）怕是个体农民一户没有百亩之田，或未"授足"百亩的份地，也得按有田百亩的标准交纳田租。这与"无垦不垦"都要"顷入刍三石、稾二石"是完全吻合的。①

> 秦在商鞅变法后，一直是向每个农户征收百亩的田税，云梦秦简所说"入顷刍稾，以其受田之数，无垦不垦"。这个"顷"实际就是每户"受田之数"，"入顷刍稾"就是以每户占田百亩作为征税依据的。②

也有日本学者说："在受田之地课收刍和藁。但是，这和垦田不垦田没有关系，而是单纯以顷为单位进行课收。"③ 直到近年还有学者坚称：秦的"刍、稾则按顷计算"，《田律》"规定很明确，无论是否耕种，受田民都要根据受田数量，以顷为单位缴纳刍、稾，每顷刍三石、稾二石"。④ 其实不然。

秦的授田标准为每户百亩大体应没有问题（不包括赐田），但认为秦的刍稾都是按顷计征，从《田律》"以其受田之数"的规定看却显然欠妥。有一点非常清楚，法律条文的制定是不可能语义重复或没有明确指向的。而既然征收刍稾要"以其受田之数"，那么实际的征收便不可能都按每户百亩的定额标准，否则也没有必要再强调"以其受田之数"了。在这一方面，唐赞功先生最早提出，刍稾"是按照'受田之数'即占有土地的多少征收的"。⑤ 张金

---

① 黄今言：《秦代租赋徭役制度研究》，《江西师院学报》（哲学社会科学版）1979 年第 3 期；《秦代租赋徭役制度初探》，载中国秦汉史研究会编《秦汉史论丛》第 1 辑，第 61—82 页。按：杨作龙先生也说："一对夫妇垦田虽未达百亩，亦要按百亩纳税。"（杨作龙：《秦商鞅变法后田制问题商榷》，《中国史研究》1989 年第 1 期）

② 严宾：《商鞅授田制研究》，《复旦学报》1991 年第 5 期。

③ 古賀登「尽地力説・阡陌制補論——主として雲夢出土秦簡による」早稲田大學大學院文學研究科『早稲田大學大學院文學研究科紀要』早稲田大學、1978、125—147 頁。

④ 臧知非：《说"税田"：秦汉田税征收方式的历史考察》，《历史研究》2015 年第 3 期。

⑤ 唐赞功：《从云梦秦简看秦代社会的主要矛盾》，《历史研究》1977 年第 5 期。

光、施伟青和李恒全先生的看法也值得参考或引证。如张金光先生说：

> "入顷刍稾"，不是一户按顷田缴纳刍稾，而是入缴土地刍稾税的
> 意思。"入顷刍稾"的"顷"字并不是指百亩田，而实是以常用的土田
> 面积单位来泛称土地。①

证诸张家山汉简《户律》："[卿]以上所自田户田，不租，不出顷刍稾。"
（317）② 可知张金光先生的论述相当精到，也说明"顷刍稾"是从秦到汉都
通行的专用名词。施伟青先生也令人信服地推论：

> 秦简《田律》提到"不垦"之田和垦而"晹毋（无）稼者"，并规
> 定一律按授田数交纳刍稾，这说明未垦或垦而未种之田当不在少
> 数。……《田律》只言交刍稾，不谓纳谷租，这绝非偶然，它曲折地反
> 映出当时税谷的征收只是限于已垦种之田，未垦种之田只须交纳刍稾。③

而李恒全先生则对"顷入刍三石、稾二石"作出了独到解读，认为这"实
际只是刍稾税征收的一个测算标准，一个征税的参照，而不是刍稾征收的基
本单位，也就是说，秦汉刍稾是按实有亩数征收的"。④

　　当然，囿于材料等种种原因，唐赞功、张金光和李恒全先生并没有深究
秦的刍稾是怎样按实有亩数征收的；施伟青先生虽然颇有预见地指出秦的授
田有不少未种之田，"未垦种之田只须交纳刍稾"，但他也依然暗示秦的刍
稾是按授田百亩交纳的。历史的机遇往往令人难料，在看似问题已经无解的
情况下，最新公布的里耶秦简和岳麓书院藏秦简（以下简称"岳麓秦简"）

---

① 张金光：《秦制研究》，上海古籍出版社 2004 年版，第 188 页。
② 张家山二四七号汉墓竹简整理小组编《张家山汉墓竹简［二四七号墓］》（释文修订本），文物
出版社 2006 年版，第 52 页。
③ 施伟青：《也论秦自商鞅变法后的土地制度——与张金光同志商榷》，《中国社会经济史研究》
1986 年第 4 期。按：山田胜芳先生认为，秦汉农业仍大量采用休耕制度，对授田按"草田"征收刍稾，
以及田租按实有耕种面积征收，有一些启发意义。（山田勝芳『秦漢財政収入の研究』汲古書院、1993、
39—40 頁）
④ 李恒全：《战国秦汉经济问题考论》，江苏人民出版社 2012 年版，第 150 页。

却揭开了它的谜底。如里耶简 9-2350 和简 8-1519 记载：

> 卅三年六月庚子朔丁巳，守武爰书：高里士五（伍）吾武【自】言谒狠（垦）草田六亩武门外，能恒藉以为田。典缦占。[1]

> 迁陵卅五年狠（垦）田輿五十二顷九十五亩，税田四顷【卌二】，户百五十二，租六百七十七石。衛（率）之，亩一石五；户嬰四石四斗五升，奇不衛（率）六斗。[2]

原来秦的授田的确不是一次就能够垦种百亩的，迁陵县当年新垦种交税的"輿田"平均每户也才不到三十五亩（5295÷152），所以对"入顷刍稾"条的正确解释，应是依照农民申请开垦的草田并被官府备案的总亩数来交纳刍稾。若开垦的草田已达到百亩，农民即必须向官府交纳刍三石、稾二石；若开垦的草田未达到百亩或超过百亩，假设申请和备案的是五十亩，农民即必须按实有五十亩而交纳刍一石半、稾一石。换言之，对很多老授田户来说，他们交纳刍稾的数额也确实就是刍三石和稾二石；而对于有一个成年儿子（女儿）的家庭和许多新授田户来说，所交纳刍稾的数额则依照"顷入刍三石、稾二石"的税率按实有开垦的草田亩数折算。再就岳麓秦简而言，《金布律》的规定更证明"户赋"的征收即包括刍稾。

> 出户赋者，自泰庶长以下，十月户出刍一石十五斤；五月户出十六钱，其欲出布者，许之。十月户赋，以十二月朔日入之，五月户赋，以六月望日入之，岁输泰守。十月户赋不入刍而入钱者，入十六钱。（118-120）[3]

---

[1] 里耶秦简博物馆、出土文献与中国古代文明研究协同创新中心中国人民大学中心编著《里耶秦简博物馆藏秦简》，中西书局 2016 年版，第 194 页。

[2] 陈伟主编《里耶秦简牍校释》第 1 卷，第 345 页。

[3] 陈松长主编《岳麓书院藏秦简［肆］》，上海辞书出版社 2015 年版，第 107 页。按：律文中说的虽是户刍，但根据前引《田律》"入刍稾，相输度，可殹（也）"的规定，刍稾是可以相互折换的。参见杨振红《从出土简牍看秦汉时期的刍稿税》，载吴荣曾、汪桂海主编《简牍与古代史研究》，北京大学出版社 2012 年版，第 87—102 页。

可见秦既有"以其受田之数"缴纳的"顷刍稿",又有按户缴纳的"户刍"。从江陵凤凰山汉简看,"顷刍稿"还被称为"田刍"和"田稿",而且"户刍""田刍"均可以折抵"田稿",如"六石当稿"。① 秦制亦当如此。这说明刍稿的征收皆面向全国,而并非像张金光先生所说,"秦无户刍,乃统征于田亩","只征刍稿而不收租禾"属于"例外";② 也并非像刘家贵先生所说,"入顷刍稿"的规定"很可能只是特殊情况下的一种授田形式"。③

值得注意的是,在讨论"入顷刍稿"的过程中,学界对秦或秦国按实有耕种面积征收田租的看法已逐渐形成共识,④ 这对进一步探讨秦及汉初的田租征收方式多有裨益。但也仍有少数学者认为,既然刍稿是按顷征收的,那么田租就应当同样按顷征收,只不过"税田"应按实际面积征收。⑤ 因此,对秦及汉初的田租及其征收方式有必要深究。

先看田租形态。我们认为,秦及汉初的田租应包括禾、刍稿和经济作物三种形态。其中禾与刍稿是学界熟知的,以往关注较少的,是经济作物。这方面的主要证据都来自岳麓秦简《数》,例如:

　　租枲述(术)曰:置与田数,大枲也,五之,中枲也,六之,细枲也,七之,以高乘之为贾(实),左置十五,以一束步数乘十五为法,如法一两,不盈两者,以一为廿四,乘之,如法一朱(铢),不盈朱(铢)者,以法命分。(17-18)⑥

---

① 裘锡圭:《湖北江陵凤凰山十号汉墓出土简牍考释》,《文物》1974年第7期。按:简中把"顷刍稿"称为"田刍"和"田稿",可能是民间用语,并不改变"顷刍稿"为秦汉官方专用名词的事实。最新公布的《里耶秦简〔贰〕》亦证明,"顷刍稿"在迁陵等地区均被称为"田刍稿"。详见本书第二章第一节,此不赘述。

② 张金光:《秦自商鞅变法后的租赋徭役制度》,《文史哲》1983年第1期。

③ 刘家贵:《战国时期土地国有制的瓦解与土地私有制的发展》,《中国经济史研究》1988年第4期。

④ 除了施伟青、李恒全等先生,杨振红先生也引证说:"正如山田胜芳等学者所指出的那样,当时百姓的耕地被分为'垦田'和'不狼(垦)'两种,刍稿税针对百姓所有耕地征收,与之不同,田租征收只针对当年耕种的土地即垦田征收。"(杨振红:《从新出简牍看秦汉时期的田租征收》,载《简帛》第3辑,上海古籍出版社2008年版,第338页)

⑤ 臧知非:《说"税田":秦汉田税征收方式的历史考察》,《历史研究》2015年第3期。

⑥ 朱汉民、陈松长主编《岳麓书院藏秦简〔贰〕》,上海辞书出版社2011年版,第5页。

此算题和多道算题都把征收麻类作物——"枲"称为"租",可见对种植经济作物的收税秦时也称田租。由此可以推论,对种植其他经济作物的农田收税,亦当称为田租。里耶秦简 9-14:"卅五年三月庚寅朔丙辰,贰春乡兹爰书:南里寡妇憖自言谒垦(垦)草田故菜(桑)地百廿步,在故步北,恒以为菜(桑)田。"① 就是一个种植桑树的实例。更值得注意的是,据研究者计算,这些"租枲"的算题均为十五税一。② 说明秦时田租率的确定还有农作物种类的区别。尽管从中还不能完全判定田租都按实际耕种田亩数征收,但多道算题都提到"舆田数",且南里寡妇憖才仅仅种植桑树半亩,以及前揭高里士伍吾武"谒垦(垦)草田六亩",至少可以说刍稾和经济作物是按实际垦田或舆田数征收的。

再看田租征收方式。这一问题虽聚讼千年,莫衷一是,但随着更多秦简的公布和研究,已得到最终解决。在北京大学藏秦简(以下简称"北大秦简")中,有一部名为《算书》的数学著作。据整理者简介,其中《田书》分上下两栏,上栏为"矩形土地面积的计算",下栏为"田租的计算,包括税田面积、税率和田租数额。税田面积均为上栏所记亩数的十二分之一,税率则从'三步一斗'到'廿四步一斗'不等"。例如:

> 广百廿步、从(纵)百步,成田五十亩。
> 税田千步,廿步一斗,租五石。【8023】……③

这就证明除了通常所说的什一之税,以及"租枲"的十五税一,还有十二税一的田租。尤其简中提到"成田五十亩"等,更用事实说明田租的征收是按舆田即实际耕种面积征收的。当然,有些学者还会辩解,包括《数》和张家山汉简《算数书》在内的这些算题,都是为学习计算而假设的。如

① 里耶秦简博物馆、出土文献与中国古代文明研究协同创新中心中国人民大学中心编著《里耶秦简博物馆藏秦简》,第 179 页。

② 肖灿:《从〈数〉的"舆(舆)田"、"税田"算题看秦田地租税制度》,《湖南大学学报》(社会科学版)2010 年第 4 期。

③ 韩巍:《北大秦简中的数学文献》,《文物》2012 年第 6 期。

《算书》整理者就认为：《田书》"显然不是当时丈量田亩、征收租税的档案记录，而应该是供人学习田亩、租税计算的一种特殊算术教材或参考书"。[①]但这也不能成立。据笔者研究，并反复验算，前揭里耶简 8 – 1519 所记"税田"数即均为"舆田"数的十二分之一。其中舆田"五十二顷九十五亩""税田四顷卌二"亩，按 442 ÷ 5295 算，税田约占舆田面积的 8.347%。若去除四舍五入因素，如"奇不衙（率）六斗"，亩均"一石五"非整数，[②]则租率恰好就是十二税一。它无可争辩地证明，《田书》就是"当时丈量田亩、征收租税的档案记录"，当然也可以作为"学习田亩、租税计算的一种特殊算术教材或参考书"。同时也无可争辩地证明："从纯粹的统计学意义看"，包括洞庭郡在内的一些南方地区，亦即秦的所谓"新地"，对"粟米之征"的田租面积都曾按十二税一征收，而并非"只是这一百五十二户农户实际耕种土地的一部分"。[③]再参证岳麓秦简的什一之税，便可以得出更重要的结论。例如：

　　　　租误券。田多若少，耤令田十亩，税田二百卌步，三步一斗，租八石。今误券多五斗，欲益田，其述（术）曰：以八石五斗为八百。（11）
　　　　禾舆田十一亩，【兑】（税）二百六十四步，五步半步一斗，租四石八斗，其述（术）曰：倍二【百六十四步为】……▢（40）[④]

其中简（11）有"田十亩"，按一亩 240 平方步计，为 2400 平方步，而"税田"的面积是"二百卌步"，即 240 平方步，正是"舆田"数的十分之一。简（40）有"禾舆田十一亩"，税田"二百六十四步"，也同样是十分之一。这样就把"舆田"与"税田"的关系完全揭示出来。舆田是全部垦

①　韩巍：《北大秦简中的数学文献》，《文物》2012 年第 6 期。
②　陈伟主编《里耶秦简牍校释》第 1 卷，"前言"，第 7 页。
③　臧知非：《说"税田"：秦汉田税征收方式的历史考察》，《历史研究》2015 年第 3 期。
④　朱汉民、陈松长主编《岳麓书院藏秦简［贰］》，第 4、8 页。

田即授田中的一部分，税田是全部舆田中的一部分。[1] 根据秦代官吏征收田租必须"程田"和"程禾"的规定，我们便可以判定：舆田就是在垦田中确定实际耕种农作物范围或面积的垦田，"舆"的意思是范围或区域，后世有"舆图""方舆"等常用语，与此同。而税田则是按相关租率必须交纳田租的一部分舆田，在洞庭乃至更多地区的禾田租率是十二税一，在其他地区则可能是什一之税。那么再参证张家山汉简《算数书》，秦及汉初的田租征收方式便昭然若揭了。

原来秦及汉初的田租征收有两个同时参照的租（税）率。一个是"税田"占舆田的比例，即"税田"亩数租率，如十二分之一、十分之一。这个租率是固定不变的，只要核实确定了舆田耕种的总面积，"税田"亩数就可以按十二税一或什一之税的租率算出，并根据一亩 240 平方步的比例关系直接算出税田的总步数。北大秦简《田书》所记上栏为"矩形土地面积的计算"，下栏"税田面积均为上栏所记亩数的十二分之一"，就是为了方便基层官吏对"舆田"面积及其总步数的核算，并按十二税一的租率来快速计算"税田"的亩数和总步数。另一个是按农作物不同产量征收的级差租率，即产量租率。这个租率是变化的，如三步一斗、五步一斗、八步一斗等。[2] 在相关人员的"程禾"结束后，即可把核定的租率作为除数和"税田"的总步数相除，二者的商就是最终要交纳的田租数。事实也正如此。里耶简 8 – 1519 虽然仅仅记录了税田为舆田的十二分之一，而没有一一列出每户的产量租率（总计时没有必要），但迁陵三乡分计的平均亩租量不同，如启陵约 1.29 石、都乡约 1.65 石、贰春约 1.55 石，这本身就足以证明。

---

[1]　彭浩先生认为："舆田是指登记在图、册上的土地，也就是符合受田条件者得到的土地。"税田即应税之田，相当于全部土地的十分之一。"在确定税田的数量后，须进行实地测量，划定税田的范围。"然后测算"税田"的"程"，称为"程田"。在确定税田上的作物种类和相应的"程"之后，就可得出应收的田租数量。（彭浩：《谈秦汉数书中的"舆田"及相关问题》，武汉大学简帛研究中心《简帛》第 6 辑，上海古籍出版社 2011 年版，第 24—26 页）按：舆田均指垦田中的实际耕种面积，确定税田数量的前提是核实舆田的亩数能"成田"多少，此即"程田"。

[2]　杨振红先生认为："所谓'取程'或'程租'即测算得到一斗田租的田亩步数，以此'程'作为标准，将 240 平方步的亩换算成若干程，程数与一斗之积即为每亩之'租'、'税'。"（杨振红：《从新出秦牍看秦汉时期的田租征收》，载《简帛》第 3 辑，第 336 页）其中测算一斗田租的田亩步数的论述是对的，但提出"将 240 平方步的亩换算成若干程，程数与一斗之积即为每亩之'租'、'税'"不确。与"一斗田租的田亩步数"相除的是"税田"的总步数，得出的田租数是整块"舆田"的田租。

再如前引《田书》"广百廿步、从（纵）百步，成田五十亩。税田千步，廿步一斗，租五石"，也是核实舆田为"五十亩"后，按十二税一租率把税田折算为总步数——"税田千步"，再列被核定后的产量租率——"廿步一斗"，最后用"千步"除以"廿步"，得出"租五石"的结论。岳麓秦简（40）"禾舆田十一亩，【兑】（税）二百六十四步，五步半步一斗，租四石八斗"，则是按十分之一租率算出"税田"总步数为"二百六十四步"后，除以产量租率"五步半步一斗"，商是"租四石八斗"。张家山汉简《算数书》"税田廿四步，八步一斗，租三斗"（68）①，亦同样如此。可见《田书》、《数》和《算数书》等都是当时极具实用价值的数学著作。同时也无可争辩地证明：所有禾田租都是根据舆田总数即实际耕种田亩数征收的，并由于休耕和生产力等原因，每户农民的每年耕种面积都可能不同，且远远不到百亩。税田也只需在舆田中确定纳税的比例，如十二税一或什一之税，而根本不必在舆田中专门划出哪块舆田收税，哪块舆田不收税。② 否则又何必叠床架屋，再规定按产量从"三步一斗"到"廿四步一斗"的租率呢？更不用说，整块舆田的农作物产量也并不完全相同。

二 "盗徙封，赎耐"

此条律文出自《法律答问》，全文如下：

> "盗徙封，赎耐。"可（何）如为"封"？ "封"即千佰。顷半（畔）"封"也，且非是？而盗徙之，赎耐，可（何）重殹（也）？是，不重。③

---

① 张家山二四七号汉墓竹简整理小组编《张家山汉墓竹简［二四七号墓］》（释文修订本），第141页。

② 按：在彭浩先生"划定税田的范围"基础上，于振波先生进一步提出：秦的田租征收"由田部官吏按照一定的比例（1/10）从各户田地中划出一部分作为'税田'，'税田'上的收获物作为'田租'全部上缴"。［于振波：《秦简所见田租的征收》，《湖南大学学报》（社会科学版）2012年第5期。］臧知非先生《说"税田"：秦汉田税征收方式的历史考察》（《历史研究》2015年第3期）一文亦采用了这种解释。实则皆误。

③ 睡虎地秦墓竹简整理小组编《睡虎地秦墓竹简·法律答问》，第178页。

　　根据这条简文，高敏和安作璋先生提出，其目的既是要保护国有土地，也是要保护私有土地，反映了地主土地私有制的存在与发展情况。如高敏先生考证说：

　　　　《周礼·封人》注："畿上有封，若今时界邑。"又每百亩土地之间的田界，叫做畔，《说文》释"畔"为"田界也"，段玉裁注曰："一夫百亩，则畔为百亩之界也"，据简文"顷半（畔）封也"的话，可知段玉裁的百亩之田界曰畔的说法不误，而且这种"畔"，秦又称之为"封"。整个简文的意思，是给擅自改变田界者以惩处的法律规定，其目的既是为了防止有人侵犯封建国有土地，也是为了保护地主的私有土地。[①]

安作璋先生也分析说：

　　　　所谓"封"就是田界，不论是私有土地还是国有土地的田界，都应受到法律的保护。如果有人"盗徙之"，即私自迁移田界，就是侵犯他人的土地所有权，要受到严厉的处罚。[②]

而唐赞功和张金光先生，则由于一个坚称授田制为土地私有制，一个力主为土地国有制，更分别提出保护土地私有制和体现土地国有制之说。如唐赞功先生说：

　　　　"盗徙封，赎耐。"意思是私自移动田界，判处赎耐的刑罚，即当剃去须鬓，但允许出钱赎罪。……这是一条十分重要的资料。它清楚地告诉我们，田有"封"，封就是"阡陌""顷畔"，即田界。对于田界，封建国家是予以承认和保护的。如果有人私自移动田界，侵犯土地所有

　　①　高敏：《从云梦秦简看秦的土地制度》，《云梦秦简初探》（增订本），第149页。
　　②　安作璋：《从睡虎地秦墓竹简看秦代的农业经济》，载中国秦汉史研究会编《秦汉史论丛》第1辑，第27—40页。

权，就要受到法律的制裁。这条规定，显然主要是保护地主土地私有制的。①

又张金光先生说："有的同志据此律认为秦确立了土地私有权。这是个误解。"此等阡陌、顷畔皆由国家设立，实际"把私人对土地的占有，强力束缚在固定封域内，这正是国家意志渗透并控制地权的标志，是土地国有制的法律表现"。② 从而使这条律文的解读议而不决。

我们认为，在没有其他可信资料的旁证下，这条律文并不能证明究竟是保护土地国有制还是保护土地私有制。无论称之保护土地国有制，抑或保护土地私有制，实际都没有坚实的史料支撑，关键还是如何认定授田制的性质。从这个方面来说，把"盗徙封，赎耐"的律文笼统地视为保护土地的占有权，似乎比较稳妥。

有一点可能是以往研究疏忽的。不管是论证土地国有制，或者土地私有制，几乎所有学者都是从国家和法律层面来解读"盗徙封，赎耐"的律文。这无疑是必要的，但却往往忽略了对这种犯罪行为的动机分析。③ 我们认为，在资料匮乏且无法完全认定授田制的性质的情况下，对"盗徙封"的犯罪动机作出比较全面的分析，或许可以为这条律文的解读提供思路或启发。以下试作一些分析。

从经济犯罪心理来说，犯罪人之所以实施犯罪行为，是因为这种犯罪行为会带来经济利益，即有利可图。那么，"盗徙封"究竟会带来什么经济利益呢？按常理分析，大致有以下两个方面。

首先是扩大垦田面积，这种现象有些类似于龙岗秦简中的"盗田"。④

---

① 唐赞功：《云梦秦简所涉及土地所有制形式问题初探》，中华书局编辑部编《云梦秦简研究》，第53—66页。按：林剑鸣先生在《秦史稿》中虽然回避了授田制问题，但对这条律文却认为是保护"土地私有"。（林剑鸣：《秦史稿》，第183页）熊铁基等先生也认为它是"明令保护这种土地私有制的"。（熊铁基、王瑞明：《秦代的封建土地所有制》。载中华书局编辑部编《云梦秦简研究》，第67—78页）

② 张金光：《试论秦自商鞅变法后的土地制度》，《中国史研究》1983年第2期。

③ 目力所及，张金光、于振波先生曾简略提到过这一问题，认为"盗徙封"是要"扩大自己占有土地"。（张金光：《秦制研究》，第51页）"'盗徙封'指私自改变田界，以占取更多的田地。"［于振波：《简牍所见秦名田制蠡测》，《湖南大学学报》（社会科学版）2004年第2期］

④ 中国文物研究所、湖北省文物考古研究所编《龙岗秦简》，中华书局2001年版，第114页。

主要又可以分为三种情况：一是扩大授田面积，二是扩大赐田面积，三是扩大公田面积。从理论上说，这三种情况都有可能，但至少要满足两个条件才能成为可能。一个是地多人少，因为地少人多的话，耕田大多是连片的，若私自移动田界将直接损害其他人的利益，也极易发现和引起争执，其犯罪的成本太高。另一个是基层官吏的故意失职，而意味着一些官吏与"盗徙封"的犯罪人会相互勾结。龙岗秦简有"田及为詐（诈）伪写田籍皆坐臧（赃），与盗□▨"（151）[1] 的法律规定，应与此类行为相通。

根据上述条件，我们可以首先排除授田的扩大。因为"盗徙封"的行为并不能让农民从中获利。从前揭里耶简 8 - 1519 可知，在同样地多人少的湖南龙山，[2] 农民新垦种的"舆田"平均每户不到三十五亩，实际根本不存在什么耕田面积小的问题。[3] 尽管睡虎地秦简的出土地是在湖北云梦，位于江汉平原东北，农民的垦种面积可能会稍大一些，但他们的主要诉求也仍然不是要扩大授田的面积，而是如何提高农业生产力问题。尤其"余夫"也给予授田的规定，更表明秦的授田曾考虑到农民可能垦田的最大限度。此外，"盗徙封"都是私下行为，并不能上报作为扩大垦田的政绩，这种犯罪行为也不能让基层官吏获利。所以，通过"盗徙封"来扩大授田即可以排除。

同样，扩大公田也基本可以排除。这种犯罪行为仅仅涉及公田的管理者和监管人，表面上有着私下移动田界虚报垦田面积的动机，但虚报却很容易发现，往往得不偿失。第一，垦田的产量、收支和劳动的徒隶人数是无法伪造的。这在睡虎地和里耶等秦简中有很多记载。如关于粮谷的收支，《效律》便详细规定要登记如下内容：

> "廥禾若干石，仓啬夫某、佐某、史某、稟人某。"是县入之，县啬夫若丞及仓、乡相杂以封印之，而遣仓啬夫及离邑仓佐主稟者各一

---

① 中国文物研究所、湖北省文物考古研究所编《龙岗秦简》，第 123 页。

② 湖南文物考古研究所编著《里耶发掘报告》，岳麓书社 2007 年版，第 1 页，及里耶盆地彩版一、彩版二、彩版三。

③ 晋文：《里耶秦简中的积户与见户——兼论秦代基层官吏的量化考核》，《中国经济史研究》2018 年第 1 期。

户，以气（饩）人。其出禾，有（又）书其出者，如入禾然。①

再如对徒隶劳作的人数，里耶简 8 – 1566 也记录了秦始皇三十年六月十八日的徒隶人数：

> 卅年六月丁亥朔甲辰，田官守敬敢言之：疏书日食牍北（背）上。敢言之。
> 城旦、鬼薪十八人。小城旦十人。舂廿二人。小舂三人。隶妾居赀三人。
> 戊申，水下五刻，佐壬以来。/尚半。逐手。②

足见虚报公田面积要涉及诸多环节的造假，通常都很容易被发现。第二，秦对公田的开垦非常重视，有着严格的核查程序，虚报公田的开垦也风险太大。里耶秦简便记录了一个迁陵司空因公田开垦不力被处罚的事例——"卅四年六月甲午朔乙卯，洞庭守礼谓迁陵丞：丞言徒隶不田，奏曰：司空厌等当坐，皆有它罪，耐为司寇。"（8 – 755 + 756）③ 所以综合考虑，通过"盗徙封"来扩大公田面积，也基本可以排除。

　　然后就是扩大赐田面积了。从以上分析看，如果赐田的周围同公田或授田连片，这显然也不太可能，至少不会是一种已到了需要法律来遏制的行为。但如果与赐田毗邻的是荒地，那就很难排除其"盗徙封"的可能了。一来这种犯罪行为不会损坏其他人的利益，而仅仅是占了国家便宜，在很大程度上便减少了被检举和告发的概率。二来赐田的主人皆为有爵位的军功地主，对垦种田地通常不缺人力、财力和物力，也完全具有犯罪的动机和条件。仅就人力而言，相关资料便显示他们可以役使"庶子"、奴隶和佃农等。如《商君书·境内》："其有爵者乞无爵者以为庶子，级乞一人。其无役事也，其庶子役其大夫月六日；其役事也，随而养之军。"④

---

① 睡虎地秦墓竹简整理小组编《睡虎地秦墓竹简·效律》，第 98 页。
② 陈伟主编《里耶秦简牍校释》第 1 卷，第 362 页。
③ 陈伟主编《里耶秦简牍校释》第 1 卷，第 217 页。
④ 山东大学《商子译注》编写组：《商子译注·境内》，齐鲁书社 1982 年版，第 130 页。

在睡虎地秦简中也有因男奴不干农活而告官惩罚的事例——"丙，甲臣，桥（骄）悍，不田作，不听甲令。谒买（卖）公，斩以为城旦，受贾（价）钱。"[1] 三来具有较大的操作空间。主要是不易被发现，多占的土地皆为荒地，其犯罪程度较轻，且作弊也只有一个贿赂基层监管官吏的环节。因此，如果说"盗徙封"的目的是要扩大所占有的土地面积，那么其最大可能就应当是扩大赐田面积，从而说明这种行为的犯罪人都应是军功地主。在龙岗秦简中也有"盗徙封"的规定——"盗徙封，侵食冢庐，赎耐；□□宗庙奠（墙）▨"（121）[2]，说明"盗徙封"应是一个总的罪名，其中涉及种种擅自迁移田界的行为。仅就侵占公共墓地而言，也的确很像有些军功地主的作为。

其次是缩小垦田面积，类似于龙岗秦简中的"匿田"。[3] 扩大赐田的行为与汉代罪名中的"专地盗土"相近，[4] 它不仅仅是增加了土地面积，完全逃避了所增加部分的国家税收，更重要的是还破坏了国家的赐田制度，是一种严重藐视国家法律和权威的行为。而缩小垦田面积则与此不同，主要是钻了监管漏洞，属于典型的经济犯罪。

如前所述，在确定田租的过程中，划分"税田"的关键是核实"舆田"的面积，即"程田"；[5] 核定产量租率的关键是如何预估产量，即"程禾"。[6] 具体来说，就是基层官吏在春天播种期间去勘察、记录和上报备案每户耕种舆田的数量或范围，然后观察其庄稼的出苗，到秋收前后再评估庄稼长势与禾谷成色以确定不同的税率，并最后验收。如核查和登记舆田数，睡虎地秦简《田律》规定："雨为澍，及诱（秀）粟，辄以书言澍稼、诱（秀）粟及狼（垦）田暘毋（无）稼者顷数。"[7] 即要求把原已登记的无苗

---

[1]　睡虎地秦墓竹简整理小组编《睡虎地秦墓竹简·封诊式》，第 259 页。按：此例中"甲"的身份为"士五"，亦即士伍，是秦汉时期无爵者的通称。无爵者都能强迫奴隶"田作"，更不用说有爵者对奴隶的役使了。

[2]　中国文物研究所、湖北省文物考古研究所编《龙岗秦简》，第 112 页。

[3]　中国文物研究所、湖北省文物考古研究所编《龙岗秦简》，第 121 页。

[4]　晋文：《以经治国与汉代社会》，广州出版社 2001 年版，第 135—136 页。

[5]　中国文物研究所、湖北省文物考古研究所编《龙岗秦简》，第 117 页。

[6]　张家山二四七号汉墓竹简整理小组编《张家山汉墓竹简［二四七号墓］》（释文修订本），第 144 页。

[7]　睡虎地秦墓竹简整理小组编《睡虎地秦墓竹简·田律》，第 24 页。

田数剔除。至于岳麓秦简所言"度稼得租"①，以及出土数学著作《数》和《算数书》中诸多的"取程"算题，也显然都是对其收成评估以确定税率和最终验收的描述。②"盗徙封"的犯罪行为，便发生在"程田"的过程之中。龙岗秦简有较多"匿田"或"匿租"的记载，如"与（以）灋（法）没入其匿田之稼"（147），"皆以匿租者，詐（诈）毋少多"（142）③，可能都反映了同类问题。具体来说，就是一些授田户或赐田户通过贿赂让"程田"官吏少报一些亩数，以减少"舆田"总数的"程"，并把实际耕种亩数的田界标志——"顷畔"移到被少报后的田界，等全部勘察、记录完成后，再把"顷畔"移到其实际耕种的田界。用秦代的法律语言来说，这就叫作"虚租希（稀）程"（129），或"希（稀）其程率"（134）④。由于"舆田"亩数已被登记在案，"税田"亩数也已经按统一税率算出亩数，并折换成总步数，因而在"程禾"定税时便不用重新丈量田亩，这样也就达到了逃税一部分田亩的目的。更为隐蔽的是，所谓"徙封"，实际后来也根本不用移来移去，只要在

---

① 朱汉民、陈松长主编《岳麓书院藏秦简［壹］》，上海辞书出版社2010年版，第113页。

② 按：臧知非先生认为："'取程'依据是庄稼长势，无论是禾的三步一斗，还是五步一斗，都是指庄稼长势而言，在庄稼长势明确的前提下，确定'程'的步数，计算产量，确定'税田'面积。"（臧知非：《说"税田"：秦汉田税征收方式的历史考察》，《历史研究》2015年第3期）此说非是。臧知非先生明显是把两种租率混淆了。"税田"面积由"舆田"面积决定，税率是固定的，而与产量租率无关。三步一斗或五步一斗乃是根据庄稼长势所预估的税率，三步一斗即税田每亩要交租八石，五步一斗即交租四石八斗。但每亩舆田究竟要交多少田租，还要看税田的亩数租率。如五步一斗，按什一之税征收，每亩要交租四斗八升；而十二税一时，则每亩交租四斗。"取程"也并非仅仅依据庄稼的长势。在岳麓秦简《数》和张家山汉简《算数书》中，这些取程算题实际是根据测算亩产时所收粮食的干湿程度来确定"程"的计算问题，也就是根据收来粮食的干湿程度来如何修改原先确定的三步一斗或五步一斗等产量租率。用今天的话说，就是平账问题。令人惊讶的是，在臧知非先生所引《数》和《算数书》的三道算题里，明明都记载了"八步一斗，今乾（干）之九升""五步一斗，今乾（干）之九升""十步一斗，今乾（干）之八升"，在后两道算题中还直接给出了"干之"后的计算结果——"五步九分步五而一斗""十二步半一斗"。它们不仅清楚表明"取程"主要都与收来粮谷的干湿程度有关，至少是根据庄稼长势初步确定税率后的另一个验收阶段，而且还昭示我们秦汉产量租率的基准计量单位均为某某步一斗，在官方的文书表述方式上，最高就是"三步一斗"，低则以此类推，如五步一斗、廿步一斗。但臧知非先生却仅仅根据简文中的"禾田"，即想当然地认定"取程"都是根据庄稼长势来确实"程"的步数。像这样低级的错误，显然不能说是学识上的问题，而应是望文生义，没有认真研读材料。

③ 中国文物研究所、湖北省文物考古研究所编《龙岗秦简》，第121、120页。

④ 中国文物研究所、湖北省文物考古研究所编《龙岗秦简》，第116、117页。按：杨振红先生对简中"虚租希程"的释读亦值得参考，详见杨振红《龙岗秦简诸"田"、"租"简释义补正——结合张家山汉简看名田宅制的土地管理和田租征收》，载卜宪群、杨振红主编《简帛研究》2004，广西师范大学出版社2006年版，第79—98页。

"田籍"文书上记录被"程田"后的舆田四至即可。它不仅使得"盗徙封"的行为更加难以发现，也使得作弊的官吏有了"误书"等等退路。从这个方面来看，以往把"顷畔"说成每顷土地之间的田界也明显有误。所谓"顷畔"，实际是每年核定其实有垦种面积即"舆田"后竖立的临时界标，而根本不是那种较大的土堆或高台，因之才能被比较方便地移动。

行文至此，也就不难看出：如果说授田和赐田还都有可能去缩小垦田面积的话，那么故意缩小公田的垦田面积在理论上则绝无可能，因为毫无意义，也违背常理。据龙岗秦简记载："二百廿钱到百一十钱，耐为隶臣妾。"(40)① 而两相对比，隶臣妾为徒刑（一说官奴婢），赎耐则为很轻的赎刑，即说明"盗徙封"的赃值认定要明显低于"百一十钱"。这很可能反映了两种现象：一是偷税的案值不大，有较多授田户或赐田户私自移动了"顷畔"。里耶秦简 9－39"已狠（垦）田辄上其数及户数"皆须"户婴之"的规定，② 多少便含有核查每户的实际垦种面积的意图，并对其基层官吏做量化考核。二是优待军功地主，对他们的犯法从轻处罚。这从严惩作弊的官吏中也可以得到反证，如"虚租希（稀）程者，耐城旦舂"(129)③。但不管哪一种可能，军功地主都在"盗徙封"中扮演了主要角色。因为和授田户相比，赐田户毕竟有着更优越的条件。

由此可见，从犯罪心理分析，除了缩小垦田可能有少数授田户外，在所有"盗徙封"的案件中，犯罪人都是有爵的军功地主。这就充分说明：此条律文固然可以作为保护土地占有权的旁证，但实际却主要是一个打击偷税漏税即经济犯罪的问题；它保护的是国家的经济利益，重点还不在土地所有权。

三 "部佐匿诸民田"

此条律文也出自《法律答问》，全文如下：

> 部佐匿者（诸）民田，者（诸）民弗智（知），当论不当？部佐

---

① 中国文物研究所、湖北省文物考古研究所编《龙岗秦简》，第 90 页。
② 里耶秦简博物馆、出土文献与中国古代文明研究协同创新中心中国人民大学中心编著《里耶秦简博物馆藏秦简》，第 182 页。
③ 中国文物研究所、湖北省文物考古研究所编《龙岗秦简》，第 116 页。

为匿田，且可（何）为？已租者（诸）民，弗言，为匿田；未租，不论○○为匿田。①

对这条律文，高敏先生最早提出了秦国存在国家租佃制的解读，认为"从土地有'已租诸民'与'未租'于民的情况来看，说明这是不同于'授田'于民的另一种剥削方式，即租佃剥削制。在这里，封建国家是土地出租者，而贫苦农民则是土地的租佃者，这种农民实际上是不折不扣的国家佃农"。②唐赞功先生则予以批评，认为"这里所说的是关于民田收租问题"。③熊铁基等先生也认为，此条问答"反映了收田税的情况"，乃"是防止'部吏'与百姓互相勾结，隐瞒田产，百姓少交田税，部吏从中贪污的措施"。④而张金光先生更断言"这是误解"，并具体论证说：

> "租"这个概念，在战国时代和秦从不作"租佃"解，而是指土地租税，就是秦简公"初租禾"的"租"。凡租借之意一律用"假"称，汉代尚基本如此。"匿诸民田"实际是藏租，即部（乡）佐把份地农的租税隐匿起来，不向上级报告（"言"），以便私吞。……如果因种种原因，没有收租，则不论为匿田。这条律文正是反映了国家向份地农征收土地租税的事实，它与国家租佃毫不相干。⑤

杜绍顺先生的看法与唐赞功、熊铁基、张金光先生相同，也认为"'民田'就是百姓的田，包括授田和赐田，这里根本看不出有租佃关系"。⑥但由于张、杜等先生都认定"民田"包括授田和赐田，而赐田则显然可以继承，

---

① 睡虎地秦墓竹简整理小组编《睡虎地秦墓竹简·法律答问》，第218页。
② 高敏：《从云梦秦简看秦的土地制度》，《云梦秦简初探》（增订本），第144页。
③ 唐赞功：《云梦秦简所涉及土地所有制形式问题初探》，中华书局编辑部编《云梦秦简研究》，第53—66页。
④ 熊铁基、王瑞明：《秦代的封建土地所有制》，载中华书局编辑部编《云梦秦简研究》，第67—78页。
⑤ 张金光：《试论秦自商鞅变法后的土地制度》，《中国史研究》1983年第2期。
⑥ 杜绍顺：《关于秦代土地所有制的几个问题》，《华南师范大学学报》（社会科学版）1984年第3期。

故主张战国也存在土地私有制的学者便予以商榷：

> 张文据"部佐匿者（诸）民田"条律文，就以为秦是"租税合一"的，从而推出它是秦只实行土地国有制单一形态的反映。这显然不合适。诚如张文所说，战国时期的"租"字，是作"租税"解的，它既可指田租，也可谓田税，这条律文的"租"字当即包含了田租和田税。部佐所匿之田，可以是纳田租的授田，也可以是交田税的赐田。[1]

应该说，这对战国普遍土地国有制论是一个比较有力的反驳。

总的来看，以这条律文作为战国时期存在国家租佃制的论据，目前还难以成立。且不说以上各种批评，就是从前揭里耶秦简和《数》及《算数书》许多"税田""租误券"的记录看，这里的"民田"或"租"也应该作授田、赐田或田租（税）解。当然，张金光等人的论述也还有不周之处。根据上文"盗徙封"的讨论，这种"部佐匿诸民田"的行为实际也应是"盗徙封"的一种做法。之所以部佐能够偷偷"匿田"，正是因为他们在"程田"登记时把农民的舆田四至曾悄悄缩小，然后再按其实际垦种面积收税，无非这种"匿田"是部佐单独作案，把所有"匿田"的税收都独吞而已。如果按"民田"的广义概念，也绝对会有赐田户和"程田"官吏暗通款曲、合伙分赃的现象。但无论"民田"是指授田，还是指赐田，实际都充分证明"徙封"确实并不需要移来移去，否则不可能出现"诸民弗智"的情形。不过，为了避免把疏忽或过失造成的错报和少报都视为"匿田"，律文也特别强调"匿田"的认定必须是"已租者（诸）民，弗言"，"未租"则不能被论为"匿田"，体现了对基层官吏的保护和公正。此外，从这种"匿田"还可以看出，除了同赐田户沆瀣一气，部佐的"匿田"来源当多为授田。尽管他们也可以利用信息不对称的条件，对一些赐田下手，但被发现的几率

---

① 施伟青：《也论秦自商鞅变法后的土地制度——与张金光同志商榷》，《中国社会经济史研究》1986 年第 4 期。按，杨作龙先生也与张金光先生商榷说："这实际是政府对地方官吏少报或多报呈田数字的管理与法律限制。"（杨作龙：《秦商鞅变法后田制问题商榷》，《中国史研究》1989 年第 1 期）但多少有些空洞，也比较牵强。

却显然较高，后果亦可想而知。所以挑选一些势单力孤的授田户来"匿田"，也就在情理之中。但即便如此，由于部佐都单独作案，这种"匿田"在核查时还是很容易穿帮。官府也意识到问题的严重，不仅国家的税收大量流失，而且让一些农民蒙受了不白之冤，于是才专门制定了"部佐匿诸民田"的律令，以遏制"匿田"的蔓延。然而博弈却并未结束。"道高一尺"则"魔高一丈"，为了从中牟利并逃避打击，一些基层官吏又采取和授田户共享"匿田"的做法。加之和赐田户的联手"匿田"，以及在"程禾"时故意降低租率，如本为六步一斗，却核定为八步一斗，这就构成了比较多的"匿租"现象。前揭"没入其匿田之稼"，以及"程田以为臧（赃），与同灋（法）"（133）① 等，都无可争辩地表明，某些官吏和民户的勾结已成为常态。正如施伟青先生曾根据《田律》推论：

> 秦官府征收田租是根据各地的年成而估算亩产量，然后制定税率，征收租税。……在税率确定之后，每个农户应纳的税额就取决于它所耕种的面积了。面积愈广则纳愈多，反之，亦然。而每个农户或因生死、病残，或因负担徭役，其农业劳动力皆会发生强弱变化，他们的垦种面积也就势必发生或多或少的变化，这就决定了每个农户所交纳的租额处在或升或降的变动中。它给负责汇报垦田面积、征收租税的部佐，提供了匿田的可趁之机。部佐可以和百姓相互勾结，隐匿新垦种的田亩数，让百姓规避租税，从中得到好处；部佐也可以干脆不为百姓所知，不把他们新垦种的田亩数上报，而径把该部分的租税装入私囊。这就是部佐匿田的真相。②

尽管他的看法在具体论述上还存在问题，如首先确定的应是舆田面积而不是税率，农民耕田面积不等的原因在于制度设计就不能把授田全部耕种（农业生产力不高，必须休耕），部佐上报的也并非都是新垦田，"匿租"还包括对产量租率的故意降低，但也仍然可以说是在30多年前最接近真相的推论。

---

① 中国文物研究所、湖北省文物考古研究所编《龙岗秦简》，第 117 页。
② 施伟青：《也论秦自商鞅变法后的土地制度——与张金光同志商榷》，《中国社会经济史研究》1986 年第 4 期。

四 "封守"

此语出自《封诊式》，是一则关于查封被审讯人家产的爰书。全文如下：

> 封守   乡某爰书：以某县丞某书，封有鞫者某里士五（伍）甲家室、妻、子、臣妾、衣、器、畜、产。·甲室、人：一宇二内，各有户，内室皆瓦盖，木大具，门桑十木。·妻曰某，亡，不会封。·子大女子某，未有夫。·子小男子某，高六尺五寸。·臣某，妾小女子某。·牡犬一。·几讯典某某、甲伍公士某某："甲党（倘）有【它】当封守而某等脱弗占书，且有罪。"某等皆言曰："甲封具此，毋（无）它当封者。"即以甲封付某等，与里人更守之，侍（待）令。①

表面上看，这则爰书与土地制度的关系不大。但由于其中没有提到查封田产，因而为论证土地国有或私有，众多学者都对此作出自己的解读。如张金光先生认为，此则"封守"既然没有查封田产的内容，那就证明秦的土地不算私产。

> 更可注意者为秦简《封诊式》"封守"条所言："封有鞫者某里士五（伍）甲家室、妻、子、臣妾、衣、器、畜、产。"其中对"门桑十木"、"牡犬一"，都一一作了统计，唯独没有土地一项。②

但主张也存在土地私有制的学者却并不认同，如施伟青先生说：

> 据简文载，被查封的"甲"是一位无爵的"士伍"，他不可能有赐田，在一般情况下（即倘无购置、占夺土地或继承父祖赐田），只能有授田百亩。"甲"被查封的财产中没有土地一项，充其量只能说明授田

---

① 睡虎地秦墓竹简整理小组编《睡虎地秦墓竹简·封诊式》，第 249 页。
② 张金光：《试论秦自商鞅变法后的土地制度》，《中国史研究》1983 年第 2 期。

属于国有，"甲"尚无私有土地，却不能证明赐田不能变为私产。因此，这条材料不能用来论定秦不存在着私有土地。①

杨作龙先生则认为："此爰书对土地国有和私有都不能作任何说明。"因为"案情可能与其妻有关，而查封仅限于与案情有关的家室、畜产、衣器和人"；同时限于动产，"作为不动产的土地、园圃，不加封守也不会造成丝毫破坏"。② 李恒全先生的看法也大致相同，但他更注重爰书举例的"随意性"，认为用此条秦简来论证是否收回土地并不妥当，并反诘说：

> 该户被查封的除了女儿、儿子、奴婢外，财产有：堂屋一间、卧室二间、桑树十株、公狗一只。按道理，该户还应有耕牛、农具、粮食、炊具、被褥、家具等，但在查封财产中都没有，难道说这些都是国有的，由国家收回了吗？答案显然是否定的。③

可见其分歧之大。

对这些反驳，张金光先生曾就杨作龙先生的批评作过许多回应。他从五个方面进行论述，直指杨氏对"封守"条的解释与推论"完全错误"，无一能正确解释该查封不列田土的原因。④ 张金光先生的说法确有一些道理。包括李恒全先生的反诘，恐怕也有些牵强。查封财产中没有耕牛，这可能有多种情况，比如没有养牛，或者被盗、走失等。在《厩苑律》中便有使用或借用官牛耕田不能让它明显消瘦的规定——"其以牛田，牛减絜，治（笞）主者寸十。"⑤ 在《司空律》中亦有对"叚（假）人食牛不善"⑥ 的处罚。

---

① 施伟青：《也论秦自商鞅变法后的土地制度——与张金光同志商榷》，《中国社会经济史研究》1986 年第 4 期。

② 杨作龙：《秦商鞅变法后田制问题商榷》，《中国史研究》1989 年第 1 期。

③ 李恒全：《论战国土地私有制——对 20 世纪 80 年代以来战国授田制观点的质疑》，《社会科学》2014 年第 3 期。

④ 张金光：《秦制研究》，第 98—101 页。

⑤ 睡虎地秦墓竹简整理小组编《睡虎地秦墓竹简·厩苑律》，第 30 页。

⑥ 睡虎地秦墓竹简整理小组编《睡虎地秦墓竹简·司空律》，第 81 页。

在《法律答问》中有诸多"盗牛"① 的指控，在《封诊式》中既有"盗牛"更有因牛走失而"争牛"的常见案例——"爰书：某里公士甲、士五（伍）乙诣牛一，黑牝曼麾有角，告曰：'此甲、乙牛殹（也），而亡，各识，共诣来争之。'"② 而没有农具、粮食、炊具、被褥、家具等，则应当还在使用。有一个地方值得注意：爰书中的查封内容实际还列有一项"衣器"，但此项内容却被空置，没有提到有任何"衣器"。可见"唯独没有土地一项"也存在误读。问题乃在于，如果不算耕牛，从广义的"衣器"看，这些农具、粮食、炊具、被褥、家具等大都可以被纳入"衣器"之类，又证明了张金光的说法对错参半。考虑到还有女儿、儿子、奴婢等4人需要生活，不把上述"衣器"查封也基本可以说通。前引里耶简8-1554中的"衣器"同样没有列举出具体内容。至于赐田问题，张金光先生也简略回应说："韩非所言身死而田夺，乃是普遍情况。秦当不例外。不少学者认为，秦商鞅变法后的军功赏田是确立了土地私有权。这是不符合历史实际的。"③

当然，张金光先生的观点还很难令人信服。即使被他指为有较多硬伤的杨作龙先生的看法，其实也不能完全否定。比如，对"作为不动产的土地、园圃，不加封守也不会造成丝毫破坏"，张金光先生虽然可以通过房屋也是不动产来归谬不动产不须封守，但他却没有提出任何理由来反驳土地"不加封守也不会造成丝毫破坏"。实际上，根据前述"程田"和开垦草田必须在官府登记的规定，通常其每户授田的信息如地点和垦种面积等都已被官府记录（张家山汉简《户律》记有"田比地籍""田租籍"等，应为登记这些田地信息的籍簿，也显然都是继承秦制而来），在土地仍需耕种且地多人少的情况下，也确实没有必要把它列入查封的内容。这种情况应与查封"衣器"却没有任何具体内容有相同之处，亦即"不加封守也不会造成丝毫破坏"。因此，用这条性质模糊的材料来论证秦的授田究竟属于国有或私有，的确是缺乏说服力的。倒是对土地买卖的判定更值得参考，它间接说明了在地多人少的宽乡土地买卖为什么很少见诸记载的原因。这固然可能与国家禁止土地买卖有关，也可能是土地私有权的观念淡薄，但更重要的，还在

---

① 睡虎地秦墓竹简整理小组编《睡虎地秦墓竹简·法律答问》，第169、171页。
② 睡虎地秦墓竹简整理小组编《睡虎地秦墓竹简·封诊式》，第252、254页。
③ 张金光：《秦制研究》，第96页。

于地广人稀，农业生产力低，普通农民并不需要通过买卖来获得更多土地。只有一种情况可视为例外，那就是变相买卖土地——农民在急需用钱时，预先把农田的部分"禾稼"私下抵押给亲友或高利贷者。秦律规定："百姓有责（债），勿敢擅强质。"① 便反映了秦人债务关系的普遍。如果再恶性循环，每年都必须抵押一部分"禾稼"，甚或收成的一半，实质也就形成了董仲舒所言"或耕豪民之田，见税什五"② 的现象。同时说明，在这种情况下，土地的占有权和使用权更具有作用和意义，而与土地所有权无关。

五　"百姓不当老，至老时不用请"

此条律文节选于《傅律》，其全文如下：

> ·百姓不当老，至老时不用请，敢为酢（诈）伪者，赀二甲；典、老弗告，赀各一甲；伍人，户一盾，皆辠（迁）之。③

从律文释读来看，原本并无歧义。"百姓不当老，至老时不用请"，是说有些百姓不到免老的年龄却故意申报免老，到了免老的年龄的又故意不报免老，④ 都与伪造年龄有关。但由于土地国有论者皆主张授田不能继承，免老即必须归田，因而对"至老时不用请"的处罚，有学者便提出质疑，认为这是宁愿承担赋役也不想归还授田。

> 如果只从免役的角度看待免老，就只能释通"百姓不当老"而诈报免老以逃避徭役者，要受到惩罚。而与"百姓不当老"并列的"至老时不用请"，即到了免老年龄仍不申报免老的人，也要进行同样的惩罚却解释不通。由此看来，免老除了与免除某些负担相联系外，还必然

---

① 睡虎地秦墓竹简整理小组编《睡虎地秦墓竹简·法律答问》，第 214 页。
② 《汉书》卷 24 上《食货志上》，第 1137 页。
③ 睡虎地秦墓竹简整理小组编《睡虎地秦墓竹简·法律杂抄》，第 143 页。
④ 按：对"至老时不用请"的行为，张金光先生认为这是"不申请便擅自改籍免老"。（张金光：《秦制研究》，第 818 页）此说非是。改籍免老的法定机构是县、乡，而不是里，从语义上也看不出"擅自改籍"的意思。

与失去某种权利相联系，这就是免老的同时还要交还所受土地。①

其实不然。如果说，对"至老时不用请"的惩罚是因为拖延交还所受土地，即"甘愿忍受赋役的负担而暂不申报免老"，那么对于"百姓不当老"的惩罚也同样难解，因为这些犯罪人都已提前交还了比承担赋役更重要的授田。

可见，到底是不承担赋役应该惩罚，还是不交还授田应该惩罚，这已构成了二难推理的悖论，而表明此条律令的制定并不在于逃避徭役和免老归田。细读律文就可以看出，它的意图至少有两个方面：一是禁止伪造年龄，以保证徭役征发的效率。因为不管是多报年龄，还是少报年龄，其行为都将带来较严重的后果。前者会导致壮劳力服役者的减少，后者则导致年老体弱服役者的增多。这对于徭役的征发都必将造成效率的下降，而影响各种工程的进度。之所以制定律令，对伪造年龄予以惩罚，也就在情理之中。二是要打击里中的团伙犯罪（即共同犯罪）。有一个问题应特别注意，此律对"百姓不当老，至老时不用请"的处罚很重。除了当事人被"赀二甲"外，里典、里老各赀一甲，"伍人"每户各赀一盾，最后还都要流放即"迁之"。这意味着所谓"弗告"，前提就是默认典、老、伍人都必定知情。也就是说，只要发生了此类案件，若典、老、伍人"弗告"，那就必定是多人参与，至少是知情不报。故"百姓不当老，至老时不用请"，实际应看作一种相互关联的共同犯罪。一般来说，秦的户籍管理相当严密，对里中的户数和承担赋役的人数都记录在案。如《封诊式》记载："男子甲……以二月丙子将阳亡，三月中逋筑宫廿日，四年三月丁未籍一亡五月十日。"② 如果"百姓不当老"而虚报免老，其服役人数便会少于官府文书的记录，很容易发现。但由于受条件限制，当时的户籍对年龄登记还存在一些缺陷和漏洞。主要是"年籍"比较笼统，缺乏准确性和连续性，如里耶秦简中的户籍简有的曾注明年龄，有的并未注明年龄。里耶简16-9记载，启陵乡"劾等十七户徙都乡……未有枼（牒），毋以智（知）劾等初产至今年数"③，就是一

① 罗镇岳：《秦国授田制的几点辨析》，《求索》1985年第1期。
② 睡虎地秦墓竹简整理小组编《睡虎地秦墓竹简·封诊式》，第278页。
③ 湖南省文物考古研究所编著《里耶发掘报告》，第194页。

例。《史记·秦始皇本纪》亦云："十六年……初令男子书年。"① 因而要想虚报免老，并使服役的人数与官府文书的记录相符，往往只能在年龄问题上作弊。具体做法就是让本该免老的人来顶替不该免老者，即"至老时不用请"一人，相抵"百姓不当老"一人。尽管这种做法并不改变官府登记的服役人数，但却严重损害了法律的权威，既破坏了对法定服役和免役人员的强制力，使免老规定成为具文，同时又降低了徭役征发的效率。所以律令才会对犯罪人都严厉惩罚，最多可能牵连到十几家人。显而易见，这才是制定此条律令的根本原因，与究竟哪个人的逃避徭役并没有关联，更不用说免老归田了。

除了认为"至老时不用请"与归田有关，其免老归田的理由还主张土地再多，若"只授不收，终有尽日"②。这也是土地国有论的一个主要理由，例如：

> 商鞅的授田制，是包括收田的内容在内的。因为如果只有授田，而无收田，国家总有一天会把土地授完，最后无田可授。为了维护授田制本身的存在，保证永久有田可授，及时收回人们不应继续占有的土地是必需的。③

但此说亦有问题。

毋庸讳言，在授田制中确有一些归田的规定，比如绝户、全家被没为官奴或罚作刑徒和戍卒的罪犯等。但这些都属于特殊情况，并不足以说明授田都要收回。而且案件误判，被没收的田宅还要归还原主："田宇不当入县官，复界之其故田宇。"（114）④ 从实际情况来看，秦的疆域逐渐扩大，当务之急也并非要解决地少人多，而是地多人少，如何更加增多垦田的问题。《商君书》所说的"来民"——"利其田宅而复之三世"⑤，就是一个耳熟

① 《史记》卷6《秦始皇本纪》，中华书局1959年版，第232页。
② 罗镇岳：《秦国授田制的几点辨析》，《求索》1985年第1期。
③ 严宾：《商鞅授田制研究》，《复旦学报》1991年第5期。
④ 陈松长主编《岳麓书院藏秦简［肆］》，第105页。
⑤ 山东大学《商子译注》编写组：《商子译注·来民》，齐鲁书社1982年版，第102页。

能详的例证。秦对一些宽乡还采取过移民政策，主要有三种做法：一是"赦罪人迁之"。如昭襄王"二十八年，大良造白起攻楚，取鄢、邓，赦罪人迁之"①。二是"迁豪"。如"惠文、始皇，克定六国，辄徙其豪侠于蜀"②。三是"徙民"。如秦始皇三十五年，"徙三万家丽邑，五万家云阳，皆复不事十岁"③。尽管这些移民多有着政治原因，④ 但也说明秦政府已考虑到授田会越来越少的问题。"终有尽日"的说法，并不切合实际。

更重要的是，主张免老归田还完全忽略了农民的养老问题。人终究都要老的。就算是"刻薄寡恩"，不讲亲情，授田制的设计也不可能完全不考虑养老。实际商鞅变法时，对这一问题便做了比较妥当的安排。如商鞅规定："民有二男以上不分异者，倍其赋。"⑤ 此令强制农民有两个成年儿子必须分家，而不是和所有儿子分家，也就是要解决农民的养老问题。因此，除了老人之外，秦人的直系家庭中也通常都有一个成年儿子或女儿（招赘）。⑥ 简言之，农民在免老后实际并不需要归田去跟随分家的儿子生活，而是本来就和一个成年儿女在一起，无非要履行一下程序，把户主的名字再换成儿女的名字。在里耶户籍简中，至少有三枚都登录了户主母亲的情况，如"母曰错"（K30/45）便被记在户主妻妾的第二栏中；有两枚简的户主栏则附录了一名成年儿子，即"子不更昌"（K17）、"子不更衍"（K4）⑦。所谓"同居毋并行"⑧，也说明有较多的"父子同居"⑨ 现象。在这种情况下，所谓免老归田也就完全失去了意义。一来不合情理。自己耕种的熟田本该让儿女继续耕种，但根据免老归田的规定却必须上交。对老人所在家庭来说，即意味着要重新开垦荒田。二来制造纠纷。以前揭吾武为例，他"谒狠（垦）草

---

① 《史记》卷5《秦本纪》，第213页。
② ［晋］常璩撰，任乃强校注《华阳国志校补图注》卷3《蜀志》，上海古籍出版社1987年版，第148页。
③ 《史记》卷6《秦始皇本纪》，第256页。
④ 孟祥才：《论秦汉的"迁豪"、"徙民"政策》，载中国秦汉史研究会编《秦汉史论丛》第3辑，陕西人民出版社1986年版，第55页。
⑤ 《史记》卷68《商君列传》，第2230页。
⑥ 晋文：《关于商鞅变法赋税改革的若干考辨》，《中国农史》2001年第4期。
⑦ 湖南省文物考古研究所编著《里耶发掘报告》，第204—205页。
⑧ 睡虎地秦墓竹简整理小组编《睡虎地秦墓竹简·法律杂抄》，第147页。
⑨ 睡虎地秦墓竹简整理小组编《睡虎地秦墓竹简·法律答问》，第197页。

田六亩武门外"，在自家的门外耕种。如果免老归田，和他一起生活的儿女就不能再耕种自家门外的垦田，而必须去开垦荒田，或者到别人的家门外耕田。这种给大家都带来烦扰的做法怎么能让人接受呢？仅凭这一点，我们也有理由相信，秦的授田通常是可以传给后代的。岳麓秦简《识劫娩案》所记秦人分家的实例——"识故为沛隶，同居。沛以三岁时为识取（娶）妻；居一岁为识买室，贾（价）五千钱；分马一匹，稻田廿（二十）亩，异识。"（115—116）① 便可以作为参证。

具体来说，授田传给儿女乃是建立在"余夫"授田的设计上的。关于"余夫"，前人虽众说纷纭，如《孟子·滕文公上》："卿以下必有圭（畦）田，圭（畦）田五十亩。余夫二十五亩。"② 《汉书·食货志上》："农民户人己受田，其家众男为余夫，亦以口受田如此。"何休《公羊传·宣公十五年》注："一夫一妇受田百亩，以养父母妻子，五口为一家。……多于五口，名曰余夫。余夫以率受田二十五亩。"③ 但按照一定的比例给他们授田，即"以口受田如此"，却是无可争议的。就秦的授田而言，由于强制分家，法律允许的"余夫"应仅有一人，也就是和父母一起生活的成年儿子或女儿，如前揭"子不更昌""子不更衍"。为了确保养老和全家生活，并更多垦田，这些"余夫"都会被另给一些授田。或谓五十亩，④ 按"一夫百亩"计，很可能与事实相近。但无论是五十亩，还是二十五亩，抑或其他亩数，这对于授田的继承和流转都具有特别重要的意义。一方面，这些授田本身即以"余夫"的名义垦种，在父亲免老"余夫"更籍为"正夫"后，将直接登记为他的授田。即使父亲的授田真要归还，实际也并不涉及原本就在"余夫"名下的授田。另一方面，父亲的授田还可以补足其正夫的百亩数额，并作为下一代余夫的授田。父亲若意外死亡，余夫即代为户主。就算父亲的授田多于其规定数额，通常也都会补给他的兄弟。只有余夫为独子的情况下，这些多余授田理论上才有了归田的可能。《识劫娩案》中的代户，就是一个活生生的例子。娩为大夫沛"免妾"，生二子二女，长子名嚭。"沛

---

① 朱汉民、陈松长主编《岳麓书院藏秦简［叁］》，上海辞书出版社 2013 年版，第 155 页。

② 杨伯峻译注《孟子译注》卷 5《滕文公章句上》，中华书局 1960 年版，第 119 页。

③ ［清］阮元校刻《十三经注疏》下册，中华书局 1980 年版，第 2287 页。

④ 张金光：《秦制研究》，第 34 页。

死。弟（义）代为户、爵后，有肆、宅。"（115）① 此案发生在秦王政十八年（前229年），其相关制度的规定肯定还要更早。虽然案中是继承赐田，但联系汉初《户律》的授田规定——"不幸死者，令其后先择田，乃行其余。它子男欲为户，以为其□田予之。"（312—313）② 便不难看出余夫的补田渊源有自，而归田的可能则微乎其微。此外，当父亲还身强体壮时，余夫或兄弟要娶妻分家，也均可把授田以更籍的方式转给他们，然后再申请开垦荒田。这种做法既能大力帮助孩子们成家，使他们得以免除白手起家、从头创业的艰辛，又大大提高了垦田的效率。对政府来说，也完全贯彻了增加小农、开垦更多荒田的意图。关键在于，按计划增加的垦田数量并未改变或减少。原来是新增授田一百亩，现在仍然是新增一百亩，无非原来是儿子单独开垦，现在是全家一起开垦而已。这种余夫的巧妙设计既彰显了古人智慧，也宣告秦的授田在家庭内部皆允许部分继承和流转，而根本没有什么免老归田的问题。

第三节　几点结论与启迪

综上所述，可以得出如下几点结论与启迪。

首先，从睡虎地秦简和相关秦简来看，授田制是战国、秦代的一种基本土地制度。限于资料，本文主要讨论睡虎地秦简中的授田制。但由此亦可看出，从商鞅变法到秦朝末年，授田制都始终推行，并随着秦的疆域扩大和最终统一，被推广到更多地区。加之相关简牍对列国授田制的记载，如睡虎地秦简附抄《魏户律》、银雀山汉简《守法守令十三篇》等，再辅以传世文献的佐证，即完全可以断言：授田制曾广泛实施，是秦和战国时期"无可争辩"的基本土地制度。至于授田制的性质，目前还无法作出令人信服的判断。无论称之为土地国有，还是称之为土地私有，实际都存在证据不足的问题。总体来看，我们认为授田制应是"土地国有制向私有制转化的一种形式"。

---

① 朱汉民、陈松长主编《岳麓书院藏秦简［叁］》，第155页。
② 张家山二四七号汉墓竹简整理小组编《张家山汉墓竹简［二四七号墓］》（释文修订本），第52页。

其次，对授田制的研究越来越细，涉及的内容也越来越多，一些真相开始露出水面。随着研究的深入，尤其更多秦简的发现，授田制的原则和若干细节已经被清晰展现。主要有以下六点。一是按户授田，为此建立了严密的户籍和田籍制度，包括各类户口和垦田的登记、改籍、注销与田租等。大体来说，在强制分户的情况下，秦的小农多为一对夫妻和未成年子女组成的核心家庭，也有不少和一个成年儿女生活的直系家庭。二是每户通常授田百亩，但超过百亩者也不乏其人。由于养老和人口较多，每户直系家庭均可以一名"余夫"的形式增加一些授田。这意味着"顷入刍三石、稾二石"的规定的确"是刍稾税征收的一个测算标准"，而并非每户都必须交刍三石、稾二石。三是秦的田租有禾稼、刍稾和经济作物三种形态。秦及汉初的田租征收实际有两种同时参照的租（税）率：一种是税田占舆田的比例，即税田的亩数租率，这个租率是固定不变的，如十二税一、什一之税；另一种是按农作物不同产量征收的级差租率，即产量租率，这个租率是变化的，如三步一斗、五步一斗、廿步一斗等。四是"爰自在其田"，农民在自家的授田里轮流休耕。这表明农民的实际耕种面积要远远低于百亩，也说明每户的耕种面积不同。所以基层官吏每年都必须"程田"和"程禾"，即通过核查实际耕种面积、庄稼长势和最终收成来确定亩数租率和产量租率，许多犯罪现象也由此而产生。五是土地买卖和兼并还相当少见，特别是在地多人少的宽乡。"盗徙封，侵食冢庙"，就算是一个比较突出的事例了。主要原因则是地广人稀，农业生产力较低，农民的授田数量足以保证休耕，没有必要去占有更多土地。而"盗徙封""虚租希（稀）程"或"匿租""匿田"等等现象的产生，则表明"禾稼"等农产品已成为财产的重要组成部分和犯罪人的侵占对象，也间接证明了存在着变相土地买卖。六是授田为终身占有，并允许部分继承，在家庭内部也可以部分流转。除了《识劫婉案》，最重要的证据，就是"余夫"授田的存在。总的来说，这些结论多趋向于质疑或修正土地国有制论。

再次，通过对"盗徙封，赎耐""部佐匿诸民田""百姓不当老，至老时不用请"等犯罪现象的分析，也可以看出，以往对这些律文的解释多存在误读。"盗徙封"的犯罪人主要是军功地主，他们的犯罪行为实际是偷税漏税即经济犯罪问题。"顷畔"应是每年核定其实有垦种面积后竖立的临时界标，而并非每顷土地之间的田界。"部佐匿诸民田"的行为，也是"盗徙封"的一种表现。这种"匿田"或者是部佐单独作案，或者是与民户相互勾结，目的都是要贪污或逃避一部分税收。而"百姓不当老，至老时不用请"，则是一种互为关联的团伙犯罪，也就是集体作弊，伪造年龄。"封守"没有查封土地，是因为没有必要，"唯独没有土地一项"也并非事实。这些犯罪行为虽然是授田制推行过程中产生的，但它们却基本上与土地所有权无关，不能作为其土地国有还是私有的依据。

复次，秦的授田有草田、垦田、舆田和税田之分。"草田"是未开垦的荒田。草田在开垦后即被称为"垦田"，在垦田里确定实际耕种并纳税的垦田即称为"舆田"，在舆田里最终按比例和税率测算的纳税舆田则称为"税田"。草田申请开垦的亩数，就是刍稿应当交纳的亩数。舆田是"程田"后的实际耕种土地，它的亩数也就是田租应当交纳的亩数，而相同税田或税率相同，或税率不同，则取决于其产量的高低。这种田租征收方式在形式上是分成租，而实质却是高低不等的定额租。秦人发明的田租征收同时参照两种租率的方法，也是当时条件下最为简洁方便而又相对公平的做法。限于技术和人手，在战国秦汉乃至魏晋，要想准确核查每一块农田的总产量都非常耗时，也极为繁琐。而测算"税田"的方法则简化了对农田总产量的核查，并由于税田比例相同又确保了纳税的公平，田多者多交，田少者少交。对"舆田"产量分设不同租率，亦即定额，更是切合实际的做法，也体现了公平原则，产量高者多交，产量低者少交。《史记·商君列传》曾云："为田开阡陌封疆，而赋税平。"[1] 以往对"赋税平"的含义并不清楚，有种种解释，现在看来这既有税田征收面积比例的公平，又有按照产量确定不同租率的公平，也说明这种田租征收方式乃源于商鞅变法。但所谓公平实际都是相对的。比如对产量租率的核定，"程禾"主要是依靠经验来预估产量，只能做到大体准确。更不用说，无论"程田"，还是"程禾"，都不可避免地出现了种种弊端。为了更加公平和方便，也为了减轻田租，从西汉景帝开始便采用了耕地面积和产量都"三十税一"的定额租制度。

最后，授田制的实施还具有浓厚的亲情色彩和互助精神。秦自商鞅变法

---

① 《史记》卷68《商君列传》，第2232页。

虽然采取了强制分家的政策，但父亲家庭和分出的儿子家庭及出嫁的女儿实有着很多经济联系。除了资助财物，如前揭里耶简 8—1554，父亲还带领全家接力垦田、帮助儿子们成家，就是一个很重要的方面。秦人家庭中父权特重，有的竟然想把不孝的儿子"谒杀"，或"谒鋈其足，辠（迁）蜀边县"①，与此应有着直接关系。以往皆认为秦人不重亲情，分家后便计较长短。如贾谊曾这样绘声绘色地斥责：

> 商君遗礼义，弃仁恩，并心于进取，行之二岁，秦俗日败。故秦人家富子壮则出分，家贫子壮则出赘。借父耰锄，虑有德色；母取箕帚，立而谇语。抱哺其子，与公并倨；妇姑不相说，则反唇而相稽。其慈子耆利，不同禽兽者亡几耳。②

实际却以偏概全，而显然是"过秦"的一种夸大之辞。秦人当中肯定会有一些不孝的儿女，但大多数家庭还是"为人父则兹（慈），为人子则孝"（85）③，甚至温情脉脉的。这是研究秦的授田制一个意想不到的收获。

---

① 睡虎地秦墓竹简整理小组编《睡虎地秦墓竹简·封诊式》，第261—263页。
② 《汉书》卷48《贾谊传》，第2244页。
③ 朱汉民、陈松长主编《岳麓书院藏秦简［壹］》，第147页。

第 二 章
新出秦简中的授田与赐田

接续第一章，本章主要讨论最新公布秦简中的授田制问题，旨在进一步揭示战国秦汉授田制的内容与细节。此外，赐田也是战国秦汉土地制度研究的一个重要内容。本章也依据新出秦简，结合传世文献，对争议较大的赐田制问题提出一些商榷与浅见。

第一节　授田制研究

战国秦汉时期的授田制是一个学界热烈争鸣的前沿课题。随着秦简的更多发现和公布，授田制的一些细节逐渐为世人所知。本节拟对其中几个问题作些新的探讨。

一　授田申报程序

对秦代（国）授田的获知，始于睡虎地秦简《田律》。其律文云："入顷刍稾，以其受田之数，无垦（垦）不垦（垦），顷入刍三石、稾二石。"[①] 但此律只提到秦有授田，并按授田的亩数缴纳刍稾，却没有记载授田的程序、耕作、田租、所有权或占有权等细节。这就使得授田制研究见仁见智，出现了许多难以弥合的分歧。令人欣喜的是，近年公布的里耶秦简记录了授田的"谒垦"实例，为解决授田的申报等问题提供了特别珍贵

---

① 睡虎地秦墓竹简整理小组编《睡虎地秦墓竹简·秦律十八种·田律》，文物出版社 1978 年版，第 27—28 页。

的史料。

里耶秦简的"谒垦"简文收于《里耶秦简博物馆藏秦简》、《里耶秦简〔贰〕》和《里耶秦简牍校释》第 2 卷等。为行文和讨论方便，兹将其简文转引如下：

> 卅三年六月庚子朔丁巳，守武爰书：高里士五（伍）吾武自言谒狠（垦）草田六亩武门外，能恒藉以为田。典缦占。
>
> 九〔月〕丁巳，田守武敢言之：上黔首狠（垦）草一牒。敢言之。／衔手。（9 – 2350）
>
> 卅五年三月庚寅朔丙辰，贰春乡兹爰书：南里寡妇愁自言谒狠（垦）草田故桼（桑）地百廿步，在故步北，恒以为桼（桑）田。
>
> 三月丙辰，贰春乡兹敢言之：上。敢言之。／诎手。（9 – 14）①

细读这些简文，我们可以得出几点认识。

首先，里耶秦简的"谒垦"简文已记录到秦始皇三十五年（前 212 年），而地点则在偏远的洞庭郡迁陵县（今湖南龙山）。这无可争辩地证明，秦的授田确如许多学者所说，是普遍实施的土地制度，且与秦亡相始终。而"谒垦草田"则证明，秦的授田也确如林甘泉等先生所说："国家分配给农民的土地，基本上是未垦的可耕地。"②

其次，秦的授田由受田人自愿向官府申请垦种"草田"③，包括"垦草"地点、田亩数量和种植类别等，并以"爰书"的形式被记录下来。根据前揭《田律》"入顷刍稾"，以及"顷入刍三石、稾二石"，以往多认为秦的授田皆一夫百亩，这些授田都是一次性授予的。从上述"谒垦"来看，并非如此。秦的授田为一夫百亩应大体没有问题，在其他地区的授田也或许是一次性授予百亩，但在迁陵乃至洞庭和更多地区却显然是按小块土地分批授

---

① 里耶秦简博物馆、出土文献与中国古代文明研究协同创新中心中国人民大学中心编著《里耶秦简博物馆藏秦简》，中西书局 2016 年版，第 194、179 页。

② 林甘泉主编《中国封建土地制度史》第 1 卷，中国社会科学出版社 1990 年版，第 91 页。

③ 所谓"草田"，就是未开垦的荒田，如《商君书·垦令》："农不败而有余日，则草必垦矣。"（山东大学《商子译注》编写组：《商子译注》，齐鲁书社 1982 年版，第 7—8 页）

予的。高里士伍吾武一次仅"谒垦"草田六亩，南里寡妇憨仅"谒垦"草田半亩，都充分说明了这一点。同时更透露出一个事实，在生产力低下的情况下，农民的耕地面积大多较小，即使有几十亩的耕地，也都是一小块一小块凑成的。再参证里耶简 8-1519——"迁陵卅五年狠（垦）田與五十二顷九十五亩，税田四顷【卅二】，户百五十二，租六百七十七石。衡（率）之，亩一石五；户婴四石四斗五升，奇不衡（率）六斗。"① 便可以更加证实，秦汉小农的垦田数量不高，一对夫妇每年仅耕种垦田 35 亩左右（5295÷152≈34.8）。② 在农业生产力大体相同的情况下，推测这种现象在秦代其他地区都同样存在。如《史记·陈丞相世家》："陈丞相平者，阳武户牖乡人也。少时家贫，好读书，有田三十亩，独与兄伯居。伯常耕田，纵平使游学。"③ 此外，农民的受田地点具有较大的自主空间，也符合就近、方便的原则。

再次，农民在申请开垦草田时，应说明其垦荒后是种植庄稼还是经济作物，并保证不再改变垦田的耕种。如吾武即申请在垦荒后种植庄稼，"能恒藉以为田"，承诺垦田的用处都始终登记为禾田；而寡妇憨则申请在垦荒后种植桑树，"恒以为菜（桑）田"，确认今后都用于植桑。这多少体现了秦代农业生产的分类管理原则，也反映出秦制在所谓"新地"的迅速推广，④ 其效率之高。

复次，从土地资源来看，草田就是传世文献和简牍记载的"可垦不垦"田。草田在开垦前并不是耕地。由于草田含有田间小道、水渠、庐舍等占用的土地，如青川秦牍《为田律》"道广三步"⑤，《汉书·食货志上》"在野曰庐"⑥，它的面积实际都是毛算的田亩面积，要明显大于开垦后的耕地面积。这从岳麓秦简《数》的"里田"算题中便可以得到证实，例如："里田

---

① 陈伟主编《里耶秦简牍校释》第 1 卷，武汉大学出版社 2012 年版，第 345 页。

② 晋文：《张家山汉简中的田制等问题》，《山东师范大学学报》（人文社会科学版）2019 年第 4 期。

③ 《史记》卷 56《陈丞相世家》，中华书局 1959 年版，第 2051 页。

④ 张梦晗：《"新地吏"与"为吏之道"——以出土秦简为中心的考察》，《中国史研究》2017 年第 3 期。

⑤ 四川省博物馆、青川县文化馆：《青川县出土秦更修田律木牍——四川青川县战国墓发掘简报》，《文物》1982 年第 1 期。

⑥ 《汉书》卷 24 上《食货志上》，中华书局 1962 年版，第 1121 页。

述（术）曰：里乘里，（里）也，因而参之，有（又）参五之，为田三顷七十五亩。"（62）①　秦制一里为三百步，"里乘里"即一平方里等于90000平方步，按一亩240平方步计算，用90000除以240，恰好是375亩。在排除田间小道、水渠、庐舍前，草田的面积也当然要大于耕地的面积。尽管就寡妇憨而言，她的草田开垦后要种植桑树，可利用的耕地面积较大，草田和耕地的面积相比应差别不大，但草田的面积多少都大于耕地面积，应是一个不争的事实。

最后，授田的登记与管理都有着严格的规定和程序。根据里耶秦简，迁陵的授田登记大致有自报、审定和复查三个环节。简文所说的"谒垦"即为自报，是受田人向官府申请垦荒。而负责基层授田的人员则为其乡、里的主事，如乡啬夫、乡佐和里典等。在"行田"过程中，通常均由他们来丈量"谒垦"的草田面积，并和受田人一起划定田界，造册登记，此即审定。然后再报送主管垦田的机构——"田"——复查与备案，田守还要汇总、上报近期民户的"垦草"情况，简中"上黔首狠（垦）草一牒"即是。正如陈伟等先生总结说："民户开垦荒地，需要逐级上报，内容包括面积、位置和用途。"②　为了鼓励垦荒，加强对百姓垦田的管理，迁陵的"田"除设有本部机构外，还分区下设"右田"和"左田"，均设田守、田佐等。如"右田守绘"（9－743）③、"右田佐益"（9－1418背＋9－1419背＋2190背）和"迁陵左田"、"右田"（9－470背）等④。这是以往简牍记载较少的，因而可以断定：除了洞庭地区，在其他地区也同样都有"田"的左、右或分部的设置。

二　授田耕作方式

关于授田的耕作方式，新出秦简也有一些记录。和中原地区不同的是，迁陵的垦田被称为"槎田"或"篁田"，每年都需要大量休耕。例如：

---

① 朱汉民、陈松长主编《岳麓书院藏秦简［贰］》，上海辞书出版社2011年版，第66页。
② 陈伟主编《里耶秦简牍校释》第2卷，武汉大学出版社2018年版，"前言"第15页。
③ 湖南省文物考古研究所编著《里耶秦简［贰］·释文》，文物出版社2017年版，第31页。
④ 陈伟主编《里耶秦简牍校释》第2卷，第304、134页。

□【黔】首习俗好本事不好末作，其习俗槎田岁更，以异中县。
(8－355)①

廿八年正月辛丑朔丁未，贰春乡敬敢言之：从人城旦皆非智（知）
篧田殴（也），当可作治县官府。谒尽令从人作官府及负土、佐甄
（甄），而尽遣故佐负土男子田。及乘城卒、诸黔首抵皋（罪）者皆智
（知）篧田，谒上财（裁）自敦遣田者，毋令官独遣田者。谒报。敢言
之。(9－22)

□【习】俗篧田岁更，以异中县。(9－1754)②

其中，简 8－355 和简 9－1754 都说，迁陵民户的耕作方式是每年休耕
的槎田或篧田；而简 9－22 则记载，为了提高公田的耕种效率，贰春乡提议
用源自当地的更卒和罪人来替代外地刑徒，原因就是外地刑徒都不懂槎田
（篧田）的耕作方式。由此亦可看出几个问题。

第一，在迁陵地区的确存在一种非常普遍的农田耕作方式，被人们称为
槎田或篧田。这种耕作方式的特点是每年都需要大量休耕，和中原地区的农
田部分休耕的方式不同。如《汉书·食货志上》：

民受田，上田夫百亩，中田夫二百亩，下田夫三百亩。岁耕种者为
不易上田；休一岁者为一易中田；休二岁者为再易下田，三岁更耕之，
自爰其处。③

据此可知，在中原地区上田是不需要休耕的（实际地力不足时最后也要撂
荒），中田和下田虽需要休耕，但耕种的土地却分别是一年休耕一次，或两
年休耕一次。而槎田或篧田则不同，无论上田、中田和下田，大部分都每年
休耕。根据里耶简 8－1519：

---

① 陈伟主编《里耶秦简牍校释》第 1 卷，第 136 页。
② 陈伟主编《里耶秦简牍校释》第 2 卷，第 33—34、356 页。
③ 《汉书》卷 24 上《食货志上》，中华书局 1962 年版，第 1119 页。

启田九顷十亩，租九十七石六斗。

都田十七顷五十一亩，租二百卌一石。

贰田廿六顷卅四亩，租三百卅九石三。

六百七十七石。

凡田七十顷卌二亩。·租凡九百一十。[1]

迁陵三乡的田租率明显不同。启陵是平均每亩 1.07 斗，都乡是平均每亩 1.38 斗，贰春乡则是平均每亩 1.29 斗，亦即 976÷910≈1.07、2410÷1751≈1.38 和 3393÷2634≈1.29。尽管都乡和贰春乡的垦田（舆田）多比启陵乡的垦田（舆田）产量高，但三乡却全都采用了"岁更"的休耕方式。至于槎田或篅田是休耕一年，还是休耕两年，抑或休耕三年，甚至于撂荒，因简文不详，目前还很难得出定论。或许这几种情况都有，前揭寡妇憨谒垦的"故桑地"，实际就是一小块被撂荒的桑田。而授田申报之所以要保证始终耕种其垦荒后的授田，很可能就是要在休耕后仍然耕种此田，以避免或减少耕地的撂荒。里耶秦简对官府"贷种实"的记录，如"廿六年后九月辛酉，启陵乡守枯、佐□、稟人䁆出麦四斗以贷贫无穜（种）者贞阳不更佗"（9 - 533＋9 - 886＋9 - 1927）[2]，与此亦可互证。当然，从上引简 8 - 1519"凡田七十顷卌二亩。·租凡九百一十"来看，迁陵的垦田也并非每年都全部休耕。所谓"槎田岁更"，或"篅田岁更"，都含有一定的夸大成分。

　　第二，槎田或篅田的名称应与当地垦荒造田的方式有关。按："篅"与"槎"通，"槎"有砍伐的意思，如《国语·鲁语上》："且夫山不槎蘖，泽不伐夭，鱼禁鲲鲕，兽长麑麇，鸟翼鷇卵，虫舍蚳蝝，蕃庶物也，古之训也。"韦昭注："槎，斫也；以株生曰蘖。"[3]《文选·东京赋》："山无槎枿。"李贤注："邪斫曰槎，斩而复生曰枿。"[4] 又如《魏书·李崇传》："诏崇为使持节、都督陇右诸军事，率众数万讨之。崇槎山分进，出其不意，表

① 陈伟主编《里耶秦简牍校释》第 1 卷，第 345—346 页。

② 陈伟主编《里耶秦简牍校释》第 2 卷，第 150—151 页。

③ 徐元诰撰，王树民、沈长云点校《国语集解》（修订本），中华书局 2002 年版，第 170 页。

④ ［梁］萧统编，［唐］李贤注《文选》卷 3《东京赋》，中华书局 1977 年版，第 66 页。

里以袭。"① 其中"槎山"谓劈山或开山,槎字亦有砍、斫之义。故槎田即伐木为田,陈伟等先生注云:"槎田,可能是指斫木为田。"② 所言可从。但严格来说,伐木也不可能是指砍伐森林。原因有二:一是里耶盆地经过前人一代又一代的垦荒,仍存在大片森林的可能性较小;二是生产力水平当时很低,除非存在有一定规模的伐木、垦荒的专业分工与协作,仅凭一家一户的个体小农,一般都很难伐木造田。上引吾武谒垦的草田在自家门外,寡妇愁谒垦的是"故桑地",便说明了这一点。因而槎田应该是泛指清除杂草(也包括一些小树丛)后的耕地("草田"名称的由来,与此当直接关联),亦即里耶秦简 8 – 1519 中的"垦田"。它的特点并不在于造田的方式,而在于"岁更"的耕作方式。只是不明白大多数槎田为何都只能耕种一年,这不仅增大了农民的劳动投入,也降低了垦田的耕种效率。或许得不偿失,与来年继续耕种的产量会大幅下降有关。

第三,槎田或篯田的耕作方式也启发我们重新认识迁陵民户的耕地数量。根据简 8 – 1519,迁陵的"舆田"即实际耕种土地有两种算法。一种是秦始皇三十五年迁陵共有舆田 7042 亩,③ 其中新增舆田 5295 亩,原有舆田 1747 亩,约有 204 户缴纳田租(910 ÷ 4.45 ≈ 204)。另一种是迁陵共有舆田 12337 亩,其中新增舆田 5295 亩,加上原有舆田 7042 亩,约有 356 户缴纳田租(152 + 204 = 356)。④ 按第一种算法计算,原有舆田约占新增舆田的33%,这意味着迁陵每年有大致三分之二的舆田休耕。而按第二种算法计算,因原有舆田实为多年累积结果,我们无法算出休耕舆田所占上年舆田总数的比例,但其休耕舆田占比很高却应当没有问题。姑且都按休耕三分之二算,并休耕一到两年,那么迁陵多则共有被登记的耕地 28600 亩和 16300 亩左右,亦即 12337 +(12337 × 0.66)× 2 ≈ 28600 和 7042 +(7042 × 0.66)× 2 ≈ 16300;少则共有 20500 亩和 11700 亩左右,亦即 12337 +(12337 × 0.66)≈ 20500 和 7042 +(7042 × 0.66)≈ 11700。粗略统计,把多计和少计都同类

① 《魏书》卷 66《李崇传》,中华书局 1974 年版,第 1466 页。
② 陈伟主编《里耶秦简牍校释》第 1 卷,第 137 页注[2]。
③ 陈伟主编《里耶秦简牍校释》第 1 卷,第 347 页注[9]。
④ 晋文:《里耶秦简中的积户与见户——兼论秦代基层官吏的量化考核》,《中国经济史研究》2018 年第 1 期。

相加后平均，即（28600 + 20500）÷ 2 = 24500 和（16300 + 11700）÷ 2 = 14000，前者每户平均约有耕地 68.8 亩（24500 ÷ 356），后者每户平均约有耕地 68.6 亩（14000 ÷ 204）。二者可视为等同，每户当有耕地 70 亩左右。这与秦代小农每户一般授田（草田）百亩是大体吻合的。

三　授田田租问题

如前所述，秦代田租有禾稼、顷刍稾和经济作物三种形态。秦及汉初的田租征收实际有两个同时参照的租（税）率：一个是税田占舆田的比例，即税田的亩数租率，这个租率是固定不变的，如十二税一、什一之税；另一个是按农作物不同产量征收的级差租率，即产量租率，这个租率是变化的，如三步一斗、八步一斗、廿步一斗等。根据"以其受田之数"和"无狠（垦）不狠（垦）"的规定，再参证相关秦简，我们也确定秦代顷刍稾是按农民实际授田的亩数征收的。但关于刍稾的论述毕竟多为参证，似乎仍有商榷的余地。令人同样欣喜的是，新出秦简也为刍稾均按实际授田亩数征收画上了一个句号。请看以下简文：

　　▨刍稾志。

　　·凡千一百七钱。

　　都乡黔首田启陵界中，一顷卌一亩，钱八十五。

　　都乡黔首田贰【春界中者，二顷卌七亩，钱百卌九。】

　　·未入者十五▨（9 – 543 + 9 – 570 + 9 – 835）[1]

　　田刍稾钱千一百卅四。元年二月癸酉朔辛巳，少内守疵受右田守 绤 。令佐丁监。(9 – 743)[2]

根据《刍稾志》，我们便可以清楚看出：除征收实物外，秦的刍稾征收均按每亩 0.6 钱计算，如 85 ÷ 141 ≈ 0.6，或 149 ÷ 247 ≈ 0.6，一顷百亩合计

---

① 陈伟主编《里耶秦简牍校释》第 2 卷，第 152 页。
② 湖南省文物考古研究所编著《里耶秦简［贰］·释文》，第 31 页。

就是 60 钱。再根据"刍一石十六钱，稾一石六钱"（73）[1] 的换算关系，亦可以清楚看出：每顷 60 钱实乃"顷入刍三石、稾二石"折钱相加的总值——16×3＋6×2＝60（钱）。以往曾有不少学者认为，秦的顷刍稾均按顷征收，无论是否耕种，每户都要按百亩缴纳刍稾。[2] 而《刍稾志》的记录则无可争辩地证明：顷刍稾均按"谒垦"的草田亩数征收，《田律》规定的"顷入刍三石、稾二石"，也的确是一个征收刍稾的测算标准，而不是每户都要按百亩征收。这就彻底解决了秦代刍稾究竟是按顷征收还是按实际授田数征收的争议问题。

值得注意的是，《刍稾志》的记录还揭示了一个授田制的重大细节。这就是"都乡黔首田启陵界中"和"都乡黔首田贰春界中者"。它无可争辩地证明：秦代黔首是可以跨乡授田的，赐田更当如此，从而颠覆了以往的许多认识。具体来说，除了都乡的土地资源可能较少，主要有四个方面的问题。

一是跨乡受田人的田宅管理问题。从简文来看，这些跨乡"耕田"人的户籍都没有重新登记。但既然他们是到启陵乡或贰春乡耕田，并照章缴纳刍稾（田租），那么"包括面积、位置和用途"的授田登记就必定是在启陵乡或贰春乡，包括禾稼和刍稾的征收等。当然，如果他们在都乡仍有草田和舆田，也必定都会在都乡登记。再就住宅而言，由于要跨乡耕田，这些黔首也显然需要在启陵乡或贰春乡有临时住房。根据岳麓秦简《尉卒律》："为计，乡啬夫及典、老月辟其乡里之入毂（谷）、徙除及死亡者，谒于尉，尉月牒部之，到十月乃比其牒，里相就殿（也）以会计。"（140－141）[3] 他们便应当都有类似迁移证或通行证、暂住证等等证件。这些都反映了迁陵地区的人口流动实际是比较宽松的，对汉承秦制的某些认识具有颠覆意味。以汉初为例，以往认为秦汉相同，在户籍和住宅的管理上都极为严格，乃至"居处相察，出入相司"。张家山汉简《户律》便明确规定："自五大夫以

---

① 朱汉民、陈松长主编《岳麓书院藏秦简［贰］》，第 73 页。

② 黄今言：《秦代租赋徭役制度研究》，《江西师院学报》（哲学社会科学版）1979 年第 3 期；杨作龙：《秦商鞅变法后田制问题商榷》，《中国史研究》1989 年第 1 期；严宾：《商鞅授田制研究》，《复旦学报》1991 年第 5 期；臧知非：《说"税田"：秦汉田税征收方式的历史考察》，《历史研究》2015 年第 3 期。

③ 陈松长主编《岳麓书院藏秦简［肆］》，上海辞书出版社 2015 年版，第 114 页。

下，比地为伍，以辨 券 为信，居处相察，出入相司。"（305）① 但里耶秦简却证明：至少在洞庭或边远地区，情况并非如此，上引《户律》规定也并非都继承秦制。

二是跨乡受田人的授田限额问题。从都乡黔首可以到外乡受田来看，在迁陵地区是没有一夫授田百亩的限额的。所谓"限额"，一般皆指为保证供给而采取的限量措施，前提是资源不足。迁陵的情况则完全不同，它的土地资源相当丰富。若真有所谓限额，大多数人的授田总额将都被限定在一百亩内。这不仅极大提高了跨乡受田人的劳动投入，使得外乡授田补差失去意义，而且也违背了迁陵的土地资源较多的基本事实。尽管作为县治所在地，都乡的土地资源可能相对较少，但也完全不必两地奔波才能达到授田百亩的限额。前揭简 9 - 2350 记录，高里士伍吾武"谒垦"草田六亩，而高里就是都乡下属的一个里。如简 8 - 1443 + 8 - 1455："卅二年六月乙巳朔壬申，都乡守武爰书：高里士五（伍）武自言以大奴幸、甘多，大婢言、言子益等，牝马一匹予子小男子产。典私占。"② 在秦始皇二十六年，里耶秦简还有启陵乡渚里"劾等十七户徙都乡"（16 - 9）的记录，③ 反映出都乡比较空旷的情形。上引跨乡开垦的授田合计仅有 388 亩，亦说明都乡的土地资源并非很少。加之"岁更"的休耕方式，即使一对夫妇每年都耕种 35 亩左右，按休耕两年算，有些农户的授田也明显超过百亩。种种迹象表明，迁陵的授田是没有一夫百亩的限额的。④

迁陵的授田没有限额，这对于传统认识也具有颠覆作用。杜佑《通典》曾云，商鞅"废井田，制阡陌，任其所耕，不限多少"⑤。受到土地国有制论者的严厉批评，张金光先生便断然否定说："证以文献与考古资料，此说

---

① 张家山二四七号汉墓竹简整理小组编《张家山汉墓竹简［二四七号墓］》（释文修订本），文物出版社 2006 年版，第 51 页。

② 陈伟主编《里耶秦简牍校释》第 1 卷，第 326 页。

③ 里耶秦简博物馆、出土文献与中国古代文明研究协同创新中心中国人民大学中心编著《里耶秦简博物馆藏秦简》，第 208 页。

④ 晋文：《里耶秦简中的积户与见户——兼论秦代基层官吏的量化考核》，《中国经济史研究》2018 年第 1 期。

⑤ ［唐］杜佑撰，王文锦、王永兴、刘俊文等点校《通典》卷 1《食货一·秦》，中华书局 1988 年版，第 6 页。

实在靠不住。""秦民田上到处树立着范围大抵略同的'顷畔'之封。""若任耕无限，则无授田之制，有悖于秦简《田律》所示以顷为基数的'受田之数'。"① 但今天看来却不免武断，至少在迁陵地区还没有一夫百亩的限额，否则又何必跨乡受田呢？所谓"顷畔"，也并非百亩之间的田界。

三是跨乡受田人的具体耕作问题。从道理上说，地跨两乡是很难兼顾的。大致有几种情况。其一，受田人皆自己耕田。在这种情况下，受田人就只能把精力主要放在一个乡里，或者侧重都乡，或者侧重外乡，但来回奔波肯定是非常辛苦而难以长久的。即使两乡的土地相距不远，实际也存在着很麻烦的双重管理问题。总的来看，可能性不大。其二，为别人耕田，亦即租佃别人的垦田。从跨乡"耕田"人的草田都登记在他们名下且来回奔波看，这种情况应完全排除。其三，让别人为自己耕田，比如出租，比如让奴仆耕田。从秦代阶级关系来说，尽管难以置信，这种情况却是现实存在的。秦末揭竿而起的陈胜，就是一个特别典型的事例。《史记·陈涉世家》："陈涉少时，尝与人佣耕，辍耕之垄上，怅恨久之，曰：'苟富贵，无相忘。'庸者笑而应曰：'若为庸耕，何富贵也？'"② 这种情况也说明秦代的租佃关系已相当普遍，农民在拥有授田的使用权后，便可以把授田公开出租或私下转让。授田制的性质还是不是国有土地，令人怀疑。正如熊铁基等先生所说："政府授给土地之后，不再进行分配，各家已有的土地，即为私人所长期占有。"③

四是跨乡受田人的土地来源问题。毋庸讳言，启陵乡和贰春乡的土地资源比较丰富，政府为了扩大垦田，发展农业生产，向全县百姓招垦，是跨乡受田的一个来源。但更主要的来源，显然还应是土地的买卖或转让。一则跨乡垦种的成本太高，普通民户承受不起，也完全没有必要。二则愿意跨乡垦种，对有些人来说仍有利可图。关键是要役使别人耕田，而不用自己劳动。但要役使别人耕田，却必须有役使别人的能力。因此，在跨乡受田人能够役使人的情况下，这就决定了他们都是一些拥有经济实力及权势的地主或富农。三则贫富分化，秦代已具备土地买卖和转让的条件。一方面有些农民成

①　张金光：《试论秦自商鞅变法后的土地制度》，《中国史研究》1983 年第 2 期。
②　《史记》卷 48《陈涉世家》，第 1949 页。
③　熊铁基、王瑞明：《秦代的封建土地所有制》，载中华书局编辑部编《云梦秦简研究》，中华书局 1981 年版，第 77 页。

为暴发户，拥有大量财富和奴仆，如里耶简 8 - 1554："卅五年七月戊子朔
己酉，都乡守沈爰书：高里士五（伍）广自言：谒以大奴良、完、小奴㒥、
饶、大婢阑、愿、多、□，禾稼、衣器、钱六万，尽以予子大女子阳里胡，
凡十一物，同券齿。典弘占。"① 另一方面，有许多农民破产，不得不变卖
家产，甚至鬻儿卖女，成为流民、"盗贼"和奴婢，如"新黔首不更昌等夫
妻盗，耐为鬼薪白粲，子当被收"（073）②。因而土地兼并便成为事实，正
如源于秦律的《二年律令》允许土地买卖那样，公开的买卖也好，私下的
转让、赠送也好，都屡见不鲜。如岳麓秦简《识劫婉案》中的买房和分田
事例——"识故为沛隶，同居。沛以三岁时为识取（娶）妻；居一岁为识
买室，贾（价）五千钱；分马一匹，稻田廿（二十）亩，异识。"（115 -
116）③ 迁陵跨乡受田人的土地来源也应当作如是观，这对秦代土地国有制
论更具有颠覆作用。前揭董仲舒曾云："至秦则不然，用商鞅之法，改帝王
之制，除井田，民得卖买，富者田连仟伯，贫者亡立锥之地。"④ 以往多据
此认为，战国时期土地私有制开始确立。在睡虎地秦简被发现后，由于
"国家授田制"的存在，主张土地国有制论的学者又据此认为，董仲舒是以
汉况秦，并得到多数学者的认同。但这些新出秦简证明：秦代土地也确有
"民得卖买"的现象，而土地的各种流转则成为不争的事实。

　　除了以上所说，前揭简 9 - 743 还记录了迁陵右田某次征收"田刍稾"
的数量。其中"顷刍稾"被民间称为"田刍稾"，即证明凤凰山汉简中的
"田刍"和"田稿"⑤ 渊源有自。根据"田刍稾钱千一百卅四"，我们还可
以算出迁陵"右田"在二世元年的相关授田亩数，亦即 1134 ÷ 0.6 = 1890
（亩）。减去其中道路、水渠、庐舍等，按三十五年每户平均舆田 34.8 亩
计，亦证明"右田"的相关授田有 40 户左右的农民垦荒。这与启陵乡缴纳
田租的农户不多基本吻合，"右田"的管辖区域或许就是启陵乡。同样，
"左田"的管辖区域也或许就是贰春乡。这从贰春乡有寡妇愁的"谒垦"登

---

① 陈伟主编《里耶秦简牍校释》第 1 卷，第 356—357 页。
② 陈松长主编《岳麓书院藏秦简［伍］》，上海辞书出版社 2017 年版，第 63 页。
③ 朱汉民、陈松长主编《岳麓书院藏秦简［叁］》，上海辞书出版社 2013 年版，第 155 页。
④ 《汉书》卷 24 上《食货志上》，中华书局 1962 年版，第 1137 页。
⑤ 裘锡圭：《湖北江陵凤凰山十号汉墓出土简牍考释》，《文物》1974 年第 7 期。

记，而都乡吾武的"谒垦"则由"田"来登记，也多少能得到证实。地理上常以左右来指代东西，启陵乡的方位大致应在都乡即迁陵县城的西部，贰春乡则大致应在迁陵县城的东部。

第二节　赐田制研究

赐田是赐予功臣的田地。这种土地制度兴起于春秋，盛行于战国以后，并在不同时期有着不同的特点。本节仅就新出秦简及传世文献中的赐田问题作些初步探讨。

一　商鞅变法与秦的赐田制度

秦的赐田渊源于商鞅变法。《史记·商君列传》载，商鞅为奖励军功，其第一次变法便明确规定："明尊卑爵秩等级各以差次，名田宅臣妾衣服以家次。有功者显荣，无功者虽富无所芬华。"[1] 这种按爵位等级"名田宅"的制度就是赐田制度，也可以说是商鞅为奖励军功而制定军功爵制的一种配套措施。根据朱绍侯、西嶋定生等前辈研究，商鞅制定的军功爵大致有二十等级，以后又有一些发展和变化。鉴于本节主要讨论赐田问题，故不对军功爵制作详细论述。以下仅引用《汉书·百官公卿表上》的记载，以作为其赐田制的参照。

> 爵：一级曰公士，二上造，三簪袅，四不更，五大夫，六官大夫，七公大夫，八公乘，九五大夫，十左庶长，十一右庶长，十二左更，十三中更，十四右更，十五少上造，十六大上造，十七驷车庶长，十八大庶长，十九关内侯，二十彻侯。皆秦制，以赏功劳。[2]

至于赐田的具体操作，则主要见于《商君书·境内》。诸如：

---

① 《史记》卷 68《商君列传》，第 2230 页。按："明尊卑爵秩等级各以差次，名田宅臣妾衣服以家次"句，原标点为"明尊卑爵秩等级，各以差次名田宅，臣妾衣服以家次"，今据学界大多数学者意见校改。

② 《汉书》卷 19《百官公卿表上》，第 739—740 页。

其有爵者乞无爵者以为庶子，级乞一人。其无役事也，其庶子役其大夫月六日；其役事也，随而养之军。

爵自一级已下至小夫，命曰校、徒、操、公士。爵自二级以上至不更，命曰卒。……

故爵公士也，就为上造也；故爵上造，就为簪袅；就为不更。故爵为大夫，爵吏而为县尉，则赐虏六，加五千六百。爵大夫而为国治，就为官大夫；故爵官大夫，就为公大夫；就为公乘，就为五大夫，则税邑三百家。故爵五大夫，皆有赐邑三百家，有赐税三百家。爵五大夫，有税邑六百家者，受客。大将、御、参，皆赐爵三级。故客卿相，论盈，就正卿。就为大庶长；故大庶长，就为左更；故四更也，就为大良造。

……能得甲首一者，赏爵一级，益田一顷，益宅九亩，一除庶子一人，乃得入兵官之吏。

其狱法，高爵訾下爵级。高爵罢，无给有爵人隶仆。爵自二级以上，有刑罪则贬；爵自一级以下，有刑罪则已。

其攻城围邑也，……则陷队之士人赐爵一级。死则一人后。[1]

细读这些记载，可以大致看出几个问题。

首先，《商君书》是记录秦的赐田制的最早文献，可证秦的赐田制确为商鞅所定。尽管就相关史书来说，秦军功爵制的一些名称曾见于春秋时期，如不更、庶长等，亦见于同期列国爵制，如魏国、楚国、齐国都有大夫或五大夫，但作为比较完备的赐爵及赐田制度，却肯定是始于商鞅变法。正如著名文献学家徐复先生所说：

案《传》：此有不更女父，襄十一年有庶长鲍、庶长武：春秋之世，已有此名。盖后世以渐增之。商君定为二十，非是商君尽新作也。又《墨子号令篇》："丞及吏比于丞者，赐爵五大夫。"孙诒让曰："五大夫制在商鞅前。"据此，则秦爵二十等，有承自前朝者，亦有袭用山

---

① 山东大学《商子译注》编写组：《商子译注·境内》，齐鲁书社1982年版，第130—134页。

东诸侯旧名，至商君佐孝公始为定制耳。[①]

其次，《商君书·境内》的记载和《汉书·百官公卿表上》有某些出入，前者有"爵自一级已下至小夫，命曰校、徒、操、公士"的内容，后者有"十九关内侯，二十彻侯"的内容，且名称和顺序也有一些不同。这一方面说明秦的赐爵制及赐田制是不断发展完善的，另一方面也说明《商君书·境内》的记载应是商鞅制定赐爵制及赐田制的一个草案。如关于不直接参战的士卒应如何计算战功并赐爵的问题，在《商君书·境内》里就基本没有涉及。但总体来说，对获得"甲首"即战功者予以重奖，赐予爵位和田宅，并享受某些特权，这一基本精神却是贯穿始终的。

再次，秦的赐田分为两大层级。赐爵五大夫及五大夫以上是"赐邑"，如"故爵五大夫，皆有赐邑三百家，有赐税三百家"，似乎与土地所有权无关；而公乘及公乘以下则是"益田"和"益宅"，显然与土地所有权有关，至少其土地的所有权或占有权是记在了私人名下。这也表明"能得甲首一者，赏爵一级，益田一顷，益宅九亩，一除庶子一人，乃得入兵官之吏"的规定，实际指的是公乘以下的八级爵位，并成为汉代官爵与民爵之分的滥觞。[②]

最后，秦的赐爵及赐田制度从一开始就是一个开放的系统，而并非固定不变。从"高爵罢，无给有爵人隶仆。爵自二级以上，有刑罪则贬；爵自一级以下，有刑罪则已"的规定看，秦的赐爵原则是有功则赐，有罪则贬，甚至于夺爵，其所有奖惩都完全是和功罪挂钩的。再就"死则一人后"而言，秦的赐爵皆允许继承，与赐爵相关的赐田自然也可以继承。所以在睡虎地秦简被发现前，学界也历来都把赐田视为土地私有制。著名史学家范文澜先生便明确提出："按军功从新规定尊卑爵秩等级，各依等级占有田宅臣妾（奴隶）。……领主制度的秦国从此变为地主制度的秦国。"[③] 即使在睡虎地秦简公布后，也仍然有很多学者坚持认为赐田制为土地私有。如最早推出《云梦秦简初探》论文集的高敏先生说：

① 徐复：《秦会要订补》卷15《职官下·爵》，中华书局1959年版，第229页。
② 凌文超：《汉初爵制结构的演变与官、民爵的形成》，《中国史研究》2012年第1期。
③ 范文澜：《中国通史简编》修订本第一编，人民出版社1964年第4版，第233页。

　　《史记·商君列传》云："以卫鞅为左庶长，卒定变法之令。令民……有军功者，各以率受上爵；……明尊卑爵秩等级各以差次，名田宅、臣妾衣服以家次。"这说明按赐爵等级而给予"田宅"、"臣妾"（即奴隶）的制度，在商鞅时便已开始实行。这种随着赐爵而出现的私有土地，在《商君书·境内》篇中说得更明显。《境内》篇云："能得甲首一者，赏爵一级，益田一顷，益宅九亩，一除庶子一人"；又说："其有爵者乞无爵者以为庶子，级乞一人"，"其庶子役其大夫月六日"。这显然是封建国家把国有土地赏赐给立有军功的爵位获得者，同时给予服役者。这些人，既获得了土地，又有劳动力为他们生产，无疑就变成了地主。……地主土地私有制就通过赐爵制的推行而迅速发展起来。①

而这则恰恰成为以后讨论赐田制的一个焦点问题。

二　睡虎地秦简与赐田的性质问题

　　睡虎地秦简的公布，既引发了关于授田制的讨论，也引发了关于赐田制的争议。究其原因，主要就是简中证实了秦国和秦代存在大量的国有土地。

　　从现有资料看，最早对赐田制的私有性质提出异议的，是倾力探讨授田制的刘泽华先生。他一改赐田制为土地私有制的传统说法，认为赐田制应属于土地国有制的范畴——"封建国家用来赏赐军功的土地有授也有收，《韩非子·诡使》中讲，战士'身死田夺。'"② 而影响最大的，则是当时在学界已崭露头角的张金光先生。为了论证其"普遍土地国有制"的观点，他把赐田也完全视为土地国有制——"在普遍土地国有制下，秦土地有两种基本的

———————

　　① 高敏：《从云梦秦简看秦的土地制度》，载氏著《云梦秦简初探》（增订本），河南人民出版社1981年第2版，第148页。按：《云梦秦简初探》第1版在1979年1月。对战国史素有研究的杨宽先生也评论说："所谓'名田宅'，就是准许私人以个人名义占有田宅。当商鞅变法的时候，'名田'制度实际上早已存在。商鞅之所以要在变法令中作出这样的规定，一方面是用法令公开承认'名田'的合法性，确认个人名义占有土地的所有权，以此维护地主阶级的既得利益；另一方面规定地主占有田宅，必须按照由军功取得的爵位等级，作为奖励军功、谋求兵强的一种手段。"（杨宽：《云梦秦简所反映的土地制度和农业政策》，上海博物馆集刊编辑委员会编《上海博物馆集刊》1982，总第2期，上海古籍出版社1983年版，第13页）

　　② 刘泽华：《论战国时期"授田"制下的"公民"》，《南开学报》（哲学社会科学版）1978年第2期。

占有形态和经营方式，一部分是由国家政府机构直接经营管理；一部分则是通过国家授田和军功赐田等方式而转归私人占有和经营使用。"并强调赐田也是一种国家授田制，实为"国家小农份地制的扩大"，不能买卖和继承。

> 还有强有力的证据可以说明秦土地不能买卖，至少可以说，因官、因功所得赐田或授与的份地是不可买卖的。《史记·甘茂列传》云："秦乃封甘罗（甘茂孙）以为上卿，复以始甘茂田宅赐之。"祖宗的田宅还须通过国家行政王命来"复赐"，可见，祖宗所得赐授田宅，其子孙是不得继承为永业的，更无论转让与买卖了，其与夺之权仍握在君国之手。或问王翦"请田宅以为子孙业"，不是说明赐田为永业吗？否，他请的就是变赐田为永业，故秦王政婉言拒绝。王翦所为，正如萧何强贱买民田宅一样，都是以做出违例的事来表示只有立业的狭小心地，从而以舒君王猜忌之心的。王翦的话正反证出，赐田不可以为子孙业。在那种"夺淫民之禄以来四方之士"的普遍夺禄的氛围中，秦之赐田不可为永业，是符合历史大势的。秦的原则是一切禄赐随爵升降，军功爵级家次不断变化，削爵夺爵如家常便饭。这些禄赐田宅，且不必说身后被收，就是当其身亦在爵级家次的不断变化中而经常动荡运动着，私人是无永业权的。至战国末，证诸他国如魏国的情况，就是一般武卒之家所得田宅，在其丧失战斗能力之后，还是要夺的。韩非所言："身死而田夺"，乃是普遍情况，秦当不例外。不少同志认为，秦商鞅变法后的军功赏田是确立了土地私有权，这是不符合历史实际的。[1]

从而引发了关于赐田究竟是土地国有还是私有的论辩。

对张金光先生的看法，杜绍顺先生最早提出商榷，认为这是误读或曲解史料。甘罗之所以被"复赐"祖宗的田宅，是因为出使立了大功；王翦"请园池为子孙业"，实际恰恰说明"赐田是可以传给子孙的"；韩非所言"身死而田夺"，在秦国也恰恰是个"例外"。[2] 值得注意的是，张金光先生

---

① 张金光：《试论秦自商鞅变法后的土地制度》，《中国史研究》1983 年第 2 期。
② 杜绍顺：《关于秦代土地所有制的几个问题》，《华南师范大学学报》（社会科学版）1984 年第 3 期。

论证赐田为土地国有，除了认为赐田也属于授田并笼统引证秦简《封守》外（被封守人为士伍），采用的都是传世文献，基本回避了睡虎地秦简的材料。而杜绍顺先生则引用了三条秦简关于爵位继承的律文，即《军爵律》："从军当以劳论及赐，未拜而死，有罪法耐辠（迁）其后；及法耐辠（迁）者，皆不得受其爵及赐。"①《秦律杂抄》："战死事不出，论其后。有（又）后察不死，夺后爵，除伍人。"②《法律答问》："可（何）谓'后子'？官其男为爵后，及臣邦君长所置为后大（太）子，皆为'后子'。"③ 这就用事实有力地"证明秦代的爵位是父死子继的"。

此后，施伟青和刘家贵先生也分别提出商榷。前者在杜绍顺先生文章的基础上进一步分析，认为甘茂之所以被没收田宅，是因为私自外逃，犯了重罪；甘罗作为甘茂之孙被"复赐"田宅，除了立功外，还"含有物归原主之意"。王翦"请园池为子孙业"，"虽有悖于常情，却往往不能与现行政策法令相违背"。至于张金光先生所言魏国武卒"身死而田夺"，则是由于其人多地少，"对被淘汰的武卒，还允其享受原有的田宅，等他死后才收回，这在土狭民众的魏国，已算是极为优惠的政策了"。因此，"从赐田已属私有性质来看，赐田的买卖和转让理应是存在着的"。④ 后者则主要强调，"以军功赏赐田宅，是各国土地制度的一项重大改革，它顺应了农民渴望得到属于自己所有的土地的心愿，对激励人民英勇杀敌是一种强大的推动力"。从逻辑上说，把赐田说成只有长期占有权和使用权，而无私有权，不能传给后代的论断，"很难令人信服"。当然，其文中也对甘罗"复赐"田宅、王翦"请园池为子孙业"和"身死而田夺"、秦简关于赐爵继承等问题作了辨析和补充。⑤

与提出授田制为土地国有得到许多支持不同，认为赐田制也属于土地国有的看法并未引起多少共鸣。即使赞同授田制为土地国有的学者，如杜绍顺

---

① 睡虎地秦墓竹简整理小组编《睡虎地秦墓竹简·秦律十八种·军爵律》，第92页。
② 睡虎地秦墓竹简整理小组编《睡虎地秦墓竹简·法律杂抄》，第146页。
③ 睡虎地秦墓竹简整理小组编《睡虎地秦墓竹简·法律答问》，第182页。
④ 施伟青：《也论秦自商鞅变法后的土地制度——与张金光同志商榷》，《中国社会经济史研究》1986年第4期。
⑤ 刘家贵：《战国时期土地国有制的瓦解与土地私有制的发展》，《中国经济史研究》1988年第4期。

先生，实际也认为赐田制应属于土地私有。为数不多认同张金光先生看法的论著，可以江淳先生《从赐田制度的变化看秦汉间土地制度的演变》为代表。[1] 但此文主要是重复张金光对赐田制的论证，并未提出新的分析和资料。倒是多年以后，于振波先生结合张家山汉简指出："秦国爵位并非绝对不能继承。张家山汉简有爵位继承的具体规定，从公士到大庶长都降等继承，应该是对秦制的沿袭。"特别是认为，其"爵位只能降等继承，决定了与爵位挂钩的田宅和其他各项待遇都不可能世代享用"，为赐田不能继承和转让的说法多少给予了支持。[2]

总的来看，张金光的看法很难成立。即使就用当时能看到的资料论证，实际也能证明赐田皆具有私有性质。以下即分别辨析之。

（一）甘罗被"复赐"甘茂田宅

关于这一问题，杜绍顺等先生都论述甚详，不再重复。笔者只补充一点：根据近期公布的岳麓书院藏秦简（以下简称"岳麓秦简"），对误判而没收的田宅秦律的确规定要归还原主。如《田律》："有皋，田宇已入县官，若已行，以赏予人而有勿（物）故，复（覆）治，田宇不当入县官，复畀之其故田宇。"（114）[3] 但甘茂的田宅显然不属于这种情况。《商君书·境内》明确记载："高爵罢，无给有爵人隶仆。爵自二级以上，有刑罪则贬；爵自一级以下，有刑罪则已。"实际在甘茂私自外逃时，他就成为叛国的罪人，他的爵位和田宅也都被剥夺。因此，在甘罗被"复赐"田宅时，所谓甘茂田宅早已不复存在。也就是说，作为一种奖赏，无论秦王赐给甘罗什么田宅，它的政治、经济意义都是相同的。无非好事要做到底，也是巧合，秦王才锦上添花地把曾经是甘茂的田宅赐给甘罗。这与赐田能不能继承完全是两回事。

（二）王翦"请园池为子孙业"

此事见于《史记·白起王翦列传》，全文如下：

①　江淳：《从赐田制度的变化看秦汉间土地制度的演变》，《广西师范大学学报》（哲学社会科学版）1987年第2期。

②　于振波：《简牍所见秦名田制蠡测》，《湖南大学学报》（社会科学版）2004年第2期。按：此前杨振红先生便提出了类似看法，详见杨振红《秦汉"名田宅制"说——从张家山汉简看战国秦汉的土地制度》，《中国史研究》2003年第3期。

③　陈松长主编《岳麓书院藏秦简［肆］》，第105页。

　　王翦将兵六十万人，始皇自送至灞上。王翦行，请美田宅园池甚众。始皇曰："将军行矣，何忧贫乎？"王翦曰："为大王将，有功终不得封侯，故及大王之向臣，臣亦及时以请园池为子孙业耳。"始皇大笑。王翦既至关，使使还请善田者五辈。或曰："将军之乞贷，亦已甚矣。"王翦曰："不然。夫秦王怚而不信人。今空秦国甲士而专委于我，我不多请田宅为子孙业以自坚，顾令秦王坐而疑我邪？"①

　　显而易见，文中还看不出"他请的就是变赐田为永业，故秦王政婉言拒绝"的意思。仅就"将军行矣，何忧贫乎"以及"始皇大笑"而言，这恰恰就表明秦王政对王翦的请赐充分理解，实际是答应了他的要求。至于"使使还请善田者五辈"，则是五次派遣使者向秦王政继续请赐。具体来说，就是王翦派遣使者向秦王政请赐一块"善田"后，立即又派使者向秦王政请赐另一块"善田"，然后又派使者请赐第三、第四和第五块"善田"，前后共派了五批使者。而张金光等先生却显然把它误解为王翦派使者请赐"善田"未果后，又派遣使者请赐，前后共派了五批使者。这就不能不导致其结论的偏颇了。实际上，只要不是先入为主地认定赐田不能继承，也就不难看出这里根本没有王翦请赐被拒绝的意思。因为军情重大，王翦不可能走到关前就停顿下来，等着秦王政的答复，而且还一等再等，反复请赐了五次。文中没有提到"王翦既至关"到的是什么关，通常应该是指函谷关。秦函谷关在今河南灵宝市王垛村，距秦都咸阳大致有 250 公里。据张家山汉简《行书律》规定，"邮人行书，一日一夜行二百里"②，即便是派使者加急，在当时的条件下，从函谷关到咸阳一个来回也要有六七天（包括进宫时间），五个来回则至少要一个月。王翦又怎么可能仅仅为了私事就停留在函谷关一个月呢？这也不符合"既至关，使使"的语义。更重要的是，一位六十万大军的统帅向秦王政请求赐田，在打仗的这个急切当口，秦王政也根本不可能五次拒绝他的请赐。

① 《史记》卷 73《白起王翦列传》，第 2340 页。
② 张家山二四七号汉墓竹简整理小组编《张家山汉墓竹简［二四七号墓］》（释文修订本），第 46 页。按：秦汉时期一里的长度约为 417.53 米，参看陈梦家《亩制与里制》，《考古》1966 年第 1 期。

所以综合考虑，此事是断断不能说成"他请的就是变赐田为永业，故秦王政婉言拒绝"的。

（三）"身死而田夺"

此语原文为"身死田夺"，出自《韩非子·诡使》：

> 夫陈善田利宅所以厉战士也，而断头裂腹，播骨乎平原野者，无宅容身，身死田夺；而女妹有色，大臣左右无功者，择宅而受，择田而食。①

表面上看，"身死田夺"似乎证明了赐田非私人所有，其实不然。

首先，从文本来看，这段文字尤其"身死田夺"有很多错讹，历来就有不同版本。如今本"身死田夺"，南宋乾道本作"死田亩"，而明代《道藏》本作"死田敏"。清人王先慎曾明确提出："乾道本不误，今本作'身死田夺'，非。'无宅容身'，则其田不待身死而夺也。藏本'亩'作'敏'，形近而误。'死田亩'，即孟子'死沟壑'之意。生既无宅，故死于外也。"②他的看法不能说毫无道理。至少"'无宅容身'，则其田不待身死而夺也"，即难以辩驳。而张金光等先生却把一个本身存在争议且可能错误的说法当作最主要的证据，这无疑是缺乏说服力的。

其次，从文意来看，即使"身死田夺"为确诂，这显然也是韩非的夸大之辞。一则"无宅容身，身死田夺"不可能是战国时的普遍现象，否则它根本起不到"陈善田利宅所以厉战士"的作用。就算是说"失去战斗能力"的老兵，这也违背常理。军人要生活，家属也要生活，如果"活着的时候没有房子容身，死后土地还要被夺"，他们将如何生活？也将给还有战斗能力的军人造成极坏的影响。从这个意义上说，把"无宅容身"理解为有些军人的住房条件极差，把"身死田夺"理解为赐田被别人强占，即土地兼并，应更为合理。二则"女妹有色，大臣左右无功者，择宅而受，择田而食"也不可能是战国的普遍现象，至少不会是秦国的普遍现象。张金

---

① ［清］王先慎撰，钟哲点校《韩非子集解》卷17《诡使》，中华书局1998年版，第412—413页。
② ［清］王先慎撰，钟哲点校《韩非子集解》卷17《诡使》，第413页。

光先生说："至战国末，证诸他国如魏国的情况，就是一般武卒之家所得田宅，在其丧失战斗能力之后，还是要夺的。"从史料来源看，这是引自《荀子·议兵》：

　　魏氏之武卒，以度取之，衣三属之甲，操十二石之弩，负服矢五十个，置戈其上，冠䩜带剑，赢三日之粮，日中而趋百里，中试则复其户，利其田宅，是数年而衰而未可夺也，改造则不易周也。是故地虽大，其税必寡，是危国之兵也。[①]

且不说"未可夺也"能否说成"还是要夺的"，就算的确如此，那也是魏国的事情，并不能套用到秦。更何况，荀子的议论恰恰是批评魏国的做法不如秦国——"魏氏之武卒不可以遇秦之锐士"[②]，也绝不是一句"秦当不例外"能定论的。前引杜绍顺先生说，秦国恰恰是个"例外"，即可谓切中肯綮。更重要的是，其"断头裂腹，播骨乎平原野者，无宅容身，身死田夺"，是和"女妹有色，大臣左右无功者，择宅而受，择田而食"相比较而言的。

　　顺便说明一点，像韩非这种以偏概全的夸大说理方式，在张金光先生的论证中也随处可见。比如："秦的原则是一切禄赐随爵升降，军功爵级家次不断变化，削爵夺爵如家常便饭。这些禄赐田宅，且不必说身后被收，就是当其身亦在爵级家次的不断变化中而经常动荡运动着，私人是无永业权的。"即使张金光先生说的都是事实，也总有一些人拥有爵位，而爵位的升降和土地的流转却并非可否关系，又怎么能得出"私人是无永业权的"呢？

　　第三，从语境来看，"身死田夺"的"身死"原因和"夺"者均不明晰。值得一提的是，在主张赐田非私人所有的学者中，如刘泽华、张金光和江淳先生等，他们对"身死田夺"的分析都没有引用此话的全文。张金光和江淳先生甚至还把"身死田夺"错引为"身死而田夺"，并先入为主地认

---

　　① 〔清〕王先谦撰，沈啸寰、王星贤点校《荀子集解》卷10《议兵》，中华书局1988年版，第272—273页。

　　② 〔清〕王先谦撰，沈啸寰、王星贤点校《荀子集解》卷10《议兵》，第274页。

定此乃国家行为。这不能不令人怀疑他们是否认真研读过《诡使》，或者是否核查过原文。因为只要认真读过这句原文，就不难发现："无宅容身，身死田夺"的语境模糊，不可能是一种普遍现象，更不可能是秦国的情形。以"身死"为例，它既可能是战死，又可能是病死，还可能是老死，没有任何证据曾指明是哪种原因。而张金光为了证成己说，却暗指那些"身死"者是"失去战斗能力"的士卒，这显然是欠妥的。再看"夺"者。如果说，把"身死田夺"看作国家行为还勉强可以成立的话，那么把"无宅容身"说成国家行为则殊难成立，而只能是另有缘由。"'无宅容身'，则其田不待身死而夺也。"王先慎便看到了这一问题。反之，如果说"无宅容身"并非国家行为，而在于其他原因，那么"身死田夺"也同样可能是其他原因造成的。毕竟在这句话中并没有提到或暗示谁是"夺"者。

其实，就算"身死田夺"可以被视为国家行为，考虑到这种情况不可能是秦的普遍现象，加之张金光等先生对上述文献的误读或曲解，这也只能算是一个孤证。根据"孤证不立"的原则，也显然是不能作为其主要依据的。

（四）睡虎地秦简中的爵位继承律文

针对张金光的论点，杜绍顺等征引了睡虎地秦简的三条关于爵位继承的律文，从内容来看，它们都足以证明秦的赐爵可以继承。但对这些重要的第一手材料，张金光先生并未回应。而且，他在20余年后出版的《秦制研究》中专辟一章研究爵制，在2001年张家山汉简《二年律令》已公布的情况下，对赐田究竟能否继承付之阙如，仅在讨论田制时提到，祖上所得赐田"是不得继承为永业的"。[1] 张金光先生也并非对学界的批评从不回应。在《秦制研究》中，他就增补了一段对"复赐"甘罗是否"物归原主"的回应——"或以为甘罗功赏不相当，因而含有'物归原主'之意。按此说误。……若为'物归原主'之原则在起作用的话，何须待孙子辈出使获功之后才得'复赐'，并又何须以王命'复赐'。"[2] 对杨作龙先生和他商榷田

---

① 张金光：《秦制研究》，上海古籍出版社2004年版，第95—96页。
② 张金光：《秦制研究》，第95页。

制，他也写了两篇文章反驳。① 从学术规范来说，回避于己不利的材料亦恐怕不妥。②

三　新出秦简中的赐田制材料

令人欣喜的是，里耶秦简、岳麓秦简等新出秦简也有一些关于赐田的记录。这些记录对厘清赐田制度的性质，以及对赐田问题更多、更深的研究，都颇具学术价值。

（一）里耶秦简中的新材料

根据已经公布的里耶秦简，可以发现秦代有许多"小爵"，且获得者多为未成年男性。这些"小爵"大致有两种类型：一种是立户作为户主的"小爵"，例如：

> 小上造三户。小公士一户。（8 – 19）
> 南里小上造□◻ （8 – 1182）
> 大夫子三户，不更五户。（8 – 1236 + 8 – 1791）③

其中"大夫子三户"，就是前揭睡虎地秦简《法律答问》中的"后子"，只不过还未来得及拜爵而已。④ 他们有些是未成年人，也可能有成年人，但即将获得的爵位均为继承。同样，所谓"小上造三户。小公士一户""南里小上造"等，也显然都是继承而来。这就进一步证明秦的赐爵及赐田通常是可以继承的。当然，从张家山汉简来看，这些爵位的继承多数应属于降等，但爵位降等并不等于田宅也降等继承。首先，从现有材料来看，没有任何证

---

① 杨作龙：《秦商鞅变法后田制问题商榷》，《中国史研究》1989 年第 1 期；张金光：《对〈秦商鞅变法后田制问题商榷〉的商榷》，《中国史研究》1991 年第 3 期；《论秦自商鞅变法后的普遍土地国有制——对〈秦商鞅变法后田制问题商榷〉的商榷》，《山东大学学报》（哲学社会科学版）1990 年第 4 期。

② 按：在《二年律令》公布 6 年后，张金光先生终于对这一问题作了勉为其难的回应，但结果却是进退维谷，更加表明了"普遍土地国有制"的失实。参见张金光《普遍授田制的终结与私有地权的形成——张家山汉简与秦简比较研究之一》，《历史研究》2007 年第 5 期。

③ 陈伟主编《里耶秦简牍校释》第 1 卷，第 32、288、297 页。

④ 陈伟主编《里耶秦简牍校释》第 1 卷，第 297 页，简 8 – 1236 + 8 – 1791【校释】[1]。

据表明，秦的赐田和爵位一样都降等继承。恰恰相反，有不少记载证明，秦的赐田可完全继承。前揭王翦"及时以请园池为子孙业耳"，就是一个显例。在岳麓秦简中也有一些赐田被完全继承的案例（详见下文）。其次，学界对赐田降等继承的看法是参照汉初《二年律令》的一种解读。如《户律》规定：

> 关内侯九十五顷，大庶长九十顷，驷车庶长八十八顷，大上造八十六顷，少上造八十四顷，右更八十二顷，中更八十顷，左更七十八顷，右庶长七十六顷，左庶长七十四顷，五大夫廿五顷，公乘廿顷，公大夫九顷，官大夫七顷，不更四顷，簪袅三顷，上造二顷，公士一顷半顷。（310－312）

而《置后律》规定："卿侯〈后〉子为公乘，【五大夫】后子为公大夫，公乘后子为官大夫，官大夫后子为不更，大夫后子为簪袅，不更后子为上造，簪袅后子为公士。"（367－368）[1] 由于卿爵继承降等后，按爵位名田将大幅度减少面积，因而有许多学者认为，这就是赐田或名田的降等继承。[2] 其实不然。且不说能否把汉初制度完全套用到秦，就是汉初的田宅继承，也并不存在什么降等问题。在我们看来，《二年律令》的名田规定还应理解为对国家土地资源的分配，亦即按身份等级所享受的不同待遇，而不是各个人群能占有多少土地的限额。[3] 名田宅的面积也远远高于耕地和实有房屋的面积。爵位降不降等，和每户的实有田宅都没有任何关联。就像公费出差，不得乘坐飞机的头等舱，但出差人却可以自费乘坐一样。故究竟能占有多少土地，要看他们实际占有了多大面积的耕地。可能比名田规定的配额多，也可能比名田规定的配额少。但无论多少，这些耕地和房屋的继承均与家庭有关，而与爵位无关。例如："不幸死者，令其后先择田，乃行其余。它子男

---

① 张家山二四七号汉墓竹简整理小组编《张家山汉墓竹简［二四七号墓］》（释文修订本），第52、59 页。

② 杨振红：《秦汉"名田宅制"说——从张家山汉简看战国秦汉的土地制度》，《中国史研究》2003 年第 3 期；于振波：《简牍所见秦名田制蠡测》，《湖南大学学报》（社会科学版）2004 年第 2 期。

③ 晋文：《张家山汉简中的田制等问题》，《山东师范大学学报》（人文社会科学版）2019 年第 4 期。

欲为户，以为其【户】田予之。其已前为户而毋田宅，田宅不盈，得以盈。宅不比，不得。"（312－313）① 其中"不盈"和"盈"，按照张朝阳先生的意见，便应当理解为是否达到了诸子均分家产的份额。② 汉初萧何所说："后世贤，师吾俭；不贤，毋为势家所夺。"也是一个无可争辩的反证。史载其"父子兄弟十余人，皆有食邑"，"贱强买民田宅数千万"，但却从不顾忌田宅的降等继承问题，反倒担忧将来"为势家所夺"。③ 他的田宅价值"数千万"，远远超过《户律》105 顷和 105 宅的规定，④ 就更是不遑多论了。可见田宅继承也确与爵位继承无关。所以我们也不能用爵位继承来推断秦代（国）赐田皆降等继承。可以毫不夸张地说，除了犯罪等特殊情况，田宅一旦被赐予后，即成为私有田宅，后人的继承多了也好，少了也好，都任由其家庭内部协调，官府不再干预。这就更说明了赐田的性质为私有，也说明了赐田占有的分化。

另一种是作为家庭成员的"小爵"，多见于南阳户籍简中。例如：

1（K27）

第一栏：南阳户人荆不更蛮强

第二栏：妻曰嗛

第三栏：子小上造□

第四栏：子小女子驼

第五栏：臣曰聚

5（K17）

第一栏：南阳户人荆不更黄□

子不更昌

第二栏：妻曰不实

---

① 张家山二四七号汉墓竹简整理小组编《张家山汉墓竹简［二四七号墓］》（释文修订本），第52页。按：文中带【 】之字，原为残缺，是笔者根据文意所补。

② 张朝阳：《论汉初名田宅制度的一个问题：按爵位继承旧户田宅?》，《中国农史》2013 年第4 期。

③ 《史记》卷53《萧相国世家》，第 2017—2019 页。

④ 张家山二四七号汉墓竹简整理小组编《张家山汉墓竹简［二四七号墓］》（释文修订本），第52 页。

第三栏：子小上造悍

　　　　子小上造

第四栏：子小女规

　　　　子小女移①

　　据《里耶发掘报告》分析："第三栏为户主儿子之名，且其前多冠以'小上造'，但简文中失载各人的年龄和身高。'小'是指未成年之小还是楚有爵称'小上造'不得而知。……居延汉简中'小'指14岁以下的未成年人。走马楼吴简中也把14岁以下的未成年人称为'小'。但简文中十数例均为'小上造'，不至于都是未成年之小，当有成年之子，故也有可能是楚有'小上造'之爵称。"② 从中至少可以看出两点。一是获得小上造爵位者，均为男性。参照汉初《傅律》规定："不更以下子年廿岁，大夫以上至五大夫子及小爵不更以下至上造年廿二岁，卿以上子及小爵大夫以上年廿四岁，皆傅之。"（364）③ 即可确证"小爵"多赐予未成年男性。④ 当然，"小爵"也有超过14岁的成年人，但很可能他们在继承爵位时年龄在14岁以下。二是此类"小爵"并非来自继承，简中户主（父亲）都仍然健在，就是一个明证。《里耶发掘报告》说，小上造"不至于都是未成年之小，当有成年之子，故也有可能是楚有'小上造'之爵称"，有一定道理。而刘敏先生认为，这些小上造"不是由于个别或特殊原因获得，而只能是由于国家普遍赐爵而一并获得的"⑤，也有一些道理。从户主的爵位前多标有"荆"字看，

---

① 湖南省文物考古研究所编著《里耶发掘报告》，岳麓书社2007年版，第203、204页。

② 湖南省文物考古研究所编著《里耶发掘报告》，第208—209页。

③ 张家山二四七号汉墓竹简整理小组编《张家山汉墓竹简［二四七号墓］》（释文修订本），第58页。

④ 按：学界一般也都认为这些"小爵"是未成年人，参见韩树峰《里耶秦户籍简三题》，里耶秦简博物馆、出土文献与中国古代文明研究协同创新中心中国人民大学中心编著《里耶秦简博物馆藏秦简·研究篇》，第229—243页。

⑤ 刘敏：《秦汉时期的"赐民爵"及"小爵"》，《史学月刊》2009年第11期。按：此前张荣强先生即认为，这些小爵应理解为秦政府的普遍赐爵。［张荣强：《湖南里耶所出"秦代迁陵县南阳里户版"研究》，《北京师范大学学报》（社会科学版）2008年第4期］稍后王子今先生则征引邢义田先生的论证说："关于'楚人爵制不同于秦，楚之诸子有爵，归顺后，仍然都有爵'的推想，或许成立。"（王子今：《试说里耶户籍简所见"小上造"、"小女子"》，载清华大学出土文献研究与保护中心编《出土文献》第1辑，中西书局2010年版，第231页）

则可能是秦对新占领的楚地普遍赐爵的结果，目的是安抚楚人，也应该是仅限于"新地"的特殊政策。① 这些"小爵"有没有相应的赐田，不得而知。或许在名义上他们还有着赐田的一些规定。

在里耶秦简中还有"大夫寡""上造寡"的记录。例如：

大夫一户。大夫寡三户。不更一户。（8－19）

大夫七户，大夫寡二户，大夫子三户，不更五户，□□四户，上造十二户，公士二户，从廿六户。（8－1236＋8－1791）

南里户人大夫寡茆。□（8－1623）②

东成户人大夫寡晏。□子小女子巳。□子小女子不唯。□（9－567）

十三户，上造寡一户，公士四户，从百四户。元年入不更一户，上造六户，从十二□（8－2231＋9－2335）③

此处"大夫寡"明显是指"大夫死后留下的遗孀"④，"上造寡"亦应是"上造死后留下的遗孀"，都是丈夫死后由妻子来继承爵位和田宅。可以说，这对传统认识具有强烈的颠覆意义，也令人多少有些遗憾。因为"大夫寡"的记载在睡虎地秦简中就有一例，亦即《法律答问》："大夫寡，当伍及人不当？不当。"但囿于资料和妇人无爵的观念，学界那时还意识不到这是妻子继承丈夫的爵位。睡虎地秦墓竹简整理小组便注释说："寡，少。"并推测"当时因大夫系高爵，所以不与一般百姓为伍"。⑤ 即使在《二年律令》发现后，对《置后律》中"寡为户后，予田宅，比子为后者爵"（386）⑥ 的明确规定，有些学者也仍然不相信妇女能继承爵位。如荆州高台

---

① 于振波：《秦律令中的"新黔首"与"新地吏"》，《中国史研究》2009 年第 3 期；张梦晗：《"新地吏"与"为吏之道"——以出土秦简为中心的考察》，《中国史研究》2017 年第 3 期。
② 陈伟主编《里耶秦简牍校释》第 1 卷，第 32、297、370 页
③ 陈伟主编《里耶秦简牍校释》第 2 卷，第 157、475 页。
④ 陈伟主编《里耶秦简牍校释》第 1 卷，第 33 页，简 8－19【校释】［2］。
⑤ 睡虎地秦墓竹简整理小组编《睡虎地秦墓竹简》，第 217 页。
⑥ 张家山二四七号汉墓竹简整理小组编《张家山汉墓竹简［二四七号墓］》（释文修订本），第 61 页。

18 号汉墓木牍载:"新安户人大女燕关内侯寡。"(牍丙)该考古报告的作者便疑惑说:

> 在牍丙这个所谓的"名数"中,大女燕是以户主的身份出现的。称"关内侯寡"固然是称其夫爵,但按汉制,本人死后,若无子男承袭,则其妻可继袭夫爵,享受其待遇。不知燕是否已袭夫爵,也不知若已继袭,是应称"关内侯燕"呢,还是"关内侯寡"?若按《发复》所言:"妇女无爵,现作为户主,故写其夫爵,此盖汉户制如此",则燕就没有袭其夫爵。[①]

而张金光为了自圆其说,更断然否定说:

> 按,此又忘记该名数为模拟物之明器。解读此类物件应既靠合制度,而又不囿于现实制度。秦及汉初,盛行二十等爵制,此时爵还有比较多的实际价值,人皆乐得,人皆乐有。此处为一个女性死者亦拟赐无封地可求的高爵关内侯,正反映了其时社会现实民俗之一斑。此拟赐予爵,是属于一种民俗文化现象,不必负政治制度上的责任,亦并无人追究。对一个人来说,其生前欲得而又不可得的东西,遂于其身后拟赐予之,以足人之心愿,在丧礼民俗中,乃属屡见不鲜的事情,是一种具有普遍意义的现象。我推测如此拟赐高爵关内侯者当他处尚有,这在当时可能是一种较为普遍的习俗。望类似明物今后再获发现。[②]

但事实却恰恰证明妇女继承夫爵秦时即有,且名称格式就是"某爵+寡"。在岳麓秦简中也有关于"爵寡"[③]的法律规定。

秦代(国)妇女可以继承夫爵及田宅,这就更加证明了赐田属于私有,

---

① 湖北省荆州博物馆编著《荆州高台秦汉墓:宜黄公路荆州段田野考古报告之一》,科学出版社 2000 年版,第 223、227 页。按:文中所说《发复》,是指黄盛璋先生《江陵高台汉墓所出"告地策"、遣册与相关制度发复》一文,载《江汉考古》1994 年第 2 期。

② 张金光:《秦制研究》,第 813 页。

③ 陈松长主编《岳麓书院藏秦简〔肆〕》,第 113 页。

为赐田的性质究竟私有还是国有的争辩画上了一个句号。显而易见，从睡虎地秦简到里耶秦简，从"后子"到"小爵"，从男性继承人到女性继承人，赐田的继承已构成了一条严密完整的证据链。如果说，在传世文献的解读上赐田国有论者还有个别空间的话，那么在出土文献的确凿事实面前就没有任何讨论的余地了。张金光先生曾固执地对《二年律令》辩解："爵田也有个凝固化的过程，由《韩非子·诡使》篇所谓用于奖励战士田宅的'身死田夺'，到《二年律令》中可于家内降杀转授，正是这种历史趋势的反映。"①但这却等于承认"私有地权"实形成于秦，而宣告了其"普遍土地国有制"说的终结。同时也充分证明：赐田的所有权为私人所有，在绝大多数情况下，赐田都不会"身死田夺"，被国家收回。只有绝户，国家才收回赐田；只有土地兼并，才可能"身死田夺"。

另一方面，"大夫寡"按顺序被排列在"不更"之前，"上造寡"按顺序被排列在"公士"之前，说明秦的夫爵及田宅继承并不需要降等。尤其"上造寡"的继承，参照汉初《置后律》的规定——"大夫后子为簪袅，不更后子为上造，簪袅后子为公士"②，作为最低两级的上造和公士并没有设置"后子"（或没有必要）。这就更加证实了夫爵的继承没有降等，至少到里耶秦简记载的秦末都尚未改变。

此外，"从廿六户""从百四户"的记录，也令人费解。陈伟等先生注释："从，疑指无爵者，待考。"③可以备为一说。但也可能是指为有爵者耕田和服务的农户，即"庶子"或佃农等。在诸多秦简记录中，凡涉及某人户籍时，一般都会交代他（她）的身份，如"南里小女子苗，卅五年徙为阳里户人大女子婴隶"（8－1546）④。而如果把包括士伍、庶人在内的所有无爵者都归之于"从"，则似乎有些难解；相反，把他们视为从属于有爵者的依附农民，倒比较顺畅。

---

① 张金光：《普遍授田制的终结与私有地权的形成——张家山汉简与秦简比较研究之一》，《历史研究》2007 年第 5 期。

② 张家山二四七号汉墓竹简整理小组编《张家山汉墓竹简［二四七号墓］》（释文修订本），第 59 页。

③ 陈伟主编《里耶秦简牍校释》第 1 卷，第 297 页，简 8－1236＋8－1791【校释】［3］。

④ 陈伟主编《里耶秦简牍校释》第 1 卷，第 355 页。

（二）岳麓秦简中的新材料

近年公布的岳麓秦简有更多关于赐田问题的新材料，兹择要分析如下。

1. 《识劫𡥇案》

本案多处涉及赐田问题，基本案情是：

> 十八年八月丙戌，大女子𡥇自告曰：七月为子小走马䣛（义）占
> 家訾（赀）。䣛（义）当□大夫建、公卒昌、士五（伍）积、喜、遗钱
> 六万八千三百，有券，𡥇匿不占吏为訾（赀）。𡥇有市布肆一、舍客室
> 一。公士识劫𡥇曰：以肆、室鼠（予）识。不鼠（予）识，识且告𡥇
> 匿訾（赀）。𡥇恐，即以肆、室鼠（予）识，为建等折弃券，弗责。先
> 自告，告识劫𡥇。
>
> 𡥇曰：与䣛（义）同居，故大夫沛妾。沛御𡥇，𡥇产䣛（义）、女
> 夹。沛妻危以十岁时死，沛不取（娶）妻。居可二岁，沛免𡥇为庶人，
> 妻𡥇。𡥇有（又）产男必、女若。居二岁，沛告宗人、里人大夫快、
> 臣、走马拳、上造嘉、颉曰：沛有子𡥇所四人，不取（娶）妻矣。欲
> 令𡥇入宗，出里单赋，与里人通歙（饮）食。快等曰：可。𡥇即入宗，
> 里人不幸死者出单赋，如它人妻。居六岁，沛死。䣛（义）代为户、
> 爵后，有肆、宅。识故为沛隶，同居。沛以三岁时为识取（娶）妻；
> 居一岁为识买室，贾（价）五千钱；分马一匹，稻田廿（二十）亩，
> 异识。识从军，沛死。来归，谓𡥇曰：沛未死时言以肆、舍客室鼠
> （予）识，识欲得。𡥇谓：沛死时不令鼠（予）识，识弗当得。识曰：
> 𡥇匿訾（赀），不鼠（予）识。识且告𡥇。𡥇以匿訾（赀）故，即鼠
> （予）肆、宅。沛未死，弗欲以肆、舍客室鼠（予）识。不告𡥇，不智
> （知）户籍不为妻、为免妾故。它如前。（108－119）①

从这个案例可以大致看出几个问题。

第一，正如睡虎地秦简和张家山汉简所载，秦的爵位继承遵从"后子"
和"余子"原则，并大多实行降等继承。在本案中，大夫沛有两个儿子，

---

①　朱汉民、陈松长主编《岳麓书院藏秦简［叁］》，第153—156页。

长子羡（义），次子必。前者为"爵后"，降等继承为"小走马"，亦即小簪袅，[①] 尚未成人；后者为"余子"，简中未提其爵位（早夭），按制度规定应为小公士。

第二，也正如上文所说，在爵位降等后，小走马羡（义）仍继承了大夫沛的所有田宅和其余财产。所谓"羡（义）代为户、爵后，有肆、宅"，就是明证。尽管文中并没有直接提到所有田宅都被羡继承，但由于本案涉及的只是布店、客房被"劫"，且"宅"字包括了所有住房，因而这还是能证明其所有田宅都被羡（义）继承。质言之，在兄弟没有分家的情况下，"爵后"被登记为户主后，便继承了包括田宅、债权等在内的所有家产。

第三，也是最有价值的，本案展示了赐田被其所有人任意处置的事例。为了给依附于自己的"隶"——识——操办婚事，大夫沛把自己的"稻田廿亩"直接分给了识，并在识分家立户时予以登记。这充分证明了赐田可以被主人任意处置。如果说，睡虎地秦简和里耶秦简皆证明赐田可以继承，那么本案则提供了一个赐田被任意分割的实例。识的身份最初是地位较低的男仆，也有可能曾作为养子（沛妻危没有生育），但不管识是什么身份，大夫沛能把自己的"稻田"分给他，并得到官府的认可，即说明赐田的性质完全是私有的。

第四，大夫沛把自己的20亩稻田分给"同居"的"隶"，也带来了以往未能注意的新问题。一是这种行为究竟算是赠送还是转让，其后果如何？从道理上说，这20亩稻田原为私有，大夫沛把它分给识是一种个人的财产分割行为，类似于亲子分家，它的性质应该算是赠送。但作为有一定依附关系的男仆，识曾长期为大夫沛服侍，这也可以说是对他的一种补偿，即变相转让。再就后果而言，无论是赠送，还是变相转让，这实际都开了土地合法流转的口子，甚至于变相买卖。因为只要自愿，把自己的赐田变更登记在别人名下，就能够得到官府的认可。这也可以说是一个颠覆性的证据。西汉董仲舒称："至秦则不然，用商鞅之法，改帝王之制，除井田，民得卖买，富者田连仟伯，贫者亡立锥之地。"[②] 以往多据此认为，战国时期土地私有制开始确立。在睡虎地秦简发现后，由于国家授田制的存在，如《田律》规

---

① 王勇、唐俐:《"走马"为秦爵小考》，《湖南大学学报》（社会科学版）2010 年第 4 期。
② 《汉书》卷 24 上《食货志上》，第 1137 页。

定："入顷刍槀，以其受田之数，无狠（垦）不狠（垦），顷入刍三石、槀二石。"[①] 主张战国土地国有制的学者又据此认为，董仲舒是以汉况秦，并得到大多数学者的认同。[②] 但本案却证明，最晚到秦王政十八年（前229年）前，赐田的合法流转便已成事实。而这种现象的最早出现，则显然还要提前。因此，究竟是董仲舒以汉况秦，还是错怪董仲舒，甚至于厚诬古人，恐怕还值得研究。二是在20亩稻田分给识后，他还会不会向官府申请授田？这个问题主要是20亩稻田能否基本养活识的全家。从"爵自一级已下至小夫，命曰校、徒、操、公士"的记载看，识在没有获得公士爵位前，身份应该相当于"小夫"。根据前揭里耶简8-1546："南里小女子苗，卅五年徙为阳里户人大女子婴隶。"并参证张家山汉简《奏谳书》："大夫莳诣女子符，告亡。·符曰：诚亡，诈（诈）自以为未有名数，以令自占书名数，为大夫明隶，明嫁符隐官解妻，弗告亡，它如莳。"（28-29）[③] 可知"隶"的身份应低于平民，而高于奴婢，或与受过肉刑的隐官相当（"隶"与主人脱离关系后，其身份当为平民，即自由民）。又据《二年律令·户律》："公卒、士五（伍）、庶人各一顷，司寇、隐官各五十亩。"[④] 可知汉初平民授田100亩，秦当大致相同。因此，在鼓励垦田的情况下，识应还能申请授田100亩，至少能申请50亩。但相关秦简显示，仅凭20亩稻田，也就能基本养活新婚的小夫妻了。关键在于，这20亩稻田乃实际耕种田地，相当于普通人授田中的"舆田"。如前所述，秦的授田有草田、垦田、舆田和税田之分。"草田"是未开垦的荒田，在开垦后被称为"垦田"，在垦田里确定实际耕种并纳税的垦田即称为"舆田"，在舆田里最终按比例和税率算出的纳税舆田则称为"税田"。如里耶简8-1519："迁陵卅五年狠（垦）田舆五十二顷九十五亩，税田四顷【卅二】。户百五十二，租六百七十七石。"[⑤] 据此按152户有舆田5295亩计算，其舆田平均每户才不到35亩。而既然是平

---

① 睡虎地秦墓竹简整理小组编《睡虎地秦墓竹简》，第27—28页。

② 晋文：《睡虎地秦简与授田制研究的若干问题》，《历史研究》2018年第1期。

③ 张家山二四七号汉墓竹简整理小组编《张家山汉墓竹简［二四七号墓］》（释文修订本），第94页。

④ 张家山二四七号汉墓竹简整理小组编《张家山汉墓竹简［二四七号墓］》（释文修订本），第52页。

⑤ 陈伟主编《里耶秦简牍校释》第1卷，第345页。

均舆田，那么有些家庭的耕种面积就肯定会大于 35 亩，有些则肯定会小于 35 亩。就小于 35 亩来说，估计就是 30 亩左右，有的就和 20 亩稻田相近，而略多于银雀山汉简所说"一人而田九亩者亡"（933）[1]。如果还是比较好的熟田，那么凭借 20 亩稻田，再加上副业的补充，也确实可以养活全家了。因之也启迪我们，除了休耕，秦代小农的每年实际耕种面积可能就三四十亩，甚或二三十亩。陈平的事例应值得注意——"陈丞相平者，阳武户牖乡人也。少时家贫，好读书，有田三十亩，独与兄伯居。伯常耕田，纵平使游学。"[2] 原来"有田三十亩"，实际是有"舆田"三十亩，这就说通了能供养陈平读书的原因。[3]

第五，除了土地分割，本案还提供了一个"身死田夺"的活生生的事例。大夫沛生前有钱有势，除了原为"隶""妾"的识和婉外，根据简文还有"故舍人"大夫建、公卒昌、士伍積、喜、遗，以及与他关系较好的"宗人、里人大夫快、臣、走马拳、上造嘉、頡"等。但即便如此，其尸骨未寒，由于孤儿寡母，便受到恶仆识的胁迫，不得不把自家的布店和客房无偿给识，令人不免感慨。好在婉以牺牲自己的"自告"方式，最终为年幼的儿女夺回了被强占的布店和客房。没有被夺回的，在生活中则不知凡几。可见"身死田夺"也的确常见。惟此夺非彼夺，即并不是被国家收回田宅，而是土地占有和兼并，被富人、恶人或权贵以各种手段所夺。归根结底，这是其土地私有的必然结果。

2. 《金布律》

此律有关于赐田征收户赋的规定，对解决一些疑难问题提供了珍贵资料。

> 出户赋者，自泰庶长以下，十月户出芻一石十五斤；五月户出十六钱，其欲出布者，许之。十月户赋，以十二月朔日入之，五月户赋，以六月望日入之，岁输泰守。十月户赋不入芻而入钱者，入十六钱。（118 – 120）[4]

---

① 银雀山汉墓竹简整理小组编《银雀山汉墓竹简［壹］》，文物出版社 1985 年版，第 145 页。
② 《史记》卷 56《陈丞相世家》，第 2051 页。
③ 晋文：《秦汉经济史研究与〈史记〉研读三则》，《中外论坛》2020 年第 3 期。
④ 陈松长主编《岳麓书院藏秦简［肆］》，第 107 页。

根据这一规定，除了彻侯和关内侯，其他所有爵位的户主都要向国家交纳户赋。就内容来说，户赋一年分两次交纳，一次是在五月，交 16 钱，如果不想交钱，那么可交布帛即纺织品；一次在十月，交刍藁即饲草，亦可交与此等值的 16 钱。如里耶简 8 - 559："☒十月户刍钱三【百】☒。"[1] 就是户赋征收的一个实例。它反映出户赋的征收以男耕女织的劳动分工为基础，最初都是缴纳布帛和刍藁，在货币经济发展后，则逐渐允许交钱，并仍然可以缴纳实物。[2] 这也彻底解决了秦代有无户赋、其性质与内涵等问题的争议。需要讨论的，是以下三个问题。

其一，对赐田的主人应怎样计户？有三种可能：一是每个有爵的户主都按一户计，包括为他们耕田的民户。这意味着爵位越高、赐田越多就交赋越少，交赋的比例高爵与低爵悬殊。二是除了每个有爵的户主按一户计外，为他们耕田的民户也按户计，有几户算几户。这意味着爵位越高、赐田越多就交赋越多，但交赋的比例高爵与低爵却大抵相当。三是高爵与低爵分计，高爵按一户计，低爵按户主和所有耕种其赐田的户数计。这意味着高爵与低爵的等级更加森严，高爵的特权体现在各个方面。从尊崇高爵的诸多规定看，当以第三种为是。但限于资料，目前还无法作出令人信服的论证。

其二，户赋是面向全国还是仅针对赐田？仅就《金布律》的规定而言，"自泰庶长"以下确乎可以两说，即有爵者或有爵者和无爵者。但从前引汉初《户律》来看，却应该是包括无爵的公卒、士伍、庶人、司寇和隐官。更重要的是，里耶秦简已证明户赋的征收皆包括无爵者。如里耶简 8 - 518、简 9 - 661：

卅四年，启陵乡见户当出户赋者志：☒
见户廿八户，当出茧十斤八两。☒[3]

卅四年贰春乡见 户 ☒
见户六十户，当出茧廿☒☒[4]

---

①　陈伟主编《里耶秦简牍校释》第 1 卷，第 179 页。
②　晋文：《关于商鞅变法赋税改革的若干考辨》，《中国农史》2001 年第 4 期。
③　陈伟主编《里耶秦简牍校释》第 1 卷，第 172 页。
④　湖南省文物考古研究所编著《里耶秦简［贰］·释文》，第 27 页。

其中"见户"就是每年经过核查后新增交纳租赋的民户，① 所以户赋实际是面向绝大多数有爵者和所有无爵者的。以往张金光先生认为，"秦无户刍，乃统征于田亩"，"只征刍稾而不收租禾"属于"例外"；② 刘家贵先生提出，"入顷刍稾"的规定"很可能只是特殊情况下的一种授田形式"。③ 都明显错误。而张家山汉简公布后，于振波、杨振红等先生认为："户赋是按户征收的，与所占的田地多少无关，而刍稾税是根据土地面积征收的。"④ "户刍是户赋的一部分，户刍与刍稾税有本质区别。"⑤ 则大体准确。

其三，赐田与授田的赋税有何区别？既然赐田和授田都要交纳户赋，那么二者似乎就只有量的差别。其实不然。秦自商鞅变法就大力奖励军功，对拥有爵位的军功地主曾赋予很多特权和优惠。减免赋税是关乎经济利益的一个重要方面。据《二年律令·户律》规定："卿以上所自田户田，不租，不出顷刍稾。"（317）⑥ 对统称为"卿"的高爵者，汉初就是完全免除"所自田户田"的田租和"顷刍稾"的。而通常认为，"卿"为"左庶长"以上至"大庶长"这九级高爵的统称。⑦ 考虑到二十等爵来源于秦，汉初去秦不远，秦的高爵又相当难得，那么便可以推论——至少对"左庶长"以上至"大庶长"，秦时是完全免除其"自田户田"的田租和顷刍稾的。

不仅如此，从前揭"就为五大夫，则税邑三百家"的规定看，在最初的设想中，五大夫便应该享有免除田租和顷刍稾的待遇。即使后来二十等爵改革，自五大夫以上至大庶长都给予数量不等的赐田，估计五大夫也仍然享有此待遇。更何况，第八级的公乘和第七级的公大夫，实际也都算高爵。曾

---

① 晋文：《里耶秦简中的积户与见户——兼论秦代基层官吏的量化考核》，《中国经济史研究》2018 年第 1 期。

② 张金光：《秦自商鞅变法后的租赋徭役制度》，《文史哲》1983 年第 1 期。

③ 刘家贵：《战国时期土地国有制的瓦解与土地私有制的发展》，《中国经济史研究》1988 年第 4 期。

④ 于振波：《从简牍看汉代的户赋与刍稾税》，《故宫博物院院刊》2005 年第 2 期。

⑤ 杨振红：《从出土简牍看秦汉时期的刍稿税》，载吴荣曾、汪桂海主编《简牍与古代史研究》，北京大学出版社 2012 年版，第 94 页。

⑥ 张家山二四七号汉墓竹简整理小组编《张家山汉墓竹简［二四七号墓］》（释文修订本），第 52 页。

⑦ 李均明：《张家山汉简所反映的二十等爵制》，《中国史研究》2002 年第 2 期；于振波：《从简牍看汉代的户赋与刍稾税》，《故宫博物院院刊》2005 年第 2 期。

当过秦沛县泗水亭长的汉高祖刘邦，在刚刚登基后便特别下诏说："其七大夫以上，皆令食邑；非七大夫以下，皆复其身及户，勿事。"又说："七大夫、公乘以上，皆高爵也。……异日秦民爵公大夫以上，令丞与亢礼。"[1] 可见公乘和公大夫都存在免除租税的可能，乃至官大夫和大夫也都有可能。就算不能全免，也肯定不会和普通民户相同。从这个意义上说，恐怕不更以下亦当有某些减免。尽管其具体内容不详，但多少减免一些赋税却可想而知。以田租为例，如果把授田户的土地面积租率概算为十分之一，亦即"什一之税"，那么公乘以下八级则可能按 2/3（太半）、1/2（半）、1/3（少半）的比例被依次减免（参见表 2-1）。《汉书·食货志上》称："上（高祖）于是约法省禁，轻田租，什五而税一，量吏禄，度官用，以赋于民。"[2] 所谓"轻田租，什五而税一"，甚至"三十税一"，这或许就是把普通民户的农田面积税率降到和享受减租待遇的有爵者一样。

表 2-1　秦二十等爵田租减免表

侯 田租	彻侯 无	关内侯 无							
卿 田租	大庶长 全免	驷车庶长 全免	大上造 全免	少上造 全免	右更 全免	中更 全免	左更 全免	右庶长 全免	左庶长 全免
大夫 田租	五大夫 可能全免	公乘 疑减 2/3	公大夫 疑减 2/3	官大夫 疑减 1/2	大夫 疑减 1/2				
士 田租	不更 疑减 1/3	簪袅 疑减 1/3	上造 疑减 1/3	公士 疑减 1/3					

此外，按成年妇女人头征收的算赋如何减免，也不得而知。参照田租、顷刍稾来看，左庶长以上可能是全免的。而不更以下则应该是全交的，晁错就曾经明确指出："今秦之发卒也，有万死之害，而亡铢两之报，死事之后，不得一算之复。"[3] 前揭南阳户籍简中有妻妾、婆媳、妯娌、女婢的详细登记，也充分证明不更以下的低爵家庭要交纳算赋。正如《里耶发掘报

---

[1]　《汉书》卷 1 下《高帝纪下》，第 54 页。
[2]　《汉书》卷 24 上《食货志上》，第 1127 页。
[3]　《汉书》卷 49《晁错传》，第 2284 页。

告》所说:

> （户籍简）第二栏为户主或兄弟的妻妾名，一般直接记下"妻曰某"，22号简为"疾妻曰娩"，强调了户主的名字。9号简有"隶大女子华"，可能是女奴隶充当妾室。8号简录有户主之母名。10号简户主宋午妻子的名字削去，可能是宋午妻子离去或死亡，故不录入户籍。14号简的户主"献"也许有三个妻子。《七国考》二引《通典》注云:"'一户免其一顷之租，虽有十妻，不输口算之钱'。昭襄王时，巴郡阆中夷廖促等射杀白虎。昭王以其夷人，不欲加封，乃刻石为盟要，复夷人顷田不租，十妻不算。"昭王时对待夷人的政策不太可能为秦始皇用来管理新占领的楚地，户籍上载名【明】妻妾数应当还是为征收算赋。①

至于大夫至五大夫爵位是否减免，目前则只能存疑。

3.《尉卒律》

《尉卒律》中有关于褫夺"亡人"爵位的律文，其规定如下:

> 黔首将阳及诸亡者，已有奔书及毋（无）奔书盈三月者，辄筋〈削〉爵以为士五（伍），有爵寡，以为毋（无）爵寡，其小爵及公士以上，子年盈十八岁以上，亦筋〈削〉小爵。爵而傅及公士以上子皆籍以为士五（伍）。乡官辄上奔书县廷，廷转臧（藏）狱，狱史月案计日，盈三月即辟官，不出者，辄以令论，削其爵，皆校计之。（135－138）②

大意是说，黔首"将阳"即逃亡时间不满一年，以及各种逃亡者，凡被官府逃亡文书登记过的，或没有被登记逃亡但实际逃亡已超过三个月的，有爵位者均夺爵为士伍，有继承夫爵和小爵的，亦剥夺其爵位。由此亦可看出三个问题。

---

① 湖南省文物考古研究所编著《里耶发掘报告》，第208页。
② 陈松长主编《岳麓书院藏秦简［肆］》，第112—113页。

首先，有爵者的逃亡较多，已成为秦统一前后的一个社会问题。从睡虎地等诸多秦简可以发现，秦代（国）一直存在着大量逃亡现象，统治者还为此特别制定了《亡律》。如："廿五年五月戊戌以来，匿亡人及将阳者，其室主匿赎死罪以下，皆与同罪。亡人罪轻于⊠有（又）以亡律论之。"（045－046）[1] 但就有爵者的逃亡在《尉卒律》中专门设置条款，这却是以往不清楚的。而且还规定直接夺爵，改变了"爵自二级以上，有刑罪则贬"的原则。这说明有爵者的逃亡不断发生，已到了不能不予以制止的地步，也说明对军功爵尤其低爵的优待已越来越少。此外，《尉卒律》所规定的有爵者明文提到了继承夫爵的寡妇，亦即"爵寡"，为里耶秦简的"爵寡"事例更提供了一条法律依据。

其次，逃亡的有爵者大多属于不更以下的低爵，并主要是迫于生计。随着赐爵人员的越来越多且降低待遇，特别是贫富分化的加剧，有些低爵家庭已经濒于破产或半破产的境地。岳麓秦简《暨过误失坐官案》中的公士冡、《猩、敳知盗分赃案》中的冗募上造禄和上造敳，就是几个典型事例。前者"田橘将阳"（096）[2]，可知他在为橘官耕田时逃亡，亦证明其赐田多已丧失，而只能庸耕公田。后者一个在士伍达等盗墓前"从达等渔，谓达，禄等亡居冀（夷）道界中，有庐舍"（052），一个则在达等盗墓后和士伍猩"到冡，得锡。敳买及受分。觉，亡"（058－059）[3]，亦说明他们都成了作奸犯科的无业游民。这些低爵者的家境实际远不如一些富起来的士伍，如前揭里耶简 8－1554：

　　卅五年七月戊子朔己酉，都乡守沈爰书：高里士五（伍）广自言：谒以大奴良、完，小奴畴、饶，大婢阑、愿、多、□，禾稼、衣器、钱六万，尽以予子大女子阳里胡，凡十一物，同券齿。典弘占。[4]

①　陈松长主编《岳麓书院藏秦简［肆］》，第53—54 页。
②　朱汉民、陈松长主编《岳麓书院藏秦简［叁］》，第145 页。按，朱汉民等先生注释："《秦封泥汇考》1091 有'橘官'。田橘，为橘官耕地，语法结构与《左传·成公二年》'御齐侯'等相同。"（同上第146 页）
③　朱汉民、陈松长主编《岳麓书院藏秦简［叁］》，第121、123—124 页。
④　陈伟主编《里耶秦简牍校释》第 1 卷，第356—357 页。

这位名叫广的士伍竟然有 8 个大小奴婢，还有庄稼、衣器和六万钱的财物，与众多低爵者有霄壤之别。尽管低爵者还可能在赋税方面享有国家的少许优惠，但在土地流失、天灾人祸的种种影响下，他们的家境实际已和大多数授田户相似。"新黔首不更昌等夫妻盗（盗），耐为鬼薪白粲，子当被收"（073）[1]，就是一位不更沦落为罪犯的例子。再以徭役为例，"不更"的意思就是"不豫更卒之事"[2]，但里耶简 8－1539"上不更以下徭计二牍"[3] 的记录，却证明不更仍要服役，更不用说簪袅以下了。所以无怪乎，那些每况愈下的低爵者会不惜犯法而甘愿成为"亡人"了。

最后，秦的赐爵及赐田制度已经严重蜕变。以往赐爵都必须是获得军功者，所谓"有功者显荣，无功者虽富无所芬华"。但在统一全国的过程中，秦的赐爵越来越多，没有军功也可以通过继承、转让和国家在某些地区的政策性普遍赐爵来获得。这使得赐田制度的规定越来越难以兑现，特别是在地少人多的狭乡。即使是在地多人少的宽乡，由于其赐爵的普遍，实际很多有爵者也不能按原有规定享有赐田了。前揭不作为户主的小爵就可能仅有名义上的赐田，或许是用草田来替代原来赐予的耕地，甚至对低爵者还可能把赐田与赐爵完全剥离。这不仅导致赐爵制度部分失却了初衷，而且更使赐田制与授田制逐渐趋同。秦在统一前后就有不少有爵者逃亡，甚至连家中仅有一人的寡妇也都有逃亡者，便至少证明了这一点。尽管严刑峻法，统治者竭力阻止他们的逃亡，但决定其逃亡的关键主要是经济地位的下降。在低爵者的经济不能得到明显改善的情况下，不管是褫夺爵位也好，还是赐予更多的爵位也好，实际都无济于事，并为以后军功爵的更加轻滥和秦帝国的崩溃埋下了伏笔。

四　简短的结语

综上所述，在睡虎地秦简发现后，学界对赐田的性质究竟私有还是国有展开过讨论。虽然看起来主张赐田私有的观点更有道理，但问题并没有真正解决。随着更多秦简的发现，这一问题才有了最终答案——赐田的性质是完

---

① 陈松长主编《岳麓书院藏秦简［伍］》，第 62 页。
② 《汉书》卷 19 上《百官公卿表上》注引师古曰，第 740 页。
③ 陈伟主编《里耶秦简牍校释》第 1 卷，第 353 页。

全私有的。可以毫不夸张地说，从睡虎地秦简到里耶秦简等，从"后子"到"小爵"和"爵寡"，从男性继承人到女性继承人，赐田的继承已构成了一条严密完整的证据链。而岳麓秦简则直接提供了赐田的主人有权任意分割赐田的案例，并间接提供了赐田可以流转的证据。因此，无论是对韩非所谓"身死田夺"，还是对董仲舒所言"民得卖买"，我们都需要重新认识。

就赐田的内容而言，秦简的发现越来越多也带来一些需要研究的新问题。比如，"小爵"继承的赐田是否被部分收回，户赋的征收对高爵应如何计户，对五大夫以下的赐田是否也减免田税，算赋能否减免，一些有爵者为何舍弃赐田而甘愿逃亡，土地私有对军功爵制的破坏，等等。这些问题有的可以依据现有资料作出比较合理的回答，有的则无法作出判断，而只能有待于新材料的发现。

第 三 章
秦简中的公田制研究

除了授田和赐田，秦代（国）还有大量国家控制和经营的公田。在睡虎地秦简发现后，学界对这一问题便作了很多研究，形成了一些共识。本章依据秦简，并结合传世文献，仅就仍存在争议的龙岗秦简中的"行田"与"假田"、里耶秦简中的"田官"与"公田"问题谈谈一些看法。

第一节 龙岗秦简中的"行田""假田"等问题

在龙岗秦简中，记有众多土地制度的律令，涉及"行田"、"假田"、"程田"、"盗田"与"匿田"等规定。学界以往对这些律文研究不多，[①] 并存在较多分歧。本节即分别予以辨析。

一 "行田"的内涵问题

1989 年发现的龙岗秦简，最引人注目的是关于"行田"的律文，即："廿四年正月甲寅以来，吏行田赢律（？）詐（诈）▨。"（116）[②] 对这条律文，最早参加发掘并就简文进行释读的刘信芳、梁柱等先生认为，此律可归

---

① 主要论著有张金光《秦制研究》，上海古籍出版社 2004 年版，第 38—85 页；于振波《简牍所见秦名田制蠡测》，《湖南大学学报》（社会科学版）2004 年第 2 期；杨振红：《龙岗秦简诸"田"、"租"简释义补正——结合张家山汉简看名田宅制的土地管理和田租征收》，载卜宪群、杨振红主编《简帛研究》2004，广西师范大学出版社 2006 年版，第 79—98 页；臧知非：《龙岗秦简"行田"解——兼谈龙岗秦简所反映的田制问题》，载雷依群、徐卫民主编《秦汉研究》第 1 辑，三秦出版社 2007 年版，第 71—76 页。

② 中国文物研究所、湖北省文物考古研究所编《龙岗秦简》，中华书局 2001 年版，第 109 页。

之为"田赢",其中"'赢'字残,据《秦律十八种》29 '上赢不备县廷'赢之字形隶定,其下二字或为律名,略可辨识为'假法'二字,谨录以备考"。① 而采用红外线读简仪并由胡平生先生最后核定释文的《龙岗秦简》则指出,"赢"后之字可能为"律","法"字为"诈"。特别是提出"田赢"二字并非词语,"田"字应当上属,与"行"字乃构成"行田"一词,② 就更使这条律文具有重要的史料价值。值得注意的是,《龙岗秦简》并未把"行田"与"种田"相关的田制联系起来,而是认为"田"指"田猎",并与禁苑有关。其理由如下:

> "行田",可能就是行猎。"赢律",即超过法律规定的限度,见于睡虎地简《秦律杂抄·除弟子律》:"使其弟子赢律,及治(笞)之,赀一甲。"因此,此简应当是对官员打猎超过法律规定的次数或规模的惩处的律令。原整理者拿"田赢"二字作篇题,当然是不妥的。而田猎,自然与禁苑有关。
>
> 在古代文献里,"田"有田猎和种田两种意义。……龙岗简里的"田",有些关乎田猎,如 117 号简"田不从令者论之如律"、118 号简"……非田时也,及田不□□坐□",有可能是与《田律》有关的律令内容。③

但这却是多少有些遗憾的误读。

张金光先生也对"田赢"的释读提出批评。令人费解的是,他并未引用《龙岗秦简》以及之前胡平生先生发表的《云梦龙岗秦简考释校证》④ 一文,而是以原创的方式辨析说:

---

① 湖北省文物考古研究所、孝感地区博物馆、云梦县博物馆:《云梦龙岗 6 号秦墓及出土简牍》,载《考古》编辑部编《考古学集刊》第 8 集,科学出版社 1994 年版,第 113 页;刘信芳、梁柱编著《云梦龙岗秦简》,科学出版社 1997 年版,第 37 页。

② 中国文物研究所、湖北省文物考古研究所编《龙岗秦简》,第 110 页。

③ 中国文物研究所、湖北省文物考古研究所编《龙岗秦简》,第 6 页。

④ 胡平生:《云梦龙岗秦简考释校证》,载西北师范大学历史系、甘肃文物考古研究所编《简牍学研究》第 1 辑,甘肃人民出版社 1997 年版,第 44—54 页。

　　《综述》与《考释》将"田赢"相连成辞，并以为是"田赢"律文。然其义尤不可通解，二文对此亦均无说，实为误读。我以为若以辞论，"田"当属上读，与"行"字相联成辞曰"行田"。赢当属下读。"行田"与"赢"可结构成句，然不可成辞。"赢"在睡虎地秦简中多与"不备"相对为文，义为"多余"，系指超过了原额。"不备"，乃为少于原额。"赢"字在龙岗此简中，义不可解，或可训"余"之义。如此则"田赢"之义尤不可知矣。①

这与胡平生先生和《龙岗秦简》的看法基本相同。从书中提到《考释》看，张金光先生的研究最早应始于龙岗秦简释文公布之后，或许在 1995 年初，抑或稍晚。而《简牍学研究》第一辑的编定在 1996 年 5 月之前，说明其结论应为各自独立得出。但既然《秦制研究》是晚在 2004 年 12 月出版，那么对张金光先生来说，在书中提一句胡平生先生的看法与己相似，它不约而同地证明"田赢"的释读不确，恐怕就不会让人联想他对史料的追踪能力和学术规范问题了。

　　不过，张金光先生的"行田"释读也确有独到见解。他根据传世文献多载"行田""行田宅"等词，把"行田"视为"普遍土地国有制下国家颁授田地之事"，并进一步发挥说：

　　　　睡虎地秦简透露有"受田"之律，龙岗秦简又露"行田"之律，两地均为秦之新占领区，……尤其是龙岗秦简的出土，为秦"行田"之制，提供了新的铁证，表明秦统一前后，乃至秦末尚维持执行着国家授田制，无可辩驳地证明了秦普遍土地国有制及其国家授田制，无论在时间或空间上，都具有普遍性、久远性和广泛性。②

至于"行田"是否为授田"提供了新的铁证"，恐怕还值得探讨。

　　大约与张金光先生同时，或者稍晚，于振波、杨振红先生也研究了

---

　　① 张金光：《秦制研究》，第 40 页。按：文中所说"《综述》和《考释》"，即刘信芳、梁柱《云梦龙岗秦简综述》（《江汉考古》1990 年第 3 期）和前揭《云梦龙岗 6 号秦墓及出土简牍》。

　　② 张金光：《秦制研究》，第 40—41 页。

"行田"问题。与张金光先生不同的是，二人除了征引传世文献，还列举了汉初《二年律令》涉及田宅之"行"的多条律文。如《田律》："田不可田者，勿行；当受田者欲受，许之。"（239）《户律》："不幸死者，令其后先择田，乃行其余。"（312 - 313）① 他们同样认为把"行田"视为"田猎"不妥——"考诸战国秦汉时期的文献及考古资料，并未发现'行田'即'行猎'的例证，却有不少将官府授田称做'行田'的例子，……116 号简中的'行田'，也是指授田。"② "无论传世还是出土文献，均不见'行猎'意义的'行田'。因此，龙岗秦简……中的'行田'应指国家分配土地即授田。"③ 就证据而言，这无疑要比张金光先生的论述更为有力，尽管能否把"行田"都说成"授田"也值得探讨。

此后，臧知非先生也对"行田"提出了与张金光、于振波、杨振红先生类似的解读，认为胡平生先生将"行田"连读具有事实依据，"在逻辑上也通顺得多。但是谓'行田'是进行田猎活动则大成问题"。他通过辨析田猎与田地或田作的区别，强调"行田"之"田"应指"农田"，且"除了田典之田以外，龙岗秦简中包括'行田'之田在内的所有'田'字都是田地之田，律文都是关于农田生产的规定，'行田'不是'进行田猎'，而是授田的意思"。④ 但令人费解的是，他对"行田"的解读与张金光、于振波、杨振红先生雷同，却只字未提三人。从臧知非先生把"《考古学集刊》第 8 集《云梦龙岗 6 号秦墓及出土简牍》"错引为"《考古学集刊》第八辑《云梦龙岗秦墓及出土简牍》"，以及征引"行田"简的"考释编号"而不是出土编号，⑤ 可以明显看出他的资料主要是转引胡平生先生的《云梦龙岗秦简考释校证》，因为其原文就是写的"第八辑"，有点随意。也就是说，臧知非先生的资料搜集并没有做到详尽占有，甚至还转引了第

---

① 张家山二四七号汉墓竹简整理小组编《张家山汉墓竹简［二四七号墓］》（释文修订本），文物出版社 2006 年版，第 41、52 页。

② 于振波：《简牍所见秦名田制蠡测》，《湖南大学学报》（社会科学版）2004 年第 2 期。

③ 杨振红：《龙岗秦简诸"田"、"租"简释义补正——结合张家山汉简看名田宅制的土地管理和田租征收》，《简帛研究》2004，第 82 页。

④ 臧知非：《龙岗秦简"行田"解——兼谈龙岗秦简所反映的田制问题》，载《秦汉研究》第 1 辑，第 72 页。

⑤ 中国文物研究所、湖北省文物考古研究所编《龙岗秦简》，第 175、179 页。

二手材料。在相关论著都早于他的论著情况下，这恐怕也不能以目力未及来解释。[①]

那么，究竟应如何看待龙岗秦简中的"行田"呢？

我们认为，把"行田"说成"田猎"固然牵强，但把"行田"都视同"授田"也大成问题。首先，"授田"与"行田"均出自法律文书，无论作为面向全国的法律规定，还是作为特定地区的法律规定，其含义都不可能完全等同。从时间上看，龙岗秦简（116）有着明确的纪年月日——"廿四年正月甲寅"，睡虎地秦简《田律》"入顷刍稿，以其受田之数"，没有指明确切年代，但睡虎地秦简"所反映的时代是战国晚年到秦始皇时期"[②]，二者的施行时间在秦王政二十四年（公元前223年）后完全重叠。再从地域来看，睡虎地与龙岗并非"两地"，而是同属云梦地区，也排除了区域特殊性的可能。这就带来了逻辑和法律的概念等同问题。显而易见，"行田"的概念要大于"受田"。"受田"是指农民接受国家"授田"，而"行田"除了含有"授田的意思"，还有施行公田、赐田、"假田"等语义。在没有其他资料佐证的情况下，并不能把"行田"都视同"授田"。尽管"行田"还有着传世文献或秦汉简牍的记载，如《吕氏春秋·乐成》"魏氏之行田也以百亩"[③]，《汉书·高帝纪下》"法以有功劳行田宅"[④]，岳麓书院藏秦简（以下简称"岳麓秦简"）《为吏治官及黔首》"部佐行田"（10）[⑤]等，但该简内容残缺，"行田"的释读还有着其他可能。

其次，龙岗秦简所反映出的法律适用范围，也决定了不能把"行田"都视同"授田"。从龙岗秦简的律文看，它的内容都与禁苑管理有关。《龙岗秦简》便明确指出：

龙岗简其实只有一个中心，那就是"禁苑"。睡虎地秦墓竹简《秦

---

①　臧知非：《战国西汉"提封田"补正》，《史学月刊》2013年第12期。按：此文主要与张金光先生《秦制研究》商榷。

②　睡虎地秦墓竹简整理小组编《睡虎地秦墓竹简》，文物出版社1978年版，第27、3页。

③　陈奇猷校释《吕氏春秋校释》卷16《乐成》，学林出版社1984年版，第990页。

④　《汉书》卷1下《高帝纪下》，中华书局1962年版，第54页。

⑤　朱汉民、陈松长主编《岳麓书院藏秦简［壹］》，上海辞书出版社2010年版，第112页。

律十八种·内史杂》："县各告都官在其县者，写其官之用律。"秦代官
吏制度规定，各县应分别通知设在该县的都官，抄写该官府所遵用的法
律，而龙岗简正是从各种法律条文中摘抄了与禁苑管理有关的内容，编
在了一起。①

可见讨论"行田"还有着禁苑的限定条件。这意味着"行田"的活动均在
禁苑的范围之中，而禁苑是肯定不会对百姓或黔首开放授田的。众所周知，
关于授田的性质学界还存在很大争议，焦点是授田户能否拥有对授田的所有
权。② 但即使按照所谓"普遍国家授田"说，授田户没有土地所有权，而只
有长期占有权和使用权，③ 这也足以说明禁苑是不能对百姓或黔首授田的。
因为一旦在禁苑里授田，土地被长期占有，并越来越多，所谓"禁苑"也
就不再是禁苑了。尽管在禁苑之外的过渡地区还不能排除有授田的存在，但
在禁苑及其垣墙之中却肯定不能授田。所以就算禁苑开放，通常也不准猎杀
野兽，只能渔采，或把一些空地短期租给农民，而不可能在禁苑里授田。如
龙岗秦简（27）："诸禁苑为奥（堧），去苑卅里，禁毋敢取奥（堧）中兽，
取者其罪与盗禁中【同】☐。"④ 从某种意义上说，对文献稔熟的胡平生等
先生不把"行田"视为"授田"，也确有道理。

再次，种种迹象表明，龙岗简中的"行田"应为"假田"，即把禁苑的
空地租借给农民的意思。主要有三个方面。

一是禁苑有着"假田"的便利条件。秦的禁苑范围很大，通常要在禁
苑外边建造一道垣墙，作为隔离地带。根据前揭简（27），可知这道垣墙称
为"奥（堧）"，距离禁苑有 40 秦里。秦里与汉里相同，一里的长度约为
417.53 米。⑤ 据此折算，这个隔离带大致宽度有 16.7 公里。此外，在垣墙
外还要再建一个 20 秦里宽的过渡地带。如龙岗秦简（28）："诸禁苑有奥

---

① 中国文物研究所、湖北省文物考古研究所编《龙岗秦简》，第 5 页。
② 闫桂梅：《近五十年来秦汉土地制度研究综述》，《中国史研究动态》2007 年第 7 期。
③ 张金光：《试论秦自商鞅变法后的土地制度》，《中国史研究》1983 年第 2 期。
④ 中国文物研究所、湖北省文物考古研究所编《龙岗秦简》，第 82 页。
⑤ 陈梦家：《亩制与里制》，《考古》1966 年第 1 期。

（埞）者，去奥（埞）廿里毋敢每（谋）杀口。"① 也就是说，隔离带加上其过渡地带，总计有 60 秦里，大致相当于 25 公里的宽度。这就为禁苑的"假田"提供了比较充足的土地资源。尽管在禁苑的过渡地带也可能有一些授田的存在，但在禁苑之中甚或过渡地带把一些空地或荒田暂时租给民户耕种，却是从商鞅变法便开始形成的政策。西汉董仲舒说，商鞅"颛川泽之利，管山林之饶"②。桑弘羊和文学亦分别褒贬商鞅说："昔商君相秦也，内立法度，……外设百倍之利，收山泽之税。""商鞅以重刑峭法为秦国基，……又外禁山泽之原，内设百倍之利。"③ 都证明了这一点。岳麓秦简《金布律》规定：

> 官府为作务、市受钱，及受斋、租、质、它稍入钱，皆官为䇼，谨为䇼空（孔），娿（须）毋令钱能出，以令若丞印封䇼而入，与入钱者叁辨券之，辄入钱䇼中，令入钱者见其入。(121－122)④

此律提到的"租"，即应当包括"假田"所收之租。睡虎地秦简也证明在禁苑的过渡地带有不少耕田。《徭律》云："其近田恐兽及马牛出食稼者，县啬夫材兴有田其旁者，无贵贱，以田少多出人，以垣缮之，不得为繇（徭）。"⑤

值得一提的是，以往并不清楚"其近田""其旁"的距离多远，而且对律中"田"的性质也有很大分歧。⑥ 现在看来，这个距离最远就是 20 秦里（8.35 公里）。所谓"材兴"，就是根据到垣墙的远近，按实际需要征发有耕田的民户来修缮垣墙。所修缮的工程量越小，征发的民户距离垣墙越近；工程量越大，征发的距离越远。之所以"以田少多出人"并"不得为繇（徭）"，就是因为在禁苑周边的耕田都与禁苑有关，其耕种者有承担修缮垣

---

①　中国文物研究所、湖北省文物考古研究所编《龙岗秦简》，第 83 页。

②　《汉书》卷 24 上《食货志上》，第 1137 页。

③　王利器校注《盐铁论校注（定本）》卷 2《非鞅》，中华书局 1992 年版，第 93、94 页。

④　陈松长主编《岳麓书院藏秦简［肆］》，上海辞书出版社 2015 年版，第 108 页。

⑤　睡虎地秦墓竹简整理小组编《睡虎地秦墓竹简》，第 77 页。

⑥　唐赞功：《云梦秦简所涉及土地所有制形式问题初探》，载中华书局编辑部《云梦秦简研究》，中华书局，1981 年版，第 57—58 页；张金光：《秦制研究》，第 102 页。

墙的义务，且耕田多者得利多。

二是龙岗秦简中有各种抵押方式的"假田"事例。比如：

诸叚（假）两云梦池鱼（簺）及有到云梦禁中者，得取灌【苇】、
【茅】▨（1）
黔首钱假其田已（！）□□□者……（155）
诸以钱财它物假田□□□□□▨（178）
复以给假它人，取▨（213）①

其中简（1）便总括性提到，在两云梦禁苑中有各种租借池簺的人。所
谓"池簺"，实际上就是禁苑，②"假田"当为各种租借之一。简（155）和
（178）是说黔首要以钱财"假田"③，即交纳押金④。而简（213）则描述了
一种在"假田"中非法获取田租差额的犯罪行为，亦即汉人常说的"分田
劫假"。该简中的"给"字，《龙岗秦简》注云："给，假借为'诒'，给
予。诒假，借给。"⑤ 实际却应当读若本字——欺骗，《史记·项羽本纪》：
"项王至阴陵，迷失道，问一田父，田父给曰'左'。"⑥ 简文是说"又以欺
骗的方式把田地转租给它人"，此乃"分田劫假"的常见手法。由此可见，
在秦的禁苑里确有各种抵押方式的"假田"。岳麓秦简《数》的一个算

---

　　① 中国文物研究所、湖北省文物考古研究所编《龙岗秦简》，第 69、125、129、135 页。按：简
（1）"灌"字后未释，下文简（144）的释文亦原义不畅，今据陈伟主编《秦简牍合集释文注释修订本
（叁）》（武汉大学出版社 2016 年版）校改。以下皆径改，单字以【　】标识，不再注明。
　　② 中国文物研究所、湖北省文物考古研究所编《龙岗秦简》，第 69 页简 1 注［三］。
　　③ 裘锡圭先生据此认为："汉代盛行的假民公田的办法，在秦代已经在实施了。"（裘锡圭：《从出
土文字资料看秦和西汉时代官有农田的经营》，载《裘锡圭学术文集》第 5 卷，复旦大学出版社 2012 年
版，第 212 页）
　　④ 按：张金光先生曾就"黔首或始种即故出"评论说："其语虽不全，然却透露出一个重大的普
遍的社会问题，即份地农初则受田而耕，后则出离垄亩，弃农不作。"且声称此简为他的"秦土地不可
买卖"提供了"新的绝妙证据"（张金光：《秦制研究》，第 71—72 页，其中所引为《云梦龙岗 6 号秦墓
及出土简牍》第 176 简，在《龙岗秦简》里则为修订后的第 158 简，参见第 126 页，且"出"字错释已
改为"□"标记）。其实不然。"假田"即租田，它既非授田，亦非赐田，当然不能被承租人买卖。对
出租者来说，若百姓或黔首弃租而不耕，而甘愿奉送押金，也当然乐得他们悔约。归根结底，这就是一个
土地租赁问题，根本谈不上什么"新的绝妙证据"。
　　⑤ 中国文物研究所、湖北省文物考古研究所编《龙岗秦简》，第 135 页简 213 注［一］。
　　⑥ 《史记》卷 7《项羽本纪》，中华书局 1959 年版，第 334 页。

题——"田五十五亩，租四石三斗而三室共叚（假）之，一室十七亩，一室十五亩，一室廿三亩，今欲分其租。"（47）① 亦证明当时有较多"假田"。对某些管理者而言，为了牟取私利，便自然会出现"吏行田赢律"的现象。

三是简中有许多关于禁苑收租的律文。诸如：

不遗程、败程租者，□；不以败程租上□（125）

虚租希（稀）程者，耐城旦舂；□□□□（129）

租不能实□，□轻重于程，町失三分，□（136）

租筭索不平一尺以上，赀一甲；不盈一尺到□（140）

皆以匿租者，诈（诈）毋少多，各以其□（142）

租者、监者诣受匿所租、所【监】□□□□（144）

坐其所匿税臧（赃），与灋（法）没入其匿田之稼。□（147）

租者且出以律，告典、田典，典、田典令黔首皆智（知）之，及□（150）②

这些律文大多涉及官吏收租时的舞弊行为。如"遗程、败程租者"，是指官吏逃漏和擅自改变田租应缴纳的份额；"虚租希（稀）程"，是指虚高租率和降低租率；"租不能实□，□轻重于程"，则指少计和多计田租。因此，在禁苑不能授田的情况下，便只能把这些犯罪行为同记录较多的"假田"联系起来。也就是说，"行田"之"田"，或其他所记之"田"，实际都应当作"假田"解。尤其"租者且出以律"，这更是"假田"如何租赁的法律规定。尽管龙岗秦简的律文有些也并非仅仅适用于禁苑，如"行田"在非禁苑地区通常是指授田或赐田，但就禁苑的特殊情况而言，这种"行田"却显然应指"假田"。《龙岗秦简》曾概述禁苑与土地出租的关系说："从龙岗简看，秦代禁苑外围有大量土地归禁苑官吏管辖，……这些土地和

---

① 朱汉民、陈松长主编《岳麓书院藏秦简［贰］》，上海辞书出版社2011年版，第8页。
② 中国文物研究所、湖北省文物考古研究所编《龙岗秦简》，第114、116、118、119、120、121、122页。

禁苑内的土地都有可能出租给农民耕种,并以所征租税供给禁苑官吏。"①
但它没有把土地出租及收租同"假田"联系起来,在结论呼之欲出时却止
步不前,令人不免惋惜。

总之,根据众多"假田"和收租、招租律文,从禁苑的限定条件来看,
"行田"就是施行"假田",把空地或荒田出租的意思。这对于全面认识秦
的土地制度具有重要的史料价值。

二 "假田"的性质与田租问题

如前所述,"假田"是把禁苑的土地短期租给民户耕种,这是一种不改
变所有权的租赁行为。因为禁苑及其土地均由秦廷派遣官吏管辖,所以它的
性质毫无疑问属于公田或官田。张金光先生就曾断言:"'假田'是国有土
地的临时使用方式,其稳定性绝不可与国家份地授田同开比例。"尽管他把
"假田"也视为"国家授田制的具体形式之一",混淆了"假田"的租赁性
质,甚至提出"假田"只是断简残文中的"一个没有上下文的孤立的概念,
非但不知其内容,亦不知政府之态度。因之其是否合法,实成问题",但认
为"假田"仍"属于土地国有制范畴",②却显然是合理的。

当然,"假田"尚与通常所说的公田或官田不同。大致可归纳为三点。

其一,耕种者的身份不同。"假田"的耕种者是百姓或黔首,他们的身
份都是自由民。从秦的身份等级制度看,百姓或黔首又可大致分为两类:一
是有赐爵的军功地主,二是以士伍和庶人为主体的平民。就纯粹的租赁而
言,他们显然都有权来承租"假田"。至于承租的军功地主多,还是平民
多,则不得而知。臧知非先生认为:

> 龙岗秦简规定的是用钱、物"假"田的行为规范,这必须以有相
> 应数量的钱物为前提,这些"假田"者不一定是农民,更不一定是无
> 地农民;所假之田来自何处,是私人的,还是国家的,都无法认定。③

---

① 中国文物研究所、湖北省文物考古研究所编《龙岗秦简》,第7页。
② 张金光:《秦制研究》,第72—73、75—76页。
③ 臧知非:《龙岗秦简"行田"解——兼谈龙岗秦简所反映的田制问题》,载《秦汉研究》第1
辑,第76页。

实际却并非如此。农民的概念古今不同，通常可分为富农、中农、贫农、佃农与雇农。就秦代阶级状况而言，有爵者或无爵者并不完全是划分农民与否的标准。由于贫富分化，有些低爵者已沦落到偷盗、流亡或为人"庸耕"的地步。在睡虎地秦简中便有公士甲对偷盗自首和检举同伙的案例：

> 爰书：某里公士甲自告曰："以五月晦与同里士五（伍）丙盗某里士五（伍）丁千钱，毋（无）它坐，来自告，告丙。"即令［令］史某往执丙。①

在岳麓秦简中也有公士豕"田橘将阳"（096）②的案例。而某些士伍则有钱有势，富贵者的身份俨然。如里耶简 8–1554：

> 卅五年七月戊子朔己酉，都乡守沈爰书：高里士五（伍）广自言：谒以大奴良、完，小奴畴、饶，大婢阑、愿、多、□，禾稼、衣器、钱六万，尽以予子大女子阳里胡，凡十一物，同券齿。典弘占。③

因之也可以认为，那些"假田"者多为农民。就算是"无地农民"，为了维持生计，在亲友的帮助下借钱"假田"的可能，恐怕也不能绝对排除。睡虎地秦简、里耶秦简和岳麓秦简都有大量的民间借贷记录，又怎么能断言"更不一定是无地农民"呢？当然，这些"假田"者是农民也好，不是农民也好，都是法律规定的自由民却毋庸置疑。从"假田"招租和收租来看，"假田"属于公田或官田也毋庸置疑。

而公田或官田耕作者的身份，则主要是丧失或短期丧失自由的特殊人群。他们大多是官奴婢、刑徒，也有少数被强制劳动的戍卒。在里耶秦简中便有许多给官田徒隶、戍卒出粮的记录，例如：

---

① 睡虎地秦墓竹简整理小组编《睡虎地秦墓竹简》，第 251 页。

② 朱汉民、陈松长主编《岳麓书院藏秦简［叁］》，上海辞书出版社 2013 年版，第 145 页。按，朱汉民等先生注释："《秦封泥汇考》1091 有'橘官'。田橘，为橘官耕地，语法结构与《左传·成公二年》'御齐侯'等相同。"（同上第 146 页）

③ 陈伟主编《里耶秦简牍校释》第 1 卷，武汉大学出版社 2012 年版，第 356—357 页。

　　卅年六月丁亥朔甲辰，田官守敬敢言之：疏书日食牒北（背）上。敢言之。

　　城旦、鬼薪十八人。小城旦十人。舂廿二人。小舂三人。隶妾居赀三人。

　　戊申，水下五刻，佐壬以来。/尚半。逐手。（8-1566）

　　卅一年七月辛亥朔癸酉，田官守敬、佐壬、稟人荅出稟屯戍簪袅襄完里黑、士五（伍）胸忍松涂增六月食，各九斗少半。　令史逐视平。

　　敦长簪袅襄壊（襄）德中里悍出。　　壬手。（8-1574+8-1787）①

　　尽管在公田或官田里的劳作也确有少量自由民，如前揭岳麓秦简中的公士冢，但其主要耕作者并非自由民却毋庸置疑。

　　其二，耕田的管理方式不同。由于"假田"的租赁性质，"假田"的耕作应是承租人自主管理。除了耕田数量、耕种作物和田租的最后确定，以及相关法律规定外，土地所有人的管理机构——禁苑对"假田"的具体耕作通常都不会予以干预。前揭"假田"的相关律文，主要就集中在这几个方面。如简（1）是"假田"者在禁苑里可以获取什么，简（27）是在禁苑的隔离地带不准猎杀野兽，简（125）（129）（136）（140）（141）等是关于耕田数量、收租及其违法犯罪的规定，简（150）则是告知"假田"的法律规定，包括承租的程序、押金、租率、验收、约定与违约等。在龙岗秦简中还有一些关于田作的规定。如"田不从令者，论之如律"（117），是说"假田"的耕作应遵守禁苑的相关律令；"侵食道、千（阡）邨（陌），及斩人畴企（畦），赀一甲"（120），是说耕作不能侵蚀田间道路，不得破坏别人的田界，否则处以"赀一甲"的罚款；"盗徙封，侵食冢【庙】，赎耐"（121）②，是说擅自移动实际耕种土地的田界，侵占公共墓地，要予以"赎耐"的惩治。而《徭律》"县啬夫材兴有田其旁者，无贵贱，以田少多出人，以垣缮之，不得为䌛（徭）"的规定，则强调"假田"者有修缮垣墙的义务。但总的来看，这都是关于"假田"必须遵守和惩治相关违法犯罪的

　　①　陈伟主编《里耶秦简牍校释》第1卷，第362、363页。
　　②　中国文物研究所、湖北省文物考古研究所编《龙岗秦简》，第110、111、112页。

律令，与具体的耕种无关。

而公田或官田则完全由官府管理。如播种，睡虎地秦简《仓律》规定："种：稻、麻亩用二斗大半斗，禾、麦亩一斗，黍、荅亩大半斗，叔（菽）亩半斗。利田畴，其有不尽此数者，可殹（也）。其有本者，称议种之。"对不同作物的播种数量以及灵活酌减都做了细致安排。对徒隶的口粮定量，《仓律》特别规定，在耕种公田时，"隶臣月禾二石，隶妾一石半"，并在农忙时给隶臣再增加半石口粮——"隶臣田者，以二月月稟二石半石，到九月尽而止其半石。"[1] 还有关于田间管理、留种和耕牛的使用等，秦律都做了比较详细的规定。[2] 此外，在里耶秦简中也有掌管官田的"田官"将"狠（垦）田课"上报到县廷的记录："元年八月庚午朔庚寅，田官守獷敢言之：'上狠（垦）田课一牒，敢言之。'"（9－1869）[3] 这些都说明公田或官田在生产管理上与"假田"有很大不同。

其三，农产品的分配方式不同。公田或官田的分配方式简单，所有农产品均全部上缴。复杂的是"假田"的分配方式，即田租的租率及征收方法问题。由于是短期租赁，主要农作物皆一年一熟，故可以断定："假田"的田租既不会是"按数岁之中以为常"[4] 的定额租制，也不会完全采用耕种私家土地的分成租制。"假田"应是一年一定的约定租，亦即承租人按租赁双方约定的农田面积租率和农产品产量租率向禁苑交纳田租。前引简（125）（129）（136）所说的"败程""轻重于程"等，也证明"假田"采用的是约定租制。但问题是，当时的那些约定简中并未记载，给后人研究便留下了很大难题。

总的来说，"假田"和公田或官田在耕种者的身份、管理和分配上有很大不同。它的性质应属于一种特殊的国有土地。也正因为特殊，所以田租才采用约定租的形式，值得我们进一步研究。

---

① 睡虎地秦墓竹简整理小组编《睡虎地秦墓竹简》，第43、49页。

② 安作璋：《从睡虎地秦墓竹简看秦代的农业经济》，载中国秦汉史研究会编《秦汉史论丛》第1辑，陕西人民出版社1981年版，第27—40页。

③ 里耶秦简博物馆、出土文献与中国古代文明研究协同创新中心中国人民大学中心编著《里耶秦简博物馆藏秦简》，中西书局2016年版，第187页。

④ 《孟子注疏》卷5上《滕文公章句上》，[清]阮元校刻《十三经注疏》（附校勘记），中华书局1980年版，下册，第2702页。

一般来说，约定租都具有临时性特点。它虽然在形式上与分成租相似，在最后征收田租的数量上也很像定额租，但其租率却是每年临时约定的。由于年有丰歉，地有肥瘦，以及承租人的变换，因而每年的田租都需要租赁双方重新确定。"假田"的田租也应当作如是观。当然，"假田"的租率如何确定，还往往与谁来提供土地和生产工具有关。"假田"由禁苑提供，已确凿无疑，但禁苑是否还提供耕牛、农具和粮种，却不得而知。姑且按禁苑仅提供土地推算。董仲舒曾严厉批评秦的苛政说："或耕豪民之田，见税什五。"① 即证明秦汉时期的私家田租通常是对半分成，即租率50%。但董仲舒既以"见税什五"来批评其田租之高，那么其他类型的田租即明显应低于这个租率，因之"假田"的田租也肯定要低于50%。以足以显示差距说，这或许就是30%，甚至30%以下。

众所周知，秦代授田户的田租通常为"什一之税"。这说的是农田面积，即"税田"为"舆田"面积的十分之一。在岳麓秦简《数》中，所有算题的禾田租率都是十分之一。例如：

> 租误券。田多若少，楮令田十亩，税田二百卅步，三步一斗，租八石。今误券多五斗，欲益田，其述（术）曰：以八石五斗为八百。（11）
>
> 禾舆田十一亩，【兑】（税）二百六十四步，五步半步一斗，租四石八斗，其述（术）曰：倍二【百六十四步为】……▢（40）②

其中简（11）按每亩240平方步计，"税田二百卅步"正是舆田"十亩"的十分之一。简（40）的税田"二百六十四步"，也是"舆田十一亩"的十分之一。可见30%的租率并不算低。仅就"什一之税"而言，③ 若"假田"最高30%租率就已是它的三倍之高。更有甚者，据北京大学藏秦简（以下简称"北大秦简"）《算书》记载，所计算田租的《田书》每简分上下两栏

---

① 《汉书》卷24上《食货志上》，第1137页。

② 朱汉民、陈松长主编《岳麓书院藏秦简［贰］》，第38、53页。

③ 在岳麓秦简《数》中还记有枲田的租率，均为十五税一。参见肖灿《从〈数〉的"舆（舆）田"、"税田"算题看秦田地租税制度》，《湖南大学学报》（社会科学版）2010年第4期。本节暂不讨论。

书写，上栏为"矩形土地面积的计算"，"下栏则为田租的计算，包括税田面积、税率和田租数额。税田面积均为上栏所记亩数的十二分之一"，① 租率还低到十二分之一。证诸里耶秦简，如简 8 - 1519：

> 迁陵卅五年貇（垦）田舆五十二顷九十五亩，税田四顷【卌二】，户百五十二，租六百七十七石。衙（率）之，亩一石五；户婴四石四斗五升，奇不衙（率）六斗。
>
> 启田九顷十亩，租九十七石六斗。
>
> 都田十七顷五十一亩，租二百卌一石。
>
> 贰田廿六顷卅四亩，租三百卌九石三。
>
> 六百七十七石。②

按舆田 5295 亩、税田 442 亩计算，其平均租率约为 8.35%，去除四舍五入，则恰好就是十二分之一。可见北大《算书》的租率更切合实际，而应该是地区差异。无论是十二分之一，还是十分之一，都表明若"假田"租率为 30% 已相当之高。因为从"见税什五"来看，30% 的租率似乎低了很多，但从什一之税或十二税一来看，实际却高了很多。所以把"假田"的舆田租率假定在 30%，甚或 30% 以下，当与真实租率相近。或许"假田"也有土质和粮食作物的区别，那么租率就可能是在 20% 左右。

除了税田的亩数租率，秦及汉初的田租征收还有产量租率，即按农作物的不同产量征收田租的级差租率，如三步一斗、八步一斗、廿步一斗等。这个租率由于是变化的，且租率核定的方法与授田相同，故通常便采用约定的"禾稼"预估和验收方式来操作。在二者租率比较时，虽然差距很大，比如八步一斗，在税田十分之一时为每亩三斗，在五分之一时则为每亩六斗，但限于资料，可暂且忽略不计。

另一方面，"假田"的租率也不可能过低。从道理上说，一块需要交一

---

①　韩巍：《北大秦简中的数学文献》，《文物》2012 年第 6 期。

②　陈伟主编《里耶秦简牍校释》第 1 卷，第 345—346 页。

定押金才能租赁的耕田还有人愿意租赁，除了它的收益较高外，别的都很难讲通。尽管我们不完全知道"假田"的收益究竟高在什么地方，是地肥水美产量高，还是减免徭役和得以渔采的其他补偿，抑或无以为生而急需暂渡难关，但它具有很大的吸引力却可想而知。这就决定了它的田租必然要高于普通授田。以授田来说，上引简 8 - 1519 有"亩一石五"的记载，按 442 亩收租 677 石计算，实际其每亩平均收租或产量约 1.53 石。如果按启陵、贰春和都乡分计，则三乡每亩平均收租或产量约为 1.28 石、1.65 石、1.54 石（详见表 3 - 1），舆田每亩平均收租约 1.28 斗，[①] 最高亩产量可能在 2 石到 3 石之间。"假田"的平均产量当更高于此，估计在 2 石左右，最高亩产量则可能在 4 石以上。但每亩究竟收租多少，秦简较少记录。前引《数》载"田五十五亩，租四石三斗"，平均每亩约 7.8 升，就是比较难得的一例。因缺乏对比，故只能暂以汉简中的收租记录来参证。

表 3 - 1　迁陵县三乡田租、平均亩租量分计表

单位：石

名称	舆田总数	舆田租率	税田亩数	田租总数	平均每亩收租	备注
启陵乡	910 亩	十二税一	76	97.6	97.6÷76≈1.28	四舍五入
都　乡	1751 亩	十二税一	146	241	241÷146≈1.65	四舍五入
贰春乡	2634 亩	十二税一	220	339.3	339.3÷220≈1.54	四舍五入
合计	5295 亩	十二税一	442	677.9	（1.28+1.65+1.54）÷3≈1.5	四舍五入

据《居延汉简释文合校》和《居延新简》，在可能是反映西汉后期的"假田"简中，有几枚记载了田租的收取情况。诸如：

A. 右第二长官二处田六十五亩　租廿六石　　　　303·7
B. 右家五田六十五亩一租大石　廿一石八斗　　　303·25
C. 率亩四斗　　　　　　　　　　　　　　　　　19·43

① 按：里耶秦简中的官方记录还要稍高一些，每亩田租为"一斗三升九百一十三分升二"（湖南省文物考古研究所编著《里耶秦简［壹］·前言》，文物出版社 2012 年版，第 4 页）。

D. ▨率亩四斗　　　　　　　　　　　　　　　　　182·25①

E. 北地泥阳长宁里任慎　二年田一顷廿亩　租廿四石　E·P·
T51：119②

其中简 A 有田 65 亩，收租 26 石，按一石十斗换算，即 260÷65 计算，每亩收租 4 斗，与简 C、简 D 相合。简 E 有田 120 亩，收租 24 石，按 240÷120 计算，每亩收租 2 斗，比简 A 等低了 2 斗。简 B 亦有 65 亩，收租 21.8 石，按 218÷65 计算，每亩收租约 3.35 斗。但简 B 收租为"大石"，应折换为"小石"。大石是指已脱壳的口粮，小石是指未脱过壳的原粮。③ 至少在战国末年，大石与小石的折算比率便确定为 50∶30，即 50 斗粟折算为 30 斗粝米。如睡虎地秦简《仓律》："【粟一】石六斗大半斗，舂之为糲（粝）米一石。"④ 张家山汉简《算数书》亦可旁证："禾黍一石为粟十六斗泰（大）半斗，舂之为糲米一石。"（88）⑤ 因此，简 B 每亩收租大石 3.35 斗约折换为小石 5.6 斗，比简 A 等每亩 4 斗高了 1.6 斗，比简 E 高了 3.6 斗。这反映出简 B 是当地的上田，简 E 是当地的下田，简 A 等则是中田。我们取 5 简平均数，即（4＋5.6＋4＋4＋2）÷5，其平均租率为 3.92 斗；取上中下三类田租平均数，即（5.6＋4＋2）÷3，其平均租率约为 3.87 斗。二者差别可以忽略，那么再取整数，则恰好就是"率亩四斗"。按"假田"平均亩产 2 石左右算，其平均租率为 20%。这与上文所说"假田"的舆田租率当在 20% 左右基本吻合。考虑到禁苑的土地通常会更好一些，租率应该更高，我们便可以大致得出一个结论——秦代"假田"的真实租率可能就在 25%

①　谢桂华、李均明、朱国炤：《居延汉简释文合校》，文物出版社 1987 年版，第 496、498、32、292 页。

②　甘肃省文物考古研究所、甘肃省博物馆、文化部古文献研究室、中国社会科学院历史研究所编《居延新简》，文物出版社 1990 年版，第 180 页。

③　吴朝阳、晋文：《秦亩产新考——兼析传世文献中的相关亩产记载》，《中国经济史研究》2013 年第 4 期。

④　睡虎地秦墓竹简整理小组编《睡虎地秦墓竹简》，第 44 页。

⑤　张家山二四七号汉墓竹简整理小组编《张家山汉墓竹简［二四七号墓］》（释文修订本），第 144 页。

左右。

　　"假田"的租率很高，还要交纳押金，有些人却趋之若鹜，最根本的原因应是它的产量较高。当然，有些官吏和豪强沆瀣一气，通过前述"分田劫假"来获取田租的差额，也是其中一个主要缘故。

　　关于"分田劫假"，以往学界曾多有争议，[①]主要问题是"分田"和"劫假"应如何理解。但如果不去纠缠"分田"究竟是公田出租，还是私田出租，抑或"假民公田"，那么在租赁禁苑公田或官田的前提下，我们便可以把它界定为：通过"假田"租赁非法占有一部分田租的行为。用今天的话说，这实际就是禁苑官吏和豪强勾结起来的寻租行为。就龙岗秦简而言，则大致有两种情况。

　　一是在承租人租赁"假田"后，利用"程田"官吏的职务之便，非法提高或降低租率，如"虚租希（稀）程"。"虚租"就是把租率故意提高，本来该定亩数租率为20%，在租赁文书上写的也是20%，但却要求实际耕种者按30%交租；本来产量租率该定八步一斗，在"程禾"的文书上写的也是八步一斗，但却要求实际耕种者按六步一斗交租，然后把10%的多交田租或每亩多交的几斗田租装入私囊。而"希程"则是少报"假田"面积，明明是租种舆田100亩，在租赁文书上却写成80亩；明明是产量租率该定为六步一斗，在"程禾"文书上却写成八步一斗，然后就可以偷漏20亩的田税，或每亩少交几斗田租。前者似乎损害了承租人的利益，实际却往往都会在订立租赁合同时预先约定，并可以通过"希程"的方式来补偿，且承租人还多把"假田"转租给了实际耕种者；后者更是狼狈为奸，合伙牟利。这两种现象都涉及主管"假田"的官吏和承租"假田"的豪强，而且是共同犯罪，所以法律才会把"虚租希（稀）程"都放在一起处罚。张金光先生曾经推测：这种"改篡簿籍之类，或隐藏实际计数等，也许就是包括了如后代官厅在收敛租赋过程中的两本账"[②]，颇有见地。杨振红先生亦曾经指出：

---

　　① 张锡忠：《"分田劫假"辨析》，《新疆大学学报》（哲学社会科学版）1982 年第 4 期；王彦辉：《汉代的"分田劫假"与豪民兼并》，《东北师大学报》（哲学社会科学版）2000 年第 5 期。

　　② 张金光：《秦制研究》，第 54 页。

核定田租率时的违法行为主要表现为故意压低或抬高田租率，此事通常发生在乡吏与田主有不正常的私人关系情况下。乡吏故意压低田租率，或者因为接受了田主的贿赂，或者迫于田主的权势，或者与田主私交甚密。故意抬高田租率的情况正好相反，田主的社会地位或者较低，或者与乡吏有私人恩怨，也不排除乡吏为了追求政绩而故意抬高田租率以达到多征田租的目的。[①]

尽管她错把"假田"当作授田，也没有把承租人和实际耕种者区别开来，但强调"此事通常发生在乡吏与田主有不正常的私人关系情况下"，却显然是正确的。还要注意的是，承租"假田"的官吏（以亲友或他人名义）和豪强并不需要自己种田，他们只要把"假田"转租给无地或少地的农民，也就天衣无缝地达成"分田劫假"的意图。

二是除了故意降低田租，即"故轻"，有些官吏和豪强在承租"假田"后，还直接强迫被转租"假田"的耕种者交纳高于规定租率的田租。比如规定租率为25%，他们却强迫农民交纳35%，或40%，甚至高达50%，也就是董仲舒严厉谴责的"或耕豪民之田，见税什五"。所谓"故轻故重"，就"故重"而言，就是对"假田"的实际耕种者故意加重田租。这虽然损害了实际耕种者的利益，且国家也曾试图保护他们的利益，如规定"假田"要尽可能让黔首了解政策，知道"假田"应怎样租赁和租赁的真正租率——"租者且出以律，告典、田典，典、田典令黔首皆智（知）之。"[②]但出于无奈，在无法获得"假田"承租权的情况下，即使明知自己转租的

---

　　① 杨振红：《从新出简牍看秦汉时期的田租征收》，武汉大学简帛研究中心主办《简帛》第3辑，上海古籍出版社2008年版，第337页。

　　② 按：臧知非先生认为："这'租者且出'是应该缴纳或者需要缴纳的田租（税）。律文规定，确定田租（税）数以后，要以法律的形式告诉里典、田典，由里典、田典通知各家各户：'令黔首皆知之'。这里典、田典'令黔首皆知之'的内容，就是黔首应该缴纳的'租'税。"（臧知非：《说"税田"：秦汉田税征收方式的历史考察》，《历史研究》2015年第3期）此说非是。"租者且出以律"不能点断，这实际是"假田"如何租赁的法律规定。况且，在没有最终确定其舆田即实际耕种面积前，无论"假田"，还是授田，都无法得知田租的具体数量；在没有根据禾稼的长势预估产量前，即使舆田数已经确定，也仍然无法得知田租的具体数量。能够得知的，也是里典、田典要告知黔首的，乃是"假田"的租赁方法，以及舆田面积的约定租率和不同农作物的产量租率，如八分之一、六分之一、五分之一、四分之一等，或五步一斗、八步一斗、廿步一斗等。

"假田"租率要大大高于实际，他们也只能违心地忍痛接受，通常还不敢声张。这不仅反映了秦代租佃关系的真实存在和发展，也从另一个侧面展现了严酷的剥削和压迫问题。

龙岗秦简所揭露的"分田劫假"是令人有些意外的。以往都认为，这种现象最早出现在西汉中期。而龙岗秦简则证明，"分田劫假"实际上渊源于秦，并间接宣告土地私有制度已由星星之火而形成燎原之势，即便公田或官田也难以幸免了。

三　"程田"、"盗田"与"匿田"问题

与"假田"直接相关的还有"程田"、"盗田"和"匿田"等问题。弄清这些问题，对全面认识"假田"乃至授田、赐田等土地制度都有重要的学术价值。

（一）"程田"

所谓"程田"，就是核查其耕种面积、评估庄稼或经济作物的长势、确定租率和最后验收的过程，"程"在这里有考核、衡量、程序、标准、课率等多种含义。在禁苑只能"假田"的前提下，关于"程田"的种种活动，实际都可以"吏行田"概括。如果超过了法律规定，比如越权，把田地不当出租，擅自降低或提高租率等，就是"行田赢律"了。同授田、赐田的"程田"一样，龙岗秦简中的"程田"也分为"程田"和"程禾"两个阶段，无非更具有"假田"的特点而已。

先说"程田"。这种"程田"是狭义上的"程田"，主要内容是核查、登记"假田"的实际耕种面积、作物种类和出苗情况。之所以必须"程田"，乃是因为秦及汉初的田租征收有两个同时参照的租（税）率：一个是税田占舆田的比例，即税田的亩数租率，这个租率是固定不变的，如十二税一或什一之税；一个是按农作物不同产量征收的级差租率，即产量租率，这个租率是变化的，如三步一斗、五步一斗、八步一斗等。只不过"假田"的亩数租率要高于授田和赐田而已。换言之，确定税田亩数的前提，就是要核实舆田即实际耕种土地的面积。从"假田"来看，禁苑官吏也都要确定其承租人到底耕种了多少田亩和出苗情况。具体来说，就是在春天播种期间以"吏行田"的形式去勘察耕种田亩的数量及范围，并观察庄稼和经济作

物的出苗，然后记录备案。如里耶简9－39："律曰：已狠（垦）田辄上其数及户数，户婴之。"① 就是对垦田耕种核查后应立即上报田数、户数和每户平均亩数的规定。"假田"也不例外。至于出苗，睡虎地秦简《田律》亦明确规定："雨为澍，及诱（秀）粟，辄以书言澍稼、诱（秀）粟及狠（垦）田暘毋（无）稼者顷数。"② "假田"同样如此，也要把不出苗的田亩剔除在外，这样才能算出承租人的真正耕种面积，并体现对承租人的公平。但问题恰恰就出在这里。由于技术和人员有限，在当时的条件下，要核查一块田地的总产量将非常耗时，也极不方便，因而秦及汉初的田租征收实际是按比例把舆田中的一小部分称为"税田"。臧知非先生认为："税田"制是征收田税过程中"按照'税田'标准产量，在民户垦田中划定'税田'面积，用做田税，秋收时按户征收"。③ 其实不然。"税田"只需在"舆田"中确定纳税的统一比例，如十二税一或什一之税、什五而税一，而根本不必在舆田中专门划出哪块舆田收税，哪块舆田不收税。"税田"是按租率确定的应该纳税的舆田亩数，亦即测算方法，并不特指舆田中的某块田地。它的目的是简化对舆田总产量的核查，并把测算后的"税田"亩数折换成总步数，如"税田千步"，然后除以"程禾"核定的产量租率，如"廿步一斗"，从而算出整块舆田的田租数。如北大秦简《田书》："广百廿步、从

---

① 里耶秦简博物馆、出土文献与中国古代文明研究协同创新中心中国人民大学中心编著《里耶秦简博物馆藏秦简》，中西书局2016年版，第182页。按：张家山汉简《二年律令·田律》也有相同规定，唯增加"毋出五月望"的时间限制（张家山二四七号汉墓竹简整理小组《张家山汉墓竹简［二四七号墓］》（释文修订本），文物出版社2006年版，第42页）。这与秦律的规定也可以互证。

② 睡虎地秦简竹简整理小组编《睡虎地秦墓竹简·田律》，第24页。

③ 臧知非：《说"税田"：秦汉田税征收方式的历史考察》，《历史研究》2015年第3期。按：认为"税田"要从舆田中单独划出，实际是彭浩、于振波先生早先提出的，虽然并不准确，但臧知非先生陈述这一观点时却并非注明出处。此文还说："（迁陵）三个乡'税田'所占'垦田舆'比例均低于十税一，又各不相同。这是因为'垦田舆'是新开垦之田，劳动强度大而产量低，所以'税田'比例低于十税一；而在生产实践过程中，各乡的'垦田舆'和人户数字并不相同，每户'垦田舆'数量和产量也有差别，于是在户均四石四斗五升这个原则之下，通过'税田'的不同比例显示三个乡'垦田舆'的数量和质量差别。"其实，迁陵三乡的"税田"占舆田的比例都是固定统一的，即十二税一，并有着北大秦简《田书》的证明。之所以看起来"各不相同"，那是因为简8－1519的记录四舍五入，去除了余数。至于说迁陵三乡的租率均低于十分之一，"是因为'垦田舆'是新开垦之田，劳动强度大而产量低"，也同样有误。实际在简8－1519还记有被视为原有舆田的收租记录，即"凡田七十顷卅二亩。·租凡九百一十"。而7042亩租9100斗和5295亩租6770斗相比，前者为每亩平均约1.29斗，后者约为1.28斗，差别甚微，可忽略不计。

（纵）百步，成田五十亩。税田千步，廿步一斗，租五石。"① 所核实的舆田为"五十亩"，按十二税一租率折算为"税田千步"，除以被核定后的"廿步一斗"的产量租率，即可得出"租五石"的结论（平均每亩一斗）。这和农户要不要在舆田中划出税田没有任何关系。总之，通过"程田"来确定"舆田"耕种的总面积，乃计算"税田"亩数的前提。"假田"也是如此，而官吏和豪强则往往在这个环节里舞弊。比如明明耕种了100亩，在"程田"后的"假田"文书上却登记为80亩，然后谎称有20亩耕田没有出苗。这就是所谓"希程"和"故轻"，而堂而皇之地偷漏了20亩的田租。反之，明明有20亩耕田没有出苗，在"程田"后的"假田"文书上也登记为80亩，但却伪造文书登记为100亩，强迫其实际耕种者按100亩交租。这就是所谓"虚租"和"故重"，而公然霸占了20亩的田租。官府也很快发现了这些问题，并力图制定法律来严惩犯罪的官吏，此即"田及为詐（诈）伪写田籍皆坐臧（赃），与盗□◻"（151）②。但作用似乎不大，此类案件仍时有发生。

再看"程禾"。所谓"程禾"，或称"取禾程""取程"，主要就是"禾稼"即将收割时根据其长势来预估亩产量，并核定产量租率的高低，亦即"度稼得租"（11）③。如三步一斗最高，廿四步一斗最低。这是确定整块舆田具体征收多少田租的另一个关键，租率高则交租多，租率低则交租少。如八步一斗、六步一斗，按税田占舆田十分之一计算，分别是每亩交租三斗和四斗；而按十二分之一计算，则分别是每亩交租二斗半和三又三分之一斗。但"程禾"的过程中也存在一些问题。比如对产量租率的核定，"程禾"主要是依靠经验来预估产量，这只能做到大体准确。在岳麓秦简《数》中有一些关于"益田""减田""误券"的算题，显然都反映了这一问题。例如：

> 为积二千五百五十步，除田十亩，田多百五十步，其欲减田，耤令十三【步一】斗，今禾美，租轻田步，欲减田，令十一步一斗，即以十步乘十亩，租二石者，积二千二百步，田少二百步。（42-43）

① 韩巍：《北大秦简中的数学文献》，《文物》2012年第6期。
② 中国文物研究所、湖北省文物考古研究所编《龙岗秦简》，第123页。
③ 朱汉民、陈松长主编《岳麓书院藏秦简［壹］》，第113页。

取禾程，三步一斗，今得粟四升半升，问几可（何）步一斗？得曰：十一步九分步一而一斗。（5）

租误券。田多若少，耤令田十亩，税田二百卌步，三步一斗，租八石。·今误券多五斗，欲益田。其述（术）曰：以八石五斗为八百。（11）①

其中第一道算题是把预估低的产量改为更高的产量，而更改的理由就是"禾美"，即"禾稼"产量高。尤其第二道算题，原来预估的"三步一斗"，最后竟被更改为"十一步九分步一而一斗"，可见其误差之大。尽管这可能有着自然灾害等特殊原因，但也足以说明"程禾"往往存在着误差。有的官吏可能预估得比较准确，有的官吏则可能出入较大。这对纳税的农户来说即很不公平。

更重要的是，这也充分证明：无论"益田"，还是"减田"，实际都是用计算数字来进行平账，而并非真要增加或减少农田。"益田"有两种方法，都存在多收农户田租的现象：一是平账时增加舆田和税田的总步数。如简（11）就是账面上增加税田 15 步（舆田增加 150 步），加上原来的 240 步，共 255 步，再除以"三步一斗"（255÷3＝85），使田租的总数最终等于"误券"的"八石五斗"。二是平账时提高产量租率的定额。如"租禾。税田廿四步，六步一斗，租四斗，今误券五斗一升，欲奭▢▢【步数】，几可（何）步一斗？曰：四步五十一分步卅六一斗"（14）②。这是不改变舆田的总步数，而在账面上把原来的六步一斗改为四步五十一分步卅六一斗，然后二者相除（24÷240/51＝5.1），也使田租的总数等于"误券"的"五斗一升"。问题是，既然算错或记错了田租数额，那就应该按正确的数额征收，或在多收田租后退还给农户。但这无疑会带来许多麻烦、纠纷和隐患，比如县乡田租总数的更改、工作量剧增、部门之间扯皮、不必要的官民纠纷，以及"误券"的责任认定等，还不如将错就错地按"误券"征收田租，并修改券书。更重要的是，简要记录每户舆田亩数和田租数的券书已经被上

① 朱汉民、陈松长主编《岳麓书院藏秦简［贰］》，上海辞书出版社 2011 年版，第 8、3、4 页。
② 朱汉民、陈松长主编《岳麓书院藏秦简［贰］》，第 40 页。

报县廷，乡吏也不得单方面更改。① 总的来看，当时的平账原则就是将错就错，多了不退，少了也同样不补。而"减田"则是平账时提高或降低产量租率的定额，其中降低定额即涉及实质上少收农户田租的问题。如前引简（42－43）将原来的十三步一斗提高为十一步一斗，即 20（斗）＝220（步）÷11（步），使之等同于 20（斗）≈255（步）÷13（步），在不改变田租总量的情况下，把舆田和税田的账面总步数分别减少了 350 步和 35 步。再如"取程，禾田五步一斗，今干之为九升，问几可（何）步一斗？曰：五步九分步五而一斗"（4）②，也是把原来的五步一斗降低为五步九分步五而一斗，在粮食晒干后已变成五步九升的情况下，将产量租率的账面定额增加了九分之五步（等于减少舆田的总步数），使之符合田租实际征收的总数。以税田 240 步为例，即原为 240÷5＝48（斗），现为 240÷50/9＝43.2（斗）。可见，"益田"和"减田"实际都是在田租记账出错时采用的平账方法。正如杨振红先生所言：

> "误券"和"租误券"的算题表明，当时每亩的田租率要写在券书上，如果出现误写，不能修改券书，而要以误写的券书为准，通过增减"程"步数的方式，增加或减少每块地应缴纳"程"的数量，使实际征收的田租额与应缴纳的田租额相等。③

吴朝阳先生也说：

> 这类算题的做法是以"误券"的数目按比例计算出具体的田租率。从算法、算例看，这种计算只是将错就错，重新算出"几何步一斗"，与田地之授受无关。本书"税田"题也属于"误券"算题，"税田"题注所引岳麓书院藏秦简《数》书中的算题也可以参看。我们再强调一次：所有这些算题实质上都一样，都是以计算出的数字掩盖原有的错

---

① 吴朝阳：《张家山汉简〈算数书〉校证及相关研究》，江苏人民出版社 2014 年版，第 70 页。
② 朱汉民、陈松长主编《岳麓书院藏秦简［贰］》，第 34 页。
③ 杨振红：《从新出简牍看秦汉时期的田租征收》，《简帛》第 3 辑，第 336 页。

误，并无实际税田授受或变更。①

尽管误写的田租数并不是"每亩的田租数"，而且秦的田租征收既按实际耕种的面积，也按农作物的产量，两种租率是同时参照的。

当然，在"程禾"的过程中，也还会发生一些舞弊现象，主要就是前文所说的故意提高或减少产量租率。"假田"也不例外。所谓"故轻故重""▨租故重"（170）"为轻租"（172）"轻【重】同罪▨"（173），或"▨希（稀）其程率；或稼▨"（134）"租不能实□，□轻重于程，町失三分，▨"（136）等，显然都包括了这种犯罪行为。尤其官府还默认将错就错的平账方法，可谓推波助澜，更使基层官吏的舞弊肆无忌惮。因上文已详细论述，故不再重复。

（二）"盗田"

关于"盗田"问题，龙岗秦简的律文主要有以下几条：

人冢，与盗田同灋（法）。▨（124）
盗田【一】町，当遗三程者，□□□□□□□▨（126）
一町，当遗二程者，而□□□□□□□▨（127）
程田以为臧（赃），与同灋（法）。田一町，尽□盈□希▨（133）
田及为詐（诈）伪写田籍皆坐臧（赃），与盗□□▨（151）
以为盗田。反农□□□□▨（175）②

对"盗田"的内涵，《龙岗秦简》注云："盗田，盗占田地，此处疑指申报的田地面积少于实有的田地面积，等于是'盗田'。"③杨振红先生则提出异议，认为"盗田"并非申报的田地少于实有的田地面积，并引证《唐律》和汉代案例说："无论是唐律关于盗田的规定，还是汉代关于盗田的实

---

① 吴朝阳：《张家山汉简〈算数书〉校证及相关研究》，第 94 页。
② 中国文物研究所、湖北省文物考古研究所编《龙岗秦简》，第 114、115、117、123、129 页。
③ 中国文物研究所、湖北省文物考古研究所编《龙岗秦简》，第 115 页。

例，盗田的行为不仅与少申报土地的行为有所区别，而且犯罪性质更为恶劣。"① 而于振波先生认为："盗田"指私自改变田界。"盗占的土地不可能在官府登记，因此也不可能向官府缴纳田租，显然属于违法行为。"② 实际却都有问题，或不完全准确。从授田和赐田来说，杨振红先生的看法不无道理，"盗田"的确不是仅仅少申报了土地，也不是概念等同的问题，但就禁苑的"假田"而言，这种看法就恐怕有些偏颇了。因为"假田"和授田一样，均按实际耕种面积收租，即使其耕种面积多于租赁文书的约定，但只要如实申报，按章纳税，也多半不会论为"盗田"。至少在"程田"时便完全可以纠正。只有其耕种面积多于租赁文书的约定，却故意按原先约定的面积申报，并与主管"假田"的基层官吏相互勾结，在租赁文书上作弊，才真正会造成"盗田"的后果。所谓"程田以为臧（赃）"，"田及为詐（诈）伪写田籍皆坐臧（赃），与盗□□"，对此即一语道破。

　　至于"盗田"的具体情节，以及如何惩处"盗田"，上引律文也都作了相应规定。总的来说，"盗田"就是故意少报违约多占的"假田"耕种面积。比如，"盗田一町，当遗三程者"，或"一町，当遗二程者"，即故意少报了"二町"或"一町"田地。其中"町"的含义今已不明，当为"假田"的一种面积计算单位，可能相当于若干亩。而"人冢，与盗田同法"，则可能是耕种"假田"时把无主的坟墓平了。③ 这种犯罪倒不是少报"假田"面积，而是破坏别人家的坟墓，行为特别恶劣，所以才严令"与盗田同法"。对秦代惩处"盗田"人的刑罚规定，目前尚没有明确的文献记载。从道理上讲，对"盗田"人和"程田"官吏均应处以刑罚。但从龙岗秦简来看，其律文对"盗田"人却主要是经济处罚。究其原因，则大概是所有田籍文书都出自"程田"官吏之手，在没有确凿证据的情况下，通常都不便对"盗田"人直接指控。所以才主要采用经济处罚，如规定"盗田一町，当遗三程者"，或"一町，当遗二程者"。也就是足额补交被偷漏的田租，并缴纳一定罚款（多交田租或钱物）。尽管并不清楚其中究竟补交了多少田

　　① 杨振红：《龙岗秦简诸"田"、"租"简释义补正——结合张家山汉简看名田宅制的土地管理和田租征收》，《简帛研究》2004，第96页。

　　② 于振波：《简牍所见秦名田制蠡测》，《湖南大学学报》（社会科学版）2004年第2期

　　③ 中国文物研究所、湖北省文物考古研究所编《龙岗秦简》，第114页，"人冢"条注释〔一〕。

租，也不知道究竟缴纳了多少罚款，但"当遗三程者"或"当遗二程者"的规定，却显然透露出它的数量要远比偷漏的田租数量高。另一方面，对"程田"的基层官吏也确曾严厉处罚，并作了故意与过失的区分。如果是故意少报，并从中获利，即规定按贪污受贿罪论处——"程田以为臧（赃），与盜灋（法）"；而如果是过失少报，则规定按遗漏"三程"或"二程"的失职办，其中也当含有加重处罚的意味。但此类案件仍然不断出现，可见其漏洞较多。

（三）"匿田"

关于"匿田"，龙岗秦简的律文主要如下：

> 皆以匿租者，诈（诈）毋少多，各以其☐（142）
>
> 坐其所匿税臧（赃），与灋（法）没入其匿田之稼。☐（147）
>
> 其所受臧（赃），亦与盜同灋（法），遗者罪减焉☐（148）
>
> 田及为诈（诈）伪写田籍皆坐臧（赃），与盜☐☐（151）
>
> 递徙其田中之臧（赃）而不☐（160）
>
> 罪及稼臧（赃）论之。（161）
>
> ☐☐者（诸）租匿田☐（165）
>
> ☐故轻故重☐（171）
>
> 轻【重】同罪☐（173）[①]

对"匿田"的概念，《龙岗秦简》注云："匿田，隐瞒田亩数量。"[②] 张金光先生的看法略有不同，认为"'匿田'就是'匿税'。匿税，除坐其所匿税赃之外，还要没收其所匿田上之全部庄稼。可见匿税即论为匿田。'匿税'亦即'匿租'"。[③] 而杨振红先生则把"匿田"概括为三种情况，可谓更为全面和细致。

所谓"匿田"，即隐瞒应缴纳田租的土地，主要与"遗程"等相区

---

① 中国文物研究所、湖北省文物考古研究所编《龙岗秦简》，第 120、121、122、123、126、127、128 页。

② 中国文物研究所、湖北省文物考古研究所编《龙岗秦简》，第 121 页，"匿田"条注释［二］。

③ 张金光：《秦制研究》，第 54 页。

别。部佐"程田"时少登记应缴纳田租的土地数量可能存在两种情况，一种为故意所为，一种是工作疏忽造成。前者又分为两种情况，一种是为了侵吞这些土地上的田租，即秦律中所谓"匿田"；一种是接受了土地主人的贿赂，帮助他们逃避田租。[1]

但三者都存在一个共同的误区，就是把"匿田"仅仅看作"隐瞒田亩数量"。这也难怪，在发现秦及汉初的田租征收有两个同时参照的租率前，他们并不清楚"匿田"或"匿租"还包括隐瞒真实的农产量。明白了这一点，我们便不难理解：对"匿田"的讨论实际应分为两个方面——隐瞒田亩数量和隐瞒真实产量。

先看前者。这与"盗田"有明显的相通之处，区别在于"盗田"是在租赁文书约定的亩数外隐瞒的多种之田，而"匿田"则是在约定的亩数内隐瞒的已种之田。涉及这方面的律文主要是惩治"匿田"的田主和"程田"的官吏，如规定"皆以匿租者，诈（诈）毋少多"，"诈（诈）伪写田籍皆坐臧（赃）"，并"没入其匿田之稼"。大致如杨振红先生所说：故意隐瞒有"两种情况，一种是为了侵吞这些土地上的田租，即秦律中所谓'匿田'；一种是接受了土地主人的贿赂，帮助他们逃避田租"。

再说后者。这一方面是以往不清楚的，涉及的律文主要是惩治故意降低产量租率，如六步一斗降为八步一斗，处罚的对象则多为"程禾"的官吏。如"故轻故重"，"轻重同罪"，"皆以匿租者，诈（诈）毋少多"，"罪及稼臧（赃）论之"，"坐其所匿税臧（赃），与灋（法）没入其匿田之稼"等。其中值得注意的，是简（160）中的"进徙其田中之臧（赃）"。据《龙岗秦简》注云，"进"为"合并"，[2] 是把"匿田"中的庄稼一次性运走的意思。张金光先生则推测，此条"似指分散转移'田中之赃'即将被没收之'匿田之稼'而不上缴"。[3] 从故意降低产量租率看，"合并"运走和"分散转移"都有道理，这样就无法测定这块"假田"的产量租率了，可达到掩

---

　　① 杨振红：《龙岗秦简诸"田"、"租"简释义补正——结合张家山汉简看名田宅制的土地管理和田租征收》，《简帛研究》2004，第 94 页。

　　② 中国文物研究所、湖北省文物考古研究所编《龙岗秦简》，第 126 页，"进徙"条注释［一］。

　　③ 张金光：《秦制研究》，第 62 页。

盖匿租的目的。但所谓拒不上缴，却完全是想当然的解释。如果是要隐瞒田亩数量，就算把庄稼全部收走，一旦被发现"匿田"后，由于耕种的痕迹还在，也肯定会真相大白的。此外，为了避免把失职论为"匿田"，简（148）还同样对故意和过失作了区分，并规定前者从重——"其所受臧（赃），亦与盗同灋（法）"，后者从轻——"遗者罪减焉"，体现了对基层官吏的保护和公正。

四　几点结论与启迪

综上所述，可以得出如下几点结论与启迪。

首先，龙岗秦简中的律文均与禁苑有关，这决定了简中记录的"行田"不可能是授田，而应是简中多次出现的"假田"。这些"假田"散布在禁苑内外，有的在禁苑之中，有的在禁苑的隔离地带，还有的在禁苑外围的过渡地带。简（1）"诸叚（假）两云梦池鱼（簒）及有到云梦禁中者"，就是一个证明。

其次，"假田"把禁苑的土地短期租给民户耕种，是一种不改变所有权的租赁行为。它的性质属于国有的公田或官田，是一种特殊的国有土地。"假田"的承租人皆为自由民，他们有权决定"假田"的耕作方式。前揭董仲舒云："或耕豪民之田，见税什五。"以往皆据此认为，在战国中期便已出现对半分成的民间租佃关系。但随着睡虎地秦简的发现，在授田制被视为基本土地制度的情况下，学界又大多认为董仲舒是以汉况秦。而龙岗秦简的大量"假田"记录，以及岳麓秦简的"假田"算题，则证明中国最早的租佃制度确实在商鞅变法后出现。民间的租佃关系亦当如此。

再次，"假田"的田租既不是"挍数岁之中以为常"的定额租制，也不会完全采用耕种私家土地的分成租制，而应是一年一定的约定租，亦即承租人按租赁双方约定的农田面积租率和农产品产量租率向禁苑交纳田租。"假田"的田租率较高，是因为它的产量较高。根据里耶秦简和岳麓秦简，并参证居延汉简，可推算"假田"的平均产量为每亩 2 石左右，最高亩产量则可能在 4 石以上。这是"假田"虽交纳押金却仍有不少人愿意承租的根本原因。从种种情况来看，"假田"的真实租率当在 20% 到 30% 之间，很可能是 25% 左右。鉴于都必须预估产量，即"度稼得租"，"假田"的产量租率应与普通授田相同。

复次，"假田"的租赁也为禁苑官吏的寻租提供了机会。他们和一些豪强相互勾结，通过各种方式租赁"假田"，然后再转租给实际耕种者，以便达到非法占有一部分田租的目的。这种寻租行为就是后世所常见的"分田劫假"，主要有两种方式：一是故意提高或降低租率，二是强迫实际耕种者交纳高于规定租率的田租。以往皆认为，"分田劫假"始于汉武帝时期，而龙岗秦简则证明：至少在战国末年，"分田劫假"的现象便大量存在。这突出反映了剥削和压迫的社会问题。

最后，在"程田"的两个主要环节上，"假田"的租赁还出现了众多"盗田"与"匿田"的犯罪行为。"盗田"是"假田"的实际耕种面积多于租赁文书的约定，却故意按原先约定的面积申报；而"匿田"则是在约定的面积内少报实际耕种的面积，并故意降低其产量租率。无论是"盗田"，还是"匿田"，除了少数"假田"的承租人外，实际上都是要"分田劫假"，以获取一部分田租差额。尽管秦朝（国）统治者曾竭力遏制其犯罪行为，但效果似乎不大，这表明秦的国家控制金瓯已缺。秦之灭亡，良有以也。

第二节　里耶秦简中的"田官"与"公田"

裴锡圭先生曾发表《从出土文字资料看秦和西汉时代官有农田的经营》[①] 一文，对秦汉公田的研究堪称经典，但囿于资料，与秦代相关的论述尚有不足。里耶秦简的发现和整理，为进一步探讨秦代的官田提供了珍贵的档案资料。本节根据新公布的里耶秦简，拟以争议较大的"公田"和"田官"为题，对田官的性质、"公田"与"田官"的关系以及秦代县级官田的经营管理等作一考察。

---

① 裴锡圭：《从出土文字资料看秦和西汉时代官有农田的经营》，载"中央研究院"历史语言研究所会议论文集之四《中国考古学与历史学之整合研究》（1997 年，第 429—478 页），后收入《裴锡圭学术文集》第 5 卷（复旦大学出版社 2012 年版，第 210—253 页）。

一　“田官”与“公田”的设置

里耶秦简保存了大量关于“田官”与“公田”的记载，学界给予了高度关注，也取得了丰硕的研究成果，但仍有一些问题值得探讨。

（一）田官

关于“田官”的设置问题，里耶秦简有如下相关记载：

廿九年尽岁田官徒薄（簿）廷。(8－16)

田官佐贺二甲。(8－149＋8－489)

贰春乡佐壬，今田官佐。(8－580)

田官课志。田□□课。·凡一课。(8－479)

卅年二月己丑朔壬寅，田官守敬敢言【之】▨（8－672)

令史苏、田官□。(8－1194＋8－1608)

卅年六月丁亥朔甲辰，田官守敬敢言之：疏书日食牍北（背）上。敢言之。(8－1566)

卅一年六月壬午朔丁亥，田官守敬、佐郚、禀人娙出貣（贷）罚戍簪袅坏（褱）德中里悍。(8－781＋8－1102)[①]

卅年九月丙辰朔己巳，田官守敬敢言之：廷曰令居赀目取船，弗予，谩曰亡。亡不定言。论及讂问，不亡，定谩者訾，遣诣廷。问之，船亡，审。沤枲。乃甲寅夜水多，沤，包船，船毄绝，亡。求未得，此以未定。史逐将作者泛中。具志已前上，遣佐壬操副诣廷。敢言之。(9－982)[②]

一石九斗少半斗。卅一年正月甲寅朔丙辰，田官守敬、佐壬、禀人顡出禀屯戍士五（伍）巫狼旁久铁。(9－762)

一石泰半斗。卅一年五月壬子朔己未，田官守敬、佐郚、禀人娙出

① 陈伟主编《里耶秦简牍校释》第1卷，第31、89、182、163、199、290、362、226页。

② 湖南省文物考古研究所编著《里耶秦简［贰］·释文》，文物出版社2017年版，第38页。释文采用陈伟先生的标点，参见陈伟《里耶秦简所见的“田”与“田官”》，《中国典籍与文化》2013年第4期。

贷罚戍公卒襄武▨（9－763）①

　　元年八月庚午朔庚寅，田官守玃敢言之："上秔（垦）田课一牒。敢言之。"▨（9－1869）②

　　根据以上记载，并参考陈伟和王彦辉等先生的研究，秦代田官的设置与其他县级官署类似，皆由啬夫、佐、史等组成。③ 其中，田官啬夫的代理者称"田官守"。

　　关于"田官"的性质，张春龙和龙京沙先生认为田官是"乡啬夫的佐吏"；④ 卜宪群先生认为属于基层田官系统，即县设田啬夫，乡设田官，里设田典。⑤ 王彦辉先生最早发现迁陵县田部系统与田官系统并存，认为田官应是经营公田的机构，并将田官和畜官都列入都官系统。其主要依据是：

　　　　里耶秦简所载"都官"有自己的粮仓，所上"食者籍"直接上报洞庭郡而非迁陵县，与县属列曹有别。⑥

陈伟先生则根据田官使用徒隶的记录，肯定了田官是经营公田的机构的观点，但就田官属于都官的看法提出了批评。他对都官"与县属列曹有别"的说法便列举了许多反证：

　　　　前文揭举田官禀、贷的粟米，【简】（22）（25）（26）均明言出于"径廥"。而迁陵仓官所禀，也多是"径廥"所出，例如8－56、8－

① 湖南省文物考古研究所编著《里耶秦简［贰］·释文》，第31页。
② 里耶秦简博物馆、出土文献与中国古代文明研究协同创新中心中国人民大学中心编著《里耶秦简博物馆藏秦简》，中西书局2016年版，第187页。
③ 陈伟：《里耶秦简所见的"田"与"田官"》，《中国典籍与文化》2013年第4期；王彦辉：《〈里耶秦简〉（壹）所见秦代县乡机构设置问题蠡测》，《古代文明》2012年第4期；沈刚：《〈里耶秦简［壹］〉所见秦代公田及其管理》，载杨振红、邬文玲主编《简帛研究》2014，广西师范大学出版社2014年版，第34—42页。
④ 张春龙、龙京沙：《湘西里耶秦代简牍选释》，《中国历史文物》2003年第1期。
⑤ 卜宪群：《秦汉之际乡里吏员杂考——以里耶秦简为中心的探讨》，《南都学坛》2006年第1期。
⑥ 王彦辉：《〈里耶秦简〉（壹）所见秦代县乡机构设置问题蠡测》，《古代文明》2012年第4期。

762、8－766、8－800、8－1081、8－1239＋8－1334、8－1739、8－2249 诸简所记。司空也有禀于"径廥"的记录，见 8－212＋8－426＋8－1632。在这方面，迁陵田官与仓、司空并无二致。①

我们认为，田官经营公田的观点应是可取的。尤其近期整理出版的《湖南出土简牍选编》和《里耶秦简博物馆藏秦简》等，披露了里耶 7、9、10、11 等层的简牍资料。其中，"卅四年十二月《仓徒簿》最"记载了迁陵县共使用"大隶臣积九百九十人，小隶臣积五百一十人，大隶妾积二千八百七十六，凡积四千三百七十六"（10－1170）②。而且"女五百一十人付田官"及"女卅四人助田官获"③，所使用作徒的数量也多于其他部门，更加证明了裘锡圭等先生的观点。

关于田官是否属于都官系统的问题，我们赞同田官并不属于都官系统的看法。以下仅就官曹关系和畜官方面再作一些旁证。

仲山茂、青木俊介和土口史记等日本学者提出，县一级行政机构由"廷"和"官"两大系统组成。④ 土口史记先生把"某曹"等组织称为"县廷内列曹"，主列曹者是令史，县廷对"官"有绝对优势地位。⑤ 严耕望先生利用《五行大义》卷五"论诸官"条引《洪范五行传》对汉代县属吏曾进行了开拓性研究，⑥ 凌文超、孙闻博先生又继续发掘了这条史料。⑦ 他们

① 陈伟：《里耶秦简所见的"田"与"田官"》，《中国典籍与文化》2013 年第 4 期。按：引文中的"【简】"字，是笔者为帮助读者理解所加。

② 郑曙斌、张春龙、宋少华、黄朴华：《湖南出土简牍选编》，岳麓书社 2013 年版，第 117 页。

③ 里耶秦简牍校释小组：《新见里耶秦简牍资料选校（一）》，武汉大学简帛网，2014 年 9 月 1 日，http：//www.bsm.org.cn/show_article.php? id＝2068。另见里耶秦简博物馆、出土文献与中国古代文明研究协同创新中心中国人民大学中心编著《里耶秦简博物馆藏秦简》，第 130 页。

④ 仲山茂「秦漢時代の『官』と『曹』——県の部局組織」『東洋學報』82－4，2001；青木俊介「里耶秦簡に見える県の部局組織について」『中国出土資料研究』9，2005；土口史記「戦国・秦代の県：県廷と『官』の関係をめぐる一考察」『史林』95－1（特集都市）、2012。

⑤ ［日］土口史记：《里耶秦简所见的秦代文书行政：以县廷与"官"的关系为中心》，《"中古中国的政治与制度"学术研讨会（论文集）》，首都师范大学历史学院，北京，2014 年 5 月，第 1—9 页。

⑥ 严耕望：《中国地方行政制度史·秦汉地方行政制度》，上海古籍出版社 2007 年版，第 235—237 页。

⑦ 凌文超：《走马楼吴简中所见的生口买卖——兼谈魏晋封建论之奴客相混》，《史学集刊》2014 年第 4 期；孙闻博：《秦县的列曹与诸官——从〈洪范五行传〉一则佚文说起》，武汉大学简帛网，2014 年 9 月 17 日，http：//www.bsm.org.cn/show_article.php? id＝2077。

都注意到其中十天干皆为"曹",十二地支多为"官",这与日本学者的研究可以相互印证。

里耶简 8-481"仓曹记录"中有"田官计"一项。王彦辉先生认为,"仓曹记录"是县仓的统计,因而提出"既然太仓无法考课远离京师的都官,改由各县的县仓考课也是顺理成章的事"。[1] 但根据秦代县官署中曹、官分立的格局,此处的仓曹却并非指县仓,而是县廷的仓曹。"计录"也并非对诸官的考课,而是对"现有国家资财的静态总结与统计";对诸官的考课叫作"课","课"是"对国有资财增减情况的动态记录和监督"。[2] 里耶秦简中有田课、田官课、畜官课、司空课、仓课、尉课、乡课等考课记录,可见"田官计"并不能说明田官由县仓考课。而田官课的记载,则恰恰说明了田官的考课由县廷负责,因而田官与田、司空、尉、乡、仓、畜官等无异,也都是县属官员。

畜官与田官相似,在里耶秦简中常并提。例如,在"仓曹计录"(8-481)中,"畜官牛计、马计、羊计"就和"田官计"并列——"⊠传畜官。贰春乡传田官……"(8-1114+8-1150),"畜官、田官作徒薄(簿)"(8-285)。[3] 从里耶简的相关记载看,畜官也很难被列入都官。诸如:

> ①⊠⊠朔戊午,迁陵丞迁告畜官仆足,令⊠⊠毋书史,畜官课有未上,书到亟日⊠⊠守府事巳,复视官事如故,而子弗⊠事,以其故不上,且致劾论子,它承⊠　就手(8-137)
> ②⊠⊠⊠人。⊠⊠十三人。隶妾槃(系)春八人。隶妾居赀十一人。受仓隶妾七人。凡八十七人。其二人付畜官。(8-145)
> ③⊠⊠。⊠寇。……⊠作园。⊠畜官。⊠⊠⊠令。⊠⊠载粟输。……(8-162)
> ④畜官、田官作徒薄(簿)(8-285)
> ⑤仓曹计录……畜官牛计、马计、羊计。田官计。凡十计。史尚

---

[1]　王彦辉:《〈里耶秦简〉(壹)所见秦代县乡机构设置问题蠡测》,《古代文明》2012年第4期。
[2]　沈刚:《〈里耶秦简(壹)〉中的"课"与"计"——兼谈战国秦汉时期考绩制度的流变》,《鲁东大学学报》(哲学社会科学版)2013年第1期。
[3]　陈伟主编《里耶秦简牍校释》第1卷,第164、279、128页

主。(8-481)

⑥畜官课志 (8-490)

⑦卅年十二月乙卯，畜□□□作徒薄 (簿)。□受司空居赀一人。□受仓隶妾三人。□……十二月乙卯，畜官守丙敢言之：上。敢言□十二月乙卯水十一刻刻下一，佐贰以来。□ (8-199+8-688)

⑧谓令佐唐叚 (假) 为畜官□ (8-919)

⑨□传畜官。贰春乡传田官，别贰春亭、唐亭 (8-1114+8-1150)①

其中简①是迁陵县丞催促畜官上交"畜官课"的文书，简⑥是"畜官课"的主要内容，简⑤"仓曹记录"中有畜官牛、马、羊计。简②、简③、简④都是畜官接受作徒的记录，作徒由迁陵县统一派遣。简⑧县令佐可任职畜官。陈伟先生根据"贰春乡佐壬，今田官佐"认为，"田官吏员可以在迁陵县诸官署中调动"，从而指出田官是"隶属于迁陵县廷的一个官署"。②简⑨亦可与之互证。

总之，畜官是隶属于迁陵县丞的官署。鉴于畜官与田官的相似性，即可旁证田官属于县官署而非都官的观点。

(二) 公田

关于"公田"的记载主要如下：

廿六年三月壬午朔癸卯，左公田丁敢言之：佐州里烦故为公田吏，徒属。事荅不备，分负各十五石少半斗，直钱三百一十四。烦冗佐署迁陵。今上责校券二，谒告迁陵令官计者定，以钱三百一十四受旬阳左公田钱计，问可 (何) 计付，署计年为报。敢言之。

三月辛亥，旬阳丞滂敢告迁陵丞主：写移，移券，可为报。敢告主。/兼手。

廿七年十月庚子，迁陵守丞敬告司空主，以律令从事言。/应手。

---

① 陈伟主编《里耶秦简牍校释》第 1 卷，第 77、84、98、128、164、168、111、249、279 页。
② 陈伟：《里耶秦简所见的"田"与"田官"》，《中国典籍与文化》2013 年第 4 期。

即走申行司空。

十月辛卯旦，朐忍索秦士五（伍）状以来。/庆半。兵手。（8 – 63）①

这是旬阳县发到迁陵县的一件收文批转文书，实际上包括四份嵌套文书，其主体是第一份，即旬阳左公田发给旬阳丞的文书。这份文书的大意为：烦曾为旬阳县的公田吏，现在是迁陵县的吏员。烦在任职公田期间，进出荅（小豆）不足数，需要赔偿十五石又三分之一斗，价值 314 钱。旬阳左公田丁请求旬阳县丞询问迁陵县，这笔钱的官计应该由哪个县的官府记账。旬阳县丞收到这份文书后，将文书批转给迁陵县丞，迁陵县丞再将文书发给迁陵司空，要求司空处置此事。

在这份公文中，出现了"左公田"和"公田吏"的名称。按照秦人的语词习惯，"左公田"是一个官署，它的吏员称作"公田吏"。左公田应是县丞的下属单位，即旬阳县廷的一个官署。主要证据是：第一，从公文的常用语——"敢言之"来看，由旬阳左公田发给旬阳丞的文书应该是下级官府发往上级的文书。在云梦秦简《封诊式·亡自出》条中，乡官向上级官府报告已使用"敢言之"作为文书末尾的敬辞——"乡某爰书：男子甲自诣……亡五月十日，毋（无）它坐，莫覆问。以甲献典乙相诊，今令乙将之诣论，敢言之。"② 第二，左公田发往迁陵的文书，必须经过旬阳县丞的批转，也符合秦文书行政的基本要求。里耶简 8 – 122 规定，"言事守府及移书它县须报"③，即要求县级官署发文给太守府或者他县，必须通过本县县廷，而不能直接发文。

根据《里耶秦简［贰］》，迁陵负责县级民垦的机构——"田"还分区下设"右田"和"左田"，并均设守、佐等。如"右田守 纶"（9 – 743）、"右田佐意"（9 – 1418）和"迁陵左田"（9 – 470）。④ 这里的"左田""右

---

① 陈伟主编《里耶秦简牍校释》第 1 卷，第 48—49 页。
② 睡虎地秦简墓竹简整理小组《睡虎地秦墓竹简·封诊式》，第 278 页。
③ 陈伟主编《里耶秦简牍校释》第 1 卷，第 66 页。
④ 湖南省文物考古研究所编著《里耶秦简［贰］·释文》，第 31、53、21 页。

田"和上文"左公田"不同。传世秦印中亦有"右公田印"[1]，还有"郎中左田"、"赵郡左田"以及"左田之印"等。[2] 这里的"右公田"和"左田"性质亦当不同。但仅就"左""右"而言，文中所提到的"左"和"右"显然都是指方位。地理上常以东为左，西为右。如此说来，前引公文中的"左公田"应该就是旬阳县治东边的公田。

二　"公田"与"田官"的关系

要明白田官与公田的关系如何，首先就必须弄清战国时期官与公的关系。

众所周知，在春秋战国之际，公、私对立的双方还指的是公室与私家。史载齐相晏婴就曾给晋大夫叔向分析齐国政局说：

> 此季世也，吾弗知齐其为陈氏矣。公弃其民，而归于陈氏。齐旧四量，豆、区、釜、钟。四升为豆，各自其四，以登于釜。釜十则钟。陈氏三量皆登一焉，钟乃大矣。以家量贷，而以公量收之。山木如市，弗加于山；鱼、盐、蜃、蛤，弗加于海。民参其力，二入于公，而衣食其一。公聚朽蠹，而三老冻馁，国之诸市，屦贱踊贵。

叔向亦慨叹："政在家门，民无所依。君日不悛，以乐慆忧。公室之卑，其何日之有？"[3] 但仅仅三百多年后，公室与私家的对立便被官与民的对立所取代。从简牍来看，秦人称呼官有财物一般采取"公+某物"的结构，诸如：

> "公马牛"——将牧公马牛，马【牛】死者，亟谒死所县，县亟诊而入之，其入之其弗亟而令败者，令以其未败直（值）赏（偿）之。[4]
> "公器"——百姓叚（假）公器及有责（债）未赏（偿），其日□

---

① 周晓陆：《二十世纪出土玺印集成》，中华书局 2010 年版，第 309 页。
② 周晓陆、路东之：《秦封泥集》，三秦出版社 2000 年版，第 114、255、230 页。
③ 杨伯峻：《春秋左传注·昭公三年》，中华书局 1981 年版，第 1236—1237 页。
④ 睡虎地秦墓竹简整理小组编《睡虎地秦墓竹简·秦律十八种·厩苑律》，第 33 页。

以收责之，而弗收责，其人死亡；……令其官啬夫及吏主者代赏（偿）之。①

"公甲兵"——公甲兵各以其官名刻久之，其不可刻久者，以丹若髹书之。②

"公车牛"——官府叚（假）公车牛者□□□叚（假）人所。

"公大车"——为铁攻（工），以攻公大车。③

"公金钱"——府中公金钱私貣（贷）用之，与盗同法。④

"公船"——廿六年八月庚戌朔丙子，司空守樛敢言：前日言竞陵汉阴狼假迁陵公船一，……未归船。狼属司马昌官。谒告昌官，令狼归船。(8-135)⑤

这些以"公"为前缀的财物不仅明确了它们的财产所有权，而且把官府财产与私人财产严格区分开来，显然都反映了公、私观念的转变。

秦人对财产所有权的认识，源于战国时期的公、私观念。有日本学者认为，中国的公、私观念经历了"由共同体的公·私整合为政治上的君·国·官对臣·家·民之间的公·私的过程"。⑥其实到战国末期，上述公、私对立的双方已最终变为官和民了，前引秦简的诸多记载便足以证明。而"官"与"公"也逐渐有了相同内涵。以"公室"为例，秦律的规定即表明它在许多方面已与"官府"同义。如睡虎地秦简《法律答问》：

"公室告"【何】殹（也）？"非公室告"可（何）殹（也）？贼杀伤、盗他人为"公室"；子盗父母，父母擅杀、刑、髡子及奴妾，不为"公室告"。

---

① 睡虎地秦墓竹简整理小组编《睡虎地秦墓竹简·秦律十八种·金布律》，第60页。

② 睡虎地秦墓竹简整理小组编《睡虎地秦墓竹简·秦律十八种·工律》，第71页。

③ 睡虎地秦墓竹简整理小组编《睡虎地秦墓竹简·秦律十八种·司空律》，第81、82页。

④ 睡虎地秦墓竹简整理小组编《睡虎地秦墓竹简·法律答问》，第165页。

⑤ 陈伟主编《里耶秦简牍校释》第1卷，第72页。

⑥ ［日］沟口雄三：《中国的公与私·公私》，郑静译，三联书店2011年版，第49页。

　　"子告父母，臣妾告主，非公室告，勿听。"·可（何）谓"非公
室告"？·主擅杀、刑、髡其子、臣妾，是谓"非公室告"，勿听。①

所谓"公室告"，即控告主体对其家庭以外的人所犯的杀伤人、偷窃财物
类型所提出的控告；"非公室告"，即控告主体对其家庭内部成员犯罪行
为向官府提出的控告。"公室告"的案件官府必须受理，"非公室告"的
案件官府不予受理。可见其"公室"指的就是官府。类似例证还有《司
空律》：

　　有罪以赀赎及有责（债）于公，以其令日问之，其弗能入及赏
（偿），以令日居之，日居八钱；公食者，日居六钱。居官府公食者，
男子参，女子驷（四）。②

《仓律》亦规定："隶臣妾其从事公，隶臣月禾二石，隶妾一石半；其不从
事，勿禀。……婴儿之毋（无）母者各半石，虽有母而与其母冗居公者，
亦禀之，禾月半石。"③ 从秦简来看，仓所管理的隶臣妾应皆为官奴婢，亦
称"徒隶"，如前揭简 10 - 1170《仓徒簿》。这也充分证明，隶臣妾从事和
冗居的"公"指的就是官府无疑。

　　及至汉初，"县官"一词更直接替代了"公室"，成为官府的代称。④ 如
睡虎地秦简《法律答问》规定："或捕告人奴妾盗百一十钱，问主购之且公
购？公购之。"⑤ 张家山汉简《二年律令》亦有类似规定："▨主入购县官，
其主不欲取者，入奴婢，县官购之。"（161）⑥ 但却用"县官"来指代官
府。另外，张家山汉简对官有财物的记载也明显变化。例如"县官积冣

---

① 睡虎地秦墓竹简整理小组编《睡虎地秦墓竹简·法律答问》，第195—196页。
② 睡虎地秦墓竹简整理小组编《睡虎地秦墓竹简·秦律十八种·司空律》，第84页。
③ 睡虎地秦墓竹简整理小组编《睡虎地秦墓竹简·秦律十八种·仓律》，第49页。
④ 按："县官"在汉代亦代指皇帝和朝廷，参见刘德增、李珩《"县官"与秦汉皇帝财政》，《文
史哲》2006年第5期。
⑤ 睡虎地秦墓竹简整理小组编《睡虎地秦墓竹简·法律答问》，第211页。
⑥ 张家山二四七号汉墓竹简整理小组编《张家山汉墓竹简［二四七号墓］》（释文修订本），第30
页。

（聚）""县官事"，或"县官马、牛、羊"、"县官车牛"、"县官畜产" 和
"县官器财物"① 等。所以张燕先生提出："张家山汉简这一组财产的标识便
是用'县官'作为前缀，替代了睡虎地秦简中的'公器'、'公车马'、'公
甲兵'中'公'之标识。"② 但追根溯源，这种语词的转变实际在秦代就已
开始。秦始皇统一六国后，"一法度衡石丈尺。车同轨。书同文字"③。所谓
"王室曰县官，公室曰县官" （8－461）④，用"县官"来取代"王室" 和
"公室"，就是这种改革的一个组成部分。而且官有财物的称呼也发生了变化，
如龙岗秦简"牧县官马、牛、羊盗（盗）□之弗□□□"⑤，岳麓秦简"敬给
县官事""擅叚（假）县官器"⑥ 等。实际上，由"公"到"县官"的变化
早在秦朝统一后便已出现，汉初不过承袭了秦的制度而已（参见表3－2）。

表3－2　秦至汉初"公—县官"用词变迁一览表

分类	睡虎地秦简	岳麓秦简	里耶秦简	龙岗秦简	张家山汉简
官有财物	公马牛、公服牛、公车牛、公大车、公器、公甲兵、公金钱	县官器	公船	县官马牛羊	县官马牛羊、县官畜产、县官车牛、县官器财物、县官积冣（聚）、县官脯肉、县官米、县官田宅
官府劳作	从事公、公事	县官事			工事县官、内作县官、县官事
官府居住	居公				居县官
官府收入	入公、入粟公			入县官	出金钱县官、入钱县官
官府支出	公食、稟禾稼公、衣食公、公购		县官食		县官食、县官购

---

① 张家山二四七号汉墓竹简整理小组编《张家山汉墓竹简［二四七号墓］》（释文修订本），第8、
15、43、64、68页。
② 张燕：《睡虎地秦简中的"公"与"官"——以官方财产所有权标识为核心》，《河北师范大学
学报》（哲学社会科学版）2012年第5期。
③ 《史记》卷6《秦始皇本纪》，第239页。
④ 陈伟主编《里耶秦简牍校释》第1卷，第156页。
⑤ 中国文物研究所、湖北省文物考古研究所编《龙岗秦简》，第106页。
⑥ 朱汉民、陈松长主编《岳麓书院藏秦简［壹］》，上海辞书出版社2010年版，第27、28页。

由表 3 - 2 可见，从睡虎地秦简到张家山汉简，不论是"公 + 某物"还是"某某 + 公"中的"公"都由"县官"替代，而龙岗、里耶、岳麓等秦简中出现的县官一词，便体现了这种演变的趋势。秦始皇统一中国，是早期中国的一个重大变局。战国时期很多制度早已发生变化，秦代建立将其法律化、规范化、统一化，例如官制、中央和地方行政建制等。由"公"到"县官"的语词演变就是秦始皇统一中国大变局的一种体现，这种演变是分封制结束、郡县制开始的社会变革带来的必然结果，体现了中央和地方各级官府取代了战国的封君，成为国家运作、管理的主要力量。

里耶简 8 - 63 的写作日期是在秦始皇二十六年，而已知"田官"的最早记录却是在秦始皇二十九年——"廿九年尽岁田官徒薄（簿）廷。"（8 - 16）① 因之可以推测，秦朝统一全国后，更替名号，官府统称为"县官"，公田的管理机构亦由"公田"改称为"田官"。但简 8 - 63 的写作恰恰处于秦始皇更替名号之前，于是才保留了"公田"的称谓。甚至县属公田也可能更名为"官田"。如"□□官田一□"（8 - 165）② 的记载，就是责问迁陵县某官垦田的文书，并出现了"官田"一词。里耶简 8 - 672 还有"官田自食簿"③ 的记载，从简文来看，这份簿籍由田官管理，因而"官田"也很可能是县属公田。至于朝廷和中央官署所领公田，为了与县属公田相区分，则继续沿用了"公田"之名。如《汉书·元帝纪》载："以三辅、太常、郡国公田及苑可省者振业贫民。"④ 这虽然是汉代资料，但汉承秦制，秦代的情况当相差不大。

三　"田官"作徒、垦田与考课

鉴于秦简资料的缺乏，尤其里耶秦简尚未完全公布，以下仅就田官作徒、垦田和考课三个问题谈谈一些看法。

---

① 陈伟主编《里耶秦简牍校释》第 1 卷，第 31 页。
② 陈伟主编《里耶秦简牍校释》第 1 卷，第 100 页。
③ 陈伟主编《里耶秦简牍校释》第 1 卷，第 199 页。
④ 《汉书》卷 9《元帝纪》，第 279 页。

（一）田官作徒

从已经公布的里耶秦简看，秦代田官应主要使用徒隶劳作。如里耶简 9-1647："田徒当用大男子百五十八人。今九十五人 当 ☒"简 9-2289：

> 卅二年十月己酉朔乙亥，司空守圂《徒作薄（簿）》。
> 城旦司寇一人。
> 鬼薪廿人。
> 城旦八十七人。
> 仗城旦九人。
> 隶臣豰城旦三人。
> 隶臣居赀五人。
> ·凡百廿五人。[1]

前揭简 8-1566 也记载了田官一年多前按日劳作应给口粮的徒隶人数：

> 卅年六月丁亥朔甲辰，田官守敬敢言之：疏书日食牍北（背）上。敢言之。
> 城旦、鬼薪十八人。小城旦十人。舂廿二人。小舂三人。隶妾居赀三人。
> 戊申，水下五刻，佐壬以来。/尚半。逐手。[2]

据此可知，在秦始皇三十年六月甲辰共有徒隶 56 人由田官提供口粮，这几乎是当月在田官劳作的所有徒隶。其中成年男性为 18 人，成年女性为 25 人，未成年男性 10 人，未成年女性 3 人。六月通常都是庄稼收割的时候，急需大量人手，但劳作的田官徒隶实际却只有 56 人，还包括了 13 个未成年人。另据里耶秦简《月作簿》，亦可以列表如下（表 3-3）：

---

① 湖南省文物考古研究所编著《里耶秦简［贰］·释文》，第 61、86 页。
② 陈伟主编《里耶秦简牍校释》第 1 卷，第 362 页。

表 3-3　田官作徒统计表

单位：人

作徒			简号					
			8-145	8-162	8-444	8-663	8-1566	10-1170
成年	男	城旦、鬼薪					18	
	女	舂					22	
		隶妾居赀					3	
		隶妾						510+44 （17+2）
		未知	24					
未成年	男	小城旦	6	8			10	
	女	小舂	3				3	
		小隶妾			6	6		
未知						26+1		

　　值得注意的是，简 10-1170 的数字远大于他简。该简所记隶妾的人数，出自前引"卅四年十二月《仓徒簿》"。且簿中无论大隶臣、小隶臣，还是大隶妾，抑或总数，实际都是用的积数。更重要的是，簿中分计的大、小隶臣和大隶妾的人数合计，与"大隶臣积九百九十人，小隶臣积五百一十人，大隶妾积二千八百七十六，凡积四千三百七十六"的总计相同，只有大隶妾的人数被算错了 50 人或 20 人。[①] 因之可以断言，表中的 510 人加 44 人实际也都是积数，亦即 510 人次加 44 人次。这从该简对其他劳作的人数的记录便可以得到证实。比如，"小男三百卅人吏走"，"女卅人牧䳒"，"女卅人

---

　　① 按：根据简 10-1170 分计大隶妾的人数，全部相加的总数是 2926 人，比"大隶妾积二千八百七十六"多了 50 人。但仔细辨认图版照片，其中"女三百一十人居赀司空"的释文，实际却应当是"女二百一十人居赀司空"，总数比"大隶妾积二千八百七十六"又少了 50 人。而不管是多了 50 人，还是少了 50 人，也都是由于其计算错误，并不影响大隶妾的分计人数相加等于大隶妾的总计人数的结论。另据里耶秦简博物馆、出土文献与中国古代文明研究协同创新中心中国人民大学中心编著《里耶秦简博物馆藏秦简》校订，"女三百一十人居赀司空"当为"女二百七十人居赀司空"（第 198 页），总数是 2896 人，但也仍比累计 2876 人多了 20 人。

守船"。① 这些人数的记录都高得离奇。因为根据《迁陵吏志》，迁陵全县也只有"吏凡百四人"（8-1137）②，或"吏员百三人"（7-67+9-631）③，并缺吏有一半以上——"今见五十人"，"见吏五十一人"。而在一个月内，被划拨打杂的小隶臣就多达330人，如里耶简9-887："☒爰书：吏走使小隶臣适自言☒"，④ 若按缺吏50人计，⑤ 平均一位吏员要役使6人，这显然是极其过分和反常的。再从"牧䳘"和"守船"来看，"牧䳘"就是养鹅，"守船"则应当是在渡口或船场打杂。即使按3人共同劳作算，迁陵的官办鹅场和渡口或船场至少有10处之多，这在一个边远小县里也显然是不可能的。所以该简分计的人数都应当被视为总人次数，即按人、按天累计全月出工的总次数，而不能看作全月各项劳作的总人数。类似记载在里耶简中还很多。最为明显的，就是对贰春乡作徒的统计：

> 卅年八月贰春乡作徒薄（簿）。
> 城旦、鬼薪积九十人。
> 仗城旦积卅人。
> 舂、白粲积六十人。
> 隶妾积百一十二人。
> ·凡积二百九十二人。☒（8-1143+8-1631）⑥

研究认为，贰春乡此月的城旦、鬼薪、仗城旦、舂、白粲实际人数分别是3人、1人和2人，而八月30天的累积人数恰好分别是90、30和60。⑦ 其中，隶妾为112人次，实际人数亦只有4人。但通过112人次的累积，却可以说

① 里耶秦简博物馆、出土文献与中国古代文明研究协同创新中心中国人民大学中心编著《里耶秦简博物馆藏秦简》，第197—198页。
② 陈伟主编《里耶秦简牍校释》第1卷，第282页。
③ 里耶秦简博物馆、出土文献与中国古代文明研究协同创新中心中国人民大学中心编著《里耶秦简博物馆藏秦简》，第163页。
④ 湖南省文物考古研究所编著《里耶秦简［贰］·释文》，第35页。
⑤ 参见张梦晗《"新地吏"与"为吏之道"——以出土秦简为中心的考察》，《中国史研究》2017年第3期。
⑥ 陈伟主编《里耶秦简牍校释》第1卷，第283页。
⑦ 王伟、孙兆华：《"积户"与"见户"：里耶秦简所见迁陵编户数量》，《四川文物》2014年第2期。

明，在隶妾 30 天的劳作中，共计 28 天有 112 人次出工，有 2 天 8 人次未能出工（这里是说合计 2 天，实际隶妾 4 人都同时得病的可能性很小，故 30 天中她们应该每天都有人出工），并充分显示了积数考核的必要和严密。同理，简 10 - 1170 中的"女五百一十人付田官"，以及"小男三百卅人吏走""女卅人牧刍""女卅人守船"，按十二月乃 30 天累积算，其实际人数亦仅有 17 人（30 × 17 = 510），或仅有 11 人和各有 1 人而已（30 × 11 = 330，30 × 1 = 30）。所增加的 44 人，即"女卅四人助田官"，也同样如此。按 44 人次计算，实际就是 2 人，共计增加出工 22 天。事实也正是如此。在简 9 - 2289 的分项记载中，"守船"的大隶妾便仅有一人——"一人守船遇。"[1] 这就完全厘清了大隶妾"付田官"、"助田官"、"牧刍"、"守船"和小隶臣"吏走"的人数过多问题。尽管表 3 - 3 的统计数据还并不完整，但从中亦可发现：迁陵田官作徒的数量不大，加之徒隶耕作的积极性较低，女性和未成年人的体力较小，因而能够垦种的土地面积相当有限，产量也应该不多。裘锡圭先生曾明确提出："在秦代，国家掌握着大量土地，直接为官府所经营的公田，数量也一定极为可观。"[2] 但仅就迁陵的公田而言，裘先生的论断恐怕还未必如此。

　　总的来说，田官管辖公田的劳动力大致可分为三类，即司空刑徒、仓隶臣妾及戍卒。根据表 3 - 3，"城旦、鬼薪"、"舂"、"小城旦"、"小舂"以及"隶妾居赀"都属于司空管理的刑徒，而隶妾则属于县仓管理的官奴婢。此外就是戍卒。现将里耶简中田官负责的粮仓支出记录亦择要列表 3 - 4。

　　表 3 - 4 中的罚戍、屯戍属于戍卒，赀赎（贷）、居赀则属于司空管理的刑徒。从相关秦简来看，劳作者和冗作者由相关的管理机构提供口粮，如隶臣妾由仓管理，所以由仓直接发放粮食的只有隶臣妾，而司空管理着其他刑徒，所以其他刑徒的口粮就需要司空发放。[3] 除了仓和司空，其他官署也要负责在本官署劳作人员的口粮。例如，启陵乡的大隶妾某、京、窑等 13 人，在三十一年正月的最后三天劳作中，她们每天的口粮——"日三升泰半半升"便都由启陵乡提供。

---

　　① 湖南省文物考古研究所编著《里耶秦简［贰］·释文》，第 87 页。

　　② 裘锡圭：《从出土文字资料看秦和西汉时代官有农田的经营》，载"中央研究院"历史语言研究所会议论文集之四《中国考古学与历史学之整合研究》，1997 年，第 429—478 页。

　　③ 沈刚：《〈里耶秦简〉（壹）所见作徒管理问题探讨》，《史学月刊》2015 年第 2 期。

表 3 - 4　田官负责粮仓支出记录表

仓	时间	负责人			支出数量	支出类型	支出对象	视平者 / 记录者	简号
		田官守	佐	稟人					
径	卅一年正月甲寅	敬	壬	显	粟米一石九斗少半斗	出稟	资贳(贷)士五	令史扁 壬 手	8 - 764
	卅一年六月壬午	敬	□	姪	无	出贷	罚戍簪袅	令史逐 □ 手	8 - 781 + 8 - 1102
	缺	敬	壬	姪	无	出稟	居赀士五	令史逐 缺	8 - 1328
	卅一年七月辛亥	敬	壬	蓉	粟米一石八斗泰半	出稟	屯戍簪袅 屯戍士五	令史逐 壬 手	8 - 1574 + 8 - 1787
		敦长簪袅悍							
	卅一年七月辛亥	敬	壬	姪	粟米四石	出稟	罚戍公卒	令史逐 壬 手	8 - 2246

粟米一石六斗二升半升。卅一年正月甲寅朔壬午，启陵乡守尚、佐取、稟人小出稟大隶妾□、京、窑、苴、并、□人、▨乐宵、韩欧毋正月食，积卅九日，日三升泰半半升。令史气视平。▨（8 - 925 + 8 - 2195)①

因此，上表中的罚戍、屯戍等戍卒也应该是在田官耕作的士兵。他们都有军籍，由县尉系统管辖，但在田官管辖的公田里耕作，应属于双重管辖。如里耶简 8 - 482《尉课志》中便有"卒田课""卒死亡课"②的考核内容。值得注意的是，以往多认为屯田应发端于汉代，如陈直先生说："西汉移民实边，已启屯田制度之端。"③李祖德先生也主张：

> 西汉屯田的先声是汉文帝时晁错提出的移民实边政策。移民实边，
> 在秦代也有过类似的措施，但与晁错所说的有很大不同。首先，秦徙边

---

① 陈伟主编《里耶秦简牍校释》第 1 卷，第 249 页。按：由于积日为 39 日，能被 39 整除的数字只有 3 和 13，因而此简记录在启陵乡劳作的大隶妾实际就是 13 人，共劳作 3 天。

② 陈伟主编《里耶秦简牍校释》第 1 卷，第 165 页。

③ 陈直：《从秦汉史料中看屯田采矿铸钱三种制度》，《历史研究》1955 年第 6 期。

城的主要对象是逋亡人、赘婿、贾人，而晁错所移的不但有罪人和奴婢，而且更主要的是"募民之欲往者"。其次，秦移民边城主要是为了军事防卫和作战，即是"筑亭障以逐戎人"（《史记·始皇本纪》），而晁错所说的不但要军事守卫，而且要"先为室屋，具田器"而居，以"能自给"。所以秦徒移罪人实边是为了充实军队的不足，它没有屯田的含意，而晁错所建的移民实边，则是军防与农耕相结合的屯田措施了。[1]

但从秦代公田有成卒即屯成、罚成的耕作来看，这种"卒田"的做法也显然是把"军防与农耕相结合的屯田措施"。正如刘光华先生所说："秦汉时代屯字之义多与聚集有关，如屯守、屯成、屯兵、将屯、屯列、屯行等军事术语之'屯'，……屯田者就是屯守、屯成、屯驻之士卒从事田耕。"[2] 秦代的洞庭地区也恰恰就在边远的南方。更不用说，公田中的徒隶也含有被集中管制屯田的成分。这些都充分证明，屯田的兴起实际应当更早，[3] 至少在汉代之前，只不过当时的规模较小，其名称尚未成为一个专用名词而已。

（二）田官垦田

秦代极为重视农耕，地方官员被要求劝勉垦田，并作为地方政府考核的一项主要内容。如"田官不勉力调护劝勉"（9－169）[4] 农作，便受到斥责。再如里耶简 9－39 记载："律曰：已狠（垦）田辄上其数及户数，户婴之。"[5] 前揭里耶简 8－1519 就是一个例证："迁陵卅五年狠（垦）田輿五十二顷九十五亩，税田四顷【卅二】，户百五十二，租六百七十七石。衛（率）之，亩一石五；户婴四石四斗五升，奇不衛（率）六斗。"另外简

① 李祖德：《西汉的屯田》，《复旦大学学报》（哲学社会科学）1964 年第 1 期。

② 刘光华：《汉代西北屯田研究》，兰州大学出版社 1988 年版，第 12 页。

③ 王彦辉：《〈里耶秦简〉（壹）所见秦代县乡机构设置问题蠡测》，《古代文明》2012 年第 4 期。

④ 湖南省文物考古研究所编著《里耶秦简［贰］·释文》，第 11 页。

⑤ 里耶秦简博物馆、出土文献与中国古代文明研究协同创新中心中国人民大学中心编著《里耶秦简博物馆藏秦简》，第 182 页。按：汉初亦继承了这一做法，如张家山汉简 243 简《田律》规定："县道已狠（垦）田，上其数二千石官，以户数婴之，毋出五月望。"（张家山二四七号汉墓竹简整理小组编《张家山汉墓竹简［二四七号墓］》（释文修订本），第 42 页）

8－1763亦载："☒当狠（垦）田十六亩。☒已狠（垦）田十九亩。"① 具体到田官的垦田，前揭里耶简中亦有田官将"狠（垦）田课"上报到县廷的记录：

> 元年八月庚午朔庚寅，田官守瞿敢言之："上狠（垦）田课一牒。敢言之。"☒
>
> 八月庚寅日入，瞿以来。／援发。瞿手。（9－1869）②

此次上报的时间是八月份，可能是秦以十月为岁首，要进行全年的考课，所以必须在十月之前把各官署的考课记录汇总。

迁陵县的垦田分官垦和民垦两种。除了简8－1519，民垦的记录亦见于简9－14和简9－2350。如"卅三年六月庚子朔丁巳，【田】守武爰书：高里士五（伍）吾武自言谒狠（垦）草田六亩武门外，能恒藉以为田……"（9－2350）③

官垦则一般使用徒隶垦田，例如：

> 卅四年六月甲午朔乙卯，洞庭守礼谓迁陵丞：丞言徒隶不田，奏曰：司空厌等当坐，皆有它罪，耐为司寇。有书，书壬手。令曰：吏仆、养、走、工、组织、守府门、肖力匠及它急事不可令田，六人予田徒四人。徒少及毋徒，薄（簿）移治房御史，御史以均予。今迁陵廿五年为县，廿九年田廿六年尽廿八年当田，司空厌等失弗令田。弗令田即有徒而弗令田且徒少不傅于奏。及苍梧为郡九岁乃往岁田。厌失，当坐论，即如前书律令。／七月甲子朔癸酉，洞庭段（假）守绎追迁陵。／歇手。·以沅阳印行事。（8－755—759）④

---

① 陈伟主编《里耶秦简牍校释》第1卷，第388页。
② 里耶秦简博物馆、出土文献与中国古代文明研究协同创新中心中国人民大学中心编著《里耶秦简博物馆藏秦简》，第187页。
③ 里耶秦简博物馆、出土文献与中国古代文明研究协同创新中心中国人民大学中心编著《里耶秦简博物馆藏秦简》，第194页。
④ 陈伟主编《里耶秦简牍校释》第1卷，第217页。

该简便记载了由于督责徒隶垦田不力，司空厌等被洞庭郡守责备、处罚的情况。在简 9 – 1247 中也记载了冗募戍卒的垦田情况：

> 卅二年迁陵冗募戍卒当田者二百▨
>
> 衞（率）之，人四亩▨①

由此可知，在秦始皇三十二年（前 215 年），迁陵的冗募戍卒总共约有 50 余人，每人平均约垦田四亩。

田官"垦田课"的内容应该与司空和县尉的垦田考核不同。联系简 8 – 755—8 – 759 和简 8 – 482 可知，由于职能有别，司空垦田考核的重心在是否"令（徒隶）田"，《尉课志》垦田考核的重点是戍卒的管理，而田官"垦田课"的重心则应该是徒隶垦田的亩数和质量。

（三）田官考课的其他项目

除了上文提到的"垦田课"和双重管辖的"卒田课"，田官考课的内容还有其他项目。一个最基本的考课，就是对作徒及其劳作的日常管理。前揭《日食牍》、《日作簿》或《月作簿》的记录、汇总和上报，便全面反映了田官对作徒的各项管理。如简 8 – 1566 "城旦、鬼薪十八人。小城旦十人。舂廿二人。小舂三人。隶妾居赀三人"等。又简 8 – 479 记载："田官课志。田□□课。·凡一课。"② 林献忠先生根据图版字形推测"课"前□字为"薪"。③ 如果此字释作"薪"字，则极有可能与"取薪"相关。在里耶简中，就有"▨取薪廿五石。▨"（8 – 1117）④ 和"木薪一石五斗。卅五年九▨"（8 – 2193）⑤ 的记录。因此，"田官"的职责似乎还包括伐薪取柴，甚至作为县廷考核的项目之一。

此外，前引简 8 – 672 有"官田自食薄（簿）"的记载：

---

① 湖南省文物考古研究所编著《里耶秦简［贰］·释文》，第 48 页。

② 陈伟主编《里耶秦简牍校释》第 1 卷，第 163 页。

③ 林献忠：《读里耶秦简札记六则》，武汉大学简帛网，2015 年 4 月 20 日，http：//www.bsm.org.cn/show_ article.php? id = 2215。

④ 陈伟主编《里耶秦简牍校释》第 1 卷，第 279 页。

⑤ 陈伟主编《里耶秦简牍校释》第 1 卷，第 443 页。

卅年二月己丑朔壬寅，田官守敬敢言【之】☒官田自食薄（簿），谒言泰守府☒☒之。☒①

根据字面含义，这似乎指的是官田粮食支出的汇总和统计，也应该是田官考课的内容。

前引公田吏"事苔不备，分负各十五石少半斗"，可见对公田农作物的管理和收获也同样是田官考课的内容。

总之，田官属于县级诸官，是管理公田或官田的机构。通过对秦代田官问题的梳理，不仅多少呈现了田官的性质、演变和职责的细节，也丰富了关于县级公田的开垦、经营和管理的认识。

---

① 陈伟主编《里耶秦简牍校释》第1卷，第199页。

第 四 章

张家山汉简中的田制等问题

张家山汉简公布后，学界即热烈讨论，取得了许多可喜成果。[1] 特别是《二年律令》中的田制问题，更受到高度重视与关注，[2] 并形成了一些共识，但仍然存在一些争议和疏漏，值得进一步研究或商榷。

第一节　年代问题

涉及田制的年代问题，是研究汉初土地制度的关键和前提。本节主要讨论学界尚有争议的《二年律令》的年代问题。

一　问题的提出

在张家山汉简中，涉及年代问题的主要有《二年律令》和《算数书》。其中争议最大的，就是《二年律令》的颁行时间问题。尽管经过一段时间的探讨，学界已逐渐形成共识——《二年律令》的内容应从高祖到吕后二年不断修订而成，如高敏先生便考辨说："《二年律令》中诸律令，是吕后二年总结在此之前诸帝所先后制定的汉律的汇抄。"[3] 刘欢、张忠炜和王彦辉先生也认为："将《二年律令》视作是汉初在秦律基础上制定，到吕后二

---

① 蔡万进、张小锋：《2002、2003 年张家山汉简研究综述》，《中国史研究动态》2004 年第 10 期。

② 主要成果可以朱绍侯、高敏、杨振红、臧知非、王彦辉、于振波、孟彦弘、李恒全、朱红林、张金光、曹旅宁、张忠炜、袁延胜、邬文玲等先生的研究为代表。参见顾丽华《张家山汉简〈二年律令〉研究述评》，《南都学坛》2007 年第 2 期；闫桂梅《近五十年来秦汉土地制度研究综述》，《中国史研究动态》2007 年第 7 期。

③ 高敏：《〈张家山汉墓竹简·二年律令〉中诸律的制作年代试探》，《史学月刊》2003 年第 9 期。

年再次增补修定颁行的较妥。"① "《二年律令》应该说是汉初以来施行律令的汇抄，主体为萧何所制定之律令。"② "《二年律令》的内容并非制定或修订于某一特定年代，其中既有高祖五年、高祖十一年至惠帝初年以及吕后时期的条款，也有这几个时间点之外颁行的律令，甚至还有汉二年萧何'为法令约束'的内容。"③ 但"二年"究竟是指吕后二年（前186年），还是惠帝二年（前193年），抑或高祖二年（汉二年，前205年），目前还存在争议。一般来说，学界多主张其"二年"是指吕后二年，例如："简文中有优待吕宣王及其亲属的规定，吕宣王是吕后之父的谥号，始用于吕后元年，故'二年律令'的'二年'应是吕后二年。"④ 其实不然。

　　根据《汉书·惠帝纪》："（七年）秋八月戊寅，帝崩于未央宫。九月辛丑，葬安陵。"⑤ 以及《汉书·外戚传》："乃立孝惠后宫子为帝，太后临朝称制。……追尊父吕公为吕宣王，兄周吕侯为悼武王。"⑥《异姓诸侯王表》：孝惠帝七年（前188年），"初置吕国"。⑦ 可知吕后将父亲追尊为吕宣王，实际是在惠帝去世后的九月。也就是说，从追尊吕公为吕宣王，到吕后二年宣布优待他的后裔——"吕宣王内孙、外孙、内耳孙玄孙，诸侯王子、内孙耳孙、彻侯子、内孙有罪，如上造、上造妻以上。"（85）⑧ 在时间上至少超过了一年。按道理说，在吕公被追尊为吕宣王的同时，他的后裔就应该享受王孙的优待。但法律规定却要等到一年多后公布，这显然违背了常理。从优待内容看，简（85）的律文除了增列其"外孙"外，也没有多大意义。因为惠帝即位后已明确规定："上造以上及内外公孙耳孙有罪当刑及当为城

---

① 刘欢：《关于〈二年律令〉颁行年代的探析》，《考古与文物》2006年第2期。

② 张忠炜：《〈二年律令〉年代问题研究》，《历史研究》2008年第3期。

③ 王彦辉：《关于〈二年律令〉年代及性质的几个问题》，《古代文明》2012年第1期。

④ 张家山二四七号汉墓竹简整理小组编《张家山汉墓竹简［二四七号墓］》（释文修订本），文物出版社2006年版，第7页。

⑤ 《汉书》卷2《惠帝纪》，中华书局1962年版，第92页。

⑥ 《汉书》卷97上《外戚传上》，第3939页。按《史记·吕太后本纪》：元年"十一月，太后……迺追尊郦侯父为悼武王"（《史记》卷9《吕太后本纪》，中华书局1959年版，第400页）。可证吕公被追尊为吕宣王肯定要早于此时，最晚也应该是在吕后元年十月之前。

⑦ 《汉书》卷13《异姓诸侯王表》，第380页。

⑧ 张家山二四七号汉墓竹简整理小组编《张家山汉墓竹简［二四七号墓］》（释文修订本），第21页。

且舂者，皆耐为鬼薪白粲。"且"内外公孙"，即"国家宗室及外戚之孙也"，或"谓王侯内外孙也"。① 此律亦见于《二年律令·具律》："上造、上造妻以上，及内公孙、外公孙、内公耳玄孙有罪，其当刑及当为城旦舂者，耐以为鬼薪白粲。"（82）② 所以对尊崇吕氏来说，简（85）的律文制定更多的应是象征意义。这也从另一个侧面证明，此律当在吕公被追尊为吕宣王时颁布。诚然，律令可以先予颁布，然后再统称为"二年律令"，但这也就意味所有律令都在吕后二年汇编和颁布，落入了归谬陷阱。

二　《二年律令》最早在汉王二年颁行

我们认为，从现有资料来看，对《二年律令》的制定还不能排除在汉王二年的可能。《左传·昭公六年》称："夏有乱政，而作《禹刑》；商有乱政，而作《汤刑》；周有乱政，而作《九刑》。"③ 若仅就《汤刑》而言，今本《竹书纪年》便提到其律令在祖甲时被重新修订："二十四年，重作汤刑。"④ 但其法律的名称仍沿用了"汤刑"。因此，《二年律令》的制定也很有可能始于汉王二年，尽管在高祖时期和惠帝、吕后时期都曾作过修订和增补。从这个方面来说，我们赞同张建国先生的推断：

> 如果以"吕宣王"的字样来确定该墓年代的上限是没错的，但要由此断定出"二年律令"就是"吕后二年律令"尚需要斟酌，除非"二年律令"和那些与吕宣王有关的法律内容同在一支简上。
>
> 肖何在汉二年为治理关中制定了一系列法令，这些法令必然大量借鉴了秦制。近年出土的张家山汉简中的"二年律令"在制定时间上可

---

① 《汉书》卷2《惠帝纪》，第85、87页。按：同上87页引应劭曰："内外公孙谓王侯内外孙也。"若以此理解，则"外孙"亦已包括，更加说明简（85）的规定没有多少实质内容。

② 张家山二四七号汉墓竹简整理小组编《张家山汉墓竹简［二四七号墓］》（释文修订本），第20页。按：根据里耶秦简8－775＋8－805＋8－884＋9－615＋9－2302，此条律文亦源自秦律——"上造、上造妻以上有罪，其当刑及当城旦舂，耐以为鬼薪白粲。"（陈伟主编《里耶秦简牍校释》第2卷，武汉大学出版社2018年版，第164页）

③ 杨伯峻编著《春秋左传注》第4册，中华书局1981年版，第1275页。

④ 《竹书纪年》卷上"祖甲二十四年"条，王国维撰，黄永年校点《古本竹书纪年辑校·今本竹书纪年疏证》，辽宁教育出版社1997年版，第71页。

能与肖何的法令有密切的关系，这些法律奠定了汉代法律的基础。[1]

从汉初《田律》规定"顷入五十五钱以当刍稾"（241）[2] 看，这显然就继承了秦时《田律》"顷入刍三石、稾二石"[3] 的规定。根据秦《金布律》"十月户出刍一石十五斤……不入刍而入钱者，入十六钱"（118 - 120）[4]，以及"稾一石六钱"（73）[5] 的换算关系，可知"顷入刍三石、稾二石"的合计钱数大约为 55 钱（14.22 × 3 + 6 × 2 ≈ 55），说明汉初《田律》的制定当在币值还相对稳定的汉王时期。曹旅宁先生的分析也有些道理——"我们新近发现张家山 247 号汉墓汉律竹简中共有二十九条有'盈'字，不避汉惠帝刘盈之讳。……由此可以初步断定，张家山 247 号汉墓汉律竹简的年代应不早于汉惠帝元年。"[6]《汉书》亦明确记载：

> 高祖初入关，约法三章曰："杀人者死，伤人及盗抵罪。"蠲削烦苛，兆民大说。其后四夷未附，兵革未息，三章之法不足以御奸，于是相国萧何攈摭秦法，取其宜于时者，作律九章。[7]

此外，汉王二年的封王侯、令民垦荒、赐民爵措施，也与《二年律令》有着一定的渊源关系。如《史记·高祖本纪》载：十一月，"更立韩太尉信为韩王。诸将以万人若以一郡降者，封万户。……诸故秦苑囿园池，皆令人得田之"。[8]《汉书·高帝纪上》载：冬十月，"张良自韩间行归汉，汉王以为

---

① 张建国：《试析汉初"约法三章"的法律效力——兼谈"二年律令"与肖何的关系》，《法学研究》1996 年第 1 期。

② 张家山二四七号汉墓竹简整理小组编《张家山汉墓竹简［二四七号墓］》（释文修订本），第 41 页。

③ 睡虎地秦墓竹简整理小组编《睡虎地秦墓竹简》，文物出版社 1978 年版，第 28 页。

④ 陈松长主编《岳麓书院藏秦简［肆］》，上海辞书出版社 2015 年版，第 107 页。

⑤ 朱汉民、陈松长主编《岳麓书院藏秦简［贰］》，上海辞书出版社 2011 年版，第 73 页。

⑥ 曹旅宁：《张家山 247 号墓汉律制作时代新考》，载中国文物研究所编《出土文献研究》第 6 辑，上海古籍出版社 2004 年版，第 119 页。

⑦ 《汉书》卷 23《刑法志》，第 1096 页。按：对萧何"作律九章"的说法，学界尚有不同认识。参见李振宏《萧何"作律九章"说质疑》，《历史研究》2005 年第 3 期；孟彦弘《秦汉法典体系的演变》，《历史研究》2005 年第 3 期。

⑧ 《史记》卷 8《高祖本纪》，第 369 页。

成信侯"；二月，"赐民爵"。① 从内容来说，这些措施均可视为《二年律令》名田制或授田制的雏形。因此，若比较《二年律令》究竟是在哪个"二年"制定与颁布，我们更倾向于在汉王二年，并由此而得名。后来又不断修订、增补或删改，在张家山汉简的记录中则截止到吕后二年。此其一。

其二，《算数书》的成书年代也启示我们，《二年律令》的制定与颁布很可能在高祖二年。关于《算数书》的成书年代，学界也大多认为其下限在吕后二年。例如：

> 与《算数书》共存有一份历谱，所记最后一年是西汉吕后二年（公元前186年），墓主人极可能于此后不久去世。因此，我们认定《算数书》成书年代的下限是西汉吕后二年，即公元前186年。②

但这却是以整批汉简的下限来推断《算数书》成书年代的误判。《历谱》只能证明张家山汉简的下限最晚是吕后二年，却不能证明所有张家山汉简的下限都在此年。仅就《算数书》而言，我们便可以找到其成书最晚在高祖时期的例证。请看以下算题：

> 税田　税田廿四步，八步一斗，租三斗。今误券三斗一升，问几何步一斗。得曰：七步卅七〈一〉分步廿三而一斗。术（術）曰：三斗一升者为法，十税田【为实】，令如法一步。（68－69）
> 误券　租禾误券者，术（術）曰：毋升者直（置）税田数以为实，而以券斗为一，以石为十，并以为法，如法得一步。其券有【斗】者，直（置）舆田步数以为实，而以券斗为一，以石为十，并以为法，如法得一步。其券有升者，直（置）舆田步数以为实，而以券之升为一，以斗为十，并为法，如·【法】得一步。（93－95）③

---

① 《汉书》卷1上《高帝纪上》，第32、33页。
② 彭浩：《张家山汉简〈算数书〉注释》，科学出版社2001年版，"绪论"，第4页。
③ 张家山二四七号汉墓竹简整理小组编《张家山汉墓竹简［二四七号墓］》（释文修订本），第141、145页。

其中"税田"算题要求以"十税田为实",意指 $24 \times 10 = 240$(平方步),即"二百四十步为实",而等同于"误券"算题中的"直(置)舆田步数以为实"。这就昭示我们,上述算题中的"税田"均为"舆田"的十分之一,也就是征收"禾"田租亩数租率的什一之税。[①] 但汉初什一之税的征收却仅仅局限在高祖时期。如《汉书·食货志上》:"天下既定,民亡盖藏,自天子不能具醇驷,而将相或乘牛车。上于是约法省禁,轻田租,什五而税一。"[②] 一般来说,所谓"轻田租,什五而税一",就是减轻田租,把原有的什一之税改为什五而税一。更重要的是,稍后高祖还恢复了什一之税。如《汉书·惠帝纪》载: "十二年四月,高祖崩。五月丙寅,太子即皇帝位,……减田租,复十五税一。"注引邓展曰:"汉家初十五税一,俭于周十税一也。中间废,今复之也。"[③] 同时也说明,在惠帝即位后,什一之税便不再征收。可见从《算数书》来看,它的成书最晚也只能是在高祖在位后期。[④] 这对于正确判断《二年律令》的年代,有着重要的启发作用。

惠帝对什一之税的废止,实际涉及汉初整个田租征收体系的改变。以《算数书》为例,与此相关的诸多算题都完全脱离了实际,如"税田""取程""并租""耗租""误券""租误券"等。尽管如此,《算数书》仍被主人继续保存了九年(前 195—前 186 年),可见该书能否保存并不完全取决于内容。同样,墓主生前对所有律令简的保存也存在着一些失效或部分失效的律令。邢义田先生所说"过时的《贼律》"[⑤],就是一个特别典型的事例。《户律》规定:"为人妻者不得为户。"[⑥](345)而《置后律》又规定:"死毋子男代户,令父若母,毋父母令寡,毋寡令女,毋女令孙,毋孙令耳孙,

---

① 吴朝阳:《张家山汉简〈算数书〉校证及相关研究》,江苏人民出版社 2014 年版,第 92 页。

② 《汉书》卷 24《食货志上》,第 1127 页。

③ 《汉书》卷 2《惠帝纪》,第 85、87 页。

④ 邹大海先生甚至认为:"虽然此本《算数书》的抄写年代之下限可能晚到公元前 186 年下葬前夕,但此书的编成年代应早过若干年,可能在秦代或略早。"(邹大海:《出土〈算数书〉初探》,《自然科学史研究》2001 年第 3 期)

⑤ 邢义田:《张家山汉简〈二年律令〉读记》,载侯仁之主编《燕京学报》新 15 期,北京大学出版社 2003 年版,第 3 页。

⑥ 张家山二四七号汉墓竹简整理小组编《张家山汉墓竹简 [二四七号墓]》(释文修订本),第 56 页。

毋耳孙令大父母，毋大父母令同产子代户。"（379－380）① 也是一个明显例证。这意味着遵照法律规定："县各告都官在其县者，写其官之用律。"② 以及工作的实际需要，在长期抄写相关律令的过程中（不一定都是本人抄写），其生前并未把业已失效的律令简废弃，而是把所有抄写的律令简都保存下来，就像内容有些陈旧的图书我们仍然收在书房一样。由于相关抄本属于个人的工作用简，官府通常都不再收回，墓主的家人也无法继续使用，甚至还可能成为累赘，因而将抄本随葬墓中便成为一种比较普遍的选择。迄今所发现的睡虎地秦简、放马滩秦简、龙岗秦简、银雀山汉简、凤凰山简牍、尹湾汉简等，也应该都是这个缘故。它不仅揭示出秦汉简牍多见于墓葬的原因，而且更启发我们，《二年律令》的制定与颁布还有着另一种可能——《二年律令》的确是汉王二年开始颁行的。因为这些律令抄本有十六七年的累积过程，是不断根据新的律令抄写的，所以其相互之间便可能既有联系又有区别或对立。也就是说，今本《二年律令》的内容虽有早晚，但《二年律令》却并非"全部律令的总称"③，而是个人使用和收藏的现行律令和部分失效律令的抄本。那种诸多抄本被"堆放在一起"都"各自成卷"的看法，④ 多有扞格之处。更不用说，在墓主被下葬时，其亲友为了方便随葬，把律令简都归为一类而置于同一个竹笥之中，这也是完全可能的。

　　当然，《二年律令》并非"全部律令的总称"，也并不意味着这二十八种律令都在汉王和高祖时期制定。但就"二年"名称来说，却完全可以判定指汉王二年，而吕后二年则绝无可能。众所周知，后出的法典是不得同时赋予被废除律令有法律效力的，这也是判断某条律文时间早晚的一个基本原则。前揭邢义田先生所引之《贼律》，规定对反叛者"皆要（腰）斩。其父

---

① 张家山二四七号汉墓竹简整理小组编《张家山汉墓竹简［二四七号墓］》（释文修订本），第60页。

② 睡虎地秦墓竹简整理小组编《睡虎地秦墓竹简·秦律十八种·内史杂》，文物出版社1978年版，第104页。

③ 张家山二四七号汉墓竹简整理小组编《张家山汉墓竹简［二四七号墓］》（释文修订本），第7页。

④ 张家山二四七号汉墓竹简整理小组编《张家山汉墓竹简［二四七号墓］》（释文修订本），第1页。

母、妻子、同产，无少长皆弃市"（1—2）①。而《汉书·高后纪》则记载：
"元年春正月，诏曰：'前日孝惠皇帝欲除三族罪、妖言令，议未决而崩，
今除之。'"② 那么《贼律》的三族罪规定又怎么可能在吕后二年颁行呢？尽
管在《二年律令》中也没有"除三族罪"的律令，但这与吕后二年律令含
有已被吕后废除律令的性质完全不同。前者有种种阙载的理由，后者却没有
任何并存的道理。无论如何，从哪个方面来看，《二年律令》都不可能在吕
后二年时颁行。正如王彦辉先生所说："种种迹象表明，与其说吕后时期对
汉律进行了修订，毋宁说只是废除了一些前朝律令并制定了一些优待吕氏家
族及太后宫官的有关条款。"③ 因此，我们要讨论田制，也必须注意：《二年
律令》的颁行应始于汉王二年。

第二节　亩制问题

汉代的亩制问题以往曾有过争议，张家山汉简的公布使这个问题得到了
彻底解决。根据《二年律令》，汉初亩制皆为大亩，240 平方步一亩，百亩
为顷。如《二年律令·田律》：

> 田广一步，袤二百卅步，为畛，亩二畛，一佰（陌）道；百亩为
> 顷，十顷一千（阡）道，道广二丈。恒以秋七月除千（阡）佰（陌）
> 之大草；九月大除道□阪险；十月为桥，修波（陂）堤，利津梁。虽
> 非除道之时而有陷败不可行，辄为之。乡部主邑中道，田主田道。道有
> 陷败不可行者，罚其啬夫、吏主者黄金各二两。□□□□□□及□土，
> 罚金二两。（246—248）④

其中有三个问题值得注意。

---

① 张家山二四七号汉墓竹简整理小组编《张家山汉墓竹简［二四七号墓］》（释文修订本），第
7 页。
② 《汉书》卷 3《高后纪》，第 96 页。
③ 王彦辉：《关于〈二年律令〉年代及性质的几个问题》，《古代文明》2012 年第 1 期。
④ 张家山二四七号汉墓竹简整理小组编《张家山汉墓竹简［二四七号墓］》（释文修订本），第 42 页。

一 汉初大亩制来源于秦

首先，这种长条形的亩制最初是以秦关中平原的标准制定的。在理想的情况下，如果按百亩为单位，它可以比较方便地划出一块又一块的长方形土地（100×240）。但在非平原地区，这种长条形亩制却很难整齐划一，而只能折算为 240 平方步一亩的面积。在这个方面，《算数书》的作用便体现出来，它的不少算题都是如何来计算不规则土地的面积。例如：

> 启广　田从（纵）卅步，为启广几何而为田一亩？曰：启【广】八步。术（術）曰：以卅步为法，以二百卌步为实。启从（纵）亦如此。（159）
>
> 少广　【扳】（求）少广之术曰：先直（置）广，即曰：下有若干步，以一为若干，以半为若干，以三分为若干，积分已尽所【扳】（求）分同之以为法，即耤（藉）直（置）田二百卌步亦以一为若干，以为积步，除积步，如法得从（纵）一步。不盈步者，以法命其分。（164 – 165）[①]

不难看出，在"启广"算题中，一亩的边长为"卅步"，只有三十步，而根本不是法定的二百四十步。"少广"的算题则讨论由一亩的边宽来求边长，涉及分数计算，也同样不是法定的"广一步，袤二百卌步"。可见不规则田亩应是很常见的现象。同时，秦汉时期的农业生产力较低，大多数农民每年都需要休耕，其实际耕种土地远远不到百亩，也都会出现这种不规则田亩的问题。[②]

其次，汉初的亩制完全继承了秦制。根据传世文献，秦自商鞅变法便开始实行 240 平方步的大亩。如杜佑《通典》说："按周制，步百为亩，亩百

[①] 张家山二四七号汉墓竹简整理小组编《张家山汉墓竹简［二四七号墓］》（释文修订本），第 153、154 页。按："少广"题中的"扳"字，释文原作"救"字，笔者则采用吴朝阳先生的研究结论。参见吴朝阳《张家山汉简〈算数书〉校证及相关研究》，第 160—164 页。

[②] 臧知非：《简牍所见秦和汉初田亩制度的几个问题——以阡陌封埒的演变为核心》，《人文杂志》2016 年第 12 期。

给一夫。商鞅佐秦，以一夫力余，地利不尽，于是改制二百四十步为亩，百亩给一夫矣。"① 而简牍则提供了更多的直接证据，如里耶秦简、岳麓书院藏秦简《数》、北京大学藏秦简《算书》、张家山汉简《算数书》等。这里要特别提到的，是 1979 年出土的青川秦牍《为田律》（或曰《田律》）。该律的修订时间，一般认为是秦武王二年（前 309 年），② 而内容就是前揭《田律》的原型。其律文云：

> 田广一步，袤八则，为畛。亩二畛，一百（陌）道；百亩为顷，【十顷】一千（阡）道，道广三步。封高四尺，大称其高；埒（埒）高尺，下厚二尺。以秋八月，修封埒（埒），正疆（疆）畔，及發千（阡）百（陌）之大草；九月，大除道及阪险；十月，为桥，修波（陂）堤，利津梁，鲜草离。非除道之时而有陷败不可行，辄为之。③

在以往研究中，对《为田律》曾有种种推测，以胡平生先生的解读最为精到。他根据阜阳双古堆汉简"卅步为则"，指出"则"为量词，"袤八则"就是"袤二百卅步"，从而揭开了秦亩二百四十平方步的谜底。他还根据每亩"一陌道"推理："陌之为陌，以其袤百步而得名。同理可以推知，阡之为阡，也是因为长千步。"④ 把"阡陌"的本意也揭示出来。这就充分证明，商鞅"为田开阡陌封疆"⑤，是废除 100 平方步小亩的道路和田界，而制定了 240 平方步大亩的道路和田界。尽管胡平生先生对"一阡道"的解释有误，认为"每一百亩田有一条阡道"，但这显然是抄本漏书"十顷"所造成

---

① ［唐］杜佑撰，王文锦、王永兴、刘俊文等点校《通典》卷 174《州郡四·古雍州下·风俗》，中华书局 1988 年版，第 4563 页。

② 一说秦昭王二年（前 305 年），参见王云《关于青川秦牍的年代》，《四川文物》1989 年第 5 期。

③ 四川省博物馆、青川县文化馆：《青川县出土秦更修田律木牍——四川青川县战国墓发掘简报》，《文物》1982 年第 1 期。按：《为田律》释文主要参考于豪亮、胡平生的释读意见，文中"【十顷】"乃笔者根据《二年律令·田律》所补。参见于豪亮《释青川秦墓木牍》，《文物》1982 年第 1 期；胡平生：《青川秦墓木牍"为田律"所反映的田亩制度》，《文史》第 19 辑，中华书局 1983 年版，第 216—221 页。主要争议，参见黄盛璋《青川秦牍〈田律〉争议问题总议》，《农业考古》1987 年第 2 期。

④ 胡平生：《青川秦墓木牍"为田律"所反映的田亩制度》，《文史》第 19 辑，第 216—217、218 页。

⑤ 《史记》卷 68《商君列传》，第 2232 页。

的。证诸《田律》，也就不难看出他的高明了。

当然，《田律》与《为田律》还是存在一些差异的。从律文来看，一个最明显的不同，就是"封埒"的消失。究其原因，李学勤先生认为：商鞅变法后，实行军功益田，又允许耕田买卖，造成"富者田连阡陌"的现象。"在同一田主的土地内部，可能只有阡陌而不设封埒。"① 此说有一定道理，但恐怕还不是主要原因。不同田主的土地实际也没有必要修造"封埒"。从《为田律》可以看出，"封埒"的作用就是每顷土地之间的界标。这种高四尺的正方体的土台（封），加上两边高一尺厚二尺的田埂（埒），即使按前后两个土台、每埒长度仅一尺算（广一步），最少也要占用一亩的土地。且不说非平原地区，就是在平原地区，农民对授田的开垦也不可能完全按律文的理想规划进行。考虑到住址、道路、水源和土质等，许多耕种的土地往往并不相连。如里耶简 9 - 2350 记载："卅三年六月庚子朔丁巳，守武爰书：高里士五（伍）吾武〔自〕言谒狠（垦）草田六亩武门外，能恒藉以为田。典缦占。"② 这位名叫吾武的士伍，就是申请在自家门外的地方垦田，而且一次才仅仅开垦了六亩。同样，别人也都会在靠近自家或其他便利的地方开垦。加之开垦多少田亩，在哪个地方开垦，甚至土地的四至，官府都作了详细登记。以《二年律令》为例，对户口和耕田登记在官府中便有着"田比地籍、田命籍、田租籍"（331）③ 等。在这种情况下，对"封埒"的修造也的确是可有可无。诚然，为了确保道路的通畅，官府也都会督促并组织当地农民修路，但道路两旁的垦田是否都能连片，显然还存在疑问。《田律》便明文规定："田不可田者，勿行；当受田者欲受，许之。"（239）④这与律文的理想规划大相径庭。因之也可以推断：除了 240 平方步的亩制，以及阡道、陌道的形制，无论是《为田律》，还是《田律》，实际都是对土

---

① 李学勤：《青川郝家坪木牍研究》，《文物》1982 年第 10 期。

② 里耶秦简博物馆、出土文献与中国古代文明研究协同创新中心中国人民大学中心编著《里耶秦简博物馆藏秦简》，中西书局 2016 年版，第 194 页。

③ 张家山二四七号汉墓竹简整理小组编《张家山汉墓竹简〔二四七号墓〕》（释文修订本），第 54 页。

④ 张家山二四七号汉墓竹简整理小组编《张家山汉墓竹简〔二四七号墓〕》（释文修订本），第 41 页。

地、道路的大体规划；① 《为田律》对修造"封埒"的规定，也由于难以操作和多余，最终被临时树立的"顷畔"所取代。

二　秦及汉初有两种计算亩制

秦及汉初有两种实用亩制。一种是毛算，即粗略计算的亩制，主要计算"不可垦田"和"可垦不垦田"的面积。无论是《为田律》所说的"广一步，袤八则"，还是《田律》所说的"广一步，袤二百卌步"，其中都含有"不可垦田"和"可垦不垦田"的面积。这从《数》和《算数书》的"里田"算题中可以得到证实，例如：

> 里田述（术）曰：里乘里，（里）也，因而参之，有（又）参五之，为田三顷七十五亩。（62）②

> 里田术（術）曰：里乘里，里也，广、从（纵）各一里，即直（置）一因而三之，有（又）三五之，即为田三顷七十五亩。其广从（纵）不等者，先以里相乘，已乃因而三之，有（又）三五之，乃成。今有广二百廿里，从（纵）三百五十里，为田廿八万八千七百五十顷。直（置）提封以此为之。（187 – 188）③

根据"古者三百步为里"④ 的记载，可知秦汉一平方里等于 90000 平方步，按一亩 240 平方步计算，用 90000 除以 240，恰好是 375 亩；用 220 × 350 × 3.75，亦恰好就是 288750 顷。这种毛算亩制没有把道路、河流、房屋等排

---

① 臧知非先生认为："这种长条亩制是针对官府直接经营的土地而言。"（臧知非：《简牍所见秦和汉初田亩制度的几个问题——以阡陌封埒的演变为核心》，《人文杂志》2016 年第 12 期）非是。由于地貌不同，官府直接经营的土地也无法采用这种长条亩制。若官田可以采用，则授田亦可采用；若授田不可采用，则官田亦不可采用。更不用说于史无据，法律不可能把秦汉相继的亩制仅仅用于公田。

② 朱汉民、陈松长主编《岳麓书院藏秦简［贰］》，上海辞书出版社 2011 年版，第 66 页。

③ 张家山二四七号汉墓竹简整理小组编《张家山汉墓竹简［二四七号墓］》（释文修订本），第 157 页。

④ 《春秋谷梁传》宣公十五年，［清］阮元校刻《十三经注疏》（附校勘记），中华书局 1980 年版，下册，第 2415 页。

除在外，因而只是一种对土地资源的大体匡算。另一种则是实际核算亩制。这种亩制的面积也是"广一步，袤二百卌步"，但它是核算耕地和实际耕种面积的亩制，其中排除了大部分道路、水渠等等不能耕种的土地。根据不同的地貌，按草田即"可垦不垦田"一亩算，实际核算亩制的面积要明显少于一亩，有的则大打折扣。《数》的"减田"算题，就是一个显例。

> 为积二千五百五十步，除田十亩，田多百五十步，其欲减田，秅令十三【步一】斗，今禾美，租轻田步，欲减田，令十一步一斗，即以十步乘十亩，租二石者，积二千二百步，田少二百步。(42-43)①

其中"为积二千五百五十步"，乃指核算后的实际耕种面积，按 2550÷240 算，等于 10.625 亩。如果按草田的面积算，即便只耕种授田的一部分土地，实际也不会出现精确到小数点后 3 位的亩数。可见实际核算亩数，亦即秦及汉初的"舆田"或"垦田"亩数，是按在草田上具体开垦和播种多少田亩计算的，它的面积均小于草田面积。尽管在算题中我们并不知道所开垦草田的亩数，但 10.625 亩的实际核算亩数要明显少于草田亩数，却是毫无疑问的。

秦及汉初的两种计算亩制有着重要的实用价值。大致说来，毛算的亩制主要用于两个方面。一是对土地资源的匡算。通过这种匡算，可以基本了解全国、全郡（诸侯王国）、全县或全乡的土地状况，以达到其"制土处民"②的目的。根据传世文献的记载，早在战国时期，魏国便做过与此类似的匡算。如《汉书·食货志上》：

> 是时，李悝为魏文侯作尽地力之教，以为地方百里，提封九万顷，除山泽邑居参分去一，为田六百万亩，治田勤谨则亩益三（升）【斗】，不勤则损亦如之。地方百里之增减，辄为粟百八十万石矣。③

---

① 朱汉民、陈松长主编《岳麓书院藏秦简［贰］》，第 54 页。
② 《汉书》卷 24 上《食货志上》，第 1123 页。
③ 《汉书》卷 24 上《食货志上》，第 1124 页。对文中"升"字，其注引臣瓒曰："当言三斗。谓治田勤，则亩加三斗也。"师古曰："计数而言，字当为斗。瓒说是也。"（第 1125 页注［二］）

《商君书》也对秦国土地匡算说："地方百里者，山陵处什一，薮泽处什一，溪谷、流水处什一，都邑、蹊道处什一，恶田处什二，良田处什四。"① 秦汉也同样如此。在里耶秦简中便有户曹对全县土地的"田提封计"（8-488）②。近年公布的走马楼汉简，如《都乡七年垦田租簿》，对全乡土地亦做了匡算，并按照通例，把土地分为"垦田"、"可垦不垦"和"群不可垦"三种类型。兹摘引如下：

> 垦田六十顷二亩，租七百九十六石五斗七升半。
>
> 提封 四万一千九百七十六顷【一】十亩百七十二步。
>
> 其八百一十三顷卅九亩二百二步，可垦不垦。
>
> 四万一千一百二顷六十八亩二百一十步，群不可垦。③

这就更加证明了毛算亩制的作用。

二是对草田面积的计算。主要用于"行田"，也就是授田或赐田的面积单位。如前揭"百亩给一夫矣"，或者"治田百亩"，"其能耕者不过百亩，百亩之收不过百石"，④ 所言"百亩"都应是毛算亩制的百亩。这种毛算亩制非常有利于"行田"，不管是授田，还是赐田，只要丈量一下土地的广袤，就可以确定此块草田的亩数。可以说，方便、快捷是它的最大优点，特别是在基层官吏大量"行田"的时候。另一方面，草田的毛算亩数还与秦时"顷刍藁"的征收有关。根据《田律》规定，秦汉田租都有对"顷刍藁"的征收。如睡虎地秦简《田律》："入顷刍藁，以其受田之数，无狠（垦）不狠（垦），顷入刍三石、藁二石。"⑤ 张家山汉简《田律》也规定：

① 山东大学《商子译注》编写组：《商子译注·来民》，齐鲁书社1982年版，第100—101页。
② 陈伟主编《里耶秦简牍校释》第1卷，武汉大学出版社2012年版，第167页。
③ 马代忠：《长沙走马楼西汉简〈都乡七年垦田租簿〉初步考察》，中国文化遗产研究院编《出土文献研究》第12辑，中西书局2013年版，第213—214页。按：走马楼汉简《都乡七年垦田租簿》的年代可能在文帝到武帝时期。详见本书第五章第一节，此不赘述。
④ 《汉书》卷24上《食货志上》，第1125、1132页。
⑤ 睡虎地秦墓竹简整理小组编《睡虎地秦墓竹简·秦律十八种·田律》，第27—28页。

入顷刍稾，顷入刍三石；上郡地恶，顷入二石；稾皆二石。令各入其岁所有，毋入陈，不从令者罚黄金四两。收入刍稾，县各度一岁用刍稾，足其县用，其余令顷入五十五钱以当刍稾。刍一石当十五钱，稾一石当五钱。（240－241）

刍稾节贵于律，以入刍稾时平贾（价）入钱。（242）①

但秦汉鼎革，对"顷刍稾"的征收也发生了一些变化。秦时"顷刍稾"的征收，有着"以其受田之数"和"无垦不垦"的严格规定。也就是说，农民要按照其"谒垦"的草田亩数缴纳刍稾，而且无论是否耕种，都要按实际授田的草田数，以实物或"顷入刍三石、稾二石"合计折算 60 钱的数额缴纳。如里耶简 9－543＋9－570＋9－835："▢刍稾志。……都乡黔首田启陵界中，一顷卅一亩，钱八十五。都乡黔首田贰【春界中者，二顷卅七亩，钱百卅九。】"② 而汉初则取消了上述规定。这意味着"顷刍稾"同禾田租一样，都已按实际耕种的亩数征收。以往学界对汉初"轻田租"的内容并不完全明了，张家山汉简和里耶秦简则提供了新的线索。从毛算亩制来看，"轻田租"的一个重要内容，就是不再按授田亩数，而是按实际耕种亩数来征收刍稾。

和毛算的亩制相比，秦及汉初的实际核算亩制也有着广泛运用。比如耕地和垦田的登记，田租的征收、减免和一些经济作物的税收，土地的继承、转让、买卖与租赁，等等。

三　汉代仍存在小亩折算制度

最后，汉代民间仍有按传统习惯折算的小亩制度。根据张家山汉简，从汉初开始，国家便采用法律形式规定实行 240 平方步的大亩制度。但毋庸讳言，由于传统习惯的影响，在一些地区、一段时间也并存着 100 平方步或面积稍大的小亩制度。如银雀山汉简《守法守令等十三篇》：

---

① 张家山二四七号汉墓竹简整理小组编《张家山汉墓竹简［二四七号墓］》（释文修订本），第41 页。

② 陈伟主编《里耶秦简牍校释》第 2 卷，武汉大学出版社 2018 年版，第 152 页。

一人而田大亩廿【四者王，一人而】田十九亩者朝（霸），【一人而田十】四者存，一人而田九亩者亡。(932 – 933)

岁收：中田小亩亩廿斗，中岁也。上田亩廿七斗，下田亩十三斗，大（太）上与大（太）下相复（覆）以为衡（率）。(937)①

简中大亩或小亩都是相对其大小而言的。在汉武帝的诏书中，也有"率十二夫为田一井一屋，故亩五顷"②之语。再如《盐铁论·未通》：

古者，制田百步为亩，民井田而耕，什而籍一。义先公而后己，民臣之职也。先帝哀怜百姓之愁苦，衣食不足，制田二百四十步而一亩，率三十而税一。③

也说明在大亩制下小亩制仍然存在。但这主要是一种习惯用法或说法，并不意味大亩制在法律上已被取消，或者未在某些地区实行，无非汉武帝时对"制田二百四十步"又予以重申而已。所谓"半斤八两"，就是对此类现象的一个最通俗的比喻。

明白了这一点，也就可以看出：汉代法律规定的亩制是 240 平方步的大亩，并占据主导地位，在全国通行。以往由大小亩制推论高产或低产的看法大多存在着问题，以下即简要分析之。

先说高产论者。其主要论据是，汉代通行 100 平方步的小亩（计算亩产应折算为大亩），五口之家的小农不可能耕种一百大亩之田。吴慧先生的看法可谓这方面的代表，例如：

汉武帝统一田亩的步数，240 步为亩，大亩，一亩合今 0.692 市亩，比百步为亩之小亩扩大了 2.4 倍。在牛耕、铁犁的条件下，按大亩计，一个劳动力平均耕地二十亩（《汉书·赵充国传》："田事出，赋人

<hr />

① 银雀山汉墓竹简整理小组编《银雀山汉墓竹简［壹］》，文物出版社 1985 年版，第 145、146 页。
② 《汉书》卷 24 上《食货志上》，第 1139 页。按：120000（步）÷24000（步）＝5（顷）。
③ 王利器校注《盐铁论校注（定本）》卷 3《未通》，中华书局 1992 年版，第 191 页。

二十亩"）约合今十四亩，是不算少的（小亩，为百亩之田，服役二
人，平均一个劳动力耕五十亩，合今14.5市亩）。并非要求一个劳力耕
作相当于原五十小亩的2.4倍的土地，即耕五十大亩（合今34.56市
亩），事实上那是办不到的。①

其实不然。

从面积上说，秦汉一大亩的确合今0.692市亩，但草田的实际耕种面积
却并非0.692市亩。草田是毛算亩制，含有阡陌、水渠、庐舍等占用的土
地，是不能大体算作耕地面积的。吴慧先生也误解了秦汉王朝推广大亩制的
意图。他看到了农业生产力低，一户五口之家的小农不可能耕种一百大亩，
却忽略了大亩制的设计并非都全要耕种，而是鼓励垦荒，并保证有足够的土
地休耕。所谓"爱田"，或"自爱其处"②，就是一个明证。里耶秦简也证实
了这一点，如简8-1519：

> 迁陵卅五年狠（垦）田奥五十二顷九十五亩，税田四顷〔卌二〕，
> 户百五十二，租六百七十七石。衡（率）之，亩一石五；户婴四石四
> 斗五升，奇不衡（率）六斗。③

据此按152户有奥田5295大亩算，简中每户实际耕田仅有平均34.84亩，
合今约24.1市亩。秦代小农通常每户有两个劳动力，其平均一个劳动力约
耕种12市亩，略低于一个劳动力耕种的50小亩。所以关键还不是一户小农
耕种不了一百大亩，而是不能按授田百亩来测算耕种者的亩产。从这个方面
来说，把秦汉通行的大亩都说成小亩，也的确难以服众。

此外，"其能耕者不过百亩"是晁错向文帝的进言。当时名田制或授田
制仍有一些余波，百亩之说有一定的事实基础。文帝以后，名田制或授田制
基本终结，土地占有更加不均，那么再说一夫百亩就完全脱离了实际，不能
作为其亩产估计的依据。

---

① 吴慧：《历史上粮食商品率商品量测估——以宋明清为例》，《中国经济史研究》1998年第4期。
② 《汉书》卷24上《食货志上》，第1119页。
③ 陈伟主编《里耶秦简牍校释》第1卷，第345页。

再看低产论者。其主要理由是，秦汉通行 240 平方步的大亩，"百亩之收不过百石"。近年来的讨论可以杨际平先生为代表，例如：

> 亩制问题解决了，亩产就比较容易测算。笔者据东海郡《集簿》计算，时东海郡"提封"512092 顷 85 亩，其中邑居园田 21 万多顷。扣除邑居 50 多万亩，"垦田数"约为 20622600 亩。再扣除经济作物种植面积（约占垦田总数的 5%），则其粮食种植面积为 19591470 亩上下。是年，东海郡"一岁诸谷入五十万六千六百卅七石二斗二升小半升"，平均每亩田租 2.586 升上下，加上身份性蠲免与逋欠等，平均每亩田租约为 3 升，以三十税一计之，亩产也就是八九斗。①

此说同样不确。

从亩制来看，杨际平先生也混淆了毛算亩制和实际核算亩制。他虽然征引了尹湾汉简《集簿》，但却没有区分"提封田"的毛算亩数和实际垦田亩数。《集簿》的原文是这样记载的：

> 提封五十一万二千九十二顷八十五亩□（一正）
> □国邑居园田廿一万一千六百五十二□□□十九万百卅二……卅五（？）万九千六……（一反）②

根据前揭《都乡七年垦田租簿》和《汉书·地理志》等，在提封约 512092 顷土地中，按通例应分为"群不可垦"、"可垦不垦"和"垦田"三种类型，且只有"垦田"是当年的实际耕种亩数。尽管如杨际平先生所说，木牍反面的"此行牍文有一部分残缺或漫漶不清"③，但土地大致被分为三种

---

① 杨际平：《再谈汉代的亩制、亩产——与吴慧先生商榷》，《中国社会经济史研究》2000 年第 2 期。其具体论证过程，参见杨际平《从东海郡〈集簿〉看汉代的亩制、亩产与汉魏田租额》，《中国经济史研究》1998 年第 2 期。

② 连云港市博物馆、东海县博物馆、中国社会科学院简帛研究中心、中国文物研究所编《尹湾汉墓简牍》，中华书局 1997 年版，第 77—78 页。

③ 杨际平：《从东海郡〈集簿〉看汉代的亩制、亩产与汉魏田租额》，《中国经济史研究》1998 年第 2 期。

类型却没有疑问。从"群不可垦""可垦不垦"平均都占到提封田的95%以上看，且《汉书·地理志下》明言"邑居道路，山川林泽，群不可垦"[①]，我们便可以完全确定：牍中"□国邑居园田廿一万一千六百五十二【顷】"为"群不可垦"田。加上应该是"可垦不垦"田的"十九万百卅二【顷】"，[②] 即211652顷＋190132顷，这两部分的田亩总数约为401784顷。那么再用提封田的总数512092顷减去401784顷，剩下的110308顷才应是"垦田"的亩数。这从下行牍文记录："种宿麦十万七千三百□十□顷，多前千九百廿顷八十二亩。"（一反）也可以得到验证。当时东海郡的主要农作物是秋天播种的冬小麦，因而东海郡的实际垦田数应为秋天播种的总亩数加上春天播种的总亩数。值得庆幸的是，在木牍同一面上恰好就有东海郡春天播种的总亩数，亦即"春种树六十五万六千七百九十四亩"（一反）。这样一来，把"春种树"的总亩数和"种宿麦"的总亩数相加，便可以验证东海郡的总"垦田"数。[③] 然后将二者取整数相加：107300顷＋6570顷，其结果正如我们所料，是113870顷。这与前揭"垦田"110308顷的总数基本相同，而与杨际平先生据以计算的21万多顷少了10万顷左右。若按照杨际平先生的同样方法计算，平均每亩要交租5升左右，产量则在1.5石上下。实际产量可能在2石左右。[④]

还要注意的是，汉代东海郡的垦田比例非常之高。即使按照较少的110308顷算，实际也占到提封田总数的21.5%，而大大高于全国垦田不到5%的平均数。这说明东海郡的土地资源被广泛开发，是农业经济发达的一个重要标志，对当地亩产量的估计不宜过低。

第三节　名田宅问题

从土地制度来说，张家山汉简最重要的内容，就是《户律》对不同人

---

① 《汉书》卷28下《地理志下》，第1640页。

② 彭卫：《关于小麦在汉代推广的再探讨》，《中国经济史研究》2010年第4期。

③ 按：王子今、赵昆生先生曾提出，"春种树"和"种宿麦"的田亩之和，可能是东海郡的总垦田数。参见王子今、赵昆生《尹湾〈集簿〉"春种树"解》，《历史研究》2001年第1期。

④ 张梦晗：《从新出简牍看西汉后期南京的农业经济》，《中国农史》2020年第6期。

群能占有国家多少田宅面积的规定。其具体内容如下:

> 关内侯九十五顷,大庶长九十顷,驷车庶长八十八顷,大
> 上造八十六顷,少上造八十四顷,右更八十二顷,中更八十顷,左更七
> 十八顷,右庶长七十六顷,左庶长七十四顷,五大夫廿五顷,公乘廿
> 顷,公大夫九顷,官大夫七顷,大夫五顷,不更四顷,簪袅三顷,上造
> 二顷,公士一顷半顷,公卒、士五(伍)、庶人各一顷,司寇、隐官各
> 五十亩。不幸死者,令其后先择田,乃行其余。它子男欲为户,以为其
> □田予之。其已前为户而毋田宅,田宅不盈,得以盈。宅不比,不得。
> (310–313)
>
> 宅之大方卅步。彻侯受百五宅,关内侯九十五宅,大庶长九十宅,
> 驷车庶长八十八宅,大上造八十六宅,少上造八十四宅,右更八十二
> 宅,中更八十宅,左更七十八宅,右庶长七十六宅,左庶长七十四宅,
> 五大夫廿五宅,公乘廿宅,公大夫九宅,官大夫七宅,大夫五宅,不更
> 四宅,簪袅三宅,上造二宅,公士一宅半宅,公卒、士五(伍)、庶人
> 一宅,司寇、隐官半宅。欲为户者,许之。(314–316)[1]

毋庸讳言,《户律》的这些规定让很多人感到惊讶,但事实胜于雄辩,不管承认也好,不承认也好,它们都是客观存在的。问题乃在于如何解读。

令人欣喜的是,通过许多学者的探讨,学界在一些问题上已取得了共识,比如"为户"即立户是占有田宅的前提,律令对高爵者的优待,有爵者和无爵者的差别,对田宅有"条件"的继承与买卖等。这为本节研究提供了一个非常好的基础,以下仅就存在较大分歧的问题谈谈粗浅看法。

一 名称问题

在这一问题上,目前大致有两种看法。一是把这种田宅占有制度称为"名田宅制",主要有朱绍侯、杨振红、于振波、贾丽英、王彦辉等先生。

---

[1] 张家山二四七号汉墓竹简整理小组编《张家山汉墓竹简[二四七号墓]》(释文修订本),第52页。

例如：

> 以爵位名田宅制……在商鞅变法时确立，并作为基本的土地制度为
> 其后的秦帝国和西汉王朝所继承。它的基本内容是：以爵位划分占有田
> 宅的标准，以户为单位名有田宅，田宅可以有条件地继承、转让和
> 买卖。①

二是把这种田宅占有制度称为"授田制"，主要有高敏、朱红林、张金光、
臧知非等先生。例如：

> "名田宅"与"行田"、"受田"等概念相比，其性质、意义、范围和
> 内容具有不确定性，不能任意扩充其内涵和扩大其外延。单以字面而论，
> "名田宅"是个中性概念，其字面本身并不能明示出一定土地制度性质。②

> 笔者以为商鞅变法到西汉前期的土地制度称之为授田制比较科
> 学，……因为只有授田制才能全面反映当时土地所有权的历史属性，也
> 更能说明授田制的逻辑必然性。③

除了这两种影响较大的看法，还有学者认为，"汉初土地制度是限田制"④，
"是一种基于户籍登记的农业劳动力编制和田税计量制度"⑤，等等。

　　总的来看，称之名田宅制，或称之授田制，都有一定的道理，在律令上
也都有依据。之所以其认识不同，是因为《户律》把二者合为一体的规定，

---

　　① 杨振红：《秦汉"名田宅制"说——从张家山汉简看战国秦汉的土地制度》，《中国史研究》
2003 年第 3 期。

　　② 张金光：《普遍授田制的终结与私有地权的形成——张家山汉简与秦简比较研究之一》，《历史
研究》2007 年第 5 期。

　　③ 臧知非：《西汉授田制废止问题辨正——兼谈张家山汉简〈二年律令〉授田制的历史实践问
题》，《人文杂志》2015 年第 1 期。

　　④ 李恒全：《汉初限田制和田税征收方式——对张家山汉简再研究》，《中国经济史研究》2007 年
第 1 期；《汉代限田制说》，《史学月刊》2007 年第 9 期。

　　⑤ 张功：《西汉"授田制"辨析》，《天水行政学院学报》2010 年第 5 期。

有的学者摘取了名田宅的字眼，如"诸不为户，有田宅附令人名，及为人名田宅者，皆令以卒戍边二岁，没入田宅县官"（323）；有的学者则摘取授田的字眼，如前揭"当受田者欲受，许之"和"受田宅，予人若卖宅，不得更受"（321），① 当然也都有从战国到汉初土地制度的长期演变背景。其实，在《二年律令》的语境下，名田或名田宅，和授田、受田并没有本质区别，名田就是授田，授田也就是名田。但从道理上讲，名田与授田还有着很大不同。名田宅是赐田，是一种按爵位等级赐予功臣的田宅；② 而授田则是"制土处民"，亦即让农民垦荒耕种，向国家纳税、服役的土地。前者有军功等级条件，即"法以有功劳行田宅"③，赐予的田宅带有酬劳性质；后者除了有立户的要求，通常便没有其他条件的限制，它既是一种赖以谋生的方式，更是一种不可推卸的义务，带有强制性质。问题在于，到了汉初，许多人的爵位并非都是通过军功获得，这就使得赐田制度和授田制度逐渐混同起来。但尽管如此，赐田与授田也仍有明显区别，其高爵最初都通过军功获得，授予田宅的面积要远远高于无爵者，并享受免税或减税待遇。以面积为例，左庶长为第十级，仅位列高爵之末，他们的授田便高达74顷，是公卒、士伍、庶人的74倍。即使是第八级的公乘，也比仅有一顷授田的公卒、士伍、庶人多了十九顷。再以免税为例，《户律》也明确规定："卿以上所自田户田，不租，不出顷刍稾。"（317）④ 可见赐田和授田还有着区别。从这个方面来说，把汉初这套田宅占有制度称为名田宅制，或者授田制，实际上都不准确。倒是前揭"农业劳动力编制"，或许更接近于事实，只是作为名称还不太合适而已。为行文方便，本文暂且称之名田宅制，或简称名田制。

---

① 张家山二四七号汉墓竹简整理小组编《张家山汉墓竹简［二四七号墓］》（释文修订本），第53页。

② 按：高敏先生认为，因为"田宅获得者包括无爵的公卒、士伍和庶人，甚至还有司寇、隐官等较轻的社会罪犯，故不可能是'赐田宅'"。"单从'彻侯受百五宅'来说，也同样说明彻侯的住宅是授而非'赐'。"（高敏：《从张家山汉简〈二年律令〉看西汉前期的土地制度——读〈张家山汉墓竹简〉札记之三》，《中国经济史研究》2003年第3期）但高先生并未说明彻侯依据什么授田，而且都是授田，有爵者，特别是高爵者的授田数量为何如此之高。可见其性质还是赐田，而并非授田。

③ 《汉书》卷1下《高帝纪下》，第54页。

④ 张家山二四七号汉墓竹简整理小组编《张家山汉墓竹简［二四七号墓］》（释文修订本），第52页。

至于限田制，似乎也有一些道理，但总体来说，与汉初土地状况并不相符，具体将在下文中讨论。

二　具文问题

在相关讨论的过程中，学界还对名田宅制的实施展开了争鸣。由于高爵名田宅的面积过于庞大，因而有学者提出，这些规定的实施是有困难的，甚或被看作"一简空文"。例如：

> 战争结束后，刘邦招抚流亡，"复故爵田宅"；安置军队复员，"以有功劳行田宅"，秦的二十等爵制和田宅制度又在全国范围内得到恢复。在这一过程中，出现了"今小吏未尝从军者多满，而有功者顾不得"的现象，这除了说明官比爵更有优越性而外，同时也说明完全根据法定标准授田在实际上是有困难的。[1]

> 汉初刘邦已不谈普遍授田，至吕后时竟有如此可观授田之额以满足民之所需，实大可疑。从总的方面来看，基本上可以说是一简空文，尤其是对庶人的授田，可以称之为待授制。对比秦制而言，其现实意义必当大打折扣。[2]

其实不然。

《二年律令》的"授田之额"虽大，但是汉初的土地资源却非常丰富，"完全根据法定标准授田"也并不困难。在这一问题上，臧知非先生就曾批评：

> 论者以为是土地不足使授田遇到困难。这显然不能成立。刘邦指出是"守尉长吏教训甚不善"所致。为什么存在着"教训"问题？笔者以为是新贵与旧吏之间的矛盾。

---

① 于振波：《张家山汉简中的名田制及其在汉代的实施情况》，《中国史研究》2004 年第 1 期。

② 张金光：《普遍授田制的终结与私有地权的形成——张家山汉简与秦简比较研究之一》，《历史研究》2007 年第 5 期。

并从宏观角度反驳说:"秦朝末年先是陈胜吴广起义,继之以六国之后的复国运动,后是楚汉之争,男女老幼,殒命沙场、转死沟壑者,不计其数,至刘邦称帝,人口锐减,更不存在人地矛盾问题。"① 但就中观和微观而言,还缺乏更有力的证据。

我们认为,把汉初名田宅制视为具文或一简空文的说法,实际也是混淆了毛算亩数和实际耕地或种植亩数。如前所述,秦汉的土地资源分为群不可垦田、可垦不垦田和垦田三种类型。其中群不可垦田和可垦不垦田都是毛算亩制,只有垦田才是实际垦田亩制。明白了这一点,我们也就不难理解汉初名田宅制的实施了。以宅基地为例,《户律》的住宅标准是高得有点离奇,以致有学者发出当时的"住宅面积都大得有些不可思议"的感慨。② 但根据前揭"邑居道路,山川林泽,群不可垦",这些很大的宅基地都要算到群不可垦田之中。别说是汉初,就是人口已大量增长的西汉末年,群不可垦田的数量也都占到全国土地资源的 70% 以上,如"提封田一万万四千五百一十三万六千四百五顷,其一万万二百五十二万八千八百八十九顷,邑居道路,山川林泽,群不可垦"③。也就是说,汉代民众的宅基地都并未占用草田和耕地,《户律》的标准虽看似很高,实际完全有条件实行。而论者却把它都视为耕地,并据以讨论实施问题,这就不能不出现严重的偏差了。

值得注意的是,宅基地还包括了论者所说的园圃和庭院。这对于无爵者的授田户来说,有着非常重要的意义。他们因此可以在庭院内外种植一些蔬菜或果树,也可以植桑种麻,还可以饲养家禽和家畜等。所谓"五亩之宅,树之以桑,五十者可以衣帛矣;鸡豚狗彘之畜,无失其时,七十者可以食肉矣"④。在一定程度上便弥补了粮食生产的不足,也体现了男耕女织的家庭分工。更重要的是,无论有多大面积,所有宅基地的授予,通常都是毛算的

---

① 臧知非:《西汉授田制废止问题辨正——兼谈张家山汉简〈二年律令〉授田制的历史实践问题》,《人文杂志》2015 年第 1 期。

② 杨振红:《秦汉"名田宅制"说——从张家山汉简看战国秦汉的土地制度》,《中国史研究》2003 年第 3 期。按:此处下文还分析说:"合理的解释是它应该是包括园圃、庭院的。"

③ 《汉书》卷 28 下《地理志下》,第 1640 页。

④ 《孟子注疏》卷 1 上《梁惠王章句上》,[清] 阮元校刻《十三经注疏》(附校勘记),中华书局 1980 年版,下册,第 2666 页。按:"宅之大方卅步",即 30 × 30 = 900(平方步),按"百步为亩"的小亩算,面积为 9 亩,比孟子所说的"五亩之宅"多了 4 亩,合今约 1729 平方米。

土地面积，而并非一座或一大片建有不同套型房屋的住宅。这意味着大多数房屋都应当由人们自费建造。具体来说，除了已有住宅需重新登记外，所有的新建房屋都必须首先向官府申请，包括新建住宅的地点和标准，在得到批准并登记在"民宅园户籍"（331）①后，才能够开始建造。而且和今天一样，当时每一栋住宅的建造，都要花费不少人工和钱财。仅就建材而言，在《算数书》里便有三人合买木材的算题——"三人共材以贾，一人出五钱，一人出三【钱】，一人出二钱。"（32）还有计算"桼（漆）钱"的算题——"桼（漆）斗卅五钱。今有卌分斗五。问得几何钱。曰：得四钱八分钱三。"（60）②其他花费亦可想而知。它们都将被算入建筑成本，而且是来自可以被计量的劳动和私有财产。所以住宅一般都允许买卖。即使土地不允许买卖或转让，在更早的秦和战国时期，也都有"卖宅圃"③"有与悍者邻，欲卖宅而避之"④"识故为沛隶，同居。沛……为识买室"（115-116）⑤等记载。汉初允许大部分住宅买卖，如"欲益买宅，不比其宅者，勿许。为吏及宦皇帝，得买舍室"（320）⑥，原因也正在于此。它不仅昭示我们在授予住宅之中之所以有私有权的由来，就像耕种授田收获的庄稼要归耕种者所有那样，而且多少展现了住宅标准和实际居住房屋的反差，对正确看待汉初宅基地的面积之大也不无裨益。当然，对农民来说，最有意义也最实惠的，还是宅基地的免税。因为不算耕地，是国家规定的群不可垦田，故无论在庭院内外种植什么蔬菜，什么经济作物，甚或五谷，官府都不会收税。对军功地主来说，更多、更大的宅基地，则意味着宽敞精致的豪宅，占有更

---

①　张家山二四七号汉墓竹简整理小组编《张家山汉墓竹简［二四七号墓］》（释文修订本），第54页。

②　张家山二四七号汉墓竹简整理小组编《张家山汉墓竹简［二四七号墓］》（释文修订本），第136、139—140页。按：算题是根据实际生活拟制，其中钱的数额虽少，但也说明有购买木材、油漆的现象。又，吴朝阳先生认为，"材"当假借为"财"。详见吴朝阳《张家山汉简〈算数书〉校证及相关研究》，第36页。

③　［清］王先慎撰，钟哲点校《韩非子集解》卷11《外储说左上》，中华书局1998年版，第280页。

④　［清］王先慎撰，钟哲点校《韩非子集解》卷8《说林下》，第190页。

⑤　朱汉民、陈松长主编《岳麓书院藏秦简［叁］》，上海辞书出版社2013年版，第155页。

⑥　张家山二四七号汉墓竹简整理小组编《张家山汉墓竹简［二四七号墓］》（释文修订本），第53页。

多的资源。因此，在国家拥有巨量土地资源的情况下，为了稳定社会，恢复和发展农业，把大多数人的宅基地都设计得更大一些，也就非常容易理解了。

再看名田方面。《户律》的规定虽然令人惊讶，但也完全符合汉初的实际。关键在于，这些数量很大的土地多属于可垦不垦田的范畴。它们基本都是尚待开垦的草田，在名田或授田前都不能算作耕地；在名田或授田后，也必须按实际开垦和耕种的面积来计算耕地或垦田。如前引《都乡七年垦田租簿》："垦田六十顷二亩，租七百九十六石五斗七升半。"对比西汉末年名田面积的大幅下降——"名田皆毋过三十顷"①，我们便不难明白这一点。一个多为草田，一个皆为耕地。从秦及汉初每户农民平均耕种35亩左右的垦田看，如"陈丞相平者，阳武户牖乡人也。少时家贫，好读书，有田三十亩，独与兄伯居"②。以及银雀山汉简："一人而田十九亩者霸，一人而田十四亩者存。"汉初的名田应是一种"农业劳动力编制"的方法。它的奥妙在于，通过名田使各个人群都有一个很高的土地资源配额，以鼓励他们尽最大可能垦荒。至于究竟能垦荒多大面积，能耕种多少垦田，那就要看各家各户的能力了。能力强的可以垦荒多点、耕种多点，能力弱的则可以垦荒少点、耕种少点。从这个方面来说，汉初的名田实际是一种虚实结合的土地制度。不管是哪个人群，也不管采取哪种耕作方式，在秦汉时期，每户两个劳动力都不可能一年耕种一百亩（大亩）垦田，这是名田制虚的一面。但就算耕种不了百亩，只要尽力而为，农民的垦荒和耕种面积都还会扩大，从30亩到35亩左右或许增加到40亩左右。如果能达到"一人而田十九亩"的水平，那么再加上休耕，每户的耕田便有可能接近或达到百亩。这又是名田制实的一面。除了名田面积的虚和已有耕地的实，名田制还体现了对有爵者的实和无爵者的虚。有爵者，特别是高爵者，虽然也要受到劳动生产力的制约，一个劳动力只能耕种15亩到20亩的垦田，但他们可以通过增加劳动力来扩大垦田率，也可以通过土地买卖甚至贱买民田增加其耕地。制定《二年律令》的萧何，就是一个活生生的例子。他"贱强买民田宅数千万"，"置田宅必居穷处"，③所占有的耕地肯定要大量出租，并雇用农民或役使奴

①　《汉书》卷24上《食货志上》，第1143页。
②　《史记》卷56《陈丞相世家》，第2051页。
③　《史记》卷53《萧相国世家》，第2018、2019页。

隶来耕种。在这种情况下，即使其名田标准更高、更多一些，他们也大多能够达到或超过规定的面积。而无爵的公卒、士伍和庶人则相反，他们两手空空，通常靠两个劳动力垦田，能保住自己的耕地就算万幸，遑论那些轻罪的司寇和隐官了。当然，由于贫富分化，在现实生活当中也不排除有部分低爵者破产，而少数农民能成为富人的现象。

行文至此，也就不难看出：汉初的土地资源非常丰富，《二年律令》也没有限制人们对土地的占有，反而提高名田面积来鼓励有爵者垦荒，限田制的说法缺乏依据。且不说萧何买田之事，就是前引《户律》也没有限制那些被赠送田宅和买田宅者，更没有超额退回授田或"不得更受"的规定。如果真有限额的话，那也是国家土地资源的使用限额，是按身份等级享受的不同待遇。正如贾丽英先生所说："名田宅制中的上限，是指国家授予田宅的限额，而非吏民可以拥有田宅总数的限额，自行购置或继承、获赠的田宅当不在限额之内。"① 尽管她的说法还可以进一步完善。

诚然，除了毛算亩制，在《二年律令》中也确有一些实际核算亩制。这是揭开名田宅制谜底的另一个关键，也是一个把毛算亩制和实际核算亩制混为一谈的诱因。具体来说，主要有三个方面。

第一，在名田宅制前，许多民户的田宅都是实有耕地和住宅。如《户律》规定：

> 民宅园户籍、年细籍、田比地籍、田命籍、田租籍，谨副上县廷，皆以筐若匣匮盛，缄闭，以令若丞、官啬夫印封，独别为府，封府户；节（即）有当治为者，令史、吏主者完封奏（凑）令若丞印，啬夫发，即襍治为；臧（藏）府已，辄复缄闭臧（藏），不从律者罚金各四两。其或为詐（诈）伪，有增减也，而弗能得，赎耐。官恒先计雠，□籍□不相（？）复者，毄（系）劾论之。（331－334）②

据此可知，汉初户籍实际包括了五种户籍，即民宅园户籍、年细籍、田比地

---

① 贾丽英：《汉代"名田宅制"与"田宅逾制"论说》，《史学月刊》2007年第1期。
② 张家山二四七号汉墓竹简整理小组编《张家山汉墓竹简［二四七号墓］》（释文修订本），第54页。

籍、田命籍和田租籍。其中民宅园户籍基本不变，而年细籍、田比地籍和田租籍等则每年都有一些变化。对这些已拥有田宅的民户来说，他们的问题就是先要在户籍上重新登记和确认（不算入名田宅面积之中），并根据自己的名田宅标准酌情增补一些草田和宅基地，然后每年的耕地和垦田变化则跟着户籍登记走。若所授田宅已达到名田宅规定的标准，则不得申请（可以买卖），除非他们采用了欺瞒方式。所谓"其或为诈伪，有增减也，而弗能得，赎耐"，就是要惩罚没能及时发现户籍造假的官吏。

第二，国家的确控制了一部分耕地和房屋，也的确在行田中授予了一些民户。这部分田宅主要是没收犯罪人的田宅，以及绝户被上交国家的田宅，还有一部分无主田宅。如前揭《户律》规定："诸不为户，有田宅附令人名，及为人名田宅者，皆令以卒戍边二岁，没入田宅县官。""田宅当入县官而诈（诈）伪代其户者，令赎城旦，没入田宅。"（319）[1] 官府对这些田宅的授予也有明确的行田程序：

> 未受田宅者，乡部以其为户先后次次编之，久为右。久等，以爵先后。有籍县官田宅，上其廷，令辄以次行之。（318）[2]

从"久等，以爵先后"看，这个行田程序是优先照顾高爵的，但在具体操作中却带来了许多问题。一个突出表现，就是高爵者未必都能得到满意的田宅，亦即刘邦所说"今小吏未尝从军者多满，而有功者顾不得"。其原文如下：

> 七大夫、公乘以上，皆高爵也。诸侯子及从军归者，甚多高爵，吾数诏吏先与田宅，及所当求于吏者，亟与。爵或人君，上所尊礼，久立吏前，曾不为决，甚亡谓也。异日秦民爵公大夫以上，令丞与亢礼。今吾于爵非轻也，吏独安取此！且法以有功劳行田宅，今小吏未尝从军者

---

① 张家山二四七号汉墓竹简整理小组编《张家山汉墓竹简［二四七号墓］》（释文修订本），第53页。

② 张家山二四七号汉墓竹简整理小组编《张家山汉墓竹简［二四七号墓］》（释文修订本），第52页。

多满，而有功者顾不得，背公立私，守尉长吏教训甚不善。其令诸吏善遇高爵，称吾意。且廉问，有不如吾诏者，以重论之。[1]

从道理上讲，汉初的土地资源丰富，不可能出现"有功者顾不得"的现象。那么问题出在哪里呢？原来此田并非彼田。"高爵"们是希望官府"先与"他们实实在在的田宅，而不是那些草田和一块空有面积的宅基地。但多余的耕地和房屋却是当时的稀缺资源，还不可能完全满足他们。一方面，国家的实有田宅有限，能够控制的只有没收犯罪人的田宅、绝户田宅和无主田宅。与全部耕地和房屋相比，这部分的田宅数量实际非常之少。无主的田宅多见于高祖时期，随着战乱的结束，它们的数量将开始大幅下降。完全绝户的当然也有，但绝大多数都是个案，基本上可以忽略不计。没收犯罪人的田宅也相对较少。除了"诈代其户"的一条律文外，在《二年律令》中便仅有《户律》和《收律》的几条律文，而且有着对部分人的田宅不得没收的规定。例如：

> 诸不为户，有田宅附令人名，及为人名田宅者，皆令以卒戍边二岁，没入田宅县官。为人名田宅，能先告，除其罪，有（又）畀之所名田宅，它如律令。（323-324）
> 罪人完城旦舂、鬼薪以上，及坐奸府（腐）者，皆收其妻、子、财、田宅。其子有妻、夫，若为户、有爵，及年十七以上，若为人妻而弃、寡者，皆勿收。（174-175）[2]

尽管相关律令还肯定会有一些，如吕后诏书中的"三族罪、妖言令"等，但总体来说，此类田宅不多应为不争的事实。因此，在资源稀缺而高爵者很多的情况下，要想得到一些耕地和房屋，他们就只能无可奈何地排队等候，尽管也有"先与"和"久等，以爵先后"的规定。而等候太久，则不免抱怨、牢骚和愤懑，乃至把状子告到了高祖那里。另一方面，高爵者的要求也

① 《汉书》卷1下《高帝纪下》，第54—55页。
② 张家山二四七号汉墓竹简整理小组编《张家山汉墓竹简［二四七号墓］》（释文修订本），第53、32页。

涉及耕地和房屋的重新分配。平心而论，依照军功和高祖"先与田宅"的诏书，高爵者要求对他们先行田宅，不算过分。但要满足他们的要求，在官府控制田宅很少的情况下，便只能强迫其他民户让出一部分田宅。这势必带来异常激烈的利益之争。臧知非先生认为，这是"新贵与旧吏之间的矛盾"，还没有完全说到实处。不管是恢复其原有田宅也好，还是扩大田宅也好，抑或授予无主田宅也好，实际都关乎几方的切身利益，不可避免地遭到了强烈抵制，并成为当地官吏难以解决的棘手问题。以恢复原有田宅为例，这一要求看似合理，但原有田宅却往往有了主人。在战争情况下，由战乱造成的田宅废弃，或被迫转让，是不能依据新的律令就完全改变的。况且，这些新的主人也都曾照章纳税和服役，得到了官府的认可，或许还都有爵位，有的就是当地的"小吏"，甚至有些亲属也同样是从军者，又怎么能无条件地让出田宅呢？再如扩大田宅，也必须符合其田宅周边没有别人田宅的条件，否则必然引起争执。从高祖所说的"高爵"看，即使最低的公大夫，他的名田配额也有九顷之多，一般都很难做到不与其他田宅相邻。如果相邻的也是高爵者，问题就更加难办了。至于无主田宅，当然有一些能够授予，但问题是，高爵者的名田标准很高，不可能都完全授予他们。更纠结的是，根据高祖诏令——"民前或相聚保山泽，不书名数，今天下已定，令各归其县，复故爵田宅。"[1] 有一部分田宅还要归还原主。设身处地说，在种种难题面前，当地官吏也确实没有一个让各方都能满意的办法。所以才出现了"久立吏前，曾不为决""今小吏未尝从军者多满，而有功者顾不得"的现象。此后，在高祖诏书的严词督促和训斥下，这些问题看似都顺利解决，但历史的真相却恐怕还是相互妥协，没有完全无条件地授予高爵者田宅。

　　问题是，无主的田宅为什么也会受到青睐？原因也好理解。同正在耕种和居住的田宅相比，撂荒的耕地和废弃的房屋肯定条件较差，但与尚待垦荒的草田和空有面积的宅基地相比，无主的田宅便显示出很多优势。它的耕地开垦较早，通常都靠近道路，靠近水源，土质相对较好，撂荒的土地也比较容易复垦；破旧的房屋虽然需要重建，但拆除后的木材仍能使用，特别是庭

---

① 《汉书》卷 1 下《高帝纪下》，第 54 页。

院和园圃，往往还可以利用。这些都是草田和空有面积的宅基地难以比拟的。仅就土质、道路和水源而言，文帝时晁错便明确指出："相其阴阳之和，尝其水泉之味，审其土地之宜，观其草木之饶，然后营邑立城，制里割宅，通田作之道，正阡陌之界。"① 因此，在实有田宅未能如意的情况下，无主的田宅就是退而求其次的选择了。这也从反面说明，草田的开垦和房屋的建造非常辛苦，要花费很多人力、物力和财力。

第三，田宅的继承、买卖和赠送绝大多数都是实有耕地和房屋。尽管当时每户都有面积不等的田宅配额，但这些配额并不等于都授予耕地和房屋。除了特殊情况外，如耕地连片、沟通水渠，几乎所有的田宅继承、买卖与赠送，都是针对耕地和实有房屋而言的。以继承为例，《二年律令》的许多规定便足以证明。诸如：

> 不幸死者，令其后先择田，乃行其余。它子男欲为户，以为其【户】田予之。其已前为户而毋田宅，田宅不盈，得以盈。宅不比，不得。（312 - 313）
>
> 民欲先令相分田宅、奴婢、财物，乡部啬夫身听其令，皆参辨券书之，辄上如户籍。有争者，以券书从事；毋券书，勿听。所分田宅，不为户，得有之，至八月书户，留难先令，弗为券书，罚金一两。（334 - 336）
>
> 诸（？）后欲分父母、子、同产、主母、叚（假）母，及主母、叚（假）母欲分孽子、叚（假）子田以为户者，皆许之。（340）
>
> 死毋后而有奴婢者，免奴婢以为庶人，以 庶 人律【予】之 其 主田宅及余财。（383）
>
> 女子为户毋后而出嫁者，令夫以妻田宅盈其田宅。宅不比，弗得。（384）②

---

① 《汉书》卷49《晁错传》，第2288页。
② 张家山二四七号汉墓竹简整理小组编《张家山汉墓竹简［二四七号墓］》（释文修订本），第52、54、55、61页。按：文中带【 】之字，原为残缺，是笔者根据文意所补。

先看上引第一条律文。此律规定"它子"在继承房产时"宅不比，不得"，便说明"宅"是指的实有住宅，而不是仅有面积的宅基地。否则的话，只要居住在父亲的"宅"区里，如"关内侯九十五宅"（约 0.164 平方公里），他们也就是同宅。即使这些儿子是在父亲的"宅"区外立户，如"不更四宅"（约 6900 平方米），只要他们的"宅"区能挨着父亲的"宅"区，也就都可以说是比宅。然而法律的制定却不可能有这样明显的漏洞。可见"宅不比"之"宅"指的就是实有住宅，亦即房屋，从而证明此律所言之"宅"也都是实有住宅。正如《户律》所规定那样："欲益买宅，不比其宅者，勿许。为吏及宦皇帝，得买舍室。"（320）① 买的实际都是"舍室"。同理，上引第五条律文中的"宅"，或"宅不比，弗得"，也都应当作如是解。而既然"宅"是指的实有房屋，那么诸如"择田"、"田宅"、"分田""子田"、"主田"和"妻田"之"田"，也就应当且只能作耕地解。在《户律》中便有这样一条规定：

> 孙为户，与大父母居，养之不善，令孙且外居，令大父母居其室，食其田，使其奴婢，勿贸卖。（337－338）②

大意是说，作为户主的孙子同祖父母一起生活，若虐待祖父母，即可强制孙子到外面居住，而让老人住在孙子的房屋里，同时以孙子的垦田作为生活来源，让孙子的奴婢服侍老人，并限定孙子不得使坏将垦田和奴婢卖掉。③ 尽管这是一条关于孝养老人的规定，但却无可争辩地说明，律文中的田宅都是耕地（垦田）和实有房屋。特别是"食其田"的规定，更证明了此田非垦田莫属。毫无疑问，尚未开垦的草田是不可能用来养老的。这就厘清了为什么会有"其已前为户而毋田宅，田宅不盈"。他们并非没有名田配额的"田

---

① 张家山二四七号汉墓竹简整理小组编《张家山汉墓竹简［二四七号墓］》（释文修订本），第53 页。

② 张家山二四七号汉墓竹简整理小组编《张家山汉墓竹简［二四七号墓］》（释文修订本），第55 页。

③ 按：杨振红先生认为，这是限制"出卖孙子的田宅和奴婢"（杨振红：《秦汉"名田宅制"说——从张家山汉简看战国秦汉的土地制度》，《中国史研究》2003 年第 3 期），恐怕不确。卖掉了还怎么生活？且不说坐吃山空，就是日常生活老人也需要有人照顾。

宅"，而是没有自己开垦的耕地，在宅基地里没有房屋，或者耕地和房屋的数量较少。除了以上所说，前揭"田比地籍"均指草田和耕地，"田租籍"均指垦田，也为此提供了依据。它们或记录每户的全部耕地及其变动情况，或记录每年垦田的总数及其亩数租率的总步数、产量租率的高低和田租数，而名田配额的顷数或面积却是固定不变的。

由此可见，名田宅制就是一种虚实结合的土地制度。它不仅构思巧妙，操作简单，有法律保障，也完全有条件实行。

三　性质问题

众所周知，在所有土地制度中，能否完全自主地处置土地是判断土地归谁所有的标准。就土地私有制的判断而言，能否完全继承和买卖，则是两个最主要的依据。《二年律令》有许多关于土地继承、买卖和赠送的规定，为判断汉初土地制度的私有性质提供了新的可信依据。但问题是，对如何理解和认识这些律文，学界还存在着很大争议。特别是对田宅能否完全继承的讨论，更成为一个判断土地所有权的关键。

从《二年律令》来看，汉初的爵位继承绝大多数都要降等继承，或者说减爵继承。如《置后律》规定：

> 疾死置后者，彻侯后子为彻侯，其无适（嫡）子，以孺子□□□子。关内侯后子为关内侯，卿 侯 〈后〉 子 为公乘，【五大夫】后子为公大夫，公乘后子为官大夫，公大夫后子为大夫，官大夫后子为不更，大夫后子为簪袅，不更后子为上造，簪袅后子为公士，其无适（嫡）子，以下妻子、偏妻子。(367－368)[1]

根据"卿后子为公乘"的规定，对卿级高爵继承的降等幅度很大，按爵位名田即意味着田宅继承将大幅降等，只能继承田宅的一小部分。若据此判断，即使还有一些田宅买卖或赠送的例子，也只能说是有条件地继承、转让

---

[1]　张家山二四七号汉墓竹简整理小组编《张家山汉墓竹简［二四七号墓］》（释文修订本），第59页。

和买卖。因为田宅的授予和收回都体现了土地归国家所有，所以名田宅制的性质还应当是土地国有，而并非土地私有。正如杨振红先生所说：

> 名田宅制……可以有条件地继承、转让和买卖。国家通过爵位减级继承制控制田宅长期积聚在少部分人手中，并使手中不断有收回的土地，它和罚没田宅以及户绝田宅一起构成国家授田宅的来源。[①]

但问题却仍然存在——爵位继承便等于田宅继承吗？[②] 细读律文，并结合汉初史实，我们认为还值得商榷。

首先，作为虚实结合的土地制度，汉初名田旨在鼓励垦荒，所规定的名田数量实际是一种土地资源配额，并不等于对有爵者授予了同样面积的耕地。无论是有爵者，还是无爵者，究竟能占有多少耕地，取决于多种因素。一是在名田中国家直接授予的耕地，但数量都不会太多，而且受益人多数应当是高爵者。二是自有耕地，是名田制推行前的已有耕地。这方面的耕地总量很多，否则也无以支撑国家的各种开支和民众的生活。三是继承、买卖、赠送得到的耕地，在名田制推行后，大致相当于自有耕地。四是开垦草田得到的耕地，也是名田制推行的初衷和最有意义的设计。它意味着国家放开资源，鼓励社会各阶层垦荒，以扩大全国的耕地面积。因此，对国家和民众来说，只要人们能把草田开垦出耕地，这些耕地便成为他们的自有耕地，允许继承、转让和买卖。它的基本精神，就是前揭刘邦实施的草田"皆令人得田之"。如果说有什么限制的话，那就是劳动生产率的限制。尽管这种限制对高爵者的作用不大，但就小农而言，却是妨碍他们扩大耕地的一个很大问题。从这个方面来看，国家把他们的授田配额定为一项，也确实考虑到了能够耕种土地的最大限度。宅基地也大致如此。可以毫不夸张说，汉初几乎所有田宅继承都并非同爵位继承挂钩，而是与家庭、与占有多少耕地和房屋有关。即使其爵位是降等继承，名田宅的面积大幅度下降，实际也并不影响他

---

① 杨振红：《秦汉"名田宅制"说——从张家山汉简看战国秦汉的土地制度》，《中国史研究》2003 年第 3 期。

② 臧知非：《张家山汉简所见西汉继承制度初论》，《文史哲》2003 年第 6 期；张朝阳：《论汉初名田宅制度的一个问题：按爵位继承旧户田宅？》，《中国农史》2013 年第 4 期。

们对已有耕地和房屋的继承。所以无怪乎我们在汉初文献和《二年律令》中找不到与爵位降等相关的田宅继承规定。萧何所说："后世贤，师吾俭；不贤，毋为势家所夺。"就是一个难以回避的反证。史载其"父子兄弟十余人，皆有食邑"[①]，他的田宅面积也远远超过了"限额"，但却从不考虑田宅的降等继承问题，反倒顾忌将来"为势家所夺"。更有意思的是，按《捕律》规定："捕从诸侯来为间者一人，捽（拜）爵一级，有（又）购二万钱。不当捽（拜）爵者，级赐万钱，有（又）行其购。"（150）[②]汉初低爵一级最多相当于三万钱。就算高爵的价格要比低爵翻番，平均一级相当五十万钱，萧何"数千万"钱的田宅也价值五十级左右的高爵。而大庶长和公乘虽只有八级之差，田宅却少了七十顷和七十宅。如果说田宅继承也等同爵位继承，那么如此巨大的经济利益都将化为乌有，谁还愿意继承爵位呢？可见田宅继承也确与爵位继承无关。

其次，种种证据表明，几乎所有的田宅继承、买卖与赠送，都跟现有的耕地和房屋有关。从中不难看出，国家是把这些耕地和房屋完全视为私有财产的。究其原因，这既有许多耕地和房屋原为私有财产的缘由，又有鼓励更多人垦荒，把名田配额更多地变成耕地，让他们都拥有耕地所有权的考虑，还有经济凋敝和当初战争形势的压力。也就是说，汉初的国家政策是：谁能把草田开垦为耕地，谁就拥有耕地的所有权。这当然不是统治阶级的慷慨和仁慈，而是对辛勤垦荒劳动的一部分补偿，以及筹措军费的需要，更是一种增加赋税、保障财政的"养鱼"措施，有着利益的巨大回报。所以国家才大力名田，并制定法律，严格保护这些耕地和房屋的私有权，对田宅的继承、买卖和赠送都作了详细规定。如前揭"欲益买宅，不比其宅者，勿许。为吏及宦皇帝，得买舍室"，以及"弃妻子不得与后妻子争后"（380），"代户、贸卖田宅，乡部、田啬夫、吏留弗为定籍，盈一日，罚金各二两"（322）等。[③] 更有甚者，为了尽可能避免绝户，而不是把田宅收回，律令还

---

① 《史记》卷53《萧相国世家》，第2019、2017页。
② 张家山二四七号汉墓竹简整理小组编《张家山汉墓竹简［二四七号墓］》（释文修订本），第29页。
③ 张家山二四七号汉墓竹简整理小组编《张家山汉墓竹简［二四七号墓］》（释文修订本），第60、53页。

想方设法让实有田宅都得到继承，或者分给亲属，乃至妻子、赘婿、奴婢都有权继承。可见其用心良苦，以及所有权的牢固和私有观念之深。例如：

> 死毋子男代户，令父若母，毋父母令寡，毋寡令女，毋女令孙，毋孙令耳孙，毋耳孙令大父母，毋大父母令同产子代户。同产子代户，比同居数。（380）
>
> 寡为户后，予田宅，比子为后者爵。其不当为户后，而欲为户以受杀田宅，许以庶人予田宅。毋子，其夫；夫毋子，其夫而代为户。夫同产及子有与同居数者，令毋贸卖田宅及入赘。其出为人妻若死，令以次代户。（387）①

这就更加说明，除了耕地和房屋外，绝大多数名田宅都并非继承、买卖和赠送的对象。尽管我们不能完全排除草田和宅基地的继承、买卖或赠送，如前引"受田宅，予人若卖宅，不得更受"，但总体来说，在生产力不高、国家又放开资源的情况下，民众还不可能把它们作为继承或买卖的对象。人们真正关心和纠结的，是究竟能分到多少私有的耕地和房屋，而并非与爵位挂钩的名田宅面积，当然也就和爵位的降等无关了。

总之，爵位降等继承不等于田宅降等继承，草田、宅基地面积也不等于耕地和房屋；《二年律令》对田宅继承、买卖、赠送的等等规定，绝大多数都是针对私人所有的耕地和房屋而言的，民户的所有耕地和房屋通常都允许继承，并不存在继承多少名田宅制的面积问题。名田制乃是一种虚实结合的土地制度，它把赐田和授田合为一体，在整合原有耕地的基础上鼓励社会各界垦荒，制定了从彻侯到平民阶层所占有的土地资源配额，并承认和保护其开垦草田所得到耕地的所有权，允许继承、转让、买卖和赠送。汉初的土地制度是土地私有，与汉文帝以后的土地私有并没有本质上的区别。它在调动民众积极性和推动经济发展的同时，也带来了贫富分化、土地兼并的严重后果。武帝时董仲舒便上书指出："至秦则不然，用商鞅之法，改帝王之制，

---

① 张家山二四七号汉墓竹简整理小组编《张家山汉墓竹简［二四七号墓］》（释文修订本），第60、61页。

除井田，民得卖买，富者田连仟伯，贫者亡立锥之地。……汉兴，循而未改。"[1] 尽管秦的土地私有还可以探讨。

诚然，对田宅的继承、买卖与赠送，《二年律令》也确有少数条件的限制。但既然爵位的降等继承不等于田宅的降等继承，名田宅的面积不等于耕地和房屋的面积，那么这些条件就完全是一些枝节问题，不影响对整个制度的判断。比如，前揭《户律》对"宅不比，不得"的规定，实际是从住宅和治安管理作出的考虑。汉初推行五家为邻制度，同里的人都必须住在同一个区域之中。《户律》便明文规定："自五大夫以下，比地为伍，以辨券为信，居处相察，出入相司。"（305）[2] 这显然不能看作对房屋继承和买卖的限制。更何况，对许多官吏的买房，连"宅不比"的限制都不再适用。再如，前揭《户律》对"受田宅，予人若卖宅，不得更受"的规定，这实际是说每户不得重复授予耕地和房屋，申请开垦草田和自建房屋则必定允许。就算说的是草田和宅基地，这也仍然证明主人对田宅的赠送和买卖是完全自主的。它非但证明不了汉初限制田宅的赠送和买卖，反而更加表明：田宅的授予等于国家的赠送，一经授予，它的国有性质便发生转变，成为被授予人的私有财产，可以赠送和买卖，无非国家只按户赠送一次而已。又如，前揭《户律》对"勿贸卖"的规定，也同样谈不上有什么限制。这是为了确保养老作出的特殊规定，以及防止寡妇立户的田宅被同居人侵占，反而更加说明户主皆有权卖掉田宅。还有被夸大的户绝归田和没收犯罪人田宅的问题。实际也不难看出，被没收的田宅总量不多，当时的国家政策恰恰是要尽可能地减少绝户。倒是无主田宅多少还可以行田，但时间不长，数量也比较有限，并不足以否定汉初民田占有的私有制性质。

第四节　几点结论与启迪

综上所述，可以得出如下几点结论与启迪。

其一，根据律令分析和文献记载，并参证《算数书》的成书年代，《二

---

[1]　《汉书》卷 24 上《食货志上》，第 1137 页。
[2]　张家山二四七号汉墓竹简整理小组编《张家山汉墓竹简［二四七号墓］》（释文修订本），第 51 页。

年律令》的颁行时间应在高祖二年，吕后二年说则不足为凭。从其中有失效和部分失效的律令看，《二年律令》也不能称之为律令汇编，而是在不同时间积累的律令抄本。这对于正确认识相关律令的时代、内容与效力，具有重要的参考价值。

其二，汉初继承秦代，推行 240 平方步的大亩，目的是鼓励垦荒，扩大耕地，并保证有足够的土地休耕。秦汉时期的亩制有两种计算亩制。一种是毛算即粗略计算的亩制，主要计算"不可垦田"和"草田"的面积；另一种则是实际核算亩制，主要核算耕地和实际耕种垦田的面积。这两种计算亩制都有着重要的实用价值，但在研究中却往往被混为一谈，并出现了一些不应有的错误。除了推行大亩，汉代民间仍有按传统习惯折算的小亩制度，这也是在研究中应注意的一个问题。

其三，名田宅制是汉初大力推行的土地制度，并不能说成具文或一简空文。汉初的土地资源非常丰富，根本不存在人地矛盾问题。之所以认为名田宅制没有实施的基础，是因为论者混淆了土地的毛算亩数和实际耕地与种植亩数。宅基地属于群不可垦田，不算草田和耕地，但对于无爵者的授田户来说，却有着男耕女织、弥补粮食生产不足的作用。宅基地的授予主要是指建造房屋的土地面积，并不是一座或一大片建有不同套型房屋的住宅。这意味着大多数房屋都应当由人们自费建造。汉初名田的面积固然很大，但绝大多数属于可垦不垦田的范畴，在名田或授田前都不能算作耕地；在名田或授田后，也必须按实际开垦和耕种的面积来计算耕地或垦田。当然，在授予的田宅中也确有一小部分实有耕地和房屋，主要是无主田宅和没收犯罪人的田宅，但数量不多，并由于利益问题而引起很大纠纷。

其四，名田宅的爵位降等继承不等于田宅降等继承，名田宅的面积也远远高于耕地和房屋的面积。汉初所规定的名田数量，实际是一种能占有多少国家土地资源的配额，亦即按身份等级所享受的不同待遇。无论是有爵者，还是无爵者，究竟能占有多少耕地，取决于多种因素。几乎所有的田宅继承、买卖和赠送，也都与现有的耕地和房屋有关。之所以能够继承和买卖，这既有许多耕地和房屋原为私有财产的缘故，又有鼓励更多人垦荒，把名田配额更多地变成耕地，让他们都拥有耕地所有权的考虑，还有经济凋敝和当初战争形势的压力。种种证据表明，名田宅的爵位继承跟实有耕地和房屋的继承无关。

其五，汉初的土地制度是一种虚实结合的土地制度。它把赐田和授田合为一体，在整合原有耕地的基础上鼓励社会各界垦荒，制定了从彻侯到平民阶层占有国家土地资源的配额，并承认和保护其开垦草田所得到耕地的所有权，完全允许继承、转让、买卖和赠送。汉初的民田制度应是土地私有，而不是土地国有。尽管在继承和买卖方面《二年律令》也确有少数条件的限制，但这些条件基本上都是枝节问题，并不影响对整个制度的判断。从实际情况来看，汉初的耕地和房屋继承没有限额，对田宅的赠送和买卖也完全是自主的，而且尽可能地减少绝户。无论是继承，还是买卖，《二年律令》的规定都是无可争辩的私有制。这也启发我们重新审视战国秦汉土地制度的嬗变，在肯定土地国有制曾大量存在的同时，客观、公正地看待战国土地私有制论的地位与价值。

其六，除了生存需要，名田宅制在筹集军费和扩大耕地、推动农业生产、恢复发展经济等方面发挥了巨大作用。史载高祖在二年十一月定都栎阳后，仅仅截止到二月，便连续发令"故秦苑囿园池，令民得田之"，"赦罪人"，"赐民爵。蜀汉民给军事劳苦，复勿租税二岁。关中卒从军者，复家一岁"，[①] 得到了巴蜀、汉中、关中百姓的拥戴。再以惠帝、吕后时期为例，史家亦高度赞叹说："孝惠、高后之时，海内得离战国之苦，君臣俱欲无为，故惠帝拱己，高后女主制政，不出房闼，而天下晏然，刑罚罕用，民务稼穑，衣食滋殖。"[②] 尽管其中还不免有溢美之词，但"民务稼穑，衣食滋殖"却应当是当时的真实情景。可见名田宅制的作用之大，也体现出汉初几代君臣的聪明才智和广大农民的辛勤劳作。无奈的是，土地私有制的发展，又必然造成贫富分化，带来土地兼并的沉疴和痼疾。这就为文帝以后名田宅制的瓦解埋下了伏笔。

① 《汉书》卷1上《高帝纪》，第33页。
② 《汉书》卷3《高后纪·赞》，第104页。

第　五　章
走马楼汉简中的田制等问题

长沙走马楼西汉简《都乡七年垦田租簿》（以下简称为《田租簿》）是在 2003 年考古发现的一件珍贵文献，对研究秦汉土地制度和赋税等制度有重要的史料价值。关于此简的年代，以及垦田、租税等问题，目前还研究较少。[①] 本章试作一些探讨。

第一节　年代问题

本节对《田租簿》的年代被确定在武帝早期提出异议。主要从田租率、历朔和过期档案的处理方式进行论证，认为《田租簿》的年代应在文帝元年（前 179 年）。

一　问题的提出

为了便于讨论，也便于行文，兹先将《田租簿》的简文转引如下：

[①]　主要研究有长沙简牍博物馆、长沙市文物考古研究所联合发掘组：《2003 年长沙走马楼西汉简牍重大考古发现》，载中国文物研究所编《出土文献研究》第 7 辑，上海古籍出版社 2005 年版，第 57—64 页；马代忠：《长沙走马楼西汉简〈都乡七年垦田租簿〉初步考察》，载中国文化遗产研究院编《出土文献研究》第 12 辑，中西书局 2013 年版，第 213—222 页；朱德贵：《长沙走马楼西汉简牍所见 "都乡七年垦田租簿" 及其相关问题分析》，《中国社会经济史研究》2015 年第 2 期；高智敏：《秦及西汉前期的垦田统计与田租征收——以垦田租簿为中心的考察》，载邬文玲主编《简帛研究》2017 春夏卷，广西师范大学出版社 2017 年版，第 44—60 页；李洪财：《走马楼西汉简的断代——兼谈草书的形成时间》，载邬文玲、戴卫红主编《简帛研究》2018 秋冬卷，广西师范大学出版社 2019 年版，第 238—251 页。

［上栏］

　　·都乡七年垦田租簿

　　垦田六十顷二亩，租七百九十六石五斗七升半，率【亩】斗三升，奇十六石三【斗】一【升】半。

　　凡垦田六十顷二亩，租七百九十六石五斗七升半。

　　出田十三顷四十五亩半，租百八十四石七斗，临湘蛮夷归义民田不出租。

　　出田二顷六十一亩半，租卅三石八斗六升，乐人婴给事柱下以命令田不出租。

［下栏］

　　凡出田十六顷七亩，租二百一十八石五斗六升。

　　定入田【卌】三顷九十五亩，租五百七十八石一【升】半。

　　提封四万一千九百七十六顷【一】十亩百七十二步。

　　其八百一十三顷卅九亩二百二步，可垦不垦。

　　四万一千一百二顷六十八亩二百一十步，群不可垦。①

　　从简文来看，其中最重要的历史地理概念是“七年”和“临湘”。临湘（今湖南长沙）乃西汉长沙国的国都，由此即可以判明，“七年”应是长沙国的纪年。查《史记·汉兴以来诸侯王年表》《汉书·异姓诸侯王表》《汉书·吴芮传》《汉书·景十三王传》等，在位七年以上的长沙王有吴臣、吴回、吴右（若）、吴著（差）、②刘发和刘庸等。根据其他走马楼汉简纪年关系，一般认为这个“七年”当为长沙王刘庸七年。③主要理由是，简文记录的历朔和简文的书风、书体与汉武帝早期相符。书风、书体的问题可

---

　　①　马代忠：《长沙走马楼西汉简〈都乡七年垦田租簿〉初步考察》，载中国文化遗产研究院编《出土文献研究》第12辑，第213—214页。按：简文中加“【　】”之字，乃根据朱德贵、高智敏先生和笔者研究而校改。

　　②　按：“差”，《汉书·吴芮传》记为吴差，《异姓诸侯王表》则记为吴产，当以“差”为是，形近而错讹为“产”。

　　③　长沙简牍博物馆、长沙市文物考古研究所联合发掘组：《2003年长沙走马楼西汉简牍重大考古发现》，载中国文物研究所编《出土文献研究》第7辑，第61页。

暂且不论。① 仅就历朔而言，能否把走马楼汉简的年代都定为武帝早期，恐怕便值得深究。发掘简报说：

> 自20世纪70年代以来，我国出土了大量战国至三国的简牍，其中不少简牍上记有历朔，如临沂银雀山汉简里就记有相当于汉武帝元光元年的历日。天文史学者如张培瑜、陈久金根据这些材料重新排定了秦至汉初的历朔，其研究成果已见著《中国先秦史历表》。现在这些历朔资料恰好可与汉武帝元朔四年、五年、六年，元狩元年、二年、三年相对。简文记录的四年、五年、六年的历朔，与汉武帝元朔四年、五年、六年的历朔相合。简文记录的七年、八年、九年的历朔亦与汉武帝元狩元年、二年、三年的历朔相合。由于这批简的内容都是当时实用的行政司法文书，简文所记都是当时发生的事件和发布的政令，因此可以准确地断定目前所见这批简的确切年代，"元朔"四年—六年即公元前125—前123年，"元狩"元年—三年即公元前122—前120年。也就是说，目前所见走马楼汉简的年代为公元前125至前120年的遗物。②

这看起来很有道理，其实却未必妥当。历朔固然重要，是最重要的年代依据，但同时也必须考虑其他因素。

二 《田租簿》的年代应在文帝元年

首先，从《田租簿》来看，依照简文推算的平均亩产量过高。此简明确提到"率亩斗三升"，如果它真是在刘庸七年的话，将出现很多违背常理的问题。根据《史记·汉兴以来诸侯王年表》等，可知刘庸七年即武帝元

---

① 王晓钟先生认为："入汉后隶书便大量出现。……从发掘材料中可知，西汉初期，隶书已成为通行书体，文字此时完成了由篆至隶的转变。"（王晓钟：《湖北出土简牍概述》，《中国书法》2009 年第 3 期）因此，若完全根据书风、书体来判断简牍的时代，其误差较大。

② 长沙简牍博物馆、长沙市文物考古研究所联合发掘组：《2003 年长沙走马楼西汉简牍重大考古发现》，载中国文物研究所编《出土文献研究》第 7 辑，第 60—61 页。按：李洪财先生也基本同意这一看法，认为走马楼西汉简的"上限可定在公元前128 年，下限可定在公元前120 年"（李洪财：《走马楼西汉简的断代——兼谈草书的形成时间》，载邬文玲、戴卫红主编《简帛研究》2018 秋冬卷，第 247 页）。

狩元年（前 122 年）。① 这个时候的田租征收已实行"三十税一"的定额租制度，如《汉书·食货志上》："孝景二年，令民半出田租，三十而税一也。"② 而"率亩斗三升"，即意味着其平均亩产在 4 石左右（1.33×30≈40），这显然高得有些离奇了。毕竟长沙国当时的经济并不发达，乃是一个往往被世人轻视的"卑湿贫国"③。文帝前期，晁错曾描述中原地区的小农状况说：

> 今农夫五口之家，其服作者不过二人，其能耕者不过百亩，百亩之收不过三百石。④

且不说今本《汉书》的同一记载更低——"百亩之收不过百石"，就是从"百亩之收不过三百石"（最高亩产 3 石）来看，实际也比其平均亩产 4 石低了很多。尽管笔者亦可谓秦汉高产论者之一，⑤ 但对临湘高达平均 4 石的亩产量仍感到费解。诚然，论者还引用了《淮南子·主术训》《史记·河渠书》等，以证明"南方水稻"平均亩产四石左右是符合实情的。例如：

> 《淮南子·主术训》说："一人蹠耒而耕，不过十亩。中田之获，卒岁之收，不过四十石。"战国前期一家两个劳动力能耕 100 亩，一个劳动力平均耕 50 亩，合今市亩 15 亩左右。其中可能包括部分田是用牛犁耕作的，用人力耕作，可能达不到 15 亩。所以这里说"不过十亩"。吴慧认为，这里所说的亩和石，指的是大亩和大石。⑥

---

① 《史记》卷 17《汉兴以来诸侯王表》，中华书局 1959 年版，第 861 页。

② 《汉书》卷 24 上《食货志上》，中华书局 1962 年版，第 1135 页。按：《汉书》卷 5《景帝纪》将此事记于景帝元年："五月，令民半租。"（第 140 页）而作为制度则应当是在景帝二年，详请参看本书第八章第一节。

③ 《史记》卷 59《五宗世家》，第 2100 页。

④ ［东汉］荀悦撰《前汉纪》"孝文皇帝纪上卷第七"，二年十一月癸卯，《四部丛刊》本。按："百亩之收不过三百石"，《汉书》卷 24 上《食货志上》作"百亩之收不过百石"（第 1132 页）。张烈先生点校《两汉纪》则据此把"三"字删除（张烈点校《两汉纪》上册《汉纪》，中华书局 2002 年版，第 96、108 页），实际却当以《前汉纪》为是。

⑤ 吴朝阳、晋文：《秦亩产新考——兼析传世文献中的相关亩产记载》，《中国经济史研究》2013 年第 4 期。

⑥ 马代忠：《长沙走马楼西汉简〈都乡七年垦田租簿〉初步考察》，中国文化遗产研究院编《出土文献研究》第 12 辑，第 218 页。按：朱德贵、高智敏先生也都认同这一看法。

但相关解读却令人难以苟同。《淮南子》原文是这样说的："夫民之为生也，一人蹠耒而耕，不过十亩，中田之获，卒岁之收，不过亩四石，妻子老弱仰而食之。"[①] 文中并没有提到具体的时间和地点，可见其战国前期、南方水稻皆存在误读。战国前期尚通行小亩，如"李悝为魏文侯作尽地力之教，以为地方百里，提封九万顷"[②]。秦国更是在战国中期商鞅变法后才推行大亩制的。如杜佑《通典》说："按周制，步百为亩，亩百给一夫。商鞅佐秦，以一夫力余，地利不尽，于是改制二百四十步为亩，百亩给一夫矣。"[③] 若《淮南子》的编写在淮南国完成，其内容就必定是说南方，那么淮南国也并非传统意义的南方，而是在长江以北、淮河以南的寿春（今安徽寿县）。更重要的是，汉代根本没有今天的市亩概念，所谓"用人力耕作，可能达不到 15 亩"，实际是用当时每亩 100 平方步的 50 小亩折换来的 15 市亩，而并非吴慧先生本意说的大亩。[④] 若按当时大亩每亩 240 平方步折算，50 小亩约等于 20.83 大亩，则应该是"用人力耕作，可能达不到 20 亩"。这与"不过十亩"的说法还有很大差距。即使"这里所说的亩和石，指的是大亩和大石"，这也仍然是一种脱离实际的看法。据里耶秦简 8 - 1519：

> 迁陵卅五年狼（垦）田舆五十二顷九十五亩，税田四顷【卌二】，户百五十二，租六百七十七石。衔（率）之，亩一石五；户婴四石四斗五升，奇不衔（率）六斗。[⑤]

在同样是南方地区的湖南龙山，当地农民新垦种的"舆田"虽平均每户不到 35 大亩（5295÷152≈34.84），按每户有两到三个劳动力计算，也明显超过了"十亩"。而且"卒岁之收，不过亩四石"，说的是每亩最高产量四石，也并不能理解为每亩平均产量四石。毫无疑问，少数垦田的亩产高，不代表

① 何宁撰《淮南子集释》卷 9《主术训》，中华书局 1998 年版，第 684 页。
② 《汉书》卷 24 上《食货志上》，第 1124 页。
③ ［唐］杜佑撰，王文锦、王永兴、刘俊文等点校《通典》卷 174《州郡四·古雍州下·风俗》，中华书局 1988 年版，第 4563 页。
④ 吴慧：《中国历代粮食亩产研究》，农业出版社 1985 年版，第 114—115 页。
⑤ 陈伟主编《里耶秦简牍校释》第 1 卷，武汉大学出版社 2012 年版，第 345 页。

平均产量高；少数垦田的亩产低，也不代表平均产量低；只有多数垦田亩产高或多数垦田亩产低，才表明其平均产量高或平均产量低。至于"卒岁之收，不过亩四石"、五千顷溉田"度可得谷二百万石以上"[①] 等记载，带有明显的政治倾向和夸张语气，那就更不能轻信了。[②] 其实，在战国秦汉乃至魏晋，限于度量衡技术和计算方式，要想准确核查一块农田的总产量将极为繁琐，也非常耗时。大多数文献对亩产量的记录，如《淮南子》"不过亩四石"，《汉书》"岁收亩一石半"[③]，都可以说是非常粗略的估计，带有一定的想当然成分。就是亲力亲为的耕种者，在上缴田租后，实际也大多算不清亩产到底多少，或高或低都很正常，遑论那些政论家和文人的议论。最新公布的《堂邑元寿二年要具簿》（以下简称《要具簿》）也证实了这一点，例如：

凡狠（垦）田万一千七百九十九顷卅七亩半。

其七千一百九十一顷六十亩，租六万一千九百五十三石八斗二升。菑害。

定当收田四千六百七顷七十亩，租三万六千七百廿三石七升。（M147：25－1）[④]

据此便可以算出，堂邑（今南京六合）因灾害而减免垦田的田租平均约为 8.61 升（6195382÷719160≈8.61），而定收垦田的田租平均约为 7.97 升（3672307÷460770≈7.97），合计田租平均每亩约为 8.36 升（9867689÷1179930≈8.36）。按三十税一算，每亩平均产量约为 2.5 石。汉代堂邑是长江下游江北的经济较发达地区，但直到西汉末年，其平均产量亦只有 2.5 石（最高亩产量完全可以达到 4 石以上），西汉前中期的临湘地区又怎么可能

① 《史记》卷 29《河渠书》，第 1410 页。

② 杨际平：《从东海郡〈集簿〉看汉代的亩制、亩产与汉魏田租额》，《中国经济史研究》1998 年第 2 期。

③ 《汉书》卷 24 上《食货志上》，第 1125 页。

④ 青岛市文物保护考古研究所、黄岛区博物馆：《山东青岛土山屯墓群四号封土与墓葬的发掘》，《考古学报》2019 年第 3 期。

平均每亩 4 石呢?

更重要的是,从每亩平均租量来看,秦朝末年的迁陵和"西汉中期"的临湘还非常接近。显而易见,按前揭舆田 5295 亩收租 677 石计算,迁陵的每亩平均租量约 1.28 斗。里耶秦简中的另一官方记录还要稍高一些,每亩田租为"一斗三升九百一十三分升二"。[1] 而上引临湘的平均租量则为"亩斗三升,奇十六石三斗一升半",二者可视为相同。这就完全颠覆了临湘的田租是"三十税一"的说法,因为迁陵的舆田租率均为十二税一。如舆田"五十二顷九十五亩","税田四顷卌二亩",[2] 按 442÷5295 算,税田约占舆田面积的 8.35%,其租率恰好就是十二税一。同样,按 677×12÷5295≈1.53 或 1.53×442≈676 计,也证明了迁陵的田租皆十二税一。迁陵的十二税一比临湘的"三十税一"高出很多,但两地的平均亩租量却相差无几,一个是 1.3 斗左右,一个是 1.3 斗强,足见"亩斗三升"根本不会是"三十税一"。诚然,临湘的自然条件总体来说比迁陵好,平均亩产量要高一些,但即便如此,其平均产量也不可能高达迁陵的两倍多。就西汉田租而言,除了"三十税一",早期还实行过"什一之税"和"十五税一"。考虑到迁陵的平均亩产(租)量约为 1.53 石,临湘的平均亩产(租)量要更高一些,我们便可以推论,它的田租实际应当是"十五税一",亦即 1.33×15=19.95,平均亩产(租)量在 2 石左右。而"十五税一"则表明,《田租簿》的年代当在汉高祖到文帝时期。如《汉书·惠帝纪》载:"十二年四月,高祖崩。五月丙寅,太子即皇帝位,……减田租,复十五税一。"注引邓展曰:"汉家初十五税一,俭于周十税一也。中间废,今复之也。"[3]

其次,《田租簿》的纪年推算还存在另一种可能。从现已公布的简文看,认为"七年"就是刘庸七年的依据,主要是以下历朔材料:

四年　二月乙未朔　五月甲子朔

五年　二月己丑朔　三月己未朔　四月戊子朔　六月丁亥朔　八月

---

① 湖南省文物考古研究所编著《里耶秦简〔壹〕·前言》,文物出版社 2012 年版,第 4 页。

② 陈伟主编《里耶秦简牍校释》第 1 卷,"前言",第 7 页。

③ 《汉书》卷 2《惠帝纪》,第 85、87 页。

　　　　　丁亥朔

　　　　　九月丙辰朔

　　六年　四月壬子朔

　　七年　三月丁丑朔

　　八年　四月辛丑朔

　　九年　十一月丁酉朔①

　　查验张培瑜先生《中国先秦史历表》，可知这些历朔的确如整理者所说："简文记录的四年、五年、六年的历朔，与汉武帝元朔四年、五年、六年的历朔相合，简文记录的七年、八年、九年的历朔亦与汉武帝元狩元年、二年、三年的历朔相合。"但所谓"相合"实际只是与整理者提供的上述历朔相合，却并非与简文记录的所有相关历朔相合。在整理者附录的简文中，便有着"五年七月癸卯朔"②的明确记载。根据《中国先秦史历表》和李忠林《秦至汉初（前246—前104）朔闰表》，③这个历朔和元朔五年（前124年）、元狩五年（前118年）的历朔并不相合，而且和吴臣五年（前197年）、吴回五年（前189年）、吴右五年（前181年？）、吴著五年（前173年）、刘发五年（前151年）和刘庸五年（前124年）的历朔均不相合。可见"七年"为刘庸七年的推断，乃至整批汉简的年代推断，实际还并不完全准确。另据胡平生先生研究，"五年七月癸卯朔"实际应为长沙王刘附眴五年七月癸卯朔，刘附眴五年即汉武帝太始元年（前96年）。④这个结论更值得注意，它至少说明走马楼西汉简的时间跨度很大，并非都是"公元前125至前120年的遗物"。参与简牍整理的李洪财先生也认为："走马楼西汉简纪年序列与《历表》也并不能完全对应，而且并不只是与武帝纪年可

　　①　长沙简牍博物馆、长沙市文物考古研究所联合发掘组：《2003年长沙走马楼西汉简牍重大考古发现》，载中国文物研究所编《出土文献研究》第7辑，第60页。

　　②　长沙简牍博物馆、长沙市文物考古研究所联合发掘组：《2003年长沙走马楼西汉简牍重大考古发现》，载中国文物研究所编《出土文献研究》第7辑，第61、63页。

　　③　李忠林：《秦至汉初（前246至前104）历法研究——以出土历简为中心》，《中国史研究》2012年第2期。

　　④　参见胡平生《走马楼汉简"牒书传舍屋墙垣坏败"考释》，载氏著《胡平生简牍文物论稿》，中西书局2012年版，第281页。

对应，有部分与景帝纪年也可对应。"① 特别是简 0176 "九年三月丁丑朔癸未"的记录，查验张培瑜先生《中国先秦史历表》和《三千五百年历日天象》，这个历朔既与元狩三年三月乙未朔不合，亦与刘附朐九年即武帝征和元年（前 92 年）三月壬子朔不和，被李洪财先生视为另一种历法。② 而且"六年六月"出现了"辛亥""癸亥"两个朔日，"九年四月"也出现了"乙丑""乙未"两个朔日，更表明有至少两个长沙王的六年与九年记录。在走马楼西汉简中还有提及文帝纪年的简文，即简 1646："曰廷尉□亡当□孝文皇帝后七年十一□。"③ 这种追记在时间上亦可以有多种解释，早则景帝时期，晚则武帝时期，或武帝以后时期。因此，在时间跨度很大和简牍书写多存在讹误的情况下，对简中"七年"的年代推断便有着其他可能。

按《史记·汉兴以来诸侯王年表》《汉书·异姓诸侯王表》，恭王吴右（若）七年均为吕后八年（前 180 年）。但前者记恭王在位九年，如孝文三年（前 177 年），长沙"靖王著元年"；④ 后者记恭王在位八年，孝文二年，长沙"靖王产嗣"。⑤ 这种现象主要是缘于史家对当年嗣立还是次年嗣立的混乱记载。若吴右在位的最后一年确实是《史记》记载的文帝二年，而吴右的在位时间又确实是《汉书》记载的八年，那么吴右七年便应当是文帝前元元年（前 179 年）。这意味着吕后至文帝时期亦大致与上述公布的历朔相合。兹将西汉前中期的相关历朔列表（表 5 - 1）如下：

---

① 李洪财：《走马楼西汉简的断代——兼谈草书的形成时间》，载邬文玲、戴卫红主编《简帛研究》2018 秋冬卷，第 246 页。

② 张培瑜：《中国先秦史历表》，齐鲁书社 1987 年版，第 230、238 页；张培瑜：《三千五百年历日天象》，大象出版社 1997 年版，第 66、75、80 页。按：根据张培瑜以上二书，"三月丁丑朔"只有文帝元年、景帝四年、武帝元狩元年（《中国先秦史历表》，第 230、233、238 页）、昭帝始元元年、宣帝五凤三年和成帝建始四年（《三千五百年历日天象》，第 81、86、91 页）。因"九年三月丁丑朔"与长沙国的任何一位王的纪年相悖，故推测此"九年"当为"七年"，乃抄手误书或简牍释读之误。

③ 李洪财：《走马楼西汉简的断代——兼谈草书的形成时间》，载邬文玲、戴卫红主编《简帛研究》2018 秋冬卷，第 245、247 页。

④ 《史记》卷 17《汉兴以来诸侯王年表》，第 829 页。

⑤ 《汉书》卷 13《异姓诸侯王表》，第 384 页。

表 5-1　西汉前中期相关历朔对照表

西汉前期	二	三	四	五	六	七	八	九	十一	西汉中期	二	三	四	五	六	七	八	九	十一	简牍纪年
吕后四年									戊申	元朔二年									戊申	二年
五年	辛未									三年	辛未									三年
六年	乙未				己巳	己亥				四年	乙未				己巳	己亥				四年
七年	己丑	己未	戊子							五年	己丑	己未	戊子		丁亥		丙辰			五年
八年			壬午	甲子	丁亥		丁亥			六年			壬午	甲子	丁亥		丁亥			六年
文帝元年		丁丑						丙辰		元狩元年		丁丑						丙辰		七年
二年			辛丑							二年			辛丑							八年
三年	丙申	乙未	乙丑						丁酉	三年	丙申	乙未	乙丑						丁酉	九年

说明：本表依据张培瑜《中国先秦史历表》（齐鲁书社 1987 年版）并参考李洪财《走马楼西汉简的断代——兼谈草书的形成时间》而制定。

不难看出，表中除了六年四月的"壬午"与"壬子"冲突外，三年至八年的所有历朔都完全相同。根据"二年十一月癸酉朔戊戌"（0379）[1]，可判断表中二年并不一定是指吕后四年或刘庸二年；而根据九年四月有两个不同朔日，亦可判断表中九年并不一定是指文帝三年或刘庸九年。这表明走马楼汉简所记此表三年至八年历朔还很可能是在吕后五年到文帝前元二年（前183—前178年）。究其原因，这固然是考虑当时的田租乃"十五税一"，且参照李洪财先生查验，景帝三年四月的朔日也同样是"壬子"，[2] 但更重要的还在于，"午""子"的字形相近，存在着抄手误书和整理者误释的可能。也就是说，前揭"六年四月壬子朔"，可能本来就是"六年四月壬午朔"。以发掘整理者公布的《田租簿》为例，其中便有多处把"斗"误书或误释为"升"，也有多处把"升"误书或误释为"斗"。[3] 所以把表中历朔对应到吕后五年至文帝二年，也大致可以成立，并进而证明《田租簿》的年代当在西汉前期。

再次，即使上述历朔与武帝前期相合，实际也不能证明走马楼汉简的年代都是在西汉中期。有一个现象值得特别注意，迄今发现的诸多简牍主要有三条途径：一是发现于古井，如里耶秦简、走马楼汉简、走马楼吴简等；二是发现于墓葬，如凤凰山简牍、睡虎地秦简、龙岗秦简、张家山汉简、尹湾汉简等；三是发现于遗址，如居延汉简、居延新简、悬泉汉简等。这就多少透漏出秦汉官方档案的过期处理方式。显而易见，随着各种档案越积越多，秦汉时期的各级政府都会对档案做定期处理。除了一些必须永久保存的档案外（原件也可以简化和整理），许多过期档案将不得不予以废弃。这就必定会有一些公认的简牍废弃方式，比如沉入井里，比如深埋土中，或者随着使用法律文书（抄本）的官吏死亡而随葬墓中，[4] 应该

---

① 李洪财：《走马楼西汉简的断代——兼谈草书的形成时间》，载邬文玲、戴卫红主编《简帛研究》2018秋冬卷，第240页。

② 李洪财：《走马楼西汉简的断代——兼谈草书的形成时间》，载邬文玲、戴卫红主编《简帛研究》2018秋冬卷，第243页。

③ 晋文：《里耶秦简"斗""升"讹误问题补说》，载武汉大学简帛研究中心主办《简帛》第20辑，上海古籍出版社2020年版，第75—81页。

④ 睡虎地秦简对法律抄本有明确规定："县各告都官在其县者，写其官之用律。"（睡虎地秦墓竹简整理小组《睡虎地秦墓竹简·秦律十八种·内史杂》，文物出版社1978年版，第104页）从这一规定来看，县的官署和官员也肯定都有自己的相关法律抄本。

都算是当时的通常做法。① 仅就其沉井而言，张忠炜先生就曾注意到这一问题，并对诸多简牍的档案性质总结说：

> 近二十年来，古井遗址出土简牍蔚为大观，且集中于湖南一地。以长沙走马楼三国吴简为始，相继有湘西里耶秦简、走马楼西汉武帝简、长沙五一广场东汉简、益阳兔子山简（年代跨越较久）等大宗发现，此外尚有长沙东牌楼东汉简、湘乡三眼井出【楚】简等小宗发现。发掘者或整理者据出土地点，断定这些简牍为官府档案。②

其中有些档案，如里耶秦简、长沙五一广场东汉简，显然存在着"年代跨越较久"问题，即不同时期的档案被不断叠压的现象。以里耶秦简为例，其时间跨度便至少是秦王政二十五年（前 222 年）到秦二世二年（前 208 年）。如里耶简 8－757、9－1869a：

> 今迁陵廿五年为县。③
> （二世）元年八月庚午朔庚寅，田官守矍敢言之……④

前揭胡平生和李洪财先生考证，走马楼西汉简中有景帝或武帝后期简，亦证明其时间跨度很大。因此，对走马楼汉简的年代判定还不能排除刘氏和吴氏两个长沙国的档案叠压情况。据长沙考古简报，发现走马楼汉简的 J8 有三层堆积，简牍主要出土于第二层，"大量的竹木屑、残席断篾与简牍纵横交

---

① 按：秦汉档案的废弃方式以及简牍的普遍随葬，也表明简牍应是一种被世人珍视的文化物品。尽管这些精心制作和书写的简牍已基本完成了使命，且无法完全存放或传承，但吏民对它们的处理却仍然抱着敬惜的态度（类似于后世的敬惜纸张）。像令人痛心的火烧方式，便肯定为世俗所不齿。由此也启迪我们：先秦法家宣称的"燔《诗》《书》而明法令"（［清］王先慎集解《韩非子集解》卷 4《和氏》，中华书局 1998 年版，第 97 页），实际是一种非常极端的"明法"和论争方式。因之也可以这样说，仅仅是烧了许多简牍，秦始皇的"焚书"便难逃恶名，更何况其文化专制的思想内容了。

② 里耶秦简博物馆、出土文献与中国古代文明研究协同创新中心中国人民大学中心编著《里耶秦简博物馆藏秦简》，中西书局 2016 年版，"前言"，第 15 页。

③ 陈伟主编《里耶秦简牍校释》第 1 卷，第 217 页。

④ 里耶秦简博物馆、出土文献与中国古代文明研究协同创新中心中国人民大学中心编著《里耶秦简博物馆藏秦简》，第 187 页。

错，叠压相累，绞缠在一起"①，也说明了这一点。

另据马代忠先生披露，走马楼汉简有一枚简的纪年是"帝十五年庚申
□"，明显不属于长沙国的纪年。整理者认为：

> 其中"帝十五年"，或许指汉武帝十五年，即元朔四年（前 125
> 年）。《汉书·高帝纪上》颜师古注："凡此诸月号，皆太初正历之后，
> 记事者追改之，非当时本称也。"颜师古所言与这枚简所记只有汉武帝
> 纪年而无年号的情况相符。②

非是。查陈垣《二十史朔闰表》和方诗铭《中国历史纪年表》，元朔四年实
际是丙辰年，而并非庚申年；汉武帝十五年也并非元朔四年，而是元朔三年
或二年。事实上，从后来公布的修订释文看，这枚简的正确纪年应当是
"帝十五年七月庚申"。李洪财先生便对此进一步分析说：

> 简号 0722 简记"帝十五年七月庚申 贡 ·凡五十□"。这里的
> "帝"指的应该是汉武帝，据《历表》汉武帝十五年为元朔三年（前
> 126），这年七月确有"庚申"日。此年为二代长沙王刘庸继位的第
> 二年。③

查验《中国先秦史历表》和《三千五百年历日天象》可知，在元朔二年七
月和三年七月均有"庚申"日，此简所记的确有可能是汉武帝纪年。但问
题是，以七月是否有"庚申"日作为判断依据还并不具有唯一性。从即位
开始算，文帝、宣帝、元帝的十五年七月均有"庚申"日；从改元开始算，
景帝的十五年七月亦有"庚申"日。更不用说，"十六年"和"十三年"

---

① 长沙简牍博物馆、长沙市文物考古研究所联合发掘组：《2003 年长沙走马楼西汉简牍重大考古
发现》，载中国文物研究所编《出土文献研究》第 7 辑，第 58 页。

② 马代忠：《长沙走马楼西汉简〈都乡七年垦田租簿〉初步考察》，载中国文化遗产研究院编《出
土文献研究》第 12 辑，第 221 页。

③ 李洪财：《走马楼西汉简的断代——兼谈草书的形成时间》，载邬文玲、戴卫红主编《简帛研
究》2018 秋冬卷，第 247 页。

的西汉纪年数见于凤凰山简牍，如"【后九】月戊申朔壬戌，安陆守丞【缩敢言之，】谨上十六年付县中短【牧□牒，敢】言之"（一正）①，一般也都把它们认定为文帝纪年。证诸简1646对"孝文皇帝后七年"的记录，并参证传世文献，文帝和景帝都曾改元，武帝在元鼎元年或元封元年之前也多次改元。如《史记·封禅书》载：

> 　　其明年，新垣平使人持玉杯，上书阙下献之。平言上（文帝）曰："阙下有宝玉气来者。"已视之，果有献玉杯者，刻曰"人主延寿"。平又言"臣候日再中"。居顷之，日却复中。于是始更以十七年为元年，令天下大酺。
>
> 　　其后三年，有司言元宜以天瑞命，不宜以一二数。一元曰"建"，二元以长星曰"光"，三元以郊得一角兽曰"狩"云。
>
> 　　天子（武帝）既已封泰山，……有司言宝鼎出为元鼎，以今年为元封元年。②

尽管学界的主流看法认为，武帝在元封元年之前的年号均为追立，③但武帝前期曾多次改元，有"元狩""元鼎"等年号却应当毋庸置疑。如武帝"幸雍祠五畤，获白麟"，因终军以为"此天之所以示缩，而上通之符合也。宜因昭时令日，改定告元"，"由是改元为元狩"。④《汉书·武帝纪》载"元狩元年冬十月"，应劭亦注曰："获白麟，因改元曰元狩也。"⑤从这个方面来说，无论是景帝，还是武帝，抑或宣帝和元帝，"帝十五年"的表述都不适合他们即位或翌年改元后的十五年，否则也没有必要改元。只有文帝即位后的十五年，还有惠帝十五年，亦即少帝刘弘三年或四年（吕后七年或八年），符合其尚未改元的条件。特别是惠帝十五年，在吕后七年七月

---

①　湖北省文物考古研究所编《江陵凤凰山西汉简牍》，中华书局2012年版，第82页。

②　《史记》卷26《封禅书》，第1383、1389、1398—1399页。

③　［清］王先谦撰《汉书补注》，中华书局1983年版，第83页下。

④　《汉书》卷64下《终军传》，第2814—2817页。

⑤　《汉书》卷6《武帝纪》，第174页。

确有"庚申"日，在吕后八年七月也同样确有"庚申"日，[①] 比文帝即位后的十五年更有说服力。尽管惠帝仅在位七年，少帝三年、四年或吕后七年、八年与十五年都差了很多，吕后也未曾称帝，但考虑到政治原因，如果该简是追记少帝刘弘三年或四年事，并沿用惠帝纪年，[②] 那么从惠帝即位或改元算，便恰恰是十五年（前195—前181年或前194—前180年）。如《汉书·惠帝纪》载："十二年四月，高祖崩。五月丙寅，太子即皇帝位，尊皇后曰皇太后。""秋八月戊寅，帝崩于未央宫。"注引臣瓒曰："帝年十七即位，即位七年，寿二十三。"[③] 就算是文帝十五年，这也可以旁证走马楼西汉简有两个长沙国档案叠压的事实，至少不全是西汉中期的档案。

总之，若仅就现有材料看，《田租簿》的年代似应确定在长沙国吴右七年，亦即汉文帝前元元年（前179年）。

附：关于秦汉最高亩产、最低亩产与平均亩产问题

在相关研究过程中，本节对《田租簿》平均亩产的考证曾与一些同行私下作过交流。鉴于最高亩产、最低亩产和平均亩产的概念往往被严重混淆，对"税田"问题学界也存在许多误解，为了更好地帮助读者理解这些问题，并引起注意，兹将其讨论内容节录如下。

关于西汉平均亩产问题，某先生提出：

> 否认亩产四石的证据似不坚实。更多的学者认为，西汉中原地区粟大亩产量大约为3大石。南方水稻亩产量更高，初步推算，整体而言，西汉水稻大亩产量大约为4大石，应当是可以接受的。

对此我不敢苟同。学术成果的评估应该以事实为依据，而不能仅仅看人数的多少。我虽然主张秦汉有少数高产良田，但也不赞同秦汉的平

---

① 张培瑜：《中国先秦史历表》，第229页。

② 按：在少帝在位时肯定有少帝纪元，并没有太后或高后的纪年说法。后来不承认少帝继统，改用太后或高后纪年，应是文帝即位一段时间后的官方统一规定。

③ 《汉书》卷2《惠帝纪》，第85、92页。

均高产论和平均低产论。在刚刚发表的《张家山汉简中的田制等问题》［《山东师范大学学报》（人文社会科学版）2019 年第 4 期］中，我就用诸多事实证明了秦汉平均高产论和平均低产论的不确。更让我高兴的是，最新公布的《堂邑元寿二年要具簿》（青岛市文物保护考古研究所、黄岛区博物馆：《山东青岛土山屯墓群四号封土与墓葬的发掘》，《考古学报》2019 年第 3 期）完全证实了拙文的判断。根据此簿记录，堂邑县（今南京六合区）的平均亩产量约为 2.5 石，既不是高产论所说的平均 4 石左右，也不是低产论所说的平均 1 石左右。所以我更有理由认为，临湘或都乡平均亩产 4 石（原粮）的看法不可接受，遑论水稻平均亩产 "4 大石"（大石是指脱壳后的大米，4 石约等于 8 石没有脱壳的稻谷）了。为了更加增强说服力，我在本节修改稿中已补充这一最新资料的证据。即：汉代堂邑是江淮下游（东部）的经济较发达地区，但直到西汉末年，其平均亩产量亦只有 2.5 石，西汉前中期的临湘地区又怎么可能平均每亩 4 石呢？

还有几位先生提出：

粮食亩产问题，或许在晋文兄看来不成问题。但是对秦汉粮食亩产的问题却一直以来聚讼纷纭。吴慧、宁可、周国林、杨际平、李根蟠、张学锋以及其他众多中日学者纷纷涉及这一问题，认为亩产一石者有之，认为亩产三石者亦有之，亩产又与亩制、租制、作物品种、耕作技术、土地肥力等众多问题息息相关，牵一发而动全身，从出土简牍史料来看，有一些简牍也可为亩产三石乃至四石说提供支撑。况且所举秦代迁陵与西汉临湘尽管都处于长江中游南部地区，但仍有很大差别，迁陵耕作习俗 "槎田岁更"，"异于中县"，保持较为原始的刀耕火种农业，而临湘都乡应当为南方长沙国及周缘诸郡中最为发达的地区，水稻种植已有悠久的历史，这一核心地区农业生产力恐怕不能按传世文献中对南方充满偏见的记载来理解，其亩产不能简单与迁陵相比。

对此我也不能允同，以下仅就几个容易误解的问题略作说明。

其一，少数垦田亩产高，不代表平均产量高；少数垦田亩产低，也不代表平均产量低；只有多数垦田亩产高或多数垦田亩产低，才表明其平均产量高或平均产量低。比如拙稿推算临湘都乡的平均亩产在 2 石左右，少数上田的亩产就可能是 2.5 石、3 石、3.5 石，甚或更高；有些下田的亩产就可能是 1.5 石，甚或更低；而多数中田的亩产则必定在 2 石左右。至于堂邑平均亩产 2.5 石，它的上中下田的亩产量就差别更大了，但中田的亩产量也必定是在 2.5 石左右。所以，我们既不能像有些高产论者那样，看到有些亩产 4 石的记载，就认为是平均亩产 4 石；又不能像有些低产论者那样，看到有些亩产 1 石的记载，就认为是平均亩产 1 石；而应当具体情况做具体分析。关键在于，目前还没有关于秦汉时期平均亩产 4 石或平均亩产 1 石的确凿证据。

其二，认为"亩产三石乃至四石"是完全有根据的，但这并不足以作为《田租簿》的支撑。根据北大秦简、岳麓秦简和张家山汉简，并参证银雀山汉简和传世文献，我和吴朝阳先生曾明确提出，在理论上秦及汉初的最高亩产（田租）是每亩 8 石（《秦亩产新考——兼析传世文献中的相关亩产记载》，《中国经济史研究》2013 年第 4 期）。但这应当是按三步一斗最高产量租率征收田租的极少数舆田（垦田），同时还存在着四步一斗、五步一斗、六步一斗、七步一斗、八步一斗乃至二十四步一斗等租率。按最低产量租率二十四步一斗征收田租的极少数舆田（垦田），产量（田租）则仅有每亩 1 石。这还是按舆田（垦田）面积租率十分之一（什一之税）计算的，若按十二税一和十五税一计算，其最高亩产（田租）为 $6\frac{2}{3}$ 石和 $5\frac{1}{3}$ 石，最低亩产（田租）则为 $8\frac{1}{3}$ 斗和 $6\frac{2}{3}$ 斗（参见表 5-2）。所以关键还不是有没有"亩产三石乃至四石"的记载，而是有没有平均"亩产三石乃至四石"的确切记载。目前来说，堂邑的每亩平均 2.5 石就是已知最高的平均亩产记录。而且在我看来，都乡的平均亩产 2 石已经相当之高，其中有些垦田完全可以达到"三石乃至四石"的亩产了。

表 5 - 2　秦及汉初不同租率田租计算表

单位：斗

面积	三步一斗	四步一斗	五步一斗	六步一斗	七步一斗	八步一斗	九步一斗	十步一斗	十一步一斗	十二步一斗	十三步一斗
					产量						
10（12，15）亩 税田240平方步	80	60	48	40	34.3	30	$26\frac{2}{3}$	24	21.8	20	18.5
10亩（1/12） 税田200平方步	$66\frac{2}{3}$	50	40	$33\frac{1}{3}$	28.6	25	22.2	20	18.2	$16\frac{2}{3}$	15.4
10亩（1/15） 税田160平方步	$53\frac{1}{3}$	40	32	$26\frac{2}{3}$	22.9	20	17.8	16	14.5	$13\frac{1}{3}$	12.3

面积	十四步一斗	十五步一斗	十六步一斗	十七步一斗	十八步一斗	十九步一斗	廿步一斗	廿一步一斗	廿二步一斗	廿三步一斗	廿四步一斗
					产量						
10（12，15）亩 税田240平方步	17.1	16	15	14.1	$13\frac{1}{3}$	12.6	12	11.4	10.9	10.4	10
10亩（1/12） 税田200平方步	14.3	$13\frac{1}{3}$	$12\frac{1}{2}$	11.8	11.1	10.5	10	9.5	9.1	8.7	$8\frac{1}{3}$
10亩（1/15） 税田160平方步	11.4	$10\frac{2}{3}$	10	9.4	8.9	8.4	8	7.6	7.3	7.0	$6\frac{2}{3}$

说明：表中凡用小数标识的数字均为四舍五入的计算结果。1/12 指十二税一，1/15 指十五税一。

其三，按"税田"亩数（总步数）征收的田租是整块舆田（垦田）的田租。在这一方面，许多学者的理解都是错误的。比如有学者认为，田租高的每亩"应缴纳若干石"，似乎可以证明《田租簿》的平均产量之高。但这却是对税田的严重误解。税田只是测算舆田（汉初改称垦田）租率的一种方法，不管是舆田或垦田的十分之一（什一之税）、十二分之一（十二税一）、十五分之一（十五税一），还是三十分之一（三十税一），都是完全虚拟的，仅仅存在于计算方法和券书之中。也就是说，在现实生活中，从来都没有什么真实（有形）的税田存在。所以毫无疑问，按税田总步数和产量租率相除得出的田租数，都必定是整块舆田或垦田的田租数，且根本不可能是每亩若干石。里耶秦简对亩均收租"一斗三升九百一十三分升二"（《里耶秦简［壹］·前言》，第 4 页）的记录就是一个铁证。以最高"三步一斗"和最低"廿四步一斗"为例（参看北大秦简《算书》、岳麓秦简《数》、张家山汉简《算数书》和里耶秦简），在什一之税的情况下，假设舆田或垦田为 10 亩（2400 平方步），则税田为 1 亩（240 平方步），测算其每亩田租是最高 8 石，即 240（步）÷3（步）＝80（斗），最低 1 石，即 240（步）÷24（步）＝10（斗），而整块舆田或垦田实际是每亩田租 8 斗（240÷3÷10＝8）和 1 斗（240÷24÷10＝1）；在十二税一和十五税一的情况下，则税田分别为 200 平方步（240×10÷12＝200）和 160 平方步（2400÷15＝160），亦即六分之五亩和三分之二亩，每亩总计田租最高分别是 $6\frac{2}{3}$ 石（200÷3÷10＝$6\frac{2}{3}$）和 $5\frac{1}{3}$ 石（160÷3÷10＝$5\frac{1}{3}$），最低分别是每亩为 $8\frac{1}{3}$ 斗（200÷24＝$8\frac{1}{3}$）和 $6\frac{2}{3}$ 斗（160÷24＝$6\frac{2}{3}$），舆田或垦田的每亩田租最高实际是 $6\frac{2}{3}$ 斗（200÷3÷10＝$6\frac{2}{3}$）和 $5\frac{1}{3}$ 斗（160÷3÷10＝$5\frac{1}{3}$），最低是每亩 $8\frac{1}{3}$ 升（200×10÷24÷10＝$8\frac{1}{3}$）和 $6\frac{2}{3}$ 升（160×10÷24÷10＝$6\frac{2}{3}$）。而三十税一，若舆田或垦田为 10 亩，则税田为 80 平方步（1/3 亩），其最高田租为 $2\frac{2}{3}$ 石，即 80÷3＝$26\frac{2}{3}$（斗），最低田租约为 $3\frac{1}{3}$ 斗，即 80

$\div 24 = 3\dfrac{1}{3}$（斗），故舆田或垦田田租最高亦只有 $2\dfrac{2}{3}$ 斗（$80 \div 3 \div 10 = 2\dfrac{2}{3}$），最低为 $3\dfrac{1}{3}$ 升（$80 \times 10 \div 24 \div 10 = 3\dfrac{1}{3}$）。这显然是不能作为《田租簿》的证据的。此外，走马楼吴简也有一些收租若干石的记录，但这些田地的性质不明，且在 300 多年至 400 年之后，亦不能贸然作为引证。

第二节　田制问题

除了年代问题，《田租簿》还有一些涉及田制的记载，对厘清汉代土地制度的相关问题具有重要的史料价值。以下亦分别论之。

一　土地制度的变化与原因

如前所述，《田租簿》的年代当在文帝前元元年，那么其土地制度便应该还是名田制或授田制。但此时名田制或授田制正处于逐渐瓦解或终结时期，如《汉书·食货志上》引名儒师丹言：

> 孝文皇帝承亡周乱秦兵革之后，天下空虚，故务劝农桑，帅以节俭。民始充实，未有并兼之害，故不为民田及奴婢为限。[①]

尽管师丹陈述的"不为民田及奴婢为限"的理由并不充分，汉初土地有无限制还值得探讨，但从文帝开始"民田"已不再按名田制或授田制管理，却是毫无疑问的。正如杨振红先生所说："文帝时随着对民田名有限制的废止，授田存在的基础也随之被撤毁，因为既然没有名田的标准，就不存在足与不足的问题，也就无需授与还。"[②] 张金光先生也说："中国传统土地国有制与国有地权的根本变革在于秦始皇三十一年至汉文帝即位期间，私有地权

---

① 《汉书》卷 24 上《食货志上》，第 1142 页。

② 杨振红：《秦汉"名田宅制"说——从张家山汉简看战国秦汉的土地制度》，《中国史研究》2003 年第 3 期。

最终完成于汉文帝即位废止国家普遍授田制之时。"[1] 但问题是，文帝究竟废止了"民田"的哪些限制？这大致可以从三个方面考虑。

一是废止了名田或授田的限额，亦即废止汉初《二年律令·户律》规定的田宅占有标准——"关内侯九十五顷，大庶长九十顷，驷车庶长八十八顷，大上造八十六顷，少上造八十四顷，右更八十二顷，中更八十顷，左更七十八顷，右庶长七十六顷，左庶长七十四顷，五大夫廿五顷，公乘廿顷，公大夫九顷，官大夫七顷，不更四顷，簪袅三顷，上造二顷，公士一顷半顷，公卒、士五（伍）、庶人各一顷，司寇、隐官各五十亩。"（310－312）"宅之大方卅步。彻侯受百五宅，关内侯九十五宅，大庶长九十宅，驷车庶长八十八宅，大上造八十六宅，少上造八十四宅，右更八十二宅，中更八十宅，左更七十八宅，右庶长七十六宅，左庶长七十四宅，五大夫廿五宅，公乘廿宅，公大夫九宅，官大夫七宅，大夫五宅，不更四宅，簪袅三宅，上造二宅，公士一宅半宅，公卒、士五（伍）、庶人一宅，司寇、隐官半宅。欲为户者，许之。"（314－316）[2] 但从现有资料来看，目前还很难找到证据。于振波先生便明确提出：

> 遍翻汉代史籍，……我们没有看到文帝或景帝废除名田制的诏令或其他表述，而且从武帝以后到西汉末年的历史记载中可以看到，在某种程度上，名田制仍然在发挥作用。[3]

更不用说，这些田宅占有规定能否被视为限额也还存在问题。史载萧何"贱强买民田宅数千万"[4]，便远远超过《户律》的规定。因此，文帝废止了汉初《户律》的田宅标准也好，没有废止田宅标准也好，实际都不足以证明名田制或授田制的废止。

---

① 张金光：《普遍授田制的终结与私有地权的形成——张家山汉简与秦简比较研究之一》，《历史研究》2007 年第 5 期。

② 张家山二四七号汉墓竹简整理小组编《张家山汉墓竹简［二四七号墓］》（释文修订本），文物出版社 2006 年版，第 52 页。

③ 于振波：《张家山汉简中的名田制及其在汉代的实施情况》，《中国史研究》2004 年第 1 期。

④ 《史记》卷 53《萧相国世家》，第 2018 页。

二是废止了占有田宅的身份限制，主要是允许商贾名田。这在史书上皆有案可稽。从《二年律令》来看，在士农工商中，除了商贾之外，其他民众都有关于名田或授田的种种规定。以手工业者为例，《复律》便明确规定：

> □□工事县官者复其户而各其工。大数率（率）取上手什（十）三人为复，丁女子各二人，它各一人，勿筭（算）繇（徭）赋。(278)①

这说明在汉初名田或授田中只有商贾被排除在外。但不能名田或授田，却并不意味商贾就不能占有田宅。恰恰相反，他们不但拥有自建的房屋，而且可以通过买卖占有更多的田宅。即使买来的田宅不能登记在商贾的市籍中，他们也可以采用私下约定的方式用别人的名字来登记。此即《户律》所规定的"诸不为户，有田宅附令人名"(323)②的一种犯罪形式。《史记·平准书》也记载："孝惠、高后时，为天下初定，复弛商贾之律。"③因此，伴随着商贾势力的膨胀，他们要求废止占有田宅的身份限制，合法拥有早已成为事实的占有田宅的权利，并得到文帝形式上的批准，亦当水到渠成、顺理成章了。晁错所描述的"此商人所以兼并农人，农人所以流亡者也"④的情景，就是文帝时商贾"得其所欲"的一个真实写照。武帝时，公卿建议："贾人有市籍者，及其家属，皆无得籍名田，以便农。"⑤也反证从文景时期到武帝前期商贾都可以合法名田，⑥正所谓"以末致财，用本守之"⑦。这对名田宅制或授田制便造成了巨大冲击，使得土地兼并迅猛发展。

三是废止了买卖田宅的最后一些限制，亦即废止《户律》"欲益买宅，

---

① 张家山二四七号汉墓竹简整理小组编《张家山汉墓竹简［二四七号墓］》（释文修订本），第47页。

② 张家山二四七号汉墓竹简整理小组编《张家山汉墓竹简［二四七号墓］》（释文修订本），第53页。

③《史记》卷30《平准书》，第1418页。

④《汉书》卷24上《食货志上》，第1132页。

⑤《史记》卷30《平准书》，第1430页。

⑥ 晋文：《从西汉抑商政策看官僚地主的经商》，《中国史研究》1991年第4期。

⑦《史记》卷129《货殖列传》，第3281页。

不比其宅者，勿许。为吏及宦皇帝，得买舍室"（320）① 的规定。这在史书上亦有案可稽。晁错所言农夫"卖田宅鬻子孙以偿责者也"，既没有"不比其宅"的限制，又不是仅仅卖给官吏，就足以证明买卖田宅已没有这些限制。董仲舒指出，汉兴"民得卖买，富者田连仟伯，贫者亡立锥之地"，并建议"限民名田，以澹不足，塞并兼之路"，② 亦堪称田宅买卖再无限制的明证。而武帝告缗令没收商贾"田大县数百顷，小县百余顷，宅亦如之"，③ 则可谓数十年来一代又一代商贾疯狂兼并土地的活生生数据。尽管名田或授田的规定并没有被明文宣布废止，但田宅买卖和土地兼并的大行其道，却早已将这些规定冲击得七零八落，再加上入粟拜爵的实施，官僚、地主和商贾都可以合法获得高爵，最终便导致名田制或授田制名存实亡了。

总之，文帝"不为民田及奴婢为限"，主要是废止了商贾不得名田的规定，并完全允许田宅买卖。这使得土地兼并一浪高过一浪，直接摧毁了名田制或授田制的根基。从结果来看，除了垦荒、耕地和田租等仍要登记外，它的许多规定都完全成了具文。

除了土地私有和土地兼并更加发展外，文帝即位前后的田制究竟有哪些具体变化？对比里耶简 8–1519，我们便不难看出，《田租簿》的一个明显变化，就是"舆田"和"税田"的阙载。所谓"舆田"，就是在垦田中确定实际耕种农作物范围或面积的垦田，"舆"的意思是范围或地域，后世有"舆图""方舆"等常用语，与此同；而"税田"则是按相关租（税）率必须交纳田租的一部分"舆田"，根据张家山汉简《算数书》，在汉高祖在位的大多数时期，"税田"都占其"舆田"的十分之一，即什一之税。"税田"的阙载还好解释，有了垦田总数和亩均田租数及田租总数，实际已没有必要再记录"税田"的数额。按照规定的统一税率，如十五税一，便可以很容易算出"税田"的数额，如 $6002 \div 15 \approx 400$（亩）。也可以算出"税田"的平均亩租量，如 $796.5 \div 400 \approx 1.99$（石）。关键是"舆田"的阙载。从《田租簿》的记录看，其中"垦田六十顷二亩，租七百九十六石五斗七

① 张家山二四七号汉墓竹简整理小组编《张家山汉墓竹简［二四七号墓］》（释文修订本），第 53 页。

② 《汉书》卷 24 上《食货志上》，第 1132、1137 页。

③ 《史记》卷 30《平准书》，第 1435 页。

升半，率亩斗三升，奇十六石三斗一升半"云云，即说明临湘的"垦田"都是被实际耕种的田地，亦即秦末迁陵所记的"舆田"。可见在这一时期，至少在长沙国地区，对名田或授田的记载已没有"垦田"与"舆田"之分。而原先要区分"垦田"和"舆田"，则在于前者按开垦草田的亩数来征收"顷刍稾"，如里耶秦简《刍稾志》：

> ·凡千一百七钱。
>
> 都乡黔首田启陵界中，一顷卅一亩，钱八十五。
>
> 都乡黔首田贰【春界中者，二顷卅七亩，钱百卅九。】
>
> ·未入者十五▯ （9－543＋9－570＋9－835）①

后者按实际耕种的垦田亩数征收田租。因此，"垦田"和"舆田"的合一，即意味着按授田亩数征收"顷刍稾"的做法业已终止。这一政策当与汉初"减田租"有关，也是土地实际占有不均的反映。所以无怪乎，在睡虎地秦简《田律》中规定："入顷刍稾，以其受田之数，无狠（垦）不狠（垦），顷入刍三石、稾二石。"② 强调"顷刍稾"的征收皆"以其受田之数"和"无狠不狠"，而在张家山汉简《田律》的规定中则取消了这些内容——"入顷刍稾，顷入刍三石；上郡地恶，顷入二石；稾皆二石。"③ 也就是说，至少从汉初《二年律令》开始，"顷刍稾"就和田租一样都按其实际耕种田亩数征收了。或许在高祖时期，"舆田"和"垦田"早已合而为一，《算数书》的"舆田"算题只是仍沿用秦的算题而已。这对于全面认识汉代刍稾的征收是一个重要启示。

除了"舆田"的阙载，从前揭"户百五十二，租六百七十七石"来看，对当年新增交纳租赋的农户统计也在《田租簿》中消失。这大致有两种可能：一种是《田租簿》的性质不同，不需要对当年新增交纳租赋的农户记录。当然，根据秦及汉初的法律规定——"律曰：已狠（垦）田辄上其数及户数，

---

① 陈伟主编《里耶秦简牍校释》第 2 卷，武汉大学出版社 2018 年版，第 152 页。
② 睡虎地秦墓竹简整理小组编《睡虎地秦墓竹简·秦律十八种·田律》，第 27—28 页。
③ 张家山二四七号汉墓竹简整理小组编《张家山汉墓竹简［二四七号墓］》（释文修订本），第 41 页。

户婴之。"（9-39）① 《田律》："县道已狼（垦）田，上其数二千石官，以户数婴之，毋出五月望。"（243）② 实际对当年新增交纳租赋的农户还是要统计的。只是记录在专门的户籍文书——《田比地籍》，不在《田租簿》中统计而已。但这种可能性究竟多大，目前还很难判定。一个比较明显的反证，就是《田租簿》中详细记录了平均亩租量，亦即"率亩斗三升，奇十六石三斗一升半"。从道理上说，既然其平均亩租量都被列入，那么遵照法律，就应该顺便把交纳田租的户数也记录下来。但事实却并非如此，可见其中还存在疑问。另一种可能是情况变化，在田租文书中记录新增交纳田租的农户数已没有意义。也就是说，至少在长沙国地区，对这一方面的统计已不再是《田租簿》的必备内容。与此相关，对基层官员在这一方面的考核也必定改变方式。从里耶秦简来看，关于新增交纳租赋农户的记录和考核，就是对所谓"见户"的统计（参见本书第七章第一节）。如里耶简 8-518、9-661：

> 卅四年，启陵乡见户、当出户赋者志：☐
> 见户廿八户，当出茧十斤八两。☐③

> 卅四年贰春乡见 户 ☐
> 见户六十户，当出茧廿☐☐④

由此也启迪我们：秦代"见户"在汉代的消失，很可能是因为汉代县乡只统计当地垦田和田租的总数，而新增垦田数和户数则另外记录。例如凤凰山汉简，所记西乡市阳里的田租，便只有"市阳租五十三石三斗六升半"的总田租数。⑤ 再如尹湾汉简《集簿》，也仅仅记载了东海郡的总垦田数和田

---

① 里耶秦简博物馆、出土文献与中国古代文明研究协同创新中心中国人民大学中心编著《里耶秦简博物馆藏秦简》，第182页。
② 张家山二四七号汉墓竹简整理小组编《张家山汉墓竹简［二四七号墓］》（释文修订本），第42页。
③ 陈伟主编《里耶秦简牍校释》第1卷，172页。
④ 湖南省文物考古研究所编著《里耶秦简［贰］·释文》，文物出版社2017年版，第27页。
⑤ 裘锡圭：《湖北江陵凤凰山十号汉墓出土简牍考释》，《文物》1974年第7期。

租数——"一岁诸谷入五十万六千六百卅七石二斗二升少【半】升。"（一反）① 而《要具簿》则与《集簿》《田租簿》相同，只记载了全县的总垦田数和田租数。但事实究竟如何，还有待于更多材料的公布。

二 "提封"的概念与内涵

对比里耶简 8 - 1519 还可以发现，《田租簿》的内容并不仅仅限于田租，这说明二者并不是同一类文书。里耶简 8 - 1519 乃是迁陵县征收田租的单项汇总文书，而《田租簿》则是临湘都乡的土地面积、垦田、田租等相关统计的综合文书。其中"提封"都乡总土地面积的记录，为厘清"提封"的概念及其内容提供了弥足珍贵的史料。

众所周知，"提封"是传世文献比较常见的一个用语。以《汉书》为例，"提封"便见于《地理志》《食货志》《刑法志》《东方朔传》《匡衡传》和《王莽传》等。如《汉书·刑法志》载：

> 地方一里为井，井十为通，通十为成，成方十里；成十为终，终十为同，同方百里；同十为封，封十为畿，畿方千里。有税有赋。税以足食，赋以足兵。故四井为邑，四邑为丘。丘，十六井也，有戎马一匹，牛三头。四丘为甸。甸，六十四井也，有戎马四匹，兵车一乘，牛十二头，甲士三人，卒七十二人，干戈备具，是谓乘马之法。一同百里，提封万井，除山川沈斥，城池邑居，园囿术路，三千六百井，定出赋六千四百井，戎马四百匹，兵车百乘，此卿大夫采地之大者也，是谓百乘之家。一封三百一十六里，提封十万井，定出赋六万四千井，戎马四千匹，兵车千乘，此诸侯之大者也，是谓千乘之国。天子畿方千里，提封百万井，定出赋六十四万井，戎马四万匹，兵车万乘，故称万乘之主。②

---

① 连云港市博物馆、东海县博物馆、中国社会科学院简帛研究中心、中国文物研究所编《尹湾汉墓简牍》，中华书局1997年版，第78页。按：《集簿》对东海郡的"垦田"数或"定垦田"数的记载漫漶残缺，目前已无法完全辨识。

② 《汉书》卷23《刑法志》，第1081—1082页。

又如《汉书·地理志下》：

> 讫于孝平，凡郡国一百三，县邑千三百一十四，道三十二，侯国二
> 百四十一。地东西九千三百二里，南北万三千三百六十八里。提封田一
> 万万四千五百一十三万六千四百五顷，其一万万二百五十二万八千八百
> 八十九顷，邑居道路，山川林泽，群不可垦，其三千二百二十九万九百
> 四十七顷，可垦不（可）垦，定垦田八百二十七万五百三十六顷。①

根据《广雅》"堤封……都凡也"②的训诂，以及颜师古注云："提封，亦
谓提举四封之内，总计其数也。"③一般也都把"提封"的语义释为"总
共"、"通共"或"总计"，把"提封田"看作对全国或当地土地资源的合
计。至1985年，田昌五先生则提出一种新说，认为"提封田行之于战国到
西汉时期，它是继井田制之后出现的一种田亩制度"，④从而引发了关于
"提封"和"提封田"的争论。

从相关文献看，最早与田昌五先生商榷的是王煦华先生。他批评田昌五
先生误解了"提封"的含义，认为《汉书·地理志下》所记"群不可垦"
田、"可垦不（可）垦"田和"定垦田"，"都不是田亩制度的名称，而只
是土地面积分类统计的类别名称"，把"提封田"与三者并列，并不能证成
"提封田"是一种田亩制度的论断。⑤而言辞最激烈的批评则来自张金光先
生。他把田昌五先生的"提封田"论指为"一大谬说"，声称提封田"实甚
不词也，乃是一个根本不存在的东西，是掩耳盗铃、牵强附会之强为造
说"。"所谓'提封田'制，与井田制本是驴唇不对马口之事。"⑥对王煦华
和张金光先生的批评，臧知非先生则予以反驳，曾连续发表论证"提封田"

---

① 《汉书》卷28下《地理志下》，第1639—1640页。
② ［清］王念孙：《广雅疏证》卷6上《释训》，中华书局1983年版，第198页。
③ 《汉书》卷65《东方朔传》，第2848页注［一六］。又《汉书》卷81《匡衡传》，第3346页，注［二］："提封，举其封界内之总数。"
④ 田昌五：《解井田制之谜》，《历史研究》1985年第3期。
⑤ 王煦华：《战国到西汉未曾实行"提封田"的田亩制度》，《历史研究》1986年第4期。
⑥ 张金光：《秦制研究》，上海古籍出版社2004年版，第344、346、348页。

的文章。① 他主要围绕"提封"是否为"都凡"的"一声之转"展开论述，从"设定封疆、计算亩积以制土分民的方法，同时计算出应该征收的田税（租）数量"，来证明"提封田"是战国西汉实行的"田亩制度"。② 尽管他的论证多少有自说自话之嫌，即使"提封"不是"都凡"的"一声之转"，实际也不能完全否定"提封"是"通共"或"总共"的看法，王煦华先生也并未把"提封"就视为"都凡"的"一声之转"，但其文风比较平和，值得倡导。至于具体问题的争议，奚林强先生已论之较详，也较为公允。③ 此不赘述。

行文至此，也就不难看出《田租簿》的史料价值了。其中明确记载"提封四万一千九百七十六顷【一】十亩百七十二步"，"四万一千一百二顷六十八亩二百一十步，群不可垦"，"八百一十三顷卅九亩二百二步，可垦不垦"，"垦田六十顷二亩"。按"群不可垦"、"可垦不垦"和"垦田"三项面积相加，其总面积恰为"四万一千九百七十六顷【一】十亩百七十二步"。可见"提封"确有"通共"或"总计"、"总数"的语义，"提封田"也确如《汉书·地理志下》所记，有"群不可垦"田、"可垦不垦"（原文中的"不可垦"当为"不垦"，"可"字衍，很可能是传抄出现的错讹）田和"垦田"三类，④ 亦即"不是田亩制度的名称，而只是土地面积分类统计的类别名称"。尽管"提封"有时也用于耕地计算，的确需要有一些方法来"计算亩积"，但这却并非通常意义的"田亩制度"，而是统计某些田

---

① 臧知非：《"提封田"考问题的提出》，《中国社会经济史研究》1994 年第 3 期；《尹湾汉墓简牍"提封"释义——兼谈汉代土地统计方法问题》，《史学月刊》2001 年第 1 期；《汉简"提封"释疑——兼谈汉代"提封田"问题》，《陕西历史博物馆馆刊》第 9 辑，三秦出版社 2002 年版，第 114—120 页。

② 臧知非：《战国西汉"提封田"补正》，《史学月刊》2013 年第 12 期。

③ 奚林强：《西汉"提封"和"提封田"再释——兼与臧知非先生商榷》，《琼州学院学报》2015 年第 3 期。

④ 按：《汉书·地理志下》仅记录了"定垦田"的总数，并没有记录"垦田"的总数。但根据《田租簿》和《要具簿》可知，"提封田"的总面积均由"群不可垦"田、"可垦不垦"田和"垦田"面积构成，而"垦田"的总面积则由"田不出租"的"出田"面积和实际征收田租的"定入田"或"定垦田"面积构成。也就是说，用"提封田"的总面积减去"群不可垦"田和"可垦不垦"田的总面积，便可以得出"垦田"的总面积，亦即 145136405 – 102528889 – 32290947 = 10316569（顷）；再用其"垦田"面积减去"定垦田"面积，又可得出"田不出租"的"垦田"面积——2046033（顷）。参见张梦晗《从新出简牍看西汉后期南京的农业经济》，《中国农史》2020 年第 6 期。

地总面积的一种方法，且"提封"也仍然是"通共"或"总数"的意思。例如：

> 田五十五亩，租四石三斗而三室共叚（假）之，一室十七亩，一室十五亩，一室廿三亩，今欲分其租。述（术）曰：以田提封数⊠法，以租乘分田，如法一斗，不盈斗者，十之，如法得一升。（47－48）①

此道算题中的"提封数"被学界反复征引，并被视为最早的"提封"表述，② 它的语义就是"假田"的总数——"田五十五亩"。因为"以田提封数⊠法，以租乘分田"，在计算上便要求把"田五十五亩"作为分母，把"分田"即十七亩、十五亩、廿三亩各作为分子，然后乘以"租四石三斗"，③ 亦即 $17/55 \times 43$、$15/55 \times 43$、$23/55 \times 43$。此题实为"假田"，是关于公田或官田的出租，也并不能证明秦代授田的定税。更不用说，在里耶秦简中也有"田提封计"（8－488）④ 的记录，同样是"户曹"对全县当年土地面积的总计，并残留了"⊠群不可垦廿七万七 千 ⊠"（9－2016）⑤ 的简文。再如：

> 里田术（术）曰：里乘里，里也，广、从（纵）各一里，即直（置）一因而三之，有（又）三五之，即为田三顷七十五亩。其广从（纵）不等者，先以里相乘，已乃因而三之，有（又）三五之，乃成。今有广二百廿里，从（纵）三百五十里，为田廿八万八千七百五十顷。直（置）提封以此为之。（187－188）⑥

---

① 朱汉民、陈松长主编《岳麓书院藏秦简［贰］》，上海辞书出版社 2011 年版，第 57 页。

② 许道胜：《"提封"词源考》，《湖南大学学报》（社会科学版）2009 年第 4 期。

③ 吴朝阳：《张家山汉简〈算数书〉校证及相关研究》，江苏人民出版社 2014 年版，第 175 页。

④ 陈伟主编《里耶秦简牍校释》第 1 卷，167 页。同页［校释］注［3］曰："田提封，土地总数。《汉书·刑法志》：'一同百里，提封万井。'李奇注：'提，举四封之内也。'"

⑤ 湖南省文物考古研究所编著《里耶秦简［贰］·释文》，文物出版社 2017 年版，第 76 页。

⑥ 张家山二四七号汉墓竹简整理小组编著《张家山汉墓竹简［二四七号墓］》（释文修订本），第 157 页。

此题中的"直（置）提封以此为之"，也是要把"广二百廿里，从（纵）三百五十里"算出总平方里数（77000），然后按一平方里等于"三顷七十五亩"的折换关系，用 77000×3.75，得出 288750 顷的积。这里的"提封"则指总平方里数。

　　值得注意的是，根据"古者三百步为里"[1] 的记载，秦汉一平方里等于 90000 平方步，按一亩 240 平方步计算，用 90000 除以 240，恰好是 375 亩。若按战国前期一亩 100 平方步计算，用 90000 除以 100，则为 900 亩或 9 顷，亦恰好是"地方百里，提封九万顷"[2]。这意味着"提封田"应包括各类土地。正如《田租簿》所记，无论"为田三顷七十五亩"，还是"为田廿八万八千七百五十顷"，实际都是"群不可垦"、"可垦不垦"和"垦田"这三类土地面积的总和。前揭《堂邑元寿二年要具簿》也完全证实了这一点，兹将其相关牍文摘抄如下：

　　　　提封三万五千五百六顷廿七亩。
　　　　其七千七百九十八顷六十六亩，邑居不可貇（垦）。
　　　　八千一百廿四顷卅二亩奇卅二步，群居不可貇（垦）。
　　　　千七百卅九顷卅亩奇廿步，县官波湖溪十三区。
　　　　可貇（垦）不貇（垦）田六千卅顷九十八亩奇六十八步。
　　　　貇（垦）田万一千七百七十五顷卅一亩。
　　　　它作务田廿三顷九十六亩。
　　　　凡貇（垦）田万一千七百九十九顷卅七亩半。（M147：25 – 1）[3]

此簿的县级提封田的分类更为具体。除了可垦不垦田，它的不可垦田分为城镇住宅用地（邑居）、农村住宅用地（群居）和水域占有土地面积（波湖溪）；垦田则分为农田和其他用途田地。但不管是哪类田地，合计也都是提

　　① 《春秋谷梁传》宣公十五年，［清］阮元校刻《十三经注疏》（附校勘记），中华书局 1980 年版，下册，第 2415 页。
　　② 《汉书》卷 24 上《食货志上》，第 1124 页。
　　③ 青岛市文物保护考古研究所、黄岛区博物馆：《山东青岛土山屯墓群四号封土与墓葬的发掘》，《考古学报》2019 年第 3 期。

封田的面积即群不可垦田、可垦不垦田和垦田面积的总和。① 这就更从根本上推翻了"提封田"是一种"田亩制度"的说法。

此外，关于"提封田"的记载也为厘清"草田"的概念提供了依据。"草田"就是没有开垦的荒田，如里耶简 9 - 2350："卅三年六月庚子朔丁巳，守武爰书：高里士五（伍）吾武［自］言：谒狠（垦）草田六亩武门外，能恒藉以为田。典缓占。"② 但对"草田"的由来，以往还缺乏研究。根据上文"提封田"的讨论，至少有一点已可以确认："草田"就是草算或毛算的田地，亦即"可垦不垦"田，它的亩数均大于耕地亩数，更大于实际耕种亩数，因为在后者的面积中要剔除田间道路和其他不能耕种的面积。以道路为例，张家山汉简《田律》便明确规定：

> 田广一步，袤二百卌步，为畛，亩二畛，一佰（陌）道；百亩为顷，十顷一千（阡）道，道广二丈。③

还有为生产需要在耕田中临时搭建的棚屋，④ 如《汉书·食货志上》："余二十亩以为庐舍。"颜师古注云："庐，田中屋也。春夏居之，秋冬则去。"⑤所以除了荒田必然杂草丛生外，"草田"之名的由来，很可能源自草算的田地面积。它的意义在于，在秦及汉初的授田制下，可方便官府对农民授田数量的计算和授予。对秦代来说，还可便于官府按授田数量来征收刍稾。这就如同房屋的建筑面积大于使用面积，而购买房屋却必须按建筑面积付钱一样。当然，从前揭《田律》来看，这种"草田"征收刍稾的制度在《二年律令》颁布后已被废止。

---

① 按：此簿记载提封田的总数是 35506.27 顷，而群不可垦、可垦不垦田与垦田的合计则为 35502.84 顷，二者有 3.43 顷的误差。这应该是土地登记时对相关数据多次进行四舍五入的结果，不影响提封田是上述三类田地总和的结论。
② 里耶秦简博物馆、出土文献与中国古代文明研究协同创新中心中国人民大学中心编著《里耶秦简博物馆藏秦简》，第 194 页。
③ 张家山二四七号汉墓竹简整理小组编《张家山汉墓竹简［二四七号墓］》（释文修订本），第42 页。
④ 张斌：《汉代的田庐》，《中国农史》2016 年第 2 期。
⑤ 《汉书》卷 24 上《食货志上》，第 1119 页。

第三节 "田不出租"问题

在《田租簿》中还有对两类人免征田租的记录，即："出田十三顷四十五亩半，租百八十四石七斗，临湘蛮夷归义民田不出租。""出田二顷六十一亩半，租卅三石八斗六升，乐人婴给事柱下以命令田不出租。"从战国秦汉时期来看，这种现象比较普遍，在传世文献和简牍中都多有记载。例如：

> 板楯蛮夷者，秦昭襄王时，有一白虎，常从群虎数游秦、蜀、巴、汉之境，伤害千余人。昭王乃重募国中有能杀虎者，赏邑万家，金百镒。时有巴郡阆中夷人，能作白竹之弩，乃登楼射杀白虎。昭王嘉之，而以其夷人，不欲加封，乃刻石盟要，复夷人顷田不租，十妻不算，伤人者论，杀人者得以倓钱赎死。
>
> 至高祖为汉王，发夷人还伐三秦。秦地既定，乃遣还巴中，复其渠帅罗、朴、督、鄂、度、夕、龚七姓，不输租赋，余户乃岁入賨钱，口四十。世号为板楯蛮夷。阆中有渝水，其人多居水左右。[1]

> 复蜀、巴、汉（？）中、下辨、故道及鸡剡中五邮，邮人勿令繇（徭）戍，毋事其户，毋租其田一顷，勿令出租、刍稾。（268）[2]

> 夫妻俱毋子男为独寡，田毋租，市毋赋，与归义同。（146）[3]

问题乃在于对"以命令田不出租"、"归义民"和"乐人"的诠释。

一 "以命令田不出租"的含义

对于这一问题，朱德贵先生判断为以"田命籍"而免征田租。

---

[1] 《后汉书》卷 86《南蛮西南夷列传》，第 2842 页。

[2] 张家山二四七号汉墓竹简整理小组编《张家山汉墓竹简［二四七号墓］》（释文修订本），第 46 页。

[3] 李均明、何双全编《散见简牍合辑》，文物出版社 1990 年版，第 16 页。

何谓"命令"？《史记》卷六《秦始皇本纪》记载："命为'制'，令为'诏'。"裴骃《集解》注引蔡邕说："制书，帝者制度之命也，其文曰'制'。诏，诏书。诏，告也。"……其大意就是，官府在登记免征田租对象时，必须事先依据"制诏"或"命令"等法律规定确定"田不出租"的范围。[1]

从张家山汉简《户律》看，如"民宅园户籍、年细籍、田比地籍、田命籍、田租籍，谨副上县廷"（331）[2]，此说确有道理，也证实了杨振红先生的推测——"田命籍可能是记录那些具有豁免特权不需交纳田租者的土地册"[3]。同时更说明，田命籍应称为"《田命令籍》"，《户律》所记载的五种户籍的名称，实际很可能是《宅园户籍》、《年细籍》、《田比地籍》、《田命籍》（《田命令籍》）和《田租籍》。但就《田租簿》而言，其中"命令"能否都被说成"制书"和"诏令"，恐怕还值得探讨。毕竟《田租簿》的记载是在长沙国。从这个方面来说，高智敏先生的理解应更为合理："乐人婴因'给事柱下'而得以承长沙王的赏赐，赐以土地 2.615 顷并依长沙王之令得以免除田租。"[4] 但细到 2.615 顷土地为长沙王所赏赐的说法，也仍然不确。田租是按实际耕种面积征收的，长沙王并非神明，不可能预知乐人婴的实际耕种面积，而且还精确到了"半亩"。比较合理的解释是按户免除，其耕种多少土地，便免除多少土地的田租。而基层政府的统计，则必须写明免除田租的土地和田租数量。

二　"乐人"的免租问题

顾名思义，"乐人"就是从事音乐的专业人员。根据《仪礼》和《汉

①　朱德贵：《长沙走马楼西汉简牍所见"都乡七年垦田租簿"及其相关问题分析》，《中国社会经济史研究》2015 年第 2 期。

②　张家山二四七号汉墓竹简整理小组编《张家山汉墓竹简［二四七号墓］》（释文修订本），第 54 页。

③　杨振红：《秦汉"名田宅制"说——从张家山汉简看战国秦汉的土地制度》，《中国史研究》2003 年第 3 期。

④　高智敏：《秦及西汉前期的垦田统计与田租征收——以垦田租簿为中心的考察》，载邬文玲主编《简帛研究》2017 春夏卷，第 48 页。

书》等相关记载，如《汉书·礼乐志》：

> 高祖时，叔孙通因秦乐人制宗庙乐。大祝迎神于庙门，奏《嘉
> 至》，犹古降神之乐也。皇帝入庙门，奏《永至》，以为行步之节，犹
> 古《采荠》《肆夏》也。干豆上，奏《登歌》，独上歌，不以管弦乱人
> 声，欲在位者遍闻之，犹古《清庙》之歌也。《登歌》再终，下奏《休
> 成》之乐，美神明既飨也。皇帝就酒东厢，坐定，奏《永安》之乐，
> 美礼已成也。又有《房中祠乐》，高祖唐山夫人所作也。周有《房中
> 乐》，至秦名曰《寿人》。凡乐，乐其所生，礼不忘本。高祖乐楚声，
> 故《房中乐》楚声也。孝惠二年，使乐府令夏侯宽备其箫管，更名曰
> 《安世乐》。①

当时"乐人"的确有践行礼仪的政教作用。朱德贵先生认为，"乐人"在祭
祀礼仪上不可或缺，"正是因为"其地位和身份很高，故而在《都乡七年垦
田租簿》中有免征"乐人"之田租的规定。② 不无道理。这种对"乐人"
免征田租的做法，实际就是后世各类"职田"的雏形。但专职"乐人"能
否被免除田租，显然还要看其水平和等级资质。《周礼·春官·宗伯》：

> 大师下大夫二人，小师上士四人。瞽蒙上瞽四十人，中瞽百人，下
> 瞽百有六十人。[注]云："凡乐之歌，必使瞽蒙为焉。命其贤知者，
> 以为大师、小师。"③

对先秦"乐人"的等级便有着"上瞽"、"中瞽"与"下瞽"之分。秦汉亦大
致如此。从"给事柱下"看，这些"乐人"皆服务于官府，其等级和专业水
平较高应不言而喻。问题是，《田租簿》中的"乐人婴"究竟是一位名叫
"婴"的乐人，还是应把"乐人"和"婴"看作两种职业？马代忠先生认为：

---

① 《汉书》卷 22《礼乐志》，第 1043 页。
② 朱德贵：《长沙走马楼西汉简牍所见"都乡七年垦田租簿"及其相关问题分析》，《中国社会经
济史研究》2015 年第 2 期。
③ 《周礼》卷 17《春官·宗伯》，[清] 阮元校刻《十三经注疏（附校勘记）》，上册，第 754 页。

若"婴"作人名解，从"出田"数看，其个人所占田比例为垦田数的 4.34%，稍显夸张。若把"乐人"和"婴"作为从事两种不同职业的人群，似更近逻辑。[1]

高智敏先生则征引张家山汉简认为，"婴"为"乐人之名"更为合适。[2] 我们也主张"婴"乃"乐人"之名。从职业特点来看，这位名叫"婴"的乐人应是户籍登记中的户主。他的家庭通常为音乐世家，既有子侄，又有弟子（类似养子），且大多是盲人。[3] 若仅就人数而言，一家能有 261.5 亩的垦田，其实并不夸张。

值得注意的，倒是"乐人婴"的土地耕作方式。如前所述，"乐人"家中的成员多为盲人，即使有些成员不是盲人，其维持生计的方式也不可能全靠耕作，而应是音乐演奏和演唱。这就意味着"乐人"占有的土地必须出租或雇人耕作。按一人若耕种 15 亩左右垦田计，如"一人而田十九亩者霸，一人而田十四亩者存"（933）[4]，那么耕种 261.5 亩垦田则至少需要 18 个左右劳动力——261.5 ÷ 15 ≈ 18。也就是说，"乐人婴"实际是一个役使佃农和农奴 15 人到 20 人的地主。其他"乐人"也大致如此。一方面，无论其土地出租，还是雇用农民或使用奴隶，都表明"乐人"的经济地位在当时应属于地主，是统治阶级的中下层；另一方面，那些耕种"乐人"土地的农民或农奴，与"乐人"之间也无疑存在剥削、压迫和被剥削、被压迫的对立关系。更不用说，除了俸禄和赏赐，官府还给予"乐人"免收田租的优待。西汉董仲舒曾云："或耕豪民之田，见税什五。"[5] 而"乐人"便可谓一种变相"豪民"，尽管他们的盲人生活也令人同情。

---

① 马代忠：《长沙走马楼西汉简〈都乡七年垦田租簿〉初步考察》，载中国文化遗产研究院编《出土文献研究》第 12 辑，第 220 页。

② 高智敏：《秦及西汉前期的垦田统计与田租征收——以垦田租簿为中心的考察》，载邬文玲主编《简帛研究》2017 春夏卷，第 48 页。

③ 刘再生、陈瑞泉：《〈荀子·成相〉"相"字析疑兼及"瞽"文化现象》，《音乐研究》2011 年第 3 期。

④ 《守法守令等十三篇》，银雀山汉墓竹简整理小组编《银雀山汉墓竹简 [壹]》，文物出版社1985 年版，第 145 页。

⑤ 《汉书》卷 24 上《食货志上》，第 1137 页。

三　"归义民"的免租问题

所谓"归义"，就是归附或归顺正义。如《史记·滑稽列传》："远方当来归义。"[1] 岳麓秦简《尸等捕盗疑购案》："治等曰：秦人，邦亡荆；阆等曰：荆邦人，皆居京州。相与亡，来入秦地，欲归兼（义）。"（33—34）[2] 里耶秦简9—1411："得巍（魏）城邑民降归义者，有故臣妾为拾虏，以鼠（予）之。"[3] 从特别指明"蛮夷归义民"来看，可知《田租簿》所记的"归义民"乃指归附汉朝及长沙国的"蛮夷"部民。汉承秦制，这种特殊的管理模式亦当渊源于秦。[4]《汉书·百官公卿表上》便明确记载，秦代曾设置专门管理"归义蛮夷"的典客，至汉武帝时定名为大鸿胪——"典客，秦官，掌诸归义蛮夷，有丞。景帝中六年更名大行令，武帝太初元年更名大鸿胪。"[5] 但以往却把"归义"多视为边疆少数民族的首领，如肖之兴先生认为，"归义"指的是"汉朝中央政府给予边疆少数民族首领的一种封号"。[6] 臧知非先生也提出：

> 《后汉书·南蛮西南夷传》所说的秦昭王"复夷人顷田不租，十妻不算"之"算"亦非如李贤所说"一户免其一顷田之税，虽有十妻，不输口算之钱"。其时之板楯蛮夷以狩猎为主，居住于山林，其部民尚未纳入秦国户籍编制，不存在一户百亩的授田制，不存在"一户免其一顷田之税"的问题。这里的"顷田"不能机械地解为"一顷之田"，而是土地的代称，即免除其田税。同理，"十妻不算"之"不算"是指不计入赋役籍簿，即免除其赋役义务。当然，这只是对板楯蛮夷首领的优惠，并非普通"夷人"。[7]

---

① 《史记》卷126《滑稽列传》，第3207页。
② 朱汉民、陈松长主编《岳麓书院藏秦简［叁］》，上海辞书出版社2013年版，第113—114页。
③ 陈伟主编《里耶秦简牍校释》第2卷，第302页。
④ 晋文：《也谈秦代的工商业政策》，《江苏社会科学》1997年第6期。
⑤ 《汉书》卷19上《百官公卿表上》，第730页。
⑥ 肖之兴：《试释"汉归义羌长"印》，《文物》1976年第7期。
⑦ 臧知非：《"算赋"生成与汉代徭役货币化》，《历史研究》2017年第4期。

实际却有着疏漏。尽管秦简这方面的材料不多，尚不能直接证明"归义"并非仅指首领，但悬泉汉简中的《归义羌人名籍》却有着许多例证。兹转引如下：

> 归义垒渠归种羌男子奴葛。（Ⅱ0114②：180）
> 归义聊槛良种羌男子芒东。（Ⅱ0114②：181）
> 归义垒甭种羌男子潘朐。（Ⅱ0114③：423）
> 归义垒卜茈种羌男子狼颠。（Ⅱ0114③：459）
> 归义聊藏耶茈种羌男子东怜。
> 归义聊卑为茈种羌男子唐尧。
> 归义聊卑为茈种羌男子蹄当。
> 归义垒卜茈种羌男子封芒。
> 归义槛良种羌男子落蹄。
> ■右槛良种五人。（Ⅱ0214①：1—6）[1]

而《田租簿》更证明，在汉初就有数量可观的"归义民"。正如朱德贵先生所说，"根据长沙走马楼西汉简牍所见'都乡七年垦田租簿'的记载，'归义'不仅包括首领，而且还包括'民'"[2]。因此，秦代对一些归义蛮夷也都应免除田租，至少对"顷田不租"还难以否定。[3]

更值得注意的是，《田租簿》对"蛮夷归义民"的垦田和田租数量的记录。如果1345.5亩垦田都全由"归义民"耕种，那么按一人耕种15亩左右垦田计，要完成这些垦田的耕种，也至少需要有90人；再加上老人、妇女和儿童，在整个都乡生活的"归义民"则可能多达数百人。或许他们也和"乐人"一样把垦田出租，或部分出租，亦未可知。另一方面，从"出田十三顷四十五亩半，租百八十四石七斗"还可以看出，"归义民"的平均田租额是全乡最高的，每亩约1.373斗（1847÷1345.5≈1.373）。而全乡"定入

---

① 胡平生、张德芳：《敦煌悬泉汉简释粹》，上海古籍出版社2001年版，第166页。
② 朱德贵：《长沙走马楼西汉简牍所见"都乡七年垦田租簿"及其相关问题分析》，《中国社会经济史研究》2015年第2期。
③ 晋文：《秦代确有算赋辨——与臧知非先生商榷》，《中国农史》2018年第5期。

田"统计，如"卅三顷九十五亩，租五百七十八石一升半"，即 5780.15÷
4395≈1.315（斗），则每亩田租比其"出田"平均少了近 0.6 升。这至少
说明了几个问题。一是临湘对"蛮夷归义民"的授田或占田给予优惠政策，
这些"归义民"的土地都是当地中上等的良田，平均产量高；抑或地方政
府的减免通常都尽量取其产量高的计算，以减轻本地征收田租的压力和阻
力。据前揭《要具簿》记载："其七千一百九十一顷六十亩，租六万一千九
百五十三石八斗二升。菑害。""定当收田四千六百七顷七十亩，租三万六
千七百廿三石七升。"（M147：25-1）① 前者因灾害被减免田地的平均田租
额是每亩约 8.61 升（6195382÷719160≈8.61），而后者实际征收田地的平
均田租额则约为 7.97 升（3672307÷460770≈7.97）。此亦可以旁证。二是
"归义民"的农业生产技术较高，反映了他们对汉人生活方式的学习和认
同，也凸显了汉王朝对边远"蛮夷"的教化成果。所谓"教其耕稼"，② 就
是其中一个主要内容。三是为推广汉化，笼络"蛮夷"，西汉王朝实际是从
政治高度来看待非汉部民的归化问题。只要这些"蛮夷"愿意臣服汉朝，
并接受汉化，学习汉人的生活方式，朝廷就给予他们各种优待，而不计经济
上的得失。这种一国两制的统治方式既有助于汉文化的传播，也有力促进了
非汉部民与汉人的交流和融合，对稳固边疆和少数民族聚居地区更发挥了显
著作用。

　　问题乃在于，对"蛮夷归义民"的长期优待，必然会形成一些特殊人
群。这在郡县不直接管辖的少数民族地区还问题不大，但在郡县直接管辖的
汉人和"蛮夷"混居地区却造成了管理混乱和族群矛盾。因此，当朝廷试
图把"归义民"与汉人同等对待，或减少一些优待时，所谓"蛮夷率服，
可比汉人，增其租赋税"，③ 他们往往都直接反叛。以"南蛮"为例，《汉
书·贾捐之传》便详细记录了儋耳、珠崖的"蛮夷之乱"。

　　　初，武帝征南越，元封元年立儋耳、珠崖郡，皆在南方海中洲居，

　　① 青岛市文物保护考古研究所、黄岛区博物馆：《山东青岛土山屯墓群四号封土与墓葬的发掘》，
《考古学报》2019 年第 3 期。
　　② 《后汉书》卷 86《南蛮西南夷列传》，第 2836 页。
　　③ 《后汉书》卷 86《南蛮西南夷列传》，第 2833 页。

广袤可千里，合十六县，户二万三千余。其民暴恶，自以阻绝，数犯吏禁，吏亦酷之，率数年壹反，杀吏，汉辄发兵击定之。自初为郡至昭帝始元元年，二十余年间，凡六反叛。至其五年，罢儋耳郡并属珠崖。至宣帝神爵三年，珠崖三县复反。反后七年，甘露元年，九县反，辄发兵击定之。元帝初元元年，珠崖又反，发兵击之。诸县更叛，连年不定。上与有司议大发军，捐之建议，以为不当击。[①]

在《后汉书·南蛮传》中亦有类似记载，比如：

及秦惠王并巴中，以巴氏为蛮夷君长，世尚秦女，其民爵比不更，有罪得以爵除。其君长岁出赋二千一十六钱，三岁一出义赋千八百钱。其民户出幏布八丈二尺，鸡羽三十镞。汉兴，南郡太守靳强请一依秦时故事。

至建武二十三年，南郡潳山蛮雷迁等始反叛，寇掠百姓，遣武威将军刘尚将万余人讨破之，徙其种人七千余口置江夏界中，今沔中蛮是也。和帝永元十三年，巫蛮许圣等以郡收税不均，怀怨恨，遂屯聚反叛。[②]

从某种意义上说，这又延缓了"蛮夷归义民"的汉化进程。

第四节　简短的结语

综上所述，可以把本章重要观点总结如下。

其一，《田租簿》的年代问题还值得深究。无论是从平均产量，还是从历朔推算，抑或简牍的相互叠压看，《田租薄》的年代都不像是西汉中期，而应当是西汉前期的文帝元年。走马楼汉简的年代也有进一步探讨的必要。

其二，《田租簿》的记录表明，当时的田制还是名田制或授田制，但也

---

① 《汉书》卷 64 下《贾捐之传》，第 2830 页。
② 《后汉书》卷 86《南蛮西南夷列传》，第 2841 页。

处于逐渐瓦解或终结时期。而原因则在于，惠帝、吕后时土地兼并发展。文帝时又废止了商贾不得名田的规定，并完全允许田宅买卖。和秦代相比，汉初田制的主要变化是"舆田""税田"的消失。这意味着"舆田"和"垦田"已合而为一。究其原因，则当与汉初"减田租"有关，也是土地实际占有不均的反映。

其三，《田租簿》中的"提封"记载，为厘清"提封"的概念及其内容提供了弥足珍贵的史料。事实胜于雄辩。"提封"一词的确有"通共"或"总计"、"总数"的语义，"提封田"也的确是"群不可垦"田、"可垦不垦"田和"垦田"这三类土地面积的总和，而并非一种"田亩制度"。

其四，《田租簿》免征"蛮夷归义民"和"乐人婴"的田租，是秦汉田租制度中的一种特殊规定。前者是对"蛮夷归义民"的优待，凸显了秦汉王朝的"汉化"政策和一国两制；后者更可谓秦汉以后"职田"的滥觞，体现了对地主阶级某些阶层的保护。

其五，《田租簿》中还有一些疑问，如长沙国的田租制度与汉朝郡县的异同问题、《田租簿》的性质问题、临湘"蛮夷归义民"的实际生活状况等，目前仍难以完全得出结论，而只能期待更多新材料的公布。

第 六 章

凤凰山十号汉墓简牍中的田制等问题

凤凰山汉墓简牍是 1973 年出土于湖北江陵楚故都纪南城的一批珍贵简牍。[①] 其中十号墓发现的《郑里廪簿》和《算簿》等,对研究西汉前期的土地制度和赋税、徭役等具有重要的史料价值。但在一些具体问题上,如土地的占有和耕种,田租率的推算,杂税、口钱、算赋的解读,刍稾税的征收等,迄今仍存在争议。[②] 在已有研究的基础上,本章拟就这些问题再作一些探讨。

第一节　《郑里廪簿》中的耕地数量等问题

从出土情况来看,《郑里廪簿》共有 26 枚竹简,编号为 9 号至 34 号。裴锡圭先生指出:"9 号至 34 号这二十六片竹简本来是一册完整的廪簿,9 号简是这一廪簿的标题。"[③] 此说甚是。兹将其简文转引如下:

9. 郑里禀(廪)簿　凡六十一石七斗

10. 户人圣　能田一人　口一人　田八亩　+尸　移越人户　贷八斗　二年四(?)月乙(下缺)

11. 户人【特】　能田一人　口三人　田十亩　+尸　贷一石

---

①　长江流域第二期文物考古工作人员训练班:《湖北江陵凤凰山西汉墓发掘简报》,《文物》1974年第 6 期。本章简称《简报》。

②　刘晓蓉:《江陵凤凰山西汉简牍研究综述及展望》,武汉大学简帛网,2015 年 6 月 22 日,http://www.bsm.org.cn/show_ article.php? id=2264。

③　裴锡圭:《湖北江陵凤凰山十号汉墓出土简牍考释》,《文物》1974 年第 7 期。

12. 户人击牛　能田二人　口四人　田十二亩　+尸　贷一石二斗

13. 户人野　能田四人　口八人　田十五亩　+尸　贷一石五斗

14. 户人【厌】冶　能田二人　口二人　田十八亩　+尸　贷一石八斗

15. 户人厕　能田二人　口三人　田廿亩　/今□奴受　贷二斗

16. 户人立　能田二人　口六人　田廿三亩　+尸　贷二石三斗

17. 户人越人　能田三人　口六人　田卅亩　+尸　贷三石

18. 户人不章　能田四人　口七人　田卅七亩　+尸　贷三石七斗

19. 户人胜　能田三人　口五人　田五十四亩　+尸　贷五石四斗□□

20. 户人虏　能田二人　口四人　田廿亩　+尸　贷二石

21. 户人积　能田二人　口六人　田廿亩　+尸　贷二石

22. 户人小奴　能田二人　口三人　田卅亩　+尸　贷三石□

23. 户人佗　能田三人　口四人　田廿亩　+尸　贷二 石

24. 户人定民　能田四人　口四人　田卅亩　+尸　贷三石

25. 户人青肩　能田三人　口六人　田廿七亩　+尸　贷二石七斗

26. 户人□奴　能田四人　口七人　田廿三亩　+尸　贷二石三斗

27. 户人□奴　能田三人　口□人　田卅亩　+尸　贷四石

28. 户人射□　能田四人　口六人　田卅三亩　+尸　贷三石三斗

29. 户人公士田　能田三人　口六人　田廿一亩　+尸　贷二石一斗

30. 户人骈　能田四人　口五人　田卅亩　+尸　（下缺）

31. 户人朱市人　能田三人　口四人　田卅亩　+尸　（下缺）

32. 户人赖奴　能田三人　口三人　田十四亩　+尸　（下缺）

33. 户人□输　能田二人　口三人　田廿亩　+尸　（下缺）

34. 户 人公士市人　能田三人　口四人　田卅二亩　+尸　（下缺）①

---

① 本释文主要依据裘锡圭《湖北江陵凤凰山十号汉墓出土简牍考释》（《文物》1974 年第 7 期）并参证弘一《江陵凤凰山十号汉墓简牍初探》（《文物》1974 年第 6 期）、黄盛璋《江陵凤凰山汉墓简牍及其在历史地理研究上的价值》（《文物》1974 年第 6 期）和湖北省文物考古研究所编《江陵凤凰山西汉简牍》（中华书局 2012 年版）隶定，文中一些异体字则改为正字，以【 】标志。下引凤凰山十号汉墓简牍释文皆同，不再一一注明。

根据简文可知,《郑里廪簿》是一份官府给郑里民户贷粮种的记录,按每户田亩计,每亩均贷一斗。正如裘锡圭先生所说:

> 各简开头的"户人某某"是各户户主的名字,"能田"指户中能从事农业生产的人,"口"指户中的全部人口。人口数下记各户田亩数,最后记贷谷数。田数与贷谷数之间,一般有"+"、"尸"两个记号,大概表示这户的贷谷已经发放。①

其中有劳动力和耕地数量等三个问题值得深究。

一 农业劳动力的家庭构成问题

为便于讨论和行文,现将《郑里廪簿》列表(表6-1,表中名字无法辨别者以天干代之)如下。

表6-1 《郑里廪簿》统计数据表

简号	户主名	总人口	劳动力	非劳动力	耕地(亩)	贷种(斗)	简号	户主名	总人口	劳动力	非劳动力	耕地(亩)	贷种(斗)
10	圣	1	1	0	8	8	23	佗	4	3	1	20	20
11	特	3	1	2	10	10	24	定民	4	4	0	30	30
12	击牛	4	2	2	12	12	25	青肩	6	3	3	27	27
13	野	8	4	4	15	15	26	□奴	7	4	3	23	23
14	厌冶	2	2	0	18	18	27	甲	+5	3	+2	40	40
15	厕	3	2	1	20	20	28	射□	6	4	2	33	33
16	立	6	2	4	23	23	29	公士田	6	3	3	21	21
17	越人	6	3	3	30	30	30	骈	5	4	1	30	30
18	不章	7	4	3	37	37	31	朱市人	4	3	1	30	30
19	胜	5	3	2	54	54	32	赖奴	3	3	0	14	14
20	房	4	2	2	20	20	33	□输	3	2	1	20	20
21	积	6	2	4	20	20	34	公士市人	4	3	1	32	32
22	小奴	3	2	1	30	30	合计	25	110+5	69	44+2	617	617

---

① 裘锡圭:《湖北江陵凤凰山十号汉墓出土简牍考释》,《文物》1974年第7期。

根据表 6 - 1 统计，《郑里廪簿》记录的总人口数是 115 人左右（第 27 号简总人口残缺，一般按 5 人计）。其中劳动力人口是 69 人，约占总人口数 60%；非劳动力人口是 46 人左右，约占总人口数 40%。按分项统计，有圣、厌冶、定民和赖奴四户没有非劳动力人口。圣的家庭仅有一人，显然应是丧偶，也没有子女，可视为残缺家庭。厌冶的家庭共有二人，肯定是一对还没有子女的夫妻，即核心家庭。定民和赖奴的家庭分别有四人和三人，情况则比较复杂。前者既可能是一对壮年夫妻和一对青年夫妻的直系家庭，或一对青年夫妻加一名丧偶父母和一名尚未婚嫁的成年弟妹，又可能是两对兄弟夫妻的联合家庭，还可能是家中有两名成年奴婢的核心家庭，或有一名成年奴婢的直系家庭；后者既可能是一对青年夫妻和一名壮年丧偶父母的直系家庭，又可能是一对壮年夫妻和一名尚未婚嫁儿女的核心家庭，当然也可能是有一名成年奴婢的核心家庭。但除了圣的单人家庭，其他三户都有着成年女性成员，这就充分证明当时农业劳动力的计算是包括成年妇女的。表中还有厕、小奴和□输三户仅有一名未成年儿女的核心家庭，以及 B 类竹简"凡十算遣一男一女"之载，[1] 如 35 号简"邓得二，任甲二，宋则二，野人四。凡十算遣一男一女，男野人，女惠"，也都完全说明了这一点。此外，特的家庭共有三人，有两人是非劳动力人口，很可能是一个单亲家庭。击牛和虏的家庭共有四人，有两人是非劳动力人口，也很可能是有两名未成年儿女的核心家庭。23 号简的佗、31 号简的朱市人和 34 号简的公士市人家庭共有四人，均有一人为非劳动力人口，多半应是有一名未成年儿女的直系家庭。胜、骈和甲的家庭共有五人，分别有两名和一名未成年人，很可能是直系家庭，也可能是有一名成年奴婢的家庭。家庭总人口在六人以上的共有九户。野的家庭最多为八口，劳动力最多为四人，非劳动力最多亦为四人；28 号简的射□家庭最少，仅有二名未成年人，其中既可能有核心家庭和直系家庭，也可能有联合家庭，更可能有成年奴婢的存在。值得特别注意的是，同样都有三个劳动力，胜的家庭竟有高达 54 亩的耕地，赖奴的家庭却仅有 14 亩耕地。这说明胜家应至少有两个男

---

① 文中"遣"字乃据黄盛璋《江陵凤凰山汉墓简牍及其在历史地理研究上的价值》（《文物》1974 年第 6 期）隶定，另见杨际平《凤凰山十号汉墓简牍"算"派役文书研究》，《历史研究》2009 年第 6 期；湖北省文物考古研究所编《江陵凤凰山西汉简牍》，第 113、150 页。

性劳动力，而赖奴家则至少应有两个女性劳动力。

由此可见，不管是哪种类型的家庭，《郑里廪簿》中的小农家庭最多拥有四名劳动力。这与秦代家庭多为核心家庭和直系家庭虽基本相同，但总共25 户小农就有 9 户的总人口达到六人或六人以上，还有 9 户家庭有三名劳动力，也在一定范围内说明，西汉前期的家庭结构已开始发生变化。学界一般认为，凤凰山十号汉墓的下限是在景帝四年（前 153）。[①] 此前贾谊曾严厉谴责秦人的分家说：

> 商君遗礼义，弃仁恩，并心于进取，行之二岁，秦俗日败。故秦人家富子壮则出分，家贫子壮则出赘。借父耰锄，虑有德色；母取箕帚，立而谇语。抱哺其子，与公并倨；妇姑不相说，则反唇而相稽。其慈子耆利，不同禽兽者亡几耳。

并认为"曩之为秦者，今转而为汉矣"。[②] 但仅仅到景帝即位前后，在不到 20 年的时间里，有些地区的家庭结构便发生如此变化，足见汉初仍然实行的《分异令》很可能已被废除。[③] 另一方面，在所有 25 户家庭中，男性劳动力的作用都显得更为重要。表 6-1 推测为一对夫妇的家庭通常耕地为 20亩，有 4 户之多，而可能为两个或两个以上男性或女性劳动力的家庭，则分别有高于或低于 30 亩的耕地，最高 54 亩，最低才 12 亩或 14 亩。这充分说明：在工具基本相同的古代社会里，男性农业劳动力的效率要远远高于女性农业劳动力。郑里农户有总人口 60% 的劳动力，妇女估计占了劳动力的一半比重，也多少证明了这一点。之所以男耕女织、男主外女主内，原因正在于此。此外，一些奴婢也被其主人役使耕田。1 号木牍记有陪葬俑"大奴一人，大婢二人"（1 正），便间接证明了这一点。另据陈振裕先生统计，在江

---

①　黄盛璋：《江陵凤凰山汉墓简牍及其在历史地理研究上的价值》，《文物》1974 年第 6 期；弘一：《江陵凤凰山十号汉墓简牍初探》，《文物》1974 年第 6 期；裘锡圭：《湖北江陵凤凰山十号汉墓出土简牍考释》，《文物》1974 年第 7 期。

②　《汉书》卷 48《贾谊传》，中华书局 1962 年版，第 2244 页。

③　王彦辉：《论汉代的分户析产》，《中国史研究》2006 年第 4 期；晋文、李伟：《从〈二年律令·户律〉看汉初的立户分户问题》，《中国农史》2008 年第 3 期。

陵八号墓的简文中共记有奴婢43人，其中15人从事农业生产；九号墓的简文记有奴婢18人，有5人从事农业生产；一六七号墓简文记有奴婢25人，8人从事农业生产；一六八号墓简文记有奴婢36人，10人从事农业生产；而一六九号墓简文记有奴婢10人，则有3人从事农业生产。[1] 也就是说，有总数接近三分之一的奴婢都被迫参与了田作。但总体上判断，其家有奴婢的户数应该很少，可能仅占郑里25户的十分之一左右（详见下文）。

二 郑里的耕地数量问题

从《郑里廪簿》可以看出，郑里的耕地数量不多，总共只有617亩。按25户平均计，每户24.7亩弱；按69名劳动力计，每人平均约8.94亩。特别是野，全家8口有4位成年人，至少应有一名男性户主，却仅仅有10亩耕地。这与晁错所说"其能耕者不过百亩"有着很大反差，[2] 所以学界便有着这些农户皆为贫民的解释。如弘一先生认为："简上记载的户人的身份应是贫苦农民。"[3] 裘锡圭先生也说：

> 从《汉书》的有关记载看，贷种食一般是以贫民为对象的。廪簿所记的贷粮户，占有的土地所以这样少，主要应该由于他们都是贫户。从这里可以看出，西汉前期土地兼并的情况已相当严重。[4]

其实不然。

汉代"贷种食一般是以贫民为对象的"，西汉前期的土地兼并情况也的确"相当严重"，但郑里25户农民都是贫民，都需要贷种实，却很难令人信服。上引第10号、第15号简中的"移越人户"和"今□奴受"，被弘一和裘锡圭先生作为土地兼并的例证，[5] 实际便证明了这些农户并非都是贫

---

① 陈振裕：《从凤凰山简牍看文景时期的农业生产》，《农业考古》1982年第1期。
② 《汉书》卷24上《食货志上》，第1132页。
③ 弘一：《江陵凤凰山十号汉墓简牍初探》，《文物》1974年第6期。
④ 裘锡圭：《湖北江陵凤凰山十号汉墓出土简牍考释》，《文物》1974年第7期。
⑤ 弘一：《江陵凤凰山十号汉墓简牍初探》，《文物》1974年第6期；裘锡圭：《湖北江陵凤凰山十号汉墓出土简牍考释》，《文物》1974年第7期。

民。至少"越人"和"□奴"不能算作贫民，他们都兼并别人的土地了，还能作为贫民贷种实吗？近来臧知非先生提出：

> 以往研究，不了解西汉前期存在授田制，以土地私有为前提，认为农民土地之所以如此之少是土地兼并的结果。现在明确西汉前期实行授田制，以户为单位，每户百亩，授予的是未垦地，……郑里 25 户 617 亩土地不是 25 户人家实有土地数，而是新开垦的土地，因缺乏籽种，故由政府借贷，每亩一斗的标准即因于此。[1]

此说应该更接近于事实，尽管土地私有的存在还不容否定。大体说来，耕地和未开垦的草田（荒田）有着很大区别。草田的开垦非常辛苦，需要花费很多人力、物力和财力。而且草田的亩数是毛算亩数，含有道路、田界、沟渠和庐舍等，明显要多于被开垦耕地的亩数。岳麓秦简《数》的一道"成田"算题，就是一个显例。

> 田广十六步大半半步，从（纵）十五步少半半步，成田一亩卅一步有（又）卅六步之廿九。(56)[2]

其中"成田一亩卅一步有（又）卅六步之廿九"，乃指核算后的"舆田"即实际耕种面积，按 9785/36 ÷ 240 算，约等于 1.1325 亩。如果按草田的面积算，就算只耕种其中一部分土地，实际也不会出现精确到小数点后 4 位的亩数。可见耕地和"垦田"是按在草田上具体开垦和播种多少田亩计算的，它们的面积均小于草田面积，"垦田"的面积还要更少于耕地的面积。汉初的授田或名田，如"公士一顷半顷，公卒、士五（伍）、庶人各一顷"[3]，通常皆指草田，否则也不可能有那么多的耕地。而郑里的农户亩数则指耕地，每亩皆贷粮种一斗就是明证。所以在面积

---

① 臧知非：《"算赋"生成与汉代徭役货币化》，《历史研究》2017 年第 4 期。

② 朱汉民、陈松长主编《岳麓书院藏秦简［贰］》，上海辞书出版社 2011 年版，第 62 页。

③ 张家山二四七号汉墓竹简整理小组编《张家山汉墓竹简［二四七号墓］》（释文修订本），文物出版社 2006 年版，第 52 页。

上差别很大，不足为奇。

更重要的是，郑里 25 户 617 亩土地也的确不是 25 户人家的实有土地数。秦汉时期的农业生产率较低，大多数农民都必须休耕一部分土地，亦即"自爱其处"①。从实际耕种亩数来看，在秦及汉初时期，一名劳动力通常只能耕种 15 亩地左右。如《史记·陈丞相世家》："陈丞相平者，阳武户牖乡人也。少时家贫，好读书，有田三十亩，独与兄伯居。伯常耕田，纵平使游学。"② 银雀山汉简《守法守令等十三篇》：

　　一人而田大亩廿【四者王，一人而】田十九亩者朝（霸），【一人而田十】四亩者存，一人而田九亩者亡。（932 – 933）③

乃至到宣帝时期，名将赵充国率军屯田，对作为男性壮劳力的士卒仍设定"赋人二十亩"④。根据最新公布的《堂邑元寿二年要具簿》："凡筭（算）六万八千五百六十八，其千七百七十九奴婢。""凡狠（垦）田万一千七百九十九顷卅七亩半。"（M147：25 – 1）⑤ 在西汉末年的堂邑县，每个成年人耕种的垦田平均亦只有 17.2 亩（1179937.5 ÷ 68568 ≈ 17.2）。文景时期就更是如此了。当时一对夫妇能耕种 30 亩左右的垦田应算作正常，一对夫妇再加上一个男性劳动力耕种 40—50 亩垦田亦属于正常。按这个标准衡量，郑里的一部分农户每人"能田"10 亩左右，确实低了一些，面积大约少了三分之一。但关键在于，他们的耕地均为"新开垦的土地"，并没有包括其原有耕地。如果再加上原有耕地，就算有一半面积的耕地休耕，这些农户的耕地也大多达到或超过了一人耕种 15 亩左右的水平（详见下文）。如立的耕地可能达到 35 亩，房的耕地可能达到 30 亩，而小奴的耕地则可能达到 45 亩。包括把 8 亩耕地"移越人户"的圣，尽管可以证明当时存在着土地兼

---

① 《汉书》卷 24 上《食货志上》，第 1119 页。
② 《史记》卷 56《陈丞相世家》，中华书局 1959 年版，第 2051 页。
③ 银雀山汉墓竹简整理小组编《银雀山汉墓竹简［壹］》，文物出版社 1985 年版，第 145 页。
④ 《汉书》卷 69《赵充国传》，第 2986 页。
⑤ 青岛市文物保护考古研究所、黄岛区博物馆：《山东青岛土山屯墓群四号封土与墓葬的发掘》，《考古学报》2019 年第 3 期。

并问题，但也不能证明他仅有 8 亩耕地。圣的耕地可能较少，属于贫民；也可能耕地较多，一个人耕种不了（估计在垦荒期间丧偶），才把新开垦的耕地转让给了越人。所以问题还不是郑里农户的平均耕地太少，而是不能把新开垦的耕地算作农户的全部耕地。

三　贷种实的原因与数量问题

关于贷种实的原因，弘一和裘锡圭先生都认为是帮助贫民种地。[①] 在文帝二年也的确有强调重农的诏书——"夫农，天下之本也，其开籍田，朕亲率耕，以给宗庙粢盛。民谪作县官及贷种实未入、入未备者，皆赦之。"[②] 其中提到了赦免那些贷了国家粮种没有归还或归还数量不够的农民。但如前所述，郑里的 25 户农户并不都是贫民，因而贷予贫民的看法还难以成立。至少在《郑里廪簿》的记录中是说不通的。黄盛璋先生认为，"此账册当是地主贷给农户种粮的"。[③] 亦明显不确，民间的贷种实文书没有必要记录被借贷人的总人口和劳动力情况。而臧知非先生认为，这"是新开垦的土地，因缺乏籽种，故由政府借贷，每亩一斗的标准即因于此"，则比较符合事实，理由也更为充分一些。问题是，"新开垦的土地"必定"缺乏籽种"吗？显然也并非如此。对有些富农和地主来说，便根本不存在"缺乏籽种"的问题。所以"缺乏籽种"说也难以成立。真正的原因是，官府鼓励垦荒，贷种是对垦荒所获得耕地农户的一种激励，正如农民多卖公粮政府将提高收购价那样。之所以贷种标准都是每亩一斗，而没有贫困程度和田亩数量的差别，就是因为此乃新垦耕地的激励措施。从渊源来说，则是秦及汉初鼓励垦荒政策的一种延续。在《里耶秦简［贰］》中便有官府"贷种实"的记录——"廿六年后九月辛酉，启陵乡守枯、佐□、稟人矰出麦四斗以贷贫毋種（种）者贞阳不更佗。"（9 - 533 + 9 - 886 + 9 - 1927）[④] 文帝诏曰"贷种实未入、入未备者，皆赦之"，也证明这是一项从汉初延续到后世的长期

---

① 弘一：《江陵凤凰山十号汉墓简牍初探》，《文物》1974 年第 6 期；裘锡圭：《湖北江陵凤凰山十号汉墓出土简牍考释》，《文物》1974 年第 7 期。

② 《汉书》卷 4《文帝纪》，第 117 页。

③ 黄盛璋：《江陵凤凰山汉墓简牍及其在历史地理研究上的价值》，《文物》1974 年第 6 期。

④ 陈伟主编《里耶秦简牍校释》第 2 卷，武汉大学出版社 2018 年版，第 150—151 页。

政策。其中既有贷予贫民的，也有鼓励开垦耕地的。尽管在文帝以后授田制或名田制开始瓦解，许多人都不再完全按户申请受田，如郑里有超过一半的直系家庭和联合家庭，土地兼并也更加发展，"有卖田宅鬻子孙以偿责者矣"①，但鼓励垦荒、尽可能扩大耕地的激励政策却一直未变，也是文帝以后重农政策的一个重要内容。可以毫不夸张说，汉代耕地的不断扩大，与此即有着直接关系。

至于每亩一斗的数量问题，则应当看作仅仅贷予粮种。在西汉前期，这个贷种实的标准是可以大体满足播种需要的，也是自秦代以来播种的通用标准。如睡虎地秦简《仓律》："种：稻、麻亩用二斗大半斗，禾、麦亩一斗，黍、荅亩大半斗，叔（菽）亩半斗。利田畴，其有不尽此数者，可殿（也）。"② 这也从一个侧面表明，秦汉政府对开垦耕地的奖励比较切实和有效。意图则显而易见，就是要确保耕地的播种，以免新开垦的耕地因为缺乏种籽而撂荒。它还具有种植哪些农作物的指导作用，并说明在郑里乃至西乡，当时的农作物主要是粟、麦，而不是稻、麻或者黍、荅和菽。

第二节　《算簿》中的杂税与口钱、算赋等问题

《算簿》的记录见于墓中 4 号和 5 号木牍（《简报》的编号是 5 号和 4 号）。为便于讨论，兹将牍文亦转引如下：

市阳二月百一十二算算卅五钱三千九百廿正偃付西乡偃佐缠吏奉（俸）卩　受正□二百卌八
市阳二月百一十二算算十钱千一百廿正偃付西乡佐赐　口钱卩
市阳二月百一十二算算八钱八百九十六正偃付西乡偃佐缠传送卩
市阳三月百九算算九钱九百八十一正偃付西乡偃佐赐

---

① 《汉书》卷 24 上《食货志上》，第 1132 页。
② 睡虎地秦墓竹简整理小组编《睡虎地秦墓竹简·秦律十八种·仓律》，文物出版社 1978 年版，第 43 页。

市阳三月百九算算廿六钱二千八百卅四正偃付西乡偃佐赐

市阳三月百九算算八钱八百七十二正偃付西乡偃佐赐

市阳四月百九算算廿六钱二千八百卅四正偃付西乡偃佐赐

市阳四月百九算算八钱八百七十二正偃付西乡偃佐赐 （4 正）

市阳四月百九算算九钱九百八十一正偃付西乡偃佐赐

市阳四月百九算算九钱九百八十一正偃付西乡偃佐赐　四月五千六百六十八

市阳五月百九算算九钱九百八十一正偃付西乡偃佐奋

市阳五月百九算算廿六钱二千八百卅四正偃付西乡偃佐奋

市阳五月百九算算八钱八百七十二正偃付西乡偃佐奋　五月四千六百八十七

市阳六月百廿算算卅六钱四千三百廿付□得奴

郑里二月七十二算算卅五钱二千五百年正偃付西乡偃佐缠吏奉（俸）卩

郑里二月七十二算算八钱五百七十六正偃付西乡佐佐缠传送卩

郑里二月七十二算算十钱七百廿正偃付西乡佐赐　口钱卩（4 反）

当利正月定算百一十五

正月算卅二给转费卩

正月算十四吏奉（俸）卩

正月算十三吏奉（俸）卩

正月算□传送卩

正月算□□□□卩

当利二月定算百

二月算十四吏奉（俸）卩

二月算十三吏奉（俸）卩

二月算廿□□□缮兵卩

三月算十四吏奉（俸）卩

三月算十三吏奉（俸）卩

三月算六传送 （5 正）

刍二石为钱 （5 反）

《算簿》的内容至今仍令人感到新奇和费解，以下先说算钱的征收方式和杂税问题。

一　算钱的征收方式与杂税问题

关于基层政府各种费用的征收方式，以往对这一问题不甚明了，《算簿》则为我们提供了许多鲜活的例证。根据"当利正月定算百一十五""市阳二月百一十二算算卅五钱""市阳三月百九算算九钱""市阳四月百九算算九钱"等记录，可知对各种费用的征收当时是先按纳税人的总数定出算数，再按相关费用的总数确定每算收钱多少，然后向纳税人收钱。有的是一次性征收，如市阳和郑里二月算收的"口钱"；有的是分批征收，如市阳三月、四月和五月连续四次算收的"九钱"。而纳税人则根据被规定的具体算数交钱，大多数人都是一算，有的可能二算或三算、五算，还有的无算。《汉书·惠帝纪》载："女子年十五以上至三十不嫁，五算。"[①]就是惩罚晚婚女子须承担多算的例子。这种征收方式充分体现了汉代基层政府的管理职能，也反映出汉代"量吏禄，度官用，以赋于民"[②]的征收原则。正如弘一先生所说："这里税钱是按算征收的，……算字在这里可能是被借用为按人头征杂税的单位。"[③] 高敏先生也说："其征收步骤是：先以里为范围，按口定算，然后分次征收与上缴。"[④] 尽管"分次征收"还未必尽然。

《算簿》的杂税问题也引人注目。其中可以被明确为杂税的，有"吏奉""传送""转费""缮兵"四项。"口钱"的性质还有待研究（下文详论）。郑里的记录只有在二月的三次收算，当利仅仅记录了算钱用途，均不具有单独统计的意义。从市阳杂税的算钱看，"吏奉"为 35 钱、"传送"为 8 钱，总共 43 钱，约占市阳"累计"收算 227 钱的 19%。这个比例的计算

---

①　《汉书》卷 2《惠帝纪》，第 91 页。按：这里的"五算"和《算簿》中的"五算"还不是同一个概念，详见下文分析。

②　《史记》卷 30《平准书》，第 1418 页。

③　弘一：《江陵凤凰山十号汉墓简牍初探》，《文物》1974 年第 6 期。

④　高敏：《从江陵凤凰山 10 号汉墓出土简牍看汉代的口钱、算赋制度》，《文史》第 20 辑，收入氏著《秦汉史探讨》，中州古籍出版社 1998 年版，第 292—315 页。

实际是很粗略的，并不准确。在市阳的杂税中，"转费"和"缮兵"的算钱阙载，可能是没有算收，但更可能是碍于某些原因被合并到了其他算钱之中。值得注意的是，"当利二月筭廿□"并不仅仅是指"缮兵"，在"缮兵"之前还有二字残缺。参照市阳和郑里二月都算收了"传送"，或许可以推测，牍文所残缺的"□□"应是"传送"二字。从当利二月算钱数额较大来看，也可能是"转费"二字。另一方面，据《汉书·食货志上》记载："赋共车马甲兵士徒之役，充实府库赐予之用。"[1] 以及《汉书·高帝纪上》注引如淳曰："《汉仪注》民年十五以上至五十六出赋钱，人百二十为一算，为治库兵车马。"[2] 在赋钱（一说赋钱即是算赋的正规名称）的使用中，本身便应当包括"缮兵"。或许地方政府的"缮兵"可以变通，[3] 而允许作为一种杂税征收。但无论市阳的杂税包不包括"转费"和"缮兵"，都说明杂税在算钱中占了较大比重，关键还在于怎么认识。以往学者多认为，《算簿》中的杂税比重较大，所谓轻徭薄赋实乃对文景时期的美化。弘一先生便最早提出：

> 西汉前期的赋税制度并不像史书记载的那样规整，口赋不是按未成年的男女每年征收一次，而是分派到每个人的名下按月征收。农民除了负担史书所说的算赋和口赋外，还要缴纳诸如吏奉、传【送】之类的杂税。4 号木牍还记有"【缮】兵"、"转费"等项目，可见当时统治者加给农民的苛捐杂税种类的繁多和沉重了。[4]

但这却是扩大了杂税的比重，所谓"量吏禄，度官用，以赋于民"还当理解为节俭费用，而不是巧立名目，尽可能盘剥百姓。当然，对如何判定杂税的种类和数量，还取决于对《算簿》所有算钱种类和数量的分析。每一项算钱的性质和数量都将关系到杂税比重的大小。

---

① 《汉书》卷 24 上《食货志上》，第 1120 页。
② 《汉书》卷 1 上《高帝纪上》，第 46 页注［四］。
③ 马怡：《汉代的诸赋与军费》，《中国史研究》2001 年第 3 期。
④ 弘一：《江陵凤凰山十号汉墓简牍初探》，《文物》1974 年第 6 期。按：文中加【】字为笔者对原文关键字的订正。

下文谈谈"算赋"和"口钱"。这既是判断杂税比重大小的一个关键，也是当今学界争议的一个前沿课题。

二　口钱、算赋的征收问题

如前所述，市阳里"累计"征收算钱为每算 227 钱，传世文献中的算赋则为每算 120 钱。如汉末应劭说："汉律人出一算，算百二十钱，唯贾人与奴婢倍算。"[①] 由于这个数额差别太大，因而算赋的数额问题便成为讨论的一个焦点。如裘锡圭先生认为：

> 从 4 号牍关于算钱收付的记录来看，当时显然并无一算一百二十钱的规定。根据木牍记载，算钱是分多次征收的。例如市阳里的算钱在二、三两月都收了三次，四月收了四次，五月收了三次，六月收了一次，共为十四次。这一年其他六个月里收算钱的情况由于材料缺乏无法知道，估计次数也不会少。上半年内十四次所收的赋，每算合 227 钱，如果再加上其余半年所收的赋，估计每年要达到四百多钱的样子。[②]

高敏先生则针锋相对，认为西汉前期的算赋应是每人每算 227 钱。

> 4 号木牍记载了市阳里从二月到六月征收赋钱的情况，其中二月凡三次，三月三次，四月四次，五月三次，六月一次，合计为十四次。每次征收的量，都只是每算的一小部分，多则每算 36 钱，少则 8 钱、9 钱。每次上缴的赋钱总量，都与该次每算征收的量及该里总算数之积符合。每月上缴的总数，又是同月内诸次所征赋钱数之和，如市阳里四月与五月的总数便是如此。这此【些】情况说明，十四次所征收的每算的量，都在每算固定数量之内。第十四次征收之后，突然转到郑里去了，简文又无残缺。因此，可以肯定必是市阳里的赋钱，经过十四次征

---

①　《汉书》卷 2《惠帝纪》，第 91 页注［一］。

②　裘锡圭:《湖北江陵凤凰山十号汉墓出土简牍考释》,《文物》1974 年第 7 期。

收之后，每算的定数已经满了，所以不再征收了。由此说来，汉初每算的数量，应为此十四次所征每算量之和，相加得 227 钱，应当就是文、景时期每算的固定数量。[1]

也有学者认为文帝时"民赋四十"，如岳庆平先生提出：西汉前期的算赋既非 120 钱，亦非 227 钱，而是"民赋四十"，并应把"取民之赋和上交之赋"分开。[2] 还有学者如蒋非非先生认为：

> 西汉初年算赋征收是有定额的，全年一算为一百二十文（除文帝时一度改收三分之一），部分提前预征，八月算民时正式决算，决不可以认为各月数字应该累计相加。[3]

当然，也有学者提出，《算簿》中的算钱应是"口赋"（亦称口钱）和"杂税"，而不是算赋。如弘一先生认为："5 号木牍是记收口赋和其他杂税的账单。""这里税钱是按筭征收的，但它不是'算赋'。"[4] 杨际平先生还进一步提出，汉代"事""算"是联系在一起的，徭役和人头税都必须基于"算口"。[5] 而臧知非先生则走向了另一个极端，完全否定在西汉前期有算赋和口钱存在，认为《算簿》中的算钱都是因事定算的代役钱。

> 凤凰山"算簿"是因"事"定算、按"算"收钱的账簿，是徭役货币化的历史实践。7—14 岁每年人"出口钱"23 钱，15—56 岁每年人"出赋钱"120 钱的制度源于《周礼》国人野人的阶级差别、形成于元帝，是受田民由国家课役农演变为个体小农的历史体现，是中国古

---

① 高敏：《从江陵凤凰山 10 号汉墓出土简牍看汉代的口钱、算赋制度》，《文史》第 20 辑，收入氏著《秦汉史探讨》，第 313—314 页。

② 岳庆平：《汉代"赋额"试探》，《中国史研究》1985 年第 4 期。

③ 蒋非非：《算赋制度问题探讨——从江陵凤凰山十号汉墓出土简牍谈起》，平准学刊编辑委员会编《平准学刊》第 3 辑，下册，中国商业出版社 1986 年版，第 309—328 页。

④ 弘一：《江陵凤凰山十号汉墓简牍初探》，《文物》1974 年第 6 期。

⑤ 杨际平：《凤凰山十号汉墓据"算"派役文书研究》，《历史研究》2009 年第 6 期。

代赋役制度层累叠加的历史反映。①

臧先生的说法也使得关于《算簿》讨论的性质和方向发生了重大转变。

值得注意的是，以上诸说虽然分歧很大，并或多或少存在着偏颇，但都是在承认西汉前期有人口税的前提下的讨论。即使有些学者认为算钱不是算赋，实际也没有否定算赋和口赋的存在。杨际平先生虽指出 B 类简册是据"算"派役的文书，"与赋税（或赋税类中之算钱）征纳无关"，但也同样认为 4 号、5 号木牍是"口算钱簿"。② 唯独臧先生抛开了人口税的前提，完全主张《算簿》是因事定算，与算赋、口钱了无关系，而仅与徭役有关。这种看法不能说一点道理没有，但究竟有多大可能，有多少材料的支撑，有没有非学术因素的问题，还存在很多疑问。

我们的看法是，《算簿》中的算钱实际包括了算赋和口赋（口钱）。

首先，作为重要的经济制度，正史对西汉前中期的算赋和口赋都有着很多记载。诸如：

《汉书·高帝纪上》："（四年）八月，初为算赋。"③

《汉书·惠帝纪》："六年冬十月……女子年十五以上至三十不嫁，五算。"④

《汉书·贾山传》：文帝"礼高年，九十者一子不事，八十者二算不事"。⑤

《汉书·贾捐之传》："孝文皇帝，闵中国未安，偃武行文，则断狱数百，民赋四十，丁男三年而一事。"⑥

《汉书·武帝纪》："建元元年……春二月，赦天下，赐民爵一级。年八十复二算，九十复甲卒。"元封元年夏四月，诏"行所巡至……四县无出今年算"。⑦

① 臧知非：《"算赋"生成与汉代徭役货币化》，《历史研究》2017 年第 4 期。
② 杨际平：《凤凰山十号汉墓据"算"派役文书研究》，《历史研究》2009 年第 6 期。
③ 《汉书》卷 1 上《高帝纪上》，第 46 页。
④ 《汉书》卷 2《惠帝纪》，第 91 页。
⑤ 《汉书》卷 51《贾山传》，第 2335 页。
⑥ 《汉书》卷 64 下《贾捐之传》，第 2832 页。
⑦ 《汉书》卷 6《武帝纪》，第 156、191 页。

《汉书·昭帝纪》：元凤四年春正月，赐"毋收四年、五年口赋"。[1]

《汉书·宣帝纪》：甘露二年春正月，诏"减民算三十"。[2]

从方法论的角度说，正史记载的是国家制度，通常都很难完全推翻。简牍虽然可以证经补史，甚至改写历史，但对正史已经记载的制度，特别是涉及广大民众的国家制度，却无法从根本上否定。《算簿》只是一个乡的定算收钱记录，即使相关制度与正史记载的制度产生矛盾，一般也应该充分考虑地方的特殊性问题，或者反思对材料的理解会不会出现盲区或误区，而不是竭力否定正史记载。笔者孤陋寡闻，还没有听说有哪项正史记载的国家制度是根据简牍被彻底推翻的。臧知非先生的做法却恰恰相反，文中很大篇幅都是高祖的"初为算赋"如何如何反常，惠帝、文帝并没有征收算赋，甚至连扯不上的秦昭王的"十妻不算"也大批特批。这是笔者对臧文产生疑问的一个根本原因。仔细拜读臧文，实际也就不难看出，它的那些论证多数都是欠妥的。

其次，臧文有一些对材料的草率处理，还出现了逻辑不能自洽的问题。这是笔者对其新说产生疑问的一个主要原因。比如，其"当利里正月至三月收钱 11 次，每'算'合计 149 钱"云云，完全是漫不经心。一个很简单的算术问题——按"二月算廿□□□缮兵"最少为"二月算廿一□□缮兵"计，"正月算□传送"最少为"正月算一传送"计，"正月算□□□□"最少为"正月算十一□□"计，亦即 42 + 14 + 13 + 1 + 11 + 14 + 13 + 21 + 14 + 13 + 6，每算合计都应当至少 162 钱。再如，《郑里廪簿》"计 25 户，约 105 人"云云，也显然是沿袭裘锡圭先生的错误计算，[3] 实际应是 115 人左右（这一硬伤的后果非常严重，导致了几代学人的误判）。[4] 又如，前揭《汉书·惠帝纪》"女子年十五以上至三十不嫁，五算"，明明是"算""事"分开，表明算赋可单独存在，臧文也根本不加分析。高祖四年"八月，初

---

① 《汉书》卷 7《昭帝纪》，第 229 页。

② 《汉书》卷 8《宣帝纪》，第 269 页。

③ 裘锡圭：《湖北江陵凤凰山十号汉墓出土简牍考释》，《文物》1974 年第 7 期。

④ 按：如果确如裘文所言："廪簿所记民户共 25 户，能田者 69 人，人口 105 人上下。"（裘锡圭：《湖北江陵凤凰山十号汉墓出土简牍考释》，《文物》1974 年第 7 期）那么口钱为口赋说便根本不能成立，因为不可能像黄盛璋先生所说，郑里所有的未成年人（36 人）都缴纳口钱，或者说他们都在三岁乃至七岁以上了。这很可能就是当初裘文不取口赋说的一个主要原因。

为算赋"能不能说成开始征收算赋，当然可以讨论，但声称这"在历史逻辑上存在着矛盾"，并认为开征算赋"只能加速民众流亡"，便令人更加糊涂了。赋税是国家机器正常运转的必要条件和前提，越是要"扩大兵源"，越是要增加赋税。在战争情况下，古今中外哪个国家会因为民众逃亡就不征税了？其实，从汉王元年（前206年）到四年八月之前，刘邦仍大体沿用秦的赋税制度，制定新的人口税即算赋制度来取代秦的户赋，恰恰是减轻了民众负担。① 臧文明明认识到《郑里廪簿》中的土地是"新开垦的"耕地，"不是25户人家实有土地数"，但为了证成己说，还是把这25户都算作"贫弱之家"。臧文还假设："如果牍文之'筭'是人们理解的'算赋'之省称，这25户农民根本无力缴纳。"② 但这却是一个不能假设的问题，无论数额多大，也不管多么贫弱，这25户人家已经如数缴纳算钱是一个客观事实。问题只在于他们的负担到底能有多重，能不能都是算赋。至于这些算钱究竟是代役钱或者杂税，还是算赋和口钱，抑或兼而有之，则是另外一个问题了。

再次，汉代徭赋皆因人定算，而不是因事定算。从汉代徭役来看，臧文对因事定算的论述确有一些道理，所征引并解读的史料也多少证明存在着因事定算的形式。如前揭"邓得二，任甲二，宋则二，野人四。凡十算遣一男一女，男野人，女惠"，以及相关简牍和传世文献等。但这只能证明徭役的征发形式是因事定算，却不能证明徭役的征发就是因事定算。以"十算"的确定为例，实际便恰恰是根据其男女服役的人数和折算人数的多少。归根结底，这些徭役的定算都离不开"算口"，是因人定算基础上的定算。前揭《堂邑元寿二年要具簿》也完全证实了这一点。此簿记载西汉末年堂邑县的总人口为"口十三万二千一百四"，免除赋税徭役的人数是"复口三万三千九十四"，应当承担赋税徭役的人数是"定事口九万九千一十"（M147：25-1）。③ 它不仅充分证明"事"的广义是指徭、赋，包括算赋、口钱和徭役，否则也不可能有高达总人口四分之三的人数要承担徭役；而且无可争辩地证明，

---

① 晋文：《秦代算赋三辨——以近出简牍材料为中心》，载罗家祥主编《华中国学》2018年秋之卷（总第十一卷），华中科技大学出版社2019年版，第1—8页。
② 臧知非：《"算赋"生成与汉代徭役货币化》，《历史研究》2017年第4期。
③ 青岛市文物保护考古研究所、黄岛区博物馆：《山东青岛土山屯墓群四号封土与墓葬的发掘》，《考古学报》2019年第3期。

汉代赋税徭役也都是因人定算的。正如杨际平先生所说："算口簿之所以可以据以征力役，是因为汉代的应算口，实际上也就是应承担政府使役之口。"[1] 算赋和口钱就更是如此了。二者都是"口率出泉"的人口税，[2] 区别仅在于前者是成年人，后者是未成年人，并有着数额之分。以臧文宣称形成于元帝的算赋、口钱来说，便分别是每人每年120钱和23钱。更重要的是，臧文所说的"代役钱"也并非囊括了全部算钱，如《算簿》中的"吏奉""口钱"即肯定与徭役无关，遑论更多没有被标明用途的算钱了。那么究竟怎样才能根据徭役来定人口税的"算"呢？这是引发笔者对臧文产生疑问的另一个原因。

复次，也是最关键的，在《算簿》的记录里是含有算赋和口钱的。我们的论证便先从口钱开始。

汉代人口税有算赋和口赋（口钱）之分。一般认为，成年人的算赋是每人每年120钱，未成年人的口钱是20钱。如《汉书·昭帝纪》注引如淳曰："《汉仪注》民年七岁至十四出口赋钱，人二十三。二十钱以食天子，其三钱者，武帝加口钱，以补车骑马。"[3] 因此，当《算簿》被发现有"口钱"记录后，很多学者都首先想到了口赋。弘一先生可谓口钱"即口赋"的最早提出者。黄盛璋和高敏先生的分析也值得我们参证，如高先生认为：

> 既然"口钱"的名称，与"算赋"之名同时出现于西汉文、景时期的木牍上，则西汉时期，除有对成年人的"算赋"之征外，还有对未成年人的"口钱"之征，乃是十分明显的事实。[4]

特别是黄先生，不仅论证了口钱的存在，而且敏锐发现了口钱据以征收的人数，更为《算簿》含有口钱的最终证实指明了方向。其论证如下：

---

① 杨际平：《凤凰山十号汉墓据"算"派役文书研究》，《历史研究》2009年第6期。
② 《周礼注疏》卷2《天官·大宰》，［清］阮元校刻《十三经注疏》（附校勘记），中华书局1980年版，上册，第647页。
③ 《汉书》卷7《昭帝纪》，第230页。
④ 高敏：《从江陵凤凰山10号汉墓出土简牍看汉代的口钱、算赋制度》，《文史》第20辑，收入氏著《秦汉史探讨》，第297页。

此牍所记口钱皆为 20 的倍数，市阳为 1120 钱，相当于 56 人口钱，郑里为 720 钱，相当 36 人口钱，正可印证武帝以前确已有口钱，加三钱乃武帝所创。[①]

当然，由于市阳每算"累计"的钱数太多，"口钱"仅算 10 钱，没有直接的证据和口赋有关，许多学者也并不赞同这种看法。裘锡圭先生便明确提出：

> 4 号牍正面"市阳二月百一十二算算十钱"条下，和背面"郑里二月七十二算算十钱"条下，都注着"口钱"二字。关于汉代前期的口钱，史料极为缺乏。武帝以后所谓口钱，跟算赋是分开的，十四岁以下出口钱，十五岁以上出算赋。用这种制度来解释木牍的口钱，显然讲不通。《汉书·贡禹传》说："禹以为古民亡（无）赋算口钱（有人在'赋'字断句，有人在'算'字断句，待考），起武帝征伐四夷，重赋于民，民产子三岁，则出口钱。"也许十四岁以下出口钱是武帝时才规定的制度，木牍所记的口钱是另一个意思（也许是算赋中规定上缴给皇帝的一个项目）。[②]

岳庆平先生也坚称不是口赋，理由主要有三：

> 第一，关于向未成年人征收的口赋额，史学界目前有两种说法：一说二十钱，一说二十三钱。高敏先生赞成前者。但"凤牍 4 号"所载"口钱"只有十钱，高敏先生认为牍文无缺，市阳里的"口钱"和算赋是全年的征收量。如此，则"凤牍 4 号"所载"口钱"不仅与二十三钱之说不合，且亦与高敏先生赞成的二十钱之说相谬。
>
> 第二，算赋向成年人征收，口钱向未成年人征收，既然二者对象绝然不同，则承担人数亦应有异。据牍文，市阳里二月的算赋和"口钱"

---

① 黄盛璋：《江陵凤凰山汉墓简牍及其在历史地理研究上的价值》，《文物》1974 年第 6 期。
② 裘锡圭：《湖北江陵凤凰山十号汉墓出土简牍考释》，《文物》1974 年第 7 期。

承担者皆为百一十二算，郑里二月的算赋和"口钱"承担者皆为七十二算。可见，"凤牍4号"所载算赋和"口钱"的承担者理应为一。

第三，如果认为"凤牍4号"所载算赋和"口钱"的承担者是未成年人，显然解释不通；如果认为"凤牍4号"所载算赋和"口钱"的承担者是成年人，又难以回答何以成年人替未成年人交纳"口钱"。由此可知，"凤牍4号"所载"口钱"与未成年者人口税毫无关系。[1]

岳文的三条理由可以说是对早先口赋研究的一个最有力的辩驳，尤其口赋的承担者理应是未成年人，而《算簿》口钱的承担者则为成年人，[2] 似乎更成为一种定谳，因之"口钱"即为口赋的说法曾一度消沉。尽管《算簿》在口赋的征收上还有着一些线索，如市阳里和郑里的"口钱"都由专人掌管，和"吏奉""传送"明显不是一个渠道，"刍二石为钱"也相等于二十钱（详见下文），但毕竟都是间接证据，尚不足以证明其口赋之说。

然而，真相是不可能完全湮没在历史的长河之中的。在黄盛璋先生的启发下，经过认真比对，并反复验证，笔者在凤凰山简牍中终于发现了口钱实乃口赋的证据。这个证据就是《郑里廪簿》对郑里二月口钱征收人数的验证。根据表6-1可知，郑里有46名左右未成年人，而根据黄先生推算，郑里二月则有36人缴纳"口钱"，约占总人数的78.26%。众所周知，汉代未成年人的口钱起征年龄有满三岁和满七岁两种说法——"古民亡赋算口钱，起武帝征伐四夷，重赋于民，民产子三岁则出口钱，故民重困，至于生子辄杀，甚可悲痛。宜令儿七岁去齿乃出口钱，年二十乃算。"[3] 假设口赋从满三岁起征或满七岁起征，在儿童出生率和死亡率大致相同的情况下，也就可以通过其未成年人的比例来验证是否有36人左右缴纳"口钱"。先按满七

---

① 岳庆平：《汉代"赋额"试探》，《中国史研究》1985 年第 4 期。

② 按：此前日本学者永田英正便明确提出："如果承认五号牍记载的算的数字就是成人的数字的话，那么，就意味着将口钱理解为向未成年人征收的口赋这一意见是难以成立的。"（永田英正：《江陵凤凰山十号汉墓出土的简牍——以算钱研究为中心》，《森鹿三博士颂寿纪念史学论集》，同朋舍，1977年，收入［日］永田英正著，张学锋译《居延汉简研究》（下），广西师范大学出版社 2007 年版，第477 页）其实不然。

③ 《汉书》卷 72《贡禹传》，第 3075 页。

岁起征算，这个比例是不算即可得知的 50%，共有 23 人纳税（46×1/2），与 36 人纳税差距很大。再按满三岁起征算，其比例是 11÷14≈78.57%，约等于有 36 人交赋。这个验证的结果，与郑里 36 人缴纳"口钱"的比例高度重合，几乎完全相等。它无可争辩地证明：郑里二月 36 人缴纳的"口钱"就是史书记载的口赋，市阳里二月 56 人缴纳的"口钱"也都是口赋，同时也证实了口钱源自汉初，是从满三岁而不是满七岁起征。

　　"口钱"就是口赋的事实，揭开了《算簿》的一系列谜底。"口钱"不是杂税，而是口赋，这意味着市阳里每算累积 227 钱的算法是错误的，蒋非非先生的判断颇为精到，也意味着臧文据以论证的因事定算已失去根基。至于未成年人的口赋为何要由成年人缴纳，原因非常简单，也完全符合情理。未成年人没有收入，以他们的名义征收口赋只能由成年人承担，就像中小学生的杂费均由其家长交纳一样，无非口赋有着专门的类别和名称而已。这也说明汉代算赋和口赋的"算"有两种含义。一种是国家制度的定算含义。无论口赋，还是算赋，所谓"一算"都有着固定数额，前者为 20 钱，后者为 120 钱。另一种是基层政府如何收取算赋和口赋的定算含义。所谓"一算"，往往是把国家制度的"一算"拆分后的一算，如《算簿》中的口钱就是把国家制度的"一算"拆分为二算，所说的一算仅相当于国家制度"一算"的二分之一。这种做法是为了方便全里统一收税和管理，更是考虑到民户一次能够缴纳的承受能力（一次收赋不得超过 40 钱，应是文帝"民赋四十"的另一种含义）。复杂而又易于混淆的，就是这种基层政府的定算。具体来说，《算簿》中的定算又有两种方式：一种是每人一算，所有成年人的算钱都完全一样，如"市阳四月百九筭，筭九，钱九百八十一。正偃付西乡偃佐赐"。因为是按纳税的总人数来拆分 20 钱或 120 钱，所以拆分后的一算或几次相加的算钱数就必定是 20 或 120 的因数，总数或几次收算相加的总数也必定是 20 或 120 的倍数。如 9×4＝36，8×3＝24，26×3＝78（非直接因数），4320÷36＝120。另一种则是有的成年人有算，一算或多算；有的无算，仅作为统一定算总人数的凑数（便于上交和平账，实质是县、乡征收算钱的两本账）。口钱的定算就是如此。为便于理解，现以《郑里廪簿》的记录为原型，将《算簿》的口钱定算类型列表（表 6－2）如下：

表 6 - 2　　《算簿》口钱定算类型分析表

类型	纳税人	定算	儿童	口钱	类型	纳税人	定算	儿童	口钱
A 家庭	1	0	0	0	I 家庭	2	8 算	4	80 钱
B 家庭	2	0	0	0	J 家庭	3	2 算	1	20 钱
C 家庭	3	0	0	0	K 家庭	3	4 算	2	40 钱
D 家庭	4	0	0	0	L 家庭	3	6 算	3	60 钱
E 家庭	1	2 算	1	20 钱	M 家庭	4	2 算	1	20 钱
F 家庭	1	4 算	2	40 钱	N 家庭	4	4 算	2	40 钱
G 家庭	2	2 算	1	20 钱	O 家庭	4	6 算	3	60 钱
H 家庭	2	4 算	2	40 钱	P 家庭	4	8 算	4	80 钱

从表 6 - 2 可以看出，口钱的定算规则是以交纳口赋的儿童人数为依据的。家中没有应交口赋的儿童，就没有定算；有应交口赋的儿童，才予以定算。这是完全符合公平原则的。根据纳税人的多少，定算亦存在着两种情况：纳税人少的定算数量多，表中 F 家庭和 I 家庭每人便多达 4 算；反之亦然，如表中 M 家庭，4 个纳税人却仅有 2 算。当然，儿童数量的增多，也会增多纳税人的定算数量。但无论定算多少，其前提都是家中有多少缴纳口赋的儿童，而不是倒果为因，根据什么"事算"。这不仅在制度上说通了永田英正和岳庆平先生的辩驳，也从根本上推翻了《算簿》都是"因事定算"的说法。

既然"口钱"就是口赋，那么在所有算钱里应包括算赋也就不证自明了。从市阳三月到五月算钱均为每人一算看，并考虑到和口赋一样均由同一个乡佐赐（从五月开始换成了奋）接收，这 10 次算钱 138 钱的总额当即算赋征收的总额。其中一算 9 钱，一算 8 钱，都是国家算赋制度 120 钱 "一算" 的因数，惟有一算 26 钱不是直接因数。也正是最后一次算收 26 钱，最终导致了算钱的总额比 120 钱多出了 18 钱。但如前所述，有些杂税很可能被合并进了其他算钱之中（也可能是抄手漏写）。从算钱总账目的平衡来说，把市阳二月原来按"传送"算收的"八钱"计入算赋，而把市阳三月（或四月或五月）算收的"廿六钱"计入"转费"和"缮兵"，那么算钱的总额便和每算 120 钱的规定完全吻合了——$9 \times 4 + 8 \times 4 + 26 \times 2 = 120$（钱）。这说明"当利二月筭廿□□□缮兵"，很可能就是"当利二月筭廿六，转费、缮兵"。根据当利"三月筭六传送",如果把"传送"算作6钱,把"缮兵"算作12钱,在26钱中减去18钱,那么算钱的总额也和每算120钱完全吻合了。然而能否平账、能否减掉18钱已经无关紧要,不管是一算增加6钱也好,还是增加8钱、9钱、12钱、18钱也好,实际都不影响算赋是120钱的基本事实。为了增加地方财政的收入,基层官吏在征收国家赋税时经常会夹带一些私货,乃是司空见惯而又无法杜绝的现象。所谓"急政暴赋,赋敛不时,朝令而暮改"。[①] 从《算簿》来看,仅仅是增加了18钱,还有着黄盛璋先生所说吴楚七国之乱的背景,[②] 应当算是很清明了。

在4号木牍上还有一条市阳六月算钱的记录,亦即:"市阳六月百廿筭,筭卅六,钱四千三百廿。付□。得奴。"这是另一个解读《算簿》包括算赋的关键,也成为压垮因事定算之说的最后一根稻草。有意思的是,这条牍文从一开始就被有些学者视为另类。如弘一先生认为:"六月份的税不是付西乡,当为另一种赋税。"[③] 黄盛璋先生认为:"'付□得奴'可能是付其佃户作雇佣者。"[④] 蒋非非先生也同样认为:

> 六月只征收了一次,算三十六钱,但这次征收的似乎是另一种税,因为上缴的不再是市阳里所属的西乡,而是付"□得奴"。[⑤]

这些学者的判断方向都对,此次算钱和普通算赋的确不同,但认为不是算赋,甚至视为付给佃户的佣金,就明显有问题了。此次算钱实际也还是算赋。其中"筭卅六"钱是制度一算120钱的因数,"钱四千三百廿"是120钱的倍数,定算也恰好是"百廿筭",亦即120×36=4320(钱),便证明此次算钱非算赋莫属。问题乃在于,此次征收算赋的对象不是普通民众,而是奴婢和商贾。这从牍文"得奴"的说明多少能得到印证。前揭奴婢木俑,

① 《汉书》卷24上《食货志》,第1132页。
② 黄盛璋:《江陵凤凰山汉墓简牍及其在历史地理研究上的价值》,《文物》1974年第6期。
③ 弘一:《江陵凤凰山十号汉墓简牍初探》,《文物》1974年第6期。
④ 黄盛璋:《江陵凤凰山汉墓简牍及其在历史地理研究上的价值》,《文物》1974年第6期。
⑤ 蒋非非:《算赋制度问题探讨——从江陵凤凰山十号汉墓出土简牍谈起》,载平准学刊编辑委员会编《平准学刊》第3辑,下册,第312页。

以及陈振裕先生统计当地有许多奴婢的存在，也都可以佐证。市阳或西乡住有商贾，从事着小额贸易活动，更是一个不争的事实。弘一、黄盛璋、裘锡圭和蒋非非等先生都讨论过这一问题。在 E 类竹简中便有一条关于买酒的记录——"四月丁巳撩甲人舍平里酒二石四斗直（值）▨"（100）在 F 类12 枚竹简中也记录了一些商品交易价格。而且在 7 枚能识别卖家的竹简中，只有五翁和司马两个名字，推测另外五简的卖家可能都是五翁和司马。例如："七月十六日付司马伯枭一唐，卅二▨"（116）"九月九日付五翁伯筒二合，合五十，直百。枭一唐卅。·凡百卅。"（120）五翁和司马应该就是当地的商贾。所以此条牍文的记录，也的确是针对奴婢和商贾的另一种算赋。那么根据前述制度——"汉律人出一算，算百二十钱，唯贾人与奴婢倍算"，我们便可以很容易算出市阳共有成年奴婢和商贾 18 人，即 4320 ÷（120 × 2）= 18（人），也说明基层政府的定算存在着虚实两种算簿。[①] 这与市阳里另有 109 人或 112 人缴纳算赋的记录大致相当，合计纳税总人数应在127—130 人之间。由此还可以看出，《算簿》对市阳的算钱记录实际是囊括全年的，而并非像裘锡圭、岳庆平和臧知非等先生所说仅征收了半年。毫无疑问，《算簿》中的口赋数额是全年的，对奴婢和商贾的算赋数额是全年的，对普通民众的算赋数额也已达到 120 钱的规定，并"多"出了 18 钱，又怎么可能单单普通民众的算赋不是全年的呢？从这个方面来说，高敏先生的推测相当准确。

在厘清市阳各项算钱的性质后，我们也可以重新计算杂税、口赋、算赋的数额和比重。它们的类别和数额分别是：

杂税——35（吏奉）+ 8（传送）+ 18（不明杂税）≈ 60（钱）。此按"百一十二算"计，即（3900 + 24 + 2834）÷ 112 ≈ 60（钱）；若按"百九算"计，则（3900 + 24 + 2834）÷ 109 = 62（钱）。当以前者大整数为是。

口赋——20 钱。

算赋——138 - 18（不明杂税）= 120（钱）。

---

① 按：从定算分配来看，将存在着 60 钱的相互抵消问题，因为不可能每户都是 3 人或 3 人和 3 人的加数。其中奥妙应是国家有强制规定，每次征税都不得超过 40 钱，亦即后人所艳称的"民赋四十"。这从《算簿》每次收算都在 40 钱以下也可以得到证实。《算簿》显然是西乡为应付诏令上交郡县求得数据准确的账簿底本或抄本，实际在西乡征收的 4320 钱就是 18 个商贾和奴婢一次性缴纳的。

倍算——120 × 2 = 240（钱）。

除了口赋和倍算外，杂税与算赋之和每算总共为180钱，其中杂税占三分之一，算赋占三分之二。既不能说很重，也不能说很轻，大致还在农民能够承受的范围之内。前揭"刍二石为钱"，便证明仅有一人最终用实物来折抵口钱。臧知非先生坚称，《算簿》所记算钱都是农民"'传送'、'缮兵'、'转输'之役的代役钱"，[1] 言下之意，在农民交钱之后，这些徭役也就都将免除。果真如此，市阳农民最多缴纳60钱，即可免除"传送"、"缮兵"和"转输"等徭役，文景时期还真可谓轻徭薄赋。尽管简文还有农民要轮番服役的记录，亦即臧先生重点论证的"凡十算遣一男一女"，但至少在文景时期均按照制度征发徭役，却是一个比较符合事实的判断。

总之，西汉前期是按制度征收算赋和口钱的，《算簿》中的"筭钱"也不例外。臧文因事定算的说法不能成立。

第三节　田租、刍稿的征收与垦田数量问题

凤凰山简牍还记录了市阳里的田租和平里、稾上的刍稿征收情况。以下亦分别论之。

一　田租问题

市阳里的田租征收见于墓中第7号竹简，其简文如下：

市阳租五十三石三斗六升半
其六石一升当【稾】物
其一斗大半当麦
其七升半当□
其一石一斗二升当秏
其四石五斗二升当黄白术（秫）
凡□十一石八斗三升

---

① 臧知非：《"算赋"生成与汉代徭役货币化》，《历史研究》2017年第4期。

定册 一 石五斗三升半　　监□

从"其一斗大半当麦"来看，市阳里田租征收的粮食应当是粟。田租征收的总量是"五十三石三斗六升半"，这为推算市阳里的"垦田"面积提供了比较可信的资料。

据《汉书·食货志上》记载："孝景二年，令民半出田租，三十而税一也。"① 可知市阳的田租征收应为三十税一，而垦田总产量则推测为 53.365 × 30 = 1600.95（石）。但一般认为，汉代的三十税一是定额租，并不完全根据产量。② 定额租的特点是"挍数岁之中以为常"③，亦即平均几年亩产确定的固定租率。优点是便于操作，省却了复杂的"税田"和产量租率计算，使收租的工作量大幅下降；缺点是产量高低拉平、丰年灾年均等，所谓"乐岁粒米狼戾而寡取之，凶年饥馑而必求足"④，对受灾或产量始终较低的农户不太公平。因而通常只能在一个小范围内实行，在更大范围实行就有可能出现几种定额。比如在甲里是每亩四升，在乙里是每亩五升，在丙里是每亩六升，在丁里则是每亩八升，等等。当然，由于产量在连片的小块土地上差别不大，酌定几年的平均租率更会趋向于中值，加之三十税一使田租征收量大幅下降，基层官吏为了避免纠纷往往采用较低的亩产定额，占了便宜的农户乐得同意，当年吃亏一点的农户尚能接受。对大灾之年，国家的"荒政"措施也都会普遍减免。⑤ 因而从景帝开始，定额租便成为汉代通行的田租征收制度。但各地有几种定额，每亩大体定额多少，史书没有记载，惟有《魏书》提到曹操在献帝建安九年（204 年）令曰："其收田租亩四升。"⑥ 这已经到了东汉末年，且有特殊背景。此前也肯定不会都是每亩四升，《后汉书·循吏传》便明确记载：

① 《汉书》卷24上《食货志上》，第1135页。按：《景帝纪》则记载为景帝元年五月，当为元年颁布诏令，从二年开始便成为定制。

② 韩连琪：《汉代的田租口赋和徭役》，《文史哲》1956年第7期。

③ 《孟子注疏》卷5上《滕文公章句上》，［清］阮元校刻《十三经注疏》（附校勘记），中华书局1980年版，下册，第2702页。

④ 王利器校注《盐铁论校注（定本）》卷3《未通》，中华书局1992年版，第191页。

⑤ 晋文：《以经治国与汉代"荒政"》，《中国史研究》1994年第2期。

⑥ 《三国志》卷1《魏书·武帝纪》注引《魏书》，中华书局1982年版，第26页。

建初元年，（秦彭）迁山阳太守。……兴起稻田数千顷，每于农月，亲度顷亩，分别肥塉，差为三品，各立文簿，藏之乡县。于是奸吏局蹐，无所容诈。彭乃上言，宜令天下齐同其制。诏书以其所立条式，班令三府，并下州郡。[①]

至少在章帝即位之前其定额要多于"三品"。对这些定额，以往的推算方法是借用其他地区的平均每亩租量。但各个地区的气候不同，土壤不同，粮种不同，种植技术不同，亩产量也必然不同。在彼地是每亩收税四升左右，在此地便可能是每亩五升、六升、八升或一斗。张延寿的富平侯封地被改变后，其"户口如故，而租税减半"，就是一个两地产量和田租定额不同的典型事例。《汉书·张汤传》载：

延寿已历位九卿，既嗣侯，国在陈留，别邑在魏郡，租入岁千余万。延寿自以身无功德，何以能久堪先人大国，数上书让减户邑，又因弟阳都侯彭祖口陈至诚。天子（宣帝）以为有让，乃徙封平原，并一国，户口如故，而租税减半。[②]

加之史书记载多有扞格，如晁错说"百亩之收不过百石"[③]，仲长统说"今通肥饶之率，计稼穑之入，令亩收三斛"[④]。所以聚讼纷纭，莫衷一是，也就在所难免了。

值得庆幸的是，对市阳里的田租定额可以根据同乡郑里的耕地数量来推算。裘锡圭先生的做法就是如此，具体推算如下：

汉代的田租并不按实际收获量征收，而是有定额的。有人根据《汉书·匡衡传》匡衡收取封地四百顷的租谷千余石的记载，估计每亩租谷约三升左右，即一石的三十分之一，证以献帝九年曹操平邺以

---

①　《后汉书》卷76《循吏传·秦彭》，第2467页。
②　《汉书》卷59《张汤传》，第2653—2654页。
③　《汉书》卷24上《食货志》上，第1132页。
④　《后汉书》卷49《仲长统传》，第1656页。

后规定每亩收税四升的事实，说似可信。市阳里田租共五十三石三斗六升半，如以每亩四升计算，应有田 1334 亩。据记载算钱收付的 4 号木牍，市阳里二月定算为 112 算，郑里二月定算为 72 算。如以郑里廪簿所记的 617 亩为郑里田亩总数，按郑里、市阳里二月定算数的比例计算，市阳里应有田 960 亩。但是廪簿所记的户数既可能小于郑里总户数，所记的田数当然也有可能小于郑里的总田亩数。如果郑里有大地主，实际田亩数便会比廪簿田亩数大得多。所以市阳里如有田 1334 亩，似乎也不能算多得不相称。如以每亩田租五升计算，市阳里应有田 1067 亩，这与 960 亩的数字就很接近了。看来，每亩三、四升的田租额即使不完全符合实际，也不至于相差太多，其误差大概不会超过一升。[1]

　　裘先生的推算应比较可信，把市阳里的田租定额已限定在每亩三升到五升之间。但用定算比例推算还不够准确；更为准确的，应该是用劳动力的比例。如前所述，郑里 69 个劳动力有 617 亩耕地。市阳则约有 127—130 个劳动力，去除非农劳动力的商贾，也至少约有 120 个劳动力。那么用 $120 \times 617 \div 69$，便可以大致算出市阳有 1073 亩耕地（若采用 130 人的数据，则耕地约为 1162 亩）。考虑到《郑里廪簿》中的耕地并非当年的全部垦田，因而这些耕地也并非市阳当年的全部垦田。每亩交租五升便应当排除。若全部垦田应加上新垦耕地的四分之一或三分之一和二分之一左右，则全部垦田约分别为 1341 亩、1430 亩和 1610 亩。其中 1341 亩左右，和每亩四升的 1334 亩已可以视为相同，1430 亩左右也近似于相同。再验证每亩收税三升，得数是 1779 亩，原有耕地约占新垦耕地的 65.8%，显然也应当排除。因之便可以推断：市阳的田租定额既不是每亩五升，也不是每亩三升，而应是每亩四升，垦田当有裘先生所说的 1334 亩左右，产量则在每亩平均 1.2 石以上（$1600.95 \div 1334 \approx 1.245$）。由此亦可看出，在西汉前期南方的农业经济还比较落后。

---

① 裘锡圭：《湖北江陵凤凰山十号汉墓出土简牍考释》，《文物》1974 年第 7 期。

二　刍稾问题

关于平里、稾上的刍稾（干草与秸秆）征收记录，见于墓中第 6 号木牍（《简报》编号为 3 号）。为了便于讨论，兹将其牍文先列表（表 6－3）如下：

表 6－3　平里、稾上刍稾征收对照表

平里		稾上	
平里户刍廿七石	27.00	稾上户刍十三石	13.00
田刍四石三斗七升	4.37	田刍一石六斗六升	1.66
凡卅一石三斗七升	31.37	凡十四石六斗六升	14.66
八斗为钱	0.8	二斗为钱	0.2
六石当稾	6.00	一石当稾	1.00
定廿四石六斗九升当【刍】	24.69【24.57】	定十三石四斗六升给当【刍】	13.46
田稾二石二斗四升半	2.245	田稾八斗三升	0.83
刍为稾十二石	12.00	刍为稾二石	2.00
凡十四石二斗八升半	14.285【14.245】	凡二石八斗三升	2.83

根据表 6－3，关于刍稾的征收有三个问题还值得探讨。

一是户刍、田刍和田稾的名称问题。这个问题在凤凰山汉墓发掘前未引起学界关注。传世文献虽有刍稾的记载，如二世皇帝"下调郡县转输菽粟刍藁"，[1] 和帝令天下半入"田租、刍稾"，[2] 但刍稾还有户刍、田刍和田稾的不同名称，以往却是不清楚的。在凤凰山简牍公布后，人们才知道刍稾有这些名称，并分为按户征收的户刍和按田征收的田刍和田稾。[3] 随着睡虎地秦简的面世，以及张家山汉简、岳麓秦简和里耶秦简的公布，在相关简牍的

---

[1]　《史记》卷 6《秦始皇本纪》，第 269 页。

[2]　《后汉书》卷 4《和帝纪》，第 188 页。

[3]　黄盛璋：《江陵凤凰山汉墓简牍及其在历史地理研究上的价值》，《文物》1974 年第 6 期；裘锡圭：《湖北江陵凤凰山十号墓出土简牍考释》，《文物》1974 年第 7 期；历史系《中国古代史稿》编写组：《从江陵凤凰山出土的汉简看文景时期的赋役政策》，《武汉大学学报》（哲学社会科学版）1975 年第 5 期；高敏：《略论西汉前期刍、稿税制度的变化及其意义》，《文史哲》1988 年第 3 期，收入氏著《秦汉史探讨》，中州古籍出版社 1998 年版，第 279—291 页；于振波：《从简牍看汉代的户赋与刍稾税》，《故宫博物院院刊》2005 年第 2 期；杨振红：《从出土简牍看秦汉时期的刍稿税》，载吴荣曾、汪桂海主编《简牍与古代史研究》，北京大学出版社 2012 年版，第 87—102 页。

互证下，人们还逐渐认识到，秦及汉初按田征收的刍稾的官方通用名称是"顷刍稾"，[①] 民间则称为田刍、田稾或田刍稾——"田刍稾钱千一百卅四。元年二月癸酉朔辛巳，少内守疵受右田守 绲 。"（9-743）[②] 史书仅言"刍稾"，可能是武帝以后户刍和田刍已合并为一个税种征收。

二是户刍、田刍和田稾的相互折换和交钱问题。从"六石当稾"和"一石当稾"可以看出，西汉前期的户刍、田刍和田稾是可以互相折换的。换算的比值是，一石户刍等于一石田刍，等于二石田稾，如"六石当稾"即"刍为稾十二石"，"一石当稾"即"刍为稾二石"。这一问题在新出秦汉简牍的印证下也已得到制度上的说明，诸如：

> 入顷刍稾，以其受田之数，无狠（垦）不狠（垦），顷入刍三石、稾二石。刍自黄麯及荩束以上皆受之。入刍稾，相输度，可殹（也）。[③]

> 出户赋者，自泰庶长以下，十月户出刍一石十五斤；五月户出十六钱，其欲出布者，许之。十月户赋，以十二月朔日入之，五月户赋，以六月望日入之，岁输泰守。十月户赋不入刍而入钱者，入十六钱。（118-120）[④]

> 入顷刍稾，顷入刍三石；上郡地恶，顷入二石；稾皆二石。令各入其岁所有，毋入陈，不从令者罚黄金四两。收入刍稾，县各度一岁用刍稾，足其县用，其余令顷入五十五钱以当刍稾。刍一石当十五钱，稾一石当五钱。（240-241）[⑤]

---

①　张金光：《秦制研究》，上海古籍出版社 2004 年版，第 188 页；晋文：《睡虎地秦简与授田制研究的若干问题》，《历史研究》2018 年第 1 期。

②　湖南省文物考古研究所编著《里耶秦简［贰］·释文》，第 31 页。

③　睡虎地秦墓竹简整理小组编《睡虎地秦墓竹简·秦律十八种·田律》，第 27—28 页。

④　陈松长主编《岳麓书院藏秦简［肆］》，上海辞书出版社 2015 年版，第 107 页。

⑤　张家山二四七号汉墓竹简整理小组编《张家山汉墓竹简［二四七号墓］》（释文修订本），第 41 页。

显而易见，刍稿的相互折换和交钱都是承秦而来的制度。主要有五点应予以注意。

其一，秦时顷刍稿的征收，有着"以其受田之数"和"无垦不垦"的严格规定。也就是说，农民要按照其"谒垦"的草田亩数缴纳刍稿，而且无论是否耕种，都要按实际授田的草田数，以"顷入刍三石、稿二石"合计折算 60 钱的标准缴纳。如里耶秦简《刍稿志》："都乡黔首田启陵界中，一顷卌一亩，钱八十五。都乡黔首田贰【春界中者，二顷卌七亩，钱百卌九。】"（9－543＋9－570＋9－835）[①]汉初减轻田租，则取消了上述规定。这意味着顷刍稿跟禾田租一样，都按照农民的实际垦田亩数征收。

其二，从汉初到文景时期，刍稿的折换比值发生了变化，由一石刍折换三石稿而改为折换两石稿。究其原因，杨振红先生认为："文景时期在减免田租的同时，也降低了刍稿税的征收标准，将汉初的每顷入刍 3 石、稿 2 石降低为每顷入刍 2 石、稿 1 石。"[②]此说或可成立，但牍文明确记载户刍要"六石当稿"，或"一石当稿"，平里的田刍数量也并非田稿数量的两倍。可见牍文所记"田稿二石二斗四升半""田稿八斗三升"，都必定不是按垦田数征收的全部田稿。否则的话，又何必要用户刍折抵田稿呢？

其三，秦简《田律》规定刍稿要按束缴纳，一石是重量单位，而岳麓秦简证明，缴纳刍稿也允许按容量折算。如"刍新积廿八尺一石。稿卅一尺一石"（108）[③]。这种容量折换应等同于秦汉 120 斤一石。在此折换基础上，刍稿也同样可以按容量折钱。例如：

刍一石十六钱，稿一石六钱，今刍稿各一升，为钱几可（何）？得曰：五十分钱十一，述（术）曰：刍一升百分钱十六，稿一升百分钱

①　陈伟主编《里耶秦简牍校释》第 2 卷，武汉大学出版社 2018 年版，第 152 页。
②　杨振红：《从出土简牍看秦汉时期的刍稿税》，载吴荣曾、汪桂海主编《简牍与古代史研究》，第 98 页。
③　朱汉民、陈松长主编《岳麓书院藏秦简［贰］》，第 90 页。按：邬文玲先生认为，简文中的"新"字应读如本字，即新旧之新，颇有见地。本书从之，详请参看邬文玲《里耶秦简所见"户赋"及相关问题琐议》，载武汉大学简帛研究中心主办《简帛》第 8 辑，上海古籍出版社 2013 年版，第 222 页。

六，母同，子相从。(73－74)①

秦律还有关于"县料"即"称量"的专门规定——"有实官县料者，各有衡石赢（累）、斗甬（桶）。"②秦令在官府借贷刍稾时亦提到了"衡石斗甬（桶）"（367－368）③。可见秦汉刍稾的缴纳乃以重量为主，以容量为辅。仅就容量而言，根据简（108）计算，一石秦刍的体积约等于 0.345 立方米，一石秦稾的体积约等于 0.382 立方米。若按容量折钱，则秦刍一升值 0.16钱，秦稾一升值 0.06 钱。汉代亦当如此。惟折钱改为一石刍值 15 钱，一石稾值 5 钱，后又改为一石刍值 10 钱。④6 号木牍记录的缴纳单位即为容量，如平里"田刍四石三斗七升""田稾二石二斗四升半"。以往不了解刍稾的重量和容量可以折换，有些学者曾推测这可能是把刍稾切碎以后缴纳。如黄盛璋先生认为："刍藁主要用做饲料和燃料，牍上所记田刍、田藁皆用斗升计算，可能是切碎用做饲料。"⑤裘锡圭先生也进一步论证说：

> 刍稿一般以束或重量单位计算。6 号牍以石、斗、升等容量单位计算刍稿，似乎有些特殊。不过，樊毅复华下民租田口算碑有"养牲百日，常当充肥，用谷稿三千余斛"之语，谷稿以斛计，也是用的容量单位。刍是牧草，稿是禾秆，以容量单位计算的刍稿，可能是经过莝斫以便于牲畜食用的碎刍稿。⑥

现在看来不妥。刍稾的重量和容量有固定的折换关系，无论按重量缴纳，还是按容量缴纳，实际都符合规定。更不用说，把切碎的刍稾放入一石的容器里，其重量要远远轻于一石刍稾的重量（本身一石容量所折算的重量就小于一石重量）。据刘鹏博士实验，按容积单位每石约 20000 毫升、重量单位每石

---

① 朱汉民、陈松长主编《岳麓书院藏秦简［贰］》，第 73 页。
② 睡虎地秦墓竹简整理小组编《睡虎地秦墓竹简·秦律十八种·内史杂》，第 108 页。
③ 陈松长主编《岳麓书院藏秦简［肆］》，第 223—224 页。
④ 按：刍稾的价格也会随着物价的变化而起伏。史载宣帝神爵元年（前 61 年），"张掖以东粟石百余，刍稿束数十"（《汉书》卷 69《赵充国传》，第 2979—2980 页），就是一个例证。
⑤ 黄盛璋：《江陵凤凰山汉墓简牍及其在历史地理研究上的价值》，《文物》1974 年第 6 期。
⑥ 裘锡圭：《湖北江陵凤凰山十号汉墓出土简牍考释》，《文物》1974 年第 7 期。

约 30.36 公斤计算，取 20 公斤清水正好是一石的容量。取相同体积的干燥稻草（剪碎至 1—3 厘米，已压放紧实），称得重量约为 2.3 市斤，远远不及 60.72 市斤的一石重量（参见图 1）。同时，另取一石容积稻谷作为参照，称得重量约为 21 市斤，也只有一石重量约三分之一（参见图 2）。要想让一石刍藁的重量与一石容积的碎刍藁相同，那么碎刍藁的密度就要达到每毫升 1.518 克才行，几乎是水的密度的 1.5 倍。可见按容量缴纳也并非要将刍藁切碎。

图 1

图 2

其四，参证《田律》入钱"以当刍藁"，牍文"定廿四石六斗九升当□"的缺字，多半也应当是一个"刍"字。果真如此的话，那么似可证明，至少在文景时期，基层官吏对征收刍藁的上报已没有户刍和田刍的区别。其实户刍也好，田刍也好，最终也都是同一个农户缴纳，就像口赋（口钱）还是要由户主缴纳那样，无非名目不同和税种不同而已。因此，在轻徭薄赋的大背景下，把户刍和田刍最终合为一个税种，也就是大势所趋了。

其五，木牍的记录人在加减刍藁折算时出现了错误。牍中可能定为刍的总和本为 24.57 石，却错算为 24.69 石；定为藁的总和为 14.245 石，也错算为 14.285 石。从难度来看，这种计算只是小数加减计算，结果两次都被算错，可见汉代基层官吏的数学基础之差。由此也就不难理解，在汉初征收租税时会出现那些"误券"的低级错误了。

三是户刍多于田刍以及垦田数量问题。根据表 6 - 3，平里和槀上征收的户刍都远远多于田刍，如"平里户刍廿七石""槀上户刍十三石"，而田刍则分别为平里"田刍四石三斗七升"、槀上"田刍一石六斗六升"。这种现象令人有些费解，也引起学界关注。但有一点却毋庸置疑——当地户刍的征收皆按户征收，而田刍则是按实际垦田数征收。在这种情况下，只要垦田数低于一定范围，户刍的征收数量就必定会高于田刍。正如高敏先生所说：

> 由于户刍是按户征收的，有户必出；田刍是按土地数量多少征收的，田多者多出，田少者少出。因此，这种户刍重而田刍轻的规定，是很不利田少的贫苦农民的。[1]

李恒全和季鹏先生也说："如果刍槀是按实有亩数征收的，所征刍槀出现'斗'、'升'等零头的现象，将能够得到合理的解释。"[2] 杨振红先生还根据汉初《田律》进一步分析说：

> 只有在田数少于1/3顷的情况下，户刍的负担才重于田刍（汉初田刍为每顷3石，户刍为每户1石，因此只有当田数少于1/3顷时，田刍才会少于1石，才会比户刍少）。只要拥有的田地数超过1/3顷，其田刍就会多于户刍，而且，拥有的田地越多，其需交纳的田刍也越多。[3]

然而问题并未完全解决。到底是什么原因造成垦田数的计算远远低于户刍一石的标准呢？从这个方面来说，前揭杨振红先生的论证对揭开其谜底有很大的启发作用。尽管其降低数额还缺乏理据，是猜测"将汉初的每顷入

① 高敏：《略论西汉前期刍、稿税制度的变化及其意义》，《文史哲》1988 年第 3 期，收入氏著《秦汉史探讨》，第 284 页。

② 李恒全、季鹏：《秦汉刍槀税征收方式再探》，《财贸研究》2007 年第 2 期。

③ 杨振红：《从出土简牍看秦汉时期的刍稿税》，吴荣曾、汪桂海编《简牍与古代史研究》，第 95—96 页。

刍 3 石、稿 2 石降低为每顷入刍 2 石、稿 1 石”，所推论平里每户平均垦田 8.09 亩、稾上每户垦田 6.38 亩也明显过低，[①] 但大幅减轻刍稾征收数量的思路却是合乎逻辑的。我们认为，文景时期对刍稾税的大幅降低不是降为每顷刍二石、稾一石的征收数额，而是都按“上郡地恶”的标准降为每顷刍二石、稾二石，并降低刍的比值，规定稾二石可折换刍一石。所降低的幅度大致是原来的一半，而依据就是文帝“赐民十二年租税之半”，及景帝“令民半出田租”[②]。不难看出，按汉初《田律》规定，顷刍稾的征收数额原为每顷刍三石、稾二石，在“刍一石当十五钱，稾一石当五钱”的条件下，三石刍便相当于九石稾，总计十一石稾（55 钱）。而降低后的一石刍折换二石稾，每顷二石刍相当四石稾，多扣的一石稾相当二石稾的减半，总计六石稾（30 钱），按整数计则大致等于原来十一石稾的一半。质言之，在“半出田租”的同时，刍稾也循例约减轻了一半。

另一方面，平里和稾上征收的田稾数量，也并非牍文记录的“田稾二石二斗四升半”和“田稾八斗三升”，而是调整后的“十四石二斗【四】升半”和“二石八斗三升”。那么按每顷稾二石的规定，我们便可以据此推算出平里的每户平均垦田，即 1424.5÷2÷27≈26.4（亩），稾上的每户平均垦田为 283÷2÷13≈10.9（亩）。不过，这些垦田数还不能算是平里和稾上的平均垦田数，因为汉代规定要免除几类人的田租。从各种记录来看，大致有三种类型：一种是卿以上的高爵或中高级官吏，如张家山汉简《户律》规定：“卿以上所自田户田，不租，不出顷刍稾。”（317）[③] 惠帝即位后宣布：“今吏六百石以上父母妻子与同居，及故吏尝佩将军都尉印将兵及佩二千石官印者，家唯给军赋，他无有所与。”[④] 文帝四年“夏五月，复诸刘有属籍，家无所与”。[⑤] 另一种是“归义蛮夷”和“乐人”等专业人才，如走

---

①　杨振红：《从出土简牍看秦汉时期的刍稿税》，载吴荣曾、汪桂海主编《简牍与古代史研究》，第 98 页。

②　《汉书》卷 24 上《食货志上》，第 1135 页。

③　张家山二四七号汉墓竹简整理小组编《张家山汉墓竹简［二四七号墓］》（释文修订本），第 52 页。

④　《汉书》卷 2《惠帝纪》，第 85—86 页。

⑤　《汉书》卷 4《文帝纪》，第 120 页。

马楼西汉简《都乡七年垦田租簿》："出田十三顷四十五亩半，租百八十四石七斗，临湘蛮夷归义民田不出租。""出田二顷六十一亩半，租卅三石八斗六升，乐人婴给事柱下以命令田不出租。"[1] 还有一种是特困民户和独寡家庭，如成帝鸿嘉四年诏曰："被灾害什四以上，民赀不满三万，勿出租赋。"[2] 武威汉简《王杖诏书令》规定："夫妻俱毋子男为独寡，田毋租，市毋赋，与归义同。"（146）[3] 因之在推算平里、稾上的平均垦田时，通常还应当加上这三类民户。也就是说，表 6 - 3 中的田稾数还应该增加一些。那么平里和稾上据此计算的总垦田数便会明显增多，平上每户平均垦田将可能是 30 亩以上，甚或更多，稾上则可能是 15 亩左右。这比每户低于 10 亩的推算要更为合理，前者符合秦及汉初每户每年平均耕种"舆田"或"垦田" 35 亩左右的情形，并高于郑里平均每户约 24.7 亩耕地的记录，后者或许有着其他原因。[4] 尽管牍文记录的田稾数量还可能存在歧义，但刍稾的征收数量在减半后曾大幅下降，却应该说没有问题。

第四节　几点结论与启迪

综上所述，可以得出如下几点结论与启迪。

首先，《郑里廪簿》反映了文景时期家庭劳动力的构成和普通农户的耕地状况。从《郑里廪簿》来看，文景时期的家庭结构已开始发生变化。汉初核心家庭居多的现象在江陵地区逐渐被直系家庭和联合家庭所取代，说明汉初仍然实行的《分异令》很可能已被废除。另一方面，在所有 25 户家庭中，男性劳动力的作用都显得更为重要。这充分说明：在工具基本相同的古代社会里，男性农业劳动力的效率要远远高于女性农业劳动力。之所以男耕女织、男主外女主内，原因正在于此。郑里新垦的耕地数量不多，只有区区

---

① 马代忠：《长沙走马楼西汉简〈都乡七年垦田租簿〉初步考察》，载中国文化遗产研究院编《出土文献研究》第 12 辑，中西书局 2013 年版，第 213—214 页。

② 《汉书》卷 10《成帝纪》，第 318 页。

③ 李均明、何双全编《散见简牍合辑》，文物出版社 1990 年版，第 16 页。

④ 稾上每户平均垦田颇少，还很可能是因为商贾户的"名田"。他们"以末致财，用本守之"（《史记》卷 129《货殖列传》，第 3281 页），在景帝时期也占有一些耕地。参见晋文《从西汉抑商政策看官僚地主的经商》，《中国史研究》1991 年第 4 期。

617亩。按25户平均计，每户24.7亩弱；按69名劳动力计，每人平均约8.94亩。之所以数量不多，乃是因为这些耕地均为"新开垦的土地"，并没有包括其原有耕地。也就是说，问题并不在于郑里农户的平均耕地太少，而是不能把新开垦的耕地算作农户的全部耕地。官府贷予的粮种，则是对垦荒所获得耕地农户的一种激励。

其次，《算簿》展现了汉代基层政府对各种费用的征收方式。文景时期对各种费用的征收是先按纳税人的总数定出算数，再按相关费用的总数确定每算收钱多少，然后向纳税人收钱。有的是一次性征收，如市阳和郑里二月算收的"口钱"；有的是分批征收，如市阳三月、四月和五月连续四次算收的"九钱"。而纳税人则根据被规定的具体算数交钱，大多数人都是一算，有的则可能二算或三算、四算、五算，还有人无算。这充分说明：汉代各种费用的征收是因人定算，而不是因事定算。

再次，《算簿》中的算钱是包含口赋和算赋的。在凤凰山简牍中便有着"口钱"实乃口赋的证据，这个证据就是《郑里廪簿》对郑里二月口赋征收人数的验证。据此可知，郑里二月36人缴纳的"口钱"，市阳里二月56人缴纳的"口钱"，都是史书记载的口赋。同时也证实了口赋源自汉初，是从满三岁而不是满七岁起征。"口钱"不是杂税，而是口赋，这意味着市阳里每算累积227钱的算法是错误的，也意味着所谓因事定算已失去根基。汉代算赋和口赋的"算"有两种含义。一种是国家制度的定算含义。无论口赋，还是算赋，所谓"一算"都有着固定数额，前者为20钱（武帝时期增为23钱），后者为120钱。另一种是基层政府如何收取算赋和口赋的定算含义。所谓"一算"，往往是把国家制度的"一算"拆分后的一算。这种做法是为了方便全里统一征税和管理，更是考虑到民户一次能够缴纳的承受能力。一次收赋不得超过40钱，应是文帝"民赋四十"的另一种含义。这说明汉代地方基层政府的统计和上报有两本账。《算簿》中的算钱也当然包括算赋。市阳三月到五月累计算钱总额138钱（包括杂税18钱），六月算钱总额4320钱，就是算赋的征收，只不过六月征收算赋的对象是奴婢和商贾而已。根据六月共有18人缴纳了全年每人240钱的算赋，再证诸市阳和郑里口赋的全年征收，以及三月到五月的算赋已达到120钱的数额，便可以完全断定：《算簿》记录的口钱、算赋数额实际是囊括全年的。通过两三条史料的解读，试图推翻正史记载的国家制度也往往是徒劳的。

复次，《算簿》体现了文景时期的轻徭薄赋政策。在《算簿》里可以被明确为杂税的，有"吏奉""传送""转费""缮兵"四项。这些杂税约占每算累计 181 钱的三分之一，算赋约占三分之二。既不能说很重，也不能说很轻，大致还在农民能够承受的范围之内。如果农民交了杂税之后，上述徭役就都将免除，那么和其他时期相比，文景时期的轻徭薄赋也的确不是什么美化，而应该是一种真实的历史描述。尽管简文还有农民要轮番服役的记录，但至少在文景时期均按照制度征发徭役，却是一个比较符合事实的判断。因之美化之谈究竟是误读史料，还是标新立异，甚或厚诬古人，恐怕更值得思考。

最后，市阳的田租征收记录，平里、稾上的刍稾征收记录，也都从一个侧面凸显了文景时期的轻徭薄赋。根据郑里的耕地数量，可以从劳动力推算出市阳有垦田 1334 亩左右，按三十税一计算，每亩田租定额四升，产量则在每亩平均 1.2 石以上。这与前世相比，比如秦代迁陵县每亩田租平均征收约 1.3 斗左右，如亩租"一斗三升九百一十三分升二"①，"迁陵卅五年狼（垦）田舆五十二顷九十五亩，……租六百七十七石"②，每亩约 1.28 斗，田租征收的数量已大幅下降。当然，凤凰山汉简所反映的南方农业还相对比较落后。在顷刍稾的征收上，文景时期亦由"顷入刍三石、稾二石"降低为每顷刍二石、稾二石，并降低刍的比值，规定稾二石可折换刍一石。所降低的幅度也大致是原来的一半，由此推算的垦田则分别为平里每户平均 30 亩以上，稾上每户平均 15 亩左右。此外，秦汉刍稾的缴纳以重量单位为主，以容量单位为辅，或者说并行，也是一个必须注意的问题。

---

① 湖南省文物考古研究所编著《里耶秦简［壹］·前言》，文物出版社 2012 年版，第 4 页。
② 陈伟主编《里耶秦简牍校释》第 1 卷，武汉大学出版社 2012 年版，第 345 页。

第 七 章
从户籍制度看秦汉土地制度

　　户籍制度是秦汉王朝对民众实行政治、经济、军事等等管控的主要方式。仅就经济而言，户籍制度便涉及各类土地的分配，赋税的征收和徭役的征发。其中关于立户、分户、傅籍、免老的种种规定，更反映了当时的社会生活面貌，既决定着每一个家庭的田宅获取和流转，包括土地资源的配额、田宅的继承与买卖；又决定着每一个家庭承担国家义务的大小，包括赋税徭役应如何征发与减免等；还制约着婚丧嫁娶、男耕女织和长幼养老的形式和内容。从某种意义上说，剖析户籍制度与土地制度的关联，揭示户籍管理的内涵及其富有创新的思路、方法和作用，展现秦汉人的家庭生活，这实际就是秦汉土地制度研究的应有之义。鉴于学界对秦汉户籍制度的研究已有很多成果，为尽量避免雷同或重复，本章主要讨论目前仍争议较大的两个问题：一是里耶秦简中的"积户"与"见户"问题，二是张家山汉简中的立户与分户问题。

第一节　里耶秦简中的"积户"与"见户"

　　里耶秦简有"积户""见户"的记录，学界已讨论较多，但其认识并不完全一致，有些问题还值得进一步研究或商榷。

一　"积户"辨析

　　里耶秦简关于积户的记录主要有以下两条：

（1）卅二年，迁陵积户五万五千五（百）卅四（8–552）

（2）卅五年，迁陵贰春乡积户二万一千三百▨

毋将阳阑亡之户▨（8–1716）①

根据这两条记录，主持里耶秦简整理的张春龙先生认为，"秦始皇三十二年迁陵县登记在册的户口有 55534 户"，"秦始皇三十五年贰春乡的户口有 21300 多户"，②并得出"当时的迁陵土地广袤，人口众多"③的结论。胡平生先生也同样主张："迁陵县民户达 55534，贰春乡民户达 21300 余户。"④但由于简文中有"积户"的明确记载，因而陈伟、唐俊峰等先生都对此提出异议，认为这些户数实际上并非迁陵县和贰春乡的真正户数，而应当是累积户数。例如："积户，累积户数。"⑤"顾名思义，'积户'并不是实际的户数，而是一种累积的户数。"⑥王伟、孙兆华先生还通过户口对比来说明"将上述某年积户数理解为实际户数明显不合情理"，因为被汉高祖"所赞叹的曲逆县秦时不过三万余户"。《汉书·地理志上》载，西汉平帝元始二年时，长安县'户八万八百，口二十四万六千二百'，而下辖迁陵、沅陵、酉阳等 13 县的武陵郡'户三万四千一百七十七，口十八万五千七百五十'。秦迁陵县只是僻处南楚的一个边远小县，是否有可能下辖五万余户呢？⑦前引《户数》也说："即使我们假设秦迁陵县和汉末迁陵县的户数相等，五万多户的数字无疑还是过高。"

我们认为，把"积户"直接说成实际户数也确实不妥，至少目前还缺

<hr/>

①　陈伟主编《里耶秦简牍校释》第 1 卷，武汉大学出版社 2012 年版，第 178、381 页。

②　张春龙：《里耶秦简所见的户籍和人口管理》，载中国社会科学院考古研究所、中国社会科学院历史研究所、湖南省文物考古研究所编《里耶古城·秦简与秦文化研究——中国里耶古城·秦简与秦文化国际学术研讨会论文集》，科学出版社 2009 年版，第 194—195 页。

③　湖南省文物考古研究所编著《里耶秦简［壹］·前言》，文物出版社 2012 年版，第 5 页。

④　胡平生：《新出汉简户口簿籍研究》，载中国文化遗产研究院编《出土文献研究》第 10 辑，中华书局 2011 年版，第 254 页。

⑤　陈伟主编《里耶秦简牍校释》第 1 卷，第 178 页。

⑥　唐俊峰：《里耶秦简所示秦代的"见户"与"积户"——兼论秦代迁陵县的户数》，武汉大学简帛网，2014 年 2 月 8 日，http://www.bsm.org.cn/show_article.php?id=1987#_ftn34。本章简称《户数》。

⑦　王伟、孙兆华：《"积户"与"见户"：里耶秦简所见迁陵编户数量》，《四川文物》2014 年第 2期。本章简称《编户》。

乏证据。但问题是，积户同实际户数究竟有没有关系？从这个方面来说，主张积户不是实际户数的看法似乎还有所忽略。只有前引《编户》对积户和实际户数的关系进行了研究，认为积户数应"是一年中每一天的实存户数的总和"。其理由和计算的方法是，用积户数 55534 除以一年的天数 354，所得出的日均积户数约为 156.88 户，恰好与"秦始皇卅二年迁陵县的见户数 161 户接近"。应该说，《编户》已注意到积户与实际户数之间必有一定的累积关系，其思路无疑是正确的。可惜的是，它的计算方法完全脱离实际。且不说每天统计没有必要，就是真要统计，在当时的情况下也根本不可能做到（除非官吏造假）。即使只有 161 户，不管是县、乡派人核查，还是民户自行到县、乡登记，在大致相当于今天湘西土家族苗族自治州一半的广袤地区，实际都不可能每天汇总。①况且，积户数就是户数和日数的积数，用日数或户数作为除数通常是不会出现余数的。

有一点非常清楚，根据简（2）单独统计贰春乡的积户，以及迁陵还有都乡、启陵乡的事实，简（1）55534 的积户数必定是三乡积户相加的总和。因此，要弄清积户的计算和换算方法，还只能从简（2）21300 的积户数入手。关键是要确定其中有哪些要素。

里耶秦简 16－521 记载："岁并县官见、积户数以负筭（算）以为程。"②说明简（2）的积户数是全年即三十五年的总积户数，而"筭"

---

① 据张春龙先生研究，秦"迁陵、酉阳二县所辖范围略与今天的湘西土家族苗族自治州相当，……面积 15461 平方千米"（《里耶秦简所见的户籍和人口管理》，载中国社会科学院考古研究所、中国社会科学院历史研究所、湖南省文物考古研究所编《里耶古城·秦简与秦文化研究——中国里耶古城·秦简与秦文化国际学术研讨会论文集》，第 195 页）。诚然，迁陵的居民大多生活在西水河的两岸，但即便如此，在交通不便的情况下，也不可能做到频繁统计。那么，还有没有可能由"里"来每天记录户口的变动情况，到一定时间再进行汇总呢？实际上没有这种可能。根据简（1）和简（2）记载，可以清楚看出，关于"积户"的量化考核对象都是县、乡官吏，而不是"里"的典、老。如果"积户"每天都由"里"来记录，又怎么对县、乡的工作进行考核，以及怎么核实和确保"里"的记录是真实的？况且，据卜宪群、刘杨先生研究，乡是"秦汉社会贵族、吏民向官吏、政府机构揭发、言事、告白、申请某事，或者官吏之间的事务联系"的"自言"及其"爰书"的最低机构（卜宪群、刘杨：《秦汉日常秩序中的社会与行政关系初探——关于"自言"一词的解读》，《文史哲》2013 年第 4 期）。里耶秦简中的户口登记最低也都在乡级。故可以肯定，"里"对户口变动的记录虽然会参与一些辅助工作，但却并非核查和登记户口的法定机构，由"里"来每天记录户口的变动没有可能。

② 张春龙：《里耶秦简所见的户籍和人口管理》，中国社会科学院考古研究所、中国社会科学院历史研究所、湖南省文物考古研究所编《里耶古城·秦简与秦文化研究——中国里耶古城·秦简与秦文化国际学术研讨会论文集》，第 188 页。

"程"亦即相关定额的规定，则表明积户的统计还必有设定的时间（次数）和基准户数。从积户的时间概念来说，无非就是年、月、日三个要素。因此，在已知积户总数的条件下，笔者试比较年、月、日的不同累积天（次）数，以探寻与贰春乡实际户数最为相近的基准户数。兹列表（表7-1）如下：

表7-1　贰春乡三十五"积户"累积分析表

单位：户

时间	户数				
	总积户数	按全年每天统计累积平均户数	按半年177天统计累积平均户数	按全年三个月统计累积平均户数	按全年两个月统计累积平均户数
三十五年	21300	约60	约120	约241	约361
备注		21300÷354 1天1次	21300÷177 2天1次	21300÷88.5 4天1次	21300÷59 6天1次

时间	户数			
	按全年30天统计累积平均户数	按全年20天统计累积平均户数	按全年15天统计累积平均户数	按全年10天统计累积平均户数
三十五年	710	1065	1420	2130
备注	21300÷30 12天1次	21300÷20 约18天1次	21300÷15 约24天1次	21300÷10 约35天1次

由表7-1可知，本表共选择计算了按全年每天累积、按半年累积、按三个月累积、按两个月累积、按30天（次）累积、按20天（次）累积、按15天（次）和按10天（次）累积八种平均户数。① 初步分析是：由于严重脱离实际，表中按354天统计可以被完全排除，列为一栏仅作为对照参考。按半年177天统计、按三个月88天或89天统计，甚至按两个月59天统计，也都基本可以排除。因为间隔的时间太短，分别两天、四天、六天就

---

① 按：其中按三个月累积是取两个大月一个小月和两个小月一个大月的平均值，按两个月累积是取一个大月和一个小月，按30天累积取通常是一个大月。

必须全乡统计一次，实际根本不可能操作。按全年 10 天（次）统计当然是可行的，但间隔的时间太长，工作量定得很低，一个多月才全乡统计一次，也可以基本排除。表中按 15 天（次）统计则值得注意，因为其间隔的时间较长，大致 24 天统计一次，要完成的工作量更多、更重一些，完全具有可操作性，亦具有累积的作用和意义，所以它的平均户数很可能接近贰春乡的基准户数。同样，按 20 天（次）、30 天（次）统计的间隔相对较短，大致 18 天或 12 天统计一次，工作量虽相对更重，但也具有一定的可操作性，所计算的平均户数也可能接近贰春乡的基准户数。至于究竟是按 15 天（次）统计，还是按 20 天（次）统计，抑或按 30 天（次）统计，根据已公布的秦简，并考虑到积数的计算常用 3 的倍数作除数，本书更倾向于前者。

请看以下几条简文：

（3）廿六年五月辛巳朔庚子，启陵乡□敢言之：都乡守嘉言渚里□□劾等十七户徙都乡，皆不移年籍。令日移言，今问之劾等徙□书告都乡，曰启陵乡未有枼（牒），毋以智（知）劾等初产至今年数，□□□□谒令，都乡具问劾等年数。敢言之。(16 – 9)①

（4）廿八年五月己亥朔甲寅，都乡守敬敢言之：▨得虎，当复者六人，人一枼，署复□于▨从事，敢言之。(8 – 170)

（5）卅四年八月癸巳朔癸卯，户曹令史鞼疏书廿八年以尽卅三年见户数牍北（背）、移狱具集上，如请史书。/鞼手。 (8 – 487 + 8 – 2004)

（6）卅五年八月丁巳朔，贰春乡兹敢言之：受酉阳盈夷乡户隶计大女子一人，今上其校一枼，谒以从事。敢言之。(8 – 1565)②

以上简文都是关于户口登记的内容。其中，特别值得注意的是简（3）。此简记录从启陵乡迁往都乡的十七户人口没有相关年龄和体貌的文书，而都

---

①　湖南省文物考古研究所编著《里耶发掘报告》，岳麓书社 2007 年版，第 194 页。
②　陈伟主编《里耶秦简牍校释》第 1 卷，第 103、166、362 页。

乡核查并采取补救措施的时间，则在以往较少注意的五月。秦汉时期县、乡在八月要进行户籍的核查和登记，这在学界已经是耳熟能详的史实。简（5）、简（6）即可谓明证。汉初颁布的《二年律令·户律》亦明确规定："恒以八月令乡部啬夫、吏、令史相杂案户籍，副臧（藏）其廷。有移徙者，辄移户及年籍爵细徙所，并封。"（328）"民欲别为户者，皆以八月户时，非户时勿许。"（345）① 所以简（3）也就证明了一个事实——秦代县、乡除了在八月进行全年的户籍统计，还在五月也进行相关户籍的核查与登记。又里耶简 9 - 39 记载："律曰：已狼（垦）田辄上其数及户数，户婴之。"② 《二年律令·田律》亦继承了这一做法，规定"县道已狼（垦）田，上其数二千石官，以户数婴之，毋出五月望"（243）③。似乎秦代上报垦田数和户数的时间也同样应在五月。简（4）则涉及户籍性质的变更，即优待捕虎有功的"六人"，免除他们的赋役，而且巧合的是，时间也恰恰就在五月。尽管到目前为止简（3）是关于五月迁移户口的唯一实例，简（4）也可能属于特殊情况，但二者都提供了一年有两次大的户籍统计的证据。因而可以推论：秦代县、乡对户籍的全面核查和登记全年共安排两次。一次是在五月，对辖区户口进行普查和登记；一次是在八月，对普查户口进行复查和上报。当然，实际的核查和登记次数还应该更多，因为所有工作不可能都集中放在五月和八月，而大多必须在平时进行。如里耶简 8 - 1443 + 8 - 1455 记载：

卅二年六月乙巳朔壬申，都乡守武爰书：高里士五（伍）自言以大奴幸、甘多、大婢言、言子益等，牝马一匹予子小男子产。典私占。④

简 10 - 1157 记载：

---

① 张家山二四七号汉墓竹简整理小组编《张家山汉墓竹简［二四七号墓］》（释文修订本），文物出版社 2006 年版，第 54、56 页。

② 里耶秦简博物馆、出土文献与中国古代文明研究协同创新中心中国人民大学中心编著《里耶秦简博物馆藏秦简》，中西书局 2016 年版，第 182 页。

③ 张家山二四七号汉墓竹简整理小组编《张家山汉墓竹简［二四七号墓］》（释文修订本），第 42 页。

④ 陈伟主编《里耶秦简牍校释》第 1 卷，第 326 页。

卅三年十月甲辰朔乙巳，贰春乡守福爰书：东成大夫年自言以小奴处予子同里小上造辨。典朝占。①

简 8 – 1554 记载：

卅五年七月戊子朔己酉，都乡守沈爰书：高里士五（伍）广自言：谒以大奴良、完，小奴畴、饶，大婢阑、愿、多、□，禾稼、衣器、钱六万，尽以予子大女子阳里胡，凡十一物，同券齿。典弘占。②

这三次户口变更的登记时间便分别是六月、七月和十月。睡虎地秦简也记载了一个年代更早的户籍核查事例——"男子甲……（秦王政）四年三月丁未籍一亡五月十日，无它坐，莫覆问。"③ 登记的时间则在三月。可见制度规定的"杂案户籍"的次数是一回事，实际核查和登记的次数是另一回事。故全年计算，八月和五月的统计工作较多，时间较长，县、乡应大致按 5 天（次）的工作量累积；而另外 10 天（次）的工作量则计入平时，恰好也每月一天（次）。

意想不到的是，最近整理出版的《岳麓书院藏秦简［肆］》恰恰为笔者推算提供了依据。如《尉卒律》曰：

为计，乡啬夫及典、老月辟其乡里之入穀（谷）、徙除及死亡者，谒于尉，尉月牒部之，到十月比其牒，里相就殹（也）以会计。（140 – 141）④

---

① 里耶秦简博物馆、出土文献与中国古代文明研究协同创新中心中国人民大学中心编著《里耶秦简博物馆藏秦简》，第 197 页。

② 陈伟主编《里耶秦简牍校释》第 1 卷，第 356—357 页。

③ 睡虎地秦墓竹简整理小组编《睡虎地秦墓竹简·封诊式》，文物出版社 1978 年版，第 278 页。按：此"乡某爰书"除了四年三月丁未记录甲曾逃亡一次，共五个月零十天外，在最后还记录说："以甲献典乙相诊，今令乙将之诣论，敢言之。"亦即将甲送交里典乙验视，然后又命令乙将甲押送论处，并上报县庭。这就更加证明乡是核查和登记户籍的基层机构，而根本不可能每天由"里"来登记户口。

④ 陈松长主编《岳麓书院藏秦简［肆］》，上海辞书出版社 2015 年版，第 114 页。

就是规定乡、里每月都要向县尉汇报其纳粟、迁移到别地任官或服役人员以及死亡和流亡者的情况。尽管这条律令主要涉及乡、里的治安调查和审核，但县、乡每月都要进行户籍调查和统计却是毫无疑问的。它证明秦代县的户籍调查和统计至少应在 12 天（次）以上。考虑到县级的复查、汇总和批复，如果把五月多算一天（次），而八月多算两天（次），那么全年户籍的调查、登记和审核也恰好就是十五天（次）。

但必须注意，即使按照全年 15 天（次）累积计算，它的平均 1420 户也还不能说是贰春乡的基准户数。因为积户是当年所有户籍登记多次累积的总和，它的平均数要高于以该乡上年实际户数为依据的基准户数。尹湾汉简的资料，应该可作为参考。如统计东海郡户口，在"户廿六万六千二百九十"的后面，特别提到"多前二千六百廿九"①。且种种迹象表明，简（1）、简（2）记录的积户数应该是全年统计县、乡核查和登记户籍的次数。这从对刑徒出工统计的《月作簿》和《日作簿》中可以得到证实。例如：

（7）卅年八月贰春乡作徒薄（簿）。

城旦、鬼薪积九十人。

仗城旦积卅人。

舂、白粲积六十人。

隶妾积百一十二人。

·凡积二百九十二人。▨（8-1143＋8-1631）

（8）【卅】年八月丙戌朔癸卯▨▨

城旦、鬼薪三人。▨

仗城旦一人。▨

舂、白粲二人。▨

隶妾三人。▨（8-1279）②

---

① 连云港市博物馆、中国社会科学院简帛研究中心、东海县博物馆、中国文物研究所编《尹湾汉墓简牍·集簿》，中华书局 1997 年版，第 77 页。

② 陈伟主编《里耶秦简牍校释》第 1 卷，第 283、305 页。按：简（8）并没有记载它一定是贰春乡作徒的《日作簿》，故这里只能是作为一种参证，而最主要的依据还是按一月 30 天或 29 天累积来计算。

不难看出，简（7）《月作簿》记录了秦始皇三十年八月贰春乡有刑徒292人出工，但参考简（8）《日作簿》记载，在同年八月十八日实际却仅有刑徒9人出工，而城旦、鬼薪、仗城旦、舂、白粲若按全月出工30天计算，则恰好分别是90人次、30人次、60人次。这就充分说明简（7）"凡积二百九十二人"并不是说有292人同时出工，而是全月出工共有292人次。同理，简（1）和简（2）记载"迁陵积户五万五千五（百）卅四""迁陵贰春乡积户二万一千三百⊠"，也并非说它的户籍累积共有55534户或21300户，而是全年户籍核查和登记共有55534户次或21300户次。

更重要的是，简（7）和里耶简的许多记载还透露出一个可能被忽视的信息——"积"的运用实际是秦代基层官吏常用的一种量化考核方法。仍以简（7）为例，其中"城旦、鬼薪积九十人""仗城旦积卅人""舂、白粲积六十人"，即表明这些城旦、鬼薪、仗城旦、舂、白粲在本月都是全勤出工；而"隶妾积百一十二人"则表明隶妾不是全勤出工，共有8人次未能出工。根据里耶简8-1559："卅一年五月壬子朔辛巳，……上五月作徒薄（簿）及冣（最）卅牒。"① 可知所谓"冣"牒，实际就是简（7）之类的《月作簿》。其中分类及合并统计了全月刑徒的总出工人次，因而它一目了然地记录了各类刑徒的劳作状况，并清晰展现了有关部门对刑徒管理的责任、能力和效率。可以想见，由于简（7）大多数刑徒的全勤出工已经达到本月出工的最高效率，即使隶妾有8人次未能出工，实际也达到其最高效率的93%以上，这应该既是一份统计刑徒出工的全面记录，也充分体现了贰春乡对刑徒管理的"优秀"政绩。而如果刑徒的出工人次低于考核的标准或范围，则显然表明了贰春乡对刑徒管理的失职。简（1）、简（2）对"积户"记载的用意也应当作如是观。它通过对核查、登记户次的记载，一方面全面记录了县、乡户籍变动的各种情况，另一面也可以整体反映县、乡户籍管理人员的工作效率。前引"岁并县官见、积户数以负筭（算）以为程"，就是这种情形的一个概括反映。前引简（2）"毋将阳阑亡乏户"，也表明贰春乡没有这些"造成户口减少"的现象，反映了乡吏的"治

---

① 陈伟主编《里耶秦简牍校释》第1卷，第358页。

理得力"。①

　　具体来说，贰春乡的积户大致是这样累积的。第一，为了保证数字的准确，乡、里对户籍核查、登记的次数必须大于和等于设定的基准户数，并做到逐户统计。比如，假设贰春乡上年的户籍实有 1000 户，那么乡、里对户籍的核查和登记的总数就必须大于和等于 1000 户次。考虑到经常会出现重复计算，诸如婚嫁、生死、逃亡和迁徙等，一户人家很可能出现两次或三次核查，如前引简（3）的事例同时涉及启陵乡和都乡，至少即应该每户各计一次，因而当年每一次汇总的数字实际都会大于 1000 户次。第二，为了体现政绩，县、乡对户籍核查、登记的基准户数通常也都会逐渐加码。因为能否增加户口乃是古代考核地方官吏政绩的一个主要内容，在没有大的战乱和灾荒的情况下，一般来说郡县的户口都会逐渐增加，如前引东海郡户口"多前二千六百廿九"，所以县、乡对户籍核查、登记的基准户数也必然会依次累加。比如，假设该乡上年的户籍实有 1000 户，今年的户籍预期增加到 1100 户，那么乡、里对户籍的核查和登记的总数就必须大于和等于 1100 户次。这些都必将导致每一次汇总的积户数和实有户数产生越来越大的偏差。

　　由此可见，要想根据积户数算出贰春乡的实有户数，最好也最准确的方法就是去除积户中的重复计算。如贰春乡南里小女子苗成为都乡阳里大女子的隶，她的户籍迁移在二乡分别登记了一次："南里小女子苗，卅五年徙为阳里户人大女婴隶。"（8－863＋8－1504）"南里小女子苗，卅五年徙为阳里户人大女子婴隶。"（8－1546）② 在计算实际户口时便应当被去除一次。但遗憾的是，现有简牍和传世文献都没有这方面的完整资料，因之我们也只能依照全年按 15 天（次）统计的平均积户数来大致推算。具体来说，关于积户的重复计算应考虑到它的实际发生情况，如前揭婚嫁、生死、逃亡和迁徙等，而这些情况并不可能在每家每户都同时发生，所以这里的重复计算只能是占一定比重，估计不会超过其总数的三分之一。尽管我们还不能排除县、乡为了显示政绩而虚报积户，但对每一户的核查和登记却显然都有记

---

① 胡平生：《新出汉简户口簿籍研究》，载中国文化遗产研究院编《出土文献研究》第 10 辑，第 280 页。

② 陈伟主编《里耶秦简牍校释》第 1 卷，第 238、355 页。

录，如果真要过多虚报，通过核对原始记录便可以立即发现。简（7）、简（8）的相互验证也说明了这一点。所以综合考虑，我们便大致可以估算：在秦始皇三十五年，贰春乡的实有户数在1000户左右。那么加上户籍估计较少的都乡和启陵乡（详见下文），迁陵县的户籍总数当在2000户左右，人口则可能有10000人以上。

二　"见户"辨析

里耶秦简还记录了一种"见户"的户籍资料，其中引用最多的是以下两条简文：

（9）卅四年八月癸巳朔癸卯，户曹令史鞑疏书廿八年以尽卅三年见户数牍北（背）、移狱具集上，如请史书。/鞑手。

廿八年见百九十一户。

廿九年见百六十六户。

卅年见百五十五户。

卅一年见百五十九户。

卅二年见百六十一户。

卅三年见百六十三户。（8-2004背）

（10）卅四年，启陵乡见户当出户赋者志：▨

见户廿八户，当出茧十斤八两。▨（8-518）①

从量化考核来看，这种见户无疑也是一项秦对基层官吏考核的主要内容。然而关于见户的定义、见户与积户的关系、见户与实有户籍的关系、登记见户的作用等，迄今却众说纷纭，莫衷一是。

先看定义问题。主要有两种看法。一是认为见户就是"现户"。前引《户数》："'见户'一词，陈伟先生解为'现户'。按里耶秦简多有'见+某物'的格式，如'见钱'（6-5、8-560）、'真见兵'（8-653）、'见船'（8-1067）等，其中'见'的字义均作'现'。"二是认为见户就是

---

① 陈伟主编《里耶秦简牍校释》第1卷，第166、172页。

"见在"之户。前引《编户》："秦汉史籍中有不少与'见户'用法相同的'见'字。譬如，……'见马'、'见粮'、'见钱'、'见王'、'见谷'之'见'，颜注皆释为'见在'。由此可见，'见户'就是'见在'之户，这里的'见'不是表示时间的'现（现在）'的意思。"其实二者并没有多大区别，无非"现户"很可能是专用名词，"见在"之户是一个组合词而已。当然，《编户》还考证"见"字具有"核验、钩校"的含义——"居延、额济纳、敦煌等地出土汉简中也有不少用法相同的'见'字，其中有用作钩校符号者，李均明、刘军先生释为'见存、见在'。里耶秦简中也有类似的'见'字，如简 8 - 478 之'木梯一，不见'。"对正确理解见户的内涵颇多启迪。

　　还有一种看法，认为"见户数"可能是向上呈报的"'移狱'户数"。[1]多少有些牵强。从简（10）记载见户要征收户赋看，见户便不可能都跟"移狱"有关。究竟应如何定义见户，恐怕还要论证。

　　再看见户与积户的关系。除了《编户》提出见户数应是全年的日均积户数外，大多数学者都没有讨论这二者之间的关系。如陈伟先生便客观描述说："'见户'与租赋有关（参看第三节'租赋'），大概是租赋的承担者。积户则未见涉及租赋。因而两种户大概同时存在而具有不同的性质。"[2]但既然积户统计的是核查和登记的户次，且"乡户计""田提封计"（8 -488）[3]是户曹统计的主要内容，那么计算积户应包括见户也就是顺理成章的事情了。事实也正是如此。里耶秦简有一些户籍记载颇多歧义，而如果按照积户即核查和登记的户次理解，情况则完全不同。例如：

　　　　（11）十三户，上造寡一户，公士四户，从百四户。元年入不更一
　　　　户、上造六户，从十二▢（8 - 2231 + 9 - 2335）[4]

---

　　① 胡平生：《新出汉简户口簿籍研究》，载中国文化遗产研究院编《出土文献研究》第 10 辑，第 280 页。

　　② 陈伟：《里耶秦简所见秦代行政与算术》，武汉大学简帛网，2014 年 2 月 4 日，http：//www.bsm. org. cn/show_ article. php？ id = 1986。本章简称《算术》。

　　③ 陈伟主编《里耶秦简牍校释》第 1 卷，第 167 页。

　　④ 陈伟主编《里耶秦简牍校释》第 2 卷，武汉大学出版社 2018 年版，第 475 页。另请参见张春龙《里耶秦简所见的户籍和人口管理》，载中国社会科学院考古研究所、中国社会科学院历史研究所、湖南省文物考古研究所编《里耶古城·秦简与秦文化研究——中国里耶古城·秦简与秦文化国际学术研讨会论文集》，第 191 页。

（12）▢▢二户。大夫一户。大夫寡三户。不更一户。小上造三户。小公士一户。士五（伍）七户。司寇一【户】。小男子▢▢。大女子▢▢。·凡廿五▢（8-19）

（13）今见一邑二里：大夫七户，大夫寡二户，大夫子三户，不更五户，▢▢四户，上造十二户，公士二户，从廿六户。▢（8-1236+8-1791）①

以往解读都把它们视为县、乡户籍统计的最终户数，实际却应当看作对相关户籍的三次核查和登记。简（11）的户籍核查者不明，但既然简文提到"元年入不更一户"，这就完全证明了此简是对某地户籍核查后的补录。再从按年补录看，县、乡对户籍的核查和登记通常是以上年或以往统计为依据，也表明县、乡对户籍的核查和登记充分利用了原有的户籍资料。更能说明问题的是，仅仅一次核查和登记，也就至少累积了141户次（上造或簪袅以上按最少十三户计）。而简（12）则是对一个村落或者里的户籍调查和统计，总共累积了25户次。同样，根据《编户》关于"见"字的阐发，简（13）也显然是县、乡户籍的一次核查手记。它在"核验、钩校"后确定在"一邑二里"中有大夫、不更等61户，不仅核查登记了见户，还至少累积了61户次。但必须注意，简文中的"一邑二里"并不能理解为一乡二里。因为邑、乡是两个不同概念，前者是一个聚居点，通常多指乡镇或集市，而后者是一个管辖区域。里耶简8-753有"邑旁"②的记录，这个记录就显然不能被改成"乡旁"。所以对"一邑二里"的正确理解，既可能是一个城邑与二里，如"丰邑中阳里"③等；也可能是一个乡镇与二里，如启陵乡、成里、渚里；还可能是某乡几个邑中的一邑二里，如"在邑曰里"④。

再说见户与实有户数的关系。在这一问题上，《户数》和《编户》都坚持认为，简（9）、简（10）对见户数的记载应该更贴近实际，甚至就是迁陵的实有户数。如《户数》说："'见户'可能就是指县里正式登记，需承

---

① 陈伟主编《里耶秦简牍校释》第1卷，第32—33、297页。
② 陈伟主编《里耶秦简牍校释》第1卷，第216页。
③ 《史记》卷8《高祖本纪》，中华书局1959年版，第341页。
④ 《汉书》卷24上《食货志上》，中华书局1962年版，第1121页。

担租赋的编户数目。相比'积户'这种累积的户数,'见户'无疑更贴近秦
迁陵县的实际户数。"《编户》也说:"'见户'是核验、钩校后确定的实存
户数。"而主要依据,则是以下三条简文:

(14) 廿九年迁陵见户百六十六。(9-1706+9-1740)①

(15) 迁陵卅五年狼(垦)田舆五十二顷九十五亩,税田四顷【卅
二】,户百五十二,租六百七十七石。衡(率)之,亩一石五;户婴四
石四斗五升,奇不衡(率)六斗。(8-1519)

启田九顷十亩,租九十七石六斗。

都田十七顷五十一亩,租二百卅一石。

贰田廿六顷卅四亩,租三百卅九石三。

六百七十七石。

凡田七十顷卅二亩。·租凡九百一十。(8-1519背)

(16) 卅二年正月戊寅朔甲午,启陵乡夫敢言之:成里典、启陵邮
人缺。除士五(伍)成里匄、成,成为典,匄为邮人,谒令尉以从事。
敢言之。(8-157)

正月戊寅朔丁酉,迁陵丞昌却之:启陵廿七户已有一典,今有
(又)除成为典,何律令瘫(应)?尉已除成、匄为启陵邮人,其以律
令。/气手。(8-157背)②

从具体论证看,就是强调简(14)证明了简(9)见户记录的可信,根据简

---

① 按:此简最早由张春龙先生《里耶秦简所见的户籍和人口管理》(载《里耶古城·秦简与秦文
化研究——中国里耶古城·秦简与秦文化国际学术研讨会论文集》)公布,而本文转引陈伟先生《算术》
中的释文则更为全面。

② 陈伟主编《里耶秦简牍校释》第 1 卷,第 345—346、94 页。按:简(15)背面"六百七十七
石"句,陈伟主编《里耶秦简牍校释》第 1 卷是放在释文的最后一行,但查看简牍照片却是在第一行
"启田九顷十亩,租九十七石六斗"句的下栏,《里耶秦简[壹]》的释文也是排在它的下部。而"凡田
七十顷卅二亩。·租凡九百一十"句,则是在最后一行。为了避免产生歧义,并作为三乡田租的总和,
本文便将"六百七十七石"句由最后一行调至倒数第二行。又简(16)"迁陵丞昌却之:启陵廿七户已
有一典",原标点为"迁陵丞昌却之启陵:廿七户已有一典",亦根据学界多数人的意见和笔者研究
校改。

（15）所交田租折算的见户数和简（9）的见户数大体相同，也与三乡分计的见户数相近，而简（16）更证实了简（10）启陵乡"见户廿八"的可信。其实不然。

首先，认为简文记录的见户数得到了互证，这些见户数就肯定是实存户数，或贴近实际户数，乃是一种先入为主的推断。毋庸讳言，简（14）"廿九年迁陵见户百六十六"确实证明了简（9）"廿九年见百六十六户"，简（15）卅五年"税田四顷□□，户百五十二"也确实与简（9）"卅年见百五十五户""卅一年见百五十九户""卅二年见户百六十一户""卅三年见户百六十三户"相近，而简（16）卅二年"启陵廿七户"似乎更与简（10）卅四年启陵乡"见户廿八户"仅相差一户，但这些只能证明以上简文记载的见户数是真实、可信的，却不能证明它们就一定是迁陵县和启陵乡的实存户数，或者更贴近县、乡的实际户数。以简（14）和简（9）的互证为例，当年统计见户有 166 户，但究竟有什么根据可以说迁陵的户数就是 166 户呢？

其次，在简文的解读和使用上，《户数》和《编户》都存在一些疏漏和误判。就拿被详细论证的简（15）来说，有一行重要的简文即"凡田七十顷卅二亩。·租凡九百一十"实际就被完全忽略。而这行简文对于如何推算迁陵的户籍数，则有着决定性作用。为了更全面的讨论，也便于行文，以下对简（15）所涉及的垦（舆）田数、田租数与户数列表（表 7 - 2）说明之。

表 7 - 2　迁陵县三十五年垦（舆）田数、田租数与户数表

名目	垦（舆）田数（亩）	田租数（石）	户均田租	户数	备注
迁陵县 A	五十二顷九十五亩（5295）	六百七十七石（677）	4.45 石	百五十二（152）	新垦舆田
迁陵县 B	七十顷卅二亩（7042）	九百一十（910）	4.45 石	910÷4.45≈204	全部舆田
迁陵县 C	5295＋7042＝12337	677＋910＝1587	4.45 石	1587÷4.45≈357	全部舆田
启陵乡	九顷十亩（910）	九十七石六斗（97.6）	4.45 石	97.6÷4.45≈22	新垦舆田
都乡	十七顷五十一亩（1751）	二百卌一石（241）	4.45 石	241÷4.45≈54	新垦舆田

续表

名目	垦(舆)田数(亩)	田租数(石)	户均田租	户数	备注
贰春乡	廿六顷卅四亩（2634）	三百卅九石三（339.3）	4.45 石	339.3÷4.45≈76	新垦舆田
三乡合计	910 + 1751 + 2634 = 5295	97.6 + 241 + 339.3 ≈677.9	4.45 石	22 + 54 + 76 = 152	新垦舆田

不难看出，简（15）实际还附录了迁陵县三十五年的全部垦（舆）田和田租数。根据陈伟等先生的注释——"多于三十五年垦田数的部分，盖为原有田亩"，这部分垦（舆）田共有 1747 亩。虽然数量很小，并引起了怀疑，以致陈先生专门解释：

> 在这种情形下，迁陵先前垦田数过少。不过，迁陵三十四年以前垦田不力，司空厌等因而获罪（看 8 - 755 - 8 - 758、8 - 760），这一可能性应该是存在的。[1]

但即便如此，在按照户均田租 4.45 石换算后，迁陵县也实实在在有 204 户交纳田租，比"见户"152 户多了 52 户。仅凭这一点，所谓见户数即是实存户数，或者更贴近实际户数，也就不攻自破了。

其实，陈伟等先生的注释也存在明显误判。即使 7042 亩都算是"原有田亩"，在三十五年即新垦舆田 5295 亩（其中有重复计算），而二十八年到三十五年的七年却仅仅增加到 7042 亩的情况下，这个垦田数也仍然可以说是"过少"。那么经过量化考核后，一些官吏被惩处也是完全说得通的。况且，司空厌等获罪的"弗令田"（8 - 758）的时间乃在"廿九年田廿六年尽廿八年当田"（8 - 757），即二十六年到二十九年，此后的五年却显然不能再说"不力"。"弗令田"还指的是"徒隶不田"（8 - 755），[2] 亦即公田的

---

① 陈伟主编《里耶秦简牍校释》第 1 卷，第 7、347 页。按：简 8 - 760 当为简 8 - 759。又，陈伟等先生认为"多于三十五年垦田数的部分，盖为原有田亩"，其平均税率要比新垦田部分高。实际 7042 亩租 9100 斗和 5295 亩租 6770 斗，税率在小数点后两位是近乎相同的。

② 陈伟主编《里耶秦简牍校释》第 1 卷，第 217 页。

开垦，这与民田的开垦也恐怕是两回事。更不用说，按照见户 152 户新垦舆田 5295 亩计算，简（9）记录"廿八年见百九十一户"，迁陵早在二十八年便大约垦舆田 6654 亩，[①] 又怎么可能到了七年以后舆田才仅仅 7042 亩呢？所以这 7042 亩舆田无疑应算作"原有田亩"。也就是说，迁陵三十五年交纳田租的户数实际是 152 户再加上 204 户，总共 356 户。这就更加说明见户数并非"核验、钩校后确定的实存户数"，与实际户数也相差甚远。

除了以上所说，《户数》和《编户》对简（16）的理解也存在问题。即使按照 204 户缴纳田租的最低计算看，启陵乡在三十五年也应有大约 30 户缴纳田租。而按照 356 户计算，则大约有 51 户，更何况还有民户不缴纳田租。秦自商鞅变法即大力推行其耕战政策，为了奖励耕织曾采取许多措施。其中免除一段时间的赋役，就是鼓励和保护垦荒的一种常见做法。如二十八年，秦始皇"乃徙黔首三万户琅邪台下，复十二岁"；三十五年，"徙三万家丽邑，五万家云阳，皆复不事十岁"。[②] 还有一些受到特别奖励或优待的民户，如前引简（4）"当复者六人"，就是因为捕虎有功而被免除了赋役。[③]可见不缴纳租赋的民户也占有一定比重。这就更加证明启陵乡的全部户籍要远远多于 27 户。

其实，仅仅根据简文，也能够判断启陵乡三十二年只有 27 户的看法不妥。最明显的问题，就是启陵乡上报"成里典"缺，请求任命士五成为里典，而迁陵县丞却批驳说"启陵廿七户已有一典"，二者的语境有着很微妙的变化。

其一，启陵乡和成里是行政隶属的乡、里关系，县丞对乡、里的概念不同应非常清楚。但由于乡里说的是成里，县里说的却是启陵，故如果认定启陵乡只有 27 户，把全乡户口都视为成里户口，也就会令人误解该乡只有一个成里。如《户数》认为："考虑到启陵全乡见户仅 20 户左右，说它仅辖成里一个里也不是说不过去。"但启陵乡实际却并非只有成里，前引简（3）便明确记载该乡还有渚里。最新公布的里耶秦简亦有关于渚里的记载，如简

---

① 按：（191×5295）÷152≈6654。

② 《史记》卷 6《秦始皇本纪》，第 244、256 页。

③ 按：史载秦昭王时，对捕杀白虎的夷人便给予复其"顷田不租，十妻不算"（《后汉书》卷 86《南蛮传》，中华书局 1965 年版，第 2842 页）的优待。

9 - 3319："渚里不更涓☒。"① 尽管此简还可能是二十六年五月之前的记录，但迁陵建县当时不到一年，渚里被反复记录的可能性远比以后十余年要小，总体来看，这已经证明渚里始终存在，并未撤销。可见县丞的说法自有道理。同时，启陵乡的上报也涉嫌造假和欺骗。如果该乡只有一个成里，且只有 27 户，在明明"已有一典"的情况下，却还要上报典"缺"，这就是典型的造假和欺骗。但事实却是县丞仅仅对此事批驳，而根本没有追究启陵乡的责任。可见启陵乡的上报也自有道理。

其二，也是最关键的，简文更表明了县、乡对设置里典的原则理解不同。由县丞所说"启陵廿七户已有一典，今有（又）除成为典，何律令应（应）"，可知秦代对于设置里典皆遵照法律规定。这就透露出一个重要信息——秦代设置里典的原则主要是参照乡的里数和户数。仅就其户数而言，如"启陵廿七户已有一典"云云，实际就是强调该乡达不到再设"一典"的法定条件。张金光先生认为："秦里，尤其是城邑中之里当以二十五家编户为近是。"② 虽然并不排除有 25 户之里甚或其他可能，但根据 27 户不够增设里典的法律规定，却可以肯定通常设置一里的户数应该高于 27 户。如果取整数的话，很可能就是以 30 户为准。前引简（13）统计"一邑二里"共 61 户，平均一里即大约 30 户。近年公布的岳麓秦简亦证明秦里通常都是30 户以上设置一名里典。如《尉卒律》规定：

> 里自卅户以上置典、老各一人，不盈卅户以下，便利，令与其旁里共典、老，其不便者，予之典而勿予老。（142 - 143）③

更重要的是，这种法律规定也说明秦代里典并非每里仅设置一名，在户数较多的情况下，如一里 60 户以上，还往往设置两名或两名以上的里典。它不

---

① 湖南省文物考古研究所编著《里耶秦简［贰］·释文》，文物出版社 2017 年版，第 117 页。按：关于渚里，陈絜先生曾根据简（16）推论"启陵乡成里的规模为 27 户"，认为简（3）所载渚里迁徙到都乡的十七户家庭，"应该就是渚里之中的所有家户数"（陈絜：《里耶"户籍简"与战国末期的基层社会》，《历史研究》2009 年第 5 期），因而渚里实际当已被撤销。但既然启陵乡的户口数并非仅仅 27户，渚里始终存在，此说也就失去了赖以成立的依据。

② 张金光：《秦制研究》，上海古籍出版社 2004 年版，第 599 页。

③ 陈松长主编《岳麓书院藏秦简［肆］》，第 115 页。

但体现了秦代对基层官吏的量化考核,如设置一名里典应大致管理多少人口,一个乡应如何设置和管理里典,而且也昭示我们,"启陵廿七户已有一典"的正解乃是平均每27户"已有一典"。类似表述在里耶简中还有很多,如"人四升六分升一"(8-1276)、"日半斗"(8-1621)、[1]"县一书"(12-1784)[2]等。而只要把"启陵廿七户已有一典"简化为"廿七户一典",便不难看出每"廿七户一典"的用法和每"人四升六分升一"、每"日半斗"、每"县一书"完全相同,只不过前者省略了县、乡都知道的总户数而已。这就解决了关于释读简(16)的矛盾。启陵乡并非只有27户,也并非只有一个成里。问题仅在于:启陵乡认为成里的户数较多,而迁陵县则认为启陵乡的平均户数较少。具体来说,启陵乡之所以要上报"成里典"缺,原因并不是成里没有里典,而是成里的户数较多,有60户左右,且"不便"管理,应根据法律再设一个里典;同样,县丞之所以要批驳启陵乡的上报,原因也并不是成里"已有一典",而是从全乡来看,平均27户已设置一个里典,达不到法律规定的"自卅户以上置典"的基本条件。这实际是一个县、乡的认识不同而产生的问题。

最后,在"廿七户"即平均27户的论证基础上,我们也可以据此来推算启陵乡的户数。根据平均27户不能再增设里典的限定条件,可知已设置的里典中必有较多低于27户者,而增设里典的户数则必须高于27户的两倍,即成里的户数应60户左右,启陵乡的总户数还必须大体是27的倍数,因之便可以大致算出启陵乡设置了多少里典。

从表7-3可以看出,根据以达到30户为增设一个里典的标准,除了成里,即使按照一典最少20户算(低于20户也设置一个里典的可能性极小),要满足平均27户一典的条件,也必须设置6个里典。而如果按照一典26户算,则必须设置34个里典,有918户才能满足条件。当然,这个918户并非平均27户一典的最小公倍数,它和按一典25户算出的513户都可以基本排除。同样,虽然设置6个里典即162户是平均27户一典的最小公倍数,但现实生活中却不可能出现一个多达60户需要增设里典,而其他五个则大

---

① 陈伟主编《里耶秦简牍校释》第1卷,第304、369页。
② 里耶秦简博物馆、出土文献与中国古代文明研究协同创新中心中国人民大学中心编著《里耶秦简博物馆藏秦简》,第202页。

表 7 - 3　启陵乡三十二年里典推算表

典数	2	3	4	5	6	7	8	9	10	11	12	13	14	15
户数	54	81	108	135	162	189	216	243	270	297	324	351	378	405
26	26 + 28	52 + 29	78 + 30	104 + 31	130 + 32	156 + 33	182 + 34	208 + 35	234 + 36	260 + 37	286 + 38	312 + 39	338 + 40	364 + 41
25	25 + 29	50 + 31	75 + 33	100 + 35	125 + 37	150 + 39	175 + 41	200 + 43	225 + 45	250 + 47	275 + 49	300 + 51	325 + 53	350 + 55
24	24 + 30	48 + 33	72 + 36	96 + 39	120 + 42	144 + 45	168 + 48	192 + 51	216 + 54	240 + 57	264 + 60	288 + 63	312 + 66	336 + 69
23	23 + 31	46 + 35	69 + 39	92 + 43	115 + 47	138 + 51	161 + 55	184 + 59	207 + 63	230 + 67	253 + 71	276 + 75	299 + 79	322 + 83
22	22 + 32	44 + 37	66 + 42	88 + 47	110 + 52	132 + 57	154 + 62	176 + 67	198 + 72	220 + 77	242 + 82	264 + 87	286 + 92	308 + 97
21	21 + 33	42 + 39	63 + 45	84 + 51	105 + 57	126 + 63	147 + 69	168 + 75	189 + 81	210 + 87	231 + 93	252 + 99	273 + 105	294 + 111
20	20 + 34	40 + 41	60 + 48	80 + 55	100 + 62	120 + 69	140 + 76	160 + 83	180 + 90	200 + 97	220 + 104	240 + 111	260 + 118	280 + 125

说明：根据《尉卒律》设置里典应高于 30 户的规定，表中以达到 30 户为标准。

多只有 20 户的现象，前揭《尉卒律》还明确规定"不盈卅户以下，便利，令与其旁里共典、老"，所以它和按一典 21 户算出的 189 户也可以排除。表中的一典 23 户值得重视，它是一典 20 户到 26 户的平均数，在已有 9 个里典后即满足了再增设一个里典的基本条件。但考虑到这个平均数全都取自低于 27 的户数，而实际在多个里典中却往往出现高于 30 的户数，成里和简（13）就是显例，故仅仅满足基本条件也还不行。以设置 8 个里典为例，除了一个 60 户外，如果再有一个 36 户，其余六个就必须都是 20 户。而设置 9 个里典，只要出现一个 36 户，则其余七个都平均是 21 户。这显然都违背常理，也违背《尉卒律》的规定。如果说某乡出现两三个户数较多的里典还确有可能的话，那么同时出现六七个 20 户或 21 户的里典则绝无可能。所以里典的实际设置还应该更多一些。从表 7 - 3 来看，这个更多的范围大致可以确定在 11 个到 15 个里典。而这也就意味启陵乡三十二年的户数在 300—400 户。

与上文主要根据常理推算不同，启陵乡的户数推算是有着平均 27 户"一典"的档案依据的。因此，在已知三十五年三乡的垦田数和见户数的情况下，如果暂且忽略三乡的户口增减，便可大致算出贰春乡、都乡的户数分别是启陵乡的三倍或二倍（76∶22；54∶22）。据此亦可算出三乡合计的户数在 1800—2400 户，并验证了迁陵县的户籍当在 2000 户左右的推算。

总之，根据见户皆与租赋有关，且三十五年有 356 户交纳田租的记录，以及"廿七户"应理解为平均 27 户，我们认为"见户"就是迁陵县每年经过"核验、钩校"后新增交纳租赋的民户。它主要和民田的开垦有关，凡民田开垦后开始向官府交纳田租和户赋，这个交纳租赋的农户就被称为"见户"。从量化考核来说，每年新增见户的多少，直接关系着垦田业绩，所以县、乡都特别重视对新增见户的统计。那么再看简（9），也就不难理解：这些见户数的记录，实际就是户曹对以往六年新增见户数的统计。其中二十八年新增最多，"见百九十一户"；三十年新增最少，"见百五十五户"。累计则多达 995 户，这也是我们确信在三十五年迁陵共有 356 户交纳田租的一个重要原因。

三　几点结论与启迪

综上所述，可以得出如下几点结论与启迪。

首先，秦代对基层官吏皆实行量化考核，乃是后世王朝各种量化考核的渊薮。从积户和见户的记录可以看出，秦对基层官吏的量化考核下了很大功夫。不管是见户的登记，还是各种积户的统计，都有着非常详细的规定，并得到了切实执行。别的不说，仅凭简（1）"迁陵积户五万五千五（百）卅四"，我们也不难想见，当年曾有多少县、乡官吏反复核查和登记户籍，才能够在一个 2000 户左右的小县里留下 55534 户次的记录。而且除了积户和见户，秦代民田、公田的开垦，刑徒和戍卒的出工，钱粮的收支，田租、户赋的交纳，徭役的征发，粮仓和武库的管理，里典和吏员的设置，甚至斩首拜爵和官吏奖惩等各个方面，也都被纳入量化考核。以简（9）、简（10）为例，户曹所以要抄写过去六年统计的见户资料，"移狱具集上"，目的就是要对当年的新增见户进行对照考核，并通知司法或监察部门共同审核；而三十四年《户赋志》则统计启陵乡有新增见户 28 户，"当出茧十斤八两"。其范围之广、规定之具体、制度之严密，实乃前所未有。

由于史料所限，加之秦朝二世而亡，以往对秦的县、乡机构知之甚少。睡虎地秦简的出土，使学界第一次对秦的县级机构有了更多的研究资料。而里耶秦简使得我们又大大拓宽眼界，对秦代的县级机构有了更深、更全面的认识。今天看来，秦始皇统一全国后，之所以能在"怨秦"的楚地上迅速建立和推行郡县制，除了武力镇压和厉行法治外，这种广泛、具体和严密的量化考核就是其中一个很重要的原因。

另一方面，秦代的量化考核也颇具创新意识，对后世影响深远。其中最有创新特点的，就是"积"的考核方式。"积"的奥妙在于：对许多需要较长时间完成的事务进行全程跟踪考核，如全年户籍的变更和登记，全月刑徒用工人员的管理，全年或几个月的徭役征发，一段时间的粮食发放等。"积"的记录还可以和每户、每人、每次或每天的记录验证，并在全程跟踪的过程中对主管人员必须完成的定额进行考核。同时，它也监督和记录参与人员的相关情况，以明确各人或各个部门的职责。如司空守圂《徒作簿》，"【卅】二年十月己酉朔乙亥，司空守圂敢言之：写上。敢言之。/痤手"（9－2294b＋9－2305b＋8－145b）①；启陵乡《禀食簿》，"卅一年正月甲寅朔壬午，启陵乡守尚、佐取、禀人小出禀大隶妾（食）……令史气视平"（8－925＋8－2195）②。其中，编写人或上报人、具体经办人和监督人以及抄手的名字都被记录下来。

根据已公布的里耶秦简，"积"的用法大致可分为积户、积人和积日三类。积户和积人已见于上文，以下主要讨论积日。积日就是日次的累积，如里耶简8－1615"☐凡五万六千六百八十四日☐"③。在这个事例中，积日的意义在于统计用人出工的总天数，以考核徭役征发和完工的效率。从已知条件看，由于按人、按天计算不可能出现余数，且徭役也通常是一个月，因而和56684天相比，能被30除尽的最小天数就是56700天。那么再用56700除以30，即可以算出其服役的最少定额日数是1890日（人）。但秦代徭役皆轮番征发，且农忙和冬季极少征发，故实际服役应该不超过半年。其中按每年征发三次计算，每日最少定额平均是630日；按征发六次计算，每日最少定额平均是315日。而一日即一人应服役一日，故最少定额的实际服役每次最多在630人左右，最少在315人左右。此外，用56700减去56684，还可以算出最少有16天或16人次缺工。

更有意思的，还是几个关于出粮的事例：

（17）径膂粟米一石九斗五升六分升五。卅一年正月甲寅朔丁巳，司空守增、佐得出以食舂、小城旦渭等卌七人，积卌七日，日四升六分升一。令史☐视平。（8－212＋8－426＋8－1632）

（18）粟米一石六斗二升半升。卅一年正月甲寅朔壬午，启陵乡守尚、佐取、禀人小出禀大隶妾☐、京、窑、苴、并、☐人、☐乐宵、韩欧毋正月食，积卅九日，日三升泰半半升。令史气视平。☐（8－925＋8－2195）④

---

① 里耶秦简博物馆、出土文献与中国古代文明研究协同创新中心中国人民大学中心编著《里耶秦简博物馆藏秦简》，第192—193页。

② 陈伟主编《里耶秦简牍校释》第1卷，第249页。

③ 陈伟主编《里耶秦简牍校释》第1卷，第368页。

④ 陈伟主编《里耶秦简牍校释》第1卷，第115、249页。

表面上看，简（17）的"积卌七日"毫无意义。给 47 个大小刑徒发放口粮，说明"日四升六分升一"的定量，就可以算出"一石九斗五升六分升五"的总量。但就"积"的作用来说，它的缜密却令人叹服。这种积日实际是要指明 47 个刑徒都有一天的口粮。而简（18）的"积卅九日"，即 13 人劳作 3 日，也指明了 13 个大隶妾每人都有三天口粮。这是一种根据"积"的总数来均分人数、天数的方法，既保证了简文的准确，也方便了对整个出粮过程的监督。此外，有了"积卌七日"或"积卅九日"的表述，也有效防止了涂改，杜绝了在简文上作弊的可能。这在书写条件尚不发达的秦代具有重要的实用价值，也与后世用"壹、贰、叁、肆"等大写数字来替代数字的普通写法有着异曲同工之妙。《户数》曾转引汉简证明，秦、汉时的积人乃一脉相承，如"十一月以食卒六十三人，人卅日，积千八百九十人，人六升大"（E. P. T17：8）[①]，而且总人次和总日次的作用实际也基本相同，但类似简（17）、简（18）的积日汉代却似乎少见。

秦代的量化考核也存在弊端。量化考核需要投入大量的人力、物力和时间。从积极方面说，当然在许多事务上达到了目标管理的意图，留下了难以计数的档案资料，并易于考核和奖惩；但从消极方面说，它也严重耗费了基层官吏的精力，不仅使他们经常陷于各种琐事的记录之中，而且造成了比较普遍的效率低下问题。即以迁陵"祠先农"为例，现已公布的相关简牍便有 20 多枚（包括残简），其中连祭祀后剩下的"食七斗""羊头一足四""豚肉一斗半""肉汁二斗""酒一斗半"被卖了多少钱都一一记载。[②] 且不说祭祀，就是从既是经办人又是记录者的"是""狗"来说，在主要使用简牍书写的秦代，仅仅把这些内容都记录下来，也要耗费他们很多的时间和精力。更不用说，这些剩余物品的处理，还有一个"令史尚视平"，监督了整个过程。而且，过分强调数量，忽视质量，也是所有量化考核的通病。仍以简（9）为例，迁陵到三十三年已累计新增见户 995 户，再加上三十四年和三十五年的新增见户，总户数应该在 1300 户左右，但三十五年的实际纳税户却只有 356 户。尽管其中有着很多的重复计算，但也足以说明这种考核存

---

① 甘肃省文物考古研究所、甘肃省博物馆、文化部古文献研究室、中国社会科学院历史研究所编《居延新简·破城子探方一七》，文物出版社 1990 年版，第 66 页。

② 湖南文物考古研究所编著《里耶发掘报告》，第 194—195 页。

在着忽视质量、效率低下的问题。《算术》就曾精辟指出："行政运行中繁芜的算术作业，其实在一定程度降低了秦王朝的工作效率和官吏队伍的素质。"

其次，通过以上见户的讨论，也可以一窥秦代边远地区的垦田制度。里耶简 8 - 355 称："【黔】首习俗好本事不好末作，其习俗槎田岁更，以异中县。"① 这当然是不可尽信的官样文章，但关于见户的统计和考核，也的确记录了迁陵县的垦（舆）田数量和实例。这些垦（舆）田在三十五年共有12337 亩，结合其他记载和旁证，便可以看出几个问题。

一是全县的舆田数量不多。虽然秦王朝曾积极推行招募垦田的政策，并把垦田多少作为考核地方官吏的一个主要内容，但迁陵县的舆田数量却明显很少。从二十八年开始统计见户，到七年后的三十五年，它的舆田面积总数才达到12337 亩。这一方面和人口太少有关，另一方面更与山区环绕的盆地和劳动生产力有关。根据简（15）和简（9）、简（14）计算，迁陵每年舆田才平均增长 812 亩，平均每户舆田还不到 35 亩（详见表 7 - 4）。当然，由于前述种种原因，迁陵垦田的面积实际是要远远大于其舆田面积的。

表 7 - 4　迁陵县历年舆田统计表

单位：亩

时间	见户数	新舆田数	原有舆田数	总舆田数	户均舆田数	备注
三十五年	户百五十二（152）	五十二顷九十五亩（5295）	七十顷卅二亩（7042）	12337	34.83 34.65	根据简（9）、简（14）、简（15）计算，年均新增舆田约 812 亩
三十四年	取前后两年平均数（158）	5504	6022	11526		平均新增约 812 亩
三十三年	百六十三户（163）	5678	5036	10714		平均新增约 812 亩

① 陈伟主编《里耶秦简牍校释》第 1 卷，第 136 页。

时间	见户数	新舆田数	原有舆田数	总舆田数	户均舆田数	备注
三十二年	百 六 十 一 户（161）	5609	4293	9902		平均新增约 812 亩
三十一年	百 五 十 九 户（159）	5539	3551	9090		平均新增约 812 亩
三十年	百 五 十 五 户（155）	5400	2878	8278		平均新增约 812 亩
二十九年	百 六 十 六 户（166）	5783	1682	7465		平均新增约 812 亩
二十八年	百 九 十 一 户（191）	6654	0	6654	34.84	根据简（15）计算，当年应纳税田亩
合计	1305 户	45462				

说明：迁陵二十八年到三十三年每年新增的舆田数，均按其历年见户数与迁陵三十五 152 户有舆田 5295 亩的比例推算。

二是农民的垦田多由小块垦田凑成。从表 7 - 4 可以看出，迁陵县二十九年虽然新增 166 户见户，但根据二十八年 6654 亩到三十五年 12337 亩的平均增长——每年大约 812 亩，它的实际舆田总数却只有约 7465 亩。同样，从二十九年到三十三年的见户或舆田增长，也基本都是如此。可见其中必有大量的重复计算，至少应占到总数的三分之二以上。这充分说明，在环境恶劣、生产力低下的情况下，农民的垦田面积大多较小。即使有几十亩的垦田，也都是一小块、一小块增加的。根据最近公布的里耶简文，都乡高里士伍吾武、贰春乡南里寡妇愁就是两个特别典型的事例：

（19）卅三年六月庚子朔丁巳，【田】守武爰书：高里士五（伍）吾武自言谒狠（垦）草田六亩武门外，能恒藉以为田。典缦占。（9 - 2350a）

（20）卅五年三月庚寅朔丙辰，贰春乡兹爰书：南里寡妇愁自言谒狠（垦）草田故枲（桑）地百廿步，在故步北，恒以为枲（桑）田。

三月丙辰，贰春乡兹敢言之，上。敢言之。/诎手。（9－14a）①

从简（19）可以看出，高里的士伍吾武请求垦种的草田面积只有6亩；而简（20）更表明，南里的寡妇憨仅仅请求垦种草田半亩。所以除了强宗大族外，通常农民的垦田面积都必定是由小块垦田凑成。这就决定了他们今年成为见户后，明年大多也还是见户，从而造成大量的重复计算。

三是垦种草田免交前一两年田租。"草田"就是未开垦的荒田，如《商君书·垦令》："农不败而有余日，则草必垦矣。"② 草田的开垦相当费力，当年垦种的产量也往往很低，故垦种草田的前一两年，官府通常都会规定免交租赋，以保护垦田农民的积极性。而引起笔者注意的，也有些奇怪的是，简（9）的见户记录截止到秦始皇二十八年。根据里耶简8－757记载："今迁陵廿五年为县。"③ 可知迁陵在秦王政二十五年便已设县。在已经记录到二十八年见户的情况下，为什么要单单漏掉二十七年和二十六年的统计呢？无独有偶，洞庭郡要求所辖各县抓紧补充买粮的统计资料也是从二十八年开始：

（21）卅三年正月壬申朔戊戌，洞庭叚守□谓县啬夫：廿八年以来，县所以令糴粟固各有数而上见。或别署或弗居□，以书到时亟各上所糴粟数后上见存，署见左方曰若干石斗不居见，□署主仓发，它如律令。（12－1784a）④

故倘若没有什么特殊原因，答案即应当是没有记录，从而昭示我们：迁陵县的见户统计实际最早开始于二十八年。尽管还存在某些可能，如安抚新占领地区，迁陵开始设县制度尚不完备，但既然秦始皇宣称"上农除末，黔首

---

① 里耶秦简博物馆、出土文献与中国古代文明研究协同创新中心中国人民大学中心编著《里耶秦简博物馆藏秦简》，第194、179页。
② 山东大学《商子译注》编写组：《商子译注》，齐鲁书社1982年版，第7—8页。
③ 陈伟主编《里耶秦简牍校释》第1卷，第217页。
④ 里耶秦简博物馆、出土文献与中国古代文明研究协同创新中心中国人民大学中心编著《里耶秦简博物馆藏秦简》，第202页。

是富"①，并免除十几万户移民 10 年或 12 年的赋役，那么垦种草田的前期应当免除田租便成为其最大可能。之所以二十八年记录的见户最多，有 191 户，且排在历年统计的第一条，原因也似在于此。

四是垦田的数量基本没有上限。一般来说，秦自商鞅变法，便按户实行一夫百亩的授田制度。如《新唐书》引杜佑说："商鞅佐秦，以为地利不尽，更以二百四十步为亩。百亩给一夫。"② 睡虎地秦简也证实了授田制的实施——"入顷刍槀，以其受田之数，无狠（垦）不狠（垦），顷入刍三石、槀二石。"③ 但迁陵的情况却明显不同。从表 7-4 的统计看，当地农民的舆田平均每户不到 35 亩。即使有少数特例，垦田能够达到甚或超过其百亩限额，也只能说明绝大多数民户的垦田面积应该更小。吾武的垦田一次只能开垦草田六亩，就是一个比较突出的事例。可见其最大问题，并不是无田可授，或土地兼并，而是迁陵的人口太少，垦田的能力有限。杜佑《通典》曾云，商鞅"废井田，制阡陌，任其所耕，不限多少"④。这种情形至少在边远的迁陵乃至洞庭是存在的。

五是垦田有着严格的自报、审定和复查程序。从简（15）和简（19）、简（20）可以看出，迁陵垦田的管理通常包括草田、舆田和税田三个环节。而每一个环节都有着严格的审核和报批程序。草田是自愿申报，垦种的面积或地点采取量力而行和就近方便的原则，如前揭"高里士五（伍）吾武自言谒狠（垦）草田六亩武门外"，"南里寡妇憝自言谒狠（垦）草田故粜（桑）地百廿步，在故步北"。草田的申报还必须确定，草田开垦后是用来种粮还是植桑，并保证一旦垦种就始终要经营这块垦田。而所属乡、里经过查验后则应当据实登记，哪怕是垦种半亩也必须按程序操作，然后报送主管垦田的机构——"田"——备案。因为开垦草田的数量就是农户应交纳多少刍槀的依据。根据《里耶秦简［贰］》，迁陵的"田"还分区下设"右

---

① 《史记》卷 6《秦始皇本纪》，第 245 页。
② 《新唐书》卷 215《突厥传上·论》，中华书局 1975 年版，第 6025 页。
③ 睡虎地秦墓竹简整理小组：《睡虎地秦墓竹简·秦律十八种·田律》，文物出版社 1978 年版，第 27—28 页。
④ ［唐］杜佑撰，王文锦、王永兴、刘俊文等点校《通典》卷 1《食货一·秦》，中华书局 1988 年版，第 6 页。

田"和"左田",均设守、佐等。如"右田守绐"(9－743)、"右田佐益"(9－1418)和"迁陵左田"(9－470)①。草田的这个环节还不算复杂,最复杂的,乃是所谓"舆田"的确定和登记。草田在开垦后即被称为"垦田"(耕地),在垦田里确定实际耕种并可以纳税的垦田即称为"舆田",在舆田里最终按比例和税率算出的纳税舆田则称为"税田"。如简(15)"迁陵卅五年狠(垦)田舆五十二顷九十五亩,税田四顷卅二"。迁陵的舆田实际也就是通常所说的垦田。因为舆田的数量就是县、乡需要统计上报的垦田数,而且每年新增舆田所涉及的户数也就是需要统计考核的见户数,所以舆田的确定和登记才变得特别复杂。大致有五种情况。(1)去年舆田不变,今年又新增舆田,今年还是见户。(2)今年舆田增加,但原有舆田减少,今年也还是见户。(3)去年舆田减少,今年舆田增加,则今年成为见户。(4)今年没有新增舆田,今年即并非见户。(5)今年没有新增舆田,原有的舆田也被部分休耕,则舆田实际数量减少。第(5)种情况也是迁陵县、乡最头疼的。前揭"其习俗槎田岁更,以异中县",便说明这种"槎田"的休耕方式在迁陵地区相当普遍,以至于县庭抱怨,把"槎田"的耕作方式作为推脱垦田不力责任的替罪羊。另外,户赋是否还要减免也是很麻烦的问题。刍稾即户刍和田刍、田稾(钱)肯定是要足额交的,前引"无狠(垦)不狠(垦),顷入刍三石、稾二石",就足以证明。而且和田租按舆田数量征收不同,刍稾的征收是按授田即开垦草田的数量征收的。但妇女的算赋会不会减免,不得而知。②至于税田,则相对要简单一些,无非就是采用哪种面积租率,如十二税一和什一之税;然后确定产量税率,如六步一斗、十三步一斗、廿二步一斗,并确保田租都能足额及时地收缴。如里耶简8－1246:"廿九年正月甲辰,迁陵丞昌讯⬚书。……·鞫口悍上禾稼租志误少五【谷】。"③就是一个关于收租记录"误少五谷"的案例。但总体来说,迁陵的垦田管理都有着严格、复杂的审定验收程序。

　　总之,秦代迁陵的垦田既有边远地区的特点,也和中原地区的垦田有着

---

①　湖南省文物考古研究所编著《里耶秦简[贰]·释文》,第31、53、21页。
②　晋文:《关于商鞅变法赋税改革的若干考辨》,《中国农史》2001年第4期。
③　陈伟主编《里耶秦简牍校释》第1卷,第300页。

某些共性；而量化考核则始终在管理过程中起着保障、推进和奖惩的杠杆作用。

最后，从以上论述还可以鸟瞰秦朝对边远郡县的重视。为了巩固边疆，加强与内地的联系，秦朝对迁陵曾投入大量财力、物力和人力。与本节直接相关的，就是户籍总数和租赋数额的探讨。

如前所述，迁陵县三十五年的户籍总数推算在 2000 户左右。根据班固《汉书》记载："县令、长，皆秦官，掌治其县。万户以上为令，秩千石至六百石。减万户为长，秩五百石至三百石。皆有丞、尉，秩四百石至二百石。"[①] 无论如何，迁陵也算不上是大县，但它却有"吏凡百四人"（8 - 1137）[②] 或"吏员百三人"（7 - 67 + 9 - 631）[③] 的官吏配置。以迁陵人口有 10000 人以上计算，大约平均 100 人就要配置一名吏员。由此亦可旁证迁陵的户籍总数仅有一两百户之误。迁陵的官民比之高是非常惊人的，也从一个侧面体现了迁陵县的规格和地位。但要供养多达 100 余人的官吏，却需要有一定的经济实力。总体来看，迁陵的经济并不具有与之相当的实力。

根据已公布的秦简，除了口赋即人头税（钱数不明）外，迁陵的财政收入主要有田租、户赋、刍稾和公田四个部分。从田租来看，由于垦田数量不多，截止到三十五年，迁陵的新增舆田"租六百七十七石"，原有舆田"租凡九百一十"石，总共才有 1587 石。别的不说，仅仅几名长吏，如县令或县长、县丞和县尉，也就完全或基本用光了平均每年 1200 多石的田租。再从户赋来看，迁陵户赋的一笔主要收入是按户征收的蚕茧。总的来说，所征收的蚕茧总量也同样不高。简（10）启陵乡三十四年"见户廿八户，当出茧十斤八两"的记录，就算是征收数量比较高的统计了。[④] 按一户平均六

---

① 《汉书》卷 19 上《百官公卿表上》，第 742 页。

② 陈伟主编《里耶秦简牍校释》第 1 卷，第 282 页。

③ 里耶秦简博物馆、出土文献与中国古代文明研究协同创新中心中国人民大学中心编著《里耶秦简博物馆藏秦简》，第 163 页。

④ 按：根据简 8 - 914 + 8 - 1113，在"卅五年八月丁巳朔甲子"有"丝十八斤四两"（陈伟主编《里耶秦简牍校释》第 1 卷，第 248 页）的记录，从"少内【沈】"经办看，这可能是迁陵县另一个乡的户赋。

两（168÷28＝6）共 356 户交纳租赋算，[①] 迁陵三十五年应征收蚕茧为一百三十三斤八两（133.5 斤）。户赋的另一笔主要收入是户刍钱。如里耶简8－1165："户刍钱六十四。卅五年。"[②] 岳麓秦简《金布律》亦明确规定：

> （22）出户赋者，自泰庶长以下，十月户出刍一石十五斤；五月户出十六钱，其欲出布者，许之。十月户赋，以十二月朔日入之，五月户赋，以六月望日入之，岁输泰守。十月户赋不入刍而入钱者，入十六钱。（118－120）[③]

按同样 356 户每户 16 钱算，这笔收入的总数是 5696 钱。此外，根据睡虎地秦简"入顷刍稾"的规定，以及张家山汉简《二年律令·田律》的旁证：

> （23）入顷刍稾，顷入刍三石；上郡地恶，顷入二石；稾皆二石。令各入其岁所有，毋入陈，不从令者罚黄金四两。收入刍稾，县各度一岁用刍稾，足其县用，其余令顷入五十五钱以当刍稾。刍一石当十五钱，稾一石当五钱。（240－241）[④]

秦代农民还必须按田交纳刍稾。例如二世元年二月，迁陵"右田"上交"少内"的刍稾钱总共有 1134 钱——"田刍稾钱千一百卅四。元年二月癸酉朔辛巳，少内守疵受右田守[纶]。令佐丁监。"（9－743）[⑤] 杨振红先生便对此总结说："最晚至秦王嬴政统治时期，刍稾税已分为户刍、田刍和

---

① 邬文玲先生亦征引四枚里耶残简认为："这几枚简文所记皆为'茧六两'，正好与每户应纳的户赋数额相同。"（邬文玲：《里耶秦简所见"户赋"及相关问题刍议》，载《简帛》第 8 辑，上海古籍出版社 2013 年版，第 217 页）

② 陈伟主编《里耶秦简牍校释》第 1 卷，第 286 页。

③ 陈松长主编《岳麓书院藏秦简［肆］》，第 107 页。按：秦代已规定五月户赋的定额为"十六钱"，因为征赋的具体对象是妇女，而且最早交纳的都是纺织品，所以也允许交纳其同样价值的纺织品或纺织品原料。文献记载的算赋应该就是这种户赋的一个类别。

④ 张家山二四七号汉墓竹简整理小组编《张家山汉墓竹简［二四七号墓］》（释文修订本），第 41 页。

⑤ 湖南省文物考古研究所编著《里耶秦简［贰］·释文》，第 31 页。

田稿。"① 令人欣喜的是,最新公布的《里耶秦简[贰]》,为秦的顷刍稾的征收提供了两个极其珍贵的实例。请看简 9 – 543 + 9 – 570 + 9 – 835:

（24）☒刍稾志。

·凡千一百七钱。

都乡黔首田启陵界中,一顷卅一亩,钱八十五。

都乡黔首田贰春界中者,二顷卅七亩,钱百卅九。

·未入者十五☒②

据此可知,除征收实物外,秦的刍稾征收是按每亩 0.6 钱计算的,如 85 ÷ 141 ≈ 0.6 或 149 ÷ 247 ≈ 0.6,一顷百亩就是 60 钱。再根据"刍一石十六钱,稾一石六钱"（73）③ 的换算关系,我们便可以看出,每顷 60 钱实乃"顷入刍三石、稾二石"折钱相加的总值——16 × 3 + 6 × 2 = 60（钱）。这无可争辩地证明:刍稾是按"谒垦"的草田亩数征收的,"顷入刍三石、稾二石"也的确是一个征收刍稾的测算标准,而不是每户都要按百亩征收。据此我们还可以算出迁陵"右田"在二世元年"谒垦"的草田亩数,亦即 1134 ÷ 0.6 = 1890（亩）。根据简（24）,我们也可以大体算出迁陵征收刍稾钱的总数。当然,由于舆田的面积并不等于垦田的面积,加之"槎田岁更"的休耕习俗,迁陵农民的实际垦田面积应当明显高于舆田。按表 7 – 4 平均舆田 35 亩的大致估算计,迁陵的垦田每户应在平均 70 亩左右。再按照每顷 60 钱的计算看,每户交纳的田刍和田稾当折合 42 钱左右（再加上户刍 16 钱,则和汉初"入顷刍稾"折合 55 钱基本相同④,存疑待考）。而 356 户的总额就是 14952 钱左右。但即使把所有租赋相加,由于它的总量太少,也供养不

---

① 杨振红:《从出土简牍看秦汉时期的刍稾税》,载吴荣曾、汪桂海主编《简牍与古代史研究》,北京大学出版社 2012 年版,第 101 页。

② 陈伟主编《里耶秦简牍校释》第 2 卷,第 152 页。

③ 朱汉民、陈松长主编《岳麓书院藏秦简[贰]》,上海辞书出版社 2011 年版,第 73 页。

④ 按:"刍一石十六钱",与《金布律》的规定略有差别,若按一石十五斤"入十六钱"计算,一石刍约等于 14.2 钱。合计"顷入刍三石、稾二石"的总钱数也还是大约 55 钱,即 14.2 × 3 + 6 × 2 = 54.6（钱）,从而证明《二年律令·田律》的制定应在汉王刘邦时期。此亦说明法律规定与实际执行存在着差别,参见陈松长《秦代"户赋"新证》,《湖南大学学报》（社会科学版）2016 年第 4 期。

了多少官吏。当然，这绝不意味迁陵的农民负担很轻，也绝不是说秦朝统治者多么仁慈，而是人口太少的基本状况决定了它的租赋总额不可能很高。所以就算统治者想多征租赋，实际也无可奈何。为了便于对比，兹将迁陵县的历年租赋附表（表7-5）如下：

表7-5　迁陵县历年租赋推算表

时间	租赋总户数（户）	户均田租（石）	田租总额（石）	户均蚕茧（折钱）	蚕茧总额（折钱）	户均刍钱（钱）	户均刍钱总额（钱）	户均刍槀折钱（钱）	田刍田槀折钱总额（钱）
始皇三十五年	约356（152+204）	4.45	约1587（677+910）	6两16钱	2136两5696钱	16	5696	约42	≈14952
始皇三十四年	约332[(356+308)/2]	4.45	约1477	6两16钱	1992两5312钱	16	5312		
始皇三十三年	约308	4.45	约1371	6两16钱	1848两4928钱	16	4928		
始皇三十二年	约285	4.45	约1268	6两16钱	1710两4560钱	16	4560		
始皇三十一年	约262	4.45	约1166	6两16钱	1572两4192钱	16	4192		
始皇三十年	约239	4.45	约1064	6两16钱	1434两3824钱	16	3824		
始皇二十九年	约215	4.45	约957	6两16钱	1290两3440钱	16	3440		
始皇二十八年	191（百九十一）	4.45	约850	6两16钱	1146两3926钱	16	3056		

至于公田，根据前述洞庭郡守曾训斥迁陵"徒隶不田"，并惩处"垦田不力"的司空厌等，可以判断迁陵公田的经营状况不佳。从徒隶《日食簿》的记录看，在田官劳作的徒隶人数也并非很多。如秦始皇三十年六月甲辰，便仅有56人劳作——"城旦、鬼薪十八人。小城旦十人。舂廿二人。小舂三人。隶妾居赀三人。"（8-1566）① 其中还有13个未成年人。这与民田耕种大约239户人家可以说大相径庭。就垦田数量而言，里耶简8-1763载，

① 陈伟主编《里耶秦简牍校释》第1卷，第362页。

"⊠当狠（垦）田十六亩。⊠已狠（垦）田十九亩"①，估计也是对某块公田开垦的考核记录。尽管田官还有戍卒等其他劳动力，但显而易见，这些公田的生产能保证其生产者的自给，也就相当不错了。前揭洞庭"廿八年以来，县所以令糴粟固各有数"，就是一个反证。所以综合考虑，迁陵县的主要财政来源，实际还是朝廷的大量拨款。秦朝对于迁陵乃至洞庭等边远地区的重视，由此即可以概见。

秦朝对边远地区的重视还体现出一种坚定理念——"六合之内，皇帝之土。"② 为了巩固边疆，确保大一统帝国的安宁，即使对边远地区的投入巨大也在所不惜。这更是一条值得认真总结和深思的历史经验。

第二节　张家山汉简中的立户与分户

《二年律令·户律》有汉初立户分户的诸多规定，学界已做了大量研究，取得了比较丰富的成果。但仍然存在一些争议和难题，本节辨析即由此而展开。

为便于讨论和行文，兹将《户律》对汉初立户分户的主要规定按原文顺序摘引如下：

> 关内侯九十五顷，……公士一顷半顷，公卒、士五（伍）、庶人各一顷，司寇、隐官各五十亩。不幸死者，令其后先择田，乃行其余。它子男欲为户，以为其【户】田予之。其已前为户而毋田宅，田宅不盈，得以盈。宅不比，不得。（310－313）

> 宅之大方卅步。彻侯受百五宅，关内侯九十五宅，……公士一宅半宅，公卒、士五（伍）、庶人一宅，司寇、隐官半宅。欲为户者，许之。（314－316）

> 未受田宅者，乡部以其为户先后次次编之，久为右。久等，以爵先后。有籍县官田宅，上其廷，令辄以次行之。（318）

> 受田宅，予人若卖宅，不得更受。（321）

---

① 陈伟主编《里耶秦简牍校释》第 1 卷，第 388 页。
② 《史记》卷 6《秦始皇本纪》，第 245 页。

代户、贸卖田宅，乡部、田啬夫、吏留弗为定籍，盈一日，罚金各二两。（322）

诸不为户，有田宅附令人名，及为人名田宅者，皆令以卒戍边二岁，没入田宅县官。为人名田宅，能先告，除其罪，有（又）畀之所名田宅，它如律令。（323－324）

民皆自占年。小未能自占，而毋父母、同产为占者，吏以□比定其年。自占、占子、同产年，不以实三岁以上，皆耐。产子者恒以户时占其【年】□。（325－326）

恒以八月令乡部啬夫、吏、令史相杂案户籍，副臧（藏）其廷。有移徙者，辄移户及年籍爵细徙所，并封。留弗移，移不并封，及实不徙数盈十日，皆罚金四两；数在所正、典弗告，与同罪。乡部啬夫、吏主及案户者弗得，罚金各一两。（328－330）

民宅园户籍、年细籍、田比地籍、田命籍、田租籍，谨副上县廷，皆以篋若匣匮盛，缄闭，以令若丞、官啬夫印封，独别为府，封府户；节（即）有当治为者，令史、吏主者完封奏（凑）令若丞印，啬夫发，即杂治为；臧（藏）府已，辄复缄闭封臧（藏），不从律者罚金各四两。其或为詐（诈）伪，有增减也，而弗能得，赎耐。官恒先计雠，□籍□不相（？）复者，毄（系）劾论之。民欲先令相分田宅、奴婢、财物，乡部啬夫身听其令，皆参辨券书之，辄上如户籍。有争者，以券书从事；毋券书，勿听。所分田宅，不为户，得有之，至八月书户，留难先令，弗为券书，罚金一两。（331－336）

孙为户，与大父母居，养之不善，令孙且外居，令大父母居其室，食其田，使其奴婢，勿贸卖。孙死，其母而代为户。令毋敢逐（逐）夫父母及入赘，及道外取其子财。（337－339）

民欲别为户者，皆以八月户时，非户时勿许。（345）[1]

从这些律文可以看出，汉初的立户分户主要有三个方面的内容。一是关

---

[1] 张家山二四七号汉墓竹简整理小组编《张家山汉墓竹简［二四七号墓］》（释文修订本），第52、53、54、55、56页。按：文中带【 】之字，原为残缺，是笔者根据文意所补。

于户籍登记的规定，包括户籍登记的时间、主管部门、相关内容及其犯罪行为的处罚等。汉承秦制，汉初户籍的登记时间也同样在每年八月，所谓"八月户时"。法律还明文规定乡是核查和登记户籍的最基层的部门，"恒以八月令乡部啬夫、吏、令史相杂案户籍，副臧（藏）其廷"。户籍登记的内容，涉及户主和家庭成员的姓名与年龄，以及田宅、田租、"奴婢、马牛羊、它财物者"和户籍的迁徙等。还有对相关犯罪行为的处罚。如年龄自报或为家庭成员申报，"不以实三岁以上，皆耐"；对乡吏不作为、过失和故意造假，则分别给以罚金和赎耐的处罚。二是关于立户分户的规定，包括立户、代户和分户的条件、顺序、权利和义务等。值得注意的是，众多律文对立户分户的行为都以"为户"一词来表述，这说明汉初和秦时一样，"为户"就是立户分户的法定用语。就其条件而言，虽然有户主身份上的区别——有爵者和无爵者，但除了商贾、罪人以及"户时"和"不得更受"等规定，通常都没有限制。此外，汉代户主也通称"户人"，如荆州高台18号汉墓木牍："新安户人大女燕关内侯寡。"（牍丙）① 他（她）们的所有田宅、奴婢、牲畜和其他财产，其家庭成员均有权分割继承，并因此而负有赡养义务。主要有两种继承方式：一种是分家继承，如"不幸死者，令其后先择田，乃行其余。它子男欲为户，以为其【户】田予之"，此即律文所说的"相分"；另一种是不分家继承，此即律文所说的"代户"。特别是代户，为了尽可能避免侵权，律文还根据婚姻、血缘和主奴的关系制定了详细的继承顺序。除了上引"孙死，其母（寡妇）而代为户"，这方面的规定主要见于《置后律》。例如："死毋子男代户，令父若母，毋父母令寡，毋寡令女，毋女令孙，毋孙令耳孙，毋耳孙令大父母，毋大父母令同产子代户。同产子代户，比同居数。"（380）再如："寡为户后，予田宅，比子为后者爵。其不当为户后，而欲为户以受杀田宅，许以庶人予田宅。毋子，其夫；夫毋子，其夫而代为户。夫同产及子有与同居数者，令毋贸卖田宅及入赘。其出为人妻若死，令以次代户。"（386-387）② 三是关于民户田宅的具体规定，

---

① 湖北省荆州博物馆编著《荆州高台秦汉墓：宜黄公路荆州段田野考古报告之一》，科学出版社2000年版，第223页。按：荆州高台18号汉墓的年代被考古报告确定为文帝七年（前173年）。

② 张家山二四七号汉墓竹简整理小组编《张家山汉墓竹简［二四七号墓］》（释文修订本），第61页。

包括不同身份享有田宅面积的国家配额、田租的征收和豁免、草田和实有田宅的行田次序、实有田宅的赠送与买卖等。其中规定有爵者的田宅配额多，无爵者的田宅配额少，如大庶长有九十顷和九十宅，大夫有五顷和五宅，公卒、士伍、庶人却仅有一顷和一宅，充分反映出他们的身份和社会地位的悬殊，尽管这些田宅面积并不等于实有耕地和房屋。同秦代登记"见户"一样，汉初重视对户籍的登记也是要确保赋税徭役的征发。所谓"年细籍""田租籍"，就是据此向民众征发赋役的依据。汉初对实有田宅的行田皆"以爵先后"，并允许实有田宅的赠送、转让和买卖，这也印证了《史记》《汉书》记载的土地兼并，从而解决了名田或授田能否买卖的问题。需要讨论的，是以下三个有争议的问题。

一　"田命籍"的内涵

自张家山汉简公布后，学界对"田命籍"的内涵便展开各种争鸣。主要有以下几种看法。一种是豁免田租的籍簿，以杨振红先生为代表。她根据先秦典籍有"典命""命妇"等记载，"推测田命籍可能是记录那些具有豁免特权不需交纳田租者的土地册"，"商鞅以来的秦及西汉王朝对官吏可能也给予这一授田和租税方面的特权"。① 一种认为是"田名籍"，以朱绍侯、臧知非等先生为代表。例如：

> "田命籍"可能是"田名籍"。《史记·张耳陈余列传》："张耳尝亡命游外黄。"索隐引晋灼曰："命者，名也。谓脱名籍而逃。""田命籍"应是登记土地在谁的名下占有的问题。②

> 田命籍之命既可解做爵命之命，也可解作名。《周礼·春官·序官》"典命"郑玄注"命，谓王迁秩群臣之书"。土地均授之于天子，故曰田命籍。文献中，命又有通名者，田命籍即田名籍，注明各户所授田宅的多寡及其根据如爵级等，《广雅·释诂三》："命，名也。"……

① 杨振红：《秦汉"名田宅制"说——从张家山汉简看战国秦汉的土地制度》，《中国史研究》2003 年第 3 期。

② 朱绍侯：《论汉代的名田（受田）制及其破坏》，《河南大学学报》（社会科学版）2004 年第 1 期。

这儿的田命籍接【解】做"田名籍"更贴切。①

张荣强等先生的看法也与此类似：

> "田命籍"颇令人费解。按"命"同"名"，《广雅·释诂三》："命，名也。"王念孙《疏证》："命即名也，名、命古声同义。"汉代有"名田"之制，颜师古注"名田，占田也"。"名田"就是通过自行申报土地数量，从而取得对土地的占有权。"田命籍"疑系个人名下的田籍，其与"田比地籍"的区别，或许在形式上前者是以田系人，后者则是以人系田。②

另一种看法认为，"田命籍"的内涵目前还难以得知。如高敏先生便坦诚说："唯有'田命籍'，不知所指为何。"③ 杨际平先生也以"或"的表述方式提出，"田命籍的""性质不详，或即名田籍，即依法可以名田宅的最高限额，与各户实际占有的田宅数量"。④ 还有一种看法认为，"田命籍"可能是关乎耕地的土质和休耕的籍簿，以曹旅宁先生为代表。他根据唐代籍账与前揭宅园户籍、年细籍、田比地籍、田租籍几乎一一对应，"初步推定张家山汉简《户律》中的'田命籍'可能就是记载农民耕种土地的质量以及休耕土地情况的籍簿"。⑤ 可见其争议之大。

值得注意的是，以上看法虽然有很大分歧，但都是在认定"田命籍"的名称基础上的讨论。唯有何有祖先生，对"田命籍"的名称问题提出了

---

① 臧知非：《秦汉"傅籍"制度与社会结构的变迁——以张家山汉简〈二年律令〉为中心》，《人文杂志》2005年第1期。

② 张荣强：《孙吴简中的户籍文书》，《历史研究》2006年第4期。按：朱红林、王彦辉先生也认为："'田命籍'即'田名籍'，'名'有占有之意，'田名籍'亦是表示土地所有权之文书。"（朱红林：《张家山汉简〈二年律令〉研究》，黑龙江人民出版社2008年版，第250页）"'田命籍'或许是吏民占有和使用土地情况的簿籍。"（王彦辉：《张家山汉简〈二年律令〉与汉代社会研究》，中华书局2010年版，第10页）

③ 高敏：《从张家山汉简〈二年律令〉看西汉前期的土地制度——读〈张家山汉简〉札记之三》，《中国经济史研究》2003年第3期。

④ 杨际平：《秦汉户籍管理制度研究》，《中华文史论丛》2007年第1期。

⑤ 曹旅宁：《张家山汉律研究》，中华书局2005年版，第131页。

质疑，并根据简文图版，将田命籍改释为"田合籍"。而这一改释，则使"田命籍"的讨论方向发生了重要转变。如彭浩等先生主编的《二年律令与奏谳书——张家山二四七号汉墓出土法律释读》便据此提出新解：

> 合，原释"命"，何有祖据图版改释。
>
> 今按：田合籍，似指按乡汇合统计的田亩簿册。[①]

但名称易改，内涵却很难得解。《户律》中的五种籍簿都是涉及单个民户的籍簿，为何要登记"按乡汇合统计的田亩簿册"？况且，在《田比地籍》中既已登记每户的土地面积和四至，也没有必要再专门设置一个按乡汇总的田亩籍册。这明显存在问题。朱红林先生便提出质疑，认为如此改释"证据亦不充分，且如释作'田合籍'，义不可解"。[②] 杨振红先生的态度则有所保留，认为"田合籍"的改释可从，但"田合籍文献缺载"，释为按乡汇总的田亩簿书还"有待进一步论证"。[③] 张荣强、王彦辉先生也说："这一问题，有待更多材料出土后再行探考。"[④] "此字究竟应该释为'命'还是'合'，有待学者进一步讨论，暂不探究。"[⑤] 当然，也有学者坚称，"田命籍"就应当释为"田合籍"，如袁延胜等先生认为：

> 张家山汉简《二年律令·户律》中的"田命籍"应为"田合籍"，它是《户律》中记载的汉代五种户籍类簿籍中重要的一种。从国家统计土地的角度看，"田合籍"应是所有土地的总籍。它可能既是记载国家所有田地情况的总籍，同时也是记载每户所有田地情况的总籍。[⑥]

但问题却仍然存在，因为每户的"所有田地"都已被登记在《田比地籍》。

---

① 彭浩、陈伟、工藤元男主编《二年律令与奏谳书——张家山二四七号汉墓出土法律释读》，上海古籍出版社 2007 年版，第 224 页。
② 朱红林：《张家山汉简〈二年律令〉研究》，第 250 页。
③ 杨振红：《出土简牍与秦汉社会》，广西师范大学出版社 2009 年版，第 170 页。
④ 张荣强：《孙吴简中的户籍文书》，《历史研究》2006 年第 4 期。
⑤ 王彦辉：《张家山汉简〈二年律令〉与汉代社会研究》，第 11 页。
⑥ 袁延胜、董明明：《〈二年律令·户律〉"田合籍"辨》，《南都学坛》2013 年第 1 期。

　　我们认为，究竟是叫"田命籍"，还是叫"田合籍"，其实并不重要，关键是它的内涵应如何解读。从这个方面来说，除了豁免田租的推测看来更符合情理，上述各种推测都存在偏颇。以众多"田名籍"的解读为例，这种解读是指每户占有土地的籍簿，但田比地籍也就是登记每户占有土地的籍簿。所以袁延胜等先生反诘：

　　　　如果这样，那《户律》中的"田比地籍"难道就不是吏民占有和使用土地的簿籍？记载土地范围的"田比地籍"与"田命籍"还有什么区别？①

尽管这种区别或可视为"前者是以田系人，后者则是以人系田"，但在登记每户土地的籍簿中却登记"个人名下的田籍"，意义何在？同样，把田命籍说成"记载农民耕种土地的质量以及休耕土地情况的籍簿"，也明显违背事实与常理。《田比地籍》登记的是草田和耕地的总面积，耕地的总面积则包括休耕的田地和正在耕种的田地，又为何不能记载"耕种土地的质量和休耕土地情况"呢？"相比较而言"，杨振红先生的推测应更为可信，至少是不能完全排除其可能性的。

　　意想不到的是，近年部分公布的走马楼汉简却为解决"田命籍"的释读问题提供了契机。在一份记载临湘（今湖南长沙）都乡土地、田租的总簿——《都乡七年垦田租簿》中，明确提到有一位乐人根据国家或长沙国的"命令"被完全豁免了田租。其简文如下：

　　　　出田十三顷四十五亩半，租百八十四石七斗，临湘蛮夷归义民田不出租。
　　　　出田二顷六十一亩半，租卅三石八斗六升，乐人婴给事柱下以命令田不出租。②

---

①　袁延胜、董明明：《〈二年律令·户律〉"田合籍"辨》，《南都学坛》2013 年第 1 期。
②　马代忠：《长沙走马楼西汉简〈都乡七年垦田租簿〉初步考察》，载中国文化遗产研究院编《出土文献研究》第 12 辑，中西书局 2013 年版，第 213—214 页。简文标点为笔者所加。

这就充分证明杨振红先生的推测是正确的。《田命籍》的确是记载对某些特殊人群豁免田租的籍簿，关于"田命籍"还是"田合籍"的争论也的确是"田命籍"更为准确。"田命籍"或许应称为"田命令籍"，之所以被称为"田命籍"，很可能是《户律》331简的抄本漏抄了一个"令"字。也就是说，《户律》所记载的五种户籍的名称，实际是《宅园户籍》《年细籍》《田比地籍》《田命令籍》《田租籍》。这意味着大多数民众的户籍没有"田命令籍"之项，或者仅有其形式而没有豁免的内容，从而更加证明：前揭每户占有多少土地的"田名籍"之说，或记录耕地质量和休耕情况的籍簿说，以及"按乡汇总的田亩簿册"，都是讲不通的。另一方面，"命"字当为"命令"二字，也使得"田命令籍"的名称豁然通解。尽管从内容来看，"合"字现在也可以作"勘合"解，正如曹旅宁先生所说，"'合'字当含有'核验'之意"，[1]但"田合籍"的名称显然不如"田命令籍"更通俗易懂。"命令"在秦汉时期是常用语汇，秦代的官方表述意为皇帝的制书和诏书，亦即"制诏"。如《史记·秦始皇本纪》："命为'制'，令为'诏'。"[2]而汉代则分为皇帝的策书、制书、诏书和戒书："其命令一曰策书，二曰制书，三曰诏书，四曰戒书。"[3]"命令"还可泛指秦汉王朝的各种律令和法规，《史记·酷吏列传》："前主所是著为律，后主所是疏为令。"[4]在非正式场合下，汉代帝王发出的指令或要求亦常用"命令"一词。如《汉书·武五子传》：燕王刘旦"与宗室中山哀王子刘长、齐孝王孙刘泽等结谋"，"长于是为旦命令群臣曰……"[5]《后汉书·皇后纪上》："显宗即位，以后为贵人。时后前母姊女贾氏亦以选入，生肃宗。帝以后无子，命令养之。"[6]《后汉书·鲁恭传》："经曰：'后以施令诰四方。'言君以夏至之日，施命令止四方行者，所以助微阴也。"[7]因而"田命令籍"的意思就是按国家政策豁免田租的籍簿，大致如朱德贵先生所说，是"依据'制诏'

---

①　曹旅宁：《张家山汉律研究》，第128页。
②　《史记》卷6《秦始皇本纪》，第236页。
③　[东汉]蔡邕：《独断》卷上，程荣纂辑《汉魏丛书》，吉林大学出版社1992年版，第180页。
④　《史记》卷122《酷吏列传·杜周》，第3153页。
⑤　《汉书》卷63《武五子传·燕刺王刘旦》，第2752页。
⑥　《后汉书》卷10《皇后纪上·明德马皇后》，第409页。
⑦　《后汉书》卷25《鲁恭传》，第879页。

或'命令'等法律规定确定'田不出租'的范围"①。当然，如果把漏抄的"令"字补上，称之为"田合令籍"，也是可以说通的。还有一种可能，就是《田合籍》的抄写无误，它的内容并非"指按乡汇合统计的田亩簿册"，而是记录乡里和民户每年共同丈量确定的每户实际耕种庄稼的垦田数。所谓"勘合"，意为经过"核验"基层政府与农户之间对该户究竟耕种了多少垦田亩数形成了统一认识。但这个过程就是秦汉田租征收的一个组成部分，理应登记在下文讨论的《田租籍》中，可能性恐怕不大。

《户律》关于《田命令籍》的规定，实际体现了汉初统治集团的经济利益和特权，以及国家对某些特殊行业人员的优待。这既是汉代国家机器运转必不可少的环节，又是专制等级社会尊卑贵贱无处不在的一个侧影。无非以往并不知道有《田命籍》的存在，在发现《田命籍》后，也没有把它与种种豁免田租的规定联系起来而已。明白了这一点，我们便不难看出：无论是简牍，还是传世文献，对免除特殊人群的田租都有史不绝书的记载。如《二年律令·行书律》规定："复蜀、巴、汉（？）中、下辨、故道及鸡剻中五邮，邮人勿令繇（徭）戍，毋事其户，毋租其田一顷，勿令出租、刍稾。"（268）这是免除了"邮人"的徭役、百亩田租和刍稾。《复律》规定："□□工事县官者复其户而各其工。大数衞（率）取上手什（十）三人为复，丁女子各二人，它各一人，勿筭（算）繇（徭）赋。"（278）这是免除了部分优秀工匠的赋税和徭役。《户律》亦规定："卿以上所自田户田，不租，不出顷刍稾。"（317）② 这是免除了高爵即左庶长以上至大庶长的田租和顷刍稾。尽管我们并不清楚"自田户田"的确切含义，学界对此也存在争议，③ 但对卿以上的高爵至少要免除很大一部分田租和顷刍稾，却是毫无疑问的。再如惠帝即位后宣布："今吏六百石以上父母妻子与同居，及故吏尝佩将军都尉印

---

① 朱德贵：《长沙走马楼西汉简牍所见"都乡七年垦田租簿"及其相关问题分析》，《中国社会经济史研究》2015 年第 2 期。

② 张家山二四七号汉墓竹简整理小组编《张家山汉墓竹简［二四七号墓］》（释文修订本），第46、47、52 页。

③ 邬文玲：《张家山汉简〈二年律令〉释文商榷》，《首都师范大学学报》（社会科学版）2015 年第 6 期。

将兵及佩二千石官印者，家唯给军赋，他无有所与。"① 也是规定除缴纳军赋外，免除大部分中高级官吏的所有赋税。而《都乡七年垦田租簿》记载："出田十三顷四十五亩半，租百八十四石七斗，临湘蛮夷归义民田不出租。"则免除了"蛮夷归义民"的田租。类似事例还有文帝四年"夏五月，复诸刘有属籍，家无所与"② 等。显而易见，对这些蠲免规定的落实，便都要按户登记在相关人员的《田命令籍》中。它的制度设计充分体现了汉初统治集团对自身特权和经济利益的维护，也体现出对行业或专业分工的重视和保护。其中对中高级官吏和"乐人"的免租，更可谓秦汉以后"职田"的滥觞。

二　"田租籍"的内涵

对《田租籍》的内涵问题，学界争议较少，大多认为应与征收田租的数量有关。"顾名思义是指所授田地应纳田租和已纳田租的数量。"③ 目力所及，唯有杨振红先生提出，《田租籍》可能是官府"了解每年可收田租的土地数量"的籍簿。主要理由是：

在《睡虎地秦墓竹简·法律答问》中有一段问答："部佐匿者（诸）民田，者（诸）民田弗智（知），当论不当？部佐为匿田，且可（何）为？已租者（诸）民，弗言，为匿田；未租，不论○○为匿田。"释文："租，《说文》：'田赋也。'《管子·国蓄》注：'在农曰租税。'此处意为征收田赋。"这一解释是对的。从《行书律》简 268："复蜀、巴、汉（？）中、下辨、故道及鸡剽中五邮，邮人勿令繇（徭）戍，毋事其户，毋租其田一顷，勿令出租、刍稿。"及《户律》简 317："卿以上所自田户田，不租，不出顷刍稿。"来看，并不是所有授予的田宅都要出田租和刍稿，因此，为了了解每年可收田租的土地数量，国家就

①　《汉书》卷 2《惠帝纪》，第 85—86 页。
②　《汉书》卷 4《文帝纪》，第 120 页。
③　高敏：《从张家山汉简〈二年律令〉看西汉前期的土地制度——读〈张家山汉简〉札记之三》，《中国经济史研究》2003 年第 3 期。

必须制定相应的籍簿，这可能就是田租籍。①

其实不然。

毋庸讳言，汉初对某些特殊人群的确是不收田租、刍稾的。如杨先生所引《行书律》中的邮人和《户律》中的高爵者，还有许多文献的记载都可以证明。但既然豁免这些特殊人群的田租要登记在《田命令籍》中，包括免租垦田的亩数和田租的数量，如前揭"出田二顷六十一亩半，租卅三石八斗六升"，那么对豁免垦田和田租的数量就不可能再登记到《田租籍》中了。这也意味着，对永久或长期豁免田租的人群来说，他们的户籍登记实际是没有《田租籍》的。即便是有，和大多数农民没有《田命令籍》一样，也徒有形式。所以仅从是否收租论证，或掌握其收租土地数量论证，恐怕还忽略了《田租籍》的主要功能。当然，无论是《田租籍》，还是《田命令籍》，"了解每年可收田租的土地数量"，也都是籍中的应有之义。只不过在《田租籍》中还有着更重要的内涵，如此而已。

我们认为，《田租籍》应是记录每户田租征收的籍簿。对不能豁免田租的民户来说，它的内容主要有三个方面。

一是登记基层官吏和民户共同确认的舆田（垦田）亩数。根据秦及汉初的田租征收必须同时参照两种租率的做法，此项登记便应当是在春耕后被官府核定的实际耕种亩数，包括舆田（垦田）的纵、广步数及其"成田"亩数和总步数，还有按什一之税或十五税一计算的税田亩数和总步数。如岳麓秦简《数》："田广十六步大半半步，从（纵）十五步少半半步，成田一亩卅一步有（又）卅六分步之廿九。"（56）② 北大秦简《算书》：

上栏：广六十步、从（纵）八十步，成田廿亩。

　　① 杨振红：《秦汉"名田宅制"说——从张家山汉简看战国秦汉的土地制度》，《中国史研究》2003年第3期。按：为了便于引用，本书调整了原文中的引文格式，并删除了其中注释。又，王彦辉先生虽认为杨振红先生的意见"可能更为贴切"，但他进一步提出，《田租籍》"既是国家核定和征收田租的依据，也是各乡上报租税收入和县廷验收的凭证"（王彦辉：《张家山汉简〈二年律令〉与汉代社会研究》，第11页），在功能判断上与杨振红的看法还有微妙的区别。

　　② 朱汉民、陈松长主编《岳麓书院藏秦简［贰］》，第62页。

下栏：四千八百步成田廿亩。(7 - 020)①

后者更是秦及汉初舆田（垦田）登记券书的标准格式。然后根据汉初统一的税田亩数租率，如十分之一或十五分之一，可以很容易算出，税田的亩数和总步数是二亩和四百八十步，或是一又三分之一亩和三百二十步。当然，在不同地区或由不同乡吏登记，把税田折算的亩数和总步数是放到核定舆田（垦田）亩数后登记，还是放在估算产量租率时登记，也肯定会允许变通。早登记也好，晚登记也好，在舆田（垦田）的亩数和总步数确定以后，税田的亩数和总步数都恒定不变。这是"盗徙封""匿田"等犯罪行为能够得逞的一个制度上的原因，也更加证明："顷畔"的确就是每年核定每块舆田（垦田）面积后竖立的临时界标，而并非每顷土地之间的田界。此外，每户的舆田（垦田）并非仅有一块，在田租籍中也往往会有多块舆田（垦田）的登记。所谓"成田廿亩"，当时就算比较大的一块舆田了。上节所说"见户"，也都是洞庭地区每年新增一块或几小块舆田的民户。仪征胥浦汉简《先令券书》记载，该户分给少子的田地有"稻田二处、桑田二处"（1090 - 1091），② 也同样可以证明。

二是登记基层官吏和民户共同确认的舆田（垦田）产量租率，主要是秋收前预估的产量租率，如六步一斗、十一步一斗、廿步一斗等，还有最终按税田步数和产量租率一斗某某步相除得出某某斗的田租数。所登记的券书格式，则应与北大秦简《田书》相同——

上栏：广百廿步、从（纵）百步，成田五十亩。
下栏：税田千步，廿步一斗，租五石。(8 - 023)③

但秦汉税田的亩数租率还略有不同，此简的亩数租率是十二分之一（12000 ÷

① 韩巍：《北大秦简中的数学文献》，《文物》2012 年第 6 期。
② 李均明、何双全编《散见简牍合辑》，文物出版社 1990 年版，第 106 页。按：此《先令券书》的时间是在西汉末年的元始五年（公元 5 年）。尽管这时名田（授田）制已不再实施，但一般来说，除了少数富户外，一户有几处小块垦田的状况都应是农民家庭的常态。
③ 韩巍：《北大秦简中的数学文献》，《文物》2012 年第 6 期。

12＝1000)，而汉初则是十分之一或十五分之一。在《算数书》中记载的亩数租率便都是什一之税，例如：

> 租禾误券者，术（术）曰：毋升者直（置）税田【步】数以为实，而以券斗为一，以石为十，并以为法，如法得一步。其券有【斗】者，直（置）舆田步数以为实，而以券斗为一，以石为十，并以为法，如法得一步。(95)①

还要说明的是，由于民户的舆田（垦田）多分散在几个地片，不同地片的庄稼产量存在高低差异，因而在同一户的田租籍中便会登记几块舆田（垦田）的产量租率，如甲田是八步一斗，乙田是十步一斗，而丙田则是五步一斗，等等。除了以上所说，农民种植的农作物还显然有多种庄稼和经济作物之别，如粟、麦、稻、荅，或"禾田"、"枲田"和"桑田"等，在田租籍中也都会登记多种亩数租率和产量租率。《算数书》的"并租算题"，就是多种产量租率的一例：

> 并租　禾三步一斗，麦四步一斗，荅五步一斗，今并之租一石，问租几何。得曰：禾租四斗卌七分【斗】十二，麦租三斗【卌七】分【斗】九，荅租二斗【卌七】分【斗】廿六。(43-44)②

三是登记最终征收田租的舆田（垦田）总亩数和各类田租的总数，还有因特殊原因更改的耕种亩数和田租数。其中对舆田（垦田）总亩数的登记，是为了统计该户实际耕种的总亩数，也是统计全乡乃至全县总"垦田"数的基础数据。而登记各类田租的总数，则既是该户缴纳田租的完税凭据，又是分类统计全乡乃是全县各类田租总数的原始数据。如前揭里耶简8-1519："迁陵卅五年狼（垦）田舆五十二顷九十五亩，税田四顷【卌二】，

---

① 张家山二四七号汉墓竹简整理小组编《张家山汉墓竹简［二四七号墓］》（释文修订本），第145页。

② 张家山二四七号汉墓竹简整理小组编《张家山汉墓竹简［二四七号墓］》（释文修订本），第137页。

户百五十二，租六百七十七石。"再如《都乡七年垦田租簿》："垦田六十顷二亩，租七百九十六石五斗七升半。"① 可以毫不夸张地说，无论是上引秦简，还是汉简，所汇总的数据都必定来自每户《田租籍》登记的田亩数和田租数。至于对舆田或垦田亩数的更改，原因则有自然和社会两个方面。从自然原因看，自然灾害经常会对农业生产造成极为严重的破坏。特别是春耕期间，大雨、寒流、大风会导致部分农田毁坏、无苗或死秧，有的农田还要补种，这就需要对减去死秧或无苗的田地和补种的田地重新"程田"以确认，也自然需要在每户的《田租籍》中更改。在社会原因方面，则主要来自国家的政策性调整。如高祖二年（前205年）二月，以"蜀汉民给军事劳苦，复勿租税二岁"②。"天下既定，民亡盖藏，……上于是约法省禁，轻田租，什五而税一。"③ 后因财政困难，高祖后期又征收什一之税，至惠帝即位后才恢复十五税一。如《汉书·惠帝纪》载："十二年四月，高祖崩。五月丙寅，太子即皇帝位，……减田租，复十五税一。"汉末史家邓展便注释说："汉家初十五税一，俭于周十税一也。中间废，今复之也。"④ 毫无疑问，对这些田租征收的政策性调整，也都需要在《田租籍》中更改。

总的来说，田租籍的主要功能，是记录民户耕种了多少舆田（垦田）和必须按舆田（垦田）缴纳多少田租，当然也具有分户统计耕种田亩总数和缴纳田租总数的作用。它与田比地籍的区别在于：前者记录的是每户实际耕种了多少田亩，目的是按耕种田亩征收田租；后者记录的是草田和耕地的面积，目的是统计每户占用了多少土地资源，以及和其他民户的土地交界情况。以往不知道汉初户籍有单独的《田租籍》和《田比地籍》的存在，有些论者便将农民占有的草田面积、耕地面积和实际耕种面积都混为一谈。比如"一夫百亩"，实际说的是草田面积，但某些论者却把"百亩"当成了耕地甚或实际耕种的面积，并以此作为估算亩产量、田租和耕地多寡的依据，这肯定是扞格不通的。如前所述，草田的面积皆大于所开垦出的耕地面积，

---

① 马代忠：《长沙走马楼西汉简〈都乡七年垦田租簿〉初步考察》，载中国文化遗产研究院编《出土文献研究》第 12 辑，第 213 页。

② 《汉书》卷 1 上《高帝纪上》，第 33 页。

③ 《汉书》卷 24 上《食货志上》，第 1127 页。

④ 《汉书》卷 2《惠帝纪》，第 85、87 页。

耕地的面积皆大于实际耕种面积。《户律》中的田比地籍和田租籍便可以说是一个证明。

另一方面，《户律》对户籍登记的严格管理，也启发我们重新认识秦汉田租征收的"误券"或"租误券"问题。从《数》和《算数书》来看，秦及汉初的田租征收都有着许多"误券"和"租误券"现象。诸如：

> 禾兑（税）田卅步，五步一斗，租八斗，今误券九斗，问几何步一斗？得曰：四步九分步四而一斗。（12）
>
> 租禾。税田廿四步，六步一斗，租四斗，今误券五斗一升，欲奥☐☐步数，几可（何）步一斗？曰：四步五十一分步卅六一斗。（14）
>
> 今桑兑（税）田十六步，大桑高五尺，五步一束，租五斤。今误券一两，欲奥步数，问几何步一束？得曰：四步八十一分七十六一束。（29－30）①

> 税田廿四步，八步一斗，租三斗。今误券三斗一升，问几何步一斗。得曰：七步卅七〈一〉分步廿三而一斗。术（術）曰：三斗一升者为法，十税田【为实】，令如法一步。（69）
>
> 租吴（误）券 田一亩租之十步一斗，凡租二石四斗。今误券二石五斗，欲益奥其步数，问益奥几何。曰：九步五分步三而一斗。（97）②

显而易见，这些算题中的"券"或"误券"，实际就是在田租籍中上栏登记舆田亩数、下栏登记税田步数并与产量租率一斗某某步相除得出田租多少斗的格式文书。根据杨振红、吴朝阳先生和笔者研究，我们已知对所有误券的结果乡吏都不再更改，而是将错就错地按误券征收田租，并修改其舆田或税田步数和产量租率，亦即在券面上平账。

问题是，为什么乡吏只能修改田租"券"而不能更正结果？杨振红先生的解释是：

---

① 朱汉民、陈松长主编《岳麓书院藏秦简［贰］》，第39、40、48页。
② 张家山二四七号汉墓竹简整理小组编《张家山汉墓竹简［二四七号墓］》（释文修订本），第141、145页。

　　当时写在券书上的只有每亩的田租数，即每亩应缴纳若干石（或斗）田租。"若干步一斗"的程率，以及一亩合计多少"程"，都不记载在券书上。[1]

也就是说，因为券书上"只有每亩的田租数"，所以乡吏修改券书使之符合误算的田租数便得以大行其道。吴朝阳先生的看法则略有不同，更加强调了制度原因——

　　为什么不改正错误，而要将错就错呢？原因在于：这些"券"上写有田租额，而其副本在县、府有存档，核对时是要核验"参辨券"的，乡吏单方面修改将造成券书不一致。而且，按"有争者以券书从事"的原则，乡吏单方面修改田租额将是无效的。再者，如果按原定的数额征收田税，则所短缺的数额将成为收税"不备"，依法将由乡吏赔偿。因此，乡吏除了将错就错之外，别无良策。[2]

从前引《户律》来看，这种解释是很有道理的。特别是指出，这些"券"上都写有田租额，按规定要"副上县廷"，乡吏无法单方面更改，更可谓切中肯綮。需要补充的是，这些田租"券"恰恰也就是前揭《田租籍》所登记的格式文书。还有一点值得注意，乡吏和农民算术知识的普遍缺失，应是误券和修改券书现象能够大量出现的根本原因。仅就乡吏而言，景帝前期的凤凰山简牍，就是一个很典型的事例。其牍中定为平里征收刍的总和本为 24.57 石，却错算为 24.69 石；定为征收稾的总和为 14.245 石，也错算为 14.285 石。[3] 从难度来看，这种计算只是小数加减计算，结果两次都被算错，可见汉代乡吏的算术基础之差。不过，杨振红先生的解释也确有可取之处。她发现和指出了县级券书只记录田租数额的事实，从而有力说明了乡吏胆敢修改乡级券书的缘由。但认为所有券书都只记田租

　　①　杨振红：《出土简牍与秦汉社会（续编）》，广西师范大学出版社 2015 年版，第 131 页。

　　②　吴朝阳：《张家山汉简〈算数书〉校证及相关研究》，江苏人民出版社 2014 年版，第 70 页。

　　③　黄盛璋：《江陵凤凰山汉墓简牍及其在历史地理研究上的价值》，《文物》1974 年第 6 期；裴锡圭：《湖北江陵凤凰山十号汉墓出土简牍考释》，《文物》1974 年第 7 期。

数，却是令人有些惋惜的误判。其实，在乡级券书中还是记有民户的舆田（垦田）、税田的亩数和总步数，记有舆田的各类产量租率和同类不同产量租率的。否则的话，乡吏又从何得知写错了田租数额，要用修改的券书来替代那些误券呢？这也启发我们：秦及汉初的《田租籍》在县、乡应有简、详两个版本。乡级《田租籍》登记的，是每户如何计算田租的原始数据；而县级《田租籍》登记的，则仅仅是每户的舆田（垦田）数和最终征收的田租数。因为复制正券上报实际上并无必要，既增加了县乡的工作量，又造成了种种浪费。所以在制作副券时，县乡都会约定把如何计算农户的舆田（垦田）、税田和田租数的过程省略。这既不影响其数据的准确，还大大减轻了县乡的工作量。前揭《都乡七年垦田租簿》，便只有全乡上报的总垦田数和田租数。凤凰山汉简记载，西乡对市阳里征收田租的上报，亦只有"市阳租五十三石三斗六升半"的总田租数。① 由此也揭示出误券的形成与何以修改券书数据的真相——乡吏在估算每户的产量租率后，便把核定的舆田（垦田）数和算出的田租数作为券书的副本上报县廷，其中有较多没有被发现的计算或书写错误。但在此后按券书征收田租或将田租入仓时，却又发现计算或书写有误，使得券书登记了错误的田租数额（通常都是多算或多写）。由于制度所限，乡吏不能轻易去更改县级券书，因而只好将错就错地按误券征收田租和入仓。补救的最好办法也就是修改和撤换乡级券书，并作为民户完税的凭据被登记在《田租籍》中。令人深思的是，《户律》关于五种籍簿的种种规定本来是要严防吏民作弊，但由于制度规定过于严苛和呆板，缺乏有效的纠错机制，而导致了更多的舞弊现象，最终伤害的还是普通民众。这恐怕是制定《户律》的统治者始料不及的。

还要说明的是，无论县级券书，还是乡级券书，所登记的都是全部舆田（垦田）或每块舆田（垦田）的田租数，而并非"每亩的田租数"；每亩也不可能"缴纳田租若干石"。因上文已多次讨论，此不赘述。

---

① 裘锡圭：《湖北江陵凤凰山十号汉墓出土简牍考释》，《文物》1974 年第 7 期。

三　"诸不为户，有田宅附令人名"解

在前揭《户律》规定中，有一条涉及汉初立户作弊的律文，这就是关于"诸不为户，有田宅附令人名，及为人名田宅者"的处罚规定："诸不为户，有田宅附令人名，及为人名田宅者，皆令以卒戍边二岁，没入田宅县官。为人名田宅，能先告，除其罪，有（又）畀之所名田宅，它如律令。"①但对如何理解这条律文，特别是"诸不为户，有田宅附令人名"的内涵，学界仍存在较多分歧。主要有三种观点。

第一种认为该律是关于没有户籍而占有田宅及附会他人之名占有田宅者的处罚规定。如朱绍侯先生说：

> 凡是没户籍而占有田宅，或附会他人之名而占有田宅者，皆罚以卒戍边二年，并没入田宅归县官。对于冒名占有田宅者，在政府发现以前而自告发，免除其罪，并把冒名占有的田宅赐予他。②

第二种认为该律是关于"不为户"、有田宅却让他人为自己名田宅及代为他人名田宅的处罚规定。如杨振红先生说：

> 此简是关于对三种非法名有田宅行为的处罚规定，第一种即"不为户"，第二种是有田宅却让他人为自己名田宅，第三种和第二种有关，即以自己的名义为他人名田宅。③

第三种认为该律是关于有田宅而不立户却附名他人名籍和代替他人名田宅的处罚规定。这也是学界大多数人的看法。如高敏先生说：

---

① 按：对"诸不为户，有田宅附令人名"，原标点为"诸不为户，有田宅，附令人名"，今据高敏先生和笔者研究校改。

② 朱绍侯：《吕后二年赐田宅制度试探——〈二年律令〉与军功爵制研究之二》，《史学月刊》2002年第12期。

③ 杨振红：《秦汉"名田宅制"说——从张家山汉简看战国秦汉的土地制度》，《中国史研究》2003年第3期。

　　这条法律虽甚简单，却反映了一个重要问题。这便是有田宅而不立户、不名田宅，附名他人名籍和代替他人名田宅两种作弊行为。①

张金光先生也说："这里说出了'为户'名田宅制中的二种违法行为：附令人名田宅，即假人户名义名田宅；为人名田宅，即代为人名田宅。"②

　　我们认为：这三种观点都不无道理，但也都有疏漏。

　　先看第一种观点。朱先生说，此律是要惩治"没户籍而占有田宅，或附会他人之名而占有田宅者"的违法行为，这在律文的理解上似有问题。因为自从张家山汉简公布后，包括朱先生在内，学界关于汉初名田宅制的研究便已形成了一个共识，即名田宅者必须立户。如朱先生便明确指出："名田制的关键，是户籍上必须有名，户籍上有名，就可以以名占田了。"③ 而既然要名田就必须立户，那么没有户籍又怎么可能占有田宅呢？尽管我们不能绝对排除当时存在没有户籍而占有田宅的情形，但就此律文而言，它所处罚的"没户籍而占有田宅"者却是有着特定的对象。显而易见，他们也就是朱先生所说的"附会他人之名而占有田宅者"。所以其律文所说，"诸不为户，有田宅，附令人名"，实际就是指的不立户籍却附会他人之名占有田宅的违法行为，而并非"没户籍而占有田宅，或附会他人之名而占有田宅"这两种违法行为。从这个方面说，律文"诸不为户，有田宅，附令人名"的句读也当如高敏先生所言，应为"诸不为户，有田宅附令人名"。④ 此外，

---

① 高敏：《从张家山汉简〈二年律令〉看西汉前期的土地制度——读〈张家山汉简〉札记之三》，《中国经济史研究》2003 年第 3 期。

② 张金光：《秦制研究》，第 17—18 页。按：张金光先生后来又提出新说，认为"此条款所涉罪事，是指多田之家，利用国家授田具体运作之法，变更户名田以处理其余田的事件，实为冒户名受其当'行其余'之田"。并具体解释说："'附令人名'指的不是新受田，而是己旧有之田，因超过应授田之数，这才发生以他人名义顶受的问题。故此事理之成立，则又必以余田归公为前提。此与《户律》'行其余'互为表里，可见'为人名'者必是缺片户。然既为人'名'，则断绝了己授田之前提，此当事人必不为之。既为之，则必因受田无望才肯为人作嫁而冒名顶受超标田宅"。（《普遍授田制的终结与私有地权的形成》，《历史研究》2007 年第 5 期）此新说实与杨振红先生对"有田宅，附令人名"的理解相同。

③ 朱绍侯：《吕后二年赐田宅制度试探——〈二年律令〉与军功爵制研究之二》，《史学月刊》2002 年第 12 期。

④ 高敏：《从张家山汉简〈二年律令〉看西汉前期的土地制度》，《中国经济史研究》2003 年第 3 期。

朱先生所言，"对于冒名占有田宅者，在政府发现以前而自告发，免除其罪，并把冒名占有的田宅赐予他"①，亦不准确。所谓"冒名占有田宅者"，依照律文当指"有田宅附令人名"者，亦即"附会他人之名而占有田宅者"。他们是律文的主要打击者，根本无权自告。实际上，律文说得很清楚，"能先告"者就是"为人名田宅者"。朱先生这里恐怕是把"为人名田宅者"和"有田宅附令人名"者弄颠倒了。

再看第二种观点。杨振红先生认为，"此简是关于对三种非法名有田宅行为的处罚规定"，这在律文的理解上亦有问题。

杨先生所说的第一种非法名田宅的行为是"不为户"，即不立户籍却占有田宅。但根据《户律》等相关规定，如"它子男欲为户，以为其【户】田予之"，"宅之大方卅步。……欲为户者，许之"，"民欲别为户者，皆以八月户时"，要名田就必须立户，目前还找不到没有户籍却占有田宅的事例。更何况，从整个律文来看，其内容亦主要是如何处罚"有田宅附令人名"者，以及要扭转"为人名田宅"的状况。如果说"不为户"就是单独一种非法行为，即该立户却不立户，并与下文所说"有田宅附令人名"及"为人名田宅"者没有丝毫联系，那岂不是无的放矢？再就"诸不为户，有田宅附令人名"皆"没入田宅县官"而言，如果"不为户"真是一种单独非法行为，他们的田宅又从何而来？这恐怕很难讲通。

由于杨先生首先认定"不为户"是单独一种非法行为，因而关于"有田宅附令人名，及为人名田宅者"也就自然被视为第二种和第三种非法行为，并分析"第二种、第三种可能是在这样的情况下发生的，即甲方名有的田宅已经达到了法律规定的最高限度，还想获得更多数量的田宅，便与还没有名田宅的乙方约定，让他们依乙方的名义名田宅，但田宅实际归属甲方。国家对采取这种行为的双方均要处以重罚，……显然国家是想通过这条法律杜绝田宅逾限的源头"②。这就导致了更大的偏颇。从律文来看，把

---

① 按：高敏先生亦执同样看法，如法律"还奖励举报作弊的双方，有'能先告者'，'除其罪'，而且以附名和代受田宅予之"（高敏：《从张家山汉简〈二年律令〉看西汉前期的土地制度——读〈张家山汉简〉札记之三》，《中国经济史研究》2003年第3期）。

② 杨振红：《秦汉"名田宅制"说——从张家山汉简看战国秦汉的土地制度》，《中国史研究》2003年第3期。

"有田宅附令人名"固然可以理解为"有田宅却让他人为自己名田宅",但为什么就不能理解为"有田宅而附于他人名下"?至少也都有可能。更不用说,如果"有田宅附令人名"就只能理解为"有田宅却让他人为自己名田宅",那也从反面证明了凡有田宅者实际皆有户籍,从而也证明"不为户"并非一种非法名田宅的行为,当然也就证明了"有田宅附令人名"更当解释为"不立户籍却以他人名义名田宅"。

值得注意的是,杨先生之所以把"有田宅附令人名"理解为"有田宅却让他人为自己名田宅",并非毫无道理。一般认为,国家所以要重视户籍问题,主要在于保障其赋税、徭役的征发。曹旅宁先生便说:

> 有人……看到《户律》中有关土地授受的规定,便以为《户律》的中心任务是分配土地。有些研究把注意力集中到这里,其实这是一种错觉,当时政府绝不可能对农民的土地问题如此关心,它所关心的只是对农民的户籍控制和赋税的征发。①

高敏先生也说:

> 在授田制的实行过程中,出现了一些人虽有田宅而不愿为户,而把田宅附于他人名下的情况,即"诸不为户,有田宅附令人名"者,他们之所以要这么做,为的是要逃避官府的课税。②

但问题是,"为人名田宅者"并不能免除赋役。他们虽然扰乱了户籍管理,也破坏了名田宅制度,但其赋税、徭役却无法偷逃,只不过是代人纳税和服役而已。因之国家要处罚"有田宅附令人名"的冒名顶替者,③便似乎与赋

---

① 曹旅宁:《张家山汉律研究》,第119页。

② 高敏:《从张家山汉简〈二年律令〉看西汉前期的土地制度——读〈张家山汉简〉札记之三》,《中国经济史研究》2003年第3期。

③ 按:前揭张金光先生之文则认为,此"实为冒户名顶受其当'行其余'之田。但如果"'附令人名'指的不是新受田,而是己旧有之田",律文"诸不为户"当如何解释?且既然"受田无望",又怎么能够"为人作嫁而冒名顶受超标田宅"呢?

税、徭役无关。这大概就是杨先生认为关键应该是"田宅逾制"，并把"有田宅附令人名"解释为"有田宅却让他人为自己名田宅"的原因。但实际上，这里的关键恰恰是赋税、徭役问题。因为正是借用他人名义交纳赋税和服役，才能够达到占有田宅而减轻赋役的目的。如前所述，在《复律》中便有免除部分"上手"工匠赋役的规定。此规定还特别说明："家毋当繇（徭）者，得复县中它人。县复而毋复者，得复官在所县人。"（279）① 如果"为人名田宅者"是律中所说的"得复县中它人"，或是"得复官在所县人"，那么田宅的实际占有者也就可以达到免除徭役的目的了。

当然，在"诸不为户"中也确有一些人的名田是与赋税徭役无关的，但却并非因为"名有的田宅已经达到了法律规定的最高限度，还想获得更多数量的田宅"，而是他们没有立户的资格。这些人就是通常被列入市籍的商贾。他们占有的普通户籍名下的田宅，实际是来自那些"卖田宅鬻子孙以偿责者"② 的农民。只不过按国家规定，商贾不能立户名田，才"附令"卖田宅的人名而已。对他们来说，能非法占有田宅，迫使卖田宅的农民成为被奴役的佃农，并收取地租，乃是其最终目的，减免不减免赋役则不在考虑之中。仅就这一点而言，《户律》的此条规定也暗含对商贾兼并土地的打击。

至于第三种观点，我们认为把"有田宅，附令人名"解释成"有田宅而不立户、不名田宅，附令他人名籍"，或理解为"假人户名义名田宅"，都是对的，但把"有田宅附令人名，及为人名田宅者"说成"两种作弊行为"或"二种违法行为"却并不准确。实际上，这里所说的违法行为仅有一种，即不为户者名田宅，而"附令人名"和"为人名田宅"则是这一违法行为的两种表现。二者完全是一回事，只不过律文分别从两个主体来规范而已。

当然，根据律文，国家在打击这种非法行为时对不同行为的主体还有所区别。像"附令人名"者，这是律文的主要处罚对象，"皆令以卒戍边二岁，没入田宅县官"；而对于"为人名田宅者"，由于存在被盗用户籍的可

① 张家山二四七号汉墓竹简整理小组编《张家山汉墓竹简［二四七号墓］》（释文修订本），第47页。

② 《汉书》卷24上《食货志》上，第1132页。

能，则采取恩威并用的做法——如果主动揭发，便免除处罚而让他们实际占有所名田宅；否则亦"戍边二岁，没入田宅县官"。可见此律所杜绝的，就是不"为户"者名田宅的行为，而最终目的则是迫使名田宅者"为户"，以防止赋税、徭役的偷逃，并暗含对商贾非法占有田宅的制止。

汉承秦制，与立户密切相关的是分户问题。目前一般认为汉初没有沿袭商鞅的"分异令"，而是遵循自愿的原则。例如：

> 《晋书·刑法志》追述魏文帝改订秦汉旧律时，曾提到"除异子之科，使父子无异财也"的问题，即秦的"异子之科"一直到曹魏时期才最后废除。今证之张家山汉律和相关文献，可以确定《晋书》的说法并不十分准确，即汉代虽然没有通过法律形式正式废除"异子之科"，并且允许兄弟之间别户分财，但是没有迹象表明当时还在强制执行"民有二男以上不分异者，倍其赋"的法令，而是本着不强迫也不禁止的原则，任由民间自行处置。[①]

文中所说的"张家山汉律"主要是前揭《户律》的两条规定：

> 民大父母、父母、子、孙、同产、同产子，欲相分予奴婢、马牛羊、它财物者，皆许之，辄为定籍。
> 诸（？）后欲分父母、子、同产、主母、叚（假）母，及主母、叚（假）母欲分葟子、叚（假）子田以为户者，皆许之。（340）[②]

但仅凭这两条律文，恐怕还很难得出汉初已废除"分异令"的结论。至少在我们看来，这两条律文实际是证明汉初仍然分户，仅在财产分割上采取了与民自愿的原则。更何况，商鞅推行"分异令"后，在财产分割上是否曾采取"强制"原则亦没有史料证明。其实，在私人财产分割上，如果没有发生纠纷，无论秦汉，国家都无所谓什么强制原则。如前揭《都乡守武爰

[①]　王彦辉：《论汉代的分户析产》，《中国史研究》2006 年第 4 期。
[②]　张家山二四七号汉墓竹简整理小组编《张家山汉墓竹简［二四七号墓］》（释文修订本），第 55 页。

书》："高里士五自言以大奴幸、甘多，大婢言、言子益等，牝马一匹予子小男子产。典私占。"贰春乡守福《爰书》："东成大夫年自言以小奴处予子同里小上造辨。典朝占。"之所以在《户律》中会出现关于私人财产的规定，那是因为随着财产的分割，征收赋税的对象也随之改变。以奴婢为例，汉律便明确规定其每人每年要交纳双倍的算赋。所谓"汉律人出一算，算百二十钱，唯贾人与奴婢倍算"①。明乎此，我们也就不难理解：为什么在律文上要特别强调在财产分割后"辄为定籍"，无非就是要确定征收财产税的对象。这与是否强制分户并没有必然联系。

关于汉初仍强制分户的情形，我们从文献记载便可以找到证明。《汉书·贾谊传》载贾谊上疏云：

商君遗礼义，弃仁恩，并心于进取，行之二岁，秦俗日败。故秦人家富子壮则出分，家贫子壮则出赘。借父耰锄，虑有德色；母取箕帚，立而谇语。抱哺其子，与公并倨；妇姑不相说，则反唇而相稽。其慈子耆利，不同禽兽者亡几耳。……囊之为秦者，今转而为汉矣。然其遗风余俗，犹尚未改。②

在上疏里，贾谊具体描述了秦人因分异所造成的亲情寡薄，并认为"其遗风余俗"至汉代"犹尚未改"。如果汉初便已废除了"分异令"，人们重视亲情，贾谊又怎么会这样痛心疾首地指责？更不用说，在张家山汉简中也可以找到汉初强制分户的佐证。《二年律令·户律》：

寡夫、寡妇毋子及同居，若有子，子年未盈十四，及寡子年未盈十八，及夫妻皆痽（癃）病，及老年七十以上，毋异其子；今毋它子，欲令归户入养，许之。（343）③

①　《汉书》卷2《惠帝纪》注引应劭曰，第91页。
②　《汉书》卷48《贾谊传》，第2244页。
③　张家山二四七号汉墓竹简整理小组编《张家山汉墓竹简［二四七号墓］》（释文修订本），第55页。

根据简文可知，国家对于特殊人群皆给予特别照顾，允许鳏寡疾老家庭不必分异其子。既然作为特别照顾鳏寡疾老家庭才不必分异其子，那么正常情况下其普通家庭便都要分异了。也只有"别户"，才能有资格名田，或继承财产。

至于汉初是否还在强制执行"民有二男以上不分异者，倍其赋"① 的法令，由于史载阙如，目前还很难得出统一认识。但既然汉初仍强制分户，则法律上亦当有相关规定，只不过没有留下记载而已。

四   几点结论与启迪

综上所述，可以得出如下几点结论或启迪。

首先，《田命籍》的名称或许应是《田命令籍》。之所以被称为《田命籍》，是因为《户律》的抄本可能漏抄了一个"令"字。正如杨振红先生推测，《田命籍》或《田命令籍》是登记对某些特殊人群豁免田租的籍簿。汉初有卿以上高爵、中高级官吏、"乐人"、"邮人"和优秀工匠等被免征田租，既体现了汉初统治集团的经济利益和特权，也体现出对行业或专业分工的重视和保护。从渊源来说，这一制度应基本沿袭秦制，在内容上则有所损益。

其次，《田租籍》的主要功能，是记录纳税民户耕种了多少舆田（垦田）和必须按舆田（垦田）缴纳多少田租，也具有分户统计耕种田亩数量和缴纳田租数量的作用。它的券书格式，就是北大秦简《算书》和《田书》记载的舆田亩数、税田亩数、产量租率和应交多少田租的文书格式。这一制度应完全继承秦制。之所以会出现误券和更改券书的现象，是因为算术知识的普遍缺失和县、乡有简、详两个券书版本。按制度规定，县级券书不能轻易更改，而乡级券书则易于更改。这种将错就错地征收田租及其在券面上平账的方式，也证明秦及汉初的田租征收存在较多人为造成的误差。尽管误差的造成有其文化基础的原因，也有着制度原因，但这些误差大多是以牺牲农民的利益为代价的。

再次，《户律》虽然规定有五种登记籍簿，但对不同人群来说，实际却只有四种籍簿。有豁免特权的户籍，是《宅园户籍》、《年细籍》、《田比地

---

① 《史记》卷 68《商君列传》，第 2230 页。

籍》和《田命籍》或《田命令籍》，而没有《田租籍》；没有豁免特权的户籍，则是《宅园户籍》、《年细籍》、《田比地籍》和《田租籍》，而没有《田命籍》或《田命令籍》。除了涉及田宅的籍簿外，与人口登记如姓名、性别、年龄、身份以及承担徭役、缴纳算赋和口钱的相关内容，只有一种《年细籍》。因之也可以推论，《年细籍》应是登记每户人口及其承担徭役和人口税的籍簿。

复次，《户律》关于"诸不为户，有田宅附令人名"的规定，实际仅仅是规范"不为户者"名田宅的行为。所打击对象则为"不为户，有田宅附令人名"和"为人名田宅者"两类，而最终目的就是要迫使"不为户"者立户，并暗含对商贾兼并土地的打击。这说明立户乃是汉初名田或授田的前提条件，也说明在立户名田或授田的过程中存在着一些漏洞和弊端。在经济利益的诱惑下，有些人便铤而走险。同时，汉初亦沿袭了秦的"分异令"，分户具有强制性质。

最后，汉初的户籍管理相当严密，在制度上堪称典范，对人口管理、征发赋役、发展经济和稳定社会曾发挥很大的作用。这充分体现了汉初统治集团的智慧，体现了对秦代政治、经济和法律等等制度遗产的继承，也全面反映了对历史经验教训的总结和反思。但限于条件及其规定的严苛，这套户籍制度在实际运作中还存在不少漏洞和弊端。文景时期的轻徭薄赋，特别是征收定额租，就是对于《田租籍》的一次重大改革。

第 八 章

从赋税制度看秦汉土地制度

以上七章讨论了秦与西汉的土地制度。为了更全面地展示战国秦汉土地制度的内涵，以下再从赋税（亦涉及徭役）制度的角度对这一时期的土地制度作出分析。

一般来说，剖析秦汉赋税制度的形成、内容、变化及其征收和缴纳情况，既可以明确谁在土地所有制中占有支配地位，又可以为具体问题如田亩规划提供新的研究视角，还可以反映战国秦汉土地制度的演变。本章主要由三个相互关联并聚讼纷纭的问题组成，亦即秦汉田租的征收方式、秦汉户赋和算赋征收的演变。

第一节　秦汉简牍中的田租征收方式

一般认为，自秦简公七年（前 408 年）推行"初租禾"①即按亩征税的改革后，秦国便开始征收田租了。然而在某些具体问题上，特别是商鞅变法后秦国田租究竟曾如何征课，汉代田租的征收与秦代有哪些异同，究竟是分成租，还是定额租，抑或兼而有之，目前仍存在颇多争议。本节即就这些问题谈谈一些看法。

一　商鞅变法与秦国田租的征课

先说商鞅变法后田租征收的变化。

---

① 《史记》卷 15《六国年表》，中华书局 1959 年版，第 708 页。

（一）商鞅变法后秦国田租的变化

根据《史记·秦本纪》，商鞅变法曾实行"初为赋"①的改革。《资治通鉴》卷 2《周纪二》载周显王二十一年："秦商鞅更为赋税法，行之。"②《史记·商君列传》也就此明言："为田开阡陌封疆，而赋税平。"③足见其时秦国的田租征课曾发生很大的变化。但有些学者却提出异议，认为在秦国已经"初租禾"的情况下，不可能再来一个"初为田赋"的记载。例如：

> "初为赋"，不应当是指"田赋"。因为在秦简公七年，已经就实行了"初租禾"，已经就正式开始了田租的征收。在五十多年后，又来一个"初"字，显然不合逻辑。④

因此，商鞅变法后秦国田租的征课究竟有无变化便成为一个争论的难题。

我们认为：从前引史料来看，秦国田租的征课确曾发生了变化。关键在于不能片面理解"初为赋"的记载。

不难看出，有些学者之所以主张"初为赋"不可能是指"初为田赋"，其主要原因就是把"初租禾"和"初为赋"的"初"字都理解为"最早"、"初始"或"首次"等。但他们却显然忽略了这两个"初"字可以有不同的含义，甚至相同的事物但其数量或表现形式有显著变化之后也可以称"初"。例如，关于秦国傅籍中的"书年"问题，《商君书·去强》等明确提出：强国要掌握其境内"壮男、壮女之数，老弱之数"⑤。在睡虎地秦简中，也有对"匿敖童""不当老"⑥等违法行为的规定。说明其"书年"之事早在商鞅变法后即当实施。然而，《史记·秦始皇本纪》却仍然记载，秦

---

① 《史记》卷 5《秦本纪》，第 203 页。
② 《资治通鉴》卷 2《周纪二》"显王二十一年"，中华书局 1956 年版，第 57 页。
③ 《史记》卷 68《商君列传》，第 2232 页。
④ 黄今言：《秦代租赋徭役制度初探》，载中国秦汉史研究会编《秦汉史论丛》第 1 辑，陕西人民出版社 1981 年版，第 69 页。
⑤ 山东大学《商子译注》编写组：《商子译注·去强》，齐鲁书社 1982 年版，第 32 页。
⑥ 睡虎地秦墓竹简整理小组编《睡虎地秦墓竹简·秦律杂抄·傅律》，文物出版社 1978 年版，第 143 页。

王嬴政十六年，"初令男子书年"①。可见这里的"初"字也确有不同的含义。

其实，只要认真考察一下"初租禾"的内容和背景，我们便可以看出："初租禾"是开始征收庄稼作为田租，即由劳役地租而改为实物地租。这实际是秦国鉴于当时公田的大量荒废，私田的不断增长，而在赋税制度上采取的一次重大改革。所谓"公田不治。故鲁宣公'初税亩'，《春秋》讥焉"，②便反映了春秋战国土地制度和田租征收的演变趋势。正如张传玺先生所说，许多土地被据为私有，于是导致了"一系列的赋税改革。直到秦简公七年（前408年）'初租禾'，这一改革才在各国中基本完成。这些赋税改革是土地国有制也就是井田制瓦解、土地私有制产生发展的反映"。③也就是说，"初租禾"的征收完全是以秦国的土地制度为基础的。既然"租禾"都要随着土地制度的变化而变化，那么在"初为赋"时秦国的土地制度有没有什么变化呢？显而易见，这时正有商鞅的重大改革——"为田开阡陌"。同时秦国的田租征课也的确发生了变化："为田开阡陌封疆，而赋税平。"所以，若仅就田租而言，即使是把"初为赋"视为田赋改革，也完全合乎逻辑。

更重要的是，商鞅对秦国的田租的征课实际曾进行过两次改革。因为早在其初次变法之时，他对秦国的田租征课即做出了新的规定。这就是通常所说的关于奖励耕织的规定——"僇力本业，耕织致粟帛多者复其身。"④它强调对"耕织致粟帛多者"将给予免除徭役的优待，⑤从而间接表明商鞅当时已经对田租征课进行了较大改革。尽管限于史料，目前还很难得知究竟其规定何者为"多"，但商鞅为调动农民的生产积极性，在以往按亩征税的基础上，进一步引入激励机制来改革田租的征课，这却是毫无疑问的。而且，其"帛粟愈多者，负担愈轻"，⑥这也是许多学者对商鞅此项改革的共识。

---

① 《史记》卷6《秦始皇本纪》，第232页。

② 《汉书》卷24上《食货志上》，中华书局1962年版，第1124页。

③ 张传玺：《秦汉问题研究》（增订本），北京大学出版社1995年版，第63页。

④ 《史记》卷68《商君列传》，第2230页。

⑤ 杨际平：《释"僇力本业，耕织致粟帛多者复其身"》，《历史研究》1977年第1期；《再释"僇力本业，耕织致粟帛多者复其身"——与晁福林同志商榷》，《北方论丛》1980年第6期。

⑥ 林剑鸣：《秦史稿》，上海人民出版社1981年版，第186页。

可见商鞅初次变法，便多少改革了秦国的田租征课。

至于"初为赋"的改革，则变化更大。当然，"初为赋"的内涵并非仅指田租，而应该囊括秦国当时的各种赋税。但其中田租的征课确实发生了很大变化，则可谓不争的事实。具体来说，即除了继续采取奖励耕织的政策，主要是征课数量有了某些提高。这显然是由商鞅的土地改革将原来的小亩改为大亩所造成的。《新唐书·突厥传上》征引杜佑说：

> 周制，步百为亩，亩百给一夫。商鞅佐秦，以为地利不尽，更以二百四十步为亩，百亩给一夫。[①]

青川秦牍《为田律》和张家山汉简《田律》也证实了这一点。例如：

> 田广一步，袤八则，为畛。亩二畛，一百（陌）道；百亩为顷，【十顷】一千（阡）道，道广三步。[②]

> 田广一步，袤二百卌步，为畛，亩二畛，一佰（陌）道；百亩为顷，十顷一千（阡）道，道广二丈。（246）[③]

据胡平生先生考证，《为田律》（或曰《田律》）中的"则"字当为量词，阜阳双古堆汉简有"卅步为则"的记录，而"袤八则"就是《田律》的"袤二百卌步"。[④] 因此，商鞅改制的大亩乃以二百四十步为亩，是原来小亩面积的 2.4 倍。这无疑就需要根据新的亩制来提高其田租征课的数量。

---

① 《新唐书》卷 215 上《突厥传上·序》，中华书局 1975 年版，第 6025 页。

② 四川省博物馆、青川县文化馆：《青川县出土秦更修田律木牍——四川青川县战国墓发掘简报》，《文物》1982 年第 1 期。按：《为田律》释文主要参考了于豪亮、胡平生的释读意见，文中"【十顷】"乃笔者根据《二年律令·田律》所补。参见于豪亮《释青川秦墓木牍》，《文物》1982 年第 1 期；胡平生：《青川秦墓木牍"为田律"所反映的田亩制度》，载《文史》第 19 辑，中华书局 1983 年版，第 216—221 页。

③ 张家山二四七号汉墓竹简整理小组编《张家山汉墓竹简［二四七号墓］》（释文修订本），文物出版社 2006 年版，第 42 页。

④ 胡平生：《青川秦墓木牍"为田律"所反映的田亩制度》，载《文史》第 19 辑，第 216—221 页。

当然，从《商君列传》说此次改革使农民的负担都比较公平的角度看，当时田租的税额也不可能增加很大幅度，至少它不会和亩制的扩大同步提高。从道理上说，每户两名劳动力也不可能完全耕种 100 大亩土地。改制大亩的目的，实际是为了更多垦荒，并保障在自己的授田里休耕。当然，随着耕地的扩大，田租的税额通常会有一些增加，比如按实际授田面积征收的刍稿，睡虎地秦简《田律》便明确规定："入顷刍稿，以其受田之数，无垦(垦)不垦(垦)，顷入刍三石、稿二石。"① 禾田租也同样会有所增加。但总体来说，增加的幅度不会很大；否则《史记》也根本不可能以"赋税平"来记载商鞅的这一举措。故比较可信的解释，就是秦国田租的征课虽然有了一定数量的提高，但相对亩制扩大来说，它的提高幅度仍然较小，也完全在农民能够承受的范围之内。以往人们认为，秦自商鞅变法，田租征课即非常沉重，所谓"二十倍于古"。② 恐怕不确。秦国田租的税额应有一个发展变化的过程，而不可能在一开始就课以重税。这不仅达不到增加税收的目的，也无法调动广大农民的积极性，促进小农经济的发展。《史记·李斯列传》称："孝公用商鞅之法，移风易俗，民以殷盛，国以富强，百姓乐用。"③ 虽可能有些夸张，但也说明当时赋税的征课并不太重。

（二）秦国田租的征收方式问题

根据《商君书·垦令》，在奖励耕织的同时，商鞅还对田租的征课方式进行了改革。所谓"訾粟而税，则上一而民平"④。对商鞅的这一改革，目前学界主要有两种看法：一种是把"訾粟而税"理解为分成计征，"即酌量农民一年收获粮粟的多少来确定田租的租额"；⑤ 一种则说成"结合产量，按照一定租率，校定出一个常数，作为固定租额"。⑥ 而关键在于：究竟是酌量农民一年收获，还是参照农民数年收成，以确定田租的税额。

从双方的理由看，前者的论述相当简略，就是认为先计算农民收入粮谷

---

① 睡虎地秦墓竹简整理小组编《睡虎地秦墓竹简·秦律十八种·田律》，第 27—28 页。

② 《汉书》卷 24 上《食货志上》，中华书局 1962 年版，第 1137 页。

③ 《史记》卷 87《李斯列传》，第 2542 页。

④ 山东大学《商子译注》编写组：《商子译注》卷 1《垦令》，第 8 页。

⑤ 黄今言：《秦代租赋徭役制度初探》，载中国秦汉史研究会编《秦汉史论丛》第 1 辑，第 62 页。

⑥ 张金光：《秦自商鞅变法后的租赋徭役制度》，《文史哲》1983 年第 1 期。

的多少，再按照一定的税率征收，农民的负担比较公平。^① 而后者则作了比较详细的论述：

> 战国时代，最为通行的还是定额租制。因为年有丰歉，地有等差，人有勤惰巧拙，即或是质量相等的地片，其产量也会因人因时而异，若实行单纯的分成租制，向如此众多的小农课取田租，这几乎是不可能的事情。^②

不难看出，这两种观点虽然都有道理，但主张定额租的理由似乎更为充分，对分成租的反驳也比较令人信服。笔者以往也赞同定额租说，但最新简牍证明，商鞅创立的田租征收方式实际是把分成和定额都结合起来，以分成租为形式，以定额租为内容，既有按垦田面积划分的亩数租率，又有按产量征收的定额租率。

如前所述，商鞅最初变法时规定："僇力本业，耕织致粟帛多者复其身。"就其中隐含内容而言，这实际就是秦国田租实行产量定额租率的一个有力证据。众所周知，关于分成租的征课，它首先都必须确定一个税率。从当时的情况来看，主要有什一之税和十五税一等。但无论是采用哪种税率，由于"年有丰歉，地有等差，人有勤惰巧拙"，都势必同商鞅的上述规定相悖。因为它明确规定，对交纳田租多的农民将给予免役的优待，而如果只是"酌量农民一年收获粮粟的多少"，则根本无法确定一个"多"的税额。这不但起不到奖励耕织、督促懈怠的作用，也无法达到"訾粟而税，则上一而民平"的目的。相反，如果是"结合产量，按照一定租率，核定出一个常数"，即所谓"校数岁之中以为常"^③，却可以很容易确定一个"多"的税额。况且这种做法完全符合"訾粟而税"的语意，只不过它是酌量农民"数"年收获粮粟的多少而已。所以对"訾粟而税"的理解，也只能是实行定额租，当然在耕田面积上是可以采用分成租的。

---

① 林剑鸣：《秦史稿》，第 182 页。

② 张金光：《秦自商鞅变法后的租赋徭役制度》，《文史哲》1983 年第 1 期。

③ 《孟子注疏》卷 5 上《滕文公章句上》，[清] 阮元校刻《十三经注疏》（附校勘记），中华书局 1980 年版，下册，第 2702 页。

　　值得注意的是，前引定额租的论述还存在一些缺陷和不足。主要就是商鞅实行的产量定额租率还应当包括高低不等的定额。究其原因，这恐怕也是由于忽略了商鞅令"耕织致粟帛多者复其身"的史料价值。实际上，这项法令不但可作为实行定额租率的证据，而且更说明当时的产量定额还有着高中低或上中下之分。显而易见，商鞅既然要优待那些生产并交纳粟帛多的农民，免除他们的徭役，那么在制定此令时就势必会对何者为"多"、何者为"少"做出明确的规定。也就是说，他必然要首先制定一个比较低的税额，以规定当时每户农民都必须交纳的田租，然后再根据情况制定一个比较高的税额，以作为优待那些能够更多交纳田租者的依据。这就好比现在农民交完所规定的公粮后，如果再把粮食卖给国家，政府将在价格上给予补贴，并给予其他一些奖励。因之可以推论：就正常情况而言，秦国田租的征课都应当包括高、中、低等多种产量定额，而且在低限和高限或上、中、下里还有着多、少之分。这样才能充分体现商鞅奖励耕织的意图，也才能充分调动农民生产的积极性，从而达到"民以殷盛，国以富强"的效果。

　　秦国田租在核定产量上是定额租，并有着多少或高低之分，这对于我们正确理解秦国的田租率有着重要的启迪作用。所谓"田租率"，即剥削率，或剥削量，也就是田租在农民一年收成中的比重。但令人费解的是，在秦的众多文献和考古资料中，迄今却没有发现与此有关的直接记载。尤其魏国还留下"什一之税"①的分成租记载，因而古今学者曾对秦的租率作出了种种猜测。有的说"什伍税一"，有的说"什一之税"，还有的说是"伍一之税"，②等等。但由于缺乏直接的史料依据，这些看法都很难令人信服。笔者以往对秦的租率也感到困惑，现在看来其关键在于，秦国对不同产量的耕田实行不同定额的田租，而且每年都可能变化。由此也就不难理解：为什么《史记》只记载了商鞅的田租改革比较公平，却没有提及租率如何。这固然是由于《秦记》"不载日月，其文略不具"③，缺乏充分的史料依据，但主要原因显然还在于秦国田租虽然有着分成租的形式，但却根本不存在一个恒定的产量租率问题。因此，我们也就很难找到与此有关的记载了。

---

① 《汉书》卷 24 上《食货志上》，第 1125 页。
② 郭志坤：《秦始皇大传》，上海三联书店 1989 年版，第 260—261 页。
③ 《史记》卷 15《六国年表》，第 686 页。

（三）秦汉"纳粟拜爵"与"更赋"的起源

在以上论述中，我们曾一再强调，商鞅令"耕织致粟帛多者复其身"，对研究秦国的赋税制度具有重要的史料价值。不仅如此，商鞅的这项法令还有助于重新认识秦汉时期的"纳粟拜爵"和"更赋"。

一般来说，秦汉的纳粟拜爵最早皆追溯到秦王嬴政四年（前243年）。这一年，史载"蝗虫从东方来，蔽天。天下疫。百姓内粟千石，拜爵一级"[1]。徐复《秦会要订补》卷15《职官下·鬻爵》云：

> 《史记会注考证》："纳粟拜爵始此。徐孚远曰：秦人重爵，除吏复家，故不轻赐爵。汉则赐民多矣，然亦稍轻，不得为吏也。入粟千石，比一首级，其重爵可见。方苞曰：《平准书》，民多买复及五大夫，征发之士益鲜，则民纳粟拜爵，求免征发也。"[2]

但从前述商鞅的优待政策看，此说显然有不当之处。实际上，早在孝公三年（前359年）或六年的第一次变法，商鞅颁布的这项法令即开始鼓励纳粟。而且，从纳粟拜爵的内容看，除了秦王嬴政曾允许除吏外，其主要意义都在于免役。这与商鞅用优惠条件让农民多交田租来代役，在性质上也完全相同。所谓"纳粟拜爵，求免征发也"。可见，商鞅的优待政策即应当是秦汉纳粟拜爵的端绪，只不过其形式有所差异而已。

再从更赋来看，更赋乃是一种徭役的替代税。至于究竟是什么徭役的替代税，则可以说聚讼纷纭。有的学者认为："更赋——每人轮流服兵役一月，要免役出钱二千。每人戍边三日，要免役出钱三百。"有的学者则主张："更赋之中含有三种力役之征，一为给郡县一月一更之役；二为给中都正卒一岁一更之役；三为戍边三日之役，……皆可以钱代之。"还有的学者提出："更赋，是徭役的替代税，即代役钱。但是，它不是汉代所有徭役的替代税，而仅仅是每年每人必须戍边三日之役的替代税。"[3] 尽管稽诸文献

---

① 《史记》卷6《秦始皇本纪》，224页。
② ［清］孙楷著，徐复订补《秦会要订补（修订本）》卷15《职官下》，中华书局1959年版，第241页。
③ 以上皆见黄今言《秦汉赋役制度研究》，江西教育出版社1988年版，第220页。

和简牍，早在商鞅变法之时，秦国似乎就已经有了所谓"更卒"即更役。如商鞅所创设的二十等爵，其第四等爵名为"不更"，《汉书·百官公卿表上》注云："言不豫更卒之事也。"① 在睡虎地秦简中，也有关于考课优异"为旱〈皂〉者除一更"② 的规定。但更赋究竟始于何时，在这些记载中却无法得出结论。

我们认为，根据"僇力本业，耕织致粟帛多者复其身"的规定，关于更赋的起源问题亦可以由此得到解决。因为从上述更赋的各种解释看，无论是按照哪种说法，其论述都强调更赋的关键乃在于出钱代役。这与商鞅令"耕织致粟帛多者复其身"，特别是鼓励农民多交布帛来代役，在形式和内容上都并无二致。况且，据《金布律》记载："钱十一当一布。其出入钱以当金、布，以《律》。"③ 在全国统一前，秦国赋税的征课就已经允许交钱。故商鞅的这项法令实际也应是秦汉更赋的滥觞。

二　秦及汉初的田租征收方式

如前所述，对秦代"粟米之征"的官方租率传世文献未留下记载。近2000年来，人们多依据《汉书·食货志上》所记战国早期魏国李悝行"十一之税"，认为秦的田租也当为什一之税；或以为"什五而税一"，还有人说"十分取二或三分取一"，④ 甚至"见税什五""泰半之赋"，⑤ 等等。另一方面，对秦的田租究竟是采用分成租，还是定额租，是依据土地面积，还是依据禾稼的产量，抑或兼而有之，以往也众说纷纭。⑥ 在近年公布的秦汉简牍中，这些问题，特别是秦及汉初的田租征收方式已得到破解。

（一）什一之税与十五税一

在岳麓秦简中，有一部名为《数》的数学著作。其中有几道涉及租率的算题，例如：

---

① 《汉书》卷 19 上《百官公卿表上》，第 740 页。
② 睡虎地秦墓竹简整理小组编《睡虎地秦墓竹简·秦律十八种·厩苑律》，第 30 页。
③ 睡虎地秦墓竹简整理小组编《睡虎地秦墓竹简·秦律十八种·金布律》，第 56 页。
④ 钱剑夫：《秦汉赋役制度考略》，湖北人民出版社 1984 年版，第 13 页。
⑤ 高敏：《从云梦秦简看秦的土地制度》，载氏著《云梦秦简初探（增订本）》，河南人民出版社 1981 年版，第 145 页。
⑥ 黄今言：《秦汉赋役制度研究》，江西教育出版社 1988 年版，第 79—81 页。

租误券。田多若少，耤令田十亩，税田二百卅步，三步一斗，租八
石。今误券多五斗，欲益田，其述（术）曰：以八石五斗为八百。
（11）

禾舆田十一亩，【兑】（税）二百六十四步，五步半步一斗，租四
石八斗，其述（术）曰：倍二【百六十四步为】……▨（40）①

在简（11）中共有"田十亩"，按一亩 240 平方步计，为 2400 平方步，
而"税田"的面积是"二百卅步"，即 240 平方步，正是"舆田"数的
十分之一。简（40）有"禾舆田十一亩"，税田"二百六十四步"，也同
样是十分之一。可见，岳麓秦简中的"税田"租率实际就是魏国李悝的
"十一之税"。至于具体征收多少田租，则是根据"禾"的产量确定的。
笔者在上文提出，秦自商鞅变法后，对田租的征收均存在高中低多种定
额。所谓"三步一斗""五步半步一斗"，就是两种不同的定额。当然，
作为数学算题，简中的"税田"租率或许是假设的，但既然算题都来源
于生活，那么这些算题中的租率便应当与实际相差不远，甚至可能是真
实租率。因此，我们倾向于秦的某些统治区域曾实行"税田"什一之税
的看法。

值得一提的是，在《数》中还有不少关于麻类作物——"枲"的田租
率算题。据研究者计算，这些算题的租率均为十五税一。② 例如：

租枲述（术）曰：置舆田数，大枲也，五之，中枲也，六之，细
枲也，七之，以高乘之为贾（实），左置十五，以一束步数乘十五为法，
如法一两，不盈两者，以一为廿四，乘之，如法一朱（铢），不盈朱
（铢）者，以法命分。（17－18）③

这说明对种植麻类作物的收税秦代也称田租，且"税田"租率低于什一之

<hr />

① 朱汉民、陈松长主编《岳麓书院藏秦简［贰］》，上海辞书出版社 2011 年版，第 4、8 页。
② 肖灿：《从〈数〉的"舆（与）田"、"税田"算题看秦田地租税制度》，《湖南大学学报》（社
会科学版）2010 年第 4 期。
③ 朱汉民、陈松长主编《岳麓书院藏秦简［贰］》，第 5 页。

税。由此可以推论，对种植其他经济作物的农田收税，亦当称为田租，只不过租率还没有被发现而已。里耶秦简 9 - 14a："卅五年三月庚寅朔丙辰，贰春乡兹爱书：南里寡妇憨自言：谒狠（垦）草田故葇（桑）地百廿步，在故步北，恒以为葇（桑）田。"① 就是一个种植桑树的实例。

此外，秦代种植麻类作物的"税田"租率为十五税一，也说明汉初的十五税一渊源有自。《汉书·食货志上》称："上于是约法省禁，轻田租，什五而税一。"② 把"粟米之征"的什一之税，降为原本征收枲或其他经济作物的"什五而税一"，这大概就是"轻田租"的一种含义。

（二）十二税一与田租征收方式

与岳麓秦简不同，北大秦简《算书》中的"税田"则是十二税一。鉴于这部《算书》尚未公开出版，以下引述其整理者的简介：

> 竹简卷八亦分上下两栏，上栏形式与卷七上栏相同，下栏则为田租的计算，包括税田面积、税率和田租数额。税田面积均为上栏所记亩数的十二分之一，税率则从"三步一斗"到"廿四步一斗"不等。例如：
>
> 广百廿步、从（纵）百步，成田五十亩。
>
> 税田千步，廿步一斗，租五石。【8023】……
>
> 卷七和卷八的形式整齐划一，每简内容仅有数字的差别，而且未出现任何具体的地名、人名，显然不是当时丈量田亩、征收租税的档案记录，而应该是供人学习田亩、租税计算的一种特殊算术教材或参考书。在卷八 1 枚简的背面近上端写有"田书"的篇题（图一），应是这类书的专名。这两卷简册涉及的数学运算比较简单，但是对研究战国晚期至秦代的田亩、赋税制度很有帮助。③

根据这一简介，其中《田书》的史料价值非常珍贵。特别是记录"税田"面积为十二税一，更为我们全面认识秦代的田租率和征收方式提供了

---

① 里耶秦简博物馆、出土文献与中国古代文明研究协同创新中心中国人民大学中心编著《里耶秦简博物馆藏秦简》，中西书局 2016 年版，第 109 页。

② 《汉书》卷 24 上《食货志上》，第 1127 页。

③ 韩巍：《北大秦简中的数学文献》，《文物》2012 年第 6 期。

新的第一手材料。整理者认为，《田书》"显然不是当时丈量田亩、征收租税的档案记录，而应该是供人学习田亩、租税计算的一种特殊算术教材或参考书"[①]。此说不确，也多少令人惋惜。实际在里耶秦简中便可以找到秦代"税田"十二税一的铁证，亦即简 8 - 1519：

> 迁陵卅五年狠（垦）田舆五十二顷九十五亩，税田四顷【卌二】，户百五十二，租六百七十七石。衞（率）之，亩一石五；户婴四石四斗五升，奇不衞（率）六斗。[②]

此简内容是秦始皇三十五年（前 212 年）洞庭郡迁陵县征收田租的统计。其中舆田"五十二顷九十五亩"，"税田四顷卌二"亩，按 442 ÷ 5295 算，税田约占舆田面积的 8.347%。若去除四舍五入因素，如"奇不衞（率）六斗"，亩均"一石五"非整数，则租率恰好就是十二税一。它无可争辩地证明，《田书》就是"当时丈量田亩、征收租税的档案记录"，当然也可以作为"学习田亩、租税计算的一种特殊算术教材或参考书"。同时也无可争辩地证明，包括洞庭郡在内的许多南方地区，亦即秦的所谓"新地"，对"粟米之征"的田租面积曾真真切切按十二税一征收。

不仅如此，此简也为厘清何谓"舆田"、何谓"税田"提供了千古难得的材料，并揭示出秦及汉初田租征收方式的真相。从"狠（垦）田舆五十二顷九十五亩，税田四顷【卌二】"来看，垦田、舆田和税田的关系实一目了然。舆田是垦田的一部分，税田是舆田的一部分。参照秦汉官吏征收田租的"程田"和"程禾"过程，我们便可以判定：舆田就是在垦田中确定实际耕种农作物范围或面积的垦田，"舆"的意思是范围或地域，后世有"舆图""方舆"等常用语，与此同。而税田是按相关租率必须交纳田租的一部分舆田，在洞庭乃至更多地区的禾田租率是十二税一，在其他地区则可能是什一之税。更重要的是，简 8 - 1519 和岳麓秦简、北大秦简、张家山汉简的互证，还无可争辩地证明，秦及汉初的田租征收实际有两个同时参照的租率

---

① 　按：杨博先生曾对此说提出一些纠正，认为"《田书》是一种秦代流传的初始之实用田亩算数书"。参见杨博《北大藏秦简〈田书〉初识》，《北京大学学报》（哲学社会科学版）2017 年第 5 期。

② 　陈伟主编《里耶秦简牍校释》第 1 卷，武汉大学出版社 2012 年版，第 345 页。

（税率）：一个是"税田"占舆田的比例，即"税田"亩数租率，如十二分之一、十分之一。这个租率是固定不变的，只要核实确定了舆田耕种的总面积，"税田"亩数就可以按十二税一或什一之税的租率算出，并根据一亩240平方步的比例关系直接算出税田的总步数。北大秦简《田书》所记"税田面积均为上栏所记亩数的十二分之一"，就是为了方便基层官吏对"税田"按十二税一的租率来快速计算亩数和总步数。另一个是按农作物不同产量征收的数量租率，这个租率则是变化的，"从'三步一斗'到'廿四步一斗'不等"。在相关人员的"程禾"结束后，即可把核定的租率作为除数和"税田"的总步数相除，二者的商就是最终要交纳的田租数。事实也的确如此。前引《田书》【8023】"广百廿步、从（纵）百步，成田五十亩。税田千步，廿步一斗，租五石"，就是先列按十二税一租率折算的"税田"总步数——"税田千步"，然后再列被核定后的产量租率——"廿步一斗"，最后用"千步"除以"廿步"，即得出"租五石"的结论。岳麓秦简（40）"禾舆田十一亩，【兑】（税）二百六十四步，五步半步一斗，租四石八斗"，则是按十分之一租率算出"税田"总步数为"二百六十四步"，然后除以产量租率"五步半步一斗"，商是"四石八斗"。又张家山汉简《算数书》记载，"税田廿四步，八步一斗，租三斗"（68）[1]，亦同样如此。可见《田书》、《数》和《算数书》等都是当时极具实用价值的数学著作。同时也充分证明，税田只需在舆田中确定纳税的比例，如十二税一或什一之税，而根本不必在舆田中专门划出哪块舆田收税，哪块舆田不收税。[2] 否则又何必叠床架屋，再规定按产量从"三步一斗"到"廿四步一斗"的租率呢？更不用说，整块舆田的农作物产量也并不完全相同。

---

① 张家山二四七号汉墓竹简整理小组编《张家山汉墓竹简［二四七号墓］》（释文修订本），第141页。

② 彭浩先生认为："在确定税田的数量后，须实地进行测量，划定税田的范围。"（彭浩：《谈秦汉数书中的"舆田"及相关问题》，载武汉大学简帛研究中心主办《简帛》第6辑，上海古籍出版社2011年版，第26页）在此基础上，于振波、臧知非先生又进一步提出：秦的田租征收"由田部官吏按照一定的比例（1/10）从各户田地中划出一部分作为'税田'，'税田'上的收获物作为'田租'全部上缴"。［于振波：《秦简所见田租的征收》，《湖南大学学报》（社会科学版）2012年第5期］"税田"制是征收田税过程中"按照'税田'标准产量，在民户垦田中划定'税田'面积，用做田税，秋收时按户征收"（臧知非：《说"税田"：秦汉田税征收方式的历史考察》，《历史研究》2015年第3期）。实则皆误。

（三）几点结论与启迪

综上所述，可以得出几点结论与启迪。

首先，岳麓秦简《数》记录了秦代禾田租按"税田"十分之一征收，枲田租按十五税一征收，北大秦简《算书》则记录"税田"按十二税一征收，并得到里耶秦简的证实，这为全面认识秦的田租制度提供了极其珍贵的第一手资料。秦代田租率和征收方式问题曾长期困扰学界，通过这些鲜活的材料，我们可以比较详细地知道：秦代田租的确定既有地区差异，如洞庭等所谓"新地"和其他地区，又有农作物区别，如禾、枲、桑等；既按土地面积征收，如十分之一、十二分之一、十五分之一，也按农作物产量和质量征收，如"三步一斗""廿步一斗"，"大枲也，五之，中枲也，六之，细枲也，七之"。这些材料还证明了秦及汉初的田租征收形式是分成租，而实质却是高低不等的定额租；舆田是全部垦田中实际耕种的土地面积，税田是全部舆田的十二分之一，或十分之一和十五分之一，且并不需要把税田单独划出；在田租的征收方式上，则同时参照两种租率，一种是"税田"的亩数租率，一种是"舆田"的产量租率。从实际租率来看，由于每户的产量不同，所征收禾田租的数量差异很大，每户的租率也的确高低不等。有的低于总产量的10%，有的高于10%，甚至高达20%，但最高都明显低于"见税什五"，遑论"泰半之赋"了。可以毫不夸张地说，这是秦汉赋税制度研究的一个重大突破，已解决了秦及汉初的田租率和田租征收方式问题。

其次，北大秦简《田书》被里耶秦简证实，也说明一项曾经涉及广大民众的经济活动是绝不可能完全湮没在历史之中的。只要有大多数群众的参与，就总会留下它的各种痕迹，或多或少，或早或晚，都将被后人发现。从某种意义上说，北大秦简《田书》之所以能得到里耶秦简的证实，既是它的幸运，也是曾有大量事实存在的必然。反过来说，岳麓秦简《数》、张家山汉简《算数书》的记录虽然暂时没有实例证明，或没有直接证明，但只要"十一之税"和"什五而税一"的"税田"制度曾经在某些地区实行，那么最终得到证实也就是必然的了。真正被历史湮没的，也只能是那些涉及面小并影响甚微的小概率事件。

再次，秦人发明的对田租的征收同时参照两种租率的方法，是当时条件下最为简洁方便而又相对公平的做法。限于技术和人手，在战国秦汉乃至魏

晋，要想准确核查每一块农田的总产量都非常耗时，也极为繁琐。而划分
"税田"的方法则简化了对农田总产量的核查，并由于税田比例相同也确保了
纳税的公平，田多者多交，田少者少交。对"舆田"产量分设不同租率，亦
即定额，更是切合实际的做法，也体现了公平原则，产量高者多交，产量低
者少交。前揭《史记·商君列传》："为田开阡陌封疆，而赋税平。"以往对
"赋税平"的含义并不清楚，有种种解释，现在看来这就是指税田征收面积比
例和按照产量确定不同租率的公平，也说明这种田租征收方式源于商鞅变法。
当然，所谓公平实际都是相对的。比如对产量租率的核定，"程禾"主要是依
靠经验来预估产量，这只能做到大体准确。《数》的一个算题记载：

> 为积二千五百五十步，除田十亩，田多百五十步，其欲减田，耤令
> 十三【步一】斗，今禾美，租轻田步，欲减田，令十一步一斗，即以
> 十步乘十亩，租二石者，积二千二百步，田少二百步。(42-43)①

就是一个把产量低估的事例。更不用说，无论"程田"，还是"程禾"，都
不可避免地出现了种种弊端。为了更加公平和方便，也为了减轻田租，从汉
景帝开始便采用了土地面积和产量都"三十税一"的定额租制度。之所以
秦及汉初的田租征收方式从此会脱离人们的视野，并在以后的《九章算术》
中失去踪影，原因亦在于此。

复次，从产量预估往往存在误差看，以往争议颇多的"益田"或"减
田"也并非真要增加或减少农田，而是用计算数字来将错就错地平账。②
"益田"有两种方法：一是平账时增加舆田和税田的总步数，二是平账时提
高产量租率的定额。如前引简（11）就是账面上增加税田 15 步（舆田增加
150 步），加上原来的 240 步，共 255 步，再除以"三步一斗"（255÷3＝
85），使田租的总数最终等于"误券"的"八石五斗"。再如："【税】田一
亩，租之十步一斗，凡租二石四斗。今误券二石五斗，欲益夐其步数，问益

---

① 朱汉民、陈松长主编《岳麓书院藏秦简［贰］》，第 8 页。
② 参见杨振红《从新出简牍看秦汉时期的田租征收》，载武汉大学简帛研究中心主办《简帛》第 3
辑，上海古籍出版社 2008 年版，第 336 页；吴朝阳：《张家山汉简〈算数书〉校证及相关研究》，江苏
人民出版社 2014 年版，第 94 页。

耎几何。曰：九步五分步三而一斗。”（97）[①] 这是不改变税田的总步数，而在账面上把原来的十步一斗改为九步五分步三而一斗，然后二者相除（240 ÷ 48/5 = 25），也使田租的总数等于“误券”的“二石五斗”。而“减田”则是平账时提高或降低产量租率的定额，如前引简（42 – 43）将原来的十三步一斗提高为十一步一斗，即 20（斗）= 220（步）÷ 11（步），使之等同于 20（斗）≈ 255（步）÷ 13（步），在不改变“二石”田租总量的情况下，把舆田和税田的账面总步数分别减少了 350 步和 35 步。再如：“取程，禾田五步一斗，今干之为九升，问几可（何）步一斗？曰：五步九分步五而一斗。”（5）[②] 也是把原来的五步一斗降低为五步九分步五而一斗，在粮食晒干后已变成五步九升的情况下，将产量租率的账面定额增加了九分之五步（等于减少舆田的总步数），使之符合田租实际征收的总数。以税田 200 步为例，即原为 200 ÷ 5 = 40（斗），现为 200 ÷ 50/9 = 36（斗）。其中“益田”均涉及多收农户田租的问题，而“减田”则部分涉及少收农户田租的问题。总的来看，“益田”的原则是多了不退，“减田”的原则是少了不补。

最后，秦代“税田”面积的不同税率规定，也表明秦王朝在经济管理和稳定边远地区方面有着丰富的统治经验。尤其对洞庭等地区实行十二税一的优惠政策，更揭示出秦安抚“新地”、巩固统一的全局视野。东汉末年何夔曾概括指出，自三代以来，就有所谓先王的“远域新邦之典”[③]，也就是针对内地与边疆、“新地”与“旧土”，应采取不同政策。笔者亦多次提出，秦的这种“远域新邦之典”，实际就是中国古代的“一国两制”或一国多制。[④] 可悲的是，“仁义不施而攻守之势异也”[⑤]。国家的根本战略终究要碾压其他方面。秦朝统治者非但未能审时度势地调整政策，反而内外失措，更加暴虐，终至众叛亲离，使这些精心构建的制度或化为泡影。

① 张家山二四七号汉墓竹简整理小组编《张家山汉墓竹简［二四七号墓］》（释文修订本），第 145 页。

② 朱汉民、陈松长主编《岳麓书院藏秦简［贰］》，第 34 页。

③ 《三国志》卷 12《魏书·何夔传》中华书局 1982 年版，第 380 页。

④ 晋文：《也谈秦代的工商业政策》，《江苏社会科学》1997 年第 6 期。

⑤ 《史记》卷 6《秦始皇本纪》，第 282 页。

三　文景时期田租征收方式的演变

从惠帝开始，对田租又实行十五税一的政策。如《汉书·惠帝纪》载："十二年四月，高祖崩。五月丙寅，太子即皇帝位，……减田租，复十五税一。"注引邓展曰："汉家初十五税一，俭于周十税一也。中间废，今复之也。"① 所谓十五税一，就是征收田租时把农民的实际耕种面积即舆田或垦田的十五分之一作为税田，而产量租率则依然不变。大体来说，在产量不变的情况下，比什一之税可减轻三分之一的田租。从时间上看，惠帝由五月丙寅即位，宣布"减田租，复十五税一"，到诏令颁行全国，估计要两个月左右。这意味着基层官吏的程田和程禾都已结束，已进入田租征收阶段。那么如何才能贯彻朝廷十五税一的诏令呢？显而易见，修改农民的垦田和税田的总步数，使之减少三分之一，应是最好的办法。但这种可能性实际却非常之小，主要是改券的工作量太大，短时期内没有那么多的人手，特别是缺乏具有算术技能的乡吏。所以真正可行的操作方式，就是在田租中直接减去三分之一，比如原来田租要交三石，现在按两石征收；已经征收过田租的，则退给农民三分之一（或折算为来年田租）。到了第二年，即惠帝二年，事情就好办了，可以在程田时直接按十五分之一来计算税田。

文帝时期基本还是十五税一。值得一提的是，文帝十二年（前 168 年）为了鼓励农耕，又"下诏赐民十二年租税之半"②。此即汉代三十税一的雏形。从《汉书·文帝纪》来看，此诏的颁布应该是在三月以后。如"三月，除关无用传"，诏曰：

> 吾诏书数下，岁劝民种树，而功未兴，是吏奉吾诏不勤，而劝民不明也。且吾农民甚苦，而吏莫之省，将何以劝焉？其赐农民今年租税之半。③

而诏书的颁布在三月以后，则意味当年的程田可能正在进行，或有些已经结

---

① 《汉书》卷 2《惠帝纪》，第 85、87 页。
② 《汉书》卷 24 上《食货志上》，第 1135 页。
③ 《汉书》卷 4《文帝纪》，第 124 页。

束。但此后的减半却比较容易操作,在征收田租时把田租减去一半即可。从这个方面来看,文帝在十三年六月宣布"其除田之租税"[1],应是汲取了以往减免对吏民造成烦扰的教训。

景帝即位后,在承继文帝的基础上,西汉前期的田租征收方式出现了重大变化。这就是景帝元年(前156年)宣布三十税一,如《汉书·景帝纪》载:元年"五月,令民半租"。[2] 表面上看,这与文帝的田租减半没有多少区别,在最后征收田租时减去一半即可,但实际执行却有着很大不同。显而易见,在景帝二年征收田租时便不能再用减半的方法了,而必须重新程田。至少丈量每户舆田(可能在汉初即改称垦田)是必不可少的,即使以后授田制瓦解,基层官吏的收租也仍然必须每年丈量农户的耕种田亩。然而契机便也在此显现。按照以往的征收方式,在确定舆田或垦田后还必须按面积租率计算税田的步数。如垦田30亩,按什一之税计算,税田是3亩,720平方步;按十二税一计算,税田是2.5亩,600步;按十五税一计算,税田则是2亩,480步。同理,如果采用三十税一,那么舆田30亩就是税田1亩,亦即240平方步。但随着税田的数量越来越少,在产量基本相同的情况下,每亩的平均产量或征收多少田租,已能够大体判断出来。仍以舆田30亩为例,税田是240步,假设产量租率是最低的24步一斗,以及较低的20步一斗、16步一斗,那么田租最终便分别是每亩三又三分之一升($100 \div 30 = 3\frac{1}{3}$)、四升($120 \div 30 = 4$)和五升($150 \div 30 = 5$)。从中可以看出,三者的差距实际相当细微,尤其取四升的话,差距就更小了。正如裘锡圭先生所说:"(三十税一)每亩三、四升的田租额即使不完全符合实际,也不至于相差太多,其误差大概不会超过一升。"[3] 也就是说,在征收16步一斗到24步一斗的田租时,完全可以都采用每亩四升来征收。产量高的则可以都采用一个高的定额来征收。比如十五步一斗、十四步一斗、十三步一斗和十二步一

---

① 《史记》卷10《孝文本纪》,第428页。按:《史记》卷22《汉兴以来将相名臣年表》载,文帝十三年"除肉刑及田租税律、戍卒令"(第1127页),亦可证明要免除全年田租,当时需经过废除原先"田租税律"的程序,而不是仅仅颁布一道诏令。

② 《汉书》卷5《景帝纪》,第140页。

③ 裘锡圭:《湖北江陵凤凰山十号汉墓出土简牍考释》,《文物》1974年第7期。

斗，每亩收租分别是约 5.3 升、5.7 升、6.2 升和 6.7 升，可以取其中值六升为定额。这样一来，一种新的更为简单便捷的田租征收方式——定额租便应运而生了。尽管这对产量较低的农户似乎还不太公平，产量稍高的更明显占了便宜，但从几年的租率来看，低的未必每年都低，高的也未必每年都高，因而在几年租率平均以后还是相对公平的。从重农的角度来看，也有着提高亩产量的激励作用。更不用说，原来产量租率的估算误差还要更大。那么酌取几年的平均租率作为田租的定额，就是一种各方都能接受而又非常方便的田租征收方式了。对基层官吏来说，工作量也大为减轻，再也不用计算复杂的税田步数和预估误差很大的产量租率，也消除了一些人为造成的弊端。之所以在景帝以后，甚至在文帝时期，比如张家山汉简《算数书》中的"税田""取程""并租""误券""租误券"等算题，在睡虎地西汉简《算术》中已不见踪影，[①] 原因正在于此。以往大量出现的"误券""误租券"销声匿迹，原因也正在于此。从这个意义上说，定额租的最早实施当发端于景帝二年。《汉书·食货志上》把三十税一定在景帝二年——"孝景二年，令民半出田租，三十而税一也。"[②] 也确有道理。

　　定额租当然也有问题。它的特点是"揆数岁之中以为常"，优点是便于操作，省却了复杂的产量和租率计算；缺点是产量高低拉平、丰年灾年均等，[③] 对受灾或产量始终很低的农户不太公平。因而通常只能在一个小范围内实行，在更大范围实行就有可能出现几种定额。比如在此地是每亩四升，在彼地则是每亩六升，等等。《汉书·张汤传》载："（张）延寿自以身无功德，何以能久堪先人大国，数上书让减户邑，又因弟阳都侯彭祖口陈至诚。天子以为有让，乃徙封平原，并一国，户口如故，而租税减半。"[④] 二地的户口数相同，但后者的田租却减少了一半，其主要原因便在于两地的田租定额不同。但由于在同一小片土地上产量一般差别不大，加之三十税一使田租征收量大幅下降，基层官吏为了避免纠纷（人情社会的常态）往往还采用

①　熊北生、陈伟、蔡丹：《湖北云梦睡虎地 77 号西汉墓出土简牍概述》，《文物》2018 年第 3 期。
②　《汉书》卷 24 上《食货志上》，第 1135 页。
③　王利器校注《盐铁论校注（定本）》卷 3《未通》，中华书局 1992 年版，第 191 页。
④　《汉书》卷 59《张汤传》，第 2653—2654 页。

较低的亩产定额，对大灾之年，国家政策也都会普遍减免，[1] 因而各方还是皆大欢喜的。

从景帝开始，定额租便成为汉代通行的田租征收制度。为了保证公平，其最初定额应该分得较多、较细。这多少失却了定额租的本意，也给定额租的确定带来了一些漏洞。这种现象直到东汉章帝元年（76 年）时才有了明显变化。具体来说，就是秦彭对定额"差为三品"的改革。《后汉书·循吏传》载：

> 建初元年，（秦彭）迁山阳太守。……兴起稻田数千顷，每于农月，亲度顷亩，分别肥墝，差为三品，各立文簿，藏之乡县。于是奸吏局蹐，无所容诈。彭乃上言，宜令天下齐同其制。诏书以其所立条式，班令三府，并下州郡。[2]

显而易见，在秦彭"分别肥墝，差为三品"之前，各地的田租定额都肯定要多于"三品"，[3] 所以"奸吏"才能够"容诈"，并从中渔利。这也昭示我们，无论是传世文献，还是汉代简牍，在推算一个较大范围的田租定额时，若认定田租就是每亩三升或四升、五升、八升、一斗等，实际都是不可靠的。如《汉书·匡衡传》：

> 初，衡封僮之乐安乡，乡本田堤封三千一百顷，南以闽佰为界。初元元年，郡图误以闽佰为平陵佰。积十余岁，衡封临淮郡，遂封真平陵佰以为界，多四百顷。……郡即复以四百顷付乐安国。衡遣从史之僮，收取所还田租谷千余石入衡家。[4]

以往多据此认为，用"田租谷千余石"除以"四百顷"，其田租定额应为每

---

① 晋文：《以经治国与汉代"荒政"》，《中国史研究》1994 年第 2 期。
② 《后汉书》卷 76《循吏传·秦彭》，第 2467 页。
③ 参见杨振红《从新出简牍看秦汉时期的田租征收》，载武汉大学简帛研究中心主办《简帛》第 3 辑，第 332—333 页。
④ 《汉书》卷 81《匡衡传》，第 3346 页。

亩三升，产量约为每亩一石。[1] 这显然是有问题的。且不说提封四百顷并非都是垦田，就是按一半垦田计算，把产量拉平，在多达 20000 亩垦田中，平均产量也不可能是每亩一石，只有每亩三升少半升一个最低的定额，遑论更低的每亩三升了。最新公布的《堂邑元寿二年要具簿》便提供了一个全县田租平均每亩八升多的实例：

> 凡狠（垦）田万一千七百九十九顷卅七亩半。
> 其七千一百九十一顷六十亩，租六万一千九百五十三石八斗二升。蓄害。
> 定当收田四千六百七顷七十亩，租三万六千七百廿三石七升。（M147：25 - 1）[2]

其中，因灾害而减免垦田的田租平均约为 8.6 升（6195382 ÷ 719160 ≈ 8.6），而定收垦田的田租平均约为 8 升（3672307 ÷ 460770 ≈ 8），合计平均田租每亩约为 8.4 升（9867689 ÷ 1179900 ≈ 8.4）。再如尹湾汉简《集簿》：

> 提封五十一万二千九十二顷八十五亩□（1 正）
> □国邑居园田廿一万一千六百五十二□□十九万百卅二……卅五（?）万九千六……（1 反）
> 一岁诸谷入五十万六千六百卅七石二斗二升少□升（1 反）[3]

以往也有学者认为，用全年的田租总额除以核定的 20622600 亩垦田，东海郡的田租定额应是约每亩三升。[4] 这同样是有问题的。在一郡千万亩级垦田中是绝不可能只有每亩三升定额的，即使平均也不可能恰好都是三升或四

---

① 韩连琪：《汉代的田租口赋和徭役》，《文史哲》1956 年第 7 期。
② 青岛市文物保护考古研究所、黄岛区博物馆：《山东青岛土山屯墓群四号封土与墓葬的发掘》，《考古学报》2019 年第 3 期。
③ 连云港市博物馆、东海县博物馆、中国社会科学院简帛研究中心、中国文物研究所编《尹湾汉墓简牍》，中华书局 1997 年版，第 77—78 页。
④ 杨际平：《从东海郡〈集簿〉看汉代的亩制、亩产与汉魏田租额》，《中国经济史研究》1998 年第 2 期。

升。反之，若推算一个较小范围的田租定额，通常则比较可信。如凤凰山汉简记西乡市阳里的田租——"市阳租五十三石三斗六升半"①，根据垦田推算，其定额当为每亩四升，便大体符合事实，不会有多大误差。这亦可说是研究汉代定额租的一个重要启示。

在秦彭的建议下，从章帝即位之后，汉代的田租定额便开始改为上、中、下或高、中、低三种定额。至于究竟每亩分别定额多少，不得而知。在史书上又再次提到定额租问题时，则是 138 年后的献帝建安九年（204 年）。据《魏书》记载，曹操于此年下令规定："其收田租亩四升。"② 这是把秦彭的三种定额也完全取消，只保留一种定额，即每亩田租四升。但曹操的规定有着土地荒芜、经济凋敝的特殊背景，以及安抚冀州的考虑，是一种权宜之计，与汉代大多数时期的定额还不可相提并论。

第二节　秦汉简牍中的户赋征收问题

关于户赋问题，传世文献仅见于语义含糊的《汉书·货殖传》："秦汉之制，列侯封君食租税，岁率户二百。千户之君则二十万，朝觐聘享出其中。"③ 以往学界曾怀疑秦汉没有户赋，但简牍却证明秦汉确有户赋。从现有材料来看，秦代户赋应渊源于商鞅变法中的"初为赋"。故本节即先从"初为赋"的内涵说起。

一　"初为赋"的内涵问题

对"初为赋"的理解问题，史家历来存在不同看法。有的主张是"初为田赋"，如孙楷《秦会要》卷 17《食货》说："田赋……秦孝公十四年，初为赋。"④ 有的以"军赋"来解释，如《史记索隐》注引谯周曰："初为军赋也。"⑤ 还有的提出"初为口赋"说，如《七国考》卷 2《秦食货》：

---

① 裘锡圭：《湖北江陵凤凰山十号汉墓出土简牍考释》，《文物》1974 年第 7 期。
② 《三国志》卷 1《魏书·武帝纪》注引《魏书》，中华书局 1982 年版，第 26 页。
③ 《汉书》卷 91《货殖传》，第 3686 页。
④ ［清］孙楷著，徐复订补《秦会要订补（修订本）》卷 17《食货·田赋》，第 273 页。
⑤ 《史记》卷 5《秦本纪》，第 204 页注［九］。

"初为赋。……《大事记》云：秦赋户口，百姓贺死而吊生。故秦谣曰：'渭水不洗口赋起。'即苛政猛虎之意矣。"① 而当今学界则大多主张口赋，基本否定了田赋与军赋之说。对这种观点，笔者曾提出异议，认为"初为赋"实际是商鞅制订了新的赋税制度。现就有关问题再作一些进一步的分析。

综观各种论述，许多学者所以主张"口赋"说，其主要依据就是认定"初为赋"不可能是指田赋或军赋：

> 公元前三四八年有"初为赋"的记载，在"初租禾"（《史记·六国年表》）五十多年后又来了一个"初"字，这显然是不同于田租之税，不是田赋。但也不会是指"初为军赋"，春秋以来战乱很多，当早已形成一套兵制。只有一个可能，那就是"初为口赋"。②

毋庸讳言，这种解释确有一定的道理，然而仅凭此说便断定不可能是指田赋或军赋，恐怕还值得探讨。

先说田赋问题。不难看出，上述说法实际是把"初"字的含义解为"最早"、"初始"或"首次"等，并认为只有出现与以往完全不同的事物才能称"初"。因之主张在秦国已经"初租禾"的情况下，不可能再来一个"初为田赋"的记载。但它却显然忽略了这两个"初"字可以有不同的含义，这在《史记》中即可以找到不少例证。仅就土地制度而言，《秦本纪》《六国年表》均明确记载，秦孝公十二年"为田开阡陌"③，《商君列传》亦可以印证，而《秦始皇本纪》却记载，昭襄王四年"初为田开阡陌"④。可见，这里的"初"字也确有不同的含义。

其实，"初为赋"乃是商鞅所进行土地制度改革的配套措施。在"为田开阡陌"后，也必然要相应地改革赋税制度。李剑农先生就曾指出：

---

① ［明］董说原著，缪文远订补《七国考订补》卷2《秦食货·口赋》，上海古籍出版社1987年版，第194页。

② 熊铁基：《秦代赋税徭役制度初探》，《华中师范学院学报》（哲学社会科学版）1978年第1期。

③ 《史记》卷5《秦本纪》，第203页。

④ 《史记》卷6《秦始皇本纪》，第290页。

　　　　孝公十四年有"初为赋"之记事，其赋法如何，虽无明文；而
　　《廉颇蔺相如列传》附记赵奢之故事，则特堪注意。……赵之赋税，确
　　以田为征课之对象。①

如前所述，我们也完全有理由认为，在土地改革后，其"租禾"的内容发
生了比较显著的变化。而为了说明这一发生的变化，所以又称"初为赋"。
那么，为什么就不能说是"初为田赋"呢？

　　再看军赋问题。上述认为"初为赋"不是"初为军赋"的理由也不无
商榷之处。一则从《分异令》即"民有二男以上不分异者，倍其赋"②的规
定看，在"初为赋"之前，秦国实际上已经有了按人口征收的赋。所谓
"倍其赋"，即应当包括加倍征收的口赋。故如果说在"初为赋"前秦国
"当早已形成了一套兵制"，不可能是"初为军赋"，那么根据同样理由，它
也不可能是"初为口赋"。二则秦国虽早已形成了一套兵制，但军赋制度作
为商鞅变法的一项改革，随着土地制度的变化而重新确立和健全，这也是很
有可能的事情。如前所述，谯周便解释说："初为军赋也。"徐仲舒先生也
说："秦国之赋应是按户征收之军赋，非计口出钱之口赋也。"③ 又为什么不
能说是"初为军赋"呢？

　　为了更加说明问题，有些学者还提出另一条理由来论证。例如：

　　　　"初为赋"，其最大的可能性当是"口赋"。理由是自孝公十四年
　　"初为赋"以后，一直到公元前221年秦统一全国，我们再未看见官方
　　正式颁布过有关"口赋"的规定。而秦代的口赋又确实存在。④

但是这条理由也仍然否定不了"初为田赋"或"初为军赋"的看法。因为

---

　　① 李剑农：《先秦两汉经济史稿》，生活·读书·新知三联书店1957年版，第101页。
　　② 《史记》卷68《商君列传》，第3230页。按：有学者认为，此令"在一定程度上，有促使秦民
分家而刺激土地开垦的作用，但并不强迫分家"［曾宪礼：《"民有二男以上不分异者倍其赋"意义辨》，
《中山大学学报》（哲学社会科学版）1990年第4期］。非是。商鞅变法后，秦人家庭以核心家庭和直系
家庭为主，就是例证。参见晋文《关于商鞅变法赋税改革的若干考辨》，《中国农史》2001年第4期。
　　③ ［明］董说原著，缪文远订补《七国考订补》卷2《秦食货·口赋》，第194页。
　　④ 黄今言：《秦代租赋徭役制度初探》，载《秦汉史论丛》第1辑，第70页。

在这一时期，我们同样未见官方有关田租、军赋的正式规定（后来发现的简牍除外），而秦的田租和军赋也同样确实存在。

其实，要真正弄清"初为赋"的内涵，这个问题并不很难解决。关键就是不能过分拘泥于"赋""税"的区别。一般来说，赋、税的用途原有着比较严格的界定。《汉书·刑法志》云，殷周之时，"有税有赋。税以足食，赋以足兵"①。且《汉书·食货志上》云："赋共车马甲兵士徒之役，充实府库赐予之用。税给郊社宗庙百神之祀，天子奉养百官禄食庶事之费。"② 足证赋、税的本义乃指军赋和田租。但随着井田制的瓦解，到春秋战国时期，各国的赋税制度都作了很大改革。其中最显著的变化，就是各种赋税都根据田亩来征收。如齐国曾"相地而衰征"，③ 鲁国"初税亩"，④ 郑国"作丘赋"，⑤ 秦国"初租禾"等。因而关于赋税、租赋的概念便开始逐渐混同。税可称"租"，亦可称"赋"；反过来说，赋亦可称"税"，且内涵明显扩大，并不仅仅限于军赋。如《春秋》记载鲁国"用田赋"，⑥ 古今史家虽聚讼纷纭，但也大多认为，其中当既有加重田租的目的，又有厚敛军赋的意图。再如《墨子·辞过》称："以其常正（征），收其租税，则民费而不病。"⑦ 也是把"租税"作为赋税的统称。还有《韩非子·显学》"征赋钱粟以实仓库，且以救饥馑、备军旅也"，⑧《淮南子·泛论训》"头会箕赋，输于少府"，⑨ 都说明"赋"的内涵已明显扩大。所以到了汉代，赋、税的概念即更加混同，前者甚至演变成各种征敛的统称。如西汉韩婴《韩诗外

---

① 《汉书》卷23《刑法志》，第1081页。

② 《汉书》卷24上《食货志上》，第1120页。

③ 上海师范大学古籍整理组校点《国语》卷6《齐语》，上海古籍出版社1978年版，第236页。

④ 《春秋左传正义》卷24《宣公十五年·经》，[清]阮元校刻《十三经注疏》（附校勘记），中华书局1980年版，下册，第1887页。

⑤ 《春秋左传正义》卷42《昭公四年》，[清]阮元校刻《十三经注疏》（附校勘记），下册，第2034页。

⑥ 《春秋左传正义》卷59《哀公十二年·经》，[清]阮元校刻《十三经注疏》（附校勘记），下册，第2170页。

⑦ [清]孙诒让撰，孙启治点校《墨子间诂》卷1《辞过》，中华书局1981年版，第31页。

⑧ [清]王先慎撰，钟哲点校《韩非子集解》卷19《显学》，中华书局1998年版，第464页。

⑨ 何宁撰《淮南子集释》卷13《泛论训》，中华书局1998年版，第942页。

传》卷 10 "晋平公……赋敛无已，太半而藏之台"，[1] 东汉许慎《说文·贝部》"赋，敛也"，[2] 就是比较典型的事例。

不过，即使是在汉代，也仍有不少学者相当严格地使用赋、税的概念。班固就是一例。但这至多说明他们的表述尚保留着赋、税的本义，并不足以推翻其他看法。更重要的是，我们要研究"初为赋"的内涵，主要还应当考虑司马迁的语言表述与习惯。也就是说，无论别人曾如何解释，只要弄清他在《史记》对赋、税有没有严格区分，实际就可以认定"初为赋"是否单指某种具体的赋。那么，太史公究竟是怎样使用赋、税的概念呢？请看《廉颇蔺相如列传》：

> 赵奢者，赵之田部吏也。收租税而平原君家不肯出租，奢以法治之，……平原君以为贤，言之于王。王用之治国赋，国赋大平，民富而府库实。[3]

这里司马迁把"租税"和"赋"相提并论，说明他显然没有从严格意义上使用赋、税的概念。关于"初为赋"的记载，其实也是如此。从《商君列传》看，他把此事与"为田开阡陌"放在一起评述，称"为田开阡陌封疆，而赋税平"，便说明他并不认为"赋"是某种具体的赋。然而有些学者却往往忽略了这一点，同时又过分拘泥于"初始"的解释，这就不能不使他们的结论要产生偏差了。

我们认为：所谓"初为赋"，实际是商鞅根据秦国新的土地制度所进行的一次重大赋税改革。就内容来说，它既不单纯是指口赋，也不单指田赋，更不单纯是指军赋，而可能是包括了上述三种赋敛及其他赋税。《史记集解》载徐广对"初为赋"注曰："制贡赋之法也。"[4] 虽然从这条注解还不能直接得出结论，但它却可以说明"初为赋"并非某种具体的

---

① ［西汉］韩婴撰《韩诗外传》卷 10，［明］程荣纂辑《汉魏丛书》，吉林大学出版社 1992 年版，第 67 页。

② ［东汉］许慎撰《说文解字·贝部》，中华书局 1963 年版，第 131 页。

③ 《史记》卷 81《廉颇蔺相如列传》，第 2444—2445 页。

④ 《史记》卷 5《秦本纪》，第 204 页注［九］。

赋了。

诚然，对这条注解，有些学者曾怀疑它的可靠性。主要是根据《说文解字》"贡，献功也"①，而认为这种"献功"的贡赋早已有之。但仅凭此说便否定徐广之注不免有些武断。实际上，所谓"献功"与"贡赋"还有着明显区别。前者是指"土贡"，即臣属或藩属向君主进献土特产和珍稀物品，而后者则是土贡和赋税的合称。《尚书·禹贡》孔颖达疏曰：

> 赋者，税敛之名。往者洪水为灾，民皆垫溺，九州赋税，盖亦不行。水灾既除，土复本性，以作为贡赋之差。②

况且，"贡"字能否都解作"献功"也值得探讨。据金景芳先生研究，作为征敛方式，"贡"字即应当作实物地租解，也就是"校数岁之中以为常"的定额租制。③ 更不用说，即使"贡"字可以理解成"献功"，我们对徐广所说也应当慎重分析。《汉书·食货志上》云：

> 周室既衰，暴君污吏慢其经界，徭役横作，政令不信，上下相诈，公田不治。故鲁宣公"初税亩"，《春秋》讥焉。④

可见自春秋以来，人们对贡赋制度的破坏曾留下深刻印象。对徐广而言，也肯定会耳熟能详。但他却仍然提出"制贡赋之法也"，这就不能不提醒我们其中当另有缘由。故比较合理的解释，只能是所谓"贡赋"与"献功"之赋并不相同，这就如同"小康"一词古今实有着本质区别一样。

《汉书·食货志上》载董仲舒上书说："秦则不然，用商鞅之法，……田租、口赋、盐铁之利，二十倍于古。"⑤ 据此可知，秦所征收的田租、口

---

① ［东汉］许慎撰《说文解字·贝部》，第 130 页。
② 《尚书正义》卷 6《禹贡》，［清］阮元校刻《十三经注疏》（附校勘记），中华书局 1980 年版，上册，第 146 页。
③ 金景芳：《论井田制度》，齐鲁书社 1982 年版，第 31—32 页。
④ 《汉书》卷 24 上《食货志上》，第 1124 页。
⑤ 《汉书》卷 24 上《食货志上》，第 1137 页。

赋皆以"商鞅之法"为依据。而关于赋税方面的"商鞅之法"，现在看来其直接记载仅有"初为赋"一条，因之可以推论："初为赋"也就是董仲舒所说的"商鞅之法"。足见其内容至少包括了田租、口赋等赋敛形式，而不是仅指某种具体的赋。这就与徐广所说的"制贡赋之法"完全吻合了。前揭《资治通鉴》亦有关于"初为赋"的记载："秦商鞅更为赋税法，行之。"［注］云："井田既废，则周什一之法不复用。盖计亩而为赋税之法。"① 秦国和秦代还有关于征收"户赋钱"和"户刍钱"的规定（详见下文），这就更加昭示我们："初为赋"就是商鞅所制定、推行的一种新的赋税制度。

有些学者提出，在"初为赋"以后直到秦统一，没有再看到有关口赋的正式规定，而口赋又确实存在。但在文献记载和简牍材料中，不仅是秦的口赋，而且田租、军赋或算赋等，都没有发现有关征收的正式规定。同样，这些赋税形式也都确实存在。再从现有史料看，上述分别确认为口赋、田赋与军赋等也都有理由。既然这些赋税形式的任何一种皆不可排除，那就只有确认"初为赋"包括了当时的所有赋敛，才能得到更为合理的解释。这也是我们所以会提出"初为赋"的内涵当囊括秦国各种赋税的一个主要原因。

二　秦简中的"户赋"记录

简牍对户赋的记录始见于睡虎地秦简。在解答"匿户"和"敖童弗傅"的问题时，《法律答问》便明确提到了户赋。其文云：

> 可（何）谓"匿户"及"敖童弗傅"？匿户弗繇（徭）、使，弗令出户赋之谓殹（也）。②

说明秦代（国）的确存在着户赋。这在岳麓秦简中也得到了证实——"匿户弗事、匿敖童弗傅，匿者及所匿，皆赎耐。"（78）③ 问题是户赋有哪些内容？不难看出，根据"匿户弗繇（徭）、使，弗令出户赋之谓殹（也）"的法律解释，对"敖童"按户征收的"赋"便肯定属于户赋，但"敖童"的

---

① 《资治通鉴》卷 2《周纪二》"显王二十一年"，第 57 页。

② 睡虎地秦墓竹简整理小组编《睡虎地秦墓竹简·法律答问》，第 222 页。

③ 陈松长主编《岳麓书院藏秦简［肆］》，上海辞书出版社 2015 年版，第 64 页。

身份却难以认定。从《傅律》"匿敖童及占癃（癃）不审，典、老赎耐"的规定看，敖童皆当为少年。睡虎地秦简整理小组便把"敖童"解为"成童"，亦即"男子十五岁以上未冠者"；① 也有学者把他们说成具有特殊身份的"豪奴"；② 还有学者把他们说成"傲童""游童"；③ 等等。④ 这些看法都有一定的道理，但也都不能令人完全信服。在看似无解的情况下，近年公布的岳麓秦简《徭律》却为此提供了新的材料。

从内容来看，《徭律》主要规定了不得擅自征发"敖童"等服役。律文如下：

> 毋敢擅傅（使）敖童、私属、奴及不从车牛，凡免老及敖童未傅者，县毋敢傅（使），节载粟乃发敖童年十五岁以上，史子未傅先觉（学）觉（学）室，令与粟事，敖童当行粟而寡子独与老父老母居，老如免老，若独与癃病母居者，皆勿行。(157 – 159)⑤

根据这一规定，至少有三个问题已可以得到解决。一是"敖童"的年龄问题。从律文"敖童年十五岁以上"可知，"敖童"的年龄应在十五岁左右。但就十五岁傅籍的特定语境而言，"敖童"就是"十五岁以上未冠者"，证明了前揭整理小组所判断的精准。二是"敖童"的性别问题。律文是把"敖童"与"私属、奴"并列的，还把学室中的"史子"与"敖童"并列，并提到"敖童"为"寡子"的情形，这就完全证明了"敖童"非男性莫属。众所周知，"私属"是男奴被主人放免身份后的名称，如岳麓秦简"将阳阑亡律"规定："免奴为主私属而将阳阑亡者，以将阳阑亡律论之，复为

---

① 睡虎地秦墓竹简整理小组编《睡虎地秦墓竹简·法律杂抄》，第 143 页。

② 黄留珠：《秦简"敖童"解》，《历史研究》1997 年第 5 期。

③ 黄今言：《秦汉赋役制度研究》，江西教育出版社 1988 年版，第 260 页；熊铁基：《秦汉军事制度史》，广西人民出版社 1990 年版，第 11 页；马怡：《秦人傅籍标准试探》，《中国史研究》1995 年第 4 期；刘志：《也说"敖童"》，《青春岁月》2011 年第 8 期；苏辉：《赵惠文王时期的纪年兵器研究》，《南方文物》2012 年第 2 期。

④ 参见胡平生《也说"敖童"》，武汉大学简帛网，2018 年 1 月 8 日，http://www.bsm.org.cn/show_article.php? id = 2966。

⑤ 陈松长主编《岳麓书院藏秦简［肆］》，第 120 页。

主私属。"① 张家山汉简《亡律》规定：

> 奴婢为善而主欲免者，许之，奴命曰私属，婢为庶人，皆复使及筭（算），事之如奴婢。主死若有罪，以私属为庶人，刑者以为隐官。所免不善，身免者得复入奴婢之。其亡，有它罪，以奴婢律论之。（163）②

"奴"也同样是男奴由"臣"而新改的名称，战国时期多称之为"臣"。这从睡虎地秦简私家奴婢皆称"臣妾"，里耶秦简、岳麓秦简则皆称"奴婢"可得到证实。而"学室"中的"史子"当时亦只收男生，所以"敖童"皆为男性应毋庸置疑。三是"敖童"的身份问题。从归类来看，"敖童"被排在"私属、奴"的前面，他们的身份当比较类似。但从"寡子独与老父老母居"看，"敖童"也应该有平民身份的存在。或许"敖童"是指十五岁左右的男孩，既有一部分人是介于平民与奴隶之间的贱民，又有一部分人是地地道道的平民。也就是说，把"敖童"视为"傲童"、"游童"或"豪奴"都有正确和偏颇之处。

因此，"敖童"的户赋应该就是按人征收的口赋，亦即人头税。正如唐赞功先生所说：

> 秦简律文所规定的封建剥削，主要有以下几种：一是田租（土地税）；二是户赋（人头税），三是劳役。③

黄今言先生也说：

> "户赋"的称谓，在云梦秦简中确有记载。简文曰："可（何）谓

---

① 陈松长主编《岳麓书院藏秦简［肆］》，第64页。
② 张家山二四七号汉墓竹简整理小组编《张家山汉墓竹简［二四七号墓］》（释文修订本），第30页。
③ 唐赞功：《云梦秦简所涉及土地所有制形式问题初探》，载中华书局编辑部编《云梦秦简研究》，中华书局1981年版，第63页。

'匿户'及'敖童弗傅'? 匿户弗繇（徭）使，弗令出户赋之谓殹（也）。"但这里的"户赋"，当与秦代的口赋是一回事。它并不是口赋之外另存的单独赋目。①

从"成童"或"傲童"已长大应登记为成人看，他们的"户赋"也显然不是后来发现的按户征收的"户刍钱"。因为户刍钱仅为十六钱，四户合计才六十四钱——"户刍钱六十四。卅五年。"（8–1165）② 而汉代减轻赋税后的算赋，则规定每人每年一百二十钱。如《汉书·高帝纪上》注引如淳曰："《汉仪注》民年十五以上至五十六出赋钱，人百二十钱为一算，为治库兵车马。"③ 更不用说，即使这十六钱也已由户主交纳了。再从"豪奴"来看，由于奴婢的户籍与赋税都必须登记在主人名下，所偷逃的户赋也显然应包括口赋。如睡虎地秦简《封诊式·封守》载：

封守　以某县丞某书，封有鞫者某里士五（伍）甲家室、妻、子、臣妾、衣器、畜产。……臣某，妾小女子某。④

又里耶秦简《都乡守沈爰书》、《都乡守武爰书》和《贰春乡守福爰书》载：

卅五年七月戊子朔己酉，都乡守沈爰书：高里士五（伍）广自言：谒以大奴良、完，小奴畴、饶，大婢阑、愿、多、□，禾稼、衣器、钱六万，尽以予子大女子阳里胡。凡十一物，同券齿。典弘占。（8–1554）

卅二年六月乙巳朔壬申，都乡守武爰书：高里士五（伍）武自言：以大奴幸、甘多，大婢言、言子益等，牝马一匹予子小男子产。典私

---

① 黄今言：《秦汉赋役制度研究》，第 206 页。

② 陈伟主编《里耶秦简牍校释》第 1 卷，武汉大学出版社 2012 年版，第 286 页。另请参见邬文玲《里耶秦简所见"户赋"及相关问题琐议》，载武汉大学简帛研究中心主办《简帛》第 8 辑，上海古籍出版社 2013 年版，第 215—228 页。

③ 《汉书》卷 1 上《高帝纪上》，第 46 页注 ［三］。

④ 睡虎地秦墓竹简整理小组编《睡虎地秦墓竹简·封诊式·封守》，第 249 页。

占。(8－1443＋8－1455)①

　　卅三年十月甲辰朔乙巳，贰春乡守福爰书：东成大夫年自言以小奴处予子同里小上造辨。典朝占。(10－1157)②

那么参证汉代制度——"贾人与奴婢倍算"③的规定，便足以证明奴婢的户籍与赋税都算在其主人的名下。可见口赋也属于户赋，只不过与按户征收的"户赋"相比，它征收的钱数更多，应归为另一个类别而已。

　　户赋在秦简中的再次发现是里耶秦简。它的名称为"出户赋者志"，并有着纺织品原料和户刍钱两种征收内容。例如：

　　卅四年，启陵乡见户当出户赋者志：▨

　　见户廿八户，当出茧十斤八两。▨(8－518)

　　▨十月户刍钱三【百】▨(8－559)④

　　根据这些简文，邬文玲先生认为："'户赋'的确是秦代的税目之一。"⑤她还考证了迁陵征收蚕茧和户刍钱的数量，认为前者是每户六两，后者是每户十六钱。这些都很有道理，但对两种户赋内容的性质，似乎还有所忽略。我们认为，户赋征收蚕茧属于对家庭手工业产品的征赋，所征收的内容原本就是布帛等等实物。不是纺织品或蚕茧，也必定是纺绩品或枲麻等。它的性质实际是对妇女征收的军赋，是基于男女分工的"女织"而制定的税目。在商品经济发展后，这种户赋也应与算赋一样，既可以缴纳实物，又允许交钱折抵。笔者以往就曾提出：

　　至于算赋的征敛形式，看来是以交纳实物为主，即征收"布"

　　① 陈伟主编《里耶秦简牍校释》第1卷，第356—357、326页。
　　② 里耶秦简博物馆、出土文献与中国古代文明研究协同创新中心中国人民大学中心编著《里耶秦简博物馆藏秦简》，第197页。
　　③ 《汉书》卷2《惠帝纪》注引应劭曰，第91页。
　　④ 陈伟主编《里耶秦简牍校释》第1卷，第172、179页。
　　⑤ 邬文玲：《里耶秦简所见"户赋"及相关问题琐议》，载武汉大学简帛研究中心主办《简帛》第八辑，第217页。

"帛"等物品。据《史记·秦始皇本纪》："献公立七年，初行为市。"
惠文王"立二年，初行钱"。可知秦国工商业的发展当时比较落后。因
此，在商鞅变法甚至于"初行钱"以后的一段时期里，算赋的征敛都
应当是交纳实物。尽管所谓"初行钱"也并不意味秦国直到这时才出
现货币流通，但当时秦国的商品交换较少，货币需求量不大，由此却可
以想见。……故即使以后秦国经济得到了发展，各种赋敛都允许交钱，
这恐怕也是与交纳实物同时并存，乃至仍以粟帛、粮布等实物为
主的。①

而户刍钱则是基于"男耕"制定的税目，是秦代田租即土地税的一种形式。
它的原型应为缴纳实物，在商品经济发展后才逐渐改为交钱，但也仍然允许
缴纳实物。迁陵之所以规定交钱，既可能是迁陵建县乃至洞庭设郡后的做
法，也可能是当地通行已久的方式。如此说来，秦的户赋便已经包括了口
赋、军赋和土地附加税三种赋敛。

《里耶秦简〔壹〕》公布之后，岳麓秦简也相继公布。其中《金布律》
对户赋有更明确的规定，不仅把有无户赋的争议问题最终画上了句号，而且
证实了户赋对纺织品和户刍折钱的征收。现将其律文转引如下：

> 出户赋者，自泰庶长以下，十月户出刍一石十五斤；五月户出十六
> 钱，其欲出布者，许之。十月户赋，以十二月朔日入之，五月户赋，以
> 六月望日入之，岁输泰守。十月户赋不入刍而入钱者，入十六钱。
> (118－120)②

显而易见，此律明确规定对妇女征收的户赋既可以交钱又允许"出
布"，对成年男性征收的户赋既允许"入刍"又可以"出钱"。这就充分说
明：户赋的征敛形式实与秦的经济发展而同步，其早期皆征收实物，中期以
交纳实物为主，后期直到秦亡，则是交钱与交纳实物并存。从中还可以看

---

① 晋文：《关于商鞅变法赋税改革的若干考辨》，《中国农史》2001 年第 4 期。
② 陈松长主编《岳麓书院藏秦简〔肆〕》，第 107 页。

出,《金布律》中的户赋仅部分对应了按户征收的户赋钱和户刍钱,而没有涵盖按人数征收的妇女的算赋(详见下节)和成年男性的口赋。这说明《金布律》只是关于按户征收"女织"和"男耕"附属产品的户赋规定,对按人征收的妇女的算赋和成年男性的口赋亦当另有规定。如前所述,对"敖童"所征收的口赋便与此明显不同,尽管征收的钱数目前还无法论定。

更重要的是,既然其成年男性的人头税被律文称为"户赋",那么把妇女按人数征收的算赋及其按"舆田"征收的田赋、按授田数征收的顷刍稾都列入"户赋",恐怕也不算离谱。这意味着秦的所有赋税都统称为户赋,[1]同时又可以单独称为田租、顷刍稾、户刍、户刍钱、户赋、口赋和算赋等。如前所述,"初为赋"可能包括了田赋、军赋和口赋三种赋敛及其他赋税。秦代户刍钱(户刍)、户赋钱(布帛)、口赋都可以称为户赋,算赋和田租、顷刍稾也应该被列入户赋,就是一个新的例证。从这个方面来说,我们也可以对《分异令》中的"罚赋"[2]有着更清晰的认识。在"罚赋"问题上,以往看法均与对"初为赋"的理解联系起来。凡主张"初为赋"乃"初为田赋"者,便认为"倍其赋"是征收两倍的田赋;凡主张"初为军赋"或"初为口赋"者,即认为是加倍征收军赋或口赋。但从秦的赋税被统称户赋看,这种罚赋原本就不是仅指某一种具体赋敛,而应当是包括当时秦人家庭所有的赋税形式。换句话说,所谓"倍其赋",实际是对不分异的农户,按应该分家的户数加倍征收他们的户赋,包括田租、顷刍稾、户刍钱、户赋钱赋、口赋、算赋及其他杂赋。以田租为例,如果家中有两个成年儿子,不分家的话,就要加倍征收两户的田租,每户都征收两倍,亦即征收四倍的田租,而并非仅仅征收此户两倍的田租。毫无疑问,也只有这样重罚,才能真

---

① 秦之户赋是单独税目,还是所有赋税的一个总称,历来存在争议。近年来的讨论,主要有朱圣明:《秦至汉初"户赋"详考——以秦汉简牍为中心》,《中国经济史研究》2014年第1期;朱圣明:《再谈秦至汉初的"户赋"征收——从其与"名田宅"制度的关系入手》,《中国经济史研究》2016年第3期;朱德贵:《简牍所见秦及汉初"户赋"问题再探讨》,《深圳大学学报》(人文社会科学版)2017年第4期;李勉、俞方洁:《秦至汉初户赋的性质、征收与管理》,《重庆师范大学学报》(社会科学版)2018年第2期;晋文:《2017—2018年秦汉史研究述评》,《中国史研究动态》2019年第2期,刘文超、晋文:《四十年来秦汉户赋研究述评》,《中国史研究动态》2020年第1期。

② 《七国考·秦刑法》说:"《荀子注》云:'秦国罚赋。'余按卫鞅之法,民有二男以上不分异者倍其赋,疑即罚赋。"([明]董说原著,缪文远订补《七国考订补》卷12《秦刑法·罚赋》,第674页)

正做到令之必行，使"秦人家富子壮则出分，家贫子壮则出赘"①，都非要分家不可。

三　汉代"户赋"的嬗变

根据《二年律令·田律》："卿以下，五月户出赋十六钱，十月户出刍一石，足其县用，余以入顷刍律入钱。"（255）② 可知汉初户赋的征收乃直接继承秦代《金布律》的规定。但除了这种户赋，汉初户赋的范围已大为缩小，而成为"诸多赋税中的一个单独税目"③。究其原因，则显然与汉初与民休息、减轻赋税有关。如《汉书·景帝纪》："汉兴，扫除烦苛，与民休息。"④《汉书·食货志上》："天下既定，民亡盖臧，自天子不能具醇驷，而将相或乘牛车。上于是约法省禁，轻田租，什五而税一，量吏禄，度官用，以赋于民。"⑤ 秦汉户赋的迥异，就是一个突出表现。

当然，在户赋的名称上，汉代只是就按户征收的男耕女织的税钱与秦代实行了对接，包括原本征收布帛的户赋钱和征收刍稾的户刍钱。⑥ 仅就户刍钱而言，似乎还没有减轻户赋。据岳麓秦简《数》的两道算题记载，一石刍的价格是 16 钱，一石稾的价格是 6 钱。例如：

> 刍一石十六钱，稾一石六钱，今刍稾各一升，为钱几可（何）？得曰：五十分钱十一，述（术）曰：刍一升百分钱十六，稾一升百分钱六，母同，子相从。（73 – 74）⑦

---

① 《汉书》卷 48《贾谊传》，第 2244 页。
② 张家山二四七号汉墓竹简整理小组编《张家山汉墓竹简［二四七号墓］》（释文修订本），第 43 页。按：律文中的"入顷刍律"，即同上 41 页《田律》："入顷刍稾，顷入刍三石；上郡地恶，顷入二石；稾皆二石。令各入其岁所有，毋入陈，不从令者罚黄金四两。收入刍稾，县各度一岁用刍稾，足其县用，其余令顷入五十五钱以当刍稾。刍一石当十五钱，稾一石当五钱。"（240 – 241）"刍稾节贵于律，以入刍稾时平贾（价）入钱。"（242）
③ 于振波：《从简牍看汉代的户赋与刍稾税》，《故宫博物院院刊》2005 年第 2 期。
④ 《汉书》卷 5《景帝纪·赞》，第 153 页。
⑤ 《汉书》卷 24 上《食货志上》，第 1127 页。
⑥ 杨振红：《从出土简牍看秦汉时期的刍稿税》，载吴荣曾、汪桂海主编《简牍与古代史研究》，北京大学出版社 2012 年版，第 87—102 页。
⑦ 朱汉民、陈松长主编《岳麓书院藏秦简［贰］》，第 73 页。

但从《金布律》的规定来看，十月户刍钱的实物折换却是刍"一石十五斤"，这意味着一石刍的价格并非《数》的算题所说的十六钱。那么对比前揭《田律》"刍一石当十五钱，稾一石当五钱"，便不难发现：汉代户刍钱或刍稾的征收比秦代略有降低，刍、稾各减少了一钱，也方便了刍、稾之间的折换。二者钱数的大体相同，或许表明《田律》关于刍稾的律文是在秦半两钱仍然流通的楚汉战争时期制定的。当然，如果按一石刍的价值比较，汉初一石刍的价值还要比秦代高约 0.78 钱（120×16÷135≈14.22）。这也是陈松长先生认为汉代户赋可能没有减轻的一个主要原因。①

除了汉初《田律》，传世文献对户赋钱和户刍钱的记录极少。对户赋钱即军赋的记载，仅见于《汉书·惠帝纪》。为了表示更新，并笼络中高级官吏，惠帝在即位后宣布：

> 今吏六百石以上父母妻子与同居，及故吏尝佩将军都尉印将兵及佩二千石官印者，家唯给军赋，他无有所与。②

从《田律》"五月户出赋十六钱"来看，惠帝所说的"家唯给军赋"，显然就是原本按户缴纳布帛的户赋钱。黄今言先生认为，此"军赋"的称谓，"当是就算赋之性质、用途来讲的，而不是算赋之外另有所谓专门的军赋之制"③。恐怕不确。算赋是按人口征收的，而不是按户或按"家"征收。况且"唯给"算赋也减免的力度太小，可谓口惠而实不至。即使全家仅按征收二人计，也至少要缴纳算赋 240 钱；而户赋钱则除了缴纳十六钱外，全家的赋税便都被免除。仅凭这一点，我们也相信"军赋"应是按户缴纳的户赋钱。与此类似的事例还有文帝四年"夏五月，复诸刘有属籍，家无所与"④。甚至把"有属籍"的刘氏宗亲的赋税全都免除，可见"军赋"亦当为按户缴纳的户赋钱。此后军赋或户赋钱的阙载，可能就是轻徭薄赋，在文

---

① 陈松长：《秦代"户赋"新证》，《湖南大学学报》（社会科学版）2016 年第 4 期。

② 《汉书》卷 2《惠帝纪》，第 85—86 页。

③ 黄今言：《秦汉赋役制度研究》，第 209 页。

④ 《汉书》卷 4《文帝纪》，第 120 页。

帝时期被完全取消了。① 至于户刍钱，则仅见于《东观汉记》，亦即刘秀"为季父故春陵侯诣大司马府，讼地皇元年十二月壬寅前租二万六千斛，刍藁钱若干万"②。或许更准确的说法应是"刍藁钱"，但无论这时户刍是否已被取消，还是与田刍是否已经合并，户刍和顷刍藁均可以折钱却是毫无疑问的。

就简牍而言，对汉代户刍最明确的记载，还是早年发现的江陵凤凰山十号汉墓简牍。在编号为6号（或称3号）的木牍上，便记录了西乡平里和藁上征收户刍和田刍、田藁的数量。其中，"平里户刍廿七石""田刍四石三斗七升""八斗为钱""六石当藁""刍为藁十二石"，"藁上户刍十三石""田刍一石六斗六升""二斗为钱""一石当藁""刍为藁二石"。③ 值得特别注意的是，平里征收的田刍只有"四石三斗七升"，因而"六石当藁"也就意味着至少有一部分户刍折抵了田藁，甚至六石还可能全都来自户刍。户刍和田刍、田藁之间也都可以折换，而且都允许交钱，如"八斗为钱""二斗为钱"。一般认为，该墓的年代下限是在景帝四年（前153年）。这说明从汉初到文景时期，刍藁的折换比值已发生变化，由一石刍折换三石藁而改为折换两石藁。也就是说，一石刍的价格被大幅降低，仅相当于10钱。这与文景时期的轻徭薄赋实有着直接关系。因本书第六章中已详细讨论，此不赘述。

第三节　秦汉简牍中的算赋征收新解

据《汉书·高帝纪上》记载：四年"八月，初为算赋"。④ 可知汉代是征收算赋的。但秦代有没有算赋，或秦汉时期都有算赋，秦汉算赋是否相同呢？对这些问题，目前学界还存在争议。本节即结合简牍再作一些分析。

---

① 朱圣明：《再谈秦至汉初的"户赋"征收——从其与"名田宅"制度的关系入手》，《中国经济史研究》2016年第3期。

② ［东汉］刘珍等撰，吴树平校注《东观汉记校注上》卷1《世祖光武皇帝》，中华书局2008年版，第2页。

③ 裘锡圭：《湖北江陵凤凰山十号汉墓出土简牍考释》，《文物》1974年第7期。

④ 《汉书》卷1上《高帝纪上》，第46页。

一　秦代算赋辨析

在历史上，秦代（国）算赋是一个长期不被注意的问题。自从 20 世纪 20 年代日本学者加藤繁发表《关于算赋的小研究》[①] 后，这一问题才开始进入中国学者的视野。

根据加藤繁先生的研究，秦代算赋乃渊源于商鞅变法，是一种作为人头税的军赋，而且汉代算赋实际也是继承了秦制。至于论据，则主要有两条。一条是《汉书·晁错传》所载晁错上书说：“今秦之发卒也，有万死之害，而亡铢两之报，死事之后不得一算之复，天下明知祸烈及己也。”[②] 由于其中提到了“不得一算之复”的现象，因而加藤先生认为：

> 在秦代，详细说来，在秦统一海内的时代，虽然是战死者的遗族，也没有给予免除一算（即每个人的算赋）的特例。晁错比董仲舒还要稍微早一些，文帝时，为太常掌政，为中大夫，由文帝之命，曾经就故秦博士济南伏生受尚书。无论从那个时代来说，无论从他亲受秦博士伏生的教益这一点来说，他对于秦代，一定是有精确的知识的。因而，从他的“死事之后，不得一算之复”这一句话，可以说就已经表示了秦代有算赋的存在。

另一条是《史记·秦本纪》孝公十四年的记载：“十四年，初为赋。”及《史记索隐》注引谯周曰：“初为军赋也。”由于认为算赋就是军赋，故加藤先生“断定孝公十四年的赋和汉代的算赋是同一种制度，汉代算赋就是起源于孝公十四年”。

加藤繁的研究具有开创性质。在他的启发下，中国学者在确认秦代确有

[①] ［日］加藤繁：《关于算赋的小研究》，原载大正 8 年（1920 年）《史林》第 4 卷第 4 期，收入氏著《中国经济史考证》第 1 卷（东洋文库 1952 年版），商务印书馆 1959 年中文版，第 125—139 页。以下凡引此文，均不再注明。

[②] 《汉书》卷 49《晁错传》，第 2284 页。

算赋外，又作了进一步研究。① 除了认为算赋应为口赋外，主要是补充了一条重要史料，这就是《后汉书·南蛮传》所载秦昭王时规定："复夷人顷田不租，十妻不算。"及注云："优宠之，故一户免其一顷田之税，虽有十妻，不输口算之钱。"② 从而更加证实了秦代确有算赋，且创设于秦统一全国之前。但把算赋视为口赋还明显存在问题。秦代（国）算赋实际应为军赋，此赋的征收也仅仅面向妇女。

众所周知，所谓"口赋"，也就是计口出钱或"口率出泉"③ 的人头税。如秦代所谓"头会箕赋"和"头会箕敛"④，其中的"头会"即为此意。因此，若不是每人皆应交纳的赋，则自然不能称之为口赋。秦的算赋就是如此。虽所引《晁错传》称："死事之后不得一算之复。"但问题是，死者并不承担赋役。当时商鞅变法已实行严密的户籍制度。其中关于户籍的注销，《商君书》的《境内》《去强》都明确规定："生者著，死者削。"⑤ 而里耶户籍简则提供了这方面的实例，如 K2/23 简便在妻姜栏中削去户主宋午妻子的名字，⑥ 估计是已经死亡或离异。因此，秦卒死后，也就不再存在所谓算赋问题。那种"不得一算之复"，既然是就秦卒已被排除的情况而言，即"虽然是战死者的遗族，也没有给予免除一算"，则自然不能被作为口赋的根据。同样，《南蛮传》所说的"十妻不算"，也不能说是"口率出泉"。因为无论是"十妻不算"，还是"虽有十妻，不输口算之钱"，都只是在妇女的范围中而言，所以这也不能作为口赋的根据。可见秦国算赋并非口赋，其内涵还需要进一步考察。

如前所述，商鞅初次变法即强迫农民分家。所谓"家富子壮则出分，家贫子壮则出赘"，因而使秦国的家庭结构曾产生很大的变化。主要是形成

---

① 杨宽：《从"少府"职掌看秦汉封建统治者的经济特权》，载中国秦汉史研究会编《秦汉史论丛》第1辑，陕西人民出版社1981年版，第208—226页；黄今言：《秦代租赋徭役制度初探》，载《秦汉史论丛》第1辑，第61—82页。

② 《后汉书》卷86《南蛮传》，第2842页。

③ 《周礼注疏》卷2《天官·大宰》，[清] 阮元校刻《十三经注疏》（附校勘记），中华书局1980年版，上册，第646页。

④ 《史记》卷89《张耳陈余列传》，第2573页。

⑤ 山东大学《商子译注》编写组：《商子译注·境内》，第130页；《商子译注·去强》，第31页。

⑥ 湖南省文物考古研究所编著《里耶发掘报告》，第205、208页。

了许多由夫妻为主体而组成的核心家庭。这种核心家庭大致可分为三种类型：一是夫妻与未婚子女的家庭，二是夫妻尚未生育或子女已婚分异的家庭，三是鳏寡与未婚子女的家庭。但不论何种类型，实际也都是由一个"壮"男所组成家庭的个体小农。因此，在这种个体小农的家庭里，如果把秦卒即"壮"男排除在算赋之外，所谓"不得一算之复"便主要是妇女及其子女了。问题是，其子女也要被排除于算赋之外。前揭"敖童弗傅"便从反面说明，按法令规定的未成年子女毋须承担赋役。而且，《南蛮传》也说得很清楚，所规定"不算"的只是夷人之妻。既然作为"优宠"而"不算"的是夷人之妻，那么按制度本应"算"的自然也就是妇女。据《汉书·惠帝纪》载，惠帝曾规定"女子年十五以上至三十不嫁，五算"[1]。似乎也可以说明，算赋之与妇女曾有着某种关联。因之便可以推论：秦国算赋只是一种对妇女所征收的赋。

然而，对所谓"一算"也还得讨论。一般来说，像这种"一算"往往皆指口赋。其实，它对妇女所交纳的算赋也完全成立。所谓"一算"，不过是对妇女如何征赋的一种计数单位而已。《说文解字·竹部》："筭，长六寸，计历数者。""算，数也。"[2] 具体来说，主要有三种情况。

一是当时有些家庭中丈夫纳妾。如《战国策·秦策三》称，秦人父能令子必行者，曰："去贵妻，卖爱妾。"[3] 又《七国考》卷 12 引桓谭《新论》载李悝《法经》说："夫有一妻二妾，其刑臧。"[4] 《孟子·离娄下》："齐人有一妻一妾。"[5] 《韩非子·说林上》：宋逆旅人"有妾二人"[6]。《史

① 《汉书》卷 2《惠帝纪》，第 91 页。

② ［东汉］许慎撰《说文解字·竹部》，第 99 页。

③ ［西汉］刘向集录《战国策》卷 5《秦三·秦攻邯郸》，上海古籍出版社 1985 年版，第 208 页。

④ ［明］董说原著，缪文远订补《七国考订补》卷 12《魏刑法·法经》，第 699 页。按：对《七国考》所引桓谭《新论》，清代学者多疑其伪托，认为不足凭信。而今人则多以《新论》可信，笔者从之。日本学者池田雄一亦持同样观点，详见氏著《论中国古代法制的发展——中国古代的法和国家》，载中国秦汉史研究会编《秦汉史论丛》第 4 辑，西北大学出版社 1989 年版，第 205—212 页。

⑤ 《孟子注疏》卷 8 下《离娄章句下》，［清］阮元校刻《十三经注疏》（附校勘记），下册，第 2732 页。

⑥ ［清］王先慎撰，钟哲点校《韩非子集解》卷 7《说林上》，第 182 页。此事亦见于《庄子·山木》。

记·苏秦列传》：苏秦"大困而归。兄弟嫂妹妻妾窃皆笑之"[①]。里耶户籍简也证明纳妾现象在战国时期皆比较多见。正如《里耶发掘报告》所说：

> （户籍简）第二栏为户主或兄弟的妻妾名，一般直接记下"妻曰某"，22号简为"疾妻曰姽"，强调了户主的名字。9号简有"隶大女子华"，可能是女奴隶充当妾室。8号简录有户主之母名。10号简户主宋午妻子的名字削去，可能是宋午妻子离去或死亡，故不录入户籍。14号简的户主"献"也许有三个妻子。《七国考》二引《通典》注云："'一户免其一顷之租，虽有十妻，不输口算之钱'。昭襄王时，巴郡阆中夷廖促等射杀白虎。昭王以其夷人，不欲加封，乃刻石为盟要，复夷人顷田不租，十妻不算。"昭王时对待夷人的政策不太可能为秦始皇用来管理新占领的楚地，户籍上载名妻妾数应当还是为征收算赋。[②]

这自然就存在着被一算、二算乃至三算、五算的可能性。所以，作为"优宠"，秦昭王便以夷人"妻"的数量而极言曰："十妻不算。"[③]

二是在秦国的家庭结构中，除了大多数的核心家庭，还有着数量可观的直系家庭。根据《分异令》的规定，这些直系家庭皆由父母和一个已婚儿女所组成。主要有娶妻和招赘两种类型，有的还包括已达婚年却尚未出嫁的女儿。前揭睡虎地秦简《封守》："子大女子某，未有夫。"就是一例。上引《里耶发掘报告》也说："8号简录有户主之母名。"从婆媳二人或母女二人来说，她们也存在着被一算、二算乃至三算的可能性。

三是有些家庭往往蓄婢。据《商君列传》，前引法令便明确规定："名尊卑爵秩等级，各以差次名田宅，臣妾衣服以家次。"睡虎地秦简、里耶秦简等亦载有这方面的事例。如《法律答问》："'夫有罪，妻先告，不收。'

---

①　《史记》卷69《苏秦列传》，第2241页。

②　湖南省文物考古研究所编著《里耶发掘报告》，岳麓书社2007年版，第208页。

③　臧知非先生最近提出："秦昭王的'十妻不算'是免除其徭役而非'算赋'。"（臧知非：《"算赋"生成与汉代徭役货币化》，《历史研究》2017年第4期）但却没有什么史料支撑，且回避了"不得一算之复"的问题。因笔者已另文探讨（详见本书附录二），此不赘述。

妻（媵）臣妾、衣服当收不当？不当收。"① 前揭《都乡守沈爰书》："卅五年七月戊子朔己酉，都乡守沈爰书：高里士五（伍）广自言：谒以大奴良、完，小奴畴、饶，大婢阑、愿、多、□，禾稼、衣器、钱六万，尽以予子大女子阳里胡，凡十一物，同券齿。典弘占。"（8-1554）又《识劫媪案》：媪为"故大夫沛妾。沛御媪，媪产羛（义）、女娏"（112）②。从汉代规定"贾人与奴婢倍算"③ 看，秦人家庭中的婢女显然也是要交纳算赋的。如果再加上她们的女主人，则自然也存在着被数算甚或更多的可能性。

由此可见，在秦人的家庭中，当时往往有较多成年女性，而绝非仅"妻"一人。所以，像这种所谓"一算"，对于妇女所交纳的算赋也完全是成立的。

秦国（代）算赋乃是以耕织为基础的小农经济的产物。小农经济是一种自给自足的自然经济，由于关系到社会发展最基本的前提，它从商鞅变法便被视为国家之本而大力扶持，并作为既定国策被秦的历代统治者继承。诸如："僇力本业，耕织致粟帛多者复其身。""所以务耕织者，以为本教也。"④ "皇帝之功，勤劳本事。上农除末，黔首是富。"⑤ 因此，对商鞅来说，包括秦和其他国家的统治者，也自然要把"耕织"作为征敛的主要内容。商鞅令"耕织致粟帛多者复其身"，其目的就是如此。所谓"布缕之征，粟米之征"，"田野之税"与"刀布之敛"，也不例外。结果在"赋敛无度"的敲榨下，便出现了"男子力耕不足粮饷，女子纺绩不足衣服"⑥ 的局面，最终引发了秦末农民战争。

关于算赋的征敛形式，看来应以交纳实物为主，即征收"布""帛"等物品。正如加藤繁先生所说：

赋是否从它创设的时候就和汉代的算赋一样，征收钱的呢？这是一

---

① 睡虎地秦墓竹简整理小组编《睡虎地秦墓竹简·法律答问》，第 224 页。
② 朱汉民、陈松长主编《岳麓书院藏秦简〔叁〕》，上海辞书出版社 2013 年版，第 154 页。
③ 《汉书》卷 2《惠帝纪》注引应劭曰，第 91 页。
④ 夏纬瑛校释《吕氏春秋上农等四篇校释》，农业出版社 1956 年版，第 6 页。
⑤ 《史记》卷 6《秦始皇本纪》，第 245 页。
⑥ 《汉书》卷 24 上《食货志上》，第 1126 页。

个疑问。在战国时代，货币经济逐渐发展起来，但它的发展程度是随着地方而有所不同的。由于商业和交通的状况如何，又由于货币原料的有无多寡，货币流通的情况似乎也有种种不同。秦国的钱是否普及到可以向一般人民征收当作人头税的钱，还是疑问。

故即使以后秦国经济得到了发展，各种赋敛都允许交钱，这恐怕也都是与交纳实物同时并存，乃至仍以粟帛、粮布等实物为主的。事实正是如此。从新出简牍来看，这一判断便完全符合事实。如征收纺织品的户赋，前揭里耶简 8-518 记载：

> 卅四年，启陵乡见户当出户赋者志：☐
> 见户廿八户，当出茧十斤八两。☐①

此简有秦始皇三十四年（前 213 年）的明确纪年。故不管什么原因，比如新占领的楚地，商品经济落后，这也都说明，秦代对妇女征收的户赋在某些地区是要求或允许交纳实物的。前揭《金布律》也明确规定，对妇女征收的户赋既可以交钱又允许"出布"，对成年男性征收的户赋既允许"入刍"又可以"出钱"。这就充分说明：算赋的征敛形式实与秦的经济发展而同步，其早期皆征收实物，中期以交纳实物为主，后期直到秦亡，则是交钱与交纳实物并存。

对秦国算赋的起源，加藤先生认为，当始于商鞅的"初为赋"。这种看法虽基本上没有问题，但也仍有可商之处。主要就是没有认识到，商鞅令"耕织致粟帛多者复其身"的赋税含义，同时又误将《分异令》视为只能在"初为赋"时颁布。实际上，从严格意义上说，商鞅既然在第一次变法已开始征"帛"，那么像这种性质的征敛即应当属于算赋，至少可以说是算赋的雏形。况且，根据上文分析，在罚赋的规定中，也应当包括加倍征收的算赋即军赋。所以秦国算赋的起源，最早还可以上延，追溯到孝公三年（一说六年）的第一次变法，而不是第二次变法的"初为赋"。至于在商鞅变法前

---

① 陈伟主编《里耶秦简牍校释》第 1 卷，第 172 页。

秦国算赋是否还有更早的渊源，由于史载阙如，这里就不好妄加臆断了。

加藤先生认为秦汉算赋相同，而事实上秦的算赋对汉代并没有留下多少影响。汉代虽有算赋，并且也规定"女子年十五以上至三十不嫁，五算"，但这只是因袭其名称，保留着秦代算赋的一些遗痕而已。汉代算赋是成年人的人口税，这已为国内史学界绝大多数学者所公认（详见下文）。如《汉书·高帝纪上》注引如淳曰："《汉仪注》民年十五以上至五十六出赋钱，人百二十为一算，为治库兵车马。"[①] 这种现象的出现，显然与减轻赋税有着直接关系。《汉书·食货志上》称：

> 天下既定，民亡盖臧，自天子不能具醇驷，而将相或乘牛车。上于是约法省禁，轻田租，什五而税一，量吏禄，度官用，以赋于民。

师古曰："才取足。"[②] 秦汉算赋的迥异，大概就是它的一个主要内容。因此，随着秦亡，秦的算赋便在历史上销声匿迹了。

总之，我们认为：商鞅创设的算赋乃是对妇女所征收的、与田租同样重要的国家税收的一个组成部分，换句话说，秦的赋税制度不但有口赋及其他杂赋，也不仅仅是男子的田租与刍稾等附加税，而且还包括了妇女的算赋。其名目之繁多，制度之严密，诚可谓前所未有。所以古代史家便感慨说："《列国纪闻》云：'税敛之法，赵不如楚，楚不如秦。'深言秦赋之繁也。"[③] 马克思曾指出："强有力的政府和繁重的赋税是同一个概念。"[④] 秦的赋税制度就是一个具体写照！

二　汉代算赋及其"事算"问题

汉代算赋是成年人的人口税，在历史上从未有人质疑。但自 20 世纪 70 年代以来，随着出土文献的增多，学界对这一问题却有了不同看法。以下即

---

① 《汉书》卷 1 上《高帝纪上》，第 46 页。
② 《汉书》卷 24 上《食货志上》，第 1127 页。
③ ［明］董说原著，缪文远订补：《七国考订补》卷 2《赵食货·田税》，第 217 页。
④ 马克思：《路易·波拿巴的雾月十八日》，《马克思恩格斯选集》第 1 卷，人民出版社 1972 年版，第 697 页。

根据天长纪庄西汉木牍《算簿》记录，并结合凤凰山 10 号汉墓木牍《算簿》和最新公布的《堂邑元寿二年要具簿》（以下简称《要具簿》）、《元寿二年十一月见钱及逋薄》（以下简称《逋簿》）及走马楼吴简等，对汉代算赋及其"事算"问题再作一些探讨。

（一）天长纪庄木牍《算簿》

纪庄《算簿》是 2004 年于安徽省天长市安乐镇纪庄村出土的一件珍贵木牍。此簿记录了西汉东阳县的"事算"和"复算"的总数，其中"事算"是指征收算赋、口钱，还是征发徭役，抑或兼而有之，学界尚有着不同认识。

1. "事算"的内涵问题

根据发掘简报，纪庄《算簿》见于天长西汉墓 M19：40 - 1 木牍 B 面。其全文如下：

> 算簿
> 集八月事算二万九，复算二千卌五。
> 都乡八月事算五千卌五；
> 东乡八月事算三千六百八十九；
> 垣雍北乡（户）八月事算三千二百八十五；
> 垣雍南乡八月事算二千九百卅一；
> 鞠（？）乡八月事算千八百九十；
> 杨池乡八月事算三千一百六十九。
> ·右八月
> ·集九月事算万九千九百八十八，复算二千六十五。[①]

---

① 天长市文物管理所、天长市博物馆：《安徽天长西汉墓发掘简报》，《文物》2006 年第 11 期。按："垣雍北乡户"中"户"字当衍，详见袁延胜《天长纪庄木牍〈算簿〉与汉代算赋问题》，《中国史研究》2008 年第 2 期。胡平生先生认为垣雍东乡当为垣雍南乡，本文从之，参见其《天长安乐汉简〈户口簿〉"垣雍"考》，武汉大学简帛网，2010 年 2 月 3 日，http：//www.bsm.org.cn/show_ article.php? id =1215。何有祖先生对纪庄汉墓的年代亦有不同看法，参见其《安徽天长西汉墓所见西汉木牍管窥》，武汉大学简帛网，2006 年 12 月 19 日，http：//www.bsm.org.cn/show_ article.php? id =488。

　　从相关论著来看，学界对纪庄《算簿》的解读存在很大分歧，①主要是对"事算"的内涵应如何理解。根据传统注释和出土文献，"事""算"均应分别作徭役、算赋解，亦可均作赋役解。如《汉书·高帝纪下》载高祖五年诏："军吏卒会赦，……非七大夫以下，皆复其身及户，勿事。"注引应劭曰："不输户赋也。"如淳曰："事谓役使也。"师古曰："复其身及一户之内皆不徭赋也。"②又张家山汉简《复律》："□□工事县官者复其户而各其工。大数衞（率）取上手什（十）三人为复，丁女子各二人，它各一人，勿筭（算）繇（徭）赋。"（278）③《汉书·宣帝纪》载宣帝诏曰："流民还归者，假公田，贷种、食，且勿算事。"颜师古亦注云："不出算赋及给徭役。"④但对纪庄《算簿》近来却出现了三种不同看法：一种认为《算簿》中的"事算"当单指算赋，以袁延胜先生为代表。其文云：

　　　　"事"指徭役，"算"指算赋，"事算"就应指徭役算赋之意。但《算簿》中记载东阳县"事算"若干，后面又记载"复算"若干，则《算簿》记载的主旨是算赋。⑤

另一种认为"事算"当指实际服"算"义务的口数，以杨振红先生为代表。其文云：

　　①　除了前揭袁延胜之文，主要论著还有卜宪群、蔡万进《天长纪庄木牍及其价值》，《光明日报》2007年6月15日"史学"版；［日］山田胜芳著，庄小霞译《西汉武帝时期的地域社会与女性徭役——由安徽省天长市安乐镇十九号汉墓木牍引发的思考》，载卜宪群、杨振红主编《简帛研究》2007，广西师范大学出版社2010年版，第313—327页；杨振红《从出土"算"、"事"简看两汉三国吴时期的赋役结构——"算赋"非单一税目辨》，《中华文史论丛》2011年第1期，收入氏著《出土简牍与秦汉社会（续编）》，广西师范大学出版社，2015年版，第159—180页；李恒全《从天长纪庄木牍看汉代的徭役制度》，《社会科学》2012年第10期；臧知非《"算赋"生成与汉代徭役的货币化》，《历史研究》2017年第4期；朱德贵《天长西汉木牍所见〈算簿〉及相关问题探讨》，载梁安和、徐卫民主编《秦汉研究》第12辑，西北大学出版社2018年版，第55—69页。
　　②　《汉书》卷1下《高帝纪下》，第54—55页。
　　③　张家山二四七号汉墓竹简整理小组编《张家山汉墓竹简［二四七号墓］》（释文修订本），第47页。
　　④　《汉书》卷8《宣帝纪》，第249—250页。
　　⑤　袁延胜：《天长纪庄木牍〈算簿〉与汉代算赋问题》，《中国史研究》2008年第2期。

传世文献和简牍材料中"算事"或"事算""复算""复事""算簿"中的"算",一般均指达到法定课征赋税和徭役年龄(15 岁至免老)的人口数,"事"指实际服赋役者的人口数,"复"指复除即免除赋税和徭役的人口数。

因此,……天长汉简的"事算"指实际服"算"义务的口数,"复算"指免除"算"义务的口数。①

还有一种认为"事算"当单指徭役,以山田胜芳和臧知非先生为代表。其文云:

结合西汉时期"事"的实例,可以认为"事算"指的是徭役义务的承担者,"复算"是由于某些理由而免除了的徭役者。②

《算簿》的"事算"是"算事"之意,……"事算"若干是"算事"所确定之应役人数,其"复算"若干是免除若干人的"事",不是免除"算赋"。③

实际却都有偏颇。

先说袁文。其主要理由是,"事算"为偏正结构的短语。"汉代成年人承担的算赋和徭役,不管是 15—56 岁,或是 15—60 岁,二者的起始年龄和截止年龄都是一致的。""《算簿》中的'事算',可以理解为'事'、'算'一致性下的'算赋',这里的'事'尽管含有'徭役'的性质,但并不具有独立的意义,它是用来修饰'算'的,是'事'、'算'一致性下的'算'的修饰语。"④ 但问题是,既然缴纳算赋的人数与承担徭役的人数相同

① 杨振红:《从出土"算"、"事"简看两汉三国吴时期的赋役结构——"算赋"非单一税目辨》,《中华文史论丛》2011 年第 1 期。

② [日] 山田胜芳著,庄小霞译《西汉武帝时期的地域社会与女性徭役——由安徽省天长市安乐镇十九号汉墓木牍引发的思考》,载卜宪群、杨振红主编《简帛研究》2007,第 317 页。

③ 臧知非:《"算赋"生成与汉代徭役的货币化》,《历史研究》2017 年第 4 期。

④ 袁延胜:《天长纪庄木牍〈算簿〉与汉代算赋问题》,《中国史研究》2008 年第 2 期。

（一致），那么为什么"事算"就只能说成算赋，而不能说成徭役和算赋呢？正如杨振红先生所说，"复算"也未必都是免除算赋，因为征发徭役也同样需要"算口"。如江陵凤凰山西汉简："邓得二，任甲二，宋则二，野人四。凡十算遣一男一女，男野人，女惠。"① 张家山汉简《具律》亦明文规定："庶人以上，司寇、隶臣妾无城旦舂、鬼薪白粲罪以上，而吏故为不直及失刑之，皆以为隐官；女子庶人，毋筭（算）事其身，令自尚。"（124）② 故仅凭"复算"若干，实际还不能认定"事算"为偏正短语，"复算"中的"算"字也并非都指算赋。

再看杨文。其主要理由是，"事""算"二字均含有徭、赋两方面的意思。杨先生的这种解读在总体上应最为合理，或有瑕疵也均为细小枝节。如承担或免除算义务的"人口数"，实际却应当是"算数"或"计数"，因为一算并不完全等于一口。假设有一名成年人死亡，那么当月的"事算"便至少要减去徭、赋的两算，而不是仅仅减去一算。再如"算赋"非单一税目，在逻辑上也恐怕难以自洽。既然"'算'是国家计征赋税和徭役的单位，'算赋'不是具体的税目，而是以'算'为单位征收赋税的意思"，那么汉代名目繁多的据算派役也同样"不是具体的征发科目，而是以'算'为单位征发徭役的意思"。如此说来，汉代便没有任何赋税徭役的具体名目了。

至于山田胜芳，所论依据主要是湖南沅陵汉墓出土的《黄簿》："复算：百七十，多前四，以产子故。"（MIT：43-97）③ 理由如下："'复算'数是170，与上次的统计相比增加了4人，是因为'产子'之故。故据高祖七年（前200）'民产子，复勿事二岁'（《汉书》卷一下《高帝纪》下），我认为这里对怀孕、生产女性的优待，是从确定怀孕到生产后的两年内免除徭

① 裘锡圭：《湖北江陵凤凰山十号汉墓出土简牍考释》，《文物》1974年第7期。其中"凡十算遣一男一女"之"遣"，乃采用黄盛璋、永田英正和杨际平等先生的隶定，参见黄盛璋《江陵凤凰山汉墓简牍及其在历史地理研究上的价值》，《文物》1974年第6期；杨际平：《凤凰山十号汉墓据"算"派役文书研究》，《历史研究》2009年第6期。

② 张家山二四七号汉墓竹简整理小组编《张家山汉墓竹简［二四七号墓］》（释文修订本），第25页。

③ 湖南省文物考古研究所、怀化市文物处、沅陵县博物馆：《沅陵虎溪山一号汉墓发掘简报》，《文物》2003年第1期。

役。"① 但其"勿事"却并非仅仅免除徭役，杨振红先生便提出了质疑，山田先生自己也说："我对'算'的最终理解是这样的，汉代的'算'，原来是指用算筹来计算，即用作评估、统计各类东西的单位。尤其与徭役税收相关而言，不仅是以一定的财产评估额为算，还是统计 15 岁以上承担徭役和算赋的成年男女人数的单位。"② 那么"复算"又为何只能理解为免除徭役呢？

还有臧文。其主要理由是，杨振红先生曾提出算赋并非"单一税目"，且"事""算"一致，理应"事""算"俱复，不应只复"算"而不复"事"。

> 文献中"复算"甚多，但鉴于"算"的词性和含义的复杂，不能仅仅理解为"算赋"之省称，即使降至东汉，"算赋"已成为常税，明确复"算"者也不一定是免除"算赋"，更大的可能是免除徭役。如章帝元和二年（公元 85 年）春正月乙酉诏："《令》云'人有产子者复，勿算三岁'。今诸怀妊者，赐胎养谷人三斛，复其夫，勿算一岁，著以为令。"这里"勿算三岁""勿算一岁"是"复"的内容，"算"并非单指"算赋"。因为怀孕和哺乳，既增加开支也需要人照顾，只免除"算赋"不免除徭役，并不利于鼓励生育。这里的"算"若理解为计算、登记即三年不计入服役名籍，同样文通字顺，更符合鼓励生育政策。③

其实不然。

首先，臧文对杨文作了张冠李戴的曲解。后者虽认为算赋不能算作"单一税目"，但却明确主张"事""算"二字均包括了赋税和徭役，算钱含有人口税，也并非都是代役钱。甚至还特别强调："'算簿'无论如何不能排除与'赋'的关系，将其仅仅理解为与徭役征发有关的簿籍无疑是一

---

① ［日］山田胜芳著，庄小霞译《西汉武帝时期的地域社会与女性徭役——由安徽省天长市安乐镇十九号汉墓木牍引发的思考》，载卜宪群、杨振红主编《简帛研究》2007，第 318 页。

② ［日］山田胜芳著，庄小霞译《西汉武帝时期的地域社会与女性徭役——由安徽省天长市安乐镇十九号汉墓木牍引发的思考》，载卜宪群、杨振红主编《简帛研究》2007，第 318 页。

③ 臧知非：《"算赋"生成与汉代徭役的货币化》，《历史研究》2017 年第 4 期。

种偏向。"① 但臧文却把杨文的理解说成"'事'指徭役,'算'是承担徭役的人,'复算'即免除徭役",② 这显然是误导和不规范的。

其次,山田胜芳已明确提出,纪庄《算簿》中的"复算"乃免除徭役,且思路和依据均为民产子"勿事"或"复算",臧文却只字未提。尽管山田先生的说法未必准确,但完全不提此前与己相同的观点,恐怕还有些欠妥。

再次,免除徭赋皆"复算"题中的应有之义。毋庸讳言,"复算"的确并非单指算赋,但也并非单指徭役。这在传世文献和简牍材料中都可以找到依据,杨振红先生便重点作了辨析。臧文"只免除'算赋'不免除徭役,并不利于鼓励生育"的说法也明显牵强。同免除徭役相比,只免除算赋或许力度稍小,但对"鼓励生育"的作用仍不可低估。元帝时,为鼓励百姓生育,减少溺婴现象,贡禹便明确提出:"古民亡赋算口钱,起武帝征伐四夷,重赋于民,民产子三岁则出口钱,故民重困,至于生子辄杀,甚可悲痛。宜令儿七岁去齿乃出口钱,年二十乃算。"并得到元帝的批准,"令民产子七岁乃出口钱,自此始"③。更何况,把赋税和徭役都同时减免,其力度更大。这里的"算"若理解为计算、登记即三年不计此户(一年不计其夫)的赋税和徭役,同样文通字顺,岂不更符合鼓励生育政策吗?

我们认为,就现有史料来说,"事算"乃指成年人的徭役和算赋,有时也包括未成人的口钱,但其"复算"却并非单指算赋、单指口钱或单指徭役。因为成年人的徭役也同样必须"算口",所以对他们来说,"复算"便意味着或者免除算赋,或者免除徭役,或者赋役被全部免除。并由于算赋、徭役的起始年龄和截止年龄一致,"缴纳算赋的人,同时也是服徭役的人"④,所承担赋役和免除赋役的总算数也均可以合并计算。正如卜宪群和蔡万进先生所言:"需要指出的是《算簿》中的数字应是'算'的数目总计,而不是具体算钱。"⑤ 也就是说,无论"集八月事算二万九,复算二千

①　杨振红:《从出土"算"、"事"简看两汉三国吴时期的赋役结构——"算赋"非单一税目辨》,《中华文史论丛》2011年第1期。
②　臧知非:《"算赋"生成与汉代徭役的货币化》,《历史研究》2017年第4期。
③　《汉书》卷72《贡禹传》,第3075、3079页。
④　李恒全:《从天长纪庄木牍看汉代的徭役制度》,《社会科学》2012年第10期。
⑤　卜宪群、蔡万进:《天长纪庄木牍及其价值》,《光明日报》2010年6月15日"史学"版。

册五"，还是"集九月事算万九千九百八十八，复算二千六十五"，实际上
都是"集"徭赋两项算数的总和。当然，这个总和也不能理解为徭役和算
赋的算数完全相等，更不能理解为那些算数都是每人一算。众所周知，国家
免除徭役者的条件和免除算赋者并不完全重叠。[①] 比如九月比八月有一名成
年人死亡（被捕、失踪、远嫁、流亡），九月便至少比八月少了徭役和算赋
的两算；而如果九月比八月多了一名产妇，则至少也比八月多了免除算赋的
一算，或者免除徭赋的两算。"复算"的情况还更为复杂。有的单免算赋，
有的单免徭役，有的赋役全免；而免除的人数，则一人二人或全家。如
《汉书·贾山传》载，文帝"礼高年，九十者一子不事，八十者二算不事"。
师古曰："一子不事，蠲其赋役。二算不事，免二口之算赋也。"[②] 所以东阳
九月"事算"的总数比八月减少了 21 算，而"复算"的总数反倒增加了 20
算，并不奇怪，也完全在情理之中。[③] 关键在于，汉代征发赋役皆因人定
算，而不是因事定算。如前揭"凡十算遣一男一女，男野人，女惠"，被臧
文作为因事定算的主要论据，但其他三家都是二算，为什么唯独野人一家要
承担四算呢？显而易见，这正是因为野人家中的服役人数多于其他三家的人
数。有意思的是，臧文为了证明此"算"不是算赋，而是徭役，也同样认
为："这里的'算'是'人'，有男有女，四户人家，有十人符合条件。"
"'凡十算遣一男一女'之'算'只能是符合服役条件的成年人。"[④] 但却忘
了其文中反复强调的大前提，把"算口"而不是"事算"作为征发徭役的
依据了。这种自我矛盾的做法实际也等于宣告徭役是因人定算了。

2."事算"的比例问题

这一问题是指其承担徭役算赋者在总人口中占多大比例。对汉代赋役承
担者究竟占总人口多大比例问题，较早统计缴纳算赋总人数比例的，有岳庆
平先生的《汉代"赋额"试探》。文中根据凤凰山十号汉墓 B 类竹简和 A

---

① 凌文超：《秦汉魏晋"丁中制"之衍生》，《历史研究》2010 年第 2 期。
② 《汉书》卷 51《贾山传》，第 2335、2336 页。
③ 山田胜芳先生认为："九月统计的事算减少了 21 人，复算增加了 20，总体减少了 1，可以认为
出现了一名死者。"（［日］山田胜芳著，庄小霞译《西汉武帝时期的地域社会与女性徭役——由安徽省
天长市安乐镇十九号汉墓木牍引发的思考》，载卜宪群、杨振红主编《简帛研究》2007，第 318 页）此
说不确，实际应是减少了 21 算，每算并非都是一人，每人也并非都是一算。
④ 臧知非：《"算赋"生成与汉代徭役的货币化》，《历史研究》2017 年第 4 期。

类竹简推算，认为汉代算赋的承担者一般占总人口的 47.16%。具体推算如下：

经演算得知，上列（B 类）七简中的三十二户共承担六十九算，平均每户承担二·一六算。已知每户承担的算数，尚需查知每户平均的人数。据有关史料推算，平帝元始二年为四·八七人，光武帝中元二年为四·九一人，明帝永平十八年为五·八二人，顺帝永和五年为五·〇七人。这些数字皆难适用于 B 类竹简的计算结果，因两者所处时间相差太大。但每户平均人数又不能简单地采用史学界流行的"五口之家"说，因这会大大影响汉代算赋承担者比例计算的精确性，幸好，凤凰山简牍中的 A 类竹简（郑里廪簿）解决了每户平均人数问题。据裘锡圭先生的释文，A 类竹简涉及二十五户，其中一户只有劳力数，不见人口数，故无统计意义，余二十四户共有百一十人，每户平均四·五八人。A 类竹简和 B 类竹简的记载皆反映文帝和景帝时的情况，所以通过两者算出的比例应当可靠。按每户四·五八人共有百一十人承担算赋计，得知汉代算赋承担者一般占总人口的百分之四七·一六，如果换算成史学界通常使用的比例，即"五口之家"中约有二·三六人需承担算赋。[①]

恐怕不确。

从竹简内容可以看出，A 类竹简和 B 类竹简的性质明显不同。A 类竹简被称为《郑里廪簿》，是政府给郑里民户新垦耕地贷粮种的记录；B 类竹简则是一种据算派役的文书，如上引"邓得二，任甲二，宋则二，野人四。凡十算遣一男一女，男野人，女惠"。在没有可信史料的证明下，前者的人口数还不宜作为推算后者户均人数的依据，而只能推算或厘清郑里 25 户的户均人数。岳文的计算依据也略有瑕疵，如"三十二户共承担六十九算"，"A 类竹简涉及二十五户，其中一户只有劳力数，不见人口数，故无统计意义"。实际从两类竹简来看，B 类竹简的"三十二户"应总共承担七十算；

① 岳庆平：《汉代"赋额"试探》，《中国史研究》1985 年第 4 期。按：文中"（B 类）"乃笔者夹注。

A 类竹简中的"一户只有劳力数，不见人口数"，也有重要的统计意义。以前者为例，其中"凡十算遣一男一女"，便说明这种据算派役文书的总算数必定是"十算"的倍数，所统计"七简"的总算数也必定是七十算，而不可能是"六十九算"（不排除误书的可能）。换言之，B 类竹简的 32 户平均每户约承担 2.19 算（70÷32＝2.1875）。尽管其误差很小，但累计叠加后却可能影响他的主要结论。

其实，岳文也完全不必舍近而求远，在 A 类竹简亦即《郑里廪簿》中便间接记载了承担算赋的总人数和 25 户的总人数。根据裴锡圭先生释文，郑里总计有"能田"者即缴纳算赋的成年人 69 人，[①] 按 69÷25 算，每户平均纳算是 2.76 算；按岳文减去一户算，即 66÷24，则每户平均纳算是 2.75 算。二者可视为等同。

如前所述，郑里 25 户的总人口约有 115 人（只有劳动力的一户有"能田"三人，通常按五人计），每户平均约有 4.6 人（115÷25），按 69 人缴纳算赋计（69÷115），约有总人口的 60% 缴纳算赋。即使减去"不见人口数"的一户，按总共 24 户算，即 66÷110，也同样有 60% 的纳算者。这个比例显然要比岳庆平先生推算的比例准确。若按他的同样方法算——"以宣帝至西汉末总人平均五千五百万计"，即 0.6×0.55（亿）×120（钱），总计西汉后期全国约征收算赋 39.6 亿钱。那么再加上未成年人的口赋钱——按七岁起征算，约占全国总人口的 10%（取整数计），每人每年缴纳 20 钱，即 0.1×0.55（亿）×20（钱），总计约为 1.1 亿钱，两项合计约为 40.7 亿钱。这与桓谭所说"汉宣以来，百姓赋钱，一岁为四十余万万"[②]，是基本吻合的。当然，郑里平均每户承担 2.76 算很可能属于偏高类型，B 类竹简 32 户平均每户 2.19 算又可能属于偏低类型。我们加权平均，即 (70＋69)÷(32＋25)≈2.44（算），按每户平均约 4.6 人计，则凤凰山汉简中的纳算者约占总人口的 53%。还按岳先生的同样方法算，即 0.53×0.55（亿）×120（钱），总计西汉后期全国约征收算赋 35 亿钱。加上约占总人口 15% 的口赋钱（0.15×0.55×20），约 1.65 亿钱，两项合计约 36.65

---

① 裴锡圭：《湖北江陵凤凰山十号汉墓出土简牍考释》，《文物》1974 年第 7 期。

② ［东汉］桓谭：《新论·谴非》，《全后汉文》卷 14，［清］严可均校辑《全上古三代秦汉三国六朝文》，中华书局 1958 年版，第 542 页。

亿钱。根据《汉书·地理志下》，平帝时"民户千二百二十三万三千六十二，口五千九百五十九万四千九百七十八"[1]，若以总人口大致 6000 万人计，则算赋和口赋两项合计约为 40 亿钱，即 0.53 × 0.6 × 120 + 0.15 × 0.6 × 20 ≈ 40。这与桓谭所说"四十余万万"亦基本吻合。但总体上看，一两个里的人口数据带有很大的偶然性，不同时期的人口总数也有很大变化，若以此来推算全国的纳算比例肯定有明显误差，或高或低都很正常。从这个方面来说，纪庄《算簿》记录的是全县的"事算"人数，为更为准确地推算全国的纳算比例提供了比较可信的依据。

从前引牍文可知，东阳县八月、九月的"事算"记录是"集八月事算二万九，复算二千卌五"，"集九月事算万九千九百八十八，复算二千六十五"。把"事算"的总数和东阳县的总户口数相除，便可以算出每户承担算赋或徭役的平均算数；和总人口数相除，也可以算出缴纳算赋的人数占全县总人口数的比例。庆幸的是，在 40 – 1 木牍 A 面上的记录就是东阳县全年的《户口簿》。其中载有东阳县的全县户口和所属六乡的分计户口，兹转引如下：

> 户口簿
> ·户凡九千一百六十九，少前；口四万九百七十，少前。
> ·东乡户千七百八十三，口七千七百九十五。
> 都乡户二千三百九十八，口万八百一十九。
> 杨池乡户千四百五十一，口六千三百廿八。
> 鞠（？）乡户八百八十，口四千五。
> 垣雍北乡户千三百七十五，口六千三百五十四。
> 垣雍南乡户千二百八十二，口五千六百六十九。[2]

据此便可以算出，东阳县八月、九月每户平均"事算"均为约 2.18 算，即 20009 ÷ 9169 ≈ 2.18 或 19988 ÷ 9169 ≈ 2.18，平均应纳算赋或承担徭

① 《汉书》卷 28 下《地理志下》，第 1640 页。
② 天长市文物管理所、天长市博物馆：《安徽天长西汉墓发掘简报》，《文物》2006 年第 11 期。

役的人数约占全县总人口 48.8%（20009÷40970≈48.8% 或 19988÷40970≈48.8%），实际缴纳算赋或承担徭役的人数平均约占总人口的 43.8% 或 43.7%，亦即（20009－2045）÷40970≈43.8% 或（19988－2065）÷40970≈43.7%。但这里是按其"事算"总数均包括"复算"人数计算的。若"事算"总人数不包括其"复算"数，则东阳县八月和九月每户平均"事算"均为约 2.4 算，即（20009＋2045）÷9169≈2.405 或（19988＋2065）÷9169≈2.405，应纳算赋或承担徭役的人数平均约占全县总人口 53.8%（22054÷40970≈53.8% 或 22053÷40970≈53.8%），实际缴纳算赋或承担徭役的人数平均约占总人数的 48.8%。但究竟"事算"数包括不包括"复算"数，目前还存在分歧。

从大致同时的松柏汉墓木牍来看，其中第 53 号木牍也记录了南郡各县、侯国"使"大男、大女、小男、小女和"复"的人数。例如：

> 宜成：使大男四千六百七十二人，大女七千六百九十五人，小男六千四百五十四人，小女三千九百三十八人。·凡口二万二千七百五十九人，其二十九人复。
>
> 安陆：使大男四百七十五人，大女八百一十八人，小男五百五十八人，小女三百六十九人。·凡口二千二百廿人，其二百廿九人复。
>
> 州陵：使大男三百九十三人，大女六百卅四人，小男六百七十六人，小女三百八十八人。·凡口二千九十一人，其卅九人复。[①]

奇怪的是，无论男女，也无论大小，此牍记录的所有人数都存在严重的性比例失衡问题。严格说来，这些牍文的数据均不可尽信。但大、小男女被"使役"多少人，又"复除"多少人，在文书登录格式上还应该是可信的。故参照纪庄《算簿》，牍中"使"字当等同于"事"字，"复"字亦当部分与"复算"相同。正如彭浩先生所说："简报列出的'复事算簿'当与

① 胡平生：《松柏汉简五三号木牍释解》，武汉大学简帛网，2009 年 4 月 12 日，http://www.bsm.org.cn/show_article.php?id=1020。参见彭浩《读松柏出土的四枚西汉木牍》，载武汉大学简帛研究中心主办《简帛》第 4 辑，上海古籍出版社 2009 年版，第 333—344 页。

此有关。"① 杨振红先生也说，此簿应名为"南郡事复口算簿"。② 因此，在大小男女的人数合计等于总人数的情况下，根据简牍对相关人数统计的通常表述方式，比如"凡百五十一人，其廿八死亡。黔首居赀赎责（债）作官卅八人，其一人死"（7－304）③，我们便可以看出，"复"的人数实际是被包括在总人数之中的，尽管被复除的人数微乎其微。

值得注意的是，袁延胜和李恒全先生也曾依据《户口簿》对东阳县"复算"的人数作出了推算，而且都是按照"事算"数不包括"复算"数来推算的。例如：

> 从上表中可以看出，东阳县算赋实际承担者在总人口中所占比例为48.8%，这和岳庆平先生所推算出的47.16%基本上是一致的。但我们也注意到，东阳县所属6个乡中，有3个乡的算赋承担者占总人口的50%以上，这说明汉代算赋承担者基本占总人口的一半。另外，东阳县每户承担2.18算，这也和岳庆平先生所推算出的每户承担2.16算基本一致，这说明当时汉代每户的算赋承担者一般在2人以上。④

> 天长纪庄木牍《算簿》分别载有东阳县八月、九月的事算数。八月事算数为20009，复算数为2045，总数为22054，九月事算数为19988，复算为2065，总数为22053。二个月数据的不同点在于，九月的复算数比八月多了20人，但总人数少了1人。二者相差不大。……各乡服更役数所占人口比重，最低者是都乡，为51.5%，最高者是垣雍北乡，为56.8%，全县总体为53.8%。即服役者要占总人口的一半以上。⑤

但如此推算实际却存在很大风险。毕竟"事算"数包括"复算"数也是很

---

①　彭浩：《读松柏出土的四枚西汉木牍》，载武汉大学简帛研究中心主办《简帛》第4辑，第340页。

②　杨振红：《松柏西汉墓籍簿牍考释》，《南都学坛》2010年第5期。

③　里耶秦简博物馆、出土文献与中国古代文明研究协同创新中心中国人民大学中心编著《里耶秦简博物馆藏秦简》，第78页。

④　袁延胜：《天长纪庄木牍〈算簿〉与汉代算赋问题》，《中国史研究》2008年第2期。

⑤　李恒全：《从天长纪庄木牍看汉代的徭役制度》，《社会科学》2012年第10期。

有可能的，一旦有材料证明"事算"数当包括"复算"数，这些推算及结论就完全落空了。

此外，朱德贵先生也推算说："巧合的是，上引天长纪庄《算簿》中的'事算'人数也几乎占总人数的45%—50%。""平均而言，全县6个乡承担'事算'之人占48.8%。"[①]他的推算显然是把"复算"人数算入"事算"总数了，但其结论却有着比较遗憾的误算。在总算数中减去"复算"数时，还必须在总户数中同时减去被"复算"的户数。按户均2.18算计，八月、九月的"复算"户数分别约为 $2045 \div 2.18 \approx 938$ 户、$2064 \div 2.18 \approx 947$ 户。东阳县八月和九月实际缴纳算赋的总户数应分别是8231户（9169−938）和8222户（9169−947）。若据此计算，则每户平均"事算"数必定为2.18算，所占总人口的比例也必定为平均43.8%或43.7%，除非八月、九月的"事算"总数中不包括"复算"数。

当然，西汉南方地区和北方地区不同，经济发展还相对落后。户均4.47人要比北方的"五口之家"略少，无论是纪庄木牍，还是凤凰山汉简，实际都应当大体看作长江流域总人口的纳算比例，尽管这一比例和黄河流域的比例也不会相差太大。

（二）凤凰山《算簿》中的"算钱"问题

这个问题主要由臧知非先生引起。自1973年发现凤凰山十号汉墓后，学界便认为墓中木牍《算簿》是记载市阳里等征收杂税和算赋的账簿。但为了证成汉代赋役皆因事定算，臧先生却把《算簿》中的"算钱"都说成"代役钱"，认为根本没有算赋。

> 凤凰山"算簿"是因"事"定算、按"算"收钱的账簿，是徭役货币化的历史实践。
> 其实，牍文的"吏奉"、"口钱"、"传送"、"缮兵"、"转费"等已经表明"算钱"的性质，既说明所收"算钱"的用途，也揭示了按"算"收钱的依据。"吏奉"是官吏俸禄，"口钱"是按"口"所收之

---

① 朱德贵：《天长西汉木牍所见〈算簿〉及相关问题探讨》，载梁安和、徐卫民主编《秦汉研究》第12辑，第66、67页。

"钱"，"传送"、"转费"是传送、运输费用，"缮兵"是治安防务费用。……笔者以为，农民所交"筭钱"不乏地方政府、基层官吏巧立名目的成分，但主要的还是基于编户民"事"的义务，所交之"筭钱"是"传送"、"缮兵"、"转输"之役的代役钱。[①]

其实不然。

凤凰山《算簿》中含有"吏奉""口钱""传送""缮兵""转费"等算钱，这并非臧文的发现，而是众所周知的事实。以往既有把这些"算钱"统称"算赋"的，又有把它们称为"杂税"的。以杂税为例，弘一先生便最早提出：

> 西汉前期的赋税制度并不像史书记载的那样规整，口赋不是按未成年的男女每年征收一次，而是分派到每个人的名下按月征收。农民除了负担史书所说的算赋和口赋外，还要缴纳诸如吏奉、传徒（？）之类的杂税。4号木牍还记有"□兵"、"转费"等项目，可见当时统治者加给农民的苛捐杂税种类的繁多和沉重了。[②]

永田英正先生也认为，《算簿》中的"算钱"是算赋和杂税的总和。[③] 尽管从定性来说，臧先生把"吏奉"等算钱都称为"代役钱"，或许比"杂税"的笼统说法更好，但这些算钱能否被归为一类还存在疑问。毋庸讳言，其中"传送"、"缮兵"和"转费"也确有代役钱的作用。诚如臧文所言，农民"所交之'筭钱'是'传送'、'缮兵'、'转输'之役的代役钱"，或者概括为"徭役货币化的历史实践"。但"吏奉"和"口钱"却显然不能再说成"代役"，臧先生自己就说："'吏奉'是官吏俸禄，'口钱'是按'口'所收之'钱'。"这与"代役钱"是没有什么关系的。

---

① 臧知非：《"算赋"生成与汉代徭役的货币化》，《历史研究》2017年第4期。

② 弘一：《江陵凤凰山十号汉墓简牍初探》，《文物》1974年第6期。

③ 永田英正：《江陵凤凰山十号汉墓出土的简牍——以算钱研究为中心》，《森鹿三博士颂寿纪念史学论集》，同朋舍，1977年，收入［日］永田英正著，张学锋译《居延汉简研究》（下），广西师范大学出版社2007年版，第483页。

退一步说，即使"吏奉"等等算钱都可以称为"代役"，它们也远远没有囊括全部算钱。以 4 号木牍记录的市阳里为例，其中除了标明"吏奉"、"口钱"和"传送"的算钱，便有数量更多的算钱没有被标明用途。诸如：

市阳三月百九算算九钱九百八十一正偃付西乡偃佐赐

市阳三月百九算算廿六钱二千八百卅四正偃付西乡偃佐赐

市阳三月百九算算八钱八百七十二正偃付西乡偃佐赐

市阳四月百九算算廿六钱二千八百卅四正偃付西乡偃佐赐

市阳四月百九算算八钱八百七十二正偃付西乡偃佐赐

市阳四月百九算算九钱九百八十一正偃付西乡偃佐赐

市阳四月百九算算九钱九百八十一正偃付西乡偃佐赐　四月五千六百六十八

市阳五月百九算算九钱九百八十一正偃付西乡偃佐奋

市阳五月百九算算廿六钱二千八百卅四正偃付西乡偃佐奋

市阳五月百九算算八钱八百七十二正偃付西乡偃佐奋　五月四千六百八十七[1]

这些算钱难道也都是代役钱吗？历史研究是一项非常严谨的学术工作，没有史料支撑是不能想当然解释的。再如 5 号木牍记录的当利里，牍文说得非常明确——"当利二月定筭百。二月筭十四吏奉（俸）。二月筭十三吏奉（俸）。二月筭廿□□□缮兵。"[2] 其中多则 50 余算，少则 40 余算，也肯定不会是代役钱。可见其"代役钱"之误。更不用说，"口钱"是按"口"所收之"钱"，也并不能被视为因事定算。

至于有没有算赋的问题，本书第六章已详细讨论，此处从略。

（三）《要具簿》及《逋簿》中的"事算"问题

《要具簿》及《逋簿》详细记载了西汉末年堂邑县的赋税和徭役的承担人口等，对厘清汉代"事""算"等概念具有极其重要的史料价值。兹摘抄如下：

---

① 裘锡圭：《湖北江陵凤凰山十号汉墓出土简牍考释》，《文物》1974 年第 7 期。

② 裘锡圭：《湖北江陵凤凰山十号汉墓出土简牍考释》，《文物》1974 年第 7 期。

户二万五千七，多前二百卅七。

口十三万二千一百四，其三百卅奴婢，少前千六百八。

复口三万三千九十四。

定事口九万九千一十，少前五百卅四。

凡筭（算）六万八千五百六十八，其千七百七十九奴婢。

复除罢癃（癃）筭（算）二万四千五百六十五。

定事筭（算）四万四千三，多前六百廿二。

凡卒二万一千六百廿九，多前五十一。

罢癃皖老卒二千九十五。

见甲卒万九千五百卅四。

卒复除繇（徭）使千四百卅一。

定更卒万七千三百八十三。

一月更卒千四百卅六。（M147：25－1 正）

逋二年口钱三万九千七百八十二。

逋二年罢癃卒钱十五万七百五十。

逋二年所收事它郡国民秋赋钱八百。

逋二年所收事它郡国民口钱四百八十三。

逋二年所收事它郡国民更卒钱九千二百。

逋二年所收事它郡国民冬赋钱四百。

逋二年冬赋钱八十四万二千八百六十六。

逋二年过更卒钱五十九万六百。

逋二年罢癃钱千二百。（M147：25－1 背）①

根据以上牍文，主要可得出三点结论。

一是"事"的概念的确包涵了赋税和徭役。尽管有时"事"也单指赋税，或单指徭役，但在总计一县、一乡、一里和一户时却往往是指徭赋。元寿二年（前 1 年）堂邑县共登记户口 132100 人，其中被免除徭赋的有

---

①　青岛市文物保护考古研究所、黄岛区博物馆：《山东青岛土山屯墓群四号封土与墓葬的发掘》，《考古学报》2019 年第 3 期。

33094 人，应当承担徭赋的有 99010 人。从"凡筭六万八千五百六十八"可知，在"定事口九万九千一十"即承担徭赋的 99010 人中，有 30444 人是不承担徭役和算赋的，至少是不交算赋的。再根据"逋二年口钱三万九千七百八十二"的记录，我们便可以完全确定：在 30444 人中有较大一部分是缴纳口钱的未成年人，其余则应当是"皖老"即部分被减免徭赋的老年人。尤其"逋二年所收事它郡国民秋赋钱八百"、"逋二年所收事它郡国民口钱四百八十三"和"逋二年所收事它郡国民更卒钱九千二百"等记录，更分别列举了"事"中算赋（赋钱）、口钱和更卒钱（徭役替代钱）的具体内容。这就无可争辩地证明：汉代"事"的概念既可单指人头税，单指徭役，亦可作为赋税徭役的统称，包涵了算赋、口钱和徭役。由此看来，杨振红先生的相关论述应最为准确。

二是"算"的概念既指算赋又指徭役的定算。前揭袁延胜先生提出，纪庄《算簿》中的"事算"可理解为"事""算"一致性下的算赋，虽然存在偏颇，说得有些绝对，但认为"事算"包括算赋却无疑是可取的。《要具簿》和《逋簿》的记录即可作为定谳。其中提到"逋二年所收事它郡国民秋赋钱八百"，以及"逋二年所收事它郡国民冬赋钱四百"，而口钱的征收被排除于定算人口，更卒钱的征收又被定算人口单列，便证明了算赋（赋钱）之与定算人口的关系。也就是说，"算"的概念通常都包含算赋。同样，《要具簿》和《逋簿》也间接证明了"更卒""更卒钱"和定算人口的关系。根据"凡卒二万一千六百廿九"和"一月更卒千四百卅六"可知，堂邑县的定算更卒就是西汉大儒董仲舒所说的"月为更卒"[1]，他们的总人数大致相当于"定事筭四万四千三"的一半（49.15%）。这是一种性别分工的必然反映，而意味着所有更卒都肯定是作为地方预备役军人的男性。可见他们也的确都被纳入定算人口，实际是从事重体力劳役的男性定算人口，并与另外大约一半的女性共同构成了 44003 人的"定事筭"人口，无非女性皆从事轻体力劳役没有被单独登记而已。

三是"事算"数包括了"复算"数。从《要具簿》的记录来看，这些被"复算"的人口均以"罢癃"即老弱病残的名义被免除算赋和徭役。所

---

① 《汉书》卷 24 上《食货志上》，第 1137 页。

谓"凡筭六万八千五百六十八"、"复除罢癃筭二万四千五百六十五"和
"定事筭四万四千三"，便无可争辩地证明，"复算"数是包括在"事算"
总数中的。而实际承担赋税徭役的人数则要用总算数减去"复算"数，才
是真正的"定事筭"人数。尽管我们不能完全排除有的地方政府文书会把
"复算"数另计，但作为官府的格式文书，"事算"数通常应包括"复算
数"却是毋庸置疑的。从这个方面来说，对纪庄《算簿》等官府文书中的
"复算"数，我们也应当作如是观。再从"事算"的占比来看，簿中应承担
算赋徭役的人数是 68568 人，约占全县总人数的 52%（每户平均定算为
2.74 算）；而"定事筭"即实际承担算赋徭役的人数是 44003 人，约占总人
数的 33%（每户平均定算为 1.76 算）。应当"事算"人数的比例与纪庄
《算簿》的平均 48.8%、凤凰山汉简的平均 53% 相差不大，实际"事算"
人数的比例相差很大，所蠲免人数约占应"事算"人数的 35.8%。这或许
和地方政府的虚报有关，有待更多新材料的证明。

　　总的来说，《要具簿》和《迲簿》的记录完全证明了"事"的广义包
括算赋、口钱和徭役，亦可单指算赋、单指口钱或徭役；"算"的概念则指
成年人的算赋和徭役，亦可单指算赋或徭役。从"事算"来看，《要具簿》
的"事算"数也的确是包括"复算"数的。而在"事算"人口的占比上，
按国家制度规定应当缴纳算赋或承担徭役的人数，通常都要占到总人口的
50% 左右；相差较大的，是各地实际"事算"人口的占比。终西汉之世，
这种情况都未有明显变化，推测东汉亦基本相同。

　　（四）走马楼吴简中的"事算"问题

　　在长沙走马楼吴简中，有一类记载"事算"的户籍简引起了学界很大
关注。此类户籍简被称为"户计简"、"结计简"、"总结简"或"尾简"
等，[①] 它的书写格式通常为"凡口×事×　算×事×"，诸如：

---

　　① 凌文超：《走马楼吴简采集简"户籍簿"复原整理与研究——兼论吴简"户籍簿"的类型与功
能》，载长沙简牍博物馆、北京大学中国古代史研究中心、北京吴简研讨班编《吴简研究》第 3 辑，中
华书局 2011 年版，第 11 页；张荣强：《再论孙吴简中的户籍文书》，《北京师范大学学报》（社会科学
版）2014 年第 5 期；汪小烜：《走马楼吴简户籍初论》，载北京吴简研讨班编《吴简研究》第 1 辑，崇
文书局 2004 年版，第 147 页；于振波：《"算"与"事"——走马楼户籍简所反映的算赋和徭役》，《汉
学研究》（台湾）第 22 卷第 2 期，2004 年 12 月，收入氏著《走马楼吴简续探》，文津出版社 2007 年版，
第 151 页。

　　凡口六事四　筭二事【二】　　（2856）

　　凡口三事二　筭二事一　　　（2901）

　　凡口四事三　筭二事一　　　（2907）

　　凡口四事三　筭二事【二】　（2940）

　　凡口五事四　筭三事二　　　（2943）

　　凡口四事【四】　筭二事一　（2944）

　　凡口四事二　筭二事【二】　（2949）①

　　对此类简文的内涵，除了被认为不确的"事"指用简外，目前学界主要有四种看法。第一种主张"事筭"分指徭役和算赋。仅就"事"的概念而言，于振波先生便概括提出：

　　　　走马楼户籍文书每户尾简中依次出现的"口若干"、"事若干"和"筭若干"、"事若干"这四项数字，前一"事"当指有劳动能力的人，包括成年男女及有一定劳动能力的未成年男女（或次丁），而后一"事"则指应当服役的人口。②

王子今、孟彦弘、杨际平等先生也都执这种看法。③ 第二种主张"事"指赋役，"算"亦指赋役，以杨振红先生为代表。其文云：

　　　　长沙吴简的"口×事×"的"口"指户内家庭人口总数，"事"指承担国家赋役的口数，包括15岁至"免老"有"算"义务的口数和7—

――――――――――

　　① 长沙市文物考古研究所、中国文物研究所、北京大学历史学系、走马楼简牍整理组编著《长沙走马楼三国吴简·竹简［壹］》，文物出版社2003年版，第953、954、955页。按：简文中加"【 】"之字是笔者为帮助读者理解所加，原文因与前一项的数目相同而省略。以下皆同。

　　② 于振波：《"算"与"事"——走马楼吴简所反映的算赋和徭役》，氏著《走马楼吴简续探》，第151页。

　　③ 王子今：《走马楼"凡口若干事若干"简例试解读》，载氏著《长沙简牍研究》，中国社会科学出版社2017年版，第347页；孟彦弘：《吴简所见"事"义臆说——从"事"到"课"》，载长沙简牍博物馆、北京吴简研讨班编《吴简研究》第2辑，崇文书局2006年版，第205页；杨际平：《秦汉户籍管理制度研究》，《中华文史论丛》2007年第1期。

14 岁需要交纳口钱的口数，相当于后代的"课口数"；"算×事×"指达到服"算"义务年龄的口数，"事"指实际服"算"义务的口数。[1]

第三种主张"事算"应仅指口算，可称为"口算"说，以凌文超和张荣强先生为代表。例如：

> "凡口○事○　算○事○"的具体含义是："口"指"口食"，即家庭的总人数，前"事"当指缴纳口算钱等的人数，……"算"数指制度上规定的纳算人数，而后"事"数则指实际缴纳算钱的人数。[2]

> "凡口×事×　算×事×"中，前一"事"释"口"，指应缴纳口钱的人数；后一"事"释"算"，指应缴纳算赋的人数。[3]

第四种主张"事算"皆指徭役，可称为"徭役"说，以臧知非先生为代表。主要理由是：

> 长沙吴简有"凡口若干事若干算若干事若干"的记录格式，如"凡口三事二算二事一"、"凡口五事四算三事二"等，学者均以"算"为"算赋"。其实，此"算"不是算赋，而是计算、核实、确定的意思，"凡口三事二算二事一"意为家有三口，能够服役二人，确认二人服役，实际应役一人。"凡口五事四算三事二"意为家有五口，能够服役四人，确认服役三人，实际应役二人。这里"事"是服役的意思，前一个"事"是指具有服役能力、符合服役条件，后一个"事"指实

① 杨振红：《从出土"算"、"事"简看两汉三国吴时期的赋役结构——"算赋"非单一税目辨》，《中华文史论丛》2011 年第 1 期。
② 凌文超：《走马楼吴简采集简"户籍簿"复原整理与研究——兼论吴简"户籍簿"的类型与功能》，载《吴简研究》第 3 辑，第 55 页。另见凌文超《走马楼吴简采集簿书整理与研究》，广西师范大学出版社 2015 年版，第 143 页。
③ 张荣强：《再论孙吴简中的户籍文书》，《北京师范大学学报》（社会科学版）2014 年第 5 期。按：张荣强早先也认为"事""算"分指徭役和算赋，详见张荣强《说孙吴户籍简中的"事"》，载北京吴简研讨班编《吴简研究》第 1 辑，第 216 页。

际服役。①

可见其分歧之大。

值得注意的是，以上前两种看法都认为"事算"包括算赋和徭役，无非"事"中是否包含赋税、"算"中是否包含徭役有所区别而已。尽管前一个"事"还未必都指徭役，后一个"事"也未必含有赋税，但主张"算"指算赋，后一个"事"指应当服役的人口，或前一个"事"指承担国家赋役的口数，却显然是可取的。惟有后两种说法，或完全排斥徭役，或完全排斥赋税，需要进一步辨析。

先看"口算"说。其主要理由是，吴简口算的征收均与"凡口若干"有关，而以"事"释"口"则必然是"指应缴纳口钱的人数"。但人头税本来就是"口率出泉"②，而且徭役也都要算口，为什么这里的"事"就一定是指口算呢？前揭《要具簿》"定事口九万九千一十"亦充分证明，早在西汉末年，"事口"数就是应承担口钱、算赋和徭役的总人口数。尽管"口算"说提出时《要具簿》尚未发现，我们还不能过于苛求，但在确凿的证据面前，目前已没有可讨论的余地。更何况，"口算"说也无法把所有此类吴简说通。比如简2949"凡口四事二，筭二事【二】"，按照"口算"说，"凡口四事二"是指其家有四口，应缴纳口算二人，"算二事二"是指制度上规定应纳算二人，实际也纳算二人，勉强可以说通。被尝试复原的孙潘户籍便可谓一个例证。

> 吉阳里户人公乘孙潘，年卅五，筭一。（130）
> 潘妻大女茑，年十九，筭一。（131）
> 潘子女□，年五岁。（128）
> 凡口三事二，筭二事【二】，訾五十。（129）③

---

① 臧知非：《"算赋"生成与汉代徭役的货币化》，《历史研究》2017年第4期。

② 《周礼注疏》卷2《天官·大宰》，[清]阮元校刻《十三经注疏》（附校勘记），第647页。

③ 长沙市文物考古研究所、中国文物研究所、北京大学历史学系、走马楼简牍整理组编著《长沙走马楼三国吴简·竹简[壹]》，第1116页。

但简 2907 "凡口四事三，筭二事一"、简 2943 "凡口五事四，筭三事二"和简 2944 "凡口四事【四】，筭二事一"等，却实在扞格不通。特别是简 2944，其家有四口应缴纳口算四人，按国家规定却变成纳算二人，而实际纳算更又变成一人。如果说此户最终就仅有一人缴纳算赋或算钱，那么简中记录 "事四""筭二" 还有什么意义？诚然，口算的减免也可以多少予以解释，如纪庄《算簿》以及沅陵《黄簿》和堂邑《要具簿》等官府文书的记录，但此户算赋减免一人（50%）、口算减免三人（75%），却显然是说不通的。相关吴简也足以证明——"凡口四事三，筭二事复。"（10243）[1] 此户在 "事复" 即免除 "实际缴纳算钱的人数" 后，理应不再缴纳算钱。即使仅仅免除算赋，这也意味此户顶多要交未成年人的口钱。奇怪的是，从前揭凌文、凌著和张文来看，他们都认为免算之后仍要缴纳成年人的 "大口" 钱。这就更加证明后一个 "事" 字并非指赋税。

再看 "徭役" 说。此说旨在证明汉代赋役皆因事定算，但其力求证实的问题却显而易见。如前引 "凡口三事二，筭二事一""凡口五事四，筭三事二"，无论是把文中之 "筭" 视为算赋，还是徭役，抑或按臧文所说 "是计算、核实、确定的意思"，实际也都建立在 "口三""口五" 即 "算口" 的基础之上。臧文虽牵强附会，把 "算二""算三" 说成有二人、三人被确认服役，但也治丝益棼，令人更加费解。既然其家有三口，能够服役二人，实际应役一人，那么为什么还要确认服役二人？且家有五口，能够服役四人，实际应役二人，又为何要确认服役三人？孟彦弘先生的批评可谓一语中的："既然有总的口数，又有实际服役的口数，那么，登记应该服役的口数就意义甚微。"[2] 毫无疑问，如果 "前一个'事'是指具有服役能力、符合服役条件，后一个'事'指实际服役"，那么简中之 "算" 便没有必要再 "确认" 服役人数，而且 "确认" 的服役人数还与全家服役人数或实际服役人数不符。这无疑是多此一举并违背常理的。更不用说，无论纪庄《算簿》，还是《要具簿》，都只有应当 "事算" 人数、"复算" 人数和实际

① 长沙市文物考古研究所、中国文物研究所、北京大学历史学系、走马楼简牍整理组编著《长沙走马楼三国吴简·竹简［壹］》，第 1105 页。

② 孟彦弘：《吴简所见 "事" 义臆说——从 "事" 到 "课"》，载长沙简牍博物馆、北京吴简研讨班编《吴简研究》第 2 辑，崇文书局 2006 年版，第 202 页。

"事算"人数。

我们认为：根据《要具簿》及《通簿》，对此类吴简的解读当为"口"指全户人口，前一个"事"指赋税徭役（按该户承担口数总计，也是"事口"统计的基础数据，每个乡的"事口"总数就是把各户的"事口"数全部相加得出的），"算"指算赋（按缴纳口数分计），后一个"事"单指徭役（按服役口数分计）。具体来说，"凡口三事二，筭二事一"，就是家有三口，共有二人应承担赋税徭役，其中父母二人要缴纳算赋，父亲还要负担徭役，另有子女一人在 7 岁以下，未到缴纳口钱的年龄。"凡口五事四，筭三事二"，乃是家有五口，共有四人应承担赋役，其中父母和成年子女或祖父、祖母等三人要缴纳算赋，父亲和成年儿子或祖父等二人或父母二人还要负担徭役，另有未成年子女二人，一人在 7 岁以上要缴纳口钱，一人在 7 岁以下不需要缴纳口钱。但未成年人默认按排除法不计，亦即有四名成年和未成年人承担赋役，在记录三名成年人后，则必余一名未成年人；在总人口五人中，若减去承担赋役的四人，也必余一名不承担赋役的未成年人。而"凡口四事四，筭二事一"，则是家有四口，全都应承担赋役，其中父母二人要缴纳算赋，父亲还要负担徭役，子女二人要缴纳口钱；"凡口四事三，筭二事复"，就是家有四口，共有三人应承担赋役，其中父母二人要缴纳算赋，但免除徭役，另有子女二人，一人要缴纳口钱，一人不需要缴纳口钱。

事实也是如此，请看同样被尝试复原的张乔户籍：

> 高迁里户人公乘张乔，年卅，筭一，给县吏。（161）
> 乔妻大女健，年廿五，筭一。（164）
> 乔子女土，年二岁。（148）
> 乔兄□，年【卅】八，筭一，刑左足。（149）[1]

根据上文所述，我们便完全可以推论：此户未被发现的结计简或尾简，

---

[1]　长沙市文物考古研究所、中国文物研究所、北京大学历史学系、走马楼简牍整理组编著《长沙走马楼三国吴简·竹简［壹］》，第 1116 页。按：王子今先生根据简 149 图版考辨，简文中的"年廿八"当为"年卅八"（王子今：《走马楼简所见"小妻"与两汉三国多妻现象》，载氏著《长沙简牍研究》，第 206—207 页），此说甚是。本书从之。

其记录内容应当是"凡口四事三，筭三事二"。考虑到东汉以后妇女经常会被免役，那么其记录内容也可能是"凡口四事三，筭三事一"。而"给县吏""刑左足"的简文，则表明了"事"与徭役的关系。其他简文，[1] 也均可类推。这非但不能证明汉代赋役是因事定筭，反而更加证明东吴也承袭东汉，算赋、口钱和徭役都同样是因人定算。相关内容，高敏等先生已论之甚详，[2] 此不赘述。

总之，两汉时期都是按其制度征收算赋和口钱的，《算簿》中的"筭钱"或"事算"也不例外。

---

① 参见凌文超《走马楼吴简采集简"户籍簿"复原整理与研究——兼论吴简"户籍簿"的类型与功能》，载《吴简研究》第 3 辑，第 56 页"表六"。

② 高敏：《从〈长沙走马楼三国吴简·竹简（壹）〉看孙权时期的口钱、算赋制度》，《史学月刊》2006 年第 2 期；李恒全：《从走马楼吴简看孙吴时期的口算与徭役》，《南京农业大学学报》（社会科学版）2013 年第 2 期。

余　论

秦汉魏晋南北朝土地制度的嬗变

"农业是整个古代世界的决定性的生产部门。"[①] 土地作为农业社会最重要的生产资料，它的占有制度决定了土地归谁所有、其产品如何分配和人与人之间的关系。总的来说，在土地占有制度上，秦汉魏晋南北朝时期是沿着土地国有变成土地私有为主、再从土地私有又变成土地国有为主的轨迹运行的。

一　秦汉土地私有制的发展

关于秦汉民田的占有方式，在《汉书》中有一条耳熟能详的史料。这就是名儒董仲舒给汉武帝的上书——

> 至秦则不然，用商鞅之法，改帝王之制，除井田，民得卖买，富者田连仟伯，贫者亡立锥之地。又颛川泽之利，管山林之饶，荒淫越制，逾侈以相高；邑有人君之尊，里有公侯之富，小民安得不困？又加月为更卒，已复为正，一岁屯戍，一岁力役，三十倍于古；田租口赋，盐铁之利，二十倍于古。或耕豪民之田，见税什五。故贫民常衣牛马之衣，而食犬彘之食。重以贪暴之吏，刑戮妄加，民愁亡聊，亡逃山林，转为

---

① 恩格斯：《家庭、私有制和国家的起源》，《马克思恩格斯选集》第 4 卷，人民出版社 1995 年版，第 149 页。
① 恩格斯：《家庭、私有制和国家的起源》，《马克思恩格斯选集》第 4 卷，人民出版社 1995 年版，第 149 页。

盗贼，赭衣半道，断狱岁以千万数。汉兴，循而未改。①

根据董仲舒的上书，以往大多认为，秦自商鞅变法便废除了带有农村公社性质的井田制度，实行"民得卖买"的土地私有制度。② 但随着 1975 年睡虎地秦简的出土，这一主流看法却受到了严峻挑战。在这批主要记录战国后期秦国法律文书的竹简中，明确记载了秦有"授田"制度。如《田律》规定："入顷刍稾，以其受田之数，无垦（垦）不垦（垦），顷入刍三石、稾二石。"③ 由于授田皆来自国家，"'授田'是从统治者方面说的，'受田'是从农民方面说的"，④ 因而学界又大多认为，秦自商鞅变法实行的是土地国有性质的授田制，董仲舒的说法乃以汉况秦，不足为凭。⑤

从睡虎地秦简和后来发现的更多秦简看，秦代（国）的确存在着大量国有土地。《里耶秦简［壹］》便记录了一个因公田开垦不力而惩治一批基层官吏的案例，这个案例发生在秦始皇三十四年（前 213 年）。

　　　　卅四年六月甲午朔乙卯，洞庭守礼谓迁陵丞：丞言徒隶不田，奏曰：司空厌等当坐，皆有它罪，耐为司寇。有书，书壬手。令曰：吏仆、养、走、工、组织、守府门、劓匠及它急事不可令田，六人予田徒四人。徒少及毋徒，薄（簿）移治虏御史，御史以均予。今迁陵廿五年为县，廿九年田廿六年尽廿八年当田，司空厌等失弗令田。弗令田即有徒而弗令田且徒少不傅于奏。及苍梧为郡九岁乃往岁田。厌失，当坐论，即如前书律令。/七月甲子朔癸酉，洞庭叚（假）守绎追迁陵。/歇手。·以沅阳印行事。（8－755－759）⑥

①　《汉书》卷 24 上《食货志上》，中华书局 1962 年版，第 1137 页。

②　黎世衡：《中国古代公产制度考》，世界书局 1922 年版，第 14 页；范文澜：《中国通史简编》第 1 编，人民出版社 1964 年版，第 243 页。

③　睡虎地秦墓竹简整理小组编《睡虎地秦墓竹简·秦律十八种·田律》，文物出版社 1978 年版，第 27—28 页。

④　刘泽华：《论战国时期"授田"制下的"公民"》，《南开学报》（哲学社会科学版）1978 年第 2 期。

⑤　张金光：《试论秦自商鞅变法后的土地制度》，《中国史研究》1983 年第 2 期。

⑥　陈伟主编《里耶秦简牍校释》第 1 卷，武汉大学出版社 2012 年版，第 217 页。

还有"左公田""右公田印"等记载。而且在偏远的迁陵县（今湖南里耶龙山）境，直到秦末授田制也仍在照常实施。例如："卅三年六月庚子朔丁巳，【田】守武爰书：高里士五（伍）吾武【自】言：谒很（垦）草田六亩武门外，能恒藉以为田。典缦占。"（9-2344）"卅五年三月庚寅朔丙辰，贰春乡兹爰书：南里寡妇愁自言：谒很（垦）草田故桑（桑）地百廿步，在故步北，恒以为桑（桑）田。"（9-15）① 这说明授田制曾广泛实施，是秦和战国时期无可争辩的基本土地制度。但董仲舒的说法也未必都错。

有一个问题以往比较忽视。除了授田制，秦自商鞅变法还实行了军功赐爵制度，许多军功地主都拥有数量可观的赐田。如商鞅变法规定："有军功者，各以率受上爵；……明尊卑爵秩等级各以差次，名田宅臣妾衣服以家次。"② 《商君书·境内》亦有这方面的记载："能得甲首一者，赏爵一级，益田一顷，益宅九亩，一除庶子一人，乃得入兵官之吏。"③ 具体来说，"王翦将兵六十万人，始皇自送至灞上。王翦行，请美田宅园池甚众"④，就是一个特别典型的事例。显而易见，授田的主要耕种者应是自耕农，赐田的低爵者也大多要自己耕种。但由于贫富分化，也有少数身为士伍的"富农"（实际身份已转化为地主）和中高爵的军功地主一样，并不需要都自己耕田。从相关文献来看，至少有几类人为"富农"或军功地主耕田。一是专门服务于军功地主的"庶子"。如《商君书·境内》："其有爵者乞无爵者以为庶子，级乞一人。其无役事也，其庶子役其大夫月六日；其役事也，随而养之军。"⑤ 这种"庶子"的身份类似于隶农，实际是军功地主的依附农民。二是为"富农"和军功地主耕田的奴婢。在睡虎地秦简《封诊式·告臣》中，便记录了一名男奴因"不田作"被主人"谒卖"的案例。"爰书：某里士五（伍）甲缚诣男子丙，告曰：'丙，甲臣，桥（骄）悍，不田作，不听甲令。谒买（卖）公，斩以为城旦，受贾（价）钱。'"⑥ 里耶秦简《都乡

---

① 陈伟主编《里耶秦简牍校释》第2卷，武汉大学出版社2018年版，第477、21页。
② 《史记》卷68《商君列传》，中华书局1959年版，第2230页。
③ 山东大学《商子译注》编写组：《商子译注·境内》，齐鲁书社1982年版，第133页。
④ 《史记》卷73《白起王翦列传》，第2340页。
⑤ 山东大学《商子译注》编写组：《商子译注·境内》，第130页。
⑥ 睡虎地秦墓竹简整理小组编《睡虎地秦墓竹简·封诊式》，第259页。

守沈爰书》也记录了一位富有的士伍广，他把包括"禾稼"和八名大小奴婢在内的许多财产都传给了女儿胡。"卅五年七月戊子朔己酉，都乡守沈爰书：高里士五（伍）广自言：谒以大奴良、完，小奴轎、饶，大婢阑、愿、多、□，禾稼、衣器、钱六万，尽以予子大女子阳里胡，凡十一物，同券齿。典弘占。"（8-1554）[1] 其中"禾稼"即意味着广有授田，且授田亦必由他的奴婢来耕种。三是为"富农"和军功地主耕田的佃农或雇农。这方面的故事可以秦末起义的领袖陈胜为代表，如《史记·陈涉世家》："陈涉少时，尝与人佣耕，辍耕之垄上，怅恨久之，曰：'苟富贵，无相忘。'庸者笑而应曰：'若为庸耕，何富贵也？'"[2] 仅就"佣耕"或"庸耕"而言，董仲舒所说就显然没错。当时也明显存在着贫富分化，以及"邑有人君之尊，里有公侯之富"的阶级对立。所谓"见税什五"，更成为秦汉私家田租的通例。史载王莽代汉，便公开谴责汉朝的弊端说："而豪民侵陵，分田劫假，厥名三十，实什税五也。"[3]

再从刑罚、流亡来看，董仲舒所说"刑戮妄加，民愁亡聊，亡逃山林，转为盗贼，赭衣半道，断狱以千万数"，也都是不争的事实。唯有"除井田，民得卖买"，可能有些夸大。根据林甘泉等先生研究，战国时代的授田制"可以把所受之田作为世业传之子孙后代"，"是封建土地国有制向私有制转化的一种形式"。[4] 从这一转化的进程来看，在统一全国前后，秦的土地私有现象应越来越多。主张战国土地国有制的学者认为，当时的授田和赐田是绝对不能买卖和转让的。[5] 但问题是，按照授田制和赐田制的规定，那些"佣耕"者、流民、"盗贼"，乃至奴婢和徒隶，原本都有授田或赐田，他们为什么不耕种自己的田地却要给别人耕田，或者流亡，或者成为"盗贼"和奴婢呢？毫无疑问，这是回避或否认土地买卖和私有而无法完全解释的。[6] 岳麓秦简中的《识劫婠案》，就是一个值得特别注意的案

① 陈伟主编《里耶秦简牍校释》第1卷，第356—357页。
② 《史记》卷48《陈涉世家》，第1949页。
③ 《汉书》卷24上《食货志上》，第1143页。
④ 林甘泉主编《中国封建土地制度史》第1卷，中国社会科学出版社1990年版，第91—92页。
⑤ 张金光：《试论秦自商鞅变法后的土地制度》，《中国史研究》1983年第2期。
⑥ 晋文：《秦汉经济制度与大一统国家治理》，《历史研究》2020年第3期。

例。此案发生在秦王政十八年（前 229 年），其中多次提到：大夫沛把"稻田廿亩"直接分给了识，且得到当地官府认可。[①] 识的身份最初是大夫沛的"隶"，后来成为士伍，从军后又成为公士。这就充分说明有些田地是可以继承、赠送和买卖的。《里耶秦简［贰］》对黔首跨乡授田的两条记录也证实了这一点。[②] 所以无怪乎，到了秦始皇三十一年（前 216 年）"使黔首自实田"后，[③] 主张战国土地国有制的学者也大多承认土地私有制已开始确立。[④]

汉承秦制。汉初的民田制度主要是土地私有，在张家山汉简《二年律令》中便有着许多关于土地继承、买卖和赠送的规定。其中最有意思的是，为了尽可能避免绝户，而不是由国家把田宅收回，律令还想方设法让实有田宅都能得到继承，或者分给亲属，乃至赘婿、奴婢在一定条件下都部分有权继承。例如："死毋子男代户，令父若母，毋父母令寡，毋寡令女，毋女令孙，毋孙令耳孙，毋耳孙令大父母，毋大父母令同产子代户。同产子代户，必同居数。弃妻子不得与后妻子争后。"（379－380）"死毋后而有奴婢者，免奴婢以为庶人，以庶人律□之其主田宅及余财。奴婢多，代户者毋过一人，先用劳久、有□□子若主所言吏者。"（382－383）"女子为户毋后而出嫁者，令夫以妻田宅盈其田宅。宅不比，弗得。"（384）"寡为户后，予田宅，比子为后者爵。"（386）[⑤] 土地买卖也明显存在，史载相国萧何"贱强买民田宅数千万"[⑥]，就是一个特别典型的事例。正如董仲舒所说："民得卖买，富者田连仟伯，贫者亡立锥之地。……汉兴，循而未改。"此后，一直到东汉末年，两汉时期的民田制度都主要是土地私有。如丞相张禹"内殖货财，家以田为业。及富贵，多买田至四百顷，皆泾、渭溉灌，极膏腴上贾"[⑦]。仪征胥浦汉简《先令券书》亦明确记载，如同汉初，在西汉末年民

---

①　朱汉民、陈松长主编《岳麓书院藏秦简［叁］》，上海辞书出版社 2013 年版，第 155 页。

②　晋文：《新出秦简中的授田制问题》，《中州学刊》2020 年第 1 期。

③　《史记》卷 6《秦始皇本纪》注引徐广曰，第 251 页。

④　张金光：《试论秦自商鞅变法后的土地制度》，《中国史研究》1983 年第 2 期。

⑤　张家山二四七号汉墓竹简整理小组编《张家山汉墓竹简［二四七号墓］》（释文修订本），文物出版社 2006 年版，第 60、61 页。

⑥　《史记》卷 53《萧相国世家》，第 2018 页。

⑦　《汉书》卷 81《张禹传》，第 3349 页。

户对自家田地的分割与继承是完全自主的。

　　元始五年九月壬辰朔辛丑□高都里朱凌。凌庐居新安里，甚疾其死，故请县乡三老、都乡有秩、佐、里师田谭等为先令券书。凌自言有三父，子男女六人，皆不同父。欲令子各知其父家次，子女以君、子真、子方、仙君，父为朱孙；弟公文，父吴衰近君；女弟弱君，父曲阿病长实。

　　妪言：公文年十五去家自出为姓，遂居外，未尝持一钱来归。妪予子真、子方自为产业。子女仙君、弱君等贫毋产业。五年四月十日，妪以稻田一处、桑田二处分予弱君，波田一处分予仙君，于至十二月。公文伤人为徒，贫无产业。于至十二月十一日，仙君、弱君各归田于妪。妪即受田，以田分予公文：稻田二处，桑田二处，田界易如故。公文不得移卖田予他人。

　　时任知者：里师、伍人谭等及亲属孔聚、田文、满真。先令券书明白，可以从事。（1078—1093）①

东汉亦同样如此。史载名将吴汉"出征，妻子在后买田业"②，外戚马防"兄弟贵盛，奴婢各千人已上，资产巨亿，皆买京师膏腴美田"③，济南王刘康多殖财货，"私田八百顷"④，郑太"家富于财，有田四百顷"⑤，就是几个比较突出的事例。所以荀悦便愤懑总结说："今豪民占田或至数百千顷，富过王侯，是自专封也。买卖由己，是自专地也。"⑥ 更重要的是，土地兼并和大地产的出现，哀帝"限田令"的流产和王莽"王田"制的失败，以及移民屯垦、假民公田和周期性大规模的农民战争表明："民"的土地所有权，尤其大官僚和大地主的土地私有权均不可侵犯。秦汉王朝并没有对所有

①　李均明、何双全编《散见简牍合辑》，文物出版社1990年版，第105—106页。
②　《后汉书》卷18《吴汉传》，中华书局1965年版，第683页。
③　《后汉书》卷24《马援传》，第857页。
④　《后汉书》卷42《光武十王列传·济南安王康》，第1431页。
⑤　《后汉书》卷70《郑太传》，第2257页。
⑥　[东汉]荀悦撰《汉纪》卷8《孝文皇帝纪下》，张烈点校《两汉纪》上册《汉纪》，中华书局2002年版，第114页。

土地的"最终的支配权"，"民"的私有土地也并非"隶属于土地国有制"，① 而不受法律的保护。

二 魏晋南北朝土地国有制的发展

东汉末年出现了长期战乱，加之疾疫、灾荒，使得"大乱之后，民人分散，土业无主，皆为公田"②，社会上存在大片可资利用的荒田。在这种情况下，为了保证粮食的供给，曹魏集团在秦汉屯田的基础上开始大规模屯田。建安元年（196 年），"用枣祗、韩浩等议，始兴屯田"，并取得了很大成效。"是岁乃募民屯田许下，得谷百万斛。于是州郡例置田官，所在积谷。征伐四方，无运粮之劳，遂兼灭群贼，克平天下。"③ 以后蜀汉和东吴政权也都纷纷仿效，在自己控制的区域里屯田。这就使得土地国有制成为三国时期土地制度的主流。

三国时期的屯田主要有民屯、军屯两大类别。以曹魏为例，其民屯主要通过招募贫民和组织流民入屯，由各州郡设置的典农中郎将、典农校尉、典农中尉等主持屯田。民屯的田租很重，通常是"持官牛田者官得六分，百姓得四分，私牛而官田者与官中分"④。军屯又可以分为两种形式：一种是为了军事需要而设置的临时或长期性的屯区，另一种是领兵将领于军事驻地设置的屯田。蜀汉和东吴的屯田也大致相同。

西晋立国前后，宣布罢民屯农官为郡县。咸熙元年（264 年），"罢屯田官以均政役，诸典农皆为太守，都尉皆为令长"⑤。泰始二年（266 年）"十二月，罢农官为郡县"⑥。但对军屯西晋仍非常重视，如咸宁元年（275 年）十二月诏曰："出战入耕，虽自古之常，然事力未息，未尝不以战士为念也。今以邺奚官奴婢著新城，代田兵种稻，奴婢各五十人为一屯，屯置司马，使皆如屯田法。"⑦ 东晋亦同样如此。元帝为晋王时，便明文规定："其

---

① 臧知非：《战国秦汉土地国有制形成与演变的几点思考》，《中国社会科学》2020 年第 1 期。
② 《三国志》卷 15《魏书·司马朗传》，中华书局 1965 年版，第 467—468 页。
③ 《三国志》卷 1《武帝纪》，第 14 页，及注［一］引《魏书》。
④ 《晋书》卷 109《慕容皝载记》，中华书局 1974 年版，第 2823—2824 页。
⑤ 《三国志》卷 4《魏书·三少帝纪》，第 153 页。
⑥ 《晋书》卷 3《武帝纪》，第 55 页。
⑦ 《晋书》卷 26《食货志》，第 787 页。

非宿卫要任，皆宜赴农，使军各自佃作，即以为廪。"① 具体来说，襄沔地区和淮南地区都成为东晋屯田的重点区域。② 南北朝时期，各分立政权都采取屯田政策，以军屯为主。与两汉屯田多在边疆地区不同的是，在魏晋南北朝时期，大量的"中间地带"成为南北政权的"边疆"地区，从而成为屯田的重要区域。

曹魏末期，在民屯制度越来越出现弊端的情况下，朝廷将民屯管理划归郡县，这就为新的占田制的推行做了铺垫。到西晋统一后，为调动农民的生产积极性，武帝于太康元年（280 年）颁行了占田课田制。据《晋书·食货志》记载，当时农民的法定占田数额及男女课田的年龄是：

> 男子一人占田七十亩，女子三十亩。其外丁男课田五十亩，丁女二十亩，次丁男半之，女则不课。男女年十六已上至六十为正丁，十五已下至十三、六十一已上至六十五为次丁，十二已下六十六已上为老小，不事。③

这种占田制与汉初《二年律令》规定的名田制（或称授田制）类似，是由土地国有制又部分转化为土地私有制。④ 所不同者，占田制的课田是按每户（一说按每户人丁数）固定面积征收田租的，如《晋故事》"凡民丁课田，夫五十亩，收租四斛"⑤；而汉代民田则是按户根据其实际耕种面积即"垦田"征收田租的，如走马楼西汉简《都乡七年垦田租簿》："凡垦田六十顷二亩，租七百九十六石五斗七升半。"⑥ 这表明汉初名田或授田旨在鼓励和引导垦荒，西晋的占田却以课田来强制垦荒，具有更强烈的指令性质。关键

---

① 《晋书》卷 26《食货志》，第 791 页。

② 张学锋：《六朝农业经济概说》，载胡阿祥主编《江南社会经济研究》六朝隋唐卷，中国农业出版社 2006 年版，第 183—186 页。

③ 《晋书》卷 26《食货志》，第 790 页。

④ 刘安志：《建国以来关于西晋占田课田制的研究述评》，《中国史研究动态》1993 年第 11 期。

⑤ ［唐］徐坚等：《初学记》卷 27《宝器部·绢九》引《晋故事》，中华书局 1962 年版，第 657 页。

⑥ 马代忠：《长沙走马楼西汉简〈都乡七年垦田租簿〉初步考察》，载中国文化遗产研究院编《出土文献研究》第 12 辑，中西书局 2013 年版，第 213 页。

在于，根据学界的通常理解，占田制规定一对夫妇要课田七十亩或五十亩[①]，按每亩八升计，前者皆交租五斛六斗，后者交租四斛。这不仅从制度上保障了朝廷的田租收入，而且更逼迫农民尽可能扩大耕种面积，以降低租率。尽管每亩八升还并不算重，如上引汉简是每亩平均约一斗三升（7965.75÷6002≈1.3），但就其课田面积而言，70亩或50亩和秦汉相比便显得很大了。秦汉时期一对夫妇每年平均垦田35亩左右，如里耶秦简8-1519："迁陵卅五年狠（垦）田舆五十二顷九十五亩，税田四顷【卌二】，户百五十二，租六百七十七石。"[②] 每户平均耕种"舆田"（汉代改称"垦田"）不到35亩（5295÷152≈34.84）。汉宣帝时，名将赵充国率军屯田，也设定男性壮劳力的士卒为"赋人二十亩"[③]。根据最新公布的《堂邑元寿二年要具簿》："凡筭（算）六万八千五百六十八，其千七百七十九奴婢。""凡狠（垦）田万一千七百九十九顷卅七亩半。"（M147：25-1）[④] 在西汉末年的堂邑县（今南京六合区），每个成年人耕种的垦田平均只有17.2亩（1179937.5÷68568≈17.2）。按一对夫妇计，每户垦田平均亦不到35亩。从秦汉到魏晋，农业生产力的发展并没有质的突破。据相关文献记载，东汉中后期全国的总垦田数和户均垦田还比西汉末年有明显下降。如《汉书·地理志下》：

> 讫于孝平，凡郡国一百三，县邑千三百一十四，道三十二，侯国二百四十一。地东西九千三百二里，南北万三千三百六十八里。提封田一万万四千五百一十三万六千四百五顷，其一万万二百五十二万八千八百八十九顷，邑居道路，山川林泽，群不可垦，其三千二百二十九万九百四十七顷，可垦不（可）垦，定垦田八百二十七万五百三十六顷。民户千二百二十三万三千六十二，口五千九百五十九万四千九百七十八。[⑤]

[①] 张学锋：《西晋占田、课田、租调制再研究》，载氏著《汉唐考古与历史研究》，生活·读书·新知三联书店2013年版，第178—211页。

[②] 陈伟主编《里耶秦简牍校释》第1卷，第345页。

[③] 《汉书》卷69《赵充国传》，第2986页。

[④] 青岛市文物保护考古研究所、黄岛区博物馆：《山东青岛土山屯墓群四号封土与墓葬的发掘》，《考古学报》2019年第3期。

[⑤] 《汉书》卷28下《地理志下》，第1639—1640页。

按全国"垦田"总计 1031656900 亩算，[①] 亦即 14513640500 - 10252888900 - 3229094700 = 1031656900（亩），其户均垦田约为 84.3 亩（1031656900 ÷ 12233062 ≈ 84.3）。再如《后汉书·郡国志》注引伏无忌载：

> 　和帝元兴元年，户九百二十三万七千一百一十二，口五千三百二十五万六千二百二十九，垦田七百三十二万一百七十顷八十亩百四十步。安帝延光四年，户九百六十四万七千八百三十八，口四千八百六十九万七百八十九，垦田六百九十四万二千八百九十二顷一十三亩八十五步。顺帝建康元年，户九百九十四万六千九百一十九，口四千九百七十三万五百五十，垦田六百八十九万六千二百七十一顷五十六亩一百九十四步。冲帝永嘉元年，户九百九十三万七千六百八十，口四千九百五十二万四千一百八十三，垦田六百九十五万七千六百七十六顷二十亩百八步。质帝本初元年，户九百三十四万八千二百二十七，口四千七百五十六万六千七百七十二，垦田六百九十三万一百二十三顷三十八亩。[②]

其垦田总数和户均垦田则分别是：在和帝元兴元年（105 年），全国总垦田数约为 732017080.2 亩，每户平均垦田约为 79.2 亩；在安帝延光四年（125 年），全国总垦田数约为 694289213.35 亩，每户平均垦田约为 72 亩；在顺帝建康元年（144 年），全国总垦田数约为 689627156.8 亩，每户平均垦田约为 69.3 亩；在冲帝永嘉元年（145 年），全国总垦田数为 695767620.45 亩，每户平均垦田约为 70 亩；在质帝本初元年（146 年），全国总垦田数为 693012338 亩，每户平均垦田约为 74.1 亩。由于战乱和社会动荡，推测在东汉末年和三国时期的总垦田数和户均垦田数应当更低。然而西晋的课田面积却比前述约耕种 35 亩扩大了 1.5 倍或 2 倍左右，这意味着课田所征收的每亩八升并非当时的真实租额。假设一对夫妇实际耕种仍为 35 亩左右，如垦田 40 亩、35 亩和 30 亩，按课田 70 亩计，其真实租额即应当是每亩一斗四升（70 × 8 ÷ 40 = 14）、一斗六升（70 × 8 ÷ 35 = 16）和一斗八又三分之二升

[①]　参见张梦晗《从新出简牍看西汉后期南京的农业经济》，《中国农史》2020 年第 6 期。
[②]　《后汉书》志 23《郡国五》，第 3534 页。

$(70 \times 8 \div 30 = 18\frac{2}{3})$，按 50 亩计，则真实租额应当是每亩一斗 $(50 \times 8 \div 40$ $= 10)$、约一斗一升五 $(50 \times 8 \div 35 \approx 11.5)$ 和一斗三又三分之一升 $(50 \times 8$ $\div 30 = 13\frac{1}{3})$，的确比汉魏时期重了一些。如前揭《堂邑元寿二年要具簿》记载："凡狠（垦）田万一千七百九十九顷卅七亩半。其七千一百九十一顷六十亩，租六万一千九百五十三石八斗二升。菑害。定当收田四千六百七顷七十亩，租三万六千七百廿三石七升。"（M147：25－1）① 其中全县因灾害被完全免除的垦田田租平均每亩约为 8.61 升 $(6195382 \div 719160 \approx 8.61)$，而定收垦田即实际征收垦田的田租平均约为 7.97 升 $(3672307 \div 460770 \approx 7.97)$，合计田租平均每亩约为 8.36 升 $(9867689 \div 1179900 \approx 8.36)$。

不过，课田还有另外一个方面：如果要和民屯最少应对半交租比，就算占田制的真实租额更高一些，如每亩二斗或二斗以上，也明显低了很多。按亩产两石至六石以上计，相当于什一之税至三十税一。从这个方面来说，西晋的课田还是大多数农民能够承受的。之所以占田制能调动农民的生产积极性，在一段时间里促进了农业经济的恢复和发展，原因即在于此。尽管如此，在强调重农并减轻赋税的大环境下，这种课田制到东晋咸和五年（330年）仍然被负担更轻的"度田税米"所取代。"咸和五年，成帝始度百姓田，取十分之一，率亩税米三升。"② 按稻谷较低的 50% 出米率计算，则每亩租额六升。③ 至隆和元年（362 年）正月，又降低为税米二升。"隆和元年春正月……甲寅，减田税，亩收二升。"④ 这与汉代三十税一最低每亩租额四升是基本相同的。对占有许多良田的大地主来说，若亩产四石以上，其租额则低于"百一而税"了。

西晋"八王之乱"后，北方长期战乱和动荡，占田制已无以为继。在国家掌握大量土地的情况下，至北魏孝文帝改革，对民田又实行了更具有土

---

① 青岛市文物保护考古研究所、黄岛区博物馆：《山东青岛土山屯墓群四号封土与墓葬的发掘》，《考古学报》2019 年第 3 期。

② 《晋书》卷 26《食货志》，第 792 页。

③ 按：对"税米三升"还是"税米三斗"问题，学界存在很大争议。笔者赞同"三升"说，详见陆帅《东晋"度田税米"再考：性质、租额与实施背景》，《中国经济史研究》2020 年第 5 期。

④ 《晋书》卷 8《哀帝纪》，第 206 页。

地国有色彩的均田制。根据《魏书·食货志》，其主要规定是：男性年满十五以上受露田四十亩，桑田二十亩，妇女受露田二十亩。奴婢受田依照良民。丁牛一头受露田三十亩，限受四牛。"诸民年及课则受田，老免及身没则还田。奴婢、牛随有无以还受。""诸桑田皆为世业，身终不还，恒从见口。有盈者无受无还，不足者受种如法。盈者得卖其盈，不足者得买所不足。"[①] 不难看出，均田制的核心就是把每户的受田都划分为国有土地（露田）和私有土地（桑田），既让主体部分的国有土地能得到开垦和耕种，并不断循环，又能多少满足社会各界的土地私有化要求。这种土地所有制的形式大致可以说是战国、秦代授田制的改版。除了露田的免老和身死归田，它的最大变化，也是均田制中最具有历史意义的改造和发明，其实就是打破常规，在授田时直接规定有一小部分属于受田者私有。尽管私有的桑田数量相对较少，但毕竟也使小农都有了自己的私有土地。这对于缓和矛盾，激发农民的生产积极性，无疑便有着重大作用。太和十四年（490 年），均田制才实行五年，已呈现"关外诸方，禾稼仍茂"的景象。[②] 还要说明的是，如同汉代名田，原本私有的民田是不得在均田中收授的。[③]

当然，从桑田"盈者得卖其盈，不足者得买所不足"看，均田制为日后的土地兼并和自身的瓦解也留下了隐患。但总体来说，在处理阶级关系和促进经济发展方面，均田制要优于以往的土地制度。所以北魏以后，无论东魏、西魏，北齐、北周，还是隋朝和唐朝，都相继推行了均田制，并在具体实施过程中又做了不少改进和完善。从某种意义上说，隋唐农业的高度发达，均田制曾发挥了重要作用。

三　几点结论与启迪

首先，土地制度的嬗变有其自身规律，秦汉魏晋南北朝的土地制度均具有鲜明的时代特点。无论是战国、秦代的授田制和赐田制，还是汉初的名田（授田）制，抑或魏晋南北朝时期的屯田制、占田制和均田制，实际都是要解决当前面临的政治、经济和军事等问题。秦的授田和赐田制便集中体现了

---

① 《魏书》卷 110《食货志》，中华书局 1974 年版，第 2853—2854 页。
② 《魏书》卷 54《高闾传》，第 1205 页。
③ 晋文：《张家山汉简中的田制等问题》，《山东师范大学学报》（人文社会科学版）2019 年第 4 期。

国家的耕战政策，奠定了统一六国的物质基础；汉初的名田（授田）制是为了鼓励社会各界垦荒、保障稳定的财政收入、恢复和发展经济；曹魏以后的屯田制，主要应对的是迫在眉睫的粮食供给和组织生产问题；西晋的占田制是要调动农民的生产积极性，让大多数农民自主生产，并满足大地主占有土地的要求；而北魏以后的均田制则是既要多少限制大土地私有制的发展，又要让少地或无地的农民通过授田来获取土地，以振兴北朝的经济。这些土地制度的形成均可谓与时俱进，是顺应历史和社会发展的产物。

其次，秦汉土地私有制的发展可以极大地调动地主和农民的积极性，但也是最终导致土地制度被完全破坏的主因。秦代姑且不论。汉代的土地制度允许继承和买卖，是不折不扣的私有制。这方面的事例数不胜数，也是文景之治、昭宣中兴、光武中兴得以形成的经济基础。可以毫不夸张说，汉帝国的强盛与荒田的不断开垦和小农经济的繁荣有着直接的因果关系。而土地的正常流转，则是维系小农经济和社会再生产的一个重要保障。无奈的是，土地私有制的发展，又必然造成贫富分化，带来土地兼并的沉疴和痼疾。从期望和法律规定来看，无论秦汉统治精英的顶层设计，还是广大农民的诉求，"耕者有其田"的初衷都恰恰是以土地的私人所有或占有为归宿的。但事与愿违，土地私有也恰恰为土地兼并大开了方便之门。为了走出怪圈，解决这一难题，两汉王朝采取了许多重农措施，诸如轻徭薄赋、招抚流亡、贷种实、抑兼并等。在限田、度田无效的情况下，还屡屡推行移民屯垦、假民公田或赋民公田政策。这些做法都多少延缓了土地兼并的进程，但却无法从根本上遏制土地兼并的蔓延。当农民大量破产、大地主和大地产普遍出现之时，两汉王朝也就病入膏肓、朝不虑夕了。

再次，魏晋南北朝土地国有制的发展可以在一段时间里组织生产，有效保障粮食的供给，但最终还是要让位于效率更高的土地私有制。这是历史和社会发展的大趋势，正如马克思所说："君主们在任何时候都不得不服从经济条件，并且从来不能向经济条件发号施令。"① 一般来说，在秦汉魏晋南北朝时期，土地私有制的效率要高于土地国有制的效率。但土地私有制的效率要充分发挥出来，还有着人口与土地紧密结合的前提条件。除了要有大量

---

① 马克思：《哲学的贫困》，《马克思恩格斯全集》第 4 卷，人民出版社 1958 年版，第121 页。

荒田的存在，通常都必须让农民有一个比较安定的生活和生产环境。魏晋南北朝时期则不然，曾长期分裂和战乱，人口大量死亡或逃亡，大多数农民根本无法再组织生产。这就决定了由国家直接组织生产的土地国有制形式会大行其道，比如从曹魏开始的大规模屯田。但大量屯田的涌现毕竟是战时体制的产物，可以解燃眉之急，却不可以长久。在战乱结束、社会相对安定后，为了提高效率，调动农民的生产积极性，民田的主要占有方式又必然要逐渐回归到土地私有。西晋占田制的推行就是这一回归的体现。即使战乱还未结束，社会相对有些安定，北魏所开始推行并带有明显土地国有形式的均田制，也不得不加入一些土地私有的内容。更不用说，无论屯田制的推行，还是授田制推行之前，原本都存在着数量可观的私有民田。可见土地制度的私有终究要不断生长，已成为当时不可抗拒的潮流。

最后，秦汉魏晋南北朝的土地制度占有着独特而突出的历史地位。秦汉是中国古代大一统王朝的源头，所开创的授田制、名田制、屯田制等对后世都产生了深远影响。从授田、赐田和名田制来说，西晋的占田制与之便有着内在的渊源关系；北朝的均田制也与授田、名田和占田制有着一定的继承关系，并延续到了隋唐；而秦汉开创的屯田制，更可谓一脉相承。秦汉魏晋南北朝土地制度的嬗变，还给后世留下许多宝贵的经验和教训。所谓"夺富民之田以与无田之民，则富民不服，此必生乱；如乘大乱之后，土旷而人稀，可以一举而就"①，便道出了限田或均田在私有制度下的艰难。只有"乘大乱之后，土旷而人稀"，才能打破原有格局，重新分配土地，使大多数农民得到一小块田地。因此，要研究中国古代经济史，特别是土地制度史，对秦汉和魏晋南北朝的土地制度即应当高度重视。

---

① 　［元］马端临撰《文献通考》卷 1《田赋一》，中华书局 1986 年版，第 34 页上。

附　录

秦亩产新考

——兼析传世文献中的相关亩产记载

吴朝阳　晋　文

内容提要： 研究战国秦汉的亩产，以往都受到三大问题的困扰，即各地度量衡不一致问题、文献记载数据的可信性问题和粮食堆密度的推定问题。但新的出土文献为解决这三大困扰提供了比较充分的条件。根据商鞅方升、睡虎地秦简、张家山汉简、岳麓书院秦简等，可以算得秦国"石"的容积约为 20215 毫升。但在衡量口粮时，"石"却不是"十斗粟"的意思，而应当是"十斗粝米"，并由此推算出粟和粝米的堆密度约为每毫升 0.6356 克和每毫升 0.750 克。而分析北大秦简等记载的"三步一斗"，再结合银雀山汉简等资料，则可以推算出秦国粟的最高亩产。在此基础上，亦可厘清传世文献关于亩产记载的诸多问题。结论是：战国后期秦国官方认定的粟的最高亩产为每市亩约 295 市斤，战国后期至西汉前期"中田"粟的亩产约为 177 市斤。

关键词： 秦　亩产　石　"三步一斗"　传世文献

先秦两汉时期的粮食亩产是中国古代经济史研究最重要的问题之一。数十年来，对战国至秦汉时期的亩产研究一直是经济史学界的一个热点，已发表了众多论著。但由于种种原因，这些论著对亩产的估计值差异非常之大。其"低产论"者估计的战国秦汉亩产仅为每市亩 70 市斤左右，[①]"高产论"

---

① 马大英、赵德馨、杨际平等先生为"低产论"者。详见马大英《汉代财政史》，中国财政经济出版社 1983 年版，第 43 页；赵德馨、周秀鸾《汉代的农业生产水平有多高——与宁可同志商榷》，《江汉论坛》1979 年第 2 期；杨际平《从东海郡〈集簿〉看汉代的亩制、亩产与汉魏田租额》，《中国经济史研究》1998 年第 2 期。

者估计每市亩可产 250 市斤以上，[1] 而观点折中者的估计则在每市亩 100 市斤至 140 市斤之间。[2]

学者们推算战国秦汉的粮食亩产主要根据传世文献中的记载，但传世文献关于粮食亩产的记载数量既少，有些数据间又相互矛盾。这些记载有的可能来源于战国时期的秦、齐、楚等度量衡不同的国家，因而诸记载中的"亩"究竟为百步之"小亩"抑或二百四十步之"大亩"，"石"为"小石"或"大石"，甚或重量之"石"，大多难以得到确证。可以毫不夸张地说，对这些度量衡记载的不同解读，乃是其亩产估计高低不同的一个主要原因。同时，传世文献中有些重要的亩产数据出自政论家之口。但由于政论家可能因为政治目的而有意歪曲事实，这些亩产数据可能并不真实，因而学者们对采信其中哪些数据亦看法各异。这是造成诸多学者对亩产估计高低差异的另一个重要原因。此外，当时一斗粟的重量究竟应是多少，亦即粟的堆密度到底应该是多少？由于采用的数据互有出入，[3] 也在一定程度上造成了估计亩产量的差异。总之，传世文献的度量衡问题，数据可信性问题，以及粮食堆密度的推定问题，是造成学者们对战国秦汉亩产众说纷纭的三大原因。要对战国秦汉粟的亩产做出令人信服的考证，关键即在于应排除产生这三大歧见的根源。

在商鞅变法之后，秦国的度量衡就一直是统一的。本文以战国后期秦国的经济数据来考证秦国的亩产，完全避免了传世文献记载可能存在的度量衡不统一的问题。张家山汉简《算数书》、北大秦简《算书》、岳麓书院藏秦

---

① 李根蟠先生认为，"战国时代的粮食亩产量已逐步达到每周亩二大石的水平"，此为每大亩 80 斗，属"高产论"，而吴慧先生的秦汉亩产估计值则达到每市亩 264 斤。详见李根蟠《从银雀山竹书〈田法〉看战国亩产和生产率》，《中国史研究》1999 年第 4 期；吴慧《中国历代粮食亩产研究》，农业出版社 1985 年版，第 194 页。

② 宁可、张泽咸与郭松义、胡戟、周国林、于琨奇等先生可划为"中产论"者，他们对秦汉间粟亩产的估计值分别为每市亩约 140 市斤、约 100 市斤、117 市斤、120 市斤、112—117 市斤。详见宁可《汉代农业生产漫谈》，《光明日报》1979 年 10 月 4 日；张泽咸、郭松义《略论我国封建时代的粮食生产》，《中国史研究》1980 年第 3 期；胡戟《从耕三余一说起——我国传统小农经济的生产效率和生产结构问题》，《中国农史》1983 年第 4 期；周国林《关于汉代亩产的估计》，《中国农史》1987 年第 3 期；于琨奇《秦汉粮食亩产量考辨》，《中国农史》1990 年第 1 期。

③ 例如：于琨奇先生使用公式"1 大石 = 27 市斤粟"却并未指出其依据，吴慧先生使用的粟重数据来自当代实测值，其中每 2000 毫升粟重约 1350 克，每 2000 毫升小米重约 1600 克。参见于琨奇《秦汉粮食亩产量考辨》，《中国农史》1990 年第 1 期；吴慧《中国历代粮食亩产研究》，第 43 页。

简《数》等数学著作中蕴含亩产信息的记载都是比较客观的新资料，本文根据这些记载推定战国后期秦国"亩"与"石"的具体数值，以及以"亩""石"为单位的亩产数据，并以银雀山汉简《田书》为佐证，充分保证了数据的可信性。而根据岳麓秦简《数》的简文计算，则可以确定当时粟和粝米的堆密度，为将"石"换算为"市斤"提供了确切无疑的换算公式。此外，本文以所得的亩产数值为据，对传世文献中的主要亩产记载进行对比和分析，也为理解传世文献中的记载提供了新的思路。

一　战国后期秦国的"石"

上海博物馆藏"商鞅铜方升"铭文曰"十六尊（寸）五分尊（寸）壹为升"，去锈后实测容积约为202毫升。[1]《九章算术·商功》说："程粟一斛，积二尺七寸。其米一斛，积一尺六寸五分寸之一。其菽、荅、麻、麦一斛，皆二尺四寸十分寸之三。"[2] 其中，"米一斛，积一尺六寸五分寸之一"与"商鞅铜方升"铭文相符。再参照其他多种出土秦国容器，可以确定秦国一升约为202.15毫升，而一尺则约为23.19厘米。[3] 所以说，作为容积单位的升、斗的容积是明确的，所谓十斗之"石"（"斛"）的容积便可以确定为约20215毫升。然而在实际使用时，战国后期秦国的"石"并非仅仅可以理解为"十斗"。考虑到"石"在度量衡方面的真正含义并非一目了然，有必要在这里作些讨论。

张家山汉简《算数书》"旋粟"题说："（粟）二尺七寸而一石。"[4] 上引《九章算术·商功》说："程粟一斛，积二尺七寸。"可见"一石"的容

---

① 按：关于商鞅方升及铭文，杨宽《战国史》中附有照片、拓片和释读；而准确容积，"经上海市标准计量管理局用工具显微镜测定，容积为二百零二点一五立方厘米"。详见杨宽《战国史》，上海人民出版社1998年第3版，第206—209页。

② 李继闵：《〈九章算术〉导读与译注》，陕西科学技术出版社1998年版，第480—481页。按：此处"米"指"粝米"，本文为行文方便，亦以"米"指"粝米"，二者混用。

③ 参见丘光明等《中国科学技术史（度量衡）》，科学出版社2001年版，第168页。按：此处所引"升"与"尺"的数据与其他研究所得的结果略有出入，但差别微小，不影响本文推算所得数据的前三位数字。

④ 张家山二四七号汉墓竹简整理小组编《张家山汉墓竹简［二四七号墓］》（释文修订本），文物出版社2006年版，第151页。

积可以是 2.7 立方尺，是"一尺六寸五分寸之一"的 $1\frac{2}{3}$ 倍，即 $16\frac{2}{3}$ 斗，也就是后世之所谓"大石"。上引《九章算术·商功》还说："其菽、荅、麻、麦一斛，皆二尺四寸十分寸之三。"换算所得，"一石"的容积则为 15 斗。

　　上述"石"容积的不一致性，源自粮食中"粟"与"米"的区别。"粮食"这个概念在秦国的管理实践中是存在歧义的，计算粮食亩产时计量对象是"粟"，因而"一石"指"十斗粟"，而计算口粮时的计量对象是"米"，此时"一石"则指"十斗米"。秦官方规定"粟"与"米"的换算比率是 50∶30，即 50 斗粟折算为 30 斗米，这个换算率始见于睡虎地秦简《仓律》——"〔粟一〕石六斗大半斗，舂之为粝米一石。"[1] 张家山汉简《算数书》"程禾"题说："禾黍一石为粟十六斗泰半斗，舂之为粝米一石。"[2] 也给出相同的换算率。而《九章算术·粟米》则说："粟米之法：粟率五十，粝米三十……菽、荅、麻、麦各四十五。"[3] 其粟、麦、米的换算比率为 50∶45∶30。这些换算比率完全解释了前述张家山汉简《算数书》"旋粟"题以及《九章算术·商功》引文中"一石"容积大小不等的原因："一石"不同种类的粮食在被视为口粮时，不是简单地等于"十斗"，而是等于该种粮食折算为"十斗粝米"所需的斗数。也就是说，在衡量作为口粮的粮食时，"石"不是一个容积概念，而是"十斗粝米"的"当量"。

　　睡虎地秦简《仓律》规定："隶臣妾其从事公，隶臣月禾二石。"[4]《墨子·杂守》曰："斗食，终岁三十六石；参食，终岁二十四石。"[5] 对比可知，秦律中的"石食"指"十斗口粮"。居延汉简记述士卒的月食为粟"三

---

　　① 睡虎地秦墓竹简整理小组编《睡虎地秦墓竹简》，文物出版社 1978 年版，第 44 页。按：为印刷和输入方便，"粝"为改写的简化字。

　　② 张家山二四七号汉墓竹简整理小组编《张家山汉墓竹简〔二四七号墓〕》（释文修订本），第 144 页。

　　③ 李继闵：《〈九章算术〉导读与译注》，第 303 页。

　　④ 睡虎地秦墓竹简整理小组编《睡虎地秦墓竹简》，第 49 页。按：据《仓律》规定，一般口粮为"一石半石"，而"隶臣田者"则"月禀二石半石"，与《墨子》之"斗食"者接近，此可知强劳力的口粮标准较高。

　　⑤ 〔清〕孙诒让：《墨子间诂》，中华书局 1986 年版，第 577 页。

石三斗三升少"① 即 33$\frac{1}{3}$斗，依粟、米 50∶30 的换算比率，折算恰为"粝米二石"。由此可见，"从事公"者的禀食标准自秦至汉都是二石粝米，如果发放的粮食是粟而不是粝米，则依粟、米换算比率发放 33$\frac{1}{3}$斗。《盐铁论·散不足》："十五斗粟，当丁男半月之食。"② 就是说成年劳动力一个月的口粮大约 30 斗粟，其数值也与折算"粝米二石"基本相当。此外，张家山汉简《算数书》算题"舂粟"中的"禀粟一石"，算题"耗"中的"（禀）粟一石"，邹大海先生据题中数据亦证明其意为"禀食一石"，也就是发放折合"粝米一石"的粟③——"为粟十六斗泰半斗。"总之，以上论述证明：讨论口粮的时候，"粟一石"是粟"十六斗泰半斗"而非"十斗"。所以在考察古人所说的"一石"粮食时，要特别注意它究竟指的是计算亩产时的计量对象还是计算口粮时的计量对象，因为二者的具体容积不同。

在我国古代"石"还是一个重量单位，一石重为一百二十斤。据现代专家对出土秦、汉衡器的测定，秦、汉的重量单位实测值基本一致，一斤重约合公制 253 克。④ 因此，一石重折合公制约等于 30.36 千克（120×253÷1000＝30.36）。而岳麓书院藏秦简《数》的一则简文所提供的数据，则不仅可以用来确定战国后期秦国"一石重"的大小，还可以用来计算粟和粝米的堆密度，这给本文考证秦国粟的亩产提供了极为可信的依据。

岳麓书院藏秦简《数》的简文说："黍粟廿三斗六升重一石，水十五斗重一石，粝米廿斗重一石，麦廿一斗二升重一石。"⑤ 依照前文考证，一斗

---

① 参见谢桂华等《居延汉简释文合校》，文物出版社 1987 年版。书中此类记载数以百计，例如第 41 页之"合 27.11"简载"二月食三石三斗三升少"。按：引文中的"少"指"少半升"，是居延汉简中常见的省略写法。

② 王利器校注《盐铁论校注（定本）》，中华书局 1992 年版，第 351 页。

③ 邹大海：《出土〈算数书〉校释一则》，《东南文化》2004 年第 2 期；《关于〈算数书〉、秦律和上古粮米计量单位的几个问题》，《内蒙古师范大学学报》（自然科学汉文版）2009 年第 5 期。

④ 参见丘光明等《中国科学技术史（度量衡卷）》，第 171 页。

⑤ 参见肖灿、朱汉民《岳麓书院藏秦简〈数〉的主要内容及历史价值》，《中国史研究》2009 年第 3 期；肖灿、朱汉民：《周秦时期谷物测算法及比重观念——岳麓书院藏秦简〈数〉的相关研究》，《自然科学史研究》2009 年第 4 期；朱汉民、陈松长主编《岳麓书院藏秦简［贰］》，上海辞书出版社 2011 年版，第 87 页。

容积约 2021.5 毫升，则"十五斗"的体积约为 30323 毫升；简文说"水十五斗重一石"，而水在常温下的比重为 1。因此，战国后期秦国的"重一石"约为 30.32 千克，与上述据现代实测值计算的"一石重"相符。它证明了岳麓秦简《数》中此条简文的可靠性，从而便可以根据其关于粟和粝米重量的记述来确定二者的堆密度。据简文"黍粟廿三斗六升重一石"，以及一斗约为 2021.5 毫升，可计算得粟的堆密度等于（30.32×1000）÷（23.6×2021.5）≈0.6355 克/毫升，[①] 所以一斗粟的重量折合公制则约等于 30.32/23.6 千克，即约 1.285 千克。而据"粝米廿斗重一石"，则可推算得粝米堆密度为（30.32×1000）÷（20×2021.5）≈0.750 克/毫升，一斗粝米的重量折合公制则约等于 30.32/20＝1.516 千克。

二 "三步一斗"与粟的亩产

北京大学于 2010 年初获得一批秦简，其中有一部被称为《算书》的数学著作。《算书》中有一篇为方便计算"税率和田租数额"的表格式"田书"，而"税率则从'三步一斗'到'廿四步一斗'不等"。[②] 这充分证明当时其高低不同的田租普遍存在，并给出了田租数值的具体范围。张家山汉简《算数书》"并租"题说"禾三步一斗"，"税田"题曰"税田廿四步，八步一斗，租三斗"，"取程"题则有"取程十步一斗"及"取程五步一斗"两个算例，共可见"三步一斗""八步一斗""五步一斗""十步一斗"等多种田租。[③] 从岳麓书院藏秦简《数》中也可以看到从"三步一斗""五步一斗""八步一斗"等不同田租，其实际田租最高者为"三步一斗"，最低者为"十一步九分步一而一斗"。[④] 由此可见，在战国后期的秦国或者全

---

① 按：有些专家如吴慧先生以现代粟的实测堆密度来估算秦汉产量，但今、古粟的品种、品质不尽相同，干湿程度标准有异，故现代估计实不足为据。这则岳麓秦简为秦时官方数据，因此本文推算的数据显然比现代实测值可靠。

② 按：这部书一开始被称为《算数书》，目前称《算书》，详细内容尚未公布，其简介可参见韩巍《北大秦简中的数学文献》，《文物》2012 年第 6 期；北京大学出土文献研究所《北京大学出土文献研究所工作简报》2010 年第 3 期，http：//www.zggds.pku.edu.cn/005/007/003.pdf。

③ 参见张家山二四七号汉墓竹简整理小组编《张家山汉墓竹简［二四七号墓］》（释文修订本），第 137、141、143 页。

④ 朱汉民、陈松长主编《岳麓书院藏秦简［贰］》，第 34、35、38、39 页。

国统一后的秦朝，田租高者可达"三步一斗"，低者则低至"廿四步一斗"。更值得注意的是，上述三本数学书都有着相同的最高田租——"三步一斗"。

北京大学出土文献研究所指出，上引北大秦简《算书》中内容出自表格式的"田书"，"应该是为方便田亩、租税计算而编写的参考书"。因此，其"三步一斗"的田租应是官方规定的田租最高值。岳麓书院藏秦简《数》与张家山汉简《算数书》算题中也以"三步一斗"为最高田租，更是这个判断的有力佐证。因此，我们可确认"三步一斗"为战国后期秦国官方规定的最高田租。

岳麓书院藏秦简《数》中有两道"三步一斗"的算题，其一简文为：

> 租误券。田多若少，耤令田十亩，税田二百卌步，三步一斗，租八石。今误券多五斗，欲益田。其述曰：以八石五斗为八百。①

此算题中共有"田十亩"，而收田税的面积是"田二百卌步"，即田亩数的十分之一。岳麓秦简《数》的另一算题说："禾舆田十一亩，兑［税］二百六十四步，五步半步一斗，租四石八斗。"② 所征税面积也同样是亩数的十分之一。可见，岳麓秦简中"禾田"的租税率实际就是魏国李悝所说的"十一之税"。③ 北京大学的简报指出，北大秦简《算书》中的"田书"有一处非常特别的地方，它"每简分上下两栏书写"，"下栏则为田租的计算，包括税田面积、税率和田租数额。税田面积均为上栏亩数的十二分之一"。④ 这证明北大秦简《算书》"田书"中的"税田面积"并不是指耕地面积的"上栏亩数"，而是"上栏亩数的十二分之一"。如此说来，秦官方规定的田税率又似为"十二分之一"（可能是地区差异）。但综合来看，无论税率是

---

① 参见肖灿、朱汉民《岳麓书院藏秦简〈数〉的主要内容及历史价值》，《中国史研究》2009 年第 3 期；朱汉民、陈松长主编《岳麓书院藏秦简［贰］》，第 38 页。
② 朱汉民、陈松长主编《岳麓书院藏秦简［贰］》，第 53 页。
③ 《汉书》卷 24 上《食货志上》，中华书局 1962 年版，第 1125 页。
④ 北京大学出土文献研究所：《北京大学出土文献研究所工作简报》2010 年第 3 期，http://www.zggds.pku.edu.cn/005/007/003.pdf。

"十分之一"还是"十二分之一",甚或其他数字,"三步一斗"都不是从耕地总面积收取,而是从被课税的田地面积上收取。张金光先生认为,"秦自商鞅变法后,田租应是结合产量,按照一定租率,校定出一个常数,作为固定租额",判断其田租率"似乎也应是什一之率",① 正与此相合。因此,"三步一斗"指的就是被课税田地的产量,是战国后期秦国官方认定的最高亩产量。由于张家山汉简《算数书》明确说"禾三步一斗",而粟也是当时种植最广且产量最高的粮食作物,因而"三步一斗"是战国后期秦国官方认定的粟的最高亩产量,折合亩产则为每"大亩"产粟80斗。②

银雀山汉墓竹简说:"岁收:中田小亩亩廿斗,中岁也。上田亩廿七斗,下田亩十三斗。"又说:"卒岁少入三百斗者,黥刑以为公人。"③ 后一条是简文中欠负田租的最高数额。若依百亩上田收"十一之税"计算,以"岁少入三百斗"为欠缴全部田租,则每小亩田租约为三斗,折合每小亩亩产约为三十斗。这一亩产比"上田亩廿七斗"高出约11%,应指比一般"上田"更好的田地之亩产,也是现存银雀山竹简中可见到的最高亩产。④ 据此,银雀山汉简所载最好的田地亩产为每小亩30斗,一般上田为27斗,中田为20斗,下田为13斗。根据秦、汉度量衡基本相同这一事实,这些数据可分别折合约为每大亩72斗、64.8斗、48斗、31.2斗。与秦每大亩产粟80斗相比,据银雀山汉简推算出的最高亩产约为战国后期秦国官方认定的粟的最高亩产的90%。考虑到战国后期秦国对农业极为重视,以及关中平原更好的农业条件,秦的最高亩产比其他地区的最高亩产略高应该是合情合理的,故可判定其二者均为可信数据。此外,张家山汉简《算数书》可见"五步一斗"的田租,而岳麓书院藏秦简《数》则以"五步一斗"至"六

---

① 详见张金光《秦制研究》,上海古籍出版社2004年版,第192、194页。

② 根据传世文献,秦自商鞅变法后,对田租的征收皆存在高低不同的定额(晋文:《商鞅变法与秦国田租的征课——兼论秦汉"纳粟拜爵"与"更赋"的起源》,载秦始皇兵马俑博物馆《论丛》编委会编《秦文化论丛》第10辑,三秦出版社2003年版,第72—79页)。文中所引的"三步一斗",即应是官方规定的最高定额。但"三步一斗"的规定是为了征收田租,是否就是真正的最高产量,恐怕还有着微妙区别。限于资料,这个问题留待以后讨论。

③ 银雀山汉墓竹简整理小组:《银雀山竹书〈守法〉、〈守令〉等十三篇》,《文物》1985年第4期。

④ 按:据丘光明先生考证,战国后期齐国一"斗"约合205毫升,与秦斗仅有约百分之一的差别,因之本文不作区分。此外,银雀山汉简中的"小亩"学者大多认为是百步之亩,故此处亦不展开讨论。

步一斗"的田租为多见。① 值得注意的是，"五步一斗"恰为每大亩48斗（240÷5＝48），与银雀山所载"中田小亩亩廿斗"的亩产相同，这不仅从一个侧面证明张家山汉简《算数书》及岳麓书院藏秦简《数》算题中亩产数据的真实性和可信性，而且说明战国后期秦国"中田"的亩产事实上与银雀山汉简所载是大致相同的。因此，我们便可以推定战国后期秦国官方认定的粟最高亩产为每大亩80斗，而"中田"亩产则为每大亩48斗。

三　传世文献中的相关亩产记载分析

通常学者认为战国后期的农业生产水平与汉代相差不大，因而粟的亩产数值也应相差不多。在此，我们可以参照以上战国后期秦的亩产估计，对传世文献中的主要亩产数据作些比较分析。

班固《汉书·食货志》记述李悝"尽地力之教"，其中"岁收亩一石半"之语是传世文献中最受学者注意的关于战国亩产数值的记载。为便于讨论，现将其原文重要部分摘引如下：

> 李悝为魏文侯作尽地力之教，以为地方百里，提封九万顷，除山泽、邑居参分去一，为田六百万亩……今一夫挟五口，治田百亩，岁收亩一石半，为粟百五十石，除十一之税十五石，余百三十五石。食，人月一石半，五人终岁为粟九十石，余有四十五石。石三十，为钱千三百五十……衣，人率用钱三百……不幸疾病死丧之费，及上赋敛，又未与此。②

文中"方百里"为"九百顷"，而"参分去一"之后"为田六百万亩"，则一顷为一百亩，一亩合一百（平方）步，此即所谓"小亩"。商鞅宗法李悝，如《商君书·徕民》："地方百里者：山陵处什一，薮泽处什一，溪谷流水处什一，都市蹊道处什一，恶田处什二，良田处什四，以此食作夫五万。"所言与李悝相似。但由于商鞅时代铁制农器与牛耕已开始推广，人

---

① 岳麓秦简《数》中"五步一斗"两见，"五步半步一斗"及"六步一斗"各一见，参见朱汉民、陈松长主编《岳麓书院藏秦简［贰］》，第34、39、40、53页。

② 《汉书》卷24上《食货志上》，第1124—1125页。

均耕作的能力大大提高，因而商鞅变法后便改用二百四十步之"大亩"。这是李悝"尽地力之教"与商鞅变法后的秦国田地的最大区别。

睡虎地秦简《仓律》规定"隶臣妾从事公，隶臣月禾二石，隶妾一石半"，"小城旦、隶臣作者，月禾一石半石，未能作者，月禾一石"。故平均而言，"一夫挟五口"正可以说是"食，人月一石半"，可见李悝"尽地力之教"之口粮标准与睡虎地秦简《仓律》的规定相符。睡虎地秦简《司空律》规定"公食当责者，石卅钱"，又规定"从事公"者"日居八钱；公食者，日居六钱"。因此，一日食二钱，一月食六十钱，据"月禾二石"的规定折算，"食"之价格也是"石卅钱"，这个价格也恰与李悝所言粟价"石三十"相符。此外，李悝将粟产量与口粮直接相减，其粮食产量所用的"石"实际应是口粮的计量单位。因此，"尽地力之教"中的"石"也是计算口粮之"石"，即容积等于 $16\frac{2}{3}$ 斗的"大石"。

如上所论，李悝"尽地力之教"中的"亩"是等于一百（平方）步的"小亩"，而"石"则是容积等于 $16\frac{2}{3}$ 斗的"大石"。因此，李悝说"岁收亩一石半"折算成"大亩"的亩产，等于每"大亩" $16\frac{2}{3} \times 1.5 \times (240 \div 100) = 60$ 斗。与本文上节推算所得数据相比，这一亩产数值为秦官方最高亩产值的75%，而比银雀山汉简所载"中田"亩产高出约25%。故可以确定："岁收亩一石半"之言是可信的，其数值介于战国后期"中田"与"上田"的粟亩产之间，很可能是战国前期即李悝时代"上田"的亩产量。

同样，在《汉书·食货志》里，班固引晁错《论贵粟疏》曰：

> 今农夫五口之家，其服役者不下二人，其能耕者不过百亩，百亩之收不过百石。春耕夏耘，秋获冬藏，伐薪樵，治官府，给徭役；春不得避风尘，夏不得避暑热，秋不得避阴雨，冬不得避寒冻，四时之间亡日休息；又私自送往迎来，吊死问疾，养孤长幼在其中。[1]

---

[1] 《汉书》卷24上《食货志上》，第1132页。

　　这是一条后世被广泛引用的亩产记载，也是秦、汉低产论者的主要依据。然而，若根据"百亩之收不过百石"即推定"亩产一石"，其可靠性非常可疑。首先，"百石"之收根本不足以维持"农夫五口之家"的生计。如前所述，秦汉口粮是"五人终岁为粟九十石"。若"五口之家"耕"不过百亩"，产"不过百石"，上缴十五分之一的田租之后，剩下的就仅够五个人的口粮了。而且，晁错在指出"百亩之收不过百石"之后说，"又私自迎送往来，吊死问疾，养孤长幼在其中"。但显而易见，"百石"被扣除口粮、田租后并无剩余，"其中"哪里还有支付"迎送往来，吊死问疾，养孤长幼"的费用呢？更何况，这里还没有算上算赋和口赋等等的费用。可见这肯定存在疏漏——要么"不过百石"意指田租、口粮之余，要么此段文字在传承过程中产生讹误，二者必居其一。

　　记述晁错《论贵粟疏》的早期文献还有东汉荀悦的《前汉纪》。与《汉书·食货志》对勘，可知其文字为晁错原《疏》的摘录。然而，《前汉纪》中上引关于亩产的文句却是"百亩之收不过三百石"[1]。《前汉纪》说"不过三百石"，而《汉书·食货志》说"不过百石"，这就充分证明：要么《汉书·食货志》在后世传承中出现讹误，要么荀悦《前汉纪》有误，二者必居其一。

　　仲长统《昌言·损益篇》说："今通肥饶之率，计稼穑之入，令亩收三斛，斛取一斗，未为甚多。"[2] 仲氏所言虽为东汉后期，但农业技术秦汉以来并无大的突破，因而可据以推测秦、汉时期的亩产。仲长统既言"通肥饶之率"，则其所言应指"中田"。东汉之"亩"为"大亩"，此处"斛"虽为十斗，但东汉以来"计稼穑之入"时所指为"米"，因之按粟、米比率换算，则"斛"指粟时即为"大石"。如此，仲长统所谓"亩收三斛"就是每大亩产粟50斗，与银雀山汉简记载"中田"亩产折合每大亩48斗仅有4%的差别。可见仲长统之言不误。因为"亩收三斛"是东汉习见之农业常识，所以《前汉纪》"百亩之收不过三百石"之记载，既可能是东汉人荀悦根据这个常识对晁错原文错误的修改，也可能《汉书·食货志》原文就是

　　① 张烈点校《两汉纪》"孝文皇帝纪上卷第七"，中华书局2002年版，第96页。按：点校者以《汉书·食货志》为据，主张将"三"字删除。
　　② 《后汉书》卷49《仲长统传》，中华书局1965年版，第1656页。

"三百石"，而"百石"则是文献传承过程中产生的讹误。相比较而言，我们更倾向于后者，因为"百石"之说的疑点实在太多。而如果这一结论可以成立，则晁错所说之"亩"即指所谓"大亩"，"石"乃"大石"，每大亩产粟三大石，也正与银雀山汉简所载"中田"亩产相符。这种解释显然是可以接受的。

学者多认为《管子》为战国至汉初齐地学者的著作，因之其中关于亩产的数据应反映战国以来齐地的实际情况。如前所述，"大石""小石"源于秦国粟、米的换算比率，而齐地所用的容量单位为升、豆、区、釜、钟。据丘光明等先生考证，战国后期齐国一升的容积与秦大致相同，一釜则为100升。[1] 因此，齐人所言之"石"依常理判断应为"釜"之替代用词，容量当为十斗。而《管子·治国》所说"年中亩二石，一夫为粟二百石"，即等于说"中田"亩产粟 20 斗。由于齐地使用"小亩"，[2] 故这一亩产与银雀山汉简所载亦恰恰相符。《管子·轻重甲》称："粟价釜四十，则钟四百也……然则一农之事，终岁耕百亩。百亩之收，不过二十钟。"这段记载中的"一钟"当为"十釜"，故"百亩之收"不过 200 石，亩产粟也是 20 斗，同样与银雀山汉简所载相符。综合以上两段分析，可知银雀山汉简所载"中田小亩亩廿斗"数据可信，是战国后期至西汉"中田"的亩产值，也是东汉所习见的农业常识。《前汉纪》所载晁错言论既摘抄自《论贵粟疏》，而其"百亩之收不过三百石"之言又符合当时农业实际，故应认为晁错《论贵粟疏》原文实同于《前汉纪》，现存《汉书·食货志》记载是传承中的讹误。因此，晁错《论贵粟疏》给出的亩产值实为每大亩产粟 50 斗，它不过是当时习见的"中田"的亩产数值。

除了上文所引，传世文献中还有几条关于战国时期的亩产数据。其中，《管子·轻重乙》《史记·河渠书》《论衡·率性》均有上好良田"亩产一

---

[1]　参见丘光明等《中国科学技术史（度量衡卷）》，第 123 页。

[2]　按：据上引银雀山汉简知"山东"仍用"小亩"，《盐铁论·未通》说："古者，制田百步为亩……先帝哀怜百姓之愁苦，衣食不足，制田二百四十步而一亩。"王利器注以汉之"百步为亩"为"山东"战国遗制。参见王利器校注《盐铁论校注（定本）》，第 191、196—197 页。

钟"的记载。① 然而《管子》"轻重"诸篇为汉人所作而多游说之辞,《论衡·率性》所言其实是据《史记》关于郑国渠的记载"弛以说邺"②,因而这三条记载值得重视的只有司马迁的记载。但《史记·河渠书》说的是战国后期秦国得郑国渠灌溉之利,其数据却使用齐国的容积单位,可见这条记载亦并非原始资料,可靠性值得怀疑。由于每大亩100斗的亩产大大超过银雀山汉简推算所得的最高亩产,以及前文推算的秦国官定最高亩产,因而它也应与李悝"尽地力之教"宣扬"下孰自倍"一样,含有夸大宣传的成分,实不可信。

综上所述,在主要传世文献中,"亩产一钟"是不可采信的传言,李悝"尽地力之教"之亩产数折合每大亩60斗,相当于战国后期介乎"上田"与"中田"之间的良田亩产,而晁错《论贵粟疏》及仲长统《昌言·损益篇》所言,以及《管子·治国》与《管子·轻重甲》所载的亩产,则应是战国后期至东汉的"中田"亩产。

四　结论

根据实测和前文考证,秦一尺约为23.19厘米,而一步等于六尺,"一步"即现代所说的"一平方步",因而一大亩的面积换算为公制约为 $240 \times (6 \times 0.2319)^2 \approx 464.6$ 平方米,折合市亩则约为 $464.6 \div 666.7 \approx 0.697$ 市亩。而如前所论,一斗粟的重量折合公制约为 1.285 千克,因而每大亩产80斗的亩产值折合现代的市制,约为每市亩 $80 \times 1.285 \times 2 \div 0.6970 \approx 295$ 市斤。也就是说,根据北京大学藏秦简《算书》、岳麓书院藏秦简《数》以及张家山汉简《算数书》,可以估定战国后期秦国官方认定的粟的最高亩产为每市亩约295市斤。以同样方式折算,则银雀山汉简所载粟的最高亩产折合每市亩约265市斤,其"上田""中田""下田"则每市亩产粟分别约为239市

---

① 按:《管子·轻重乙》说"河淤诸侯,亩钟之国也";《史记·河渠书》说秦开郑国渠灌溉,"收皆亩一钟";《论衡·率性》说西门豹引漳水灌溉,"亩收一钟"。详见马非百《管子轻重篇新诠》,中华书局1979年版,第583页;《史记》,中华书局1959年版,第1408页;黄晖《论衡校释》,中华书局1990年版,第82页。

② 参见前引马非百《管子轻重篇新诠》所载《论管子轻重》一文,以及黄晖《论衡校释》第82页校释。

斤、177 市斤、115 市斤。如果一定要用一个数字来表达战国后期至西汉粟的亩产量，即如仲长统"通肥饶之率"那样，以"中田"亩产即每市亩产粟 177 市斤作为亩产估计值最为合理。

如前所述，据岳麓秦简《数》简文"粝米廿斗重一石"可推算得"粝米"一斗的重量折合公制约等于 30.32 ÷ 20 = 1.516 千克。后人谈"小米"的亩产，通常指的是脱壳后的"粝米"，而不是未脱壳的"粟"，因之可以将以上推得的粟亩产折算为"小米"的亩产。据秦汉时期粟、米 50∶30 的换算比例，战国后期秦国最高亩产折合每大亩产粝米 48 斗，"中田"则为每大亩产粝米 28.8 斗，折算成现代市制，则战国后期秦国最高亩产约合每市亩产粝米 48 × 1.516 × 2 ÷ 0.697 ≈ 209 市斤，而"中田"粝米产量则约为每市亩 28.8 × 1.516 × 2 ÷ 0.697 ≈ 125 市斤。

（原载《中国经济史研究》2013 年第 4 期）

附识：重新读了一遍旧文，有几个结论需要检讨。尽管我在文中特意加了一条脚注，认为"三步一斗"的规定"是为了征收田租，是否就是真正的最高产量，恐怕还有着微妙区别。限于资料，这个问题留待以后讨论"，对按照产量租率来推算亩产有所保留，而且"三步一斗"的税田亩租 80 斗也的确是理论上的最高亩产，但本文多少忽略了在面积租率不同的情况下"三步一斗"应缴纳的田租并不相同。文中引用北大秦简《田书》，面积租率为十二税一，"三步一斗"的实际交租每亩便应当是 $66\frac{2}{3}$ 斗。秦代（国）能按"三步一斗"交租的，也肯定是极少数特别高产的"舆田"，而不可能是通常所说的良田或上田。本文对秦汉低产论的反驳现在看来也存在疏漏。"百石"之收的确不足以维持"农夫五口之家"的生计，但据此否定"百亩之收不过百石"就有些武断了。秦汉时期的小农并非仅仅靠种粮维持生计，家庭手工业和副业也是他们赖以为生的方式。本文还忽略了秦汉小农对土地的休耕，其实际亩产不能都按"一夫百亩"计算。大量资料证明，秦汉小农一对夫妇每年只能耕种 35 亩（大亩）土地，即使有百亩耕地，其余耕地亦必须休耕。从这个方面来说，"百亩之收不过百石"和"百亩之收不过三百石"其实相差不大。前者是按耕种 35 亩左右加休耕 70 亩左右计算，合计百亩的总产量约为 100 石，去除其休耕土地后每亩产量在 2.5 石至 3 石之间；后者未算休耕土地，是按每亩实际产量 3 石算，比前者产量略高一些，无非计算也以通常所说的百亩为单位而已。更有问题的是，把"五步一斗""六步一斗"作为"中田"的推算依据，明显高估了战国秦汉时期的中产和平均亩产。仅就产量租率而言，从"三步一斗"到"廿四步一斗"，其中产应在"十一步一斗"、"十二步一斗"和"十三步一斗"之间。按什一之税算，每亩平均亩产 2 石左右。秦代迁陵县平均亩产 1.53 石，西汉末年堂邑县平均亩产 2.5 石，均充分证明了这一点。本文却将"岁收亩一石半"折换为每大亩 60 斗，这就大大高估了魏国中田的平均亩产，实际则可能是每亩 36 斗（小亩产 1.5 石粟）或每亩 25 斗（大亩产 1.5 石粝米）。此外，100 小亩相当于 $41\frac{2}{3}$ 大亩，也应该是一对夫妇再加一名半劳力才能够耕种的土地。若按一对夫妇算，以百亩为单位，其平均亩产还要低于 36 斗或 25 斗。如陈平和兄嫂"有田三十亩"（《史记·陈丞相世家》），以百亩为单位算，每亩产量便只有一石左右，亦即"百亩之收不过百石"。关于银雀山汉简的亩产记录，也要对其亩制和度量衡制重新论证。

尽管如此，本文对如何计算秦汉亩产仍具有参考价值。尤其文中疏漏，展现了我对秦汉亩产问题的认识过程，为其他学者今后避免或减少此类错误可提供借鉴。我也乐于把这篇优点和缺点都比较突出的论文收入本书附录。

秦代确有算赋辨

——与臧知非先生商榷

晋 文

内容提要：以往学界都认为秦代确有算赋，笔者还曾提出秦代算赋仅向妇女征收的看法。但臧知非先生却对此批评，认为秦昭王时并无算赋，使秦代究竟有无算赋的问题引起关注。实际上，其批评不仅有违反学术规范之处，而且在史料理解上存在较多问题。更重要的是，里耶秦简证实了秦人家庭中有多妾和蓄婢现象，并证实存在着一些和父母生活的直系家庭，为算赋是向妇女专门征收的赋提供了众多可信依据。再加上传世文献和张家山汉简的佐证，便构成了一条完整的证据链，更加证明了秦代确有算赋。

关键词：秦代 算赋 一算 十妻不算 里耶秦简

在历史上，秦代算赋是一个长期不被注意的问题。自从 20 世纪 20 年代日本学者加藤繁发表《关于算赋的小研究》[①] 后，这一问题才开始进入中国学者的视野。

根据加藤繁先生的研究，秦代算赋乃渊源于商鞅变法，是一种作为人头税的军赋，而且汉代算赋实际也是继承了秦制。至于论据，则主要有两条。一条是《汉书·晁错传》所载晁错上书说："今秦之发卒也，有万死之害，而亡铢两之报，死事之后，不得一算之复，天下明知祸烈及己也。"[②] 由于

---

① ［日］加藤繁：《关于算赋的小研究》，原载大正 8 年（1920 年）《史林》第 4 卷第 4 期，收入氏著《中国经济史考证》第 1 卷（东洋文库 1952 年版），商务印书馆 1959 年中文版，第 125—139 页。以下征引该文，均不再注明；为引文方便，笔者删除了原文注释，以下引文皆同。

② 《汉书》卷 49《晁错传》，中华书局 1962 年版，第 2284 页。

其中提到了"不得一算之复"的现象，因而加藤先生认为：

> 在秦代，详细说来，在秦统一海内的时代，虽然是战死者的遗族，也没有给予免除一算（即每个人的算赋）的特例。晁错比董仲舒还要稍微早一些，文帝时，为太常掌政，为中大夫，由文帝之命，曾经就故秦博士济南伏生受尚书。无论从那个时代来说，无论从他亲受秦博士伏生的教益这一点来说，他对于秦代，一定是有精确的知识的。因而，从他的"死事之后，不得一算之复"这一句话，可以说就已经表示了秦代有算赋的存在。

另一条是《史记·秦本纪》孝公十四年的记载："十四年，初为赋。"及《史记索隐》注引谯周曰："初为军赋也。"① 由于认为算赋就是军赋，故加藤先生"断定孝公十四年的赋和汉代的算赋是同一种制度，汉代算赋就是起源于孝公十四年"。

加藤繁的研究具有开创性质。在他的启发下，中国学者在认定秦代确有算赋外，又作了进一步研究。② 除了认为算赋应为口赋外，主要是补充了一条重要史料，这就是《后汉书·南蛮传》所载秦昭王时规定："复夷人顷田不租，十妻不算。"及注云："优宠之，故一户免其一顷田之税，虽有十妻，不输口算之钱。"③ 从而更加证实了秦代确有算赋，且创设于秦统一全国之前。在以上研究的基础上，笔者也对秦代算赋作了一些探讨，认为算赋"并非口赋，而是属于军赋，是一种对妇女所征收的赋"，④ 并引起学界注意。

---

① 《史记》卷 5《秦本纪》，中华书局 1959 年版，第 203 页、204 页注 [九]。

② 杨宽：《战国史》（修订本），上海人民出版社 1980 年第 2 版，1998 年第 3 版，第 209 页；杨宽：《从"少府"职掌看秦汉封建统治者的经济特权》，载中国秦汉史研究会编《秦汉史论丛》第 1 辑，陕西人民出版社 1981 年版，第 208—226 页；黄今言：《秦代租赋徭役制度初探》，载《秦汉史论丛》第 1 辑，第 61—82 页。

③ 《后汉书》卷 86《南蛮传》，中华书局 1965 年版，第 2842 页。

④ 晋文：《秦代算赋辨析》，《山东师大学报》（社会科学版）1988 年"青年学者专辑"（中国人民大学复印报刊资料《先秦、秦汉史》1990 年第 1 期转载），以下简称《算赋》；《关于商鞅变法赋税改革的若干考辨》，《中国农史》2001 年第 4 期，以下简称《考辨》。按：后文对前文作了较多资料上的补充，在论述上也更为完善。

然而，臧知非先生最近却提出不同看法。在没有直接证据的情况下，他的新作——《"算赋"生成与汉代徭役货币化》（《历史研究》2017 年第 4 期，以下简称《臧文》）认为，秦昭王的"十妻不算"是免除其徭役而非"算赋"，这使得秦代究竟有无算赋的问题重新受到关注。为了澄清事实，也为了学术公正，本文现就这一问题再作一些辨析，与臧知非先生商榷。

一　学术规范问题

为了证成己说，《臧文》对已有研究评述说：

> 学界在讨论的过程中，进而认为"算赋"是承秦而来，根据是《后汉书·南蛮西南夷传》"十妻不算"……

对不熟悉算赋研究的学者来说，此说似乎还比较公允，但这却有着明显的学术规范问题。众所周知，在引述或评论学界研究时，应尽可能追溯到相关论说的原创者；若引用多人观点，应明确区分不同作者的异同；对已有成果的介绍、评论、引用和注释，应实事求是。而《臧文》则基本违背了这些规范。其"学界在讨论的过程中，进而认为'算赋'是承秦而来"之云云，并非事实。从讨论伊始，加藤繁先生就认为"算赋"应承秦而来。笔者更明确提出，秦汉算赋迥异，随着秦亡，秦代算赋便在历史上销声匿迹了。例如《算赋》：

> 秦代算赋对后世没有留下多少影响。以汉代来说，汉代虽有算赋，并且也规定："女子年十五以上至三十不嫁，五算。"但这只是因袭其名称，保留着秦代算赋的一些遗痕而已。……这种现象的出现，显然是与减轻剥削有着直接关系。《汉书·食货志》称："天下既定，……（高祖）量吏禄，度官用，以赋于民。"师古曰："才取足。"秦、汉算赋的迥异，大概就是它的一个重要内容。因而，随着秦亡，秦代算赋便在历史上销声匿迹了。

再如《考辨》："加藤先生认为秦汉算赋相同，而事实上秦的算赋对汉代并没有留下多少影响。……随着秦亡，秦代算赋便在历史上销声匿迹了。"笔者的观点能否成立，这当然可以讨论，也是学术研究和学术批评中的应有之义，但故意不提拙文及其独到见解，甚至歪曲事实，什么"学界"认为，什么"进而认为"，这就不能不说是学风问题了。此其一。

其二，学界认为"'算赋'是承秦而来，根据是《后汉书·南蛮西南夷传》'十妻不算'"，也是一种违背事实的不公正评论。如前所述，自加藤繁提出秦有算赋，学界对这一问题的讨论便主要是依据三条记载。一条是《汉书·晁错传》的"不得一算之复"，一条是《史记·秦本纪》的"初为赋"（此条《臧文》已说明不讨论的原因），一条是《后汉书·南蛮传》（《华阳国志》的记载略详）的"十妻不算"。其中"十妻不算"还是后来杨宽和黄今言等先生补充的，例如：

> 日本加藤繁《关于算赋的小研究》……认为，商鞅"初为赋"的"赋"就是董仲舒所说"口赋"，也就是汉代的"算赋"。……他还举出晁错上汉文帝书所说："秦之发卒也，有万死之害，而亡铢两之报，死事之后不得一算之复"，作为秦代已有算赋的证据。
>
> 战国时代秦国确是早就实行算赋。《后汉书·南蛮传》讲到南楯蛮，"秦昭王时，……复夷人顷田不租，十妻不算"。《颜注》："一户免其一顷田之税，虽有十妻不输口算之税"。《华阳国志》也有相同的记载。①

更不用说，笔者还对"不得一算之复"和"十妻不算"的原因作了详细分析，认为这对算赋也同样是成立的。例如：

> 然而，对所谓"一算"也还得讨论。一般来说，像这种"一算"往往皆指口赋。其实，它对妇女所交纳的算赋也是成立的。所谓"一算"，不过是对妇女如何征赋的一种计数单位而已。《说文解字·竹部》："算，数也。"具体来说，主要有三种情况：

---

① 杨宽：《从"少府"职掌看秦汉封建统治者的经济特权》，载《秦汉史论丛》第1辑，第215—216页。按：《颜注》当为《李注》，引文中的第二个"税"字亦当为"钱"。

　　一是当时有些家庭中丈夫纳妾。……存在着被一算、二算乃至三算、五算的可能性。所以，作为"优宠"，秦昭王便以夷人"妻"的数量而极言曰："十妻不筭。"

　　二是在秦国的家庭结构中，除了大多数的核心家庭，还有着数量可观的直系家庭。根据《分异令》的规定，这些直系家庭皆由父母和一个已婚儿女所组成。主要有娶妻和招赘两种类型，有的还包括已达婚年却尚未出嫁的女儿。……从婆媳二人或母女二人来说，她们也存在着被一算、二算乃至三算的可能性。

　　三是有些家庭往往蓄婢。……如果再加上她们的女主人，则自然也存在着被数算甚或更多的可能性。

　　由此可见，在秦人的家庭中，当时往往有较多成年女性，而绝非仅"妻"一人。所以，像这种所谓"一算"，对于妇女所交纳的算赋也完全是成立的。（《考辨》）

从简牍来看，还有里耶秦简的新证据（详见下文）。但是《臧文》却对这些都视而不见，反而硬说学界认定秦代存在算赋的根据是"十妻不筭"，在学风上也是有问题的。

《臧文》如此歪曲事实，说到底，就是因为"不得一算之复"的记载不利于证成其事算合一、因事定算的观点（此说在汉代某个时期或许是合理的）。毫无疑问，《晁错传》所言"不得一算之复"和前揭《惠帝纪》"女子年十五以上至三十不嫁，五算"[①]，以及里耶户籍简的新材料，都表明了秦及汉初的算赋可单独存在，和徭役也没有关系，从中根本得不出因事定算的结论。《臧文》之所以不对这些史料作具体分析（有的一字不提），并把《南蛮传》的"十妻不筭"作为秦有算赋的根据，原因亦在于此。

二　史料理解问题

《臧文》对《南蛮传》及李注的史料理解也有问题。其文云：

――――――――――

① 《汉书》卷2《惠帝纪》，第91页。

《后汉书·南蛮西南夷传》所说的秦昭王"复夷人顷田不租，十妻不筹"之"筹"亦非如李贤所说"一户免其一顷田之税，虽有十妻，不输口筹之钱"。其时之板楯蛮夷以狩猎为主，居住于山林，其部民尚未纳入秦国户籍编制，不存在一户百亩的授田制，不存在"一户免其一顷田之税"的问题。这里的"顷田"不能机械地解为"一顷之田"，而是土地的代称，即免其田税。同理，"十妻不筹"之"不筹"是指不计入赋役籍薄，即免除其赋役义务。……从历史逻辑的层面分析，这里的"十妻"应是泛指，是夷人首领家庭的代称，因为家庭成员除了"妻"之外，还有子女等，断无只免除"十妻"之"筹"而不及其他成员的道理。

令人惊讶的是，此段论述皆按照所谓"历史逻辑的层面分析"，却看不到任何史料依据。其中至少有三个方面的问题。

一是信口开河，如"其时之板楯蛮夷以狩猎为主，居住于山林"。事实果真如此吗？笔者孤陋寡闻，不知其依据何在。根据《南蛮传》及《华阳国志》：

> 板楯蛮夷者，秦昭襄王时有一白虎，常从群虎数游秦、蜀、巴、汉之境，伤害千余人。昭王乃重募国中有能杀虎者，赏邑万家，金百镒。时有巴郡阆中夷人，能作白竹之弩，乃登楼射杀白虎。昭王嘉之，而以其夷人，不欲加封，乃刻石盟要，复夷人顷田不租，十妻不筹，伤人者论，杀人者得以倓钱赎死。[①]

可知板楯蛮夷实际生活在巴郡阆中（今四川阆中）。其地处四川盆地北部，[②]虽靠近山区，但却并非山林地带。故不能因为夷人善射，有"白竹之弩"，就认定他们"以狩猎为主"。从《华阳国志》提到"阆中有渝水。賨民多居

---

① 《后汉书》卷86《南蛮西南夷列传》，第2842页，《华阳国志》的记载略同。
② 《阆中：古蜀道上的水陆咽喉，川北门户》，"蜀道文化线路保护与申遗"研讨会，中国政协新闻网，2011年9月13日。

水左右"，且《南蛮传》亦称"其人多居水左右，天性劲勇"①，我们与其说板楯蛮夷"居住于山林"，毋宁说他们生活在"渝水"（今嘉陵江中游）两岸。板楯蛮夷对白虎的射杀，当与居住在山区包围的龙山里耶盆地的民户相似。② 如里耶简 8 - 170 记载："廿八年五月己亥朔甲寅，都乡守敬敢言之：▨得虎，当复者六人，人一牒，署复▨于▨从事，敢言之。"③ 而同样是打虎，同样是免除赋役，一个是居于渝水"左右"，一个是居于酉水两岸，为什么板楯蛮夷就必定"以狩猎为主，居住于山林"呢？历史研究是一项非常严谨的学术工作，没有史料支撑是不能想当然解释的。

二是自相矛盾，例如："其时之板楯蛮夷以狩猎为主，居住于山林，其部民尚未纳入秦国户籍编制，不存在一户百亩的授田制，不存在'一户免其一顷田之税'的问题。这里的'顷田'不能机械地解为'一顷之田'，而是土地的代称，即免其田税。同理，'十妻不筭'之'不筭'是指不计入赋役籍薄，即免除其赋役义务。"这种说法真是匪夷所思。既然"其部民尚未纳入秦国户籍编制，不存在一户百亩的授田制，不存在'一户免其一顷田之税'的问题"，那么又何来"免其田税"和"免除其赋役义务"之说呢？其实，对板楯蛮夷是否被"纳入秦国户籍编制"，或者从秦昭王到秦亡这到底有没有变化，严谨的做法应是审慎考辨，而不是为证成己说就贸然断言。睡虎地秦简、里耶秦简等都有着一些夷人归化的记录，如"可（何）谓'夏子'？·臣邦父、秦母谓殹（也）"（177 - 178）④；"都乡黔首毋濮人、杨人、奥人"（9 - 2307）⑤。特别是后者，更表明在其他乡里的黔首或有着"濮人、杨人、奥人"，亦即被编入户籍的归化夷人。⑥ 在汉高祖平定三秦后，因

①　［晋］常璩撰，任乃强校注《华阳国志校补图注》卷 1《巴志》，上海古籍出版社 1987 年版，第 14 页；《后汉书》卷 86《南蛮西南夷列传》，第 2842 页。

②　湖南省文物考古研究所编著《里耶发掘报告》，岳麓书社 2007 年版，第 1 页，及附录里耶盆地彩版 1、彩版 2、彩版 3。

③　陈伟主编《里耶秦简牍校释》第 1 卷，武汉大学出版社 2012 年版，第 103 页。

④　《睡虎地 11 号秦墓竹简》六《法律答问》，陈伟主编《秦简牍合集（壹）》，武汉大学出版社 2016 年版，第 250 页。参见同页"可（何）谓'夏'"条及注释。

⑤　里耶秦简博物馆、出土文献与中国古代文明研究协同创新中心中国人民大学中心编著《里耶秦简博物馆藏秦简》，中西书局 2016 年版，第 194 页。

⑥　唐俊峰：《里耶秦简所示秦代的"见户"与"积户"——兼论秦代迁陵县的户数》，武汉大学简帛网，2014 年 2 月 8 日。

征发归义的板楯蛮夷从军，亦循例规定对他们免除租赋，或减轻口钱。

> 至高祖为汉王，发夷人还伐三秦。秦地既定，乃遣还巴中，复其渠
> 帅罗、朴、督、鄂、度、夕、龚七姓，不输租赋，余户乃岁入賨钱，口
> 四十。世号为板楯蛮夷。[①]

而秦亡至此仅数年之间。再如走马楼汉简《都乡七年垦田租簿》，也记载了
去秦不远的长沙国有不少"蛮夷归义民"，并同样得到了"顷田不租"的优
待——"出田十三顷四十五亩半，租百八十四石七斗，临湘蛮夷归义民田
不出租。"[②] 因此，在没有确凿史料证明的情况下，也不能完全认为"其部
民尚未纳入秦国户籍编制"。

三是顾此失彼，例如："从历史逻辑的层面分析，这里的'十妻'应是
泛指，是夷人首领家庭的代称，因为家庭成员除了'妻'之外，还有子女
等，断无只免除'十妻'之'筭'而不及其他成员的道理。"《臧文》的
"历史逻辑"我们不太容易理解，但"说得这一边，便忘却另一边"（朱熹
语），却明明白白。既然"家庭成员除了'妻'之外，还有子女等，断无只
免除'十妻'之'筭'而不及其他成员的道理"，那么"家庭成员除了
'夫'之外，还有'妻'和子女等，也断无只免除'顷田'之'租'而不
及其他成员的道理"。可见说圆了"十妻不筭"，却说圆不了"顷田不租"。
那么"丈夫"要不要缴纳算赋或"承担赋役"，反之"妻子"要不要缴纳
田租呢？其实，笔者早就明确指出：秦代（国）田租、算赋的征收乃是基
于男耕女织相结合的小农生产方式。

> 秦的算赋乃是以耕织为基础的小农经济的产物。小农经济是一种自
> 给自足的自然经济，它从商鞅变法便被视为国家之本而大力扶持。诸
> 如："僇力本业，耕织致粟帛多者复其身。""所以务耕织者，以为本教
> 也。""皇帝之功，勤劳本事。""男乐其畴，女修其业。"因此，秦的统

---

① 《后汉书》卷86《南蛮西南夷列传》，第 2842 页

② 马代忠：《长沙走马楼西汉简〈都乡七年垦田租簿〉初步考察》，载中国文化遗产研究院编《出
土文献研究》第 12 辑，中西书局 2013 年版，第 213 页。

治者也把"耕织"作为其剥削的主要内容。商鞅令"耕织致粟帛多者复其身",其目的就是如此。而且,孟子谈到战国的赋税制度,也说"有布缕之征,粟米之征"。杜佑更指出:"始皇建守罢侯,贵以自奉,提封之内,撮粟尺布。"结果,在秦王朝"赋敛无度"的敲榨下,就出现了"男子力耕不足粮饷,女子纺绩不足衣服"的局面,最终导致了秦末农民战争。(《算赋》)

而《臧文》却把男女分工完全混淆,还奢谈什么"历史逻辑",可见其力求证实的偏颇。

在追溯"事算"的讨论中,《臧文》还批评说:

> 秦朝徭役繁重,李斯上书分析关东"群盗"并起的原因时谓"戍漕转作事苦,赋税大也"。人们以此作为秦朝徭役繁重的证据,是秦政残暴的体现,而没有进一步探究"戍漕转作事"的含义及其制度基础……

并进而提出:"戍漕转作事苦,赋税大也","并非如论者理解的'戍漕转作事'五项,'事'不是独立的徭役类别,而是'戍漕转作'的总称"。在《臧文》看来,似乎秦代有无算赋的问题已不证自明。

毋庸讳言,臧文对"戍漕转作事苦"的理解或比所言"论者"准确,但这只能说明徭役在秦代已经被总称为"事",却不能说明包括算赋在内的赋税均为"事"的内容。在同一条史料中,赋税便被单独列出——"赋税大也"。而且,《史记·李斯列传》对此事也有简略记载,同样是把徭役和赋税分别描述:"又作阿房之宫,治直〔道〕、驰道,赋敛愈重,戍徭无已。"[1] 因此,要证明秦代没有算赋,就必须找出算赋也被包含在"事"中的证据,亦即证明"不得一算之复"是"得不到免除一算的徭役",或证明"赋税大也"不包括算赋,而不是仅仅证明徭役被统称为"事",甚或牵强、武断地认为秦昭王时没有算赋。

其实,《臧文》所讨论的,主要是汉代算赋的生成及其徭役的货币化问

---

① 《史记》87《李斯列传》,第 2553 页。

题。能厘清这一问题，已可谓意义很大，而完全不必涉及秦时有无算赋、秦汉算赋的关系问题，顶多在文中提及学界有不同认识即可。就算要讨论此事，重点也应该放在对"不得一算之复"的辨析上，以争取对"一算"作出更可信的解释。但《臧文》为了更多"创新"，非要把问题扩大，在没有证据的情况下竟以论代史，且歪曲事实，故意不提笔者的论证，[①] 这就不能不出现谬误而授人以柄了。

三　秦代征收算赋的新证据

秦代究竟有无算赋，这当然不是《臧文》对史料的随意解释就能决定的。尤其从简牍来看，更有许多新材料的证明，秦对算赋的征收不容置疑。

关于算赋何以仅向妇女征赋，且如何理解"一算"和"十妻不算"的问题，除了男耕女织的生产方式外，笔者的理由和依据主要有二。一是在秦人的核心家庭中，除了战死的"秦卒"外，其成年人只有妇女。

> 商鞅初次变法即强迫农民分家。所谓"家富子壮则出分，家贫子壮则出赘"，因而……形成了许多由夫妻为主体而组成的核心家庭。这种核心家庭大致可分为三种类型：一是夫妻与未婚子女的家庭，二是夫妻尚未生育或子女已婚分异的家庭，三是鳏寡与未婚子女的家庭。但不论何种类型，实际也都是由一个"壮"男所组成家庭的个体小农。……如果把秦卒即"壮"男排除在算赋之外，所谓"不得一算之复"，主要就只有妇女及其子女了。……《南蛮传》也说得很清楚，所规定"不算"的只是夷人之妻。既然作为"优宠"而"不算"的是夷人之妻，那么按制度本应"算"的自然也就是妇女。……惠帝曾规定"女子年十五以上至三十不嫁，五算"。似乎也可以说明，算赋之与妇

---

① 按：《臧文》曾提交 2017 年 4 月 15—16 日在南京师范大学举办的"中国古代民生问题及其国家应对"高层论坛，原题为《"算赋"的生成与演变——兼谈汉代徭役的货币化及相关问题》。笔者作为论坛承办人，亦提交了《秦代"算赋"三辨》一文，在论坛开幕式即后与臧知非先生共同坐在发言席上发言。令人汗颜的是，笔者的发言曾特别批评有些学者故意不引先发表的论著或故意不引与己说不同的论著，并以前揭《算赋》为例在发言的幻灯片中展示了拙文当时发表和转载的图片，就算臧知非先生以前不了解笔者对秦代算赋的研究，或根本不看论坛印发的会议论文集，实际上也完全知情。

女曾有着某些关联。因而即可以推论：秦国算赋只是一种对妇女所征收的赋。（《考辨》）

二是秦人的直系（主干）家庭中往往有较多成年女性，而绝非仅"妻"一人，故其"一算"，或"十妻不筭"，对于妇女所交纳的算赋都完全成立。具体来说，有前揭三种情况。但限于资料，关于多妻或多妾的论证，笔者主要是依据传世文献。

《战国策·秦策三》称，秦人父能令子必行者，曰："去贵妻，卖爱妾。"又《七国考》卷十二引桓谭《新论》载李悝《法经》说："夫有一妻二妾，其刑腻。"《孟子·离娄下》："齐人有一妻一妾。"《韩非子·说林上》宋人"有妾二人"。《史记·苏秦列传》：苏秦"大困而归，……妻妾窃皆笑之"。也表明纳妾现象在战国时期是比较多见的。这自然就存在着被一算、二算乃至三算、五算的可能性。所以，作为"优宠"，秦昭王便以夷人"妻"的数量而极言曰："十妻不筭。"（《考辨》）

意想不到的是，算赋仅向妇女征收的看法在近20年后被里耶秦简所证实。如《里耶发掘报告》说：

（户籍简）第二栏为户主或兄弟的妻妾名，一般直接记下"妻曰某"，22号简为"疾妻曰娀"，强调了户主的名字。9号简有"隶大女子华"，可能是女奴隶充当妾室。8号简录有户主之母名。10号简户主宋午妻子的名字削去，可能是宋午妻子离去或死亡，故不录入户籍。14号简的户主"献"也许有三个妻子。《七国考》二引《通典》注云："'一户免其一顷之租，虽有十妻，不输口算之钱'，昭襄王时，巴郡阆中夷廖促等射杀白虎。昭王以其夷人，不欲加封，乃刻石为盟要，复夷人顷田不租，十妻不筭。"昭王时对待夷人的政策不太可能为秦始皇用来管理新占领的楚地，户籍上载名妻妾数应当还是为征收算赋。[1]

---

[1]　湖南省文物考古研究所编著《里耶发掘报告》，第208页。

当然，《里耶发掘报告》并没有征引拙文，所引文献都是转引的第二手材料，同时也不能视之为行文草率，或故意违反学术规范，因为从简文的内容就近乎直接看出载明妻妾数是为了征收算赋。但无论怎样理解，里耶秦简既证实了当时的家庭中有多妻（妾）现象，又证实存在着一些和父母生活的直系家庭，为算赋是向妇女专门征收的赋提供了众多可信依据，这却是毫无疑问的。

不仅如此，在上述多妻或多妾现象被里耶秦简证实的情况下，与秦亡相距不远的相关汉简，如张家山汉简，也可以作为笔者的补充性证明。在《二年律令》中，对多妻妾的现象便有着不少记载。如《置后律》规定：

> 疾死置后者，彻侯后子为彻侯，其毋适（嫡）子，以孺子□□□子。关内侯后子为关内侯，卿侯〈后〉子为公乘，【五大夫】后子为公大夫，公乘后子为官大夫，公大夫后子为大夫，官大夫后子为不更，大夫后子为簪袅，不更后子为上造，簪袅后子为公士，其无适（嫡）子，以下妻子、偏妻子。(367－368)①

其中簪袅以上爵位者，均可娶有"下妻"或"偏妻"，簪袅以下者也多半应有妻妾。这与传世文献和里耶秦简便构成了一条完整的证据链，更加证明了"一算"及"十妻不筭"的指向。

此外，就蓄婢而言，笔者曾主要引用睡虎地秦简的材料。而里耶等秦简也提供了较多这方面的实例，如《都乡守沈爰书》：

> 卅五年七月戊子朔己酉，都乡守沈爰书：高里士五（伍）广自言：谒以大奴良、完，小奴畴、饶，大婢阑、愿、多、□，禾稼、衣器、钱六万，尽以予子大女子阳里胡，凡十一物，同券齿。典弘占。(8－1554)②

---

① 张家山二四七号汉墓竹简整理小组编《张家山汉墓竹简［二四七号墓］》（释文修订本），文物出版社2006年版，第59页。
② 陈伟主编《里耶秦简牍校释》第1卷，第356—357页。

其中记录了士伍广把 4 名"大婢"和许多财产都传给女儿胡。《识劫婉案》也记载，婉为"故大夫沛妾。沛御婉，婉产義（义）、女姝"（112）。① 这就更加证明了在富人家庭中有数量不等的婢女。

总之，无论是传世文献，还是出土文献，都充分证明秦代算赋仅向妇女征收。尽管认为汉代徭役皆因事定算还有些道理，但秦代确有算赋毋庸置疑。

（原载《中国农史》2018 年第 5 期）

---

① 朱汉民、陈松长主编《岳麓书院藏秦简［叁］》，上海辞书出版社 2013 年版，第 154 页。

西汉"武功爵"新探

晋　文

内容提要：西汉武功爵是一个古今争议很大却又研究较少的问题。许多学者认为，这是汉武帝的公开卖爵。其实不然。武功爵并非由朝廷向民间明码标价地卖爵，而是允许"受爵赏"的将士按照朝廷的定价"移卖"给想买武功爵的人。史书明确记载武功爵为十一级，目前还没有根据可以证明是十七级。所谓"级十七万，凡直三十余万金"，也并非像许多学者所说，是每级相加的总值，其"计数不足"，而是级差定价十七万，朝廷由此所获得和支出的总值是"三十余万金"。故粗略计算，此次武功爵的设置应奖励了官兵12000人左右。在国家财政暂时困难的情况下，武功爵的设置利大于弊。但在国家财政出现严重危机或国库充裕后，武功爵即被迫中止。它的废除乃是在王莽推行五等爵制之时。

关键词：武功爵　移卖　十一级　总值　利弊

武功爵是西汉武帝时期为奖励军功而设置的一种爵位制度。对于武功爵，古人多指为卖官鬻爵，今人亦訾议颇多。但令人困惑的是，检索文献，除了一些论著和工具书曾有所涉及，[①] 关于武功爵的专题研究却相

---

① 其中论述较多的，是朱绍侯的《军功爵制研究》。该书认为，"由于军功爵制的轻滥，立有军功而得到爵赏的人，想要出卖爵位，而卖不出去，因此要求大臣们讨论建立新的爵制，以提高军队的战斗力，解决卖爵难的问题"。这对于全面认识武功爵产生的背景不无启迪。但其主张武功爵的级数不止十一级，"武功爵对于立有特大军功的，最高可以封侯，其次任卿、大夫，最小的也可以当郎官"（朱绍侯：《军功爵制研究》，上海人民出版社1990年版，第80—81页）等，还值得进一步探讨。

当少见①。这不能不影响到对武功爵的认识和评价。为了引起学界的重视，本文不揣谫陋，试就武功爵的设置、内容、利弊等问题作些新的探讨。

一　"武功爵"的设置与"受爵赏"者

根据《汉书》卷 6《武帝纪》，武功爵的设置是在元朔六年（前 123 年）六月。此前，由于朝廷政策转变，内兴功业，外攘夷狄，特别是对匈奴的几次大规模的战争，以及耗费巨大的水利和救灾，使得国家财政已严重匮乏。且"壮士在军，攻城先登，陷阵却敌，斩将搴旗，前蒙矢石，不避汤火之难者，为重赏使也"②。因而要奖励军功，继续对匈奴用兵，在二十等军功爵的爵位难卖，以及"府库益虚""大农陈藏钱经耗，赋税既竭，犹不足以奉战士"③ 的情况下，汉武帝便在此月下诏讨论设置武功爵。诏曰：

> 朕闻五帝不相复礼，三代不同法，所繇殊路而建德一也。盖孔子对定公以徕远，哀公以论臣，景公以节用，非期不同，所急异务也。今中国一统而北边未安，朕甚悼之。日者大将军巡朔方，征匈奴，斩首虏万八千级，诸禁锢及有过者，咸蒙厚赏，得免减罪。今大将军仍复克获，斩首虏万九千级，受爵赏而欲移卖者，无所流貤。其议为令。④

而有关部门也遵照武帝诏书立即讨论并奏请设置武功爵——"有司奏请置武功赏官，以宠战士。"⑤

值得注意的是，在有司如何理解武帝诏书的问题上，《史记·平准书》的记载要更为详细：

---

① 近几十年发表的专题论文主要有龚延明的《关于西汉"武功爵"的级数及其他》（龚延明：《中国古代职官科举研究》，中华书局 2006 年版，第 73—75 页）。又，早年樱井芳朗曾发表「漢の武功爵に就いて」（『東洋學報』26 之 2、财团法人東洋文庫、1939、254—259 頁）一文，认为武功爵实际当"分为十一等，共发行十七万，总收入达到三十余万金"（李济沧译）。尽管在计算上其"发行十七万"级仍有着很大误差，但主张武功爵为十一等、总收入为三十余万金的看法却值得重视和参考。

② 《史记》卷 129《货殖列传》，中华书局 1959 年版，第 3271 页。

③ 《史记》卷 30《平准书》，第 1422 页。

④ 《汉书》卷 6《武帝纪》，中华书局 1962 年版，第 173 页。

⑤ 《汉书》卷 6《武帝纪》，第 173 页。

有司言:"天子曰'朕闻五帝之教不相复而治,禹汤之法不同道而王,所由殊路,而建德一也。北边未安,朕甚悼之。日者,大将军攻匈奴,斩首虏万九千级,留蹛无所食,议令民得买爵及赎禁锢免减罪'。请置赏官,命曰武功爵。级十七万,凡直三十余万金。诸买武功爵官首者试补吏,先除;千夫如五大夫;其有罪又减二等;爵得至乐卿:以显军功。"①

考虑到武功爵确曾实施,如《史记》《汉书》中的《酷吏传》均记载楼船将军杨仆"以千夫为吏"②,这至少说明了武帝诏书和朝臣的两个意图:第一,在财政匮乏且二十等"爵赏"无人愿买的情况下,为了奖励军功,朝廷要另设一种让民众愿意买的"赏官";第二,为了保证其物有所值,这种"赏官"即武功爵大多允许"民得买爵及赎禁锢免减罪"。但由于《汉书》简言,"有司请令民得买爵及赎禁锢免减罪"③,古人和今人却大多把武功爵直接视为朝廷的卖官鬻爵。如元人胡三省说:"王莽时黄金一斤直钱万,以此推之,则三十万金为钱三十余万万矣,此当时鬻武功爵所直之数也。"④夏曾佑先生说:"六年,诏令民得买爵,及赎禁锢,免臧罪,置赏官,名曰武功爵,级十七,各有定价,卖官始此。"⑤樱井芳朗先生说:"武帝命百姓出钱买爵并允许缴纳赎金减免禁锢等罪刑。因为这些资金是为赏赐战士而筹措的,所以被称为武功爵。"⑥再如,邓之诚先生论武帝"卖官爵",吕思勉先生论武帝"卖爵赎罪",杨生民先生论武帝"卖爵、卖官、赎罪",所举事例也都包括了武功爵。⑦这显然有误,实际是把武功爵的授予对象理解成了普通民众。

---

① 《史记》卷30《平准书》,第1422—1423页。

② 《史记》卷122《酷吏列传》,第3149页;《汉书》卷90《酷吏传》,第3659页。

③ 《汉书》卷24下《食货志下》,第1159页。

④ 《资治通鉴》卷19《汉纪十一》"武功爵"注,中华书局1956年版,第622页。

⑤ 夏曾佑:《中国古代史》,商务印书馆1935年第3版,第255页。

⑥ 樱井芳朗「漢の武功爵に就いて」『東洋學報』26之2、254—259页。

⑦ 邓之诚:《中华二千年史》卷1,商务印书馆1935年第2版,第146页;吕思勉:《秦汉史》,上海古籍出版社1983年版,第142页;杨生民:《汉武帝传》,人民出版社2001年版,第122—123页。

如前所述，无论是武帝诏书，还是有司的奏言，其中都明确提到，武功爵的设置乃是一种旨在奖励军功的"赏官"。所谓"咸得厚赏"，"受爵赏而欲移卖者"，"请置武功赏官，以宠战士"，"以显军功"等，就是明证。因此，武功爵的一个最大特点，就是其"受爵赏"的对象都必须是获得军功的将士，而并非军队以外的民众。即使真要说到卖爵的话，它实际也不是由朝廷向民间明码标价地卖爵，而是允许"受爵赏"的将士按照朝廷的定价卖给想买武功爵的人。如关于"受爵赏而欲移卖者，无所流貤"，东汉应劭即注解说：

> 貤音移。言军吏士斩首虏，爵级多无所移与，今为置武功赏官，爵多者分与父兄子弟及卖与他人也。①

尽管唐人颜师古反驳他的看法，认为"此说非也。许慎《说文解字》云'貤，物之重次第也'。此诏言欲移卖爵者，无有差次，不得流行，故为置官级也"②。但不管对"貤"作如何解释，武功爵并非由朝廷来卖，而是由"受爵赏"者"移卖"，这却是毫无疑问的。诚如清人姚鼐所言："乃置武功爵以赏战士，战士得此爵，得卖于民。"③ 日本学者中井积德亦云："凡民欲买爵者，凡就军士受爵者买也，非官自卖之。"④

再者，武功爵为十一级，而《平准书》与《食货志下》均明确记载，"诸买武功爵官首者试补吏，先除；千夫如五大夫；其有罪又减二等；爵得至乐卿"。司马贞《史记索隐》解："官首，武功爵第五也，位稍高，故得试为吏，先除用也。""千夫，武功爵第七；五大夫，二十爵第九也。言千夫爵秩比于五大夫二十爵第九，故杨仆以千夫为吏是也。"⑤ 颜师古亦云："五大夫，旧二十等爵之第九级也。至此以上，始免徭役，故每先选以为吏。千夫者，武功十一等爵之第七也，亦得免役，今则先除为吏，比于五大

---

① 《汉书》卷6《武帝纪》，第173页注〔八〕。
② 《汉书》卷6《武帝纪》，第173页注〔八〕。
③ 〔清〕姚鼐：《惜抱轩全集·笔记》卷4《史部一》，中国书店1991年版，第560页。
④ 〔日〕泷川资言：《史记会注考证》，文学古籍刊行社1955年版，第2022页。
⑤ 《史记》卷30《平准书》，第1423页注〔六〕、注〔七〕。

夫也。""乐卿者,武功爵第八等也。言买爵唯得至第八也。"① 说明武功爵的设置至少有第九、第十、第十一这三级是不得买卖的。因此,如果说武功爵的设置就是要公开向民间卖爵,那么朝廷为什么还要设置这最高的三级并规定不得买卖呢?

其实,对于武功爵设置的这一"矛盾"古人早已觉察。如《史记索隐》按:"此言武功置爵惟得至于乐卿也。"即认为乐卿应是武功爵的最高一级,并批评《茂陵书》的记载"盖后人记其爵失次耳",《史记集解》引《汉书音义》曰"十爵左庶长以上至十八爵为大庶长也,名乐卿。乐卿者,朝位从九卿,加'乐'者,别正卿"亦盖为"臆说"。②《索隐》的批评有一定道理,《集解》确实是"以旧二十爵释武功爵",有"臆说"之嫌。但声称乐卿应是武功爵的最高一级,《茂陵书》的记载"失次",却明显错误。且不说臣瓒引《茂陵中书》对武功爵十一等级的明确记载:

> 一级曰造士,二级曰闲舆卫,三级曰良士,四级曰元戎士,五级曰官首,六级曰秉铎,七级曰千夫,八级曰乐卿,九级曰执戎,十级曰政庆庶长,十一级曰军卫。③

就从卖爵对民众的诱惑力来说,既然其最高三级由于不得买卖便没有设置,那么由于买到官首才能"试补吏,先除",官首以下的四级也就同样没有再设置的必要。如此说来,武功爵的设置实际便只有官首、秉铎、千夫和乐卿四级了。这无疑是荒唐的。显而易见,要想真正解释这一"矛盾",就只有认为:武功爵的设置并不是由朝廷向民间卖爵,而是一种旨在奖励已获得军功将士的"赏官",不过允许乐卿和乐卿以下的受爵者可以"移卖"自己的

① 《汉书》卷 24 下《食货志下》,第 1160 页注 [五]、注 [六]。
② 《史记》卷 30《平准书》,第 1423—1424 页注 [八]。
③ 《汉书》卷 24 下《食货志下》,第 1160 页注 [四]。按:"十级曰政庆庶长",《史记集解》引《茂陵中书》作"十级曰左庶长"。中井积德说:"《集解》左庶长,《汉志》注作政庆庶长,恐非。"(泷川资言:《史记会注考证》,第 2022 页) 陈直先生亦对此进行辨析,认为"臣瓒注引茂陵中书,十级曰政庆庶长,史记集解,汉书音义,以政庆非嘉名,均作左庶长非也。汉二十爵侯爵既有左庶长之名,何能混淆不分,政庆者或为政莅之同音假借字也"(陈直:《汉书新证》,天津人民出版社 1979 年第 2 版,第 170—171 页)。本文从之。

爵位罢了。

　　当然，武功爵的奖励对象也并非所有获得军功者。因为《史记》和《汉书》明确记载，对获得大功的将士朝廷皆予以重奖，除了大量赐金外，[①]还会把他们封为列侯或关内侯。仅以《功臣表》为例，西嶋定生先生便据此罗列说：

　　　　如《汉书》卷一七功臣表所示，武帝时代讨伐匈奴之际，因立军功而被封为列侯的有：都尉苏建、都尉张次公、将军李蔡、护军都尉公孙敖、校尉李朔、校尉孙戒奴、校尉赵不虞、校尉张骞、上谷太守郝贤、司马赵破奴、校尉高不识、校尉仆朋、右北平太守路博德、北地都尉卫山等人，还有如前述的主爵都尉右将军赵食贵以斩首六百六十级之功成为关内侯，骑士孟已也以军功而给以关内侯。[②]

所以严格说来，武功爵实际应是一种对普通立功将士另设的"赏官"。这种"赏官"大致可以分为三个层次：一是高爵，有执戎、政庚庶长和军卫三级，由朝廷直接奖赏，不得买卖；二是中爵，有官首、秉铎、千夫和乐卿四级，按规定允许买卖，享有除吏、免役和赎罪等优待；三是低爵，有造士、闲舆卫、良士和元戎士四级，虽然也允许买卖，并有着很高的官方定价，但却没有多少实惠，而主要是荣誉性质。它的设置特别照顾到了中高级军官的利益。

二　"武功爵"的级别、定价与总值

　　关于武功爵的级别，前揭《食货志下》注云为十一级："《茂陵中书》有武功爵，……十一级曰军卫。此武帝所制，以宠军功。"《史记索隐》说，实际当为八级，最高即是乐卿。而颜师古则认为应不止十一级——"此下

---

　　① 如元狩六年，大将军卫青率六将军击匈奴，"得首虏万九千级"，在未设武功爵之前，朝廷即已花费巨资，重赏其有功将士，"捕斩首虏之士受赐黄金二十余万斤"（《史记》卷30《平准书》，第1422页）。
　　② ［日］西嶋定生：《中国古代帝国的形成与结构——二十等爵制研究》，武尚清译，中华书局2004年版，第111页。

云级十七万，凡直三十余万金，今瓒所引《茂陵中书》止于十一级，则计数不足，与本文乖矣。或者《茂陵书》说之不尽也。"① 宋人刘攽亦云："余谓卖爵当级级稍增其价，岂可例云级十七万！若每级十七万，比至三十余万金，当一万七千余级，又非也。然则误衍此'万'字。盖武功爵，其级十七。"② 所以，前揭夏曾佑先生便据此认为"万"为衍字，武功爵当为十七级③。朱绍侯先生和龚延明先生也认为，"颜师古的怀疑是有根据的"，④ 武功爵"为十七级是有道理的"。⑤

我们认为，武功爵的设置就是十一级。这并不仅仅是有着《茂陵中书》的明确记载，更重要的，还在于其他说法均属于猜测，缺乏可靠的依据。司马贞之误已见上文。颜师古和刘攽之误是计算的方法不对，最主要的问题，是混淆了武功爵十一级相加的总值和设置武功爵朝廷所获得和支出的总值（详见下文）。而夏曾佑氏则除了计算错误，把武功爵说成卖官，还和刘攽一样随意地删改史书。如胡三省即批评说：

> 参考颜、刘注，皆因求其说而不得，遂疑《茂陵书》所谓十一级为不足，又疑史之正文"万"字为衍，皆未为允也。⑥

清人王先谦说：

> 何煌校本谓宋本亦有"万"字，上颜注引此语亦有"万"字。先谦曰：《平准书》同，则"万"字非衍也。⑦

---

① 《汉书》卷24下《食货志下》，第1160页注［四］。按：姚鼐亦认为"武功爵十七级"（《惜抱轩全集》，第560页）。白寿彝先生亦主张："武功爵并不止十一级，《茂陵中书》显然有所遗漏。"（白寿彝主编《中国通史5》第四卷，上海人民出版社1995年版，第887页）

② 《资治通鉴》卷19《汉纪十一》"武功爵"注，第622页。按：刘攽"一万七千余级"的计算有些马虎，否则不难发现其正确结论应是和"斩首虏"相关的一万九千余级。

③ 夏曾佑：《中国古代史》，第255页。

④ 朱绍侯：《军功爵制研究》，第81页。

⑤ 龚延明：《关于西汉"武功爵"的级数及其他》，《中国古代职官科举研究》，第73—75页。

⑥ 《资治通鉴》卷19《汉纪十一》"武功爵"注，第622页。

⑦ ［清］王先谦：《汉书补注》，中华书局1983年影印本，第519页。

樱井芳朗也说：

> 有一种说法认为"级十七万"中的"万"字是衍字。即武功爵的爵位等级分为十七级，但这样就和《茂陵中书》中关于十一个等级名称的明确记载不相符。不止如此，《汉书·食货志》和《史记·平准书》记载基本一致，因此，说这是文字上的错误并不让人信服。[①]

更何况，就算武功爵是十七级，甚或更多，但由于其买爵者最高只能买到乐卿，在仅仅买卖八级的情况下又怎么能解决其"计数不足"的问题呢？可见仅仅从级数考虑是根本讲不通的。

至于武功爵的定价和总值，更可谓混乱与复杂。因为根据"级十七万，凡直三十余万金"的记载，这二者之间的数字似乎无法吻合，所以古今学者对此曾众说纷纭，莫衷一是。如《史记索隐》：

> 大颜云"一金，万钱也。计十一级，级十七万，合百八十七万金"。而此云"三十余万金"，其数必有误者。顾氏按：或解云初一级十七万，自此已上每级加二万，至十一级，合成三十七万也。[②]

主张不是"级十七万"的记载错了，就是"凡直三十余万金"的记载错了，二者必居其一。而刘攽认为，是"十七万"错了，实际当为"级十七"，基本上赞同顾氏的"或解"。

> 直三十余万金，其价之差殊不可详也。或说"七"当作"一"，与《茂陵书》合矣。余谓卖爵当级级稍增其价，……盖武功爵，其级十七。[③]

《史记志疑》则认为《史记索隐》是对的，颜师古和刘攽错了。

---

① 樱井芳朗「漢の武功爵に就いて」『東洋學報』26 之 2、254—259 頁。
② 《史记》卷 30《平准书》，第 1423 页注〔五〕。
③ 《资治通鉴》卷 19《汉纪十一》"武功爵"注，第 622 页。

　　案：武功爵十一级，臣瓒引《茂陵书》可据，与旧爵有二十级不同。《索隐》谓"级十七万，合百八十七万金。而此云三十余万金，其数必有误"。诚哉是言，师古、刘敞之说皆非。[1]

今人亦有认为每级价格三万，"共值三十余万（《食货志》'凡直三十余万金'，金字衍；'级十七万'为'级十一'或'级三万'之误）"[2] 的。还有主张"三十余万金"当为"十三万余金"之误。[3]

　　那么，究竟应如何解释这一矛盾呢？我们认为其中并无矛盾，之所以出现矛盾，是因为以往多误把"凡直三十万余金"当作每级相加的总值。而实际上，所谓"凡直三十余万金"，应是武功爵的奖励总值，也就是通过武功爵国家所能得到和支出的总值。

　　首先，史书明确记载武功爵共值"三十余万金"，而前揭所有算法都与这一数额存在巨大的误差。因为西汉一金等于一万钱，"三十余万金"就是三十余万万钱。如《汉书·惠帝纪》载："视作斥上者，将军四十金，二千石二十金，六百石以上六金，五百石以下至佐史二金。"注引晋灼曰："凡言黄金，真金也。不言黄，谓钱也。《食货志》黄金一斤直万钱。"师古曰："诸赐言黄金者，皆与之金。不言黄者，一金与万钱也。"[4] 所以，即使武功爵按照第一级十七万钱、第八级一百三十六万钱计算，就算八级相加总值也不过六百一十二万钱，与三十余万万钱亦相差 500 多倍。而如果是每级十七万金，则又严重脱离了西汉社会的实际，能买得起的人恐怕寥寥无几。因为要想买到乐卿，就要花费一百三十六万万钱。这可以说是一个天文数字。别的不说，在西汉前期，司马迁记载当时最著名的商贾，如卓氏、曹邴氏、刀间、师史等，也都不过"富至巨万""起富数千万""能致七千万"[5] 而已。况且，武帝元朔二年"徙郡国豪杰及訾三百万以上于茂陵"[6]，即资产三百

①　［清］梁玉绳：《史记志疑》卷16《平准书》，中华书局1981年版，第827页。
②　吴慧：《桑弘羊研究》，齐鲁书社1981年版，第124—125页。
③　安作璋、刘德增：《汉武帝大传》，中华书局2005年版，第314页。
④　《汉书》卷2《惠帝纪》，第85页、第86—87页注［10］。
⑤　《史记》卷129《货殖列传》，第3279页。
⑥　《汉书》卷6《武帝纪》，第170页。

万以上才有资格迁徙茂陵，亦证明了级差十七万在当时是具有可行性的。[①]
至于其中"金"字会不会是一个衍字，则纯属猜测，而且即使去掉了"金"
字，实际计算也还有很大误差。

其次，以往解释武功爵多把"三十余万金"当成了真正卖得的钱款，
而实际却应当理解为国家为奖励军功支出了"三十余万金"。关于这一点，
姚鼐和中井积德的看法都值得引证或参考。如姚鼐说："汉时黄金一斤，当
钱万。第一级，值十七金，二级以上，递加所直，合军中应得。"[②] 中井积
德说："级十七万，是为十七金，是买爵之定价矣。是时战士有功，赐爵者
多矣。以级十七金算之，凡当三十余万金也。"[③] 关键乃在于，武功爵都是
授给有军功的官兵的。具体来说，就是由于国家没钱，而参战将士又必须得
到奖励，因而国家设立了大部分允许买卖的武功爵来奖励他们，其总值相当
于"三十余万金"。若以第五级——官首计算，即相当于国家在名义上奖励
了立功者八十五万钱；以第七级——千夫计算，相当于奖励了一百一十九万
钱；以第八级——乐卿计算，则相当于国家奖励了一百三十六万钱。这从
"其有罪又减二等"的规定也可以得到证明。如武帝天汉四年（公元前 97
年）下令，"死罪入赎钱五十万减死一等"；太始二年（公元前 95 年）规
定，"募死罪入赎钱五十万减死一等"[④]。而秉铎、千夫、乐卿的价格都在一
百万钱以上，本身即完全符合"其有罪又减二等"的赎罪标准。只有官首
的价格是八十五万钱，略低于百万。但考虑到上述"赎钱五十万减死一等"
的规定是在武帝后期，当时货币已开始贬值，[⑤] 因而它实际还是基本符合
"有罪又减二等"的赎罪标准的。可见，武功爵的级差价格就是史书记载的
"十七万"，而"三十余万金"则是设置武功爵所获得和支出的总值。

再次，若参照二十等爵的拜爵规定，还可以发现其估算总值"三十余

① 根据《江西南昌西汉海昏侯墓考古取得重要发现》（《中国文物报》2015 年 11 月 6 日，第 1
版），被推测为在宣帝时期下葬的海昏侯刘贺墓的北藏阁钱库中，共出土了"10 余吨五铢钱（有 200 万
枚）"，墓中还出土了众多金银器和金饼、马蹄金、麟趾金，亦旁证武功爵级差十七万钱对一些富人是完
全可以承受的。按：海昏侯墓现已证实为刘贺墓。

② ［清］姚鼐：《惜抱轩全集·笔记》卷 4《史部一》，第 560 页。

③ ［日］泷川资言：《史记会注考证》，第 2022 页。

④ 《汉书》卷 6《武帝纪》，第 205 页、第 206 页。

⑤ 参见石俊志《五铢钱制度研究》，中国金融出版社 2011 年版，第 58—59 页。

万金"的缘由和依据。根据《韩非子·定法》，可知秦自商鞅变法，便实行"斩一首者爵一级，欲为官者为五十石之官；斩二首者爵二级，欲为官者为百石之官"① 的方法。出土秦简亦明确记载："从军当以劳论及赐。"② 如"南里士五（伍）异斩首一级"（8 - 1888）③，就是军功被认定的一例。再如"夺首"和"争首"：

> 爰书：某里士五（伍）甲缚诣男子丙，及斩首一，男子丁与偕。甲告曰："甲，尉某私吏，与战刑（邢）丘城。今日见丙戏旞，直以剑伐痍丁，夺此首，而捕来诣。"
>
> 爰书：某里士五（伍）甲、公士郑才（在）某里曰丙共诣斩首一，各告曰："甲、丙战刑（邢）丘城，此甲、丙得首殴（也），甲、丙相与争，来诣之。"④

也更是为了夺得一个"斩首"而伤人，或为争夺一个"斩首"而告讼。汉初基本继承了这一做法，如张家山汉简《二年律令》规定："徼外人来入为盗者，要（腰）斩。吏所兴能捕若斩一人，拜爵一级。"（六一）"捕从诸侯来为间者一人，拜爵一级，有（又）购贰万钱。"（一五〇）⑤ 因此，在武帝发动对匈奴的大规模战争以后，为了激励将士，也肯定是采取斩首一人拜爵一级的通常做法。⑥ 就武功爵而言，即应当是参照这种做法。故根据武帝诏书所说，"斩首虏万九千级"，再根据朝臣匡算的一级十七万钱的标准，二者相乘，则可以算出 323000 万钱的总值。也就是说，所谓"三十余万金"，实际是以"斩首虏万九千级"为估算依据的，其确切数额应是 323000

---

① 缩印浙江书局汇刻本《二十二子》，上海古籍出版社 1986 年版，第 1177 页。

② 睡虎地秦墓竹简整理小组编《睡虎地秦墓竹简·军爵律》，文物出版社 1978 年版，第 92 页。

③ 陈伟主编《里耶秦简牍校释》第 1 卷，武昌：武汉大学出版社，2012 年版，第 403 页。

④ 睡虎地秦墓竹简整理小组编《睡虎地秦墓竹简·封诊式》，第 256—257 页。

⑤ 张家山二四七号汉墓竹简整理小组编《张家山汉墓竹简［二四七号墓]》（释文修订本），文物出版社 2006 年版，第 17 页、第 29 页。

⑥ 按：斩首一人拜爵一级乃是"论功拜爵"的一个基本原则，至于其斩首对象的不同，以及实施斩首人员的不同，实际拜爵还有着较大差别，并有着具体的折换规定。参见朱国炤《上孙家寨木简初探》，《文物》1981 年第 2 期，第 27—34 页。

万钱。中井积德曾言："得首虏万九千级，级各受爵一级，级十七金，而万九千之，则为三十二万三千金矣。"① 此说甚是。

我们仍以官首、千夫和乐卿为例，用"三十余万金"相除，这大约可分别奖励官首3910人，千夫2710人，乐卿则2370人。综合考虑，由于低爵通常都是多数，如一级造士、二级闲舆卫分别相当于奖励十七万钱、三十四万钱，大约可奖励19000人或9500人，因而若逐级均按其奖励总值的三分之一和二分之一的大致计算，此次设置军功爵受奖励的官兵应该在12000人左右（详见下表）。这与"斩首虏"的总额、所出征军队"数万骑"② 的规模和获爵赏官兵的比例也基本是吻合的。

武功爵奖励对照表

级别	名称	赏钱（万）	总值（万）	约等于可奖励人数	自上而下逐级按奖励额1/3计算	按1/2计算
一	造士	17	323000	323000÷17=19000	107666÷17≈6333	=9500
二	闲舆卫	34	同上	323000÷34=9500	71778÷34≈2111	=2375
三	良士	51	同上	323000÷51=6333	47852÷51≈938	≈791
四	元戎士	68	同上	323000÷68=4750	31901÷68≈469	≈297
五	官首	85	同上	323000÷85=3800	21268÷85≈250	≈119
六	秉铎	102	同上	323000÷102=3167	14178÷102≈139	≈49
七	千夫	119	同上	323000÷119≈2714	9452÷119≈79	≈21
八	乐卿	136	同上	323000÷136=2370	6302÷136≈46	≈9
九	执戎	153	同上	323000÷153≈2111	4201÷153≈27	≈4

① ［日］泷川资言：《史记会注考证》，第2022页。

② 《史记》卷30《平准书》，第1421页。按：关于卫青此次出征的军队规模，《汉书》卷6《武帝纪》（172页）及卷24下《食货志下》（1159页）均言"十余万骑""十余万众"，但《史记》卷111《卫将军骠骑列传》（2925页）和《汉书》卷55《卫青霍去病传》（2474页）却说此前一年"青将三万骑"。故根据《卫将军骠骑列传》记载，"元狩四年，上令大将军青、骠骑将军去病将各五万骑，步兵转者踵军数十万"（2934页），及《正义》"言转运之士及步兵接后又数十万人"（2935页）的注解，可知此前真正直接参战的骑兵也就是三四万人（按一人三马计算，亦可谓"十余万骑"），加上后勤和步兵共有"十余万众"。考虑到卫青此战亦有较大损失，除了所部自身伤亡外，右将军苏建三千余骑覆没，再排除《史记》《汉书》已明确记载受到二十等军功爵奖赏和赐金的人员，以及不直接参战者的受爵应低于直接参战者的规定（参见朱绍侯《从三组汉简看军功爵制的演变》，《朱绍侯文集》，河南大学出版社2005年版，第169—180页），此次获爵赏的官兵在12000人左右应是比较适中的。

续表

级别	名称	赏钱（万）	总值（万）	约等于可奖励人数	自上而下逐级按奖励额 1/3 计算	按 1/2 计算
十	政庚庶长	170	同上	323000÷170＝1900	2800÷170≈16	≈2
十一	军卫	187	同上	323000÷187≈1727	1867÷187≈10	≈1
总数		1122	同上		10418＋220＝10638	13168

说明：逐级按三分之一计算，最终的余数算给了最低的造士，约 220 人；逐级按二分之一计算，最终余数算给 1 名军卫，还略差一点。不难看出，按二分之一计算，其高爵较少，低爵太多；按三分之一计算，则高爵太多，低爵较少。因之实际的奖励人数当在这二者之间的某个范围。

三　"武功爵"的利弊、中止与废除

根据以上论述，武功爵的设置肯定是利大于弊的。

如前所述，许多学者之所以否定武功爵，主要就是他们都把武功爵的设置视为朝廷直接向民众卖官鬻爵了。但既然武功爵不是由朝廷向民众卖爵，而是由获爵赏的将士"移卖"，那么这个理由就要打很大折扣了。毕竟"移卖"不是官方行为，而且"移卖"的数量是有限的。根据上表做粗略统计，从官首到乐卿这四级比较有诱惑力的爵位，可能总共只有三四百人（此后的奖赏只能更少）。这在很大程度上便减轻了所造成弊端的危害。诚然，根据《平准书》记载，武功爵设置后，其"军功多用越等，大者封侯卿大夫，小者郎吏。吏道杂而多端，则官职耗废"[1]。但这实际说的是武功爵和二十等爵同时实施的后果，因为武功爵中并没有封侯的规定。[2] 这非但不能证明武功爵的弊端之大，反而证明了许多获得武功爵的官兵并没有"移卖"爵位，实际倒恰恰是他们自己享用了所获爵位的奖赏。如果再考虑到"卿大夫"多半都是高爵，不管是按武功爵，如乐卿、执戎、政庚庶长和军卫，还是按二十等爵，如右更、少上造、大庶长等，这些高爵的获得者主要都应该由国家奖赏，其中真正可买卖的肯定更少。

---

① 《史记》卷 30《平准书》，第 1423 页。
② 参见朱绍侯《从三组汉简看军功爵制的演变》，《朱绍侯文集》，第 171 页。

因此，在弊端并非很大的情况下，朝廷设置武功爵便基本解决了当前财政匮乏所造成的有功将士不得奖赏的问题。而且可以推论，既然此次武功爵的设置相当于国家支出了"三十余万金"，那么在元狩四年，"大将军、骠骑大出击胡，得首虏八九万级，赏赐五十万金"①，其中武功爵也应该占有一定的比重。这对于鼓舞士气，继续发动大规模的战争，并尽量减轻财政压力，无疑是有着重大的积极意义的。关于这一点，陈梧桐等先生就曾指出："金钱、爵禄、食邑，以其极大的诱惑力，激发起广大官兵杀敌立功的积极性，对提高西汉军队的战斗力起着重大的作用。"② 更值得注意的是，国家财政暂时困难，朝廷奖赏军功的思路不是向农民增加税收，而是试图设置新的爵位，在国家奖赏很少的情况下，既让官兵能得到较高荣誉和一些优待，也引诱一部分富人出钱。

当然，以上武功爵的定价都是国家强行规定的。至于是否真正等值，以及受爵官兵是否都会出卖，是否都能等值出卖，那就是另外一回事了。可能有些获得官首以上的将士会出卖爵位，也会自己升职，或者半卖半送给亲友，等等。但可以肯定的是，由于定价太高，又没有多大实惠，绝大多数获得官首以下爵位的官兵，即使真想出卖自己的爵位，也很少有人问津，而只能是拿着一个十几万钱或几十万钱的空头支票。③ 这种口惠而实不至的做法，也从另一个侧面说明了为什么武功爵会定价如此之高。姚鼐就曾对此评论说：

---

① 《史记》卷 30《平准书》，第 1428 页。

② 陈梧桐、李德龙、刘曙光：《西汉军事史》，军事科学出版社 1998 年版，第 208 页。

③ 学界大多认为，汉代军功爵制有"吏爵""民爵"之分。武功爵的低爵没有多少实惠，或许也属于"民爵"。根据"爵过公乘，得移与子若同产、同产子"（《后汉书》卷 2《明帝纪》，中华书局 1965 年版，第 96 页）的规定，可知汉代赐民爵若超过第八级公乘，必须转让给他的兄弟子侄。武功爵的一至四级与此有着相似之处，因为这四级爵位都空有名号和定价，和轻滥的民爵一样不能享有除吏、免役、赎罪等权利。但实际情况却恐怕更为复杂。武功爵的一个主要目的即是让受爵赏的官兵更容易地卖爵，故某个买家为自己的多次买爵应是朝廷所乐见的。这就存在着允许累计和不允许累计两种可能。比如先买了一个良士，后又买了一个闲舆卫，按累计折算相当于买了一个官首，此即第一种可能。而比如两次买爵超过了元戎士，则必须转让一个造士，或不管买了几个爵位，这些爵位都不能按累计折算，此即第二种可能。惟限于史料，目前对这一问题尚不能得出明确结论。

"爵得至乐卿"。乐卿第八级，此言买者，不得至九级也。买爵者补官先除，又或以赎禁锢免罪，故人尚乐买。以《惠帝纪》较之，赐爵一级贵于万钱而已。而此爵级十七万，则大贵于彼。盖武功爵优于常爵，又以此抵战士之赏，高举之。其卖者，亦何必真得一级十七万钱哉！①

可见，武功爵的真正受惠者，主要是中高级军官和大地主、大商人。而且和直接赐金和赏钱相比，它也意味着奖赏的缩水。但无论如何，通过设立武功爵，国家毕竟基本"不花钱"便解决了作战官兵急待奖赏的棘手问题。从这个意义上说，所谓"三十余万金"的估算，确实相当于国家的支出。只不过其实际价值并非如此而已。

武功爵利大于弊，但很快便难以为继。从现有资料看，它的中止应该是在元狩四年之后。在元狩四年，朝廷赏赐军功"五十万金"，推测武功爵还发挥过较大作用。孰料开销太大，国家财政出现了严重危机，此后"战士颇不得禄矣"②，从而表明武功爵的实施已经失效。尽管朝廷很快通过盐铁官营、算缗告缗等等财经政策解决了财政危机，但武功爵却已丧失了继续封赏的条件。究其原因，主要有以下三个方面。

其一，作为应急措施，武功爵实际是一种国家暂时没钱而被迫实施的临时性赏官。这种临时性赏官的最大特点，就是单纯应急，没有长期规划。它既不能在国家财政严重危机时发挥作用，又不能在国库充裕时继续存在，而只能在国家财政暂时困难的情况下实施。前揭"战士颇不得禄矣"，便说明在严重的财政危机下武功爵已达不到奖赏的目的了（至少高爵已无法奖赏）。而国库充裕时，由于直接赏赐可以更好地鼓舞士气，朝廷也没有必要再实施这种需要"移卖"才能最终"兑现"的赏官。一方面国家有钱，所谓"民不益赋而天下用饶"③，朝廷完全可以直接赏赐，甚至于补偿欠账；

① ［清］姚鼐：《惜抱轩全集·笔记》卷4《史部一》，第560页。
② 《史记》卷30《平准书》，第1428页。
③ 《史记》卷30《平准书》，第1441页。

另一方面，在实施二十等爵都直接赏赐的情况下，[1] 继续封赏武功爵也肯定会激起广大将士的不满和抱怨。所以武功爵也只能被迫中止，而完全实行军功爵的封赏。

其二，随着算缗告缗令的实施，朝廷和官僚、地主联合抢掠了大多数商贾的财富，[2] 在国库快速充裕的同时，也使得武功爵的买家锐减。根据《平准书》记载，为了迅速解决财政危机，算缗告缗令在元狩四年已开始实施。但效果不大，直到元鼎三年（前114年），武帝重申告缗令，"十一月，令民告缗者以其半与之"[3]，此令才在全国真正推行。结果，"杨可告缗遍天下，中家以上大抵皆遇告。杜周治之，狱少反者。乃分遣御史廷尉正监分曹往，即治郡国缗钱，得民财物以亿计，奴婢以千万数，田大县数百顷，小县百余顷，宅亦如之。于是商贾中家以上大率破"[4]。这不仅使得许多商贾遭到毁灭性打击，而且也使得武功爵丧失了很大一部分买家，[5] 在社会上更加贬值。诚然，就"移卖"而言，其受损者皆为"受爵赏"的将士，似乎并不影响国家的财政收入。但既然由于军功爵的轻滥，其"受爵赏而欲移卖者，无所流虒"，[6] 朝廷就要考虑另设新的"赏官"，那么在武功爵也出现买家锐减、越来越难卖的情况下，朝廷也就不能不顾及获得这种"爵赏"的将士利益了。

其三，为了更多地增加财政收入，朝廷正式推出了卖官鬻爵政策，这也

---

① 除了传世文献，出土简牍亦证明，西汉二十等军功爵的实施通常都是直接赏赐的。如敦煌酥油土出土西汉木简《击匈奴降者赏令》规定："二百户五百骑以上，赐爵少上造，黄金五十斤，食邑。"（D38：7A）大通上孙家寨出土西汉木简记载："斩首捕虏，拜爵各一级。"（068）"首房不满数者，籍须复战。军罢而不满数，赐钱级。"（359、349）详见敦煌文化馆《敦煌酥油土汉代烽燧出土的木简》，甘肃省文物工作队、甘肃省博物馆编《汉简研究文集》，甘肃人民出版社1984年版，第1—14页；国家文物局古文献研究室、大通上孙家寨汉简整理小组《大通上孙家寨汉简释文》，《文物》1981年第2期。

② 晋文：《从西汉抑商政策看官僚地主的经商》，《中国史研究》1991年第4期。

③ 《汉书》卷6《武帝纪》，第183页。

④ 《史记》卷30《平准书》，第1435页。

⑤ 翦伯赞先生曾明确指出，武帝前期的买爵者多为"有钱的商人"（翦伯赞：《秦汉史》，北京大学出版社1983年第2版，第286页）。

⑥ 如朱绍侯先生便明确主张此话是要解决军功爵的卖爵难问题。他说："诏令中的'受爵赏而欲移卖者，无所流虒'一句话值得注意。按'虒'音'移'或'易'，作'施'或'移'解。这句话是说由于军功爵制的轻滥，立有军功而得到赏赐的人，想要出卖爵位，而卖不出去，因此要求大臣们讨论建立新的爵制，以提高军队的战斗力，解决卖爵难的问题。"（朱绍侯：《军功爵制研究》，第80页。）

使得官僚、地主有了比武功爵更好的买卖选择。根据《平准书》，大约在元鼎二年，武帝便出台了"令吏得入谷补官，郎至六百石"① 的政策。及至元封元年（前110年），桑弘羊领大农，"又请令民得入粟补吏，及罪以赎。令民入粟甘泉各有差，以复终身，不复告缗"②。由于官僚、地主的买官、赎罪、买复更为直接和方便，也可能还更为便宜，加之此前规定——"除千夫、五大夫为吏，不欲者出马"③，千夫的免役优待也被变相剥夺，因而这就更使武功爵的买家大量流失。可以毫不夸张说，除了极少数人，武功爵已完全成了空头支票。

当然，武功爵的中止并不意味被完全废除。翻检众多论著和词典，一般都说武功爵不久即废。例如："武功爵与二十等爵并行，不久废。"④ 但根据樱井芳朗和陈直先生研究，至少到宣帝元康四年（前62年），武功爵都依然存在。

武功爵在这以后还有没有继续卖鬻，并不清楚。只是在汉宣帝元康四年（公元前62年）给汉初功臣的子孙复家规定之中，武功爵的官首（五级）和秉铎（六级）各有一人。元朔六年设立的武功爵，拥有这些爵位的人直到六十一年之后仍然存在。⑤

直按：高惠功臣表，灌婴，"元康四年婴曾孙长安官首匜诏复家。"官首为武功爵第五级。又陆量侯须无，"元康四年无曾孙郦阳秉铎圣诏复家。"秉铎为武功爵第六级。杨仆官千夫，则为武功爵之第七级，此武功爵受爵人名之可考者。武功爵制度之废除，当在宣帝元康以后。⑥

可见，武功爵在元狩四年以后虽然不再封赏，但原已封赏或者被买卖的，朝

---

① 《史记》卷30《平准书》，第1433页。
② 《汉书》卷24下《食货志下》，第1175页。
③ 《汉书》卷24下《食货志下》，第1165页。
④ 龚延明：《关于西汉"武功爵"的级数及其他》，《中国古代职官科举研究》，第73—75页。
⑤ 樱井芳朗「漢の武功爵に就いて」『東洋學報』26之2，254—259頁。
⑥ 陈直：《汉书新证》，第170页。

廷还继续予以承认，只不过含金量已大为下降而已。

　　我们认为：既然武功爵到宣帝时期依然存在，那么在没有被明文废除之前，它应该都始终存在。尽管其价值已可能是一落千丈，甚至变成了一个荣誉性称号，并由于种种原因使得拥有武功爵的人数越来越少，但既然允许买卖，就总会有一小部分人能获得这种爵位。因此，终西汉之世，武功爵都应该是存在的。只是到了王莽改制，在西汉官、爵制度都频现问题的大背景下，武功爵才寿归正寝，最终退出了历史舞台。具体来说，就是在居摄三年（公元 8 年）王莽向太后"奏请"实行了五等爵制：

　　　　"孔子曰：'周监于二代，郁郁乎文哉！吾从周。'臣请诸将帅当受爵邑者爵五等，地四等。"奏可。于是封者高为侯伯，次为子男，当赐爵关内侯者更名曰附城，凡数百人。击西海者以"羌"为号，槐里以"武"为号，翟义以"虏"为号。①

这样一来，西汉的爵位制度，包括武功爵、二十等军功爵②和诸侯王等，便一概被王莽废除。

　　（原载《历史研究》2016 年第 2 期）

---

　　①　《汉书》卷 99 上《王莽传上》，第 4089—4090 页。
　　②　王莽的五等爵制虽然仅仅涉及废除二十等爵的列侯和关内侯，但关内侯以下的爵位也肯定会被重新包装和改造。因此，作为一种重要的爵位制度，西汉的二十等爵实际已经不复存在。参见朱绍侯《军功爵制研究》，第 85 页。

主要参考文献

（按责任者拼音排序）

一　古籍

［东汉］班固撰，［清］王先谦补注《汉书补注》，上海古籍出版社2008年版。

［东汉］班固撰《汉书》，中华书局1962年版。

［东晋］常璩撰，任乃强校注《华阳国志校补图注》，上海古籍出版社1987年版。

［清］陈立撰，吴则虞点校《白虎通疏证》，中华书局1994年版。

陈奇猷校释《吕氏春秋校释》，学林出版社1984年版。

程树德撰，程俊英、蒋见元点校《论语集释》，中华书局1990年版。

［西晋］陈寿撰《三国志》，中华书局1982年版。

［东汉］崔寔、仲长统撰，孙启治校注《政论校注　昌言校注》，中华书局2012年版。

［东汉］崔寔撰，石声汉校注《四民月令校注》，中华书局1965年版。

［明］董说原著，缪文远订补《七国考订补》，上海古籍出版社1987年版。

［西汉］董仲舒著，［清］苏舆义证《春秋繁露义证》，中华书局1992年版。

［唐］杜佑撰，王文锦、王永兴、刘俊文等点校《通典》，中华书局1988年版。

［西晋］杜预集解《春秋经传集解》，上海古籍出版社1988年版。

［南朝·宋］范晔撰《后汉书》，中华书局1965年版。

［唐］房玄龄等撰《晋书》，中华书局 1974 年版。

高亨注译《商君书注译》，中华书局 1974 年版。

［清］郭庆藩撰，王孝鱼点校《庄子集释》，中华书局 2012 年第 3 版。

［西汉］韩婴撰《韩诗外传》，［明］程荣纂辑《汉魏丛书》，吉林大学出版社 1992 年版。

何宁撰《淮南子集释》，中华书局 1998 年版。

何清谷撰《三辅黄图校释》，中华书局 2005 年版。

［南宋］洪适：《隶释　隶续》，中华书局 1986 年版。

［东汉］桓谭撰，朱谦之校辑《新辑本桓谭新论》，中华书局 2009 年版。

黄晖撰《论衡校释》（附刘盼遂集解），中华书局 1990 年版。

［西汉］贾谊撰，阎振益、钟夏校注《新书校注》，中华书局 2000 年版。

蒋礼鸿撰《商君书锥指》，中华书局 1986 年版。

［清］焦循撰，沈文倬点校《孟子正义》，中华书局 1987 年版。

黎翔凤撰，梁运华整理《管子校注》，中华书局 2004 年版。

［北魏］郦道元著，陈桥驿校证《水经注校证》，中华书局 2007 年版。

［清］梁玉绳撰《史记志疑》，中华书局 1981 年版。

［魏］刘徽注，［唐］李淳风注释《九章算术》，中华书局 1985 年版。

［东汉］刘熙撰《释名》，中华书局 2016 年版。

［西汉］刘向编著，石光瑛校释，陈新整理《新序校释》，中华书局 2009 年第 2 版。

［西汉］刘向集录《战国策》，上海古籍出版社 1985 年版。

［西汉］刘向撰，向宗鲁校证《说苑校证》，中华书局 1987 年版。

［东汉］刘珍等撰，吴树平校注《东观汉记校注》，中华书局 2008 年版。

［北宋］欧阳修撰《新唐书》，中华书局 1975 年版。

［清］钱大昕著，方诗铭、周殿杰校点《廿二史考异》，上海古籍出版社 2004 年版。

［清］阮元校刻《十三经注疏》（附校勘记），中华书局 1980 年版。

山东大学《商子译注》编写组：《商子译注》，齐鲁书社 1982 年版。

上海师范大学古籍整理组校点《国语》，上海古籍出版社 1978 年版。

［北宋］司马光编著，［元］胡三省音注《资治通鉴》，中华书局 1956 年版。

［西汉］司马迁撰《史记》，中华书局 1959 年版。

［清］孙楷著，徐复订补《秦会要订补（修订本）》，中华书局 1959 年版。

［清］孙希旦撰，沈啸寰、王星贤点校《礼记集解》，中华书局 1989 年版。

［清］孙星衍等辑，周天游点校《汉官六种》，中华书局 1990 年版。

［清］孙诒让撰，孙启治点校《墨子间诂》，中华书局 1981 年版。

万国鼎辑释《氾胜之书辑释》，中华书局 1957 年版。

汪荣宝撰，陈仲夫点校《法言义疏》，中华书局 1987 年版。

［魏］王弼注，楼宇烈校释《老子道德经注校释》，中华书局 2008 年版。

［东汉］王符著，［清］汪继培笺，彭铎校正《潜夫论笺校正》，中华书局 1985 年版。

王国维撰，黄永年校点《古本竹书纪年辑校·今本竹书纪年疏证》，辽宁教育出版社 1997 年版。

王利器校注《盐铁论校注（定本）》，中华书局 1992 年版。

王利器撰《新语校注》，中华书局 2012 年第 2 版。

［清］王鸣盛撰，黄曙辉点校《十七史商榷》，上海古籍出版社 2013 年版。

［清］王念孙：《广雅疏证》，中华书局 1983 年版。

［清］王先谦集解《后汉书集解》，中华书局 1984 年版。

［清］王先谦撰，沈啸寰、王星贤点校《荀子集解》，中华书局 1988 年版。

［清］王先慎撰，钟哲点校《韩非子集解》，中华书局 1998 年版。

［北齐］魏收：《魏书》，中华书局 1974 年版。

夏纬瑛校释《吕氏春秋上农等四篇校释》，农业出版社 1956 年版。

［南朝·梁］萧统编，［唐］李善注《文选》，上海古籍出版社 1986 年版。

［唐］徐坚等：《初学记》，中华书局 1962 年版。

徐元诰撰，王树民、沈长云点校《国语集解（修订本）》，中华书局 2002 年版。

［东汉］许慎撰，［清］段玉裁注《说文解字注》，上海古籍出版社 1988 年第 2 版。

［东汉］许慎撰《说文解字》，中华书局 1963 年版。

［东汉］荀悦撰，［明］黄省曾注，孙启治校补《申鉴注校补》，中华书局 2012 年版。

［东汉］荀悦撰《汉纪》，《四部丛刊》本。

［清］严可均辑《全上古三代秦汉三国六朝文》，中华书局 1958 年版。

杨伯峻编著《春秋左传注》，中华书局 1981 年版。

杨伯峻译注《孟子译注》，中华书局 1960 年版。

杨伯峻撰《列子集释》，中华书局 2013 年第 2 版。

［东汉］应劭撰，王利器校注《风俗通义校注》，中华书局 1981 年版。

张纯一撰，梁运华点校《晏子春秋校注》，中华书局 2014 年版。

张烈点校《两汉纪》，中华书局 2002 年版。

［清］赵翼撰，曹光甫校点《廿二史札记》，上海古籍出版社 2011 年版。

二　简牍及其他文物资料

陈松长主编《岳麓书院藏秦简［壹—叁］》（释文修订本），上海辞书出版社 2018 年版。

陈松长主编《岳麓书院藏秦简［肆］》，上海辞书出版社 2015 年版。

陈松长主编《岳麓书院藏秦简［伍］》，上海辞书出版社 2017 年版。

陈伟主编《里耶秦简牍校释》第 1 卷，武汉大学出版社 2012 年版。

陈伟主编《里耶秦简牍校释》第 2 卷，武汉大学出版社 2018 年版。

陈伟主编《秦简牍合集释文注释修订本（贰）》，武汉大学出版社 2016 年版。

陈伟主编《秦简牍合集释文注释修订本（叁）》，武汉大学出版社 2016 年版。

陈伟主编《秦简牍合集释文注释修订本（肆）》，武汉大学出版社 2016 年版。

陈伟主编《秦简牍合集释文注释修订本（壹）》，武汉大学出版社 2016 年版。

傅嘉仪：《秦封泥汇考》，上海书店出版社 2007 年版。

甘肃简牍保护研究中心等编《肩水金关汉简［贰］》，中西书局 2012 年版。

甘肃简牍保护研究中心等编《肩水金关汉简［壹］》，中西书局 2011 年版。

甘肃简牍博物馆、甘肃省文物考古研究所等编《地湾汉简》，中西书局 2017 年版。

甘肃简牍博物馆编《居延新简》，甘肃人民美术出版社 2017 年版。

甘肃简牍博物馆等编《肩水金关汉简［叁］》，中西书局 2013 年版。

甘肃简牍博物馆等编《肩水金关汉简［肆］》，中西书局 2015 年版。

甘肃简牍博物馆等编《肩水金关汉简［伍］》，中西书局 2016 年版。

甘肃省文物考古研究所、甘肃省博物馆、文化部古文献研究室、中国社会科学院历史研究所编《居延新简——甲渠候官与第四燧》，文物出版社 1990 年版。

甘肃省文物考古研究所编，薛英群、何双全、李永良注《居延新简释粹》，兰州大学出版社 1988 年版。

甘肃省文物考古研究所编《敦煌汉简》，中华书局 1991 年版。

甘肃省文物考古研究所编《天水放马滩秦简》，中华书局 2009 年版。

国家图书馆善本金石组编《先秦秦汉魏晋南北朝石刻文献全编》，北京图书馆出版社 2004 年版。

胡平生、张德芳：《敦煌悬泉汉简释粹》，上海古籍出版社 2001 年版。

湖北省荆州博物馆编著《荆州高台秦汉墓：宜黄公路荆州段田野考古报告之一》，科学出版社 2000 年版。

湖北省荆州市周梁玉桥遗址博物馆编《关沮秦汉墓简牍》，中华书局

2001 年版。

　　湖南省文物考古研究所编著《里耶发掘报告》，岳麓书社 2007 年版。

　　湖南省文物考古研究所编著《里耶秦简［贰］》，文物出版社 2017
年版。

　　湖南省文物考古研究所编著《里耶秦简［壹］》，文物出版社 2012
年版。

　　李均明、何双全编《散见简牍合辑》，文物出版社 1990 年版。

　　里耶秦简博物馆、出土文献与中国古代文明研究协同创新中心中国人民
大学中心编著《里耶秦简博物馆藏秦简》，中西书局 2016 年版。

　　连云港市博物馆、东海县博物馆、中国社会科学院简帛研究中心、中国
文物研究所编《尹湾汉墓简牍》，中华书局 1997 年版。

　　林梅村、李均明编《疏勒河流域出土汉简》，文物出版社 1984 年版。

　　刘信芳、梁柱编著《云梦龙岗秦简》，科学出版社 1997 年版。

　　罗福颐编《汉印文字征》，文物出版社 1978 年版。

　　罗福颐主编，故宫研究室玺印组编《秦汉南北朝官印征存》，文物出版
社 1987 年版。

　　马怡、张荣强主编《居延新简释校》，天津古籍出版社 2013 年版。

　　彭浩、陈伟、工藤元男主编《二年律令与奏谳书——张家山二四七号
汉墓出土法律释读》，上海古籍出版社 2007 年版。

　　睡虎地秦墓竹简整理小组编《睡虎地秦墓竹简》，文物出版社 1978
年版。

　　孙家洲主编《额济纳汉简释文校本》，文物出版社 2007 年版。

　　魏坚主编《额济纳汉简》，广西师范大学出版社 2005 年版。

　　吴九龙：《银雀山汉简释文》，文物出版社 1985 年版。

　　吴礽骧、李永良、马建华释校《敦煌汉简释文》，甘肃人民出版社 1991
年版。

　　吴小强：《秦简日书集释》，岳麓书社 2000 年版。

　　谢桂华、李均明、朱国炤：《居延汉简释文合校》，文物出版社 1987
年版。

　　银雀山汉墓竹简整理小组编《银雀山汉墓竹简［壹］》，文物出版社

1985 年版。

张家山二四七号汉墓竹简整理小组编《张家山汉墓竹简［二四七号墓]》（释文修订本），文物出版社 2006 年版。

张显成、周群丽：《尹湾汉墓简牍校理》，天津古籍出版社 2011 年版。

长沙简牍博物馆，北京大学中国古代史研究中心，北京吴简研讨班编《吴简研究》第 3 辑，中华书局 2011 年版。

长沙简牍博物馆、中国文化遗产研究院、北京大学历史学系、故宫研究院古文献研究所走马楼简牍整理组编著《长沙走马楼三国吴简·竹简［捌]》，文物出版社 2015 年版。

长沙简牍博物馆、中国文化遗产研究院、北京大学历史学系、故宫研究院古文献研究所走马楼简牍整理组编著《长沙走马楼三国吴简·竹简［柒]》，文物出版社 2013 年版。

长沙简牍博物馆、中国文化遗产研究院、北京大学历史学系走马楼简牍整理组编著《长沙走马楼三国吴简·竹简［陆]》，文物出版社 2017 年版。

长沙简牍博物馆、中国文化遗产研究院、北京大学历史学系走马楼简牍整理组编著《长沙走马楼三国吴简·竹简［伍]》，文物出版社 2018 年版。

长沙简牍博物馆、中国文物研究所、北京大学历史学系走马楼简牍整理组编著《长沙走马楼三国吴简·竹简［贰]》，文物出版社 2007 年版。

长沙简牍博物馆、中国文物研究所、北京大学历史学系走马楼简牍整理组编著《长沙走马楼三国吴简·竹简［叁]》，文物出版社 2008 年版。

长沙简牍博物馆、中国文化遗产研究院、北京大学历史学系走马楼简牍整理组编著《长沙走马楼三国吴简·竹简［肆]》，文物出版社 2011 年版。

长沙市文物考古研究所、清华大学出土文献研究与保护中心、中国文化遗产研究院、湖南大学岳麓书院编《长沙五一广场东汉简牍［贰]》，中西书局 2018 年版。

长沙市文物考古研究所、清华大学出土文献研究与保护中心、中国文化遗产研究院、湖南大学岳麓书院编《长沙五一广场东汉简牍［壹]》，中西书局 2018 年版。

长沙市文物考古研究所、中国文物研究所、北京大学历史学系走马楼简牍整理组编著《长沙走马楼三国吴简·嘉禾吏民田家莂》，文物出版社 1999

年版。

长沙市文物考古研究所、中国文物研究所、北京大学历史学系走马楼简牍整理组编著《长沙走马楼三国吴简·竹简［壹］》，文物出版社 2003 年版。

长沙市文物考古研究所、中国文物研究所编《长沙东牌楼东汉简牍》，文物出版社 2006 年版。

郑曙斌、张春龙、宋少华、黄朴华：《湖南出土简牍选编》，岳麓书社 2013 年版。

中国社会科学院考古研究所编《居延汉简甲乙编》，中华书局 1980 年版。

中国文物研究所、湖北省文物考古研究所编《龙岗秦简》，中华书局 2001 年版。

周晓陆、路东之：《秦封泥集》，三秦出版社 2000 年版。

周晓陆：《二十世纪出土玺印集成》，中华书局 2010 年版。

朱汉民、陈松长主编《岳麓书院藏秦简［贰］》，上海辞书出版社 2011 年版。

朱汉民、陈松长主编《岳麓书院藏秦简［叁］》，上海辞书出版社 2013 年版。

朱汉民、陈松长主编《岳麓书院藏秦简［壹］》，上海辞书出版社 2010 年版。

三　论著

安作璋、熊铁基：《秦汉官制史稿》，齐鲁书社 1985 年版。

安作璋：《从睡虎地秦墓竹简看秦代的农业经济》，载中国秦汉史研究会编《秦汉史论丛》第 1 辑，陕西人民出版社 1981 年版。

白寿彝主编《中国通史》第 4 卷，上海人民出版社 1995 年版。

卜宪群、蔡万进：《天长纪庄木牍及其价值》，《光明日报》2007 年 6 月 15 日"史学"版。

卜宪群、刘杨：《秦汉日常秩序中的社会与行政关系初探——关于"自言"一词的解读》，《文史哲》2013 年第 4 期。

卜宪群：《秦汉之际国家结构的演变——兼谈张家山汉简中汉与诸侯国

的关系》，秦始皇兵马俑博物馆《论丛》编委会编《秦文化论丛》第 12 辑，三秦出版社 2005 年版。

卜宪群：《秦汉之际乡里吏员杂考——以里耶秦简为中心的探讨》，《南都学坛》2006 年第 1 期。

蔡万进、张小锋：《2002、2003 年张家山汉简研究综述》，《中国史研究动态》2004 年第 10 期。

蔡万进：《秦国粮食经济研究》，内蒙古人民出版社 1996 年版。

曹旅宁：《秦律新探》，中国社会科学出版社 2002 年版。

曹旅宁：《张家山 247 号墓汉律制作时代新考》，载中国文物研究所编《出土文献研究》第 6 辑，上海古籍出版社 2004 年版。

曹旅宁：《张家山汉律研究》，中华书局 2005 年版。

曾宪礼：《"民有二男以上不分异者倍其赋"意义辨》，《中山大学学报》（哲学社会科学版）1990 年第 4 期。

晁福林：《战国授田制简论》，《中国历史博物馆馆刊》1999 年第 1 期。

陈絜：《里耶"户籍简"与战国末期的基层社会》，《历史研究》2009 年第 5 期。

陈梦家：《汉简缀述》，中华书局 1980 年版。

陈梦家：《亩制与里制》，《考古》1966 年第 1 期。

陈松长：《秦代"户赋"新证》，《湖南大学学报》（社会科学版）2016 年第 4 期。

陈伟：《里耶秦简所见的"田"与"田官"》，《中国典籍与文化》2013 年第 4 期。

陈伟：《里耶秦简所见秦代行政与算术》，武汉大学简帛网，2014 年 2 月 4 日，http：//www. bsm. org. cn/show_ article. php？id＝1986。

陈垣：《二十史朔闰表》，古籍出版社 1956 年版。

陈振裕：《从凤凰山简牍看文景时期的农业生产》，《农业考古》1982 年第 1 期。

陈直：《从秦汉史料中看屯田采矿铸钱三种制度》，《历史研究》1955 年第 6 期。

陈直：《汉书新证》，天津人民出版社 1979 年第 2 版。

陈直：《居延汉简研究》，中华书局 2009 年版。

陈直：《两汉经济史料论丛》，中华书局 2008 年版。

陈直：《史记新证》，天津人民出版社 1979 年版。

程民生：《中国北方经济史》，人民出版社 2004 年版。

程树德：《九朝律考》，中华书局 1963 年版。

池田雄一：《论中国古代法制的发展——中国古代的法和国家》，载中国秦汉史研究会编《秦汉史论丛》第 4 辑，西北大学出版社 1989 年版。

大庭脩著，徐世虹译《汉简研究》，广西师范大学出版社 2001 年版。

杜绍顺：《关于秦代土地所有制的几个问题》，《华南师范大学学报》（社会科学版）1984 年第 3 期。

范文澜：《中国通史简编》，人民出版社 1964 年第 4 版。

傅筑夫、王毓瑚编《中国经济史资料·秦汉三国编》，中国社会科学出版社 1982 年版。

傅筑夫：《中国封建社会经济史》，人民出版社 1982 年版。

高恒：《秦汉简牍中法制文书辑考》，社会科学文献出版社 2008 年版。

高敏：《〈张家山汉墓竹简·二年律令〉中诸律的制作年代试探》，《史学月刊》2003 年第 9 期。

高敏：《从〈长沙走马楼三国吴简·竹简（壹）〉看孙权时期的口钱、算赋制度》，《史学月刊》2006 年第 2 期。

高敏：《从江陵凤凰山 10 号汉墓出土简牍看汉代的口钱、算赋制度》，《文史》第 20 辑，中华书局 1983 年版。

高敏：《略论西汉前期刍、稿税制度的变化及其意义》，《文史哲》1988 年第 3 期。

高敏：《从张家山汉简〈二年律令〉看西汉前期的土地制度——读〈张家山汉墓竹简〉札记之三》，《中国经济史研究》2003 年第 3 期。

高敏：《秦汉史论集》，中州书画社 1982 年版。

高敏：《秦汉史探讨》，中州古籍出版社 1998 年版。

高敏：《秦汉魏晋南北朝史论考》，中国社会科学出版社 2004 年版。

高敏：《云梦秦简初探》（增订本），河南人民出版社 1981 年第 2 版。

高尚志：《秦简律文中的"受田"》，载中国秦汉史研究会编《秦汉史论丛》第 3 辑，陕西人民出版社 1986 年版。

高智敏：《秦及西汉前期的垦田统计与田租征收——以垦田租簿为中心的考察》，载邬文玲主编《简帛研究》2017 春夏卷，广西师范大学出版社 2017 年版。

葛金芳：《土地赋役志》，上海人民出版社 1998 年版。

工藤元男著，广濑薰雄、曹峰译《睡虎地秦简所见秦代国家与社会》，上海古籍出版社 2010 年版。

沟口雄三著，郑静译《中国的公与私·公私》，生活·读书·新知三联书店 2011 年版。

古賀登「尽地力説·阡陌制補論——主として雲夢出土秦簡による」早稻田大學大學院文學研究科『早稻田大學大學院文學研究科紀要』、早稻田大學、1978。

顾丽华：《张家山汉简〈二年律令〉研究述评》，《南都学坛》2007 年第 2 期。

郭豫才：《论战国时期的封建土地国有制——再论我国封建制生产关系的形成过程》，《史学月刊》1987 年第 1 期。

郭志坤：《秦始皇大传》，上海三联书店 1989 年版。

韩连琪：《汉代的田租口赋和徭役》，《文史哲》1956 年第 7 期。

韩树峰：《汉魏法律与社会——以简牍、文书为中心的考察》，社会科学文献出版社 2011 年版。

韩树峰：《里耶秦户籍简三题》，里耶秦简博物馆、出土文献与中国古代文明研究协同创新中心中国人民大学中心编著《里耶秦简博物馆藏秦简·研究篇》，中西书局 2016 年版。

韩巍：《北大秦简中的数学文献》，《文物》2012 年第 6 期。

郝建平：《战国授田制研究综述》，《阴山学刊》2003 年第 2 期。

郝树声、张德芳：《悬泉汉简研究》，甘肃文化出版社 2009 年版。

何兹全：《中国古代社会》，北京师范大学出版社 2001 年版。

弘一：《江陵凤凰山十号汉墓简牍初探》，《文物》1974 年第 6 期。

侯外庐：《中国封建社会土地所有制形式的问题——中国封建社会发展规律商兑之一》，《历史研究》1954 年第 1 期。

后晓荣:《秦代政区地理》,社会科学文献出版社 2009 年版。

胡平生、张德芳编撰《敦煌悬泉汉简释粹》,上海古籍出版社 2001 年版。

胡平生:《胡平生简牍文物论稿》,中西书局 2012 年版。

胡平生:《青川秦墓木牍"为田律"所反映的田亩制度》,《文史》第 19 辑,中华书局 1983 年版。

胡平生:《松柏汉简五三号木牍释解》,武汉大学简帛网,2009 年 4 月 12 日,http://www.bsm.org.cn/show_ article.php? id = 1020。

胡平生:《天长安乐汉简〈户口簿〉"垣雍"考》,武汉大学简帛网,2010 年 2 月 3 日,http://www.bsm.org.cn/show_ article.php? id = 1215。

胡平生:《新出汉简户口簿籍研究》,载中国文化遗产研究院编《出土文献研究》第 10 辑,中华书局 2011 年版。

胡平生:《也说"敖童"》,武汉大学简帛网 2018 年 1 月 8 日,http://www.bsm.org.cn/show_ article.php? id = 2966。

胡平生:《云梦龙岗秦简考释校证》,载西北师范大学历史系、甘肃文物考古研究所编《简牍学研究》第 1 辑,甘肃人民出版社 1997 年版。

湖北省文物考古研究所、孝感地区博物馆、云梦县博物馆:《云梦龙岗 6 号秦墓及出土简牍》,载《考古》编辑部编《考古学集刊》第 8 集,科学出版社 1994 年版。

湖南省文物考古研究所、怀化市文物处、沅陵县博物馆:《沅陵虎溪山一号汉墓发掘简报》,《文物》2003 年第 1 期。

黄今言:《秦代租赋徭役制度初探》,载中国秦汉史研究会编《秦汉史论丛》第 1 辑,陕西人民出版社 1981 年版。

黄今言:《秦汉赋役制度研究》,江西教育出版社 1988 年版。

黄今言:《秦代租赋徭役制度研究》,《江西师院学报》(哲学社会科学版)1979 年第 3 期。

黄留珠:《秦简"敖童"解》,《历史研究》1997 年第 5 期。

黄盛璋:《江陵凤凰山汉墓简牍及其在历史地理研究上的价值》,《文物》1974 年第 6 期。

黄盛璋:《江陵高台汉墓新出"告地策"、遣册与相关制度发复》,《江汉考古》1994 年第 2 期。

黄盛璋：《青川秦牍〈田律〉争议问题总议》，《农业考古》1987 年第2 期。

加藤繁：《中国经济史考证》第 1 卷，商务印书馆 1959 年版。

贾丽英：《汉代"名田宅制"与"田宅逾制"论说》，《史学月刊》2007 年第 1 期。

江淳：《从赐田制度的变化看秦汉间土地制度的演变》，《广西师范大学学报》（哲学社会科学版）1987 年第 2 期。

蒋非非：《算赋制度问题探讨——从江陵凤凰山十号汉墓出土简牍谈起》，载平准学刊编辑委员会编《平准学刊》第 3 辑，下册，中国商业出版社 1986 年版。

金景芳：《论井田制度》，齐鲁书社 1982 年版。

晋文、李伟：《从〈二年律令·户律〉看汉初立户分户问题》，《中国农史》2008 年第 3 期。

晋文：《2017—2018 年秦汉史研究述评》，《中国史研究动态》2019 年第 2 期。

晋文：《从西汉抑商政策看官僚地主的经商》，《中国史研究》1991 年第 4 期。

晋文：《关于商鞅变法赋税改革的若干考辨》，《中国农史》2001 年第4 期。

晋文：《里耶秦简"斗""升"讹误问题补说》，载武汉大学简帛研究中心主办《简帛》第 20 辑，上海古籍出版社 2020 年版。

晋文：《里耶秦简中的积户与见户——兼论秦代基层官吏的量化考核》，《中国经济史研究》2018 年第 1 期。

晋文：《秦代确有算赋辨——与臧知非先生商榷》，《中国农史》2008 年第 5 期。

晋文：《秦代算赋三辨——以近出简牍材料为中心》，载罗家祥主编《华中国学》2018 年秋之卷（总第十一卷），华中科技大学出版社 2019 年版。

晋文：《秦汉经济史研究与〈史记〉研读三题》，《中外论坛》2020 年第 3 期。

晋文：《秦汉经济制度与大一统国家治理》，《历史研究》2020 年第 3 期。

晋文：《睡虎地秦简与授田制研究的若干问题》，《历史研究》2018 年第 1 期。

晋文：《也谈秦代的工商业政策》，《江苏社会科学》1997 年第 6 期。

晋文：《以经治国与汉代"荒政"》，《中国史研究》1994 年第 2 期。

晋文：《以经治国与汉代社会》，广州出版社 2001 年版。

冷鹏飞：《中国秦汉经济史》，人民出版社 1994 年版。

李根蟠：《官田民田并立　公权私权叠压——简论秦汉以后封建土地制度的形成及特点》，《中国经济史研究》2014 年第 2 期。

李根蟠：《中国农业史》，文津出版社 1997 年版。

李恒全、季鹏：《秦汉刍稾税征收方式再探》，《财贸研究》2007 年第 2 期。

李恒全：《从天长纪庄木牍看汉代的徭役制度》，《社会科学》2012 年第 10 期。

李恒全：《从走马楼吴简看孙吴时期的口算与徭役》，《南京农业大学学报》（社会科学版）2013 年第 2 期。

李恒全：《汉初限田制和田税征收方式——对张家山汉简再研究》，《中国经济史研究》2007 年第 1 期。

李恒全：《汉代限田制说》，《史学月刊》2007 年第 9 期。

李恒全：《论战国土地私有制——对 20 世纪 80 年代以来战国授田制观点的质疑》，《社会科学》2014 年第 3 期。

李恒全：《战国秦汉经济问题考论》，江苏人民出版社 2012 年版。

李洪财：《走马楼西汉简的断代——兼谈草书的形成时间》，载邬文玲、戴卫红主编《简帛研究》2018 秋冬卷，广西师范大学出版社 2019 年版。

李剑农：《先秦两汉经济史稿》，生活·读书·新知三联书店 1957 年版。

李均明：《简牍法制论稿》，广西师范大学出版社 2011 年版。

李均明：《秦汉简牍文书分类辑解》，文物出版社 2009 年版。

李均明：《张家山汉简所反映的二十等爵制》，《中国史研究》2002 年第 2 期。

李勉、俞方洁：《秦至汉初户赋的性质、征收与管理》，《重庆师范大学学报》（社会科学版）2018 年第 2 期。

李瑞兰：《战国时代国家授田制的由来、特征及作用》，《天津师大学报》（社会科学版）1985 年第 3 期。

李埏：《论我国的"封建的土地国有制"》，《历史研究》1956 年第 8 期。

李学勤：《李学勤文集》，上海辞书出版社 2005 年版。

李学勤：《青川郝家坪木牍研究》，《文物》1982 年第 10 期。

李雪山：《〈周礼〉中的农民土地分配问题》，《殷都学刊》1994 年第 1 期。

李振宏：《居延汉简与汉代社会》，中华书局 2003 年版。

李振宏：《萧何"作律九章"说质疑》，《历史研究》2005 年第 3 期。

李忠林：《秦至汉初（前 246 至前 104）历法研究——以出土历简为中心》，《中国史研究》2012 年第 2 期。

李祖德：《西汉的屯田》，《复旦大学学报》（哲学社会科学）1964 年第 1 期。

栗劲：《秦律通论》，山东人民出版社 1985 年版。

梁家勉主编《中国农业科学技术史稿》，农业出版社 1989 年版。

廖伯源：《秦汉史论丛》（增订本），中华书局 2008 年版。

林甘泉：《中国古代政治文化论稿》，安徽教育出版社 2004 年版。

林甘泉主编《中国封建土地制度史》第 1 卷，中国社会科学出版社 1990 年版。

林甘泉主编《中国经济通史·秦汉卷》，经济日报出版社 2007 年版。

林剑鸣：《秦史稿》，上海人民出版社 1981 年版。

林献忠：《读里耶秦简札记六则》，武汉大学简帛网，2015 年 4 月 20 日，http：//www. bsm. org. cn/show_ article. php？id = 2215。

凌文超：《汉初爵制结构的演变与官、民爵的形成》，《中国史研究》2012 年第 1 期。

凌文超：《秦汉魏晋"丁中制"之衍生》，《历史研究》2010年第2期。

凌文超：《吴简与吴制》，北京大学出版社2019年版。

凌文超：《走马楼吴简采集簿书整理与研究》，广西师范大学出版社2015年版。

凌文超：《走马楼吴简中所见的生口买卖——兼谈魏晋封建论之奴客相混》，《史学集刊》2014年第4期。

刘德增、李珩：《"县官"与秦汉皇帝财政》，《文史哲》2006年第5期。

刘光华：《汉代西北屯田研究》，兰州大学出版社1988年版。

刘欢：《关于〈二年律令〉颁行年代的探析》，《考古与文物》2006年第2期。

刘家贵：《战国时期土地国有制的瓦解与土地私有制的发展》，《中国经济史研究》1988年第4期。

刘乐贤：《睡虎地秦简日书研究》，文津出版社1994年版。

刘敏：《秦汉时期的"赐民"爵及"小爵"》，《史学月刊》2009年第11期。

刘晓蓉：《江陵凤凰山西汉简牍研究综述及展望》，武汉大学简帛网，2015年6月22日，http：//www.bsm.org.cn/show_article.php？id=2264。

刘信芳、梁柱：《云梦龙岗秦简综述》，《江汉考古》1990年第3期。

刘文超、晋文：《四十年来秦汉户赋研究述评》，《中国史研究动态》2020年第1期。

刘再生、陈瑞泉：《〈荀子·成相〉"相"字析疑兼及"瞽"文化现象》，《音乐研究》2011年第3期。

刘泽华：《论战国时期"授田"制下的"公民"》，《南开学报》（哲学社会科学版）1978年第2期。

刘志：《也说"敖童"》，《青春岁月》2011年第8期。

柳春藩：《秦汉魏晋经济制度研究》，黑龙江人民出版社1993年版。

罗镇岳：《秦国授田制的几点辨析》，《求索》1985年第1期。

吕思勉：《吕思勉读史札记》，上海古籍出版社2005年版。

吕思勉：《秦汉史》，上海古籍出版社2005年版。

马大英：《汉代财政史》，中国财政经济出版社 1983 年版。

马代忠：《长沙走马楼西汉简〈都乡七年垦田租簿〉初步考察》，载中国文化遗产研究院编《出土文献研究》第 12 辑，中西书局 2013 年版。

马非百：《秦集史》，中华书局 1982 年版。

马怡、唐综瑜编《秦汉赋役资料辑录》，山西经济出版社 1990 年版。

马怡：《汉代的诸赋与军费》，《中国史研究》2001 年第 3 期。

马怡：《秦人傅籍标准试探》，《中国史研究》1995 年第 4 期。

孟祥才：《论秦汉的"迁豪"、"徙民"政策》，载中国秦汉史研究会编《秦汉史论丛》第 3 辑，陕西人民出版社 1986 年版。

孟彦弘：《秦汉法典体系的演变》，《历史研究》2005 年第 3 期。

孟彦弘：《吴简所见"事"义臆说——从"事"到"课"》，载长沙简牍博物馆、北京吴简研讨班编《吴简研究》第 2 辑，崇文书局 2006 年版。

彭浩：《读松柏出土的四枚西汉木牍》，载武汉大学简帛研究中心主办《简帛》第 4 辑，上海古籍出版社 2009 年版。

彭浩：《谈秦汉数书中的"舆田"及相关问题》，载武汉大学简帛研究中心主办《简帛》第 6 辑，上海古籍出版社 2011 年版。

彭浩：《张家山汉简〈算数书〉注释》，科学出版社 2001 年版。

彭卫、杨振红：《中国风俗通史·秦汉卷》，上海文艺出版社 2002 年版。

彭卫：《关于小麦在汉代推广的再探讨》，《中国经济史研究》2010 年第 4 期。

齐振羣：《试论战国封建土地所有制的主要形式》，《辽宁大学学报》（哲学社会科学版）1982 年第 4 期。

钱剑夫：《秦汉赋役制度考略》，湖北人民出版社 1984 年版。

青岛市文物保护考古研究所、黄岛区博物馆：《山东青岛土山屯墓群四号封土与墓葬的发掘》，《考古学报》2019 年第 3 期。

青木俊介「里耶秦簡に見える県の部局組織について」『中国出土資料研究』9、2005。

邱光明编著《中国历代度量衡考》，科学出版社 1992 年版。

裘锡圭：《湖北江陵凤凰山十号汉墓出土简牍考释》，《文物》1974 年第 7 期。

裘锡圭：《裘锡圭学术文集》第 5 卷，复旦大学出版社 2012 年版。

山田胜芳著，庄小霞译《西汉武帝时期的地域社会与女性徭役——由安徽省天长市安乐镇十九号汉墓木牍引发的思考》，载卜宪群、杨振红主编《简帛研究》2007，广西师范大学出版社 2010 年版。

山田勝芳『秦漢財政収入の研究』汲古書院、1993。

邵鸿：《略论战国时期的土地私有制》，《江西师范大学学报》（哲学社会科学版）1992 年第 2 期。

沈刚：《〈里耶秦简（壹）〉中的"课"与"计"——兼谈战国秦汉时期考绩制度的流变》，《鲁东大学学报》（哲学社会科学版）2013 年第 1 期。

沈刚：《〈里耶秦简［壹］〉所见秦代公田及其管理》，载杨振红、邬文玲主编《简帛研究》2014，广西师范大学出版社 2014 年版。

沈刚：《〈里耶秦简〉（壹）所见作徒管理问题探讨》，《史学月刊》2015 年第 2 期。

沈刚：《长沙走马楼三国竹简研究》，社会科学文献出版社 2013 年版。

施伟青：《也论秦自商鞅变法后的土地制度——与张金光同志商榷》，《中国社会经济史研究》1986 年第 4 期。

四川省博物馆、青川县文化馆：《青川县出土秦更修田律木牍——四川青川县战国墓发掘简报》，《文物》1982 年第 1 期。

宋杰：《〈九章算术〉与汉代社会经济》，首都师范大学出版社 1994 年版。

苏辉：《赵惠文王时期的纪年兵器研究》，《南方文物》2012 年第 2 期。

孙闻博：《秦县的列曹与诸官——从〈洪范五行传〉一则佚文说起》，武汉大学简帛网，2014 年 9 月 17 日，http：//www. bsm. org. cn/show_article. php？id＝2077。

谭其骧主编《中国历史地图集》第 2 册，中国地图出版社 1982 年版。

唐俊峰：《里耶秦简所示秦代的"见户"与"积户"——兼论秦代迁陵县的户数》，武汉大学简帛网，2014 年 2 月 8 日，http：//www. bsm. org. cn/show_ article. php？id＝1987#_ ftn34。

唐赞功：《从云梦秦简看秦代社会的主要矛盾》，《历史研究》1977 年第 5 期。

唐赞功：《云梦秦简所涉及土地所有制形式问题初探》，载中华书局编辑部编《云梦秦简研究》，中华书局 1981 年版。

天长市文物管理所、天长市博物馆：《安徽天长西汉墓发掘简报》，《文物》2006 年第 11 期。

田昌五：《解井田制之谜》，《历史研究》1985 年第 3 期。

土口史记：《里耶秦简所见的秦代文书行政：以县廷与“官”的关系为中心》，《“中古中国的政治与制度”学术研讨会（论文集）》，首都师范大学历史学院，北京，2014 年 5 月。

土口史记「戦国・秦代の県：県廷と『官』の関係をめぐる一考察」『史林』95 – 1（特集都市）、2012。

汪桂海：《汉代官文书制度》，广西教育出版社 1999 年版。

王伟、孙兆华：《“积户”与“见户”：里耶秦简所见迁陵编户数量》，《四川文物》2014 年第 2 期。

王煦华：《战国到西汉未曾实行“提封田”的田亩制度》，《历史研究》1986 年第 4 期。

王彦辉：《〈里耶秦简〉（壹）所见秦代县乡机构设置问题蠡测》，《古代文明》2012 年第 4 期。

王彦辉：《关于〈二年律令〉年代及性质的几个问题》，《古代文明》2012 年第 1 期。

王彦辉：《汉代的“分田劫假”与豪民兼并》，《东北师大学报》（哲学社会科学版）2000 年第 5 期。

王彦辉：《论汉代的分户析产》，《中国史研究》2006 年第 4 期。

王彦辉：《秦汉户籍管理与赋役制度研究》，中华书局 2016 年版。

王彦辉：《张家山汉简〈二年律令〉与汉代社会研究》，中华书局 2010 年版。

王勇、唐俐：《“走马”为秦爵小考》，《湖南大学学报》（社会科学版）2010 年第 4 期。

王云：《关于青川秦牍的年代》，《四川文物》1989 年第 5 期。

王子今、赵昆生：《尹湾〈集簿〉“春种树”解》，《历史研究》2001 年第 1 期。

　　王子今：《古史性别研究丛稿》，社会科学文献出版社 2004 年版。

　　王子今：《秦汉称谓研究》，中国社会科学出版社 2014 年版。

　　王子今：《秦汉交通史稿》，中国人民大学出版社 2013 年增订版。

　　王子今：《试说里耶户籍简所见"小上造"、"小女子"》，清华大学出土文献研究与保护中心编《出土文献》第 1 辑，中西书局 2010 年版。

　　王子今：《长沙简牍研究》，中国社会科学出版社 2017 年版。

　　乌廷玉：《中国历代土地制度史纲》，吉林大学出版社 1987 年版。

　　邬文玲：《里耶秦简所见"户赋"及相关问题琐议》，载武汉大学简帛研究中心主办《简帛》第 8 辑，上海古籍出版社 2013 年版。

　　邬文玲：《张家山汉简〈二年律令〉释文商榷》，《首都师范大学学报》（社会科学版）2015 年第 6 期。

　　吴朝阳、晋文：《秦亩产新考——兼析传世文献中的相关亩产记载》，《中国经济史研究》2013 年第 4 期。

　　吴朝阳：《张家山汉简〈算数书〉校证及相关研究》，江苏人民出版社 2014 年版。

　　吴福助：《睡虎地秦简论考》，文津出版社 1994 年版。

　　吴慧：《历史上粮食商品率商品量测估——以宋明清为例》，《中国经济史研究》1998 年第 4 期。

　　吴慧：《中国历代粮食亩产研究》，农业出版社 1985 年版。

　　吴荣曾：《战国授田制研究》，《思想战线》1989 年第 3 期。

　　西嶋定生著，武尚清译《中国古代帝国的形成与结构——二十等爵制研究》，中华书局 2004 年版。

　　奚林强：《西汉"提封"和"提封田"再释——兼与臧知非先生商榷》，《琼州学院学报》2015 年第 3 期。

　　肖灿：《从〈数〉的"舆（與）田"、"税田"算题看秦田地租税制度》，《湖南大学学报》（社会科学版）2010 年第 4 期。

　　肖之兴：《试释"汉归义羌长"印》，《文物》1976 年第 7 期。

　　邢义田：《地不爱宝：汉代的简牍》，中华书局 2011 年版。

　　邢义田：《张家山汉简〈二年律令〉读记》，载侯仁之主编《燕京学报》新 15 期，北京大学出版社 2003 年版。

邢义田：《治国安邦：法制、行政与军事》，中华书局 2011 年版。

熊铁基、王瑞明：《秦代的封建土地所有制》，载中华书局编辑部编《云梦秦简研究》，中华书局 1981 年版。

熊铁基：《秦代赋税徭役制度初探》，《华中师范学院学报》（哲学社会科学版）1978 年第 1 期。

熊铁基：《秦汉军事制度史》，广西人民出版社 1990 年版。

徐鸿修：《从禄赏制的演变看周代的土地制度——兼评"军功地主"论》，《文史哲》1987 年第 2 期。

许道胜：《"提封"词源考》，《湖南大学学报》（社会科学版）2009 年第 4 期。

闫桂梅：《近五十年来秦汉土地制度研究综述》，《中国史研究动态》2007 年第 7 期。

严宾：《商鞅授田制研究》，《复旦学报》1991 年第 5 期。

严耕望：《中国地方行政制度史·秦汉地方行政制度》，上海古籍出版社 2007 年版。

杨鸿年：《汉魏制度丛考》，武汉大学出版社 2005 年版。

杨际平：《从东海郡〈集簿〉看汉代的亩制、亩产与汉魏田租额》，《中国经济史研究》1998 年第 2 期。

杨际平：《凤凰山十号汉墓据"算"派役文书研究》，《历史研究》2009 年第 6 期。

杨际平：《秦汉户籍管理制度研究》，《中华文史论丛》2007 年第 1 期。

杨际平：《释"僇力本业，耕织致粟帛多者复其身"》，《历史研究》1977 年第 1 期。

杨际平：《再释"僇力本业，耕织致粟帛多者复其身"——与晁福林同志商榷》，《北方论丛》1980 年第 6 期。

杨际平：《再谈汉代的亩制、亩产——与吴慧先生商榷》，《中国社会经济史研究》2000 年第 2 期。

杨剑虹：《秦汉简牍研究存稿》，厦门大学出版社 2013 年版。

杨宽：《从"少府"职掌看秦汉封建统治者的经济特权》，载中国秦汉史研究会编《秦汉史论丛》第 1 辑，陕西人民出版社 1981 年版。

杨宽：《古史新探》，中华书局 1965 年版。

杨宽：《云梦秦简所反映的土地制度和农业政策》，载上海博物馆集刊委员会编《上海博物馆集刊》1982，总第 2 期，上海古籍出版社 1983 年版。

杨宽：《战国史》，上海人民出版社 1980 年第 2 版。

杨善群：《商鞅"允许土地买卖"说质疑》，《陕西师大学报》（哲学社会科学版）1983 年第 1 期。

杨生民：《春秋战国个体农民广泛出现与战国的社会性质》，《北京师范学院学报》（社会科学版）1991 年第 6 期。

杨振红：《出土简牍与秦汉社会（续编）》，广西师范大学出版社 2015 年版。

杨振红：《出土简牍与秦汉社会》，广西师范大学出版社 2009 年版。

杨振红：《从出土"算"、"事"简看两汉三国吴时期的赋役结构——"算赋"非单一税目辨》，《中华文史论丛》2011 年第 1 期。

杨振红：《从出土简牍看秦汉时期的刍稿税》，载吴荣曾、汪桂海主编《简牍与古代史研究》，北京大学出版社 2012 年版。

杨振红：《从新出简牍看秦汉时期的田租征收》，载武汉大学简帛研究中心主办《简帛》第 3 辑，上海古籍出版社 2008 年版。

杨振红：《龙岗秦简诸"田"、"租"简释义补正——结合张家山汉简看名田宅制的土地管理和田租征收》，载卜宪群、杨振红主编《简帛研究》2004，广西师范大学出版社 2006 年版。

杨振红：《秦汉"名田宅制"说——从张家山汉简看战国秦汉的土地制度》，《中国史研究》2003 年第 3 期。

杨振红：《松柏西汉墓簿籍牍考释》，《南都学坛》2010 年第 5 期。

杨作龙：《秦商鞅变法后田制问题商榷》，《中国史研究》1989 年第 10 期。

尹协理：《秦汉的名田、假田与土地所有制》，《历史教学》1989 年第 10 期。

永田英正著，张学锋译《居延汉简研究》，广西师范大学出版社 2007 年版。

于豪亮：《释青川秦墓木牍》，《文物》1982 年第 1 期。

于琨奇：《秦汉小农与小农经济》，黄山书社 1991 年版。

于振波：《从简牍看汉代的户赋与刍稿税》，《故宫博物院院刊》2005 年第 2 期。

于振波：《简牍所见秦名田制蠡测》，《湖南大学学报》（社会科学版）2004 年第 2 期。

于振波：《秦简所见田租的征收》，《湖南大学学报》（社会科学版）2012 年第 5 期。

于振波：《秦律令中的"新黔首"与"新地吏"》，《中国史研究》2009 年第 3 期。

于振波：《张家山汉简中的名田制及其在汉代的实施情况》，《中国史研究》2004 年第 1 期。

余敏声：《春秋战国时期土地制度的演变》，《社会科学战线》1987 年第 2 期。

袁林：《战国授田制试论》，《甘肃社会科学》1983 年第 6 期。

袁延胜、董明明：《〈二年律令·户律〉"田合籍"辨》，《南都学坛》2013 年第 1 期。

袁延胜：《秦汉简牍户籍资料研究》，人民出版社 2018 年版。

袁延胜：《天长纪庄木牍〈算簿〉与汉代算赋问题》，《中国史研究》2008 年第 2 期。

岳庆平：《汉代"赋额"试探》，《中国史研究》1985 年第 4 期。

臧知非：《"算赋"生成与汉代徭役货币化》，《历史研究》2017 年第 4 期。

臧知非：《"提封田"考问题的提出》，《中国社会经济史研究》1994 年第 3 期。

臧知非：《汉简"提封"释疑——兼谈汉代"提封田"问题》，载周天游主编《陕西历史博物馆馆刊》第 9 辑，三秦出版社 2002 年版。

臧知非：《简牍所见秦和汉初田亩制度的几个问题——以阡陌封埒的演变为核心》，《人文杂志》2016 年第 12 期。

臧知非：《龙岗秦简"行田"解——兼谈龙岗秦简所反映的田制问题》，

载雷依群、徐卫民主编《秦汉研究》第 1 辑，三秦出版社 2007 年版。

臧知非：《秦汉"傅籍"制度与社会结构的变迁——以张家山汉简〈二年律令〉为中心》，《人文杂志》2005 年第 1 期。

臧知非：《秦汉土地赋役制度研究》，中央编译出版社 2017 年版。

臧知非：《说"税田"：秦汉田税征收方式的历史考察》，《历史研究》2015 年第 3 期。

臧知非：《西汉授田制废止问题辨正——兼谈张家山汉简〈二年律令〉授田制的历史实践问题》，《人文杂志》2015 年第 1 期。

臧知非：《尹湾汉墓简牍"提封"释义——兼谈汉代土地统计方法问题》，《史学月刊》2001 年第 1 期。

臧知非：《战国秦汉土地国有制形成与演变的几点思考》，《中国社会科学》2020 年第 1 期。

臧知非：《战国西汉"提封田"补正》，《史学月刊》2013 年第 12 期。

臧知非：《张家山汉简所见西汉继承制度初论》，《文史哲》2003 年第 6 期。

张斌：《汉代的田庐》，《中国农史》2016 年第 2 期。

张波、樊志民主编《中国农业通史·战国秦汉卷》，中国农业出版社 2007 年版。

张朝阳：《论汉初名田宅制度的一个问题：按爵位继承旧户田宅?》，《中国农史》2013 年第 4 期。

张传玺：《论中国古代土地私有制形成的三个阶段》，《北京大学学报》（哲学社会科学版）1978 年第 2 期。

张传玺：《秦汉问题研究》（增订本），北京大学出版社 1995 年版。

张春龙、龙京沙：《湘西里耶秦代简牍选释》，《中国历史文物》2003 年第 1 期。

张春龙：《里耶秦简所见的户籍和人口管理》，载中国社会科学院考古研究所、中国社会科学院历史研究所、湖南省文物考古研究所编《里耶古城·秦简与秦文化研究——中国里耶古城·秦简与秦文化国际学术研讨会论文集》，科学出版社 2009 年版。

张德芳：《从悬泉汉简看两汉西域屯田及其意义》，《敦煌研究》2001

年第 3 期。

张功:《西汉"授田制"辨析》,《天水行政学院学报》2010 年第 5 期。

张建国:《试析汉初"约法三章"的法律效力——兼谈"二年律令"与肖何的关系》,《法学研究》1996 年第 1 期。

张金光:《对〈秦商鞅变法后田制商榷〉的商榷》,《中国史研究》1991 年第 3 期。

张金光:《论秦自商鞅变法后的普遍土地国有制——对〈秦商鞅变法后田制问题商榷〉的商榷》,《山东大学学报》(哲学社会科学版)1990 年第 4 期。

张金光:《普遍授田制的终结与私有地权的形成——张家山汉简与秦简比较研究之一》,《历史研究》2007 年第 5 期。

张金光:《秦制研究》,上海古籍出版社 2004 年版。

张金光:《秦自商鞅变法后的租赋徭役制度》,《文史哲》1983 年第 1 期。

张金光:《试论秦自商鞅变法后的土地制度》,《中国史研究》1983 年第 2 期。

张金光:《战国秦社会经济形态新探——官社经济体制模式研究》,商务印书馆 2013 年版。

张梦晗:《从新出简牍看西汉后期南京的农业经济》,《中国农史》2020 年第 6 期。

张梦晗:《"新地吏"与"为吏之道"——以出土秦简为中心的考察》,《中国史研究》2017 年第 3 期。

张培瑜:《三千五百年历日天象》,大象出版社 1997 年版。

张培瑜:《中国先秦史历表》,齐鲁书社 1987 年版。

张荣强:《汉唐籍帐制度研究》,商务印书馆 2010 年版。

张荣强:《湖南里耶所出"秦代迁陵县南阳里户版"研究》,《北京师范大学学报》(社会科学版)2008 年第 4 期。

张荣强:《说孙吴户籍简中的"事"》,载北京吴简研讨班编《吴简研究》第 1 辑,崇文书局 2004 年版。

张荣强:《孙吴简中的户籍文书》,《历史研究》2006 年第 4 期。

张荣强：《再论孙吴简中的户籍文书》，《北京师范大学学报》（社会科学版）2014 年第 5 期。

张润泽：《论战国时期国家授田制》，《邯郸师专学报》1991 年创刊号。

张锡忠：《"分田劫假"辨析》，《新疆大学学报》（哲学社会科学版）1982 年第 4 期。

张燕：《睡虎地秦简中的"公"与"官"——以官方财产所有权标识为核心》，《河北师范大学学报》（哲学社会科学版）2012 年第 5 期。

张玉勤：《论战国时期的国家授田制》，《山西师大学报》（社会科学版）1989 年第 4 期。

张忠炜：《〈二年律令〉年代问题研究》，《历史研究》2008 年第 3 期。

长沙简牍博物馆、长沙市文物考古研究所联合发掘组：《2003 年长沙走马楼西汉简牍重大考古发现》，载中国文物研究所编《出土文献研究》第 7 辑，上海古籍出版社 2005 年版。

中共中央马克思、恩格斯、列宁、斯大林著作编译局编《马克思恩格斯选集》，人民出版社 1972 年版。

中国农业科学院、南京农学院等编著《中国农学史（初稿）》，科学出版社 1959 年版。

中国社会科学院考古研究所：《中国考古学·秦汉卷》，中国社会科学出版社 2010 年版。

仲山茂「秦漢時代の『官』と『曹』——県の部局組織」『東洋學報』82 - 4、2001。

周振鹤：《西汉政区地理》，人民出版社 1987 年版。

朱德贵：《简牍所见秦及汉初"户赋"问题再探讨》，《深圳大学学报》（人文社会科学版）2017 年第 4 期。

朱德贵：《长沙走马楼西汉简牍所见"都乡七年垦田租簿"及其相关问题分析》，《中国社会经济史研究》2015 年第 2 期。

朱红林：《张家山汉简〈二年律令〉集释》，社会科学文献出版社 2005 年版。

朱红林：《张家山汉简〈二年律令〉研究》，黑龙江人民出版社 2008 年版。

朱绍侯：《军功爵制考论》，商务印书馆 2008 年版。

朱绍侯：《论汉代的名田（受田）制及其破坏》，《河南大学学报》（社会科学版）2004 年第 1 期。

朱绍侯：《吕后二年赐田宅制度试探——〈二年律令〉与军功爵制研究之二》，《史学月刊》2002 年第 12 期。

朱绍侯：《秦汉土地制度与阶级关系》，中州古籍出版社 1985 年版。

朱圣明：《秦至汉初"户赋"详考——以秦汉简牍为中心》，《中国经济史研究》2014 年第 1 期。

朱圣明：《再谈秦至汉初的"户赋"征收——从其与"名田宅"制度的关系入手》，《中国经济史研究》2016 年第 3 期。

邹大海：《出土〈算数书〉初探》，《自然科学史研究》2001 年第 3 期。

前期成果与阶段性成果目录

1. 《"初为赋"新探——兼与林剑鸣等先生商榷》,《徐州师范学院学报》(哲学社会科学版) [今《江苏师范大学学报》(哲学社会科学版)] 1983 年第 1 期,中国人民大学复印报刊资料《中国古代史》1983 年第 6 期、《经济史》1983 年第 6 期转载。

2. 《从商鞅变法到西汉前期抑商政策的转变》,《光明日报》1985 年 2 月 13 日《史学》,中国人民大学复印报刊资料《经济史》1985 年第 3 期转载,1987 年获山东师范大学优秀科研成果一等奖。

3. 《秦代算赋辨析》,《山东师大学报》(社会科学版) [今《山东师范大学学报》(人文社会科学版)] 1988 年《青年学者专辑》,中国人民大学复印报刊资料《先秦、秦汉史》1990 年第 1 期转载。

4. 《从西汉抑商政策看官僚地主的经商》,《中国史研究》1991 年第 4 期,中国人民大学复印报刊资料《先秦、秦汉史》1992 年第 1 期、《经济史》1992 年第 1 期转载,1995 年获江苏省普通高校第一届人文、社会科学优秀成果三等奖。

5. 《以经治国与汉代经济》,《江汉论坛》1992 年第 12 期,中国人民大学复印报刊资料《经济史》1993 年第 1 期、《先秦、秦汉史》1993 年第 2 期转载。

6. 《以经治国与汉代"荒政"》,《中国史研究》1994 年第 2 期,1999 年获江苏省普通高校第二届人文社会科学研究成果三等奖。

7. 《关于秦代抑商政策的若干问题》,《中国经济史研究》1994 年第 3 期。

8. 《也谈秦代的工商业政策》,《江苏社会科学》1997 年第 6 期。

9. 《关于商鞅变法赋税改革的若干考辨》,《中国农史》2001 年第 4 期。

10.《汉唐区域史研究的新成果——简评薛瑞泽〈汉唐间河洛地区经济研究〉》,《中国农史》2003 年第 3 期。

11.《商鞅变法与秦国田租的征课》,载《秦文化论丛》第十辑,陕西人民出版社 2003 年版。

12.《2003 年秦汉史研究综述》(与李一全合著,第一作者),《中国史研究动态》2004 年第 10 期。

13.《略论桑弘羊理财对后世禁榷政策的影响》,《中国经济史研究》2006 年第 4 期。

14.《汉武帝"财政总管"的富国之策》,《人民论坛》2007 年第 5 期。

15.《淮北区域经济史研究的新成果——读吴海涛〈淮北的盛衰:成因的历史考察〉》(与黄李莉合著,第一作者),《中国经济史研究》2008 年第 2 期。

16.《从〈二年律令·户律〉看汉初立户分户问题》(与李伟合著,第一作者),《中国农史》2008 年第 3 期。

17.《西汉盐铁会议若干问题再评议》,《江海学刊》2010 年第 2 期,《新华文摘》2010 年第 12 期转摘、中国人民大学复印报刊资料《先秦、秦汉史》2010 年第 4 期转载。

18.《桑弘羊与西汉盐铁官营》,《江苏大学学报》(社会科学版)2010 年第 4 期。

19.《2009 年秦汉史研究综述》(与李伟合著,通讯作者),《中国史研究动态》2010 年第 11 期,中国人民大学复印报刊资料《先秦、秦汉史》2011 年第 2 期转载。

20.《张家山汉简〈算数书〉校证三题》(与吴朝阳合著,通讯作者),《自然科学史研究》2013 年第 1 期。

21.《张家山汉简〈算数书〉"睘材"三题》(与吴朝阳合著,通讯作者),《数学文化》2013 年第 1 期。

22.《秦亩产新考——兼析传世文献中的相关亩产记载》(与吴朝阳合著,通讯作者),《中国经济史研究》2013 年第 4 期,中国人民大学复印报刊资料《经济史》2014 年第 2 期转载,《中国社会科学文摘》2014 年第 6 期转摘。

23. 《桑弘羊与托马斯·孟重商思想之比较》（与张喆合著，第一作者），载《秦汉史论丛》第十三辑，郑州大学出版社 2014 年版。

24. 《西汉"武功爵"新探》，《历史研究》2016 年第 2 期。

25. 《里耶秦简中的"田官"与"公田"》（与李勉合著，通讯作者），载《简帛研究》2016 春夏卷，广西师范大学出版社 2016 年版。

26. 《汉初政府如何划分基层官吏的"权"与"责"》，《人民论坛》2017 年第 1 期。

27. 《秦汉时期南方天然林木的分布及人类影响》（与罗启龙合著，通讯作者），《中国农史》2017 年第 4 期，《中国国家历史》第 17 辑（东方出版社 2019 年版）转摘。

28. 《秦代重农政策的实施与荒废》，载《秦始皇帝陵博物院》总七辑，三秦出版社 2017 年版。

29. 《里耶秦简中的积户与见户——兼论秦代基层官吏的量化考核》，《中国经济史研究》2018 年第 1 期，中国人民大学复印报刊资料《先秦、秦汉史》2018 年第 2 期转载。

30. 《睡虎地秦简与授田制研究的若干问题》，《历史研究》2018 年第 1 期，《中国社会科学文摘》2018 年第 5 期转摘，日本《东洋史苑》第 91 号（2019 年 1 月）全文转译，2020 年获江苏省第十六届哲学社会科学优秀成果二等奖。

31. 《秦代确有算赋辨——与臧知非先生商榷》，《中国农史》2018 年第 5 期。

32. 《秦代算赋三辨——以近出简牍材料为中心》，载《华中国学》秋之卷（总第 11 卷），华中科技大学出版社 2018 年版。

33. 《2017—2018 年秦汉史研究述评》，《中国史研究动态》2019 年第 2 期。

34. 《张家山汉简中的田制等问题》，《山东师范大学学报》（人文社会科学版）2019 年第 4 期。

35. 《读袁延胜〈秦汉简牍户籍资料研究〉》（与王茹合著，通讯作者），载《简帛研究》2019 秋冬卷，广西师范大学出版社 2020 年版。

36. 《新出秦简中的授田制问题》，《中州学刊》2020 年第 1 期。

37. 《四十年来秦汉户赋研究述评》（与刘文超合著，通讯作者），《中国史研究动态》2020 年第 1 期。

38. 《秦汉经济制度与大一统国家治理》，《历史研究》2020 年第 3 期，《历史教学》2020 年第 8 期转摘。

39. 《里耶秦简 "斗" "升" 讹误问题补说》，载《简帛》第 20 辑，上海古籍出版社 2020 年版。

40. 《龙岗秦简中的 "行田" "假田" 等问题》，《文史》2020 年第 2 辑，《中国历史文摘》2020 年第 1 期（中国社会科学出版社 2021 年版）全文转载。

41. 《秦汉经济史研究与〈史记〉研读三题》，《中外论坛》2020 年第 3 期。

42. 《玉门花海汉简中的经济史料》（与李伟合著，通讯作者），《中国社会经济史研究》2020 年第 4 期。

43. 《张家山汉简中的〈田命籍〉与〈田租籍〉》，《中州学刊》2021 年第 3 期。

44. 《一部高水平的长沙简牍研究文集——读王子今〈长沙简牍研究〉》（与王承乾合著，通讯作者），载《简帛研究》2021 秋冬卷，广西师范大学出版社 2021 年版。

45. 《秦简与传世文献中的赐田制问题》，《文史哲》待刊。

后　记

　　拙著是国家社会科学基金重点项目"秦汉简牍史料中的土地制度研究"（13AZS004）结项"优秀"成果。在 2019 年度国家哲学社会科学成果文库申报中，本书得到了总共 10 位评审专家的好评，才能够忝列文库之中。我衷心感谢这 10 位专家对本书的充分肯定，也衷心感谢他们提出的宝贵修改意见，使书稿得以更加完善。

　　本书的撰写还要感谢我指导的十多位博士生和硕士生。从 2013 年算起，先后参加项目课题组的博士及博士生有吴朝阳、李伟、李勉、罗启龙、丁佳伟、刘鹏、张天骄和孙玉荣等，硕士生有刘鹏、杨怡、王茹和郭妙妙等。其中，吴朝阳（南京大学数学系副教授）参与了秦汉亩产和田租制度研究，作为第一作者撰写发表了《秦亩产新考》；李勉（重庆师范大学历史与社会学院副教授）参与了秦汉公田研究，作为第一作者撰写发表了《里耶秦简中的"田官"与"公田"》；罗启龙（贵州大学历史与民族文化学院讲师）参与了农业与植被研究，作为第一作者撰写发表了《秦汉时期南方天然林木的分布及人类影响》（未收入本书）；刘鹏（扬州大学历史系讲师）、孙玉荣（山东理工大学齐文化研究院教授）、刘文超（南京师范大学历史系博士生）和杨怡（南京师范大学历史系博士生）等校对了本书的大部分章节，并单独发表了多篇论文（均未收入本书）；而张天骄（江苏师范大学历史与旅游学院讲师）和丁佳伟（江苏师范大学历史与旅游学院讲师），则承担了项目中大部分已发表论文的英文摘要和部分资料的搜集工作。

　　我更要感谢妻子刘文汇教授。作为南京师范大学的政治学教师，她在从事繁重的教学科研工作的同时，承担了几乎全部的家务劳动，才使我能够潜心研究与写作。作为历史学学士和法学硕士，她也是本书的第一位读者和批评者。难得的是，为了项目的顺利进行，她还应允担任了课题组的科研秘书。可以毫不夸张说，本书的出版同样凝聚了她的许多心血。

在本书定稿特别是相关论文的发表过程中，曾得到恩师安作璋先生、魏良弢先生的指导和诸多同行提出的宝贵修改意见；在出版过程中，也得到了社会科学文献出版社责任编辑李淼等先生的帮助。以卜宪群先生为会长的中国秦汉史研究会多次给与指导、帮助和鼓励。本书相关章节的撰写还得到中国社会科学院重大研究项目"中华思想通史"（封建社会编）和江苏省一级学科重点学科南京师范大学中国史项目的资助。在此谨一并致谢。

晋　文

庚子年十月廿六于南京

国家社会科学基金重点项目"秦汉简牍史料中的土地制度研究"结项证书

图书在版编目（CIP）数据

秦汉土地制度研究：以简牍材料为中心/晋文著
. -- 北京：社会科学文献出版社，2021.4
（国家哲学社会科学成果文库）
ISBN 978 - 7 - 5201 - 7992 - 8

Ⅰ.①秦…　Ⅱ.①晋…　Ⅲ.①土地制度 - 研究 - 中国
- 先秦时代 - 汉代　Ⅳ.①F329.02

中国版本图书馆 CIP 数据核字（2021）第 033987 号

·国家哲学社会科学成果文库·

秦汉土地制度研究
——以简牍材料为中心

著　　者 / 晋　文

出 版 人 / 王利民

责任编辑 / 李　淼

出　　版 / 社会科学文献出版社
　　　　　　地址：北京市北三环中路甲 29 号院华龙大厦　邮编：100029
　　　　　　网址：www. ssap. com. cn
发　　行 / 市场营销中心（010）59367081　59367083
印　　装 / 北京盛通印刷股份有限公司

规　　格 / 开　本：787mm × 1092mm　1/16
　　　　　　印　张：31　字　数：504 千字
版　　次 / 2021 年 4 月第 1 版　2021 年 4 月第 1 次印刷
书　　号 / ISBN 978 - 7 - 5201 - 7992 - 8
定　　价 / 198.00 元